2003

中国包装年鉴

CHINA PACKAGING YEARBOOK

中国包装技术协会 编

中国物资出版社

图书在版编目(CIP)数据

中国包装年鉴.2003/中国包装技术协会编.—北京:中国物资出版社,2004.3
ISBN 7-5047-2082-8

Ⅰ.中… Ⅱ.中… Ⅲ.包装—中国—2003—年鉴 Ⅳ.F426.89-54

中国版本图书馆 CIP 数据核字(2004)第 020391 号

京西工商广临字(0403014)

责任编辑 李晓春
责任印制 李晓春
责任校对 沈兴龙

中国物资出版社出版发行
网址:http://www.clph.cn
社址:北京市西城区月坛北街 25 号
电话:(010)68589540 邮编:100834
全国新华书店经销
北京市文星福利印刷厂印刷

ISBN 7-5047-2082-8

9 787504 720825 >

开本:850×1168mm 1/16 印张:27 字数:873 千字
2004 年 3 月第 1 版 2004 年 3 月第 1 次印刷
书号:ISBN 7-5047-2082-8/F·0802
印数:0001—3000 册
定价:150.00 元
(图书出现印装质量问题,本社负责调换)

《中国包装年鉴》

目　录

有关领导讲话

Leader's Messages

继往开来 创新发展
为从包装大国向包装强国迈进而努力奋斗

在中国包装技术协会第六次全国代表大会上的讲话

中国包装技术协会会长 石万鹏

2003年10月19日

各位代表：

中国包装技术协会第六届全国代表大会选举产生了新一届理事会、常务理事会，并选举我担任本届会长。这是各位代表对我和我们全体领导成员的信任和重托，我们深感协会工作任重而道远。在此，请允许我代表中国包协第六届理事会和常务理事会的全体组成人员向大家表示衷心的感谢！

二十多年来，我们亲身经历并见证了一部从无到有、从小到大的中国包装工业发展史。在邓小平理论和"三个代表"重要思想的指引下，在党中央和国务院的正确领导下，经过全国包装行业同志们的共同努力，包装行业已从一个门类缺失、分散游离、产品单一、质量低下、严重供给不足、制约国民经济发展的瓶颈行业，发展成了一个门类比较齐全、基本满足国民经济发展需要的大行业。包装工业生产总产值从72亿元飞跃到2500亿元。今天，我们可以自豪地讲，中国已作为一个包装大国屹立在世界东方。前不久，在抗击"非典"的斗争中，包装行业广大职工恪尽职守，勇挑勇担，又谱写了包装行业的新篇章。包装行业所取得的巨大成绩与改革开放以来我国政治、经济、文化的持续、快速、健康发展是分不开的，正是由于我国综合国力的大幅跃升，人民生活水平的不断提高和与包装工业相关的上下游工业的快速发展，才为包装工业的进步提供了条件和机遇。同时，包装行业所取得的成绩也与邱老倾注的大量心血和广大包装工作者的辛勤工作是分不开的。在国务院各有关部门的领导和大力支持下，在邱老的直接领导下，协会把全行业的力量组织起来，注重技术进步，注重培养骨干企业集团和一批"专、精、特、新"的中小型企业，提倡走国际化的道路，我们才有了今天的包装工业，缩小了与发达国家之间的差距，并为新世纪包装工业的腾飞积累了经验，打下了坚实的基础。抚今追昔，我们深感邱纯甫同志作为中国包装技术协会和中国现代包装工业的创始人，为中国包装事业的发展壮大作出了卓越的贡献。为此，我建议，让我们以热烈的掌声向这位德高望重的老会长以及协会前五届领导班子成员，表示崇高的敬意和衷心的感谢。同时，也向为中国包装事业的发展给予大力支持的国务院各有关部门、各级政府、地方协会的同志们以及广大的包装工作者表示深深的敬意，感谢你们为中国包装事业所作出的巨大贡献。

中国包协第六届全国代表大会是在全党全国深入贯彻党的十六大精神下召开的，是在党的十六届三中全会刚刚胜利闭幕后召开的，我们要认真总结协会成立以来的成绩与经验，研究在新世纪、新形势下包装行业面临的形势与任务，团结全国广大包装工作者，继往开来、创新发展，为在新世纪把我国建设成现代化的包装强国而奋斗。

一、包装行业面临的形势与任务

党的十六大提出了本世纪头二十年我国全面建设小康社会的奋斗目标，为开创中国特色社会主义事业指明了方向。包装行业作为国民经济的重要组成部分，既是一个配套行业，又是一个极具潜力的产业。未来十至二十年，是我国包装工业发展的重要机遇期。对包装行业当前和今后一个时期的总体要求是：以邓小平理论和"三个代表"重要思想为指导，以全面建设小康社会为目标，紧紧围绕国民经济结构的战略性调整，坚持走新型工业化道路，坚持深化改革，全面提高对外开放水平，坚持保护环境和保护资源的基本国策，遵循客观规律，因地制宜，科学规划，合理布局，改善包装产业的增长质量和效益，实现速度和结构、质量、效益相统一，促进包装工业持续快速健康发展，努力把我国建设成为一个现代化的包装工业强国。

(一）按照走新型工业化道路的要求，大力促进包装产业结构调整

党的十六大要求我们，坚持以信息化带动工业化，以工业化促进信息化，走出一条科技含量高、经济效益好、资源消耗低、环境污染少、人力资源优势得到充分发挥的新型工业化路子。

二十多年来，我国包装行业取得了令世人瞩目的成绩，按照世界包装组织的评价，中国人用二十年的时间走完了西方发达国家四十年的包装业的发展历程。但是，正像韩家增同志在第五届理事会报告中所指出的，我国包装工业还存在着诸如产业集中度低、低水平重复建设严重、高技术装备和原材料长期依赖进口、行业整体研发和创新能力差、管理和技术人才严重匮乏等问题。为此，我们必须推进产业结构优化升级，形成以高新技术产业为先导，以具有竞争力的大型包装企业为骨干，以专、精、特、新的中小企业为基础的包装产业格局。

我国包装产业规模以上生产企业有2万余家，但真正拥有自主知识产权、主业突出、核心竞争力强的大型包装骨干企业还很少。而发达国家包装行业几乎都有一定数量的大型包装企业集团，且国际上通过收购、兼并，还在不断形成新的跨国集团。因此，我国包装企业应当实行集约整合，联合发展，进行培育大型包装制品和包装机械企业集团的试点，并按照现代企业制度运作。只有这样，才能使我国包装业的优势得到进一步加强和发挥。我们要用高新技术和先进适用技术改造传统的包装工业，大力振兴包装装备制造业。要紧紧围绕经济结构的战略性调整，引导企业提高和改善经济增长质量和效益。

总结包装工业发展的经验和教训，我们应当及时掌握、分析包装工业的发展状况，并协助政府对其进行总量调控，从而使包装产值与国民经济总产值的比值趋于合理，使包装工业的发展速度与国民经济总产值的比值趋于合理，使包装工业的发展速度与国民经济的发展速度协调同步。对包装产业实行总量控制，重点是对新上马的大型包装项目要请国家权威部门进行科学的论证。对于大量的中小型包装企业，既要根据《中华人民共和国中小企业促进法》的要求，积极扶持、加强引导、完善服务、依法规范、保障权益，引导其向专、精、特、新方向发展，又要结合整顿和规范市场经济秩序的部署，对技术落后、重复建设、资源浪费、污染环境严重的中小企业加以限制，通过整合、兼并、民营化、股份制等多种方式进行改造，使中小企业充分发挥优势。

包装工业发展的原则是：(1)以市场为导向。遵循市场经济规律，不断满足优质、安全、方便、美观、无污染、无公害的国内外包装制品市场需求。(2)发挥区域比较优势。依托优势包装工业专业化生产区域，实现包装制品的制造、研发与原料基地紧密结合，上下游产品的结合。(3)适度规模经营。与原料基地的规模和市场和需要相适应，确定企业规模，实行大中小企业相结合，注重中小企业和非公有制经济的发展。(4)采用先进适用技术。保护和发展传统工艺，选用先进适用的技术设备，有条件的包装企业要积极引进和开发高新技术，实行高新技术和适用技术相结合。(5)发展和保护并重。注重保护人民生命安全与健康，保护环境和包装制品安全，推行清洁生产，防止包装企业对环境的污染和环境对包装制品的污染。(6)充分发挥高新技术产业开发区和工业园区的作用，引导企业、科研单位、大专院校相结合。(7)加强宏观指导。通过制定和实施包装工业发展政策、规划和质量标准等，引导包装工业合理布局，防止盲目铺新摊子和低水平重复建设，提高包装工业的现代化水平。

为使包装工业持续快速健康发展，我们还要大力促进相关行业的协调发展，特别是：(1)要加大开发新型包装材料的力度。开发更符合包装强度要求和印刷性能要求的多种包装用纸和纸板；开发阻隔性能更好的多种塑料树脂和辅料；开发适用于制作包装桶罐的各种薄钢板；开发符合包装需要的铝箔和镀铝膜；开发符合包装要求的无虫害复合木制品等，为包装行业提供品种更多、质量更好、更符合国际潮流的包装材料。在国外建立包装原材料生产基地。(2)要振兴包装装备制造业。包装装备制造业是包装工业的基础，是决定包装工业发展方向和速度的主要因素。必须通过引导和扶持，振兴包装装备制造业，实现机电一体化，智能化，集中控制化发展，并加大微机技术应用。(3)要建立我国绿色包装工业体系。发展绿色包装是应对各国技术壁垒、环境壁垒和检疫规则的治本措施。要大力发展环境性能好，对环境和人身不造成危害，可回收利用或降解的包装材料。大力推行清洁生产，利用清洁能源和原材料，采

用清洁工艺，生产清洁产品。实施包装废弃物的回收利用。

（二）加强包装法规和包装标准体系建设

依法治国是我国的基本方略，包装法规的健全和完善，是保护消费者权益的需要，也是确保我国商品参与全球竞争的需要，更是指导我国包装产业科学合理、持续健康发展的需要。

经过二十多年的努力，我国在已颁布的相关法规中对包装产品质量均作出了明确要求，并制定了各类国家标准500多项，构成了我国包装法规标准体系的基本框架，初步满足了包装及相关行业的一般需求。但是，涉及包装的法规还严重不足，大部分包装标准与发达国家标准还有相当的差距，标准不全面，不配套，可操作性差，还有一部分标准已不能适应市场经济的需求。

特别是在中国加入世界贸易组织后，如果我们的包装法规建设严重滞后，如果我们的工农业产品的生产者缺乏包装法规意识，如果我们的包装制品缺乏法规、标准的约束，那么我们的出口商品因包装达不到国际标准或发达国家法规的要求而被制裁的可能性将激增，因包装问题造成出口商品索赔的情况将会大量增加，我国的出口贸易将会受到严重影响。1998年我国出口商品使用的实木包装制品就曾受到美国、加拿大、英国等欧洲国家的限制，一度造成严重的经济损失，就是一个典型的案例。

为此，我们要在国务院有关部门的领导和支持下，组织专门力量，结合我国国情，对发达国家和国际组织现有的法规进行收集整理和研究，对国外包装立法的工作流程进行跟踪，并对照我国已发布的涉及包装的法规、标准，做好吸收和转化工作。使我们的法规、标准真正做到科学、合理、先进、可操作，并与国际接轨。与此同时，我们要积极向协会会员和全行业提供国内外相关法规、标准信息，指导企业按法规、标准从事生产。鼓励企业采用国际标准以增强其产品的国际竞争力。

（三）依靠科技进步，加强包装教育

发展科技教育，是实现经济振兴和现代化的根本大计，也是实现从包装大国向包装强国迈进的根本大计。走新兴工业化道路，必须发挥科学技术作为第一生产力的重要作用，依靠科技进步和提高劳动者素质，改善包装工业增长的质量和效益。

我们应鼓励和引导包装领域广泛应用信息技术，积极推进对包装业健康发展有突破性重大带动作用的高新技术，用先进适用技术改造传统产业。包装行业的技术进步，很大程度上取决于采用先进的色原材料和采用先进的装备这两个方面。而包装原材料的技术进步，又主要依赖于包装上游行业。国家应鼓励包装上游行业加大开发新型包装材料的力度，如造纸企业开发更符合包装强度要求和印刷性能要求的多种包装用纸和纸板，石化企业开发更符合包装阻碍隔性能要求的多种塑料树脂和辅料，钢铁企业开发适用于制作包装桶罐的各种薄钢板，有色冶金企业开发符合包装需求的铝箔和铝材，木材行业开发符合包装要求的无虫害复合木制品等。如果包装上游行业不能开发符合包装需要的原材料，不能充分满足包装产业的需求，那么包装产业只能转而依赖进口，我国包装产业的现代化就没有可靠的支撑。为包装行业提供品种更多、质量更好、更符合国际潮流的包装原材料，是包装行业技术进步的重要前提。包装行业应向上游行业提供紧缺的包装原材料清单，配合进行市场调查，鼓励上游行业将其列入自己的新产品开发计划，并尽快形成规模生产的能力。

与此同时，我们要发挥协会的优势，组织国内的专家和优秀科技人才，跟踪世界包装发展动向和技术发展优势，对具有共性的、前瞻性的、战略性的包装领域课题进行研究，包括开展宏观包装经济学、包装与国民经济发展的关系、包装产业政策、包装法规与标准、包装与进出口贸易、包装与环境、包装与资源、包装与知识产权等课题的研究，并争取国家有关部门在政策上、组织上和经费上给予支持。

教育是包装产业人才的基础，是包装振兴的根本。我们应该放开视野看教育，集中精力抓培训。教育培训包括高等教育、职业教育、包装行业员工继续教育和技术培训等多个层次。

20年来，我国包装高等教育体系已经初步建立起来，但在师资、生源、教学质量、教学设施、科研成果等方面，不仅与发达国家相比有很大的差距，就是与国内其他行业的名牌大学和重点大学相比，也有很大的差距。为了使包装高等教育尽快达到国内外先进水平，关键是加强包装相关专业师资队伍的建设。国家应对包装专业的师资培训、出国进修、引进人才培养模式给予重点支持，以利于包装高级人才的培养。可以在包装行业试办一些股份制大学，实行校企结合。对现在已经成功运作的株洲工学院与中国包装印刷基地联合办学的经验，协会要给予总结和推广。要把促进包装工业发展的科学研究和加快中国包装工业发展的人才培训结合起来，实施跨学科合作研究，并在全国范围内和亚洲地区积极开展各种包装学术活动和学术交流，要创造条件积极发展与世界各国的包装科研机构和国际包装企业集团的交流与合作，争取多出成果，多出人才。争取5～10年内在包装经济管理和相关包装技术领域研究方面，有较大的突破。

要积极总结包装职业教育的经验，扩大包装职业教育的规模，逐步改变包装职工的素质普遍偏低的现象，为包装行业的现代化培养更多高素质的劳动者和实用人才。包装职工的继续教育和培训问题，直接关系到我国包装企业能否在激烈的国际市场竞争中生存和发展。行业协会应借鉴国外行业组织的经验，在组织行业职工的技术培训方面发挥更大的作用。

（四）坚持“引进来”与“走出去”相结合，全面提高对外开放水平

我们必须适应经济全球化和加入世贸组织的新形势，使包装业在更大范围、更广领域和更高层次上参与国际经济合作和竞争，并充分利用国际国内两个市场，统筹国内发展和对外开放，拓展发展空间，以对外开放促包装工业的改革和发展。

近年来，国外包装企业和包装组织都非常看好我国巨大的包装市场，从简单的产品销售到开设办事机构，直到投资办厂。一些世界著名的跨国包装企业纷纷来华投资办厂，在一定程度上加快了我国包装工业与国际包装界接轨的步伐。但是我们必须清醒地看到，入世后，世界包装强国一方面在凭借其资本优势和技术优势，大举进入我国包装市场；另一方面，通过严格的技术标准、环保标准、安全标准又对我国产品形成新的非关税技术壁垒。所以，加入世界贸易组织对我国包装业是机遇与挑战并存，我们必须继续做好加入世贸组织过渡期的各项应对工作，认真行使权利，履行承诺义务。

我们要继续积极、有效地利用外资，着重引进先进技术、关键设备、现代管理经验和专门人才，支持国内企业与跨国公司进行各种形式的合作，鼓励和支持有比较优势的各类所有制企业，采取合资、独资、联营等形式开展跨国经营，带动国内商品出口。

我们要为保持香港、澳门的繁荣稳定和实现祖国完全统一做贡献。我们要继续加强与香港、澳门和台湾地区包装业同行的交流与合作。

世界包装组织同意在中国建设亚洲包装中心，并经原国家经贸委批准建在杭州，给我国包装工业的发展提供了一个难得机遇。把亚洲包装中心建成一个国际性的集科教、研发、制造、金融、贸易、会展、信息、服务等为一体的综合性园区，对于提升中国包装工业在世界上特别是在亚洲地区的形象，实现中国包装工业成为世界包装强国的目标，都具有十分重要的现实意义和战略意义。我们要在国务院有关部门和地方政府的大力支持下，充分发挥协会的指导、协调作用，动员社会各方面力量，实行市场化、多元化、国际化运作、尽快把亚包中心的建设工作办好、办实，使之尽早成为包装业先进生产力代表的具体体现，成为开展包装业多边双边和区域经济贸易合作交流的平台。

随着我国经济的持续、快速、健康发展和投资环境的不断改善，一些世界性行业中心和国际性组织还将落户中国。世界包装组织创建以来，再次决定于2006年在我国举办“世界包装大会”，我们要作好各方面的工作，把大会举办成功，全面提高对外开放水平。

二、开创协会工作新局面，为建设包装强国服务

中国包协是1980年经国务院批准成立的第一个工业行业试点协会。二十三年来，中国包协和各地方协会在进行行业指导、推动行业进步等方面发挥了重要的作用。在中国加入世贸组织和进入市场经济的新形势下，国家对行业协会的工作越来越重视，要求也越来越高。特别是这次大会前夕，中央领导同志还专门作了重要批示。在全国兴起学习贯彻“三个代表”重要思想新高潮和党的十六届三中全会精神的重要时刻，如何将“三个代表”重要思想贯彻落实到协会工作上，使协会的工作体现时代性，把握规律性，富于创造性，对于协会的工作具有十分重要的现实和长远的意义。我们必须以邓小平理论和“三个代表”重要思想为指导，坚持解放思想，实事求是，与时俱进，不断研究新情况，解决新问题。面对新世纪新阶段，要准确把握自己的定位，加快协会改革，紧紧围绕中心，履行协会职能，为建设包装强国服务。

（一）用“三个代表”重要思想指导实践，推动协会工作

当前，摆在全国人民面前的一项重大政治任务，就是把“三个代表”重要思想学习好，贯彻好，落实好，务必在武装思想和指导实践两个方面都取得新的成效，为此，我们协会要注重做到以下几点。

第一，要落实到全面建设小康社会和建设包装强国的实践中去。胡锦涛同志指出，兴起学习贯彻“三个代表”重要思想新高潮，根本目的就是通过加强理论武装和理论指导，更好地推进全面建设小康社会的实践。协会工作要紧紧围绕全面建设小康社会和建设包装强国的奋斗目标，形成发展新战略，提出发展新思路，制定发展新措施，取得发展新成效。要促进包装工业与国民经济同步协调发展，努力实现发展的速度和结构、质量、效益相统一；要引导包装企业发展高新技术产业和高附加值加工制造业，进一步发展外向型经济；要支持中西部地区包装行业增强自我发展能力，支持东北等老工业基地走出加快振兴的新路子；要促进包装工业协调发展，全面发展，可持续发展，为尽早建成包装强国而努力。

第二、要进一步树立与时俱进、开拓创新的良好精神状态。最近，温家宝总理强调指出，要深化行政管理体制改革，推进政府管理创新，继续把政府不该管的事交给企业、市场、社会组织和中介机构，调动各方面的积极性，增强企业和整个社会经济活力与效率。为此，我们必须适应这种新形势，新变化。但是，我们协会的一些同志比较习惯于“官方或半官方”，比较习惯于“等、靠、要”，更没有看到最终要在市场经济的搏击中真正做到“自立、自养、自强”；还有些同志仅仅看到目前协会待遇低、无前途，工作中得过且过，少数分支机构及地方协会甚至出现萎缩、散摊子的现象。所以，我们必须深化协会改革，树立服务意识、市场意识、人才意识、创新意识、竞争意识。我们要为协会定好位，不断加强协会自身建设和实力，牢固树立发展的观念、改革的观念、服务的观念，有为才有位。

我们要充分发挥中国包协在国内外有较大影响和较高知名度的品牌优势；我们已经与世界包装组织、亚洲包装联合会等国际组织和不少国际知名企业建立了合作关系；我们有较完整的组织体系和一大批骨干企业；我们有一大批热心包装事业的专家、学者。只要我们扬长避短，最大限度地发挥主观能动性，中国包协在新形势下一定会继往开来，开创新局面。

第三，要在牢固树立服务意识，提高服务水平上取得明显进展。“三个代表”重要思想归根到底是为了人民，代表人民，造福人民的理论。作为协会就要以服务为宗旨。

镕基同志曾深有感触地讲过，“我国的各种协会要能像美国大豆协会那样就好了”。协会的根本任务就是为会员和企业服务，为政府决策服务，为行业健康发展服务，为国民经济持续、快速、健康发展服务，为建设包装强国服务。我们要积极推进中国包协的自身建设与发展，依法维护会员的合法权益，成为真正代表企业利益的行业协会。对会员和企业的服务，最主要的是要提高服务水平和质量。第一，要继续扩大服务面。不同所有制、不同规模、不同地区的企业，都是我们的服务对象；第二，要在协会章程许可的范围内，对企业提供全方位、多形式的服务，为不同类型的企业和个别企业，提供个性化、特色化的服务；第三，服务要有使企业获得实际效果；第四，服务内容要新。例如提供的包装技术、论证分析等要具有先进性，符合包装发展的趋势，使企业能持续发展；第五，要敢于维权，善于维权。今后协会对会员维权的工作力度要更大一些，措施更得力一些，协会工作者要当好会员会法权益的积极维护者。总之，脱离了服务，协会就没有生存的必要，协会因服务而存在，因服务而发展。当然，在服务过程中，我们必须处理好局部与全局的关系，包装行业必须服务于国民经济的大局，必须以最广大人民的根本利益为最终标准。我们只要始终坚持以服务为宗旨，就能不断提升中国包协的品牌效应，增强凝聚力、向心力和权威性，争取在五至十年内把中国包协建设成为国内一流的行业组织和国际知名的行业协会。

（二）履行行业统计职能，建立信息发布制度，加强对行业发展的指导

自中国包协成立以来，协会一直承担着包装行业的统计工作。二十三年来，统计工作为行业的发展做出了很大的贡献。2002年，国家统计局和原国家经贸委依据国务院关于加强行业协会职能的指示，重新明确授权中国包装技术协会承担中国包装行业统计职能，协会将在国家统计局的直接领导下，依法实施对包装行业的统计工作。目前，由协会起草的《中国包装行业统计报表制度》已经国家统计局批准，我们将在统计和信息工作的基础上，研究分析国内、国际两个市场的情况，追踪国际包装科研技术领域最前沿的信息，向国家提出生产力布局和宏观调控的政策建议，定期面向社会举行信息发布会，传达国家在经济方面的法规、政策，发布国际、国内市场信息及纸包装、塑料包装、金属包装、玻璃包装、包装印刷和包装机械六大工业门类的产能、产量及最新技术、装备情况。敏锐地反映行业中倾向性的问题，

例如，建立统一的信息平台，加强与国务院有关部门、行业协会、地方经贸部门和企业的信息交流，及时发现一些带有共性和倾向性的问题，应对我国产业经济安全面临的严峻挑战，有效运用反倾销、反补贴和保障措施手段，维护产业经济安全，保护国内企业的合法权益，建立国家、行业协会、地方经贸部门和企业四位一体的产业损害预警机制。

党的十六届三中全会要求我们，要增强全社会的信用意识，形成以道德为支撑、产权为基础、法律为保障的社会信用制度。为此，我们要在全行业广泛开展诚实信用教育，树立信用观念，树立诚实信用是包装企业和个人最重要的社会资本的新价值观。协会在建立社会信用体系中应该而且可以发挥重要的作用，要逐步建立健全信用征集、信用评价、信用担保等体系。积极建立和完善行业信用制度和信用体系。近期要在有关部门领导下重点抓好打击伪劣产品、假冒包装和欺骗性包装的行为。同时，通过保护包装企业知识产权，进一步维护企业的市场信誉。

协会对行业的宏观指导主要是抓好三个方面：一是对行业中的倾向性问题，及时向政府反映，向企业和行业通报，能够及时做到预警预测，建立应急反应机制，这是桥梁和纽带作用的体现，也是行业协会的一项重要职能。例如对上游企业价格垄断、倾销反倾销、盲目投资建设、恶性竞争等问题，要及时加以正确引导。二是要有前瞻性。例如入世对于我国包装产业的影响，新型工业化建设对包装业的要求，未来国际包装市场的走向等，要及早研究应对之策。三是要有战略性。例如对于法制建设、标准化建设、行规行约的制定、质量监督与检测、产品和从业资格认证、企业管理认证、包装人才教育工程等关系行业发展的基础性工作，要主动争取，积极参与，并抓出成效。

做好上述工作都离不开新闻媒体的宣传。多年来，协会直属媒体和其他媒体都为包装行业的发展做了大量有成效的工作，今后我们要进一步加强协会直属媒体的建设，使之更加贴近企业，贴近实际，贴近群众，并主动争取社会舆论的广泛支持，共同促进包装业的健康发展。

（三）加强规章制度建设，依法治会

《社会团体登记管理条例》和协会《章程》都要求我们必须遵守宪法、法律、法规和国家政策，遵守社会公德，保护会员合法权益，全心全意为会员服务。我们要依法治会，依章程办会，坚持会务公开，会费财务公开，增强工作透明度，要加强监督机制，重大事项要经过常务理事会通过。要定期召开常务理事会、理事会、会员代表大会，并健全会长办公会制度。有各地方协会、中国包协各委员会等分支机构秘书长参加的秘书长工作会也要制度化，每年举行一次，及时通报协会的工作，广泛听取意见和建议，研究改进措施。同时要制定和完善各项规章制度，使协会工作健康发展。各专业委员会、地方协会都要从实际出发，经常开展一些调研、咨询、技术交流和专题活动，使协会工作充满生机活力。要特别强调的是，协会要走企业家办会的路子。使包协真正成为“包装企业之家”。

要认真总结经验教训，正确处理好中国包协与地方包协的关系，中国包协与各专业委员会及各专业委员会与地方包协的关系。中国包协与地方包协在发展中国包装事业的根本目标和整体利益上是完全一致的，但各自都是独立社团法人代表。从二十多年包协发展的历史来看，中国包协与地方包协互为依存、优势互补、互利互惠、共同发展。我们由衷地希望地方包协一如既往地继续支持、配合中国包协的各项工作。多年来，地方包协在工作实践中，密切联系行业和企业，创造出了许多好的工作经验和方法，有些工作走到了中国包协的前面，中国包协要继续借鉴、学习和推广。另一方面，中国包协及时掌握上面的部署、政策和全行业发展中的共性问题，从全行业持续快速健康发展的大局出发，指导地方包协的工作。中国包协与各专业委员会是领导与被领导的关系，这些分支机构是中国包协在专业领域内的代表机构、派出机构，是中国包协的组成部分。多年来，专业委员会清晰的业务分工，及所处位置和占有的资源优势，对企业具有较强的吸引力和凝聚力。并做了大量有益的工作。中国包协的分支机构都要继续做好为地方协会服务、指导地方协会分支机构的工作。鉴于协会长期以来对分支机构管理不到位，个别分支机构的工作中出现了一些不规范的现象，必须引起重视并加以改进。中国包协将在这次重新登记中不断健全完善管理措施。另外，我们要进一步加强与其他全国性行业协会之间的合作与协调。在建设包装强国的进程中，我们各级协会组织都应以大局为重，互相支持，共同发展。

我们要继续巩固协会会员的组织基础，并按照章程做好发展会员的工作。为此，最主要的是要提高服务水平和质量，我们必须以搞好服务为宗旨，坚持

"团结、协作、创新、求实"的会风,改善、理顺、协调各种关系,以加强协会的组织建设,促进行业的健康有序发展。

(四)提高协会工作人员综合素质,开创协会工作新局面

二十一世纪是以人为本,全面、协调、可持续发展的新世纪,市场的竞争实际上是人才的竞争。我们要千方百计,尽快着力培养和吸收一批有创新能力、责任意识、创业精神、善于开拓、既懂技术又懂经济和市场的复合型高素质人才,以充实行业协会的骨干力量。要建立吸引年轻力量参加协会工作的机制,并使工作人员向职业化方向发展,形成老中青相结合的结构和合理的知识结构。

为了推进中国包装事业的发展,中国包协和地方包协的工作人员做了大量卓有成效的工作。在从包装大国向包装强国迈进的新征途中,我们协会的工作人员要以"三个代表"重要思想为指针,大力发扬团队与拼搏精神,以改革的精神加强和完善自己,艰苦奋斗、自觉奉献、永不自满,永不懈怠。在新形势下,我们的同志还要提高三个能力:一是开拓能力,善于在复杂、困难的条件下把工作做好,开辟出协会发展的新路来;二是创新能力,要敏锐观察市场经济中的新动向、求变出新,而不墨守成规、不因循守旧;三是沟通与协调能力,上至政府、下至企业,国内国际,与各方面都能建立友善良好的工作和人际关系,这有利于我们开展好协会工作和把事情做得更好。

同志们,中国包协六大召开,是一个从包装大国迈向包装强国的动员大会、誓师大会。党的十六届为我们描绘了改革开放和现代化建设的蓝图,十六届三中全会又做出了重大部署,形势的发展对中国包装技术协会和地方协会提出了新的更高的要求。我们要以邓小平理论和"三个代表"重要思想为指导,以全面建设小康社会为目标,以为企业、行业、政府服务为宗旨,以实现包装强国为己任,紧密地团结在以胡锦涛同志为总书记的党中央周围,解放思想,与时俱进,扎实工作,开拓创新,开创我国包装事业新局面。我相信,中国包装事业必将在新的世纪出现新的飞跃。

中国包装技术协会第五届理事会工作报告

中国包装技术协会副会长　韩家增

各位代表、各位来宾:

在深入贯彻党的十六大及十六届三中全会精神,全面建设小康社会,加快推进现代化建设的新时期,中国包装技术协会第六次全国代表大会开幕了。这是一次与时俱进、继往开来的重要会议。首先,请允许我代表中国包装技术协会向各位代表、向来自各有关部门的领导和国内外的来宾表示热烈的欢迎和衷心的感谢!

现在,我受邱纯甫会长的委托,代表中国包装技术协会第五届理事会向大会做工作报告,提请各位代表审议。

一、二十三年来的历史回顾

二十三年来,我国现代包装工业得到了快速发展。早在上个世纪80年代初期,针对当时我国包装工业严重滞后于国民经济发展的状况,国家确定了鼓励快速发展包装工业的指导思想。在党中央、国务院的正确领导下,在各级政府及有关部门的指导和支持下,协会团结广大包装工作者,经过全行业的不懈努力,我国包装工业从小到大,获得了跨越式的发展,一直以高于国民经济发展的平均速度递增。中国包协成立之初的1980年,全国包装工业产值仅有72亿元,到2002年包装工业产值达到2 500多亿元。其中:纸包装工业产值716.6亿元;塑料包装工业产值642.6亿元;金属包装工业产值131.0亿元;玻璃包装工业产值159.8亿元;包装印刷工业产值374.5亿元;包装机械工业产值205.3亿元;其他包装工业产值270.2亿元;包装工业为全年社会消费品零售总额超过4万亿元的国内商品和出口总额达3 200多亿美元的出口商品提供配套服务,包装工业已基本适应了国民经济发展的需求。包装企业已从1980年的县级以上企业2500家发展到2002年的规模以上企业2万多家。包装行业利用国际产业

转移的机会大力发展劳动密集型工业，从业人员从1980年的80万人增加到2002年的320万人。

二十三年来，我国包装工业加快技术进步，壮大重点骨干企业，坚持走国际化道路，积极合理引进国外先进技术和设备，包装工业的整体水平得到了较大提高，缩小了与发达国家的差距，国际上通用的大部分包装设备、包装材料和包装制品我们都已能够生产。瓦楞纸包装制品、塑料编织袋、复合软包装、金属桶的产量已居世界前列。包装材料和包装机械开始参与国际竞争，出口量逐年增加。由于包装落后造成商品严重破损的现象已基本得到控制，“一等产品、二等包装、三等价格”的局面基本得到改观。包装工业已从一个分散的行业发展成为一个独立的比较完整的工业体系，从包装产品的产量、质量、品种等综合来看，我国已经进入了“包装大国”的行列。我们用20多年的时间，走完了发达国家40年的发展路程，包装工业为国民经济的发展作出了积极的贡献。

各位代表：

中国包装工业之所以能够在短短20多年迅速发展成为令世人瞩目的大行业，这首先要归功于党中央、国务院的正确领导，归功于中央各部委的领导和地方各级政府的支持，归功于老一代包装工作者和广大包装业界的同志们的共同努力。在这里我代表第五届理事会向他们致以崇高的敬意。在这里应该强调的是，自协会创立以来，以邱纯甫同志为会长的中国包协领导集体，团结全国广大包装工作者，以邓小平理论和“三个代表”重要思想为指导，针对包装行业的实际情况，紧紧围绕党中央、国务院在改革开放20多年来各个时期的中心工作，在几个关键的历史时期，提出了一系列正确的包装工业发展思路，为形成今天的包装工业的大好局面奠定了坚实的基础。

（一）包装工业大家办、包装工作大家做

上个世纪70年代末，由于历史原因，中国包装工业处于分散和极为落后的状态。基于这种情况，1978年一批有责任心和使命感的包装工作者上书中央，希望尽快改变包装工业落后面貌，邓小平同志为此做了重要批示。1980年，根据小平同志的批示，邱纯甫同志带领国家经济代表团访问日本，在认真分析我国工业管理体制弊端的基础上，向国务院提出了借鉴市场经济发达国家的经验，在包装工业领域成立行业协会，协助国务院综合经济部门对包装工业实行行业管理的新思路。邱纯甫同志的报告受到国务院领导同志的重视，经国务院批准，我国第一个工业领域的行业协会——中国包装技术协会诞生了。为尽快摆脱当时计划经济对包装行业的种种束缚，针对当时包装工业严重制约国民经济发展的实际情况，邱会长提出了“包装工业大家办，包装工作大家做”的包装行业发展思路。这一思路得到了国务院领导的肯定和国务院有关部委及各级政府部门的支持。当时国家经委、国家计委、轻工业部、机械部、外贸部、商业部、物资部、航空航天部等有关部委和包装工业发展较快的一些省、市地方政府的有关领导干部参加了协会组建工作。同时，经国务院批准，成立了具有计划和行政管理职能的中国包装总公司，包装行业进入了国家计划单列，落实了国家对包装行业资金、物资的支持。协会组建了纸制品、塑料制品、金属制品、玻璃制品、包装印刷、包装机械六大工业门类和科技、标准、规划、信息、教育等专业委员会。各省、自治区、直辖市也相继成立了地方包装技术协会。为加强信息交流，协会创办了国内外公开发行的机关刊物《中国包装》杂志，形成了全国包装行业管理和服务的网络体系。

（二）改革包装，势在必行

上个世纪80年代中期，由于长期受计划经济的影响，我国包装行业的下游行业普遍存在着“重生产、轻包装”的观念。包装工业自身也非常落后，包装产品质量差，包装运输及仓储存在严重问题，每年因包装问题损失达100亿元，给国家造成重大经济损失。在深入调查基础上，邱会长多次向国务院领导反映情况，提出建议，包装工业对国民经济的影响和制约问题引起了国务院的高度重视，决定成立全国包装大检查领导小组，在全国开展包装大检查工作，李鹏同志就包装大检查工作发表了重要讲话。通过这项工作的开展，达到了每年减损10亿元的目标。邱会长在中央人民广播电台发表了题为“包装改革，势在必行”的广播演讲。国务院办公厅转发全国包装大检查领导小组《关于进一步改进商品包装减少经济损失的报告》。为加强舆论的导向作用，协会创办了《中国包装报》。在协会努力下，我国正式加入了国际标准化组织包装技术委员会。经国家立项开始建立中国包装科研测试中心。国家经委、教育部联合发出《关于发展包装教育的通知》。国务院批复了协会参与起草的《1986年—2000年全国包装工业发展纲要》。国务院于1988年批复了国家经委《关于加强中国包装技术协会行业管理职能的报告》。这个文件标志着国务院对协会行业管理试点工作的肯定。经过多年的努力，包装工作受到全社会的关注，初步打开发展包装的局面。

（三）结合国家治理整顿，促进包装工业健康发展。适时提出调整包装产业和产品结构重点方向，保证有效供给

上个世纪90年代初期，我国经济出现转轨时期的暂时性困难，协会提出了利用当前市场疲软的契机，加大对包装产业和产品结构调整的力度，重点支持保证有效供给和具有提高产品附加值及出口创汇优势的包装企业的发展思路，促进了包装工业的健康发展。江泽民同志在谈到包装工作时提出：“包装很重要，不仅是保护商品的问题，要通过搞好包装提高附加值，对包装这个大问题，我们一定要重视”。包装行业成为坚决贯彻《国务院关于当前产业政策要点的决定》的一个重要经济力量。国家计委批复了协会参与制订的《全国包装工业“八五规划”》和《今后十年（1990～2000年）包装发展规划的设想》，为后来的包装工业腾飞奠定了基础。

（四）坚持走国际化道路，迎接未来国际竞争的挑战

上个世纪90年代中期，邱会长敏锐地注意到国际产业转移的动向，针对我国包装工业整体水平的提高和多种所有制企业的蓬勃发展，提出依托国有资本龙头骨干企业，利用外商投资包装企业的技术先进性和民营企业对包装市场变化的良好适应性，瞄准国际、国内两个市场，加快包装工业的发展，力争在本世纪末使我国的包装制品和一般通用包装机械的产量进入世界大国行列。1996年，中国包协首次成功地主办了世界包装大会，世界包装组织53个成员国的代表出席了会议。会议达到了协会预期的“让中国包装走向世界，让世界了解中国包装”的目的。吴邦国同志在接见世界包装组织秘书长时指出“包装行业是我国发展最快的一个行业，中国政府支持中国包装技术协会的工作，中国政府支持中国包装技术协会与世界包装组织和各国包装协会的交流与合作，相信未来的中国包装工业是大有希望的”。经吴邦国同志批准，邱会长率中国包协代表团访问了美国，考察了美国包装工业以及刚刚兴起的互联网行业，了解了美国包装机械制造商协会的运作模式。考察后，邱会长在向国务院的报告中提出，针对包装工业贴近市场这一显著特点，我们应加强对互联网的研究与开发，以信息化促进包装工业化的发展。同时，明确了协会发展的方向，按照社会主义市场经济的规律，中国包装技术协会绝不能走所谓“二政府”的道路，而应该坚定不移地走国际化的道路，这样才能指导企业和行业应对未来激烈的国际竞争。

（五）发出从包装大国走向包装强国的号召，推动我国包装业再上一个新台阶

进入新世纪以来，包装行业虽然有着我国加入世界贸易组织的良好机遇和20多年包装工业发展雄厚的基础，但是与发达国家相比仍比较落后，包装制品量虽大但质不高，是个“包装大国”，但不是“包装强国”。邱会长针对包装行业存在的诸如技术、人才、资金不足，科研开发与生产制造脱节，缺乏可持续发展的后劲，一些包装材料和技术装备仍依赖进口，花费大量外汇，以及包装企业规模小，人才匮乏，创新能力差，管理水平低，缺乏竞争力，真正拥有自己知识产权的技术和产品很少，总跟在别人的后面跑，造成被动和极大损失等各方面存在的问题，在2002年4月向时任总理的朱镕基同志报告，建议国家及有关部门应加大对包装工业发展的扶持力度，建设包装科技园区和亚州包装中心，创造良好的外部环境，以利益为纽带打造包装业的“航空母舰”，加快包装立法，同时引导企业加快技术创新，重视人才培养，创造知名品牌，推动我国包装工业再上一个新台阶。报告得到了朱镕基同志的重视和国家经贸委的支持，同时也极大地鼓舞了广大包装工作者，在全行业兴起了一个建设“包装强国”的新高潮。

二、五大以来的工作

1998年，中国包协召开的第五次全国代表大会，到今年已经走完了五年的历程。五年来，在邱会长的领导下，协会坚决贯彻党的十五大和十六大精神，紧密围绕以经济建设为中心的指导思想，按照国务院综合经济部门的要求，依据协会章程和五大提出的工作重点，开拓进取，努力工作，使协会工作不断地取得进步。

（一）认真贯彻党的十五大和十六大精神，积极落实国务院机构改革方案和协会职能，协助国家经贸委全面开展包装行业管理工作

为充分发挥行业协会的作用，协会做了大量的探索工作，得到政府部门的肯定。国务院和国家经贸委先后下发了一系列委托协会协助政府部门从事行业管理工作的文件。国家经贸委以人事［1999］59号文件授权中国包协承担包装行业管理的七项具体工作。一是组织研究和制定包装行业中长期规划和《全

国"十五"包装工业规划》。二是具体组织实施国家经贸委《关于转发全国包装改进办公室"关于加强全国包装改进工作的意见"的通知》(国经贸[1998]]583号)提出的八项包装改进措施。三是对包装工业企业技术改造、技术开发和基本建设项目提出初审意见。四是负责全国包装工业信息统计。五是组织科技成果鉴定和推广应用。六是承担全国包装产品质量监督有关工作,负责包装质量认证的管理和包装产品生产许可证发放的管理工作,组织包装产品标准制定、修订等工作。七是包装行业的其它管理职能。国务院办公厅的国办发[2000]81号文件明确中国包装技术协会为国家经贸委直接管理的综合性行业协会。国家经贸委以国经贸[2000]1376号文件授权中国包装技术协会承担包装行业标准的制定、修订及组织编制工作。国家经贸委和国家统计局以国经贸产业[2002]642号文件,授予中国包装技术协会包装行业统计职能。国家经贸委以调查函[2003]29号文件,授予中国包装技术协会反倾销、反补贴保障措施有关职能并委托有关工作。根据国家质检总局关于国家标准化工作和认证工作的改革方向,协会积极参与了全国包装标准化技术委员会和包装认证管理委员会的改组工作。

国家政府部门的这些与国际接轨的做法进一步确立了包装行业管理的体系,明确了协会在行业管理中的职能和作用,为协会开展行业管理工作提供了支持和保障,协会根据政府的委托,协助国家经贸委在行业深入开展了包装行业管理工作。

(二)根据国家经贸委的授权,协会在指导包装行业认真执行全国包装工业"九五"规划的同时,编制了《包装工业"十五"发展规划及2015年远景战略》

协会调集骨干力量,成立了发展与规划战略研究组,在充分调查、详细论证、反复讨论的基础上,编制了规划和远景目标战略。规划中向国家提出了政策建议和包装工业总体发展战略设想。同时在全面分析中国及世界经济和包装工业发展的大趋势下,找出了存在的差距,提出了包装工业存在的问题和亟须解决的问题。在总体原则和基本指导思想的统揽下。提出了未来15年包装工业发展重点。

(三)加强对骨干企业的培育工作,引导中小企业向专、精、特、新方向发展,推动加快"亚洲包装中心"的建设工作

五大以来,协会积极扶持和依托大型骨干企业组建包装专业生产基地,在全行业起到了带动和示范作用。在中山市以张家边集团为主建立的中国包装印刷生产基地,已初步建成了产、学、研、贸为一体的工业集群;在江阴市以申达集团为主建立的中国软塑包装材料生产基地已经成为我国软塑包装业的龙头。在浙江以胜达集团和景兴纸业公司为主建立的中国纸包装开发生产基地和纸板开发生产基地已成为颇具实力的纸制品包装生产基地。在杭州市以爱迪尔包装集团为主建立的中国镀铝环保包装材料生产基地和以中粮美特容器有限公司为主建立的中国印铁包装容器开发生产基地。在浙江上峰包装集团成立了中国纸制品纳米技术应用研究中心。在上海指导建设了上海包装印刷城。目前,这些颇具规模的基地都已成为国内领先的现代化包装工业园区。这些基地的建设有力地推动了专业化生产,促进了同业间的联合和技术交流与提高。2003年由国家经贸委批准正式确定杭州市为世界包装组织"亚州包装中心 "的实施城市。协会准备继续加强对"亚包中心"的指导工作,会同杭州市人民政府和国内外包装企业,以市场化的运作方式,把"亚包中心"建成一个融科教、研发、制造、金融、贸易、会展、信息、服务于一体的世界性包装产业中心。

(四)开展包装立法和包装产业政策的研究工作

协会在国家经贸委的领导下,积极进行《包装管理条例》的起草,为包装行业立法进行前期准备。国家经贸委在广泛听取法学界和相关行业专家意见的基础上认为,在现阶段颁布《包装管理条例》的条件尚不成熟,提出中国包协应继续进行包装行业部门规章及包装立法研究。根据经贸委的要求,协会将立法工作的重点转移到对国外包装法规的调研上来,同时注重在包装行业宣传我国已颁布法规中涉及包装行业的有关条款,积极参与新颁布的《印刷业管理条例》、《清洁生产法》、《危险化学品包装管理条例》有关法律、法规的起草及协调工作等,受到了国务院主管部门和行业的好评。

根据邱纯甫会长的建议和国家经贸委李荣融主任的批示,国家经贸委以产业[2002]220号文件委托中国包装技术协会承担"中国包装产业发展政策研究"的课题。协会组织专门班子和行业专家,对我国包装产业的现状、问题,我国包装产业的投融资政策、财税政策、进出口政策、技术政策、技术装备等状况进行了分析;对国外包装产业情况进行了调查及比较;对发展包装产业的具体政策建议进行了深入

的研究，起草并上报了《中国包装产业发展改革研究报告》，为制订促进我国包装产业发展的国家政策提供了重要依据。

（五）抓好改进包装的日常工作

在国务院的直接领导下，20 世纪 80 年代中期开展的包装大检查工作使包装行业在增收减损节约方面取得了巨大成绩，协会工作得到了社会各方面的认同与支持。五大以来，协会包装改进工作由过去的抓重点行业、重点产品转入把包装改进工作贯穿到日常工作中。包装改进工作的重点已由减少运输、仓储环节的破损，转移到运用高新技术和适用技术迅速使包装产品适应市场需求方面。同时，把包装改进工作与保护环境紧密结合在一起，在包装行业坚持减量化、再使用和再循环的原则，推广清洁生产。

（六）注重包装科研教育工作，为行业培育人才

五大以来，在我国包装院校和综合性大学大力兴办包装专业教育的基础上，协会大力提倡包装行业走产、学、研相结合的道路，建议教育机构兴办在职继续教育和职业学校按需办学，取得了良好的效果。中国包协教育委员会秘书处所在院校——株洲工学院与广东中山张家边集团联合创办株洲工学院中山学院，为中国包装印刷基地和广大包装印刷企业培养了大批实用人才。一大批拥有包装专业的高等院校，如浙江大学、江南大学、陕西科技大学、天津科技大学、北京印刷学院、湖北工学院、上海理工大学等，纷纷与包装行业的骨干企业签订了科研合同，为使科研成果迅速转化为生产力奠定了良好的基础。

（七）肩负起维护行业和会员合法权益的重要责任，将服务工作贴近市场，贴近行业与会员实际需求

面对我国加入世界贸易组织后的新形势，协会肩负着代表会员及行业利益的更重的责任，五大以来，协会在维护行业和会员合法权益上做了许多工作，其中比较突出的事项有：

外经贸部根据部分钢铁企业提交的《关于对钢铁产品进行保障措施调查申请》于 2002 年 5 月 20 日和 21 日发布第 29 号和第 30 号公告，决定对部分进口钢铁产品和保障措施进行立案调查。同时决定对包括与包装工业关系密切的镀锡板（马口铁）在内的部分进口钢铁产品采取临时保障措施，对 14.5 万吨配额以外的进口镀锡板（马口板）加征 25% 的特别关税。协会金属容器委员会对行业的动向反应极为敏感，立即在全行业开展了深入细致的调查工作，迅速向协会提出了报告，指出特别关税的实施对钢铁工业下游工业——金属包装工业影响很大，如继续保持临时保障措施，我国金属包装工业将面临全行业亏损。为此，中国包协代表金属包装行业向国家经贸委提交了四份紧急报告并多次向外贸部有关部门说明有关情况。受邱纯甫会长委托，钱进同志代表中国包协出席了由国家经贸委主持的部分钢铁产品保障措施产品损害调查听证会，并作了题为《中国包装技术协会对于镀锡板实施临时保障措施对金属包装容器行业损害和影响的报告》的发言。国家经贸委经过科学、认真的调查分析，最终裁定，与包装行业关系密切的中国镀锡板产业损害与进口产品之间无因果关系，镀锡板不符合实施最终保障措施的法定条件，取消了临时保障措施中加征 25% 的特别关税的规定，从而保护了整个金属包装包装容器行业的利益。

协会法律事务服务中心积极为会员排忧解难，以高度的责任心为会员企业提供优质服务，被会员亲切地称为"娘家"。2003 年新入会的会员汕头经济特区恒兴包装印务有限公司向协会请求法律援助，要求协会帮助解决自 1997 年拖延至今的一起合同纠纷案，对方是一家国际知名公司，由于各方面的原因，会员已感胜诉无望。协会了解案情后。敏锐地感觉到案情发展不仅对会员经济利益造成损害，而且对今后国家利益将造成重大影响，遂组成专门班子，全力以赴，在国家有关部门的支持下，目前案情审理已向有利于我会会员方向发展。

（八）协助政府开展清理整顿市场经济秩序工作，在包装行业推行诚信经营理念，对制造假冒伪劣包装制品和期诈性包装制品的行为进行调查

协会在建立社会信用体系中发挥了重要的作用，五大以来，协会开始逐步开展建立、健全包装行业信用征集、信用评价、信用担保等体系的前期准备工作，积极筹备建立和完善行业信用制度和信用体系。根据温家宝同志的有关批示，国家经贸委委托协会开展了对假冒包装和欺诈性包装的调查研究工作。同时通过保护包装企业知识产权，进一步维护企业市场的信誉。协会通过公众媒体向全行业发布了城信经营倡议书，得到了全行业的支持与响应。

（九）广泛开展国际交流，利用我国加入世界贸易组织的机遇，坚持"请进来"与"走出去"并举的方针，提高了中国包装行业在国际包装界的地位，发挥了中国包装协在相关国际组织中的重要作用

五大以来，协会通过广泛深入地开展国际和地

区间的交流，提高了我国包装业在国际包装业界的知名度和地位，加快了中国包装工业走向世界的步伐，促进了我国包装事业的快速发展。

为适应我国加入世贸组织后的新形势，尽快与国际包装业接轨，经国务院批准，中国包协作为中国瓦楞纸箱行业唯一合法代表于2002年正式加入国际瓦楞纸箱联盟(简称“国际瓦联”)，并成为国际瓦联的常务理事国，在国际瓦联中代表发展中国家发挥着日益重要的作用。在国际瓦联授权下，经协会在国家工商行政管理总局注册，中国包协已经开始在国内推广使用国际通用的瓦楞制品回收标志。这一活动得了众多纸箱企业的积极响应。

在国家经贸委和我驻欧盟使团的支持下，中国包协气雾剂专业委员会成为欧洲气雾剂联盟的通讯会员，协会正在发起组成由欧洲气雾剂联盟及美国、巴西、澳大利亚、日本、印度等国参加的世界气雾剂组织。展览工作是协会为企业服务的重要内容，是为企业提供开展贸易活动、交流经验、借鉴国外先进技术的重要平台。五大以来，协会成功地举办了4次综合性国际包装展览会和6次专业展览会。

五大以来，协会积极参加世界包装组织和亚洲包装联合会的活动，加强与各国包协的双边交流，定期组织企业参加国际包装展和出国培训与考察，取得了良好的效果。

(十)加强新时期包装工作重要性的宣传，加大对政府、行业和会员的信息服务力度

五大以来，包装信息化工作取得突飞猛进的发展。协会在继续发挥协会自己主管的包装专业媒介《中国包装》杂志、《中国包装报》和兼管的《包装世界》等媒体作用的同时，针对包装行业是国民经济配套工业的特点，创办了行业内部报纸——《包装与相关信息报》，经过二年的努力，相关信息报已得到了包装行业和相关行业的认同。协会建立的中国包协网与中国包装网，对推进包装信息化进程发挥了重要作用，得到了会员和行业拥护。2002年，协会由于信息工作做得出色，在国家经贸委委托信息工作17家国家协会的评比中，获得了信息工作第二名的优秀成绩，被国家经贸委授予政务信息优秀单位称号。

(十一)加强协会党建工作，促进协会自身改革

五大以来，协会机关党建工作得到了进一步加强，党组织的领导作用和保障作用得到了充分发挥。党员在工作中发挥了模范作用，特别在抗击“非典”的工作中，协会党员经受住了考验，机关党支部被国家经贸委机关党委评为五个先进基层党组织之一。协会内部自身改革也已拉开序幕。协会机关建立、健全了规章制度，根据主管部门的要求。正在逐步开始人事制度的改革。

按照民政部的要求，协会如期完成了本部的重新登记工作，并全面开展了分支机构的整顿工作；重点做好协会二级机构清理整顿工作。修订了会员管理办法，加强了对会员的管理和服务。加大了协会发展会员的力度，一年来已发展新会员200余家，同时协助会员开拓市场，提供咨询及信息服务。

各位代表：

中国包协过去的五年，在党的十五大和十六大精神指引下，坚持以邓小平理论和“三个代表”重要思想为指导，认真贯彻党中央、国务院各项方针政策，团结广大包装行业同仁和全体协会会员，积极为包装行业、企业和会员服务，协会工作取得了显著的成绩，在协会工作的实践中积累了一些经验，获得了一些体会，主要有以下几方面。

(一)积极争取和紧密依靠政府和全行业的支持是做好协会工作的根本保证

行业协会是应市场经济的发展、社会的需要、企业的需求而产生的。协会工作必须有各方面的支持，尤其是政府的支持，特别在目前市场经济体系尚未健全的阶段，更离不开政府的支持。但协会只有干出成绩，才能得到政府的重视，有为才能有位。同时，协会的组织基础是会员和行业，只有全行业的支持，协会才能存在。因此，必须紧紧依靠政府的领导和行业的支持，协会工作才能发展。

(二)正确把握好协会在市场经济条件下的职能定位，是协会发展的可靠途径

协会的出现是社会主义市场经济发展的必然要求。2000年，国务院将工业经济部门改组为行业协会，协会已成为社会主义市场经济体制的有机组成部分，这从一个侧面肯定了中国包协行业管理的创新之路。1999年国家经贸委制定《关于加快培育和发展工商领域协会若干意见》规定了行业协会的17条职能，这些规定经过几年的实践，证明是符合客观实际的，是正确的，如果将来成为国家法规，将为协会的发展提供可靠的保证。协会的产生最初是由政府自上而下组织而成，而不是真正由企业自下而上自愿组成，协会最终的发展方向是由企业办会，协会的职能最终会以国家法律的形式和企业及市场认可的方式被正确定位。

（三）强化为政府、行业、企业服务的意识是协会发展的宗旨

协会的服务必须紧跟实现工业现代化大目标，紧跟各个时期工业改革发展的中心任务，切实维护企业和行业的合法权益。这就抓住了根本，行业协会就能有生命力和感召力。要贴近企业，全心全意为企业和行业服务。要了解企业、了解行业，就要倾听企业的呼声，反映企业和行业的要求和希望。就要急企业之所急，帮企业解决热点、难点问题，从而得到行业和企业的欢迎和信赖。实践充分证明，企业不需要多一个"婆婆"，却需要更多的知心者和解决问题的服务者。从实际出发，从行业需要出发，从企业的愿望出发，尊重行业企业的意愿并因势利导，协会才能真正发挥作用。

（四）行业协会需要一批热心而又高素质的人才，这是行业协会发展的基础

协会是自律性行业组织，是同行业企业的联合组织，它依靠全行业的集体力量，促进行业发展，而它本身就是全行业整体力量的体现，具有单个企业无法比拟的优势，包括生产、技术、管理人才等方面的联合优势，行业需要拥有技术专家、管理专家的组成的，集中了全行业科技和管理智慧的专家委员会。协会组织是为政府和企业服务的，服务质量的高低取决于人的素质。因此，协会组织里需要有一大批政治觉悟高、专业技术强、有思路、有远见的高素质人才。23年来我国包装行业管理之所以取得突出的成绩，就是因为在长期艰苦的工作中涌现出一批热爱包装事业的积极分子和专业技术人才。这是包装事业兴旺发达的关键所在。

（五）加强制度建设，规范化发展是做好行业工作的重要环节

协会工作要能够有条不紊的开展，重要因素之一，就是要把制度建设和规范化发展放在重要位置。行业内部根据需要建立各种规则、制度和章程，工作中有章可循，实行自我约束、自我管理、自我协调、自我教育，认真履行工作职责，就能保证协会工作的健康发展。实践证明，哪个地方协会制度健全，工作规范，哪个地方工作就扎实，工作成绩就显著，而且能充分发挥自身的主观能动性，发挥开拓精神，行业工作就越做越好。

各位代表：

23年来包装工业的发展取得了很大成就。但由于我国现代包装工业起步较晚，目前我国包装工业发展水平，无论从产业结构、产品结构还是企业结构来看，还存在明显不足，在一定程度上缺乏可持续发展的后劲。与国家及行业对我们的要求还有一定的差距。究其原因，主要是体现在政策、技术、体制等方面存在障碍性因素。

（一）包装企业规模小，产业集中度低，经济效益水平不理想

目前我国规模以上包装企业有2万家左右，规模以下企业达20万家左右。包装企业主要由中小规模的企业组成，低水平重复建设严重，一些包装制品生产能力严重过剩，另一方面高档多功能的包装产品生产能力不足，企业结构不合理，一般是小而全、大而全的企业多，包装机械以中低档居多。在我国的包装企业中，拥有自主知识产权，主业突出，核心竞争力强，在国际上有一定影响力的包装企业集团还相当少。生产成本高，利润低，经济效益差。

（二）包装行业技术进步速度缓慢

我国包装工业从总量上看，其绝对值与其他国家相比，确实已成为包装大国，但在质量、品种、性能上与发达国家相比差距很大。在技术创新和产品开发上没有形成合力，企业自主开发的力度也不够，多数情况是简单的引进。缺少自主知识产权利和知名品牌产品。最重要的是缺少支撑技术创新的机制。

（三）包装管理和技术人才严重匮乏

就全行业而言，高级管理人才和技术人才相当紧缺，人员素质和层次低于其他行业。市场竞争实质是人才竞争，人才是核心资本而且是稀缺资源。人才短缺现象已经成为制约包装工业发展的十分紧迫的问题，在很大程度上影响我国包装工业滞后于国外包装发展的潮流，无法跟踪世界最新技术动向，无法开发创新先进的技术和产品。

（四）包装行业的宏观管理亟待加强，涉及包装的法规、标准严重不足

目前各发达国家从保护消费者利益，保护资源及环境角度出发，都有一整套涉及包装的法规、标准及产品认证制度。并且不断推出新的规定。凡采用不符合规定的包装商品，都要受到限制和处罚。如我们的出口商品不能按照相关法律和标准生产，就必然带来巨大的经济损失。我国目前缺乏强制性的包装法规和产品认证制度、缺乏强有力的政策干预和法律处罚手段，一些伪劣商品以假冒包装做掩护严重扰乱了市场秩序，损害了消费者利益，造成了严重的环境污染和资源浪费。

（五）我国包装工业发展极不平衡

尽管包装工业20多年来得到了很大的发展，但就全国而言，因区域经济发展水平不同，在布局和产能存在严重失衡。据统计，华东六省一市包装工业产值约占全国包装总产值的50%以上，而西部10省市包装工业总产值只占全国包装工业总产值的10%左右，由于大多数包装产品量属轻泡物资，受运输半径的影响较大，对开发西部地区经济产生了阻碍性的影响。

以上种种状况，难以适应当今包装工业向高技术、国际化、规模化、环保化发展的趋势，无法满足进入新时期后我国国民经济发展对包装工业的需要，不能适应加入世界贸易组织后提高我国产品国际竞争力对包装工业的更高要求。

三、对中国包协"六大"工作的建议

中国包协第六次全国代表大会是在党的十六届三中全会胜利召开之后召开的一次包装行业具有重大意义的大会。我们一定要按照党的十六大和十六届三中全会的精神，以邓小理论和"三个代表"重要思想为指导，以全面建设小康社会为奋斗目标，与时俱进，开拓创新，充分挥我国包装工业的优势，提升整个包装产业水平，不断增强我国产品的国际竞争力，促进包装工业持续快速健康发展，中国包装技术协会要以崭新的面貌迎接从一个包装大国转变为一个包装强国的挑战。中国包协第五届理事会对协会下一阶段的工作提出以下建议。

（一）全面完成"十五"规划，协会应从速着手"十一五"规划的制定，并进行2020年远景目标的研究

党的十六大提出了全面建设小康社会的宏伟目标，明确了本世纪头20年我国经济建设和体制改革的主要任务。"十一五"时期是全面建设小康社会的第一个五年规划，意义十分重大。包装行业必须有配套这一规划的本行业规划。因此，我们建议要在全面完成"十五"规划的前提下从速着手制定"十一五"规划，争取工作的主动权。编制包装"十一五"规划，要以邓小平理论和"三个代表"的重要思想为指导，总结包装工业23年发展的经验教训，抓住未来20年我国经济与社会发展的重要机遇，迎接挑站，战胜困难，加快发展。要紧紧围绕全面建设小康社会的宏伟目标，研究如何配套和促进经济可持续发展，要树立"团结协作，与时俱进，促进包装工业与国民经济更加协调发展"的目标。在制定规划时特别要把握好以下原则：一是要统筹考虑包装与经济与社会与上下游行业的协调发展；二是要统筹考虑行业自身各个层面的协调发展；三是要考虑地区的协调发展；四是要考虑包装与环境的协调发展。在把握以上几条原则的同时还要处理好与各方面的关系。同时更要清楚其他行业的需要。如何把握原则、如何处理关系，需要协会和整个行业都要有思想准备。在编制规划中还要特别注意防止存在的重复建设和过分包装的问题，避免造成资源浪费。

（二）抓紧进行包装企业集约整合，实施"联合发展"战略，打造中国包装业"航空母舰"

在鼓励支持发展我国中小包装企业的同时，下大力气改变包装企业规模小、产业集中度低、经济效益差、缺少在国际上有一定影响力和竞争力的包装企业集团状况，加强促进已经建立的中山、江阴、上海、浙江等一批包装专业生产基地和杭州亚洲包装中心的建设。为中国包装企业融入经济全球化，搭起一个广阔的平台。

（三）大力推进我国包装工业技术创新，全面提高包装产品的质量，增加高科技含量，加快与国际标准接轨的进程

我国包装工业发展上一新台阶，缩小在技术、质量、装备性能方面与发达国家的差距，必须大力推进包装工业企业技术创新，使科研、技术、信息、教育、标准方面形成合力，建立创新体制。大力发展科技含量高、具有高水平的包装装备制造业以及质量检测设备。大力培训科技人员和掌握高科技的工人队伍。加快与国际标准接轨的进程。

（四）加强调查研究工作。特别要全面研究包装的市场取向，企业发展的取向和政府宏观管理的取向，为会员、行业、政府、社会服务打下坚实的基础

协会作为市场经济条件下为企业服务的行业组织，就必须搞清楚市场、企业发展的取向，才能使协会的服务达到事半功倍的效果。要研究"取向"，就要把行业底数、发展方向、企业需求、存在问题以及政府的产业政策搞清楚。要把相关行业和国际同业界的发展动态搞清楚。协会应继续研究促进包装工业发展的指导性、政策性文件，加大对包装工业发展的支持力度。抓紧包装法规研究步伐，促进包装法规建设。

（五）继续加强协会自身的建设

加强协会自身建设，使之更加适应新形势的需要。协会的自身建设是一项基础性标准。随着经济

体制改革和产权制度改革的不断深入，协会在发挥政府与企业之间的纽带和桥梁作用方面，地位越来越显得重要。我们要深化改革，健全协会各项规章制度，对在职人员进行培训，提高人员素质，使协会成为高效的办事机构。切实加强和改进工作作风，大力发扬党的解放思想，实事求是，勇于创新的精神，使协会成为企业拥护、政府信任、为我国包装事业作出更大贡献的协会。我们还要特别注意处理好中国包协与专业委员会的关系，与地方包协的关系，与兄弟协会间的关系，与国际组织间等各方面的关系。要认识和善于发挥联合功能。这样才能在行业大旗下齐心协力，共同发展。

同志们：中国包装技术协会成立已经二十三年了，我国包装行业已经成为国民经济的主要支柱产业。回顾走过的历程，我们取得了很大的成绩，积累了丰富的经验，看到了美好的前景和政府职能转变给协会工作带来蓬勃发展的机遇。展望未来，可以预见：协会之树将永远常青。邱纯甫会长是中国现代包装工业的奠基人和中国包协的创始人，他为我国包装事业的发展做出了巨大的贡献，中国包装行业将以他和一批老包装工作者为榜样，开拓进取，推动包装事业的不断进步和发展。前不久，邱纯甫会长推荐石万鹏同志担任中国包协新一届会长候选人，得到了国务院领导和有关部门的批准。邱会长多次讲过，万鹏同志多年在国家经济领域部门担任领导工作，有着丰富的管理经验，一定有能力推进协会工作上一个新的台阶达到新水平。我们相信在协会新的领导和全行业广大职工的共同努力下，我国包装行业必将为中国经济的发展、人民生活水平的提高、全面建设小康社会作出更大的贡献，为世界包装工业的发展作出新贡献。

现在，人类已经进入21世纪，面对世界经济的发展，世界政治格局的变化，世界科技的日新月异，我们将面临更多的机遇与挑战。让我们振奋精神，以邓小平理论和“三个代表”重要思想为指导，紧密团结在以胡锦涛同志为总书记的党中央周围，按照党的十六届三中全会提出的要求，按照中国包装“十五”和“十一五”规划提出的战略目标，继续发扬协会“团结、协作、创新、求实”的会风，与时俱进，开拓创新，为促进包装工业与国民经济更加协调的发展而努力奋斗！

谢谢大家！

文件、政策、法规

File、Policy Regulation

中国包装技术协会关于授予邱纯甫同志“中国包装事业最高荣誉奖”的决定

邱纯甫同志是中国包装技术协会和中国现代包装工业的创始人，也是中国包协一至五届的会长。二十三年来，在邱纯甫同志领导下，包装行业坚决贯彻落实邓小平理论和“三个代表”的重要思想，紧密依靠各级人民政府，努力协调组织社会各方面的力量，通过全行业的艰苦奋斗，包装行业已从一个门类缺失、分散游离、质量低下、供给不足、制约国民经济发展的行业，发展成为了一个门类比较齐全，与国民经济发展基本相适应的大行业，使我国成为了一个包装大国。为了表彰邱纯甫同志对中国包装事业的发展做出的卓越贡献，中国包装技术协会决定授予邱纯甫同志中国包装事业最高荣誉奖。

二〇〇三年十月十八日

中国包装技术协会关于推荐名誉会长及荣誉副会长的议案

根据石万鹏同志的建议，中国包装技术协会推荐邱纯甫同志为中国包装技术协会名誉会长；推荐岳宗泰、高首善、马力、王文荣等四位同志为中国包装技术协会荣誉副会长，请各位理事审议。

二〇〇三年十月十八日

中国包装技术协会关于授予“中国包装事业杰出成就奖”的决定

自中国包协成立以来，中国包装行业认真贯彻落实邓小平理论和“三个代表”的重要思想，紧密依靠各级人民政府，努力协调组织社会各方面的力量，通过全行业的艰苦奋斗，取得了世人瞩目的成就。为了表彰那些在开创和推动中国包装事业发展过程中，呕心沥血、勤恳创业并做出突出贡献的老同志，鼓励从事行业协会工作的同志向这些老同志学习，继往开来，发展创新，为在新世纪建设包装强国做出更大的贡献，中国包装技术协会决定授予高首善等47名老同志“中国包装事业杰出成就奖”的光荣称号。

（附：中国包装事业杰出成就奖名单）

二〇〇三年十月十八日

中国包装事业杰出成就奖名单

（47名排名不分先后）

于华亭　原总后勤生产管理部副部长　中国包协荣誉副会长

马　力　原重庆市人民政府副市长　中国包协荣誉副会长

马景明　原辽宁省经委委员　辽宁省包协会长

王怀仁　原中国电子器材总公司总经理　电子分会原理事长

王怀俊　原山东省经济贸易委员会副主任　山东省包协会长

叶秀峰　原山西省经济贸易委员会副主任　山西省包协会长

李文驹　原全国包装大检查办公室常务副主任　中国包协运输包装委员会主任

许有发　原湖南省经委原主任　湖南省包协会长

许建国　中国包装进出口总公司总经理　中国包协荣誉副会长

安振东　原黑龙江省副省长　中国包协荣誉副会长

张如生　原中国包装和食品机械总公司原总经理中国包协包机委副主任兼秘书长

张皓亮　原江苏省计经委原副主任　江苏省包协会长

陈　明　原上海包装装潢公司经理　中国包协印刷委原主任

陈文瑛　原轻工业部塑料工业局总工程师　中国包协塑料委主任

陈汉民　原清华大学美术学院装潢系主任　中国包协设计委名誉主任

陈雪云　原湖北省经贸委包装办公室主任　湖北省包协原副会长兼秘书长

陈德薰　原新加坡包装协会主席　中国包协外籍荣誉会员

陆　江　原国内贸易部副部长　中国包协荣誉副会长

钱家铭　原江西省副省长　中国包协荣誉副会长

岳纪元　原国家建材局副司长　中国包协建材分会会长

岳宗泰　原河北省副省长　中国包协荣誉副会长

高首善　原中国包装进出口总公司副总经理　中国包协荣誉副会长

姚公平　原宁波市经济委员会副主任　宁波市包协会长

黄　华　原浙江省经委副主任　浙江省包协会长、名誉会长

黄　欣　原福建省经贸委副主任　福建省包协名誉会长

黄凉尘　原国家商业部副部长　中国包协荣誉副会长

梁茂林　原河北省经委副主任　河北省包协会长

鲁万章　原轻工业部局长　中国包协玻璃委主任

翟翕武　原浙江省副省长　浙江省包协名誉会长

潘裕仁　原轻工部食品工业局局长　中国包协金属委主任

杨春垠　原国家物资总局副局长　中国包协荣誉副会长

杨澄宇　原中国人民解放军总后勤部司令部参谋长　中国包协荣誉副会长

吴吉祥　原天津市人民政府副市长　天津市包协会长

葛存龄　原中国包装技术协会副会长兼秘书长

彭金波　原中国包装总公司副总经理　中国包协荣誉副会长

谢自成　原国家医药管理局副司长

徐华东　原济南市政府副市长　济南市包协会长

来金烈　原中国兵器工业总公司总经理　中国包协荣誉副会长

杜子端　原农业部副部长　中国包协荣誉副会长

赵维臣　原国家经委副主任　中国包协荣誉副会长

施芝华　原广东省经济工作部部长　中国包协荣誉副会长

薛灵山　原轻工部造纸局局长　中国包协纸制品委员会主任

明志澄　原上海市经委副主任　上海市包协会长

卢荫浓　原中国包装进出口公司总经理　中国包协副会长

张怀忠　原国家机械部副部长　中国包协副会长

李以海　原云南省经济贸易委员会副主任　云南省包协会长

陈耳东　原北京市经委副主任　北京市包协会长

中国包协第六届理事会会长

姓名	性别	单位	现任职务
石万鹏	男	全国政协、全国政协经济委员会	常委、副主任

中国包协第六届理事会副会长名单

（27名 按姓氏笔画排列）

姓名	性别	单位	现任职务
马伟武	男	香港纸厂商会	会长
王　煜	男	厦门光夏印刷企业有限公司	董事长兼总经理
王文哲	男	中国食品工业协会	会长
王鑫炎	男	浙江爱迪尔集团公司	董事长兼总经理
方吾校	男	浙江胜达集团有限公司	董事长
闪淳昌	男	国务院参事室、国家安全生产监督管理	国务院参事
孙友元	男	湖北京山轻工机械股份有限公司	董事长
刘茂翔	男	华西包装（集团）有限责任公司	总经理
刘永福	男	中国粮油进出口（集团）总公司	副总裁

朱在龙	男	浙江景兴纸业股份有限公司	董事长
江宝全	男	南京金箔集团有限责任公司	总裁
陈兴康	男	江苏大亚集团公司	董事长、总裁
陈邦设	男	陕西北人印刷机械有限责任公司	总经理
罗富昌	男	香港中富集团公司	董事局主席
武文祥	男	中国印刷技术协会	理事长
郑崇祥	男	中国包装进出口总公司	总经理
金祥佐	男	亚洲包装中心有限公司	董事长
张国平	男	申达科技工业园	管委会主任
张晓琪	男	株洲工学院	包教委主任
南昌明	男	中国包装总公司	党组书记、总经理
施学顺	男	华发(福建)实业有限公司	董事长
钱　进	男	中国包装技术协会	副会长兼秘书长
崔立滨	男	哈尔滨和鑫包装印刷有限公司	总经理
章治安	男	富思特集团	总裁、党委书记
韩家增	男	国资委老干部局	副部长、中国包协副会长
谢力健	男	中山市张家边企业集团有限公司	董事长
黎树深	男	雷盛德奎实业(深圳)有限公司	董事长

中国包协第六届理事会秘书长

姓　名	性　别	单　位	现任职务
钱　进	男	中国包装技术协会	副会长兼秘书长

中国包协第六届理事会副会长名单

（27名按姓氏笔画排列）

马伟武

王　煜

王文哲

王鑫炎

方吾校

闪淳昌

孙友元

刘茂翔

刘永福

朱在龙

江宝全

陈兴康

陈邦设

罗富昌

武文祥

郑崇祥

金祥佐

张国平

张晓琪

南昌明

施学顺

钱 进

崔立滨

章治安

韩家增

谢力健

黎树深

中国包协第六届理事会常务理事名单

（121名按姓氏笔画排列）

姓 名	性 别	单 位	现任职务
于桂林	男	河北省包装技术协会	秘书长
马伟武	男	香港纸厂商会	会长
马雨生	男	北京轻联富佳金属印刷容器有限公司	董事长
王 立	男	青岛晶华玻璃有限公司	董事长
王 庆	男	中国服装设计师协会、中国服装协会	主席、副会长
王 煜	男	厦门光夏印刷企业有限公司	董事长兼总经理
王文哲	男	中国食品工业协会	会长
王步峰	男	湖南省包装技术协会	秘书长
王容洲	男	北京首航万源包装机械有限公司	厂长

王喜山	男	长春市经济贸易委员会	副主任
王爱平	男	中国电子器材总公司	副总经理
王鑫炎	男	浙江爱迪尔集团公司	董事长兼总经理
毛　来	男	上海包装造纸集团公司	总经理
方吾校	男	浙江胜达集团有限公司	董事长
车相福	男	中国包装技术协会	副秘书长
石万鹏	男	全国政协、全国政协经济委员会	常委、副主任
闪淳昌	男	国务院参事室、国家安全生产监督管理局	国务院参事
孙友元	男	湖北京山轻工机械股份有限公司	董事长
孙茂理	男	山东省包装技术协会	秘书长
卢　列	男	广东金盛卢氏集团有限公司	董事长、总裁
白荣五	男	北京市包装技术协会	会长
叶柏彰	男	信息产业部包装办公室	常务副主任
刘玉生	男	株洲工学院	包教委秘书长
刘无畏	男	中国包装技术协会	副秘书长
刘永福	男	中国粮油进出口(集团)总公司	副总裁
刘忠义	男	云南省包装技术协会	秘书长
刘承毅	男	中国包装技术协会	总经济师兼行业部长
刘晓玫	女	中国包装技术协会	总工程师
刘丽春	女	大连盛道集团	董事长
刘茂翔	男	华西包装(集团)有限责任公司	总经理
刘宗彬	男	山东中联包装集团	董事长兼总经理
李书良	男	中国包协无菌包装委员会	秘书长
李伟献	男	金华捷众国际包装印刷城有限公司	董事长
李志敏	男	山西省新闻出版局	党组成员、纪检组长
李景华	女	北京市包装技术协会	常务副会长、秘书长
李菊生	男	江西省包装技术协会	常务副会长
李建军	男	北京德宝商三包装印刷有限公司	总经理
李晓航	男	上海市经济委员会	原副主任
庄英杰	男	上海市包装技术协会	秘书长
朱在龙	男	浙江景兴纸业股份有限公司	董事长
江宝全	男	南京金箔集团有限责任公司	总裁

江继忠	男	黄山永新股份有限公司	董事长
关玉香	女	北京奥瑞金新美制罐有限公司	董事长
陈　民	男	福建省嘉美五金制品有限公司	总经理
陈兆忠	男	广州市包装技术协会	常务副会长
陈兴康	男	江苏大亚集团公司	董事长、总裁
陈邦设	男	陕西北人印刷机械有限责任公司	总经理
陈君辅	男	原浙江省轻工业厅	厅长
陈麒祥	男	中国包协印刷委员会	秘书长
何　峰	男	四川丰泰包装股份公司	董事长
何云从	男	安徽省经济贸易委员会	处长
何南至	男	中国包协包装机械委员会	秘书长
杨景云	女	甘肃省包装技术协会	秘书长
杜戈宁	女	重庆市包装技术协会	秘书长
杜哲兴	男	湖北省经济贸易委员会	副主任
芦　俊	男	贵州省包装技术协会	秘书长
邵定宁	男	青海省包装和食品工业办公室	主任
麦烈新	男	海南椰树制罐工业有限公司	董事长
陆雅君	女	吉林省经济贸易委员会	巡视员
林迪华	女	新疆区包装技术协会	秘书长
林鹏腾	男	福建省包装技术协会	常务副秘书长
罗少敏	男	深圳市包装技术协会	秘书长
罗富昌	男	香港中富集团公司	董事局主席
周　劲	男	云南侨通包装印刷有限公司	总经理
周　政	男	杭州中粮美特容器有限公司	总经理
武文祥	男	中国印刷技术协会	理事长
范　克	男	中国包协设计委员会	秘书长
郑祟祥	男	中国包装进出口总公司	总经理
金祥佐	男	亚洲包装中心有限公司	董事长
张力平	女	中国包协防伪委员会	秘书长
张守福	男	长春市包装技术协会	副会长兼秘书长
张国平	男	申达科技工业园	管委会主任
张雨田	男	甘肃省包装技术协会	理事长

张晓平	男	富韧强工业包装(广州)有限公司	总裁
张晓琪	男	株洲工学院	包教委主任
张继禾	男	湖北省经贸委包装办公室	主任
张耀权	男	浙江省包装技术协会	常务副会长兼秘书长
张鸿勋	男	北京市房山制桶厂	董事长
胡才修	男	辽宁省经贸委	副主任
姚建新	男	新疆区经济贸易委员会	副主任
姚清河	男	南京市包装技术协会	常务副会长兼秘书长
俞建虎	男	上峰集团有限公司	董事长、总裁
洪　钢	男	山东泉林包装有限公司	副董事长
赵小平	男	宁夏回族自治区经济委员会	副主任
郭　滨	男	黑龙江省包装总公司	总经理
郭鸿钧	男	宁夏区包装技术协会	秘书长
柯兰亭	男	海南省包装技术协会	常务副会长
南昌明	男	中国包装总公司	党组书记、总经理
贺　坚	男	湖南省包装总公司总经理	
施学顺	男	华发(福建)实业有限公司	董事长
郝志毅	男	杭州市经济委员会	处长
钱　进	男	中国包装技术协会	副会长兼秘书长
钱成锡	男	上海金鳌国际印刷城	董事长
徐彦儒	男	国家发改委	秘书
高　峻	男	梅高公司	董事长
曹云龙	男	陕西经济贸易委员会	副主任
曹振雷	男	中国制浆造纸研究院	院长
曹铭勋	男	中国包协设计委员会	副主任
曹德禄	男	天津市包装技术协会	秘书长
黄水寿	男	浙江大东南包装股份有限公司	董事长
黄月华	男	安徽省经济贸易委员会	副主任
黄启洪	男	广东省包装技术协会	常务副会长
黄建强	男	福建省泉州福荣华包装用品有限公司	董事长兼总经理
梁　宏	男	青岛市包装技术协会	秘书长
符国栋	男	华东制罐有限公司	董事长

崔立滨	男	哈尔滨和鑫包装印刷有限公司	总经理
游一中	男	常州气雾剂研究所	所长
章治安	男	富思特集团	总裁、党委书记
程水清	男	湖北中基包装材料有限公司	董事长兼总经理
谢力健	男	中山市张家边企业集团有限公司	董事长
韩致祥	男	河南省经济贸易委员会	原副主任
韩家增	男	国资委老干部局	副部长、中国包协副会长
蒋震宇	男	中国包协塑料包装委员会	主任
傅　刚	男	河北省包装技术协会	会长
谭柳河	男	广西区包装技术协会	秘书长
蔡　泓	男	中国医药包装协会	秘书长
蔡明池	男	中国包协塑料包装委员会	副主任兼秘书长
蔡根华	男	宁波市包装技术协会	秘书长
翟之荣	男	中国包协金属容器委员会	秘书长
黎树深	男	雷盛德奎实业(深圳)有限公司	董事长
戴苏宁	女	江苏省包装技术协会	副会长

中国包协第六届理事会理事名单

(287名按姓氏笔画排列)

姓　名	性　别	单　位	现任职务
丁树明	男	潍坊市包装工业办公室	主任
于桂林	男	河北省包装技术协会	秘书长
万世杰	男	江西中景集团有限公司	董事长兼总经理
马伟武	男	香港纸厂商会	会长
马雨生	男	北京轻联富佳金属印刷容器有限公司	董事长
马镇鑫	男	广东金明塑胶设备有限公司	总经理
马国强	男	昆明玻璃制瓶厂	董事长
孔繁辉	男	湖南常德金鹏凹版印刷有限公司	常务副总经理
王　立	男	青岛晶华玻璃有限公司	董事长

王　庆	男	吉林省桦甸市纸箱厂	厂长
王　庆	男	中国服装设计师协会、中国服装协会	主席、副会长
王　剑	男	陕西省咸阳彩印包装有限公司	董事长
王　煜	男	厦门光夏印刷企业有限公司	董事长兼总经理
王文哲	男	中国食品工业协会	会长
王凤舞	男	哈尔滨高美印刷有限公司	总经理
王志星	男	上海市包协纸容器包装委员会	秘书长
王志伟	男	江南大学	校长助理
王再东	男	河南省包装技术协会	秘书长
王喜山	男	长春市经济贸易委员会	副主任
王镇臣	男	汕头市汕樟轻工机械实业有限公司	董事长
王鑫炎	男	浙江爱迪尔集团公司	董事长兼总经理
王步峰	男	湖南省包装总公司	行业发展部主任
王魁生	男	邯郸天正包装机械有限公司	总经理
王容洲	男	北京首航万源包装机械有限公司	厂长
王建清	男	天津科技大学	包教委副秘书长
王振林	男	浙江大学机械能源学院	常务副院长
王爱平	男	中国电子器材总公司	副总经理
毛　来	男	上海包装造纸集团公司	总经理
毛伟芳	男	宁波八方集团股份有限公司	理事长、总裁
方吾校	男	浙江胜达集团有限公司	董事长
方秋潮	男	广西秋潮集团	董事长
车相福	男	中国包装技术协会	副秘书长
石万鹏	男	全国政协、全国政协经济委员会	常委、副主任
闪淳昌	男	国务院参事室	参事
史正	男	杭州中亚机械有限公司	总经理助理
冯立顺	男	武汉市包装技术协会	会长
冯国铨	男	东华印铁制罐公司	董事长
孙绍林	男	青岛联合包装有限公司	总经理
孙茂理	男	山东省包装技术协会	主任
孙世尧	男	山东丽鹏包装有限公司	董事长
孙明江	男	山东容百亿塑编股份公司	总经理

孙友元	男	湖北京山轻工机械股份有限公司	董事长
卢　列	男	广东金盛卢氏集团有限公司	董事长、总裁
卢桂成	男	江苏省包装技术协会	副秘书长
白　颖	女	中国新包装编辑部	总编辑
白荣五	男	北京市包装技术协会	会长
司徒达肯	男	广州市达肯包装有限公司	董事长
叶柏彰	男	信息产业部包装办公室	常务副主任
刘无畏	男	中国包装技术协会	副秘书长
刘永福	男	中国粮油进出口(集团)总公司	副总裁
刘忠义	男	云南省包装技术协会	秘书长
刘维亚	男	上海人民印刷八厂	协理员
刘桂培	男	顺德市南天机械制造有限公司	总经理
刘金生	男	天津环球磁卡股份有限公司	首席执行官 CEO
刘祥法	男	中国包协无锡培训与技术推广中心	主任
刘锡安	男	大连市包装技术协会	顾问
刘彦广	男	中国包装报社	社长
刘顺舟	男	北京市中天纸业集团有限责任公司	董事长
刘家长	男	岳阳隆兴实业公司	经理
刘丽春	女	大连盛道集团	董事长
刘凤兰	女	长春工贸合营塑料包装制品厂	书记、厂长
刘承毅	男	中国包装技术协会	总经济师兼行业部长
刘晓玫	女	中国包装技术协会	总工程师
刘忠良	男	阜阳市长征纸箱厂	厂长
刘茂翔	男	华西包装(集团)有限责任公司	总经理
刘宗彬	男	山东中联包装集团	董事长、总经理
刘玉生	男	株洲工学院	包教委秘书长
李　华	男	中国包装科研测试中心	副主任
李　苗	男	全国包装标准化技术委员会	副主任委员兼秘书长
李　钦	男	湖北广水轻工机械有限公司	总经理
李书堂	男	河南莲花集团	副总经理
李书良	男	中国包协无菌包装委员会	秘书长
李秋成	男	重庆秋泰化工厂	董事长

李越力	男	沈阳市世界银行贷款工业项目办公室	副主任
李景华	女	北京市包装技术协会	常务副会长、秘书长
李建京	女	包装及相关行业信息报	副社长
李伟献	男	金华捷众国际包装印刷城有限公司	董事长
李建雄	男	桂林集琦包装有限公司	总经理
李清华	男	济南经济委员会	包装办主任
李福忠	男	甘肃金城印铁包装有限公司	总经理
李志敏	男	山西省新闻出版局	党组成员、纪检组长
李中灵	男	河南金誉实业有限公司	董事长
李福清	男	东莞振华特种包装有限公司	副总经理
李晓航	男	上海市经济委员会	原副主任
李建军	男	北京德宝商三包装印刷有限公司	总经理
李永安	男	连云港中金医药包装有限公司	董事长
李菊生	男	江西省包装技术协会	常务副会长
许名宁	男	广州市新怡印务有限公司	总经理
许占林	男	中国包协机械工业包装技术分会	会长
许文才	男	北京印刷学院	院长助理
许清源	男	石狮市锦兴包装用品有限公司	董事长
许劭艺	男	海南劭艺设计工程机构	设计师
许耀明	男	北京长空机械公司	
庄英杰	男	上海市包装技术协会	秘书长
闫自全	男	陕西经贸委产业处	处长
闫世春	男	济南市经济委员会	副主任
安首立	男	中国包装技术协会	秘书长助理
齐国良	男	肇东石化包装制品有限责任公司	董事长
权为公	男	漯河华懋双汇包装制业有限公司	总经理
朱在龙	男	浙江景兴纸业股份有限公司	董事长
朱福观	男	嘉兴大华包装集团有限公司	总裁
纪家君	男	青岛市包装技术办公室	主任
纪玉淑	男	青岛润海包装有限公司	总经理
吕慧生	女	内蒙区包装技术协会	秘书长
江清林	男	惠安县健利发包装制品有限公司	总经理

江继忠	男	黄山永新股份有限公司	董事长
江宝全	男	南京金箔集团有限责任公司	总裁
吉　平	男	山西省包装办公室	主任
关玉香	女	北京奥瑞金新美制罐有限公司	董事长
陈　民	男	福建省嘉美五金制品有限公司	总经理
陈兴康	男	江苏大亚集团公司	董事长、总裁
陈昌胜	男	合肥美菱包装制品有限公司	总经理
陈麒祥	男	中国包协包装印刷委员会	秘书长
陈君辅	男	原浙江省轻工业厅	厅长
陈玉丰	男	金华市隆航包装有限公司	总经理
陈平生	男	湖南省包装总公司	副总经理
陈建忠	男	宁夏铁路利物实业有限公司	经理
陈忠奎	男	营口北方桶业有限公司	董事长
陈明良	男	苏州 PPG 包装涂料有限公司	总经理
陈燕雄	男	观图国际展览有限公司	秘书长助理
陈明正	男	上海包装科学研究所	高工
陈雅慈	女	佛山杜邦鸿基薄膜有限公司	副总经理
陈德炯	男	广州中宝包装有限公司	总经理
陈邦设	男	陕西北人印刷机械有限责任公司	总经理
陈兆忠	男	广州市包装技术协会	常务副会长
吴八十	男	漳州市八十彩印包装有限公司	董事长
吴庆瑞	男	福州佳通第一塑料有限公司	总经理
吴昌硕	男	山东德力塑胶有限公司	总经理
吴国荣	男	江苏省包装技术协会	秘书长
吴哉和	男	广东国际容器有限公司	总经理
何　峰	男	四川丰泰包装股份公司	董事长
何云从	男	安徽省经济贸易委员会	处长
沈　云	男	外贸无锡印刷有限公司	总经理
杨　洪	男	昆明市福保彩印包装厂	厂长
杨仲林	男	湖北工业大学	包教委副主任
杨景云	女	甘肃省包装技术协会	秘书长
杨建国	男	兰州新世纪彩色包装印刷公司	总经理

杜戈宁	女	重庆市包装技术协会	秘书长
杜哲兴	男	湖北省经济贸易委员会	副主任
芦　俊	男	贵州省包装技术协会	秘书长
邵定宁	男	青海省包装和食品工业办公室	主任
余之保	男	江西新华印刷厂	厂长
余年发	男	南京金银杏纸业有限公司	董事长
余建勇	男	浙江华滨包装材料有限公司	总经理
杜　深	男	中国包协建材分会	秘书长
沙晓明	男	江苏昌升机械股份公司	董事长、总经理
严旭初	男	湖州天外绿色包装印刷有限公司	董事长
宋大兴	男	天津市宋大兴特种纸研究所	所长
苏自兴	男	牡丹江华力包装有限公司	总经理
麦烈新	男	海南椰树制罐工业有限公司	董事长
陆荣光	男	广西贵港商包公司	董事长
陆雅君	女	吉林省经济贸易委员会	巡视员
岳　欣	男	山西省印刷物资总公司	总经理
林清渔	男	漳州恒隆包装有限公司	董事长
林世旺	男	晋江市大自然纸制品有限公司	总经理
林鹏腾	男	福建省包装技术协会	常务副秘书长
林迪华	女	新疆区包装技术协会	秘书长
罗光源	男	浙江省包装技术协会《包装世界杂志社》	总编辑
罗少敏	男	深圳市包装技术协会	秘书长
罗富昌	男	香港中富集团公司	董事局主席
周　政	男	杭州中粮美特容器有限公司	总经理
周　劲	男	云南侨通包装印刷有限公司	总经理
周立成	男	中国包装年鉴编辑部	主任
周保华	男	贵州润丰实业公司	董事长
周洁碧	女	上海紫泉包装有限公司	总经理
武文祥	男	中国印刷技术协会	理事长
范　克	男	中国包协设计委员会	秘书长
段洪艳	男	辽宁省包装技术协会	秘书长
郑崇祥	男	中国包装进出口总公司	总经理

金祥佐	男	亚洲包装中心有限公司	董事长
姜才兴	男	宁波东升包装材料有限公司	总经理
段忠明	男	西安市经济委员会	处长
张　旻	男	国务院国有资产监督管理委员会	秘书
张　虹	女	中国包协金属容器委员会	常务副秘书长
张　宏	男	菏泽胜利包装有限公司	总经理
张　新	男	无锡华鹏嘉多宝瓶盖有限公司	总经理
张增光	男	贵州省凯里包装厂	厂长
张传利	男	吉林省弘业包装有限公司	总经理
张继禾	男	湖北省经贸委包装办公室	主任
张雨田	男	甘肃省包装技术协会	理事长
张国维	男	天津华一公司	总经理
张永和	男	南京市包装技术协会	会长
张晓平	男	富韧强工业包装(广州)有限公司	总裁
张守福	男	长春市包装工业办公室	主任
张力平	女	中国包协防伪委员会	秘书长
张国平	男	申达科技工业园	管委会主任
张国兴	男	无锡市伙伴日化科技有限公司	总经理
张晓琪	男	株洲工学院	包教委主任
张建军	男	华工科技产业股份有限公司图象分公司	总经理
张有龙	男	江苏省南京宁容钢桶封闭器厂	董事长
张耀权	男	浙江省包装技术协会	常务副会长兼秘书长
张鸿勋	男	北京市房山制桶厂	董事长
张志良	男	黑龙江隆华包装制品有限公司	总经理
胡　正	男	中山市正业包装有限公司	董事长
胡才修	男	辽宁省经济贸易委员会	副主任
胡荣彬	男	青海省联运集团印务包装有限公司	公司经理
姚清河	男	南京市包装技术协会	常务副会长兼秘书长
姚建新	男	新疆区经济贸易委员会	副主任
俞建虎	男	上峰集团有限公司	董事长、总裁
俞志康	男	上海烟草工业印刷厂	厂长
洪　钢	男	山东泉林包装有限公司	副董事长

赵　威	男	中国包装杂志社	副社长
赵小平	男	宁夏回族自治区经济委员会	副主任
赵恩华	男	天津华北石化制桶厂	厂长
赵建昌	男	浙江绍兴富陵塑料纺织有限公司	董事长、总经理
郭　滨	男	黑龙江省包装总公司	总经理
郭海祥	男	上海亚华印刷机械有限公司	党委书记、常务副总经理
郭泽鹏	男	泉州金百利包装用品有限公司	总经理
郭鸿钧	男	宁夏区包装技术协会	秘书长
柯兰亭	男	海南省包装技术协会	常务副会长
南昌明	男	中国包装总公司	党组书记、总经理
贺　坚	男	湖南省包装总公司	总经理
荣玉增	男	北京轻联包装印刷集团有限公司	总经理
施学顺	男	华发(福建)实业有限公司	董事长
费钧德	男	上海界龙实业股份有限公司	董事长
骆伟民	男	厦门市同昌顺印刷包装有限公司	总经理
郝志毅	男	杭州市经济委员会	处长
钱成锡	男	上海金鳌国际印刷城	董事长
钱　进	男	中国包装技术协会	副会长兼秘书长
郎德林	男	中国包协金容委制桶分会	秘书长
袁广初	男	宁波兴广纸制品有限公司	总经理
唐德林	男	海宁长海包装印刷有限公司	董事长兼总经理
徐文书	男	黄石华新包装有限公司	总经理
徐丹林	男	中国包协驻北美办事处(筹)	首席代表
徐志强	男	上海紫东化工塑料有限公司	董事长兼总经理
徐从杰	男	浙江黄岩纸箱厂	厂长
徐彦儒	男	国家发改委	秘书
翁福裔	男	云南昆岭薄膜工业有限公司	总经理
高　峻	男	梅高公司	董事长
高强国	男	大连联合包装制品有限公司	副董事长兼总经理
高青山	男	北京三元集团有限公司	董事
耿惠宙	男	河南出入境检验检疫局	科长
耿伟杰	男	内蒙古富渊包装制品有限公司	总经理

顾永元	男	晟泰集团	董事长兼总经理
顾锦善	男	上海电气集团印刷包装机械有限公司	总经理
曹铭勋	男	中国包协设计委员会	副主任
曹振雷	男	中国制浆造纸研究院	院长
曹云龙	男	陕西省经济贸易委员会	副主任
曹德禄	男	天津市包装技术协会	秘书长
曹青山	男	中国包协玻璃容器委员会	主任
黄　权	男	中包认证公司	总经理
黄启洪	男	广东省包装技术协会	常务副会长
黄必义	男	安徽迎驾彩印包装有限公司	总经理
黄月华	男	安徽省经济贸易委员会	副主任
黄国平	男	苏州印刷总厂有限公司	董事长兼总经理
黄水寿	男	浙江大东南包装股份有限公司	董事长
黄建强	男	福建省泉州福荣华包装用品有限公司	董事长兼总经理
黄建国	男	浙江省平阳科技开发公司	总经理
梁　宏	男	青岛市包装技术协会	秘书长
符国栋	男	华东制罐有限公司	董事长
崔　渤	男	中国包装报社	总编辑
崔立滨	男	哈尔滨和鑫包装印刷有限公司	总经理
崔茹平	男	中山市凯达精细化工股份有限公司	总经理助理
常树信	男	吉林省包装总公司	总经理
游一中	男	常州气雾剂研究所	所长
康震宇	男	上海庄臣有限公司	包装开发主任
龚经强	男	中国包装网	总裁
章治安	男	富思特集团	总裁、党委书记
董永忠	男	厦门厦华源发包装工业有限公司	总经理
程水清	男	湖北中基包装材料有限公司	董事长兼总经理
谢力健	男	中山市张家边企业集团有限公司	董事长
谢爱佳	男	泉州佳丽(集团)有限公司	董事长
谢育忠	男	泉州宝树包装有限公司	董事长
谢瑞武	男	成都市经济委员会	副主任、党纪副书记
韩致祥	男	河南省经济贸易委员会	省包协会长

韩志龙	男	浙江志龙实业投资有限公司	董事长
韩家增	男	国资委老干部局	副部长、中国包协副会长
蒋孟有	男	浙江东经包装有限公司	董事长兼总经理
蒋震宇	男	中国包协塑料包装委员会	主任
曾小策	男	海南省包装总公司	总经理
傅　刚	男	河北省包装技术协会	会长
彭学文	男	四川省包装行业发展中心	主任
彭希旺	男	浙江东风塑料机械厂	董事长
管恩玉	男	诸城长虹包装有限公司	总经理
谭柳河	男	广西区包装技术协会	秘书长
蔡　泓	男	中国医药包装协会	秘书长
蔡根华	男	宁波市包装技术协会	秘书长
蔡明池	男	中国包协塑料包装委员会	副主任兼秘书长
翟之荣	男	中国包协金属容器委员会	秘书长
黎树深	男	雷盛德奎实业(深圳)有限公司	董事长
潘友贵	男	辽宁省包装技术协会	副秘书长
樊俊志	男	宁夏宁化塑料有限公司	宁夏包协副会长
薛　强	男	泰安北方九星全息制品有限公司	总经理
薛金祥	男	北京富特波尔容器有限公司	董事长
戴苏宁	女	江苏省包装技术协会	副会长
戴国璋	男	中国包装装璜工业协会	副会长

关于公布中国包装行业优质产品的决定

在近二十多年中国经济快速发展的进程中，我国包装行业为国民经济的发展作出了令人瞩目的成绩。面对全球经济一体化的明显趋势和市场竞争愈加激烈的新形势，国内一大批包装企业改变观念、苦练内功、科技创新、不断提高产品质量和品牌意识，增强了在市场经济中产品的竞争能力，为国内外客户提供了大量优质包装产品，为我国相关工业配套发展作出了很大贡献。

为了适应入世后国际贸易和市场经济的需要，进一步树立中国名牌包装产品的形象，更好地把中国包装产品推向市场，走向世界，经中国包装技术协会审定，确认北京奥瑞金新美制罐有限公司生产的马口铁三片罐等152个产品为中国包装行业优质产品。有效期自公布之日起至2005年12月31日。现特予公布。

中国包装技术协会

二〇〇三年六月

中国包装行业优质产品名单

（排名不分先后）

北京奥瑞金新美制罐有限公司
马口铁三片罐

北京市朝阳区振兴纸箱厂
瓦楞纸箱

北京燕达皇冠盖有限公司
皇冠盖

邯郸市旭日实业有限公司
工业缝包线

华北戴尔特印刷包装有限公司
彩印盒
说明书

沈阳富丽涂板带厂
瓦楞纸板生产线专用传送带

大连吉润塑料包装制品有限公司
液体包装吹塑薄膜

哈尔滨和鑫包装印刷有限公司
瓦楞纸箱

黑龙江隆华包装制品有限公司
软包装材料

黑龙江省肇东石化包装制品有限公司
200L 闭口钢桶

大庆亚美食品工业公司
瓦楞纸箱

上海紫光机械有限公司
YR420 卷筒纸柔版印刷机

上海亚华印刷机械有限公司
TYM1050 自动烫印模切机

上海烟草工业印刷厂
中华牌等卷烟包装
KMART 包装印刷品
良咽包装盒

上海纺印印刷包装有限公司
11mg(绿色)红双喜条盒
11mg(绿色)红双喜翻盖

上海界龙浦东彩印公司
塑料片材胶印印刷品

上海永新塑料制品有限公司
200mlPET 护发用品容器

上海紫泉包装有限公司
薄膜标签
皇冠瓶盖

上海紫东化工塑料有限公司
106 型高透明聚酯薄膜

上海外贸界龙彩印厂
42—4034 电子琴彩盒
409508 存电器彩盒

上海内德机械有限公司
电脑薄刀纵切压痕机
电脑横切机

南京矿山机械厂
200 升闭口钢桶

中国石化集团金陵石油化工有限责任公司塑料厂

塑料平托盘
周转箱
200 升闭口刚性塑料桶

南京中达制膜(集团)股份有限公司
双向拉伸软塑新材料包装薄膜

南京金箔集团有限责任公司
金拉线
水松纸
金卡纸
转移喷铝纸

大亚科技股份有限公司
高档包装彩色印刷制品
复合铝箔纸
真空镀铝膜
真空镀铝纸
铝箔

常州市鼎马干燥机械有限公司
SJF 系列印铁、涂铁烘房

常州市恒辉涂料厂
白磁油

无锡华鹏嘉多宝瓶盖有限公司
皇冠盖
旋开盖

外贸无锡印刷厂
索尼(SONY)数码摄像机包装彩盒
无锡鸿昌精密机械有限公司
高速制袋机

江阴联通实业有限公司
“南京”烟硬盒
“迎客松”烟硬盒
“中华”烟硬盒

江苏申龙高科股份有限公司
彩印复合软包装膜/袋

嘉合实业(苏州)有限公司
高阻隔功能性多层共挤复合膜
高阻隔 EVOH 多层共挤复合膜

昆山市曼氏包装容器有限公司
200L 钢桶

江苏维达机械有限公司
注吹中空成型机

东台市华星包装有限公司
彩色电视机包装箱

黄山永新股份有限公司
真空镀铝膜

安庆市玻璃有限责任公司
玻璃输液瓶

济南啤酒集团总公司包装印刷厂
济南黑趵啤酒标

诸城市外贸纸箱厂
七层瓦楞纸箱

山东兴创工贸集团有限公司
高强度埋纱绿色包装袋纸

山东丽鹏包装有限公司
防伪防盗盖系列

文登飞联塑料制品有限公司
聚乙烯捆包拉伸膜

青岛人民印刷有限公司
特长白参翻盖

枣庄盖泽塑料包装有限公司
塑料包装袋

杭州中粮美特容器有限公司
喷雾罐
高档印铁

浙江美浓丝网印刷有限公司
烟标

杭州永创机械有限公司
自动贴标机
自动成型机
自动封箱机
自动缠绕机
自动捆扎机

杭州包装食品机械厂
ZCJ－Ⅱ型纸浆模塑成套设备

浙江胜达集团有限公司
瓦楞纸箱

浙江大东南塑胶集团公司
BOPP 薄膜

上峰集团有限公司
高清晰彩色柔印瓦楞纸箱

浙江中包派克奇包装有限公司
瓦楞纸箱

浙江绍兴希望包装有限公司
瓦楞纸箱(板)

浙江绍兴富陵塑料纺织有限公司
未拉伸聚丙烯塑料包装薄膜

浙江天外印刷(集团)湖州印刷厂
隐显镭射防伪包装印刷品

浙江中包景兴塑料包装有限公司
BOPS 片材
成型制品

嘉兴大华包装有限公司
一类瓦楞纸箱

浙江景兴纸业股份有限公司
牛皮箱板纸

宁波中华纸业有限公司
涂布白卡纸

宁波东升包装材料有限公司
改进型双向拉伸聚苯乙烯(BOPS)片材

浙江武义张氏包装实业有限公司
瓦楞纸箱

义乌市环球制罐厂
二片拉伸罐

浙江葆春包装机械总厂
真空充气包装机
多功能薄膜封口机
全自动液体包装机
远红外热收缩机

浙江东经包装有限公司
瓦楞纸箱

温州四海塑料有限公司
集装袋
编织袋

平阳县恒立塑料机械有限公司
SBY－750×6G 滚柱式小六梭塑料圆织机

浙江华塑包装有限公司
塑料编织袋

温州恒昌塑业有限公司
彩印编织袋

南昌市印刷二厂
复方鲜竹沥液包装
信丰牌千喜片外包装盒
大活络胶囊包装

福州佳通第一塑料有限公司
LLDPE 拉伸膜

CPP 薄膜

福建省嘉美五金制品有限公司
三片饮料罐

厦门星光彩印包装有限公司
复合软包装彩印制品

厦门光夏印刷企业有限公司
烟标

厦门通达理彩色印刷有限公司
产品宣传画册

厦门鑫叶印务有限公司
沉香(红)条盒

厦门富华兴印刷有限公司
七匹狼(红)烟标

厦门市辑美彩印有限公司
产品说明书

福建省南安市宝华软包装彩印有限公司
“痛血康胶囊”复合包装袋

漳州国际铝容器有限公司
铝易开盖两片罐

福建三华彩印有限公司
七匹狼烟标
富健烟标

常德金芙蓉铝箔包装有限公司
铝箔复合纸系列
铝箔复合卡板纸系列

常德金鹏凹版印刷有限公司
“芙蓉王”小盒
“红河 99”小盒

武汉诚成文化投资集团股份有限公司
多色印刷品

湖北广水轻工机械有限公司
金属板胶印机
曲面胶印机

湖北中基包装材料有限公司
双向拉伸聚丙烯薄膜

广州市海珠区三达塑料包装厂
PE 复合膜

汕头市汕樟轻工机械厂
SGF 系列电脑全自动控制高速凹版彩印机

广东金明塑胶设备有限公司
SJ50×28×3－GM－1000 三层共挤(旋转牵引)水冷式薄膜吹塑机组

顺德市南天机械制造有限公司
NDWB－E 型全电脑高速五层瓦楞纸板生产线

中山富洲纸塑制品有限公司
不干胶纸

中山中粤马口铁工业有限公司
镀锡薄钢板(马口铁)
镀铬薄钢板(镀铬铁)

中山市裕隆包装设备有限公司
自动边角封箱机
纸箱自动成型封底机
自动装箱机

广东国际容器有限公司
酒类防伪金属包装

桂林集琦包装有限公司
双向拉伸聚丙烯薄膜

海南椰树制罐工业有限公司
5133 型空罐

成都市簇桥福利纸箱厂众和分厂

出口类瓦楞纸箱

四川丰泰包装股份有限公司
瓦楞纸箱
火化纸棺

云南昆岭薄膜工业有限公司
双轴拉伸(BOPP)香烟包装膜

云南省玉溪印刷有限责任公司
15mg84 硬包红梅商标
GD 红塔山商标

云南侨通包装印刷有限公司
精品小熊猫翻盖烟标
珍品云烟软包烟标
国宝牌香烟翻盖烟标

陕西省咸阳彩印包装有限责任公司
秦俑牌奶粉箱

陕西北人印刷机械有限责任公司
瓦楞纸板印刷开槽机
机组式凹版印刷机

岐山县圣龙纸制品有限责任公司
瓦楞纸箱

新疆外贸包装有限责任公司
瓦楞纸箱

新疆库尔勒市民政福利总公司
瓦楞纸箱

关于公布中国包装产品定点生产企业的决定

改革开放二十多年以来，在国民经济快速持续发展的同时，随着包装这一朝阳产业的兴起，在市场经济中，涌现出了一批具有较强实力、诚实守信、遵守市场经济秩序，为满足国内外市场需求提供了大量品质良好、品种齐全、科学与经济适用的各种包装制品、包装机械及包装原辅材料的生产骨干企业。他们是我国包装行业发展中的中坚力量。

为了倡导他们在行业中的示范作用，提升他们在市场经济中的主导地位，经中国包装技术协会评定，决定确认北京奥瑞金新美制罐有限公司等 163 家企业为中国包装产品定点生产企业。有效期自公布之日起至 2005 年 12 月 31 日。现特予公布。

中国包装技术协会
二〇〇三年六月

中国包装产品定点生产企业名单

（排名不分先后）

北京奥瑞金新美制罐有限公司
北京北人羽新胶印有限责任公司
北京印刷集团有限责任公司京华印刷厂
北京轻工印刷厂
北京迈威机械有限责任公司
北京嘉正纸塑包装制品有限公司
北京市纸箱厂
阳泉煤业集团华玉实业公司
邯郸市旭日实业有限公司
邯郸市天正包装机械有限公司
华北戴尔特印刷包装有限公司
沈阳富丽涂板带厂
长春工贸合营塑料包装制品厂
榆树市包装印刷有限公司

哈尔滨和鑫包装印刷有限公司
哈尔滨高美印刷有限公司
黑龙江隆华包装制品有限公司
大庆亚美食品工业公司
上海包装造纸(集团)有限公司
上海紫光机械有限公司
上海亚华印刷机械有限公司
上海烟草工业印刷厂
上海纺印印刷包装有限公司
上海紫泉包装有限公司
上海紫东化工塑料有限公司
上海外贸界龙彩印厂
上海鼎龙机械有限公司
中国石化集团金陵石油化工有限责任公司塑料厂
南京金箔集团有限责任公司
大亚科技股份有限公司
常州创成塑料机械有限公司
常州市恒辉涂料厂
无锡华鹏嘉多宝瓶盖有限公司
外贸无锡印刷厂
无锡鸿昌精密机械有限公司
江阴联通实业有限公司
江苏申龙高科股份有限公司
江苏维达机械有限公司
东台市华星包装有限公司
桐城市金润包装有限责任公司
合肥美菱包装制品有限公司
蚌埠华宇纸箱机械有限公司
安徽省阜阳市长征纸箱厂
安徽迎驾彩印包装有限公司
黄山永新股份有限公司
安庆市玻璃有限责任公司
济南啤酒集团总公司包装印刷厂
淄博秋泉纸塑制品有限公司
山东省安丘市第二通用机械厂
诸城长虹包装有限公司
山东兴创工贸集团有限公司
山东天虹包装彩印有限公司
青州市中鑫包装印刷有限公司
山东丽鹏包装有限公司
文登飞联塑料制品有限公司
青岛海尔丰彩印刷有限公司
青岛人民印刷有限公司
青岛第二纸箱厂
青岛黎马敦包装有限公司
青岛崂山玻璃有限公司
青岛正进包装有限公司
青岛正日包装有限公司
青岛藏南纸制品机械厂
青岛金龙包装有限公司
工贸联营青岛包装印刷厂
枣庄盖泽塑料包装有限公司
天津环球磁卡股份有限公司
天津实发——紫江包装有限公司
浙江美浓丝网印刷有限公司
杭州永创机械有限公司
浙江富享纸制品有限公司
杭州环宇塑料编织袋有限公司
浙江胜达集团有限公司
浙江大东南塑胶集团公司
上峰集团有限公司
浙江中包派克奇包装有限公司
绍兴京华激光制品有限公司
浙江绍兴希望包装有限公司
浙江绍兴富陵塑料纺织有限公司
浙江天外印刷(集团)湖州印刷厂
浙江中包景兴塑料包装有限公司
嘉兴大华包装有限公司
宁波东升包装材料有限公司
宁波八方集团股份有限公司
宁波华一包装有限公司
金华市隆航包装有限公司
浙江武义张氏包装实业有限公司
义乌市环球制罐厂
浙江通天星集团股份有限公司
浙江葆春包装机械总厂
浙江东经包装有限公司
温州四海塑料有限公司
平阳县恒立塑料机械有限公司
浙江华塑包装有限公司
平阳县八达包装有限公司
温州恒昌塑业有限公司
南昌市印刷二厂
福建省嘉美五金制品有限公司
厦门翰林彩印有限公司
厦门光夏印刷企业有限公司

厦门星光彩印包装有限公司
厦门通达理彩色印刷有限公司
厦门智讯技术开发有限公司
厦门市同昌顺印刷包装有限公司
厦门鑫叶印务有限公司
厦门恒兴彩印有限公司
厦门富华兴印刷有限公司
厦门五福印务有限公司
厦门市辑美彩印有限公司
厦门厦华源发包装工业有限公司
厦门市杏林通利彩印有限公司
厦门合兴包装印刷有限公司
泉州金百利包装用品有限公司
福建省南安市宝华软包装彩印有限公司
漳州市八十彩印包装有限公司
漳州国际铝容器有限公司
福建三华彩印有限公司
福建省宏明塑胶股份有限公司
重庆新海彩印有限责任公司
重庆嘉陵农药厂
长沙振湘包装有限公司
常德市金芙蓉实业发展总公司
常德金鹏凹版印刷有限公司
湖南永怡印刷包装有限公司
武汉诚成文化投资集团股份有限公司
富思特集团
湖北广水轻工机械有限公司
广州包装印刷集团有限责任公司
广州市海珠区三达塑料包装厂
华青德邦化工制造(广州)有限公司
广州天衣薄膜有限公司
番禺莲华包装材料有限公司
广州中宝包装制品有限公司
广州科盛隆纸箱包装机械有限公司
广东梅州市银鹰实业集团公司
汕头市汕樟轻工机械厂
华通发泡胶制品(惠州)有限公司
广东东亚复合罐厂
顺德市南天机械制造有限公司
中山市塑料包装材料厂
中山市小榄镇广永包装厂
中山市永南彩印有限公司
中山市金联纸品有限公司
中山市东成制辊有限公司
中山中粤马口铁工业有限公司
中山市裕隆包装设备有限公司
中山市中升包装材料有限公司
中山市松德包装机械有限公司
广东国际容器有限公司
桂林集琦包装有限公司
贵州省凯里包装厂
海南椰树制罐工业有限公司
成都飞机工业公司包装机械公司
四川丰泰包装股份有限公司
云南昆岭薄膜工业有限公司
云南化工机械厂
云南玉溪水松纸厂
云南省玉溪印刷有限责任公司
云南侨通包装印刷有限公司
咸阳印刷包装机械厂
陕西省咸阳彩印包装有限责任公司
岐山县圣龙纸制品有限责任公司
新疆库尔勒市民政福利总公司

中国包装技术协会　第六次全国代表大会关于《中国包装技术协会章程（修正案）》的决议

（2003年10月19日中国包装技术协会第六次全国代表大会通过）

中国包装技术协会第六次全国代表大会审议并一致通过五届理事会提出的《中国包装技术协会章程（修正案）》，决定提请中华人民共和国民政部核准，并自核准之日起生效。大会要求，全体会员要认真按照《社会团体登记管理条例》和《中国包装联合会章程》办事，全面加强和改进中国包装联合会的自身建设，大力促进包装工业的持续快速健康发展，为建设现代化的包装工业强国而奋斗。

中国包装技术协会章程(修正案)

中国包装联合会章程

第一章 总则

第一条 中国包装联合会，英文名称为 CHINA PACKAGING ASSOCIATION. 其缩写为 CPA。

第二条 中国包装联合会(以下简称联合会)是由国务院批准依法登记成立的跨地区、跨部门、跨行业的全国性包装行业组织。联合会是由全国包装行业的企、事业单位、社团法人和包装工作者自愿组成的非营利社会团体法人。联合会代表中华人民共和国参加国际包装组织。

第三条 联合会的宗旨是在中国共产党的领导下，以邓小平理论和“三个代表”重要思想为指导，紧紧围绕我国实现全面建设小康社会的宏伟目标，全心全意为会员、行业、政府和社会服务，促进包装行业的持续快速健康发展和与国民经济的协调发展。联合会遵守中华人民共和国宪法和国家的法律、法规和政策，遵守社会道德风尚。

联合会在行业中贯彻政府的政策、法令和意图，反映会员的愿望和要求，在会员和政府间架起桥梁和纽带作用，保护会员合法权益，全心全意为会员服务。根据国家的授权和委托，联合会具有对全国包装行业行使行业管理的职能。

第四条 联合会接受业务主管单位国务院国有资产监督管理委员会和登记管理机关中华人民共和国民政部的业务指导和监督管理。

第五条 联合会的会风是：团结、协作、创新、求实。

第六条 联合会会址设在北京。地址为朝阳区建国路 99 号。

第二章 业务范围

第七条 联合会的业务范围是：

(一)开展包装行业和相关经济发展的调查研究，提出有关经济政策和立法方面的意见和建议；

(二)经政府有关主管部门同意和授权进行行业统计，收集、分析、发布行业信息；

(三)创办刊物，开展咨询；

(四)组织人才、技术、职业教育和培训；

(五)组织展销会、展览会等活动，广泛开展国内外经济技术交流与合作；

(六)经政府有关部门同意，参与质量管理和监督工作；

(七)指导、帮助企业改善经营管理；

(八)受委托组织科技成果鉴定和推广应用；

(九)制定并监督执行行规行约，规范行业行为，协调同行价格争议，维护公平竞争；

(十)反映会员要求，协调会员关系，维护其合法权益；

(十一)经政府有关部门授权和委托，参与制订行业规划，对行业内重大的技术改造、技术引进、投资与开发项目进行前期论证；

(十二)参与制定、修订国家标准和行业标准，组织贯彻实施并进行监督；

(十三)参与行业生产、经营许可证发放的有关工作，参与资质审查；

(十四)参与相关产品市场的建设；

(十五)发展包装行业和社会公益事业；

(十六)承担政府及有关部门委托的其它任务。

第三章 会 员

第八条 联合会会员种类与资格：

(一)联合会的会员分个人会员、团体会员、外籍会员、外籍荣誉会员四种。

(二)凡在国内从事包装设计、科研、教学、生产、销售的企事业单位、社会团体及个人，承认并拥护联合会章程，符合条件，均可申请加入联合会。

（三）凡是从事包装设计、科研、教学、生产、销售的境外企业、社会团体承认并拥护联合会章程，符合条件，可申请加入联合会，并按有关规定办理入会手续，成为联合会外籍会员。凡在国际上有一定声誉，对联合会和中国包装行业的发展做出突出贡献的外籍人士，尊重本人意愿，经联合会会长办公会议讨论，可聘任为外籍荣誉会员，由联合会会长颁布聘任证书。

第九条 会员入会的程序：

（一）提交入会申请书；

（二）经理事会讨论通过；

（三）由理事会或理事会授权的机构发给会员证。

第十条 会员享有下列权利：

（一）选举权、被选举权和表决权；

（二）出席会员大会，参加联合会举行的各项活动；

（三）优先、优惠享受联合会提供的各项服务；

（四）参与制定联合会的全年管理制度，对联合会工作有建议、批评、监督权；

（五）入会自愿，退会自由；

每一会员有一票表决权。会员通过会员代表行使上述权利的，会员代表应向联合会提交证明其代理权的书面文件。

第十一条 会员履行下列义务：

（一）遵守法律、法规和联合会章程；

（二）执行联合会决议；

（三）维护联合会的合法权益；

（四）承担联合会委托的工作，积极参加联合会组织的活动；

（五）按期、按规定缴纳会费。

第十二条 会员退会应于本年度终结的六十日之前书面提出退出申请，本年度终结时，退出联合会并交回会员证。

第十三条 会员有下列情形之一的，经理事会或常务理事会研究通过，可予以除名：

（一）拖欠会费1年，经催促1年内仍不缴纳的；

（二）不履行联合会章程规定的义务的；

（三）有损害联合会名誉或违背联合会宗旨的。

凡被除名的会员，一年内不得重新申请入会和参加联合会组织的会员活动。

第十四条 被剥夺政治权利者和依法取缔法人资格的企事业单位和社团，其会籍自动取消。

第十五条 会员证书由联合会统一负责制作、颁发。

第四章 组织机构和负责人产生、罢免

第十六条 联合会实行会员制，会员代表大会为联合会的最高权力机构。代表大会由联合会、地方包协推选的会员代表、特邀代表、联合会理事组成。

第十七条 会员代表大会行使下列职权：

（一）修改联合会章程；

（二）选举、罢免理事；

（三）决定会费的变动；

（四）审议批准联合会财务预决算报告；

（五）审议批准联合会工作计划；

（六）审议并通过理事会、会员提交的议案；

（七）决定会员除名；

（八）决定联合会的解散和清算。

第十八条 会员代表大会原则上须有2/3以上的会员代表出席方能召开，其决议须经到会代表半数以上通过方能生效。

第十九条 全国代表大会每五年举行一次。因特殊情况或经1/5以上的会员请求需提前或延期召开的，须经理事会研究决定，并经业务主管单位和登记管理机关同意，可召集临时会员代表大会，但延期最长不超过1年。

第二十条 理事会为会员代表大会的常设执行机构，在闭会期间领导联合会的日常工作，对会员代表大会负责。

理事会行使下列职权：

（一）执行会员代表大会的决议；

（二）选举产生和罢免会长、副会长、秘书长；

（三）筹备召开会员代表大会；

（四）向会员代表大会报告工作和财务情况；

（五）决定会员的吸收或除名；

（六）决定联合会办事机构、分支机构、派出机构、代表机构和实体机构的设置；

（七）决定副秘书长、各机构主要负责人的聘任；

（八）制订联合会工作计划，领导联合会各机构开展工作；

（九）制定联合会的具体规章；

（十）评选、表彰、奖励会员中的优秀个人和先进集体。同时建议国家有关部门为获奖个人和单位给

予表彰和奖励；

（十一）决定联合会其他重大事项。

第二十一条 理事会原则上须有2/3以上理事会出席方能召开，其决议须经到会理事2/3以上通过方能生效。

第二十二条 理事会每年至少召开一次会议；情况特殊的，也可采取通讯形式召开。

第二十三条 常务理事会由理事会选举产生，对理事会负责，在理事会闭会期间行使理事会以下职权：

（一）执行会员代表大会的决议；

（二）筹备召开会员代表大会；

（三）决定会员的吸收或除名；

（四）决定联合会办事机构、分支机构、派出机构、代表机构和实体机构的设置；

（五）决定副秘书长、各机构主要负责人的聘任；

（六）制订联合会工作计划，领导联合会各机构开展工作；

（七）制定联合会的具体规章；

（八）评选、表彰、奖励会员中的优秀个人和先进集体。同时建议国家有关部门为获奖个人和单位给予表彰和奖励；

（九）决定联合会其他重大事项。

第二十四条 常务理事会原则上须有2/3以上常务理事出席方能召开，其决议须有到会常务理事2/3以上通过方能生效。

第二十五条 常务理事会至少半年召开一次会议；情况特殊的也可采取通讯形式召开。

第二十六条 联合会的会长、副会长、秘书长必须具备下列条件：

（一）坚持党的路线、方针、政策，政治素质好；

（二）在联合会业务领域内有较大影响；

（三）会长、副会长、秘书长最高任职年龄不超过70周岁；秘书长为专职。

（四）身体健康，能坚持正常工作；

（五）未受过剥夺政治权利的刑事处罚的；

（六）具有完全民事行为能力。

第二十七条 本联合会会长、副会长、秘书长如超过最高任职年龄的，须经理事会表决通过，报业务主管单位审查并经社团登记管理机关批准同意后方可任职。

第二十八条 联合会会长、副会长、秘书长任期五年。（会长、副会长、秘书长任期最长不得超过两届）因特殊情况需延长任期的，须经会员代表大会2/3以上会员代表通过，报业务主管单位审查并经社团登记管理机关批准同意后方可任职。

第二十九条 根据工作需要，联合会会长或副会长可以担任联合会法定代表人；联合会法定代表人不兼任其它社团的法定代表人。

第三十条 联合会会长行使下列职权：

（一）召集和主持理事会、常务理事会；

（二）检查会员代表大会、理事会、常务理事会决议的落实情况；

（三）代表联合会签署有关重要文件。

第三十一条 联合会秘书长行使下列职权：

（一）主持办事机构开展日常工作，组织实施年度工作计划；

（二）协调各办事机构、分支机构、派出机构、代表机构和实体机构开展工作；

（三）提名副秘书长以及各办事机构、分支机构、派出机构、代表机构和实体机构主要负责人，提交理事会或常务理事会决定；

（四）决定办事机构、分支机构、派出机构、代表机构和实体机构专职工作人员的聘用；

（五）处理其它日常事务。

第五章 资产管理与使用原则

第三十二条 联合会经费来源：

（一）会费；

（二）捐赠；

（三）政府资助；

（四）在业务范围内开展活动或服务的收入；

（五）利息；

（六）其他依法取得的收入。

第三十三条 联合会按照国家有关规定收取会员会费。

第三十四条 联合会经费必须用于本章程规定的业务范围和包装事业的发展，不得在会员中分配。

第三十五条 联合会建立严格的财务管理制度，保证会计资料合法、真实、准确、完整。

第三十六条 联合会配备具有专业资格的会计人员。会计不得兼任出纳。会计人员必须进行会计核算，实行会计监督。会计人员调动工作或离职时，必须与接管人员办清交接手续。

第三十七条 联合会的资产管理必须执行国家规定的财务管理制度，接受会员代表大会和财政部门的监督。资产来源属于国家拨款或者社会捐赠、资助的，必须接受审计机关的监督，并将有关情况以适当方式向社会公布。

第三十八条 联合会换届或更换法定代表人前必须接受社团登记管理机关和业务主管单位组织的财务审计。

第三十九条 联合会的资产，任何单位、个人不得侵占、私分和挪用。

第六章 章程修改程序

第四十条 联合会章程的修改，须经理事会表决通过后报会员代表大会审议。

第四十一条 联合会修改的章程，须在会员代表大会通过后15日内，报请业务主管审查同意，并报社团登记管理机关核准后生效。

第七章 终止程序及终止后的财产处理

第四十二条 联合会完成宗旨或自行解散或由于分立、合并等原因需要注销的，由理事会提出终止动议。

第四十三条 联合会终止动议须经会员代表大会表决通过，并报业务主管单位审查同意。

第四十四条 联合会终止前，须在业务主管单位及有关机关指导下成立清算组织，清理债权债务，处理善后事宜。清算期间，不开展清算以外的活动。

第四十五条 联合会经社会团体管理机关办理注销登记手续后即为终止。

第四十六条 联合会终止后的剩余财产，在业务主管单位和社团登记管理机关监督下，按照国家有关规定，用于发展与联合会宗旨相关的事业。

第八章 附 则

第四十七条 本章程经2003年10月19日会员代表大会审议通过。

第四十八条 本章程的解释权属联合会理事会。

第四十九条 本章程自社团登记管理机关核准之日起生效。

批准使用“瓦楞制品回收标志”企业公告

为适应我国加入世界贸易组织以后的新形势，尽快与国际包装界接轨，经外交部报国务院批准，中国包装技术协会(CPTA)作为中国瓦楞行业唯一合法代表于2002年正式加入国瓦楞纸箱联盟(ICCA)。此次在我国行业内推广使用国际通用“瓦楞制品回收标志”，就是执行国际瓦联(ICCA)相关规定，促进并规范我国包装产品的回收利用，同时为我国瓦楞纸箱、纸盒出口提供方便。

为使这一工作在国内顺利开展，中国包协已授权委托部分地方包协协助办理有关事宜，得到授权委托的地方包协有：上海、湖南、河南、江苏、辽宁、宁夏、吉林、云南、北京、广东、南京、长春、浙江、大连、厦门、江西、黑龙江、广州、陕西、宁波、甘肃、昆明、潍坊。

截止2003年7月，被批准使用该标志的企业共275家，名单如下：(该名单可随时在中国包装技术协会网站各地方包协主页上查证，网址：www.cpta.org.cn)。

特此公告。

中国包装技术协会

2003年7月25日

注册登记号	单位名称	有效期
110001	北京市新中联包装制品有限公司	2005－11－1
110002	平谷县鱼子山第二纸箱厂	2006－3－1
110003	北京市华阳兴包装制品有限公司	2006－3－1
110004	北京顺义后岭福利纸箱厂	2006－3－1
110005	北京市朝阳区振兴纸箱厂	2006－3－1
110006	北京市华美包装厂	2006－3－1
110007	北京市小井纸制品厂	2006－3－1
110008	北京光大纸制品有限公司	2006－3－1
110009	北京新利达纸箱厂	2006－3－1
110010	北京市井庄纸箱厂	2006－3－1
110011	北京市昌平鲁疃福利纸包装箱厂	2006－4－1
110012	北京广增包装制品有限公司	2006－6－25
110013	北京华益兴盛包装制品厂	2006－6－25
110014	北京市京海包装制品厂	2006－6－25
110015	北京市顺义利华福利纸制品厂	2006－6－25
110016	北京兰瑞纸业有限责任公司	2006－6－25

110017	东北东达包装制品有限公司	2006－6－25
110018	北京市牛山纸箱厂	2006－6－25
110019	北京华贵包装主制品有限公司	2006－6－25
110020	北京港兴纸制品有限公司	2006－6－25
130001	唐山市第一包装有限公司	2006－4－1
210001	大连济丰盛道包装纸业有限公司	2006－3－25
210002	大连方正包装制品有限公司	2006－3－25
210003	大连海洋中兴工业有限公司	2006－3－25
210004	大连国立包装有限公司	2006－3－25
210005	大连市金州金马纸箱厂	2006－3－25
210006	大连升华纸箱厂	2006－3－25
210007	旅顺红光纸箱厂	2006－3－25
210008	大连金乐彩印包装有限公司	2006－3－25
210019	大连金州彩虹包装有限公司	2006－3－25
210010	大连金州鸿泰包装制品厂	2006－3－25
210011	瓦房店轴承包装制品公司	2006－3－25
210012	联盛(大连)彩印包装有限公司	2006－3－25
210013	瓦房店利川包装有限责任公司	2006－5－15
210014	大连金州恒兴包装制品有限公司	2006－5－15
210015	大连民政工艺品厂	2006－5－15
210016	大连金州大通纸业彩印包装有限公司	2006－5－15
210017	大连境港纸制品厂	2006－5－15
210018	瓯海包装制品(大连)有限公司	2006－5－15
210019	大连市金州区裕丰纸制品厂	2006－5－15
210020	大连市金州区后石福利包装材料厂	2006－5－15
210021	大连筑杨纸制品有限公司	2006－5－15
310001	上海国际济丰石东包装纸业有限公司	2006－5－15
310002	上海富民造纸厂纸箱分厂	2006－2－15
310003	上海良汇纸业有限公司	2006－2－15
310004	上海康吉包装纸业有限公司	2006－2－15
310005	上海亚业纸箱包装有限公司	2006－2－15
310006	上海嘉康包半材料有限公司	2006－2－15
310007	上海超裕彩印包装厂	2006－2－15
310008	上海龙尔达纸业有限公司	2006－2－15
310009	惠典(上海)包装有限公司	2006－2－15
310010	上海爱思包装有限公司	2006－2－15
310011	上海大鑫包装材料有限公司	2006－2－15
310012	上海景峰纸业有限公司	2006－2－15
310013	上海飞马纸制品厂	2006－2－15
310014	上海金星包装材料有限公司	2006－2－15
310015	上海市崇明县裕安印刷厂	2006－2－15
310016	上海炼良纸箱制品有限公司	2006－4－15
310017	上海海欣包装制品有限公司	2006－4－15
310018	上海市复建包装有限公司	2006－4－15
310019	上海实荣纸业有限公司	2006－4－15
310020	上海纸箱厂	2006－4－15
310021	上海新庆包装装潢有限责任公司	2006－4－15
310022	上海联合包装装潢有限公司	2006－4－15
310023	上海福门纸业有限公司	2006－4－15
310024	上海申江纸箱有限公司	2006－4－15
310025	上海胜柏包装工业有限公司	2006－4－15
310026	上海外贸界龙彩印厂	2006－4－15
310027	亚洲纸业(上海)有限公司	2006－4－15
310028	长江计算机集团上海盛兴包装材料有限公司	2006－4－15
310029	上海新通联包装材料有限公司	2006－4－15
310030	上海众鑫包装材料有限公司	2006－4－15
310031	上海国佳包装纸品有限公司	2006－6－15
310032	上海浓津达纸箱包装有限公司	2006－6－15
310033	上海乐盈纸业有限公司	2006－6－15
310034	上海华励包装有限公司	2006－6－15
310035	上海浦东民新包装材料厂	2006－6－15
310036	上海胜宝包装工业有限公司	2006－6－15
310037	上海巢培包装印刷有限公司	2006－6－15
310038	上海白玉兰烟草材料有限公司	2006－6－15
310039	倍力纸业(上海)有限公司	2006－6－15
310040	上海康玻保温纸业有限公司	2006－6－15
310041	上海中豪纸品加工有限公司	2006－6－15
310042	上海汪洋纸业有限公司	2006－6－15
310043	上海浦东金海纸箱有限公司	2006－6－15
310044	上海福光包装材料厂	2006－6－15
310045	上海华兴包装材料有限公司	2006－6－15
310046	上海龙宝重型纸包装有限公司	2006－6－15
320001	江苏淮阴华新纸品有限公司	2006－3－15
320002	江阴市良丰外贸包装有限公司	2006－3－15
320003	常州市恒鑫包装彩印有限公司	2006－3－15
320004	常州新区新港纸箱厂	2006－3－15
320005	江苏太平洋印刷有限公司	2006－3－15
320006	常州市北郊包装厂	2006－3－15
320007	常州市时代包装有限公司	2006－3－15
320008	江苏荣晖纸业有限公司	2006－3－15
320009	常州市五星包装有限公司	2006－3－15
320010	常州市武进装璜厂	2006－3－15
320011	常州市龙潭包装有限公司	2006－3－15
320012	常州金岳包装有限公司	2006－3－15
320013	常州市广化纸箱厂	2006－3－15
320014	常州市五环纸业有限公司	2006－3－15
320015	江苏双蝶集团有限公司	2006－3－15
320016	南京金彩印刷包装厂	2006－4－15
320017	南京市高淳包装材料厂	2006－4－15
320018	南京市江宁区铜井陶村纸箱厂	2006－5－15
320019	南京天印包装有限公司	2006－5－15
320020	南京健康春成纸箱有限责任公司	2006－5－15
320021	南京金钰纸箱厂	2006－5－15
320022	南京胜柏包装制品有限公司	2006－5－15
320023	南京景兴纸业有限公司	2006－4－15
320024	南京浦口纸箱厂	2006－5－15
320025	南京美光包装印刷制品有限责任公司	2006－5－15
320026	南京苏欣包装纸箱有限公司	2006－5－15
320027	南京振华音响设备厂	2006－5－15
320028	金陵药业南京彩塑包装有限公司	2006－5－15
320029	南京市大厂区中山包装材料厂	2006－5－15
320030	南京先锋包装制品有限责任公司	2006－5－15
320032	南京东辰印务包装有限责任公司	2006－5－15
320032	南京市江宁区汤山包装箱厂	2006－5－15
320033	南京金羚包装材料有限责任公司	2006－5－15
320034	南京荣有漫纸制品有限公司	2006－5－15
320035	南京来旺包装有限公司	2006－5－15
320036	南京市雨花台区天隆纸制品厂	2006－5－15
320037	南京市溧水纸箱厂	2006－5－15
320038	华东石油地质局六物纸箱厂	2006－5－15
320039	南京金箔集团金宝纸箱有限公司	2006－5－15
320040	永丰余纸业(南京)有限公司	2006－5－15

320041	南京江浦县三益包装制品厂	2006－5－15
320042	无锡市梁溪包装厂	2006－4－15
320043	常州市戴溪包装制品有限公司	2006－4－15
320044	苏州永康纸业有限公司	2006－4－15
320045	常州市纪丰纸业有限公司	2006－4－15
320046	句容圣通纸箱制品有限公司	2006－5－15
320047	句容市兴文包装有限公司	2006－5－15
320048	丹阳汇丰纸业有限公司	2006－5－15
320049	永丰余纸业(昆山)有限公司	2006－6－5
330001	温州市三泱瓦楞箱厂	2006－4－15
330002	浙江宇雷包装集团有限公司	2006－4－15
330003	浙江黄岩广丰包装有限公司	2006－4－15
330004	嵊泗县鼎立出口包装制品有限公司	2006－4－15
330005	嘉兴市七星纸箱厂	2006－4－15
330006	浙江东经包装有限公司	2006－4－15
330007	岱山县裕丰出口包装有限公司	2006－4－15
330008	浙江武义张氏包装实业有限公司	2006－4－15
330009	新昌县包装装潢厂	2006－4－15
330010	台州市东海包装制造有限公司	2006－4－15
330011	平湖市震洲包装有限公司	2006－4－15
330012	云和县兴宏纸业包装有限责任公司	2006－4－15
330013	云和县彩宏包装有限责任公司	2006－4－15
330014	嘉兴市新星包装有限公司	2006－4－15
330015	温州市汇源纸业有限公司	2006－4－15
330016	桐乡市华光包装制品有限公司	2006－4－15
330017	杭州黄龙纸塑包装厂	2006－4－15
330018	桐乡市新嵊胜纸业有限公司	2006－4－15
330019	东阳市野风包装有限公司	2006－4－15
330020	浙江上峰包装集团有限公司	2006－4－15
330021	浙江省龙泉市大田纸箱包装有限公司	2006－4－15
330022	浙江中包派克奇包装有限公司	2006－4－15
330023	杭州月牙湖纸品包装总厂	2006－4－15
330024	刚泰集团有限公司	2006－4－15
330025	嘉兴市高照包装装璜厂	2006－4－15
330026	温州新华印刷有限公司	2006－4－15
330027	杭州萧山钱江工业包装厂	2006－4－15
330028	平湖市华森包装厂	2006－4－15
330029	海盐南洋包装材料厂	2006－4－15
330030	兰溪市出口商品包装纸箱厂	2006－4－15
330031	平湖市景兴包装材料有限公司	2006－4－15
330032	浙江省平湖市万利包装有限公司	2006－4－15
330033	绍兴市塔山福利综合厂	2006－4－15
330034	永康市包装有限公司	2006－4－15
330035	杭州荣丽纸箱有限公司	2006－4－15
330036	杭州华艺实业有限公司	2006－4－15
330037	嘉兴大华包装有限公司	2006－4－15
330038	武义县兴隆包装有限公司	2006－4－15
330039	金华市顺达彩印包装有限公司	2006－4－15
330040	平阳县外贸包装厂	2006－4－15
330041	浙江富亨纸制品有限公司	2006－4－15
330042	金华市隆航包装有限公司	2006－4－15
330043	浙江绍兴希望包装有限公司	2006－4－15
330044	绍兴东方纸业包装有限公司	2006－4－15
330045	嘉善华鑫包装有限公司	2006－4－15
330046	浙江浦江华龙实业有限公司	2006－4－15
330047	杭州康桥包装装璜厂	2006－4－15
330048	民丰集团秀洲纸业有限公司	2006－4－15
330049	瑞安市南方包装制品有限公司	2006－4－15
330050	杭州白石纸箱厂	2006－4－15
330051	浙工胜达集团有限公司	2006－4－15
330052	温州丰源包装有限公司	2006－4－15
330053	浙江志龙实业投资有限公司	2006－4－15
330054	金华义大出口包装实业有限公司	2006－4－15
330055	宁波大红鹰包装材料有限公司	2006－7－1
330056	宁波双宁达纸塑包装制品有限公司	2006－7－1
330057	宁波市鄞州出口商品包装有限公司	2006－7－1
330058	宁波市鄞州金滕外贸纸箱厂	2006－7－1
330059	宁波日月包装纸箱实业有限公司	2006－7－1
330060	奉化滕头出口商品包装厂	2006－7－1
330061	宁波牡牛纸业有限公司	2006－7－1
330062	余姚市广裕纸制品有限公司	2006－7－1
330063	宁波华一包装有限公司	2006－7－1
330064	宁波市镇海出口商品纸箱厂	2006－7－1
330065	宁波八方集团股份有限公司	2006－7－10
330066	杭州华美包装用品厂	2006－7－10
330067	平阳县鳌江纸箱厂	2006－7－10
330068	横店集团纸箱厂	2006－7－10
330069	平湖市宏达纸箱包装材料有限公司	2006－7－10
330070	浙江省龙泉市纸箱包装厂	2006－7－10
330071	义乌市纸箱厂	2006－7－10
330072	海宁市亭溪包装有限公司	2006－7－10
330073	海盐罗马实业有限公司	2006－7－10
330074	瑞安市宏赫包装有限公司	2006－7－10
330075	浙江高峰塑胶有限公司	2006－7－10
330076	瑞安市仙降彩印包装厂	2006－7－10
370001	诸城长虹包装有限公司	2005－11－1
370002	潍坊凤凰纸业有限公司纸箱厂	2005－11－1
370003	潍坊圣达包装有限公司	2005－11－1
370004	寿光市福利纸塑制品厂	2005－11－1
370005	潍坊华鑫包装制品有限公司	2005－11－1
370006	昌邑市新星包装箱厂	2005－11－1
370007	山东省临朐县纸包装箱厂	2005－11－1
370008	淮坊华实包装制品有限公司	2005－11－1
370009	潍坊宏远包装制品有限公司	2005－11－1
370010	临朐联发包装装璜有限公司	2005－11－1
370011	安丘市彩印纸箱厂	2005－11－1
370012	临朐县果品集团公司包装厂	2005－11－1
370013	安丘市三清纸业包装有限公司	2005－11－1
370014	山东潍坊出口商品基地建设有限公司	2005－11－1
370015	潍护杨轩包装有限公司	2005－11－1
370016	临朐宏远彩印包装有限公司	2005－11－1
370017	昌乐县东方纸业有限公司	2005－11－1
370018	青州市中鑫包装印刷有限公司	2005－11－1
370019	青州鸿裕包装有限公司	2005－11－1
370020	诸城市外贸纸箱厂	2005－11－1
370021	青州市大业包装有限公司	2005－11－1
370022	寿光市新世纪纸业包装有限公司	2005－11－1
370023	潍坊大江包装制品有限公司	2005－11－1
370024	山东省昌邑市包装箱厂	2005－11－1
370025	寿光市开发区纸箱厂	2005－11－1
370026	诸城市世龙包装有限公司	2005－11－1
370027	寿光市永祥纸箱厂	2005－11－1

370028	青州市东坝纸箱有限公司	2005－11－1
370029	昌邑鹏翔包装有限公司	2005－11－1
370030	青州市弥河福利纸箱厂	2005－11－1
440001	广州中宝包装制品有限公司	2006－2－1
440002	广州市花都安达纸品制造有限公司	2006－3－1
440003	惠州市联发纸品企业有限公司	2006－3－1
440004	中山市金鸿纸品有限公司	2006－3－1
440005	番禺港泰纸品包装材料有限公司	2006－3－1
440006	慕达包装工业(清远)有限公司	2006－3－1
440007	中山市腾隆纸品有限公司	2006－3－1
440008	永丰余纸业(广州)有限公司	2006－3－1
440009	湛江金叶纸制品包装有限公司	2006－3－1
440010	开平市二轻包装厂	2006－3－1
440011	江门市纸箱厂有限公司	2006－3－1
440012	东莞茶山拓全纸品厂	2006－3－1
440013	潮安县纸箱装潢厂	2006－3－1
440014	东莞东协纸品有限公司	2006－3－1
440015	深圳华力包装贸易有限公司	2006－3－1
440016	中山市正业包装有限公司	2006－4－1
440017	宝安区石岩镇顺益纸品厂	2006－4－1
440018	江门市新会区联营纸箱有限公司	2006－4－1
440019	江门市恒锵纸品厂有限公司	2006－6－15
440020	广州正泰纸箱有限公司	2006－6－15
440021	东莞洛琪纸品有限公司	2006－6－15
510001	四川长虹电器股份有限公司	2006－2－1
530001	云南省曲清烟草包装厂	2006－7－15
510002	昆明九九包装制品有限责任公司	2006－7－15
510003	弥勒县康达彩印包装有限公司	2006－7－15
510004	云南省下关一中校办工厂	2006－7－15
510005	云南省通海县包装制品厂	2006－7－15
510006	云南昭通纸箱厂	2006－7－15
510007	云南曲烟实业集团公司	2006－7－15
510008	云南省玉溪市第一造纸厂	2006－7－15
510009	昆明市福保彩印包装厂	2006－7－15

各省市包装工业现状与发展前景

STATUS GUO AND DEVELOPING TRENDS

四川省包装工业 2002 年发展概况

任杰才

随着我国西部大开发战略的进一步实施，在四川省经济跨越式发展的推动下，2002 年，四川包装工业又有新的发展。全省主要包装企业共有 792 个，固定资产 67.24 亿元，比 2001 年(下同)增长 8.1%；实现产值 85.7 亿元，增长 12.3%；实现利税 20.2 亿元，增长 9.1%；主要包装产品中，纸制品包装企业 492 个(纸箱、纸盒、纸袋、纸罐、纸杯、蜂窝纸板等)，产量 55.78 万吨，增长 0.94%；塑料制品包装企业 213 个，产量 11.9 万吨，增长 0.79%；金属容器包装企业 21 个，产量 52.63 万吨，增长 0.26%；玻璃容器包装企业 32 个，产量 42.66 万吨，增长 23%；包装机械企业 15 个，产量 170 台(套)，增长 30%；竹胶板(箱)企业 23 个，产量 60 万 m^3，增长 46%。包装产品品种和产量都有较大增长，质量和效益有较大提高，高档次、规模型企业又有新的展现。2002 年，四川包装工业发展势头强劲，主要体现在：

一、投资增大，品种数量增多

1. 包装材料

成都东盛包装材料有限公司(广东佛山塑料有限公司和香港冠山公司合资)，投资 2.2 亿元，年产 2.5 万吨 BOPP 生产线，于 2002 年 11 月在成都高新(国家级)建成投产；四川中达包装材料有限公司(属南京中达集团子公司)，投资 5.8 亿元，年产 3.2 万吨 BOPP 包装新材料生产线，于 2002 年 11 月 29 日在成都市技术开发区(国家级)破土动工，2003 年 10 月建成投产；江苏双良集团在成都的都江堰市投资数亿元，新建双良工业园。其中投资 4.236 亿元，建年产 3.6 万吨 BOPET 薄膜项目，以填补西南地区空白；德国阿贝勒公司董事长一行专门来四川就开发竹浆造纸项目的可行性与我国有关方面专家进行了研讨论证，德方与四川正式签订投资 3.74 亿美元，在泸州市建年产 40 万吨竹浆纸及治污一体化项目。该项目建成后，将成为我国最大竹浆纸生产基地。

2. 玻璃容器包装

中外合资四川天马玻璃有限公司(四川沱牌酒厂与马来西亚玻璃产品私人公司合资组建)，投资 2800 万美元，新建年产 8 万吨中、高档玻璃瓶项目，于 2002 年 11 月建成投产。

3. 塑料瓶包装

在成都海峡两岸科技园的台湾统一集团，其中生产的“鲜橙多”饮料销售旺盛，所需包装瓶供不应求。仅在一年中，先后进入该科技园的包装企业就有 3 家。即：珠海中富集团投资 2500 万元，建成的一条 500mIPET 瓶生产线投产；台湾冠昌首期投资 500 万美元，建成一条 500mIPET 大瓶生产线投产；接着，台湾宇轩为 PET 瓶配套的瓶盖生产线建成投产，成为西南地区唯一能为统一集团“鲜橙多”饮料 PET 瓶配套瓶盖的企业。

4. 纸制品包装

长虹集团包装总公司投资建成一条国内最先进的蜂窝纸板生产线投产，这是四川省继 2001 年成都支点蜂窝材料制品公司之后发展的第 2 条生产线；渠县鑫隆包装有限公司投资 1800 万元，新建一条国内最先进宽幅高速五层瓦楞纸板(箱)自动生产线在年初投产，这是达州市 10 年后发展的第 2 条自动生产线；乐山市富丽包装有限公司购进一条二手五层瓦楞纸板(箱)自动生产线投产；井研县包装装潢有限公司购进一条国内最先进三层瓦楞纸板(箱)自动生产线投产；峨眉山市佳洁纸制品有限公司投资 1.21 亿元，引进全套挤出涂布复合、印刷、成型设备，新建年产 3.6 亿只牛奶无菌方砖形包装盒项目，已经省计委批准立项；成都市新津县与美国绿州集团签订协议，在科技工业园投资 1.5 亿元，建 10 条纸浆模塑餐具项目。

5. 包装机械

宜宾国营三江机械厂是我国率先成功开发军转

民品塑编系列设备的企业，去年产量达到130台套，新开发研制的512型网眼机，成功开拓了越南市场，出口量达20余台套。

6. 包装科研

四川中达包装材料有限公司（科技创新工作小组）与四川大学高分子研究所国家重点实验室合作，联合攻关，终于开发成功防潮抗皱烟膜包装新材料；成都市双流黄龙竹木有限公司自主研制开发成功特殊粘胶纸，并成功用于开发生产出具有平整光洁、档次高、质量优、新型的竹/木/纸三者复合板的优质包装材料；成都市新津县泰华玻璃厂，在我国玻璃瓶行业中，首家成功攻克酒瓶无铅化工艺；四川威之国际新材料公司与四川大学合作，联手攻关"十五"国家重大科技项目"国产无菌包装新材料"获成功。威之公司投资1.5亿元，已在成都高新西区征地70亩，建研发、销售、生产无菌包装新材料基地，以满足四川奶制品包装的需求。

二、资产重组，企业做大做强

四川丰泰包装股份有限公司，于2000年6月18日以3200多万元成功全资收购一个建厂才6年，占地60余亩，并拥有2条五层瓦楞纸板（箱）自动生产线的成都若兰纸箱厂。四川丰泰公司1997年6月建厂时资产900万元，经过5年发展，使资产增加到6800万元，年销售收入增长率达53%，成为四川唯一敢于从绵阳进入成都扩张发展，拥有4条瓦楞纸板（箱）自动生产线，2002年实现销售收入1.2亿元，2003年将突破2亿元，一跃成为四川纸箱包装行业的龙头企业。同时，这也是由两个民营企业经资产重组，在四川省包装行业中成功的典范。四川丰泰公司董事长兼总经理何峰，还被选为四川省第十届人大代表。

三、赴广东参观学习，不断提高纸制品包装发展水平

2002年7月20日，应广东省包装技术协会的邀请，四川省有8家纸箱生产企业厂长经理共12人赴广东参观了首届中国华南国际纸箱包装展。在此期间，还参观考察了番禺、东莞两地5家重点纸箱先进设备生产制造企业和造纸企业。通过这次参观学习，增长了见识，开阔了眼界，获得了不少行业最新发展及技术的信息，见识了什么是先进设备与技术，什么是先进管理，什么是规模效益，对纸箱行业发展趋势有了进一步了解，并找到了与内地存在的差距，从而对提高四川纸箱包装行业发展水平，起到了积极的作用。

四、举办包装展览，推进行业新发展

为交流行业信息，展示包装成果，勾通供需双方，推进行业新发展，2002年内先后举办了三次包装展览会。一是三月份举办了"四川印刷、包装、纸箱机械及材料春季展销会"；二是9月24日举办了"四川包装工业展览会"；三是10月23日举办了"四川中国西部包装工业博览会"。

五、开展行业培训工作，提高行业发展水平

为充分发挥行业管理部门的指导和服务功能，满足包装企业在发展中的需求，解决在生产经营中的问题，不断提高包装行业发展水平，2002年先后开展了3项培训工作。一是4月17日在大邑县为全省纸箱包装企业举办了一期"纸箱生产、印刷及后工序技术现状及发展趋势讲座"；二是7月16日在峨眉山市为全省包装行业举办了一期"国家鼓励有关行业发展的产业政策内容培训班"；三是抓住《中小企业促进法》颁布的有利时机，于10月21日在成都龙泉驿区举办了一期"学习贯彻《中小企业促进法》培训班"。

六、进行行业调研，指导行业发展

为模清纸箱包装行业发展现状、存在的主要问题及差距，以及发展趋势，四川省包装行业发展中心（由笔者执笔）在进行全面调查研究的基础上，撰写出《发展中的四川纸箱包装行业》一文，发表在《中国包装报》2002年12月19日第一版头条。该文对全省近10年来纸箱包装行业的发展进行了系统的总结和分析，对照沿海发达省市找差距，结合四川实际，提出了行业发展的意见与建议，受到行业的好评，对全省纸箱行业的发展起到了有益的指导作用。

七、做好包装宣传工作，促进行业新发展

为不断提高四川包装行业和包装新材料、新产品及包装先进工作者的知名度，充分发挥中国包装报四川记者站（设在省包装行业发展中心）的作用，2002年在省以上报刊报道四川包装行业发展动态的文章共30余篇。同时，按时完成了《中国包装年鉴》四川篇和《四川年鉴》包装工业篇的撰稿。此外，四川工业学院（现为西华大学）包装工程系主任陈宝琳教授荣获中国包协包教委成立20周年评选的"全国优委包装教育工作者"的殊荣。

八、行业名称变更

四川省包装技术协会于1981年7月经省科协批准成立（社团性质）。1983年11月，省政府确定为全额拨款事业单位。由此，一块牌子双重性质(社团和事业单位)。随着机构改革，事业单位于1997年必须在省劳动人事厅注册。这时，省包协已变成了单一的事业性质，按规定不再拥有两重性，故省包协(社团性质)在省民政厅予以注销。2002年7月15日，四川省机构编制委员会川编办(2002)126号文，将四川省包装技术协会更名为四川省包装行业发展中心。其性质、编制、职能、经费等不变。为继续发挥行业协会作用，目前已向省民政厅申请成立四川省包装行业协会，现待批之中。

(资料提供：四川省包装行业发展中心)

辽宁省包装工业“十五”发展规划及2015年远景发展目标

辽宁省包装工业经过改革开放十几年的发展和建设，已基本形成相对独立、具有一定经济基础、各种门类比较齐全的新兴工业体系。包装工业承担着全省约4000亿元的工农业产品和100亿美元出口商品的包装任务。包装工业已经成为国民经济的重要产业部分，是全省国民经济新的经济增长点。

一、包装工业“九五”主要指标完成情况

1. 主要经济指标

全省共有包装企业867个，其中大中型企业和重点企业145个，占企业总数的17%。固定资产原值45亿元，职工总数13万人。2000年实现工业总产值94.5亿元，比1995年增长74%，平均每年递增12%。实现利税8亿元，比1995年增长60%。

主要包装产品产量：纸包装制品60万吨，比1995年增长100%，平均年增长15%；塑料包装制品16万吨，比1995年增长100%，平均年增长15%；玻璃包装制品8万吨，比1995年增长－26%，平均年增长－5%；金属包装制品16万吨，比1995年增长38%，平均年增长11%；包装印刷300亿印，比1995年增长76%，平均年增长16%；包装机械10000台(套)，比1995年增长52%，平均增长10%。

2. 技术改造投资

“九五”期间，全省包装行业实施重点技术改造项目100项，用于技术改造投资25亿元，用外汇2亿美元。新增生产线50条。主要生产设备500多台(套)，开发研制包装新产品80多种。

3. 包装产品质量管理

在包装产品中，对瓦楞纸箱与金属桶罐产品实施了生产许可证管理。“九五”期间，全省200多个骨干瓦楞纸箱企业中有95个企业取得一类瓦楞纸箱许可证，具备生产出口瓦楞纸箱的资格。全省金属桶罐企业中有59个企业获得生产许可证。由于实施了生产许可证管理，使这些行业产品质量有明显的提高。

根据国务院发布的《印刷业管理条例》，对包装装潢印刷业实施印刷许可证制度，全省800多个包装印刷企业取得了包装装潢印刷许可证。

目前，一些骨干包装企业已通过ISO 9000质量认证。

4. 包装改进

“九五”期间，通过科技进步，开发新产品，抓好综合治理等，重点改进出口包装、运输包装，使因包装不善造成的损失下降到0.5%以下，到“九五”末，累计增收、节支7亿元。水泥包装实施了新的国家标准，使原来的“三标一再”水泥纸袋停止使用，推广纸塑复合袋，使水泥包装破损率降低，全省水泥散装率22%，在全国居第六位。生产资料等重工产品包装改进成绩斐然，鞍山钢铁集团改进钢材包装，增收、节支累计创经济效益1.5亿元以上。在省政府实施的“北水南调”工程中，为食品、饮料做好包装配套，全省共开发50多个包装新产品，为“北水南调”工程做出贡献。

二、存在的主要问题

1. 发展缓慢，排序后移

1982年全省包装工业总产值7.8亿元，仅次于上海、江苏居全国第三位，1985年退居第四位，1990年退居第九位，“九五”期间已被挤出前十名。包装工

业发展进度徘徊在10%左右。

2. 企业规模小，技术装备水平低

省内包装行业以中小型企业为主，80%以上是中小型企业，全省县以上包装企业中，技术装备和产品达到国内先进水平为15%，多数企业与国内同行先进水平相比落后10年左右，与国际先进水平相比差距在20年以上。全省纸箱行业现有骨干企业200多个，装备瓦楞纸机生产线的企业30多个，其余仍处于单机生产和手工操作，生产效率十分低，这些企业中20世纪五六十年代水平的设备占80%以上，80年代水平仅在10%左右。

3. 产品结构不合理、品种少、档次低

全省包装产品中，高档包装产品不能满足需要，如化妆品包装90%由外省配套，年金额在5000万元以上。食品行业、饮料行业包装60%由外省流入。新兴包装产品，如七层瓦楞纸箱、高强薄壁轻量玻璃瓶、马口铁喷雾罐等产品在省内都是空白。中低档包装产品生产能力过剩，各生产企业竞争激烈、经济效益下降。

4. 市场意识差、包装观念淡漠

省内许多生产企业的经营者忽视产品包装，没有把改进产品的包装作为能增加产品的附加值、促进产品销售、提高企业知名度的手段。企业仍抱着“好酒不怕巷子深”的陈腐观念，不去开拓市场，不去改进包装，眼看着市场被人家占领。

5. 宏观失控，低水平重复建设严重

由于包装生产企业分散在各个行业，涉及的部门较多，长期以来，各自为战、盲目发展、不讲规模经济、重复建设的现象相当严重。如包装印刷行业引进20多台电子分色机，开工不足20%；塑料编织袋能力已经过剩，全行业50%以上企业亏损，但以合资名义等一些小编织袋企业仍在争相上马。相反，一些技术含量高、市场急需的新兴包装制品、包装材料、包装机械却长期得不到发展，远远落后于国内先进省和地区。

辽宁省包装工业落后，在一定程度上制约了全省经济的发展，是国民经济的一个薄弱环节。省委、省政府十分关注包装工业的发展，省委书记闻世震同志曾多次指示辽宁的包装工业要上新台阶。

三、包装工业“十五”发展目标

1.“十五”末期到2015年主要经济指标

“十五”期间，辽宁省包装工业预计年平均增长12%。到2005年，全省包装工业总产值预计达到165亿元，利税13亿元。2015年，全省包装工业总产值将达到428亿元，利税30亿元。届时，全省包装工业将达到发达国家90年代水平。

“十五”末期和2015年预计全省包装产品产量：

纸包装制品：2005年将达到100万吨，2015年将达到259万吨；

塑料包装制品：2005年将达到28万吨，2015年将达到73万吨；

玻璃包装制品：2005年将达到10万吨，2015年将达到16万吨；

金属包装制品：2005年将达到30万吨，2015年将达到65万吨；

包装印刷制品：2005年将达到530亿印，2015年将达到1140亿印；

包装机械：2005年将达到17000台(套)，2015年将达到40000台(套)。

2. 技术进步、技术改造任务和目标

按照市场经济规律，实现企业投资主体化。利用两种资源，加大投入，在“十五”期间完成重点技术改造项目100项，投资35亿元，用汇3亿美元。

3. 质量管理任务和目标

(1) 坚持实施包装生产许可证制度，加强对一类瓦楞纸箱、金属桶罐包装产品及包装装潢印刷质量的日常监督管理工作。在年检中，对产品质量检验不合格者吊销其生产许可证。

(2) 全面推行ISO质量体系认证工作，全省包装行业大中型骨干企业认证率达到50%以上。

4. 包装改进任务和目标

(1)“十五”期间，全省包装改进平均每年减损、增收、节支2亿元，五年计10亿元。

(2) 为支柱产业服务配套。做好机械、钢材、化工、电子、建材等产品包装改进工作，采用国际先进的包装技术、包装材料、包装机械，促进全省重工业产品运输包装改进，减少因包装不善造成的经济损失，为辽宁重工业产品打入国内外市场保驾护航。

(3) 改进食品、饮料包装。为配合“北水南调”工程的实施，为发展全省食品、饮料工业，包装行业要做好服务配套。开发新的包装技术，使全省食品、饮料包装上一个新档次。在“十五”末，全省食品、饮料包装全部实现自己配套。

四、“十五”包装工业发展重点

1. 绿色包装

“十五”期间，全省实施绿色包装工程，大力开发绿色包装新材料、新技术、新工艺以及相关的机械设备。着重发展环保型纸包装制品，积极推广可降解塑料树脂包装制品，提高玻璃包装制品的档次，适当发展可回收利用的金属包装制品。

2. 出口商品和名优产品包装

重点支持包装制品生产上档次、上水平，提高包装装潢设计和结构设计水平，增加产品附加值，促进产品销售，提高包装产品在国际市场和国内市场的竞争力。

3. 包装材料

发展具备高阻隔、耐高低温、高强度等功能的包装材料。提高牛皮箱板纸、高强瓦楞原纸、白板纸等大宗产品质量。开发马口铁等市场紧缺的包装材料。

五、分类产品发展方向

1. 纸包装制品

纸包装制品占包装制品的40%以上，是“十五”期间，辽宁省包装工业重点发展的行业。

(1) 逐步实现瓦楞纸箱生产的集约化。充分利用全省现有的30多条瓦楞纸箱生产线，提倡集中制板、分散制箱的生产方式，提高产品质量水平，提高纸箱结构设计水平，降低克重，增强物理性能。调整布局、改变部分地区没有瓦楞纸箱生产线的局面。开发重型七层瓦楞纸箱产品，为全省机电工业服务配套。

(2) 实现彩印纸盒生产的基地化。“十五”期间以沈阳、大连为基地，集中力量通过技术引进、消化吸收、强化管理，建成全省一流的彩印纸盒生产基地。

(3) 水泥纸袋生产根据国家新标准，重点开发纸塑复合袋，降低成本、减少破损率。大力开发粮食小包装用的高强度纸袋，及各类食品包装、纸袋购物袋等。

(4) 扩大纸浆模塑制品的开发和推广。推广纸浆模塑餐具，开发纸浆模塑缓冲材料替代发泡塑料产品，推广植物纤维降解制品，减少白色污染。

(5) 开发新的代木产口一蜂窝板。如托盘及包装箱等。

2. 塑料包装制品

塑料包装制品居包装制品的第二位，在包装中起着至关重要的作用。

(1) 重点发展环保型降解树脂一次性购物袋、快餐餐具、缓冲隔垫等。

(2) 重点开发新型高阻隔包装材料，以适应食品、饮料的无菌包装，电磁灶、微波炉加热和耐蒸煮的耐热包装及特殊用途的冷冻、防锈、抗静电等功能性包装材料的需求。

(3) 开发多功能复合包装材料，以适应各领域产品的包装。

(4) 开发大型塑料桶、罐及中小型塑料瓶取代玻璃制品，提高医药、化妆品包装的档次。

3. 玻璃包装制品

玻璃包装在酒类、饮料、医药和化妆品包装中仍占有重要位置。

(1) 发展重点是降低能源和物耗，加强管理，降低成本。同时增加品种、提高质量、开发新产品、提高产品竞争力。

(2) 开发高强薄壁轻量瓶，提高异形瓶、磨砂瓶和彩印饮料瓶等品种的产量和质量。

4. 金属包装制品

(1) 通过技术引进，提高200L钢桶质量，扩大方型桶及方便桶的生产能力，增加品种系列。

(2) 扩大铝制二片罐生产能力，稳定质量、降低成本，开发钢制二片罐产品。

(3) 通过技术改进，提高马口铁三片罐及印铁、制盖的生产质量，扩大生产能力，提高产品竞争能力。

5. 包装印刷

(1) 实现设计制版电脑化。筹建全省包装装潢制片中心及全省包装装潢设计中心。

(2) 包装装潢印刷逐渐实现平凸结合、以平为主；迅速发展凹印及柔性版印刷；大面积丝网印刷也有广阔的市场前景。

(3) 提高包装装潢印刷印后技术，摆脱手工操作，实现烫印、上光、轧凹凸、压光、模切、折叠、制盒等的机械化、自动化。

6. 包装机械

辽宁省机械工业基础雄厚，具有研制开发新兴包装机械的各种有利条件，发展巩固原有的十大包装机械生产基地，即丹东瓦楞纸箱生产基地、辽阳造纸机械生产基地、锦州药品泡罩包装生产基地、朝阳水泥包装机械生产基地、沈阳水泥包装机械生产基地、沈阳软包装机械生产基地、沈阳、大连远红外收缩包装机械生产基地、大连印刷机械生产基地、锦州真空包装机械生产基地、抚顺制袋包装机械生产基地、大连塑料机械生产基地等。“十五”期间，重点开发医药、食品、饮料包装机械，增加品种，提高产量。

(资料来源：辽宁省包装技术协会)

浙江省包装工业“十五”规划及10年发展目标

一、浙江省包装工业“九五”发展现状

根据1999年包装行业年报统计，全省现有年销售额在500万无以上的包装企业389家。年产值(现行价)93.83亿元，销售收入90.25亿元(其中出口13.62亿元)，实现利税8.58亿元(其中利润4.32亿元)。全省完成包装工业主要产品产量：纸包装制品43.48万吨，塑料包装制品43.13万吨，玻璃包装制品14.73万吨，金属包装制品9.75万吨，包装装潢印刷78.64亿印，包装机械5.36万台(套)。还有数以千计未被统计在内的中小包装企业，全省包装工业总产值已超过200亿元，相当于浙江省31个工业行业产值排序中的第八位，成为浙江省国民经济中的一个主要组成部分，承担着全省13207.57亿元的工农业产品和128.71亿美元出口商品的包装任务。

1. 纸包装制品

纸包装制品提前完成“九五”规划指标，总产值为40亿元，主要产品有瓦楞纸箱、纸盒、纸袋、纸桶、纸管、纸浆模塑以及正在开发应用的蜂窝纸浆模塑以及正在开发应用的蜂窝纸板等。目前，全省年产纸包装制品76万吨。其中有160余条瓦楞纸板生产线，年产瓦楞纸箱60万吨，约24亿平方米。

2. 塑料包装制品

全省目前有各类塑料包装制品生产企业1000余家，职工近10万人。固定资产在1000万元以上的大中型企业共计100余家，其中有10家企业通过了ISO 9000系列质量认证。全行业有各类工程技术人员近2000人，占职工总数的2%。

现有生产设备3000余台/套，年生产能力80万吨，其中塑料编织制品年产量约55万吨，居全国第一。浙江省是仅次于广东省的全国第二大塑料包装制品生产大省，引进了国际先进机器设备和技术，开发了塑料制品新产品、新品种，获得科技成果100余项。有150余种产品通过省级新产品鉴定，其中填补国内空白的有50余种，国家专利产品10余种；有27种新产品还分别荣获国家级、部级、省级科技进步奖，新产品的产值占有率达30%以上。

3. 包装装潢印刷

“九五”期间，全省包装装潢印刷业共引进国外先进设备18台(套)，总用汇2200万美元，是“八五”期间引进设备用汇总额的一倍。

全省包装印刷行业协会成员单位有109家，职工近1.62万人，印刷总产量：平、凸印80亿印，凹印5066吨，印铁14675万套。全省有3000家印刷企业领取了《包装装潢印刷品印刷许可证》。

4. 金属包装制品

浙江省金属包装制品，特别是铁桶、钢桶产品，曾荣获省优、部优。产品、产量、质量这几年提高很快，企业的管理水平也有很大进步。

5. 包装机械

“九五”期间，浙江省包装机械取得较大发展，在全国包装机械行业中名列前茅，基本满足了国内食品包装机械市场的需求，并且有少量产品出口东南亚地区。

6. 玻璃包装制品

浙江省玻璃包装制品在“九五”期间得到了较快发展。但随着市场经济的不断深化，许多玻璃包装制品已为塑料包装制品所替代。而且玻璃包装制品的生产技术和生产工艺仍比较落后、生产设备陈旧、能耗较高、生产成本也高、质量稳定性尚差，致使浙江省玻璃包装制品与全国玻璃行业存在着一定的差距。

表1 “九五”期间浙江省包装工业增幅表

	1996年	2000年	年平均递增(%)
销售收入(亿元)	51.52	100.5	18.9
固定资产总值(亿元)	28.27	43.89	11
资产总额(亿元)	29.39	103.52	50.4
实现利税(亿元)	5.06	8.6	13.9
从业人数(人)		56000	

二、浙江省包装工业“九五”发展态势

“九五”期间，浙江省包装工业一直保持持续稳定增长，生产规模不断扩大，管理水平不断提高，充分显示包装工业在市场经济体制下，市场机制配置调节优化资源的显著效果。进一步证明了浙江省包装工业已

健康地迈开了向市场经济条件下发展的步伐，完全有能力为出口商品提供配套的包装产品和优良的服务，在全省经济发展中起到越来越明显的作用。

“九五”期间，浙江省包装工业在产业结构中，两大支柱仍然是纸包装制品和塑料包装制品，紧跟其后的是包装机械、包装装潢印刷及金属包装制品。例如温州地区的塑料编织制品现已发展成为全国最大的生产集中地，年产量55万吨，全国第一。同时，随着宽幅高强度低克重的牛皮箱板纸以及多条引进瓦楞纸板生产线的建成，纸包装制品在全省各地都得到了很大的发展。

“九五”期间，在建或建成了数十个引进技术改造项目。列入国家“双高一优”的引进年产14000吨“BOPP薄膜关键设备”和“年产10万吨高强度低克重牛皮箱板纸”项目顺利立项。“引进2800宽幅瓦楞纸板生产线”、“3200宽幅瓦楞原纸生产线”、“引进高档瓦楞纸箱加工设备”，“七层瓦楞纸箱板配套纸箱印刷生产线”等数十个引进技术改造项目已建成投产。加快了浙江省包装工业现代化进程，进一步满足各类产品出口包装需求，均取得良好的经济效益和社会效益。

三、浙江省包装工业存在的主要问题

1. 包装工业总体规模较小，占全省生产总值比例仍很小。由于包装工业本身投入不足，技术力量薄弱，科技开发能力较差，抑制了包装工业的综合竞争力，在相当程度上制约了行业的发展。

2. 包装工业绝大多数为中、小型企业，经营管理水平较低，生产成本高，市场竞争力缺乏。总的发展速度在相当程度上是依靠企业个数的扩张，尤其是乡镇企业的迅速增长，在全省经济中占比例有所增加。如塑料包装制品、纸包装制品及包装机械等领域表现较为突出，而规模经济效益好的企业较少。

3. 全省包装工业科技人员匮乏，科技开发能力薄弱，整个队伍具备大、中专以上学历以及具有专业技术职称的技术人员远不如其他行业，使包装行业工业产品的科技含量不高。企业科学管理水平也明显较低，给包装工业体制、科技创新带来一定的困难。国产的包装原辅料及高档包装机械等在品种、质量、性能等诸多方面还不能满足市场经济日益发展的需要。到目前为止，一些包装原辅材料、先进的包装工业生产线及关键设备仍需进口。

4. “九五”期间，一些具有一定规模的引进技术改造项目在国有经济中还存在着较为严重的投入产出极不平衡的矛盾。而在非国有经济中又有创造了全省包装行业大型技术必造项目还贷速度之最的先例。因此，要加快包装行业经济结构战略性调整，重组新的发展优势，提高全省包装工业总体效益，努力控制包装企业亏损面扩大的趋势。

四、浙江省包装工业“十五”发展规划及10年发展目标

“十五”期间，包装工业将面临国际国内环境发生的巨大变化。同时，经世界包装组织批准，原国家经贸委、中国包协决定，将“亚洲包装中心”落户在浙江，建设一个具有综合性功能的包装产业平台。面对大好形势和巨大转变，包装行业要遵照省政府、省经贸委的指示精神，结合浙江省包装工业实际，制订好全省包装工业“十五”发展规划和10年发展目标。

1. 包装工业主要经济技术指标

包装工业产值、实现利税、工业增加值和主要包装工业产品产量预测情况详见表2、3、4、5。

表2 包装工业产值预测表 单位：亿元

年份	2000	2005	2010
产值	110	161.6	226.7
增长率(%)		8	7

表3 实现利税预测表 单位：亿元

年份	2000	2005	2010
利润	6	8.4	11.3
增长率(%)		7	6
税收	5	7	9.4
增长率(%)		7	6

表4 工业增加值预测表 单位：亿元

年份	2000	2005	2010
增加值	27	39.7	55.7
增长率(%)		8	7

表5 主要包装工业产品产量预测表

年份		2000	2005	2010
纸包装制品	(万吨)	46	70.8	104
	增长率(%)		9	8
塑料包装制品	(万吨)	45	66.2	99.4
	增长率(%)		8	7
金属包装制品	(万吨)	10	14	18.7
	增长率(%)		7	6
包装装潢制品	(亿印)	90	145	200
	增长率(%)		10	7
玻璃包装制品	(万吨)	15	20.1	25.6
	增长率(%)		6	5
包装机械	(万台套)	7	9.4	12
	增长率(%)		6	5

2. 包装改进任务

(1) 严格遵照原国家经委批转全国包装改进办公室《关于加强全国包装改进工作的意见》提出的包装改进重点，即：水泥、平板玻璃、卫生洁具、出品机电产品逐年增加等诸多因素，重点研制开发出口商品包装以及食品包装、代木包装基材和易燃、易腐、易爆的化工产品包装，以适应市场经济的发展和出口商品的需要。

(2) 严格执行国家包装标准。对于新型包装材料、包装产品尚无国家包装标准的，要抓紧制订有关标准；加速新型包装材料的研究推广应用，如蜂窝纸板代木的研制、开发及应用，抓紧制订和完善蜂窝纸板的企标、省标；提高出口机电产品的包装质量，彻底消除出品货物木质包装虫害，确保外贸出口任务的顺利进行。"十五"期间，要取消卫生洁具稻草包装，改变卫生洁具包装不洁的现状；平板玻璃要大力推广集装箱包装，努力开发、研制其代木包装材料及产品，减少木材消耗和运输破损；面粉应推广高强度纸袋包装，逐步取代塑料袋包装；大力推广应用小包装，适应市场销售需要；化工产品包装更应该严格执行包装标准，根据其具备危险特性配备可体包装，努力研制和推广机械化、自动化包装，逐步消灭手工作业，确保包装产品的质量；农副产品包装除了为农副产品保护、美化、宣传配置可体嫁衣，为农副产品深加工后的贮藏、运输、保鲜、销售、使用提供有效服务外，还要努力提高农副产品附加值，为增加农民收入起到应有的作用。

3. 质量管理工作任务

(1) 包装产品已经发放生产许可证的产品已达八种。"十五"期间，不但要继续努力做好包装产品生产许可证的发放工作，同时还应有计划、有步骤地做好包装产品换证及管理工作。在复验换证的过程中，要注意领证企业在生产产品全过程中的质量管理工作，以及产品重量保证体系的检查。已发放生产许可证的包装产品，在全省仍有一些没有领取和及时换证的无证生产企业在生产，这些大多数产品质量低劣，严重扰乱市场，甚至还存在有证、无证同样可以生产包装产品的错误想法。对其必须严加管理。对已领取生产许可证的生产企业，要引导走管理信息化、生产经营信息化的道路。在努力提高包装产品质量认证工作的质量，做好为企业服务工作的基础上，要加快企业通过国际质量体系认证的步伐。

(2) 包装标准制修工作是包装质量管理的一项重要工作。要努力做好采用国际标准制订新材料、新产品标准的工作，以适应国内外市场的需要。对于一些已不适应市场需要的陈旧包装产品标准，要抓紧修订工作，努力使我国标准早日与国际接轨，进一步促进包装产品的出口，使包装产品在国内外市场上立于不败之地。

(3) 要善于抓好包装新产品的开发、应用和企业质量管理的典型，并创造条件，迅速在行业内部进行推广，树立包装工业榜样，从而提高全省包装行业对质量管理、包装新产品开发重要性的认识。

4. 包装工业发展重点

浙江省包装工业要在"十五"期间加快包装新材料、新产品、新品种的研制、开发，以适应市场经济发展的需要。努力提高出口商品包装的档次。出口商品的包装要在改进包装工艺、提高包装产品质量、提高包装装潢设计水平上满足国际市场的要求。随着商品经济的不断发展，对外贸易的不断扩大，包装工业越来越显示出它的重要性。为此，包装工业发展不仅仅是开发包装新产品、新品种，而且要牢牢记住出口商品包装应适应进口国家民族风俗，符合进口国家法令，符合商品检疫的要求。这些是商品出品包装非常重要的组成部分。也只有符合这些要求，才能够提高出口商品价值。

(1) 开发新型包装材料和包装产品。近几年来，包装用纸迅猛增长。其中，高强度、防水性能优的纸，高强度低克重牛皮箱板纸及高档瓦楞纸的开发和规模生产是浙江省包装工业发展的重点，也是解决全省水泥包装、面粉包装以及生产高档瓦楞纸箱等包装所需。塑料包装制品的应用更为广泛。可降解、易开封、防虫蛀、保鲜、兼具冷冻和耐微波炉加热双重特性多功能食品包装袋以及可食性的新型多功能包装材料的研制和开发将是浙江省"十五"规划的一大课题。同时要加速扩大宽幅 BOPP 薄膜、BOPS 片材及多层共挤 CPP 流延膜产品的使用范围及开发深加工产品的市场。在包装装潢设计方面，要大力推进结构设计、装潢设计和彩色印刷为一体的包装设计系统的实际应用进程。金属包装用材，不仅要在数量上增长，而主要在质量、规格、型号上能够进一步满足市场需求。玻璃包装材料，要努力改革加工工艺、降低生产成本，生产轻型、薄壁或涂层制品，满足医药、化工、化妆品及食品等各个领域的需要。

(2) 开发研制高档高强度低克重牛皮箱板纸、蜂窝纸板在代木包装等各个领域的广泛应用。

(3) 加速开发高速、高效、高质量的智能化包装机械。加速开发高强度造纸、蜂窝纸板及其纸箱生产设备，以及用于纸模包装制品的发泡与成型取代塑料发泡成型技术的生产设备等的制造和应用，以及高档包装装潢印刷机械、高速、高精确度的计量充填包装机械等。

(4) 大力推广应用绿色包装产品。一方面要堵绝 EPS 餐具及超薄塑料袋的生产源头，加大执法力度，禁止市场销售和使用。另一方面要从政策上积极鼓励纸浆模塑及纸制品餐具等包装产品的生产企业(其中包括包装设备制造企业)，能够在进一步提高产品质量，适应大规模生产，提高产量，迅速降低生产成本的基础上进一步适应市场经济的需求。

(5) 加速发展集装运输包装，努力探索减量化包装运输途径。

(6) 鉴于"亚洲包装中心"将落户在浙江的现实，全行业对此应予高度关注，支持和齐心协力把"亚洲包装中心"建设好，使其成为一个具有强大集聚功能的包装产业综合平台，真正发挥好对我国包装行业的辐射和带动作用。"亚洲包装中心"包括中心总部和加工贸易区。它将以包装制造业为主，融制造、科教、研发、贸易、展示、信息、服务于一体，成为中国乃至亚洲最大的包装产业研究、开发、生产基地和商贸集散地。

(资料来源：浙江省包装技术协会)

云南省包装工业 2002 年发展概况

代启文

2002 年，云南省包装工业继续保持稳定增长。据省统计局对全省国有及年销集收入 500 万元以上的非国有独立核算包装工业(以下简称规模以上工业)统计，2002 年全省列入统计的有 144 户包装工业企业，比 2001 年增加 16 户；实现工业总产值 56.79 亿元，增长 9.6%；实现工业增加值 19.41 亿元，增长 7.9%；主要工业经济指标资产、销售收入、实现利税、实现利润分别比 2001 年增长 12.5%、6.5%、5.8%和 6.7%。

2002 年云南省包装工业发展呈现下述特点：

一、从所有制结构看，八种所有制企业中，呈现五升三降。国有工业企业实现增加值比 2001 年增长 6.5%；股份合作制企业增长 10.8%；有限责任公司增长 59.2%；私营企业增长 11.6%；港澳台商投资企业增长 22.9%。而集体、股份有限公司、外商投资企业实现增加值则分别下降 18.5%、43.5%和 1.2%。

二、从企业类型看，大、中、小三种类型企业中呈现二升一降。大型企业实现工业增加值 9.57 亿元，比 2001 年增长 18.3%；中型企业实现增加值 7.05 亿元，增长 26.1%；小型企业实现增加值 2.78 亿元，下降 35.5%。

三、从分行业看，八个行业企业中，呈现六升二降。纸包装制品企业实现工业增加值 4.86 亿元，比 2001 年增长 2.6 倍；包装装潢印刷企业实现增加值 9.81 亿元，增长 4.8%；塑料包装制品企业实现增加值 2.75 亿元，增长 10.3%；金属包装制品企业实现增加值 0.25 亿元，增长 51.4%；玻璃包装企业实现增加值 0.13 亿元，增长 12.3%；包装机械制造企业实现增加值 0.5 亿元，增长 9.2%。而复合包装制品企业实现增加值 0.47 亿元，下降 54.3%；其他包装企业实现增加值 0.66 亿元，下降 78.4%。纸制品企业实现增加值大幅增长，主要是由于兰鹰纸业从其他包装企业调进纸包装制品企业行列所致。

四、从经济效益看，全省规模以上包装工业实现销售收入 56.96 亿元，比 2001 年增长 6.5%；实现利税 7.13 亿元，比 2001 年增长 5.8%，其中实现利润 6.60 亿元，增长 6.7%。分行业八个行业企业中，呈现五升三降。(1) 纸包装制品企业实现利税增长 11.2 倍；(2) 包装装潢印刷企业实现利税增长 0.6%；(3) 塑料包装制品企业实现利税增长 15.9%；(4) 复合包装制品企业实现利税下降 21.7%；(5)金属包装制品企业实现利税下降；(6)

玻璃包装企业实现利税增长；(7) 包装机械制造企业实现利税增长；(7) 包装机械制造企业实现利税增长 10.5%；(8) 其他包装企业实现利税下降 82.3%。2002 年，企业资产负债率达 57.87%，比 2001 年上升 3.26 个百分点；企业亏损面达 29.86%，上升 1.73 个百分点；亏损企业亏损额达 6575 万元，上升 2.0 个百分点。

从 2002 年云南省包装工业发展情况来看，(1) 多种经济成分的包装企业发展较快，增长速度均超过国有企业。2002 年，股份合作制企业、有限责任公司私营企业和港澳台商投资企业增长速度分别超过国有企业增长速度 4.3、52.7、5.5 和 16.4 个百分点。(2) 大、中型企业发展较快，而小型企业发展萎缩，呈下降趋势。2002 年，大型企业实现工业增加值增长达 18.3%，中型企业增长 26.1%，而小型企业则比 2001 年下降 35.5%。小型企业技术落后，产品开发能力弱，资金紧缺，竞争乏力。(3) 复合包装制品企业发展萎缩。2002 年实现工业增加值比 2001 年下降 54.3%，实现利税下降 21.7%，实现利润下降 21.6%。复合包装制品企业规模小，技术装备差，产品开发能力弱，产品技术含量低，占有市场份额少，是导致发展萎缩的主要因素。(4) 包装装潢印刷企业从过去高速增长到目前保持低速增长，主要是涉烟配套的包装企业受卷烟工业发展制约，加之涉烟包装产品市场竞争日趋激烈所致。

（资料提供：云南省包装技术协会）

发挥导向作用　优化产业结构
加速青海包装工业发展

沈庆生

20 多年来，青海包装工业从小到大，整体水平有了较大提高。国家西部大开发战略的实施，也给青海包装工业的发展带来新的机遇，提出了新的要求。

青海省委常委、副省长蒋洁敏同志在企业调研中就青海包装工业的发展做了重要指示：要从资金、规划、计划、政策等方面将包装工业作为一个重点行业支持其发展。从而拉开了青海包装工业加速发展的序幕，加快了青海省包装工业园筹建招商工作的步伐。青海省包装工业办公室率先牵头成立市场调研组，对青海省特色优势产业的包装产品供需状况进行了周密详实的调研。先后走访了六个相关行业的 65 家企业，获得了大量有价值的信息，比较详细地摸清掌握了青海省包装需求量和发展趋势。调研结果表明，“九五”期间，全省包装产品需求量在 21 亿元人民币左右。按每年 15%的速度递增，“十五”期间，将达到 26 亿元人民币。此项工作的开展，为今后调整思路，优化产业结构，做好包装行业的管理工作，加速青海省包装工业的发展提供了可靠依据。

一、青海省包装产品需求市场的现状

当前，青海省包装工业产品需求市场的现状不容乐观，长期以来一直滞后于全省经济的发展。省内名优产品、特色产品的包装大部分依赖省外供应，大量包装费用流向外省，虽然 20 年来青海的包装工业也有一定的发展，但无论是产品结构还是产品质量，都存在着与需求不相适应等深层次问题，每年因包装不善造成的损失还相当惊人，在出口方面蒙受的损失也相当严重，好产品卖不了好价钱；同时，在包装工业发展的过程中，还出现了不少新的问题。通过调研发现，全省各类包装制品具有较大市场，包装行业的发展存在着较为宽广的空间。包装企业在省内包装产品市场占有份额较少，据统计不足 20%，而发达省份包装制品在青海省包装市场的竞争显得日趋激烈。随着特色经济的加速发展，对包装产品的需求从数量和质量上均有明显的大幅度增加。在盐化工行业中，仅氯化钾产品生产规模达 200 万吨，塑料编织袋的需求就达 4000 万条，销售产值达 6000 万元左右，再加上制盐业、纯碱等产品，省内盐化工行业年需求主要体现在销售包装产品上，即彩印纸盒、塑料复合袋等。目前，省内中藏药包装产品的需求近 1 亿元，包装产品占年均销售值的 25%；硅铁 20 万吨,包装产品需要1.5亿元;建材业包装产品主要用于水泥、石棉包装上,年包装产品需求在4000万元左右;食品行业的包装需求,主要集中在酿酒业、乳制品加工、牛羊肉制品加工、饮料类产品等,据不完全统计,年包装产品需求在2.6亿元左右。另外,在机电、纺织、农副等行业,包装年需求在1.2亿元。应该说,青海省包装市场目前和将来潜在的市场将是巨大的。怎样发展本省包装工业,是包装行业管理部门和包装企业认真思考和解决的问题。

二、当前青海省包装行业的基本状况及存在的突出问题

近年来,由于青海经济结构进行调整和企业破产重组等原因,包装企业发展步伐缓慢。生产远远难以满足省内包装市场的需求。突出表现在:

1. 企业规模小,竞争能力不强。全省近120户包装企业中,85%以上企业是固定资产不足500万元、职工人数不足百人的小企业,多数企业尚属作坊式生产,规模小、水平低、条件差,在包装市场竞争中处于劣势。

2. 产品结构不合理。省内包装生产企业产品均集中在运输包装产品上,如瓦楞纸箱、塑料编织袋等,生产产品成本高、利润低,技术工艺要求低、产业结构和产品结构矛盾突出,新产品开发缓慢。

3. 包装企业普遍存在技术装备和生产工艺落后,技术改造资金投人不足,造成包装工业发展后劲乏力。

4. 多数企业观念落后,缺乏发展思路,对开拓市场、加快发展的信心不足。特别是部分效益较好的企业,“小富即安”的思想严重,这些落后观念和思想影响了包装企业的发展。

三、加快青海省包装工业发展的思路

结合省情,解放思想,转变观念,与时俱进,勇于创新,明确目标,统筹规划,有步骤、多层次、全方位加快包装工业的发展,努力开创包装工业的新局面。

1. 抓好包装工业的结构调整工作。配合青海省包装行业“十五”规划的实施,在发展包装行业时,要把眼光放到包装装潢印刷、纸包装制品、玻璃包装、新型包装材料和无污染的塑料包装等行业的发展上。在企业组织结构上,重点支持设备先进、产品适销对路、经济效益较好的包装企业,限制技术设备落后、产品销路不畅、经济效益差的包装企业;坚决淘汰无证经营的、产品质量不合格的假冒伪劣的、污染严重的、连年亏损的包装企业。重点抓好无污染、经济效益好、技术档次高、附加值高以及出品创汇产品的生产,限制技术含量低、滞销积压、经营效益不好的产品生产,坚决取缔无质量合格证、污染严重、无市场销路的产品生产。依靠政策、法律、法规,运用市场经济的原则加强工作,以达到优化包装工业的产业、企业、产品结构,求得最大的经济效益。

2. 加快青海省包装工业企业的技术创新,提高企业技术创新能力和水平。发展名优产品,加大改革开放的力度,利用西部大开发的优惠政策,内引外联、招商引资、扩大对外开放,坚持双盈互利、共同发展的原则,加强与内地包装企业的联合与协作,吸引各类经济效益好的包装企业到青海省投资办厂、联合重组、嫁接改造。尤其要发挥包装办信息灵、联系快、协调作用强的优势,吸引国外具有先进水平的包装项目落户青海,从整体上逐步改变包装项目落后的面貌,并使之尽快形成气候,成为青海包装工业新的增长点,增强企业发展后劲和市场开拓能力,加快包装工业的发展。

3. 重视专业人才培养和提高劳动力素质。一是通过多种渠道和方式加强行业内专业人才的培养,并对从业人员进行技术培训。二是采取优惠政策,吸引包装专业人才到青海工作,逐步从根本上改变包装工业人才匮乏的面貌;三是有计划、有目的、分期分批地组织青海包装工业企业负责人,到国内外对口企业参观学习、增长见识,不断把企业推向先进水平。

4. 加强宏观管理。一是遵循“统筹规划、合理布局、健康有序”的方针,制定切实可行的政策措施,不断引导包装工业健康发展。二是加快包装工业发展相关法律法规的制定和完善工作,逐步将青海包装工业纳入法制化管理的轨道。三是探索减量化包装途径,减少材料消耗,防止过份包装。优先重点发展多功能包装基材,以适应不同商品对包装的要求。

5. 加强包装改进工作,重点是做好农畜产品、中藏药、牛羊肉深加工、水泥、化工产品的包装改进工作。加大包装改进工作的力度,使包装产品适应全省经济的发展需求。

四、青海省包装工业办公室加快包装工业的发展采取的主要措施

省包装工业办公室作为省内唯一的包装行业主要的管理部门,在经济发展中,如何适应形势,借西部大开发、青海大发展的东风,促进全省包装工业的发展,深感责任重大。面对新的机遇、新的挑战,及包装企业和包装产品需求市场这两个方面的现状，对青海省包装工业来说，既有压力也有做好工作的市场条件。为此，省包装工业办公室今后应在以下几个方面采取措施做好工作。

1. 进一步加强包装工业园的建设。目前，青海省包装工业园已落户青海生物科技产业园区并取得一定的成效，已与省外彩印公司签定彩色印刷工程项目建设协议，该项目投资大、见效快、科技含量高，建成后可以引领青海包装行业的发展。因此，省包装工业办公室顺应改革，加大市场调研力度，把项目的协调、服务和指导工作作为今后的工作重点，积极争取国家及省有关部门的扶持，促进分期建设、尽快建成。

2. 加快包装工业的法规建设。依法治理包装市场依法引导包装工业持续有序健康发展，把包装工业的发展纳入到法制轨道上来。省包装工业办公室在省内广泛征求意见，积极吸取省内外先进经验，争取促进《青海省包装行业管理办法》早日颁布实施。

3. 充分发挥产业政策的导向作用，促进行业有序发展；充分发挥行业管理的协调作用，结合省内包装工业的现状、特点，进一步加大招商引资的力度，吸引国内外同行业企业以各种形式改造青海包装工业，争取更多资金及高新技术的投入，逐步改善和拓宽服务领域，增强吸引力和凝聚力，加大宣传力度，充分利用各种媒体，把青海省包装工业推向全国，促进青海包装工业有一个高速度的发展。

4. 重视包装设计工作队伍的建设，搞好技术改造和技术创新。省包装工业办公室要积极协调省内外有关部门和单位，尽快建立青海省包装装潢设计中心，解决包装设计单一、制作粗糙的现状，着重解决企业装备落后，技术档次低、产品缺乏竞争力的问题，为省名优特商品设计出具有青海特色的包装产品，使全省的名优产品、出口商品配上合适的"嫁衣"。

5. 加强宏观管理，重视提高产品质量，推进ISO 9000质量体系的认证，遵循"统筹规划、合理布局、健康有序"的方针，制定切实可行的政策措施，尽快提高青海省包装产品质量和市场竞争力。

时逢西部大开发的良好机遇，又得到政府部门的大力扶持，时不我待，青海海包装工业的发展一定能够突飞猛进，大展宏图。

（作者单位　青海省包装工业办公室）

与时俱进　发挥桥梁纽带作用

北京市包装技术协会

北京市包装工业的发展现状

随着北京市工业的蓬勃发展，与之相辅相成的包装业也迅速发展壮大，至2001年底，包装工业总产值已从1980年的4.2亿元增长到46.5亿元。目前全市包装企业已形成了国有、集体、民营及合资企业共同发展的局面，进一步发展成为以纸制品、塑料、金属、包装原辅料及包装机械为基本框架的较完备的工业体系。

企业的竞争实力及自我调整能力增强，如兰成印铁制罐厂根据自身情况向多元化发展，企业规模不断扩大。通过近几年的组合、兼并等方式的企业结构调整，北京市已形成了一批具有相当规模和实力的集团企业，如北京市纸箱厂、北京中天纸业集团有限责任公司、北京奥瑞金新美制罐有限公司等，其技术精良，资力雄厚，拥有各自的品牌或优势产品。

技术装备水平及产品开发能力增强。由于市场的需求和发展，许多企业引进了国外或国内的先进包装设备，很多生产线的技术水平处于国内领先地位，一些实力较强的企业设立技术开发部门。如北人集团生产的多品种印刷设备赶超世界先进水平，首都机械厂生产的瓦楞纸板生产线，北京自动化研究所研制的自动瓶盖机，双鹤制药装备有限公司开发研制的泡罩包装设备，无论其性能、功能、质量还是技术指标等均居同行业之首，处于国内领先水平，在包装市场上占据着主导地位。

自1999年以来，全市已有几十家包装企业通过了ISO 9000质量管理体系认证，并以此赢得了客户的青睐，建立了稳固的合作关系，为企业带来了可观的经济效益，增强了企业在市场竞争中的抗风险能力，并且引起了同类企业的关注，形成了良好的企业认证态势。

充分发挥协会的桥梁纽带作用

作为行业协会就通过自己的服务把企业与政府连接起来，按照一头服务企业，一头协助政府的工作思路，充分发挥协会作用，努力做好协会工作。

2002年10月11日中国包协召开了统计会议，贯彻了国家经贸委与国家统计局联合发布的国经贸产业[2002]1642号《关于授予四个行业协会行业统计职能的通知》。国家统计局和国家经贸委决定授予中国包装技术协会承担本行业的统计职能。北京包协遵照市经委和市工经联关于统计工作的部署首先明确了国家对包装行业的统计内容，共11项，有纸制品业、包装装潢印刷业、涂料制造业、塑料薄膜制造业、塑料丝、绳及编织品制造业，塑料包装箱及容器制造业、金属包装物品及容器制造业、包装工业专用设备制造业。北京包协将以统计职能的授予开展一次全市包装行业的基本情况摸底工作。根据掌握的统计数据作为包装发展规划，市场导向，作为对会员单位服务的手段。

质量认证是国际上对产品质量和质量管理进行评价监督的通常做法，协会为做好行业质量认证工作，与有关部门合作选派具有专业知识强、管理经验丰富的国家注册咨询师、审核员，对认证企业进行指导，按照ISO 9000(2000版)国际标准帮助建立一整套规范的、科学的、完整的质量管理体系并监督实施有效运行。同时应企业的要求为之推荐国际、国内公认的知名度高、信誉好、服务好的认证机构对企业进行ISO 9000质量管理体系和产品服务双重认证，受到了企业的普遍欢迎。

为了缩短我国包装工业与国际先进水平的差距，尽快熟悉和掌握WTO的规则，了解加入WTO后国内企业的权利、义务，加入WTO对我国包装企业的影响和国际市场的现状及我国的相对优势与不足，以及包装产业政策和法律的调整及应对措施，协会组织会员单位参加了华北五省、市联合召开的入世后包装企业的战略之路厂长、经理高层论坛会，邀请中国法学会WTO研究会副会长、外经贸部《中国对外经济贸易白皮书》主编、WTO问题专家何茂春博士讲课。他结合包装企业的具体情况列举大量实例，深入浅出、通俗易懂地给包装企业厂长、经理上了一课。厂长、经理们普遍反映收获很大，看到了差距，找到了缩小差距的思路和方法，并带来很多新的启迪和信息。

为了通过名牌战略的实施，培养和造就一批示范企业和优质名牌产品，从总体上促进和提高我国包装行业的国际竞争力，根据中包[2002]51号文件《关于开展评定中国包装产品定点生产企业及中国包装行业优质产品活动的通知》精神，协会将北京市纸箱厂、北京北人羽新胶印有限责任公司等单位推荐为中国包装产品定点生产企业单位，并推荐北京市朝阳区振兴纸箱厂的产品为中国包装行业优质产品。协会已对上单位进行了初审，并将其资料报送中国包装技术协会。

积极开拓信息渠道为企业提供信息服务

北京包协与崇文区图书馆合作建立的北京包装资料馆是全国唯一的包装专业资料馆，自1990年成立以来，为包装行业和相关行业做了大量信息服务工作，该馆拥有丰富的包装专业的图书、资料和刊物，为本市和外省市的专业技术人员和其他有关人员查询资料，提供国内外最新的包装行业的信息资料，全年为来电来访的读者提供咨询服务220多次。全年接待来馆查阅资料人员达上千人次，查阅资料8000余册。

为了向会员单位提供更多的国内国外的最新包装行业信息，协会除了每月定期出版《北京包装信息》和不定期出版《企业与市场信息》以外，去年又增办了《企业与企业家》刊物。

《中国包装报》多年来已成为协会、会员单位宣传自我的阵地，去年北京记者站积极组织稿件10余篇，在《中国包装报》上发表，宣传企业形象，提高企业失知名度，推动了北京地区包装事业的发展，受到企业的好评。

积极开展国内外经济、技术交流合作

为促进华北地区包装设计、包装装潢印刷水平的提高，充分展示近两年来包装设计、包装装潢印刷的新成果；第五届华北地区包装装潢设计大奖赛在北京举行。本次大奖赛的主题是：推新人、推新作、推动华北地区包装设计大发展。北京、天津、河北、山西、内蒙古五省市共278件

(套)产品参展。

为了进一步了解国外包装工业发展的动态,开拓会员单位的生产经营思路,学习国外包装企业的先进技术、先进管理经验,使其适应外贸出口包装的需要,协会与北京市出口商品检疫检验局共同组织印刷、纸箱、机械、包装容器等企业的厂长、经理30余人分别赴新加坡参观亚洲纸业展、法国巴黎国际包装、国际技术设备、国际食品机械等包装工业展览会,并参观考察了新加坡具有权威性的纸箱包装生产企业和世界上规模最大、影响力最强的德国海得堡印刷机械生产企业。并与国外同行进行了交流,直接了解包装生产企业的先进技术、先进管理经验,开阔了眼界,找到了差距,提高了国内包装的自我完善能力,使会员单位受益匪浅。

为了加强省市间包装协会、包装企业的交流,为企业开辟合作机会,协会组织瓦楞纸箱生产企业20余名厂长、经理、技术管理人员参加了天津包装技术协会和天津造纸厂联合召开的新产品发布会。发布会重点介绍了集纸浆、造纸于一体的综合大型造纸企业概况,并重点介绍了企业生产的白板纸、牛皮卡纸、高强瓦楞原纸和牛皮箱板纸产品的性能和优点。该产品是采用国际上先进的QCS系统,对产品的质量进行有效控制。此次发布会为生产瓦楞纸箱企业提供了大量信息。

加强协会自身建设增强协会工作活力

协会的自身建设是协会能否有效开展工作,当好政府的参谋助手,为企业服务的关键。为了使协会保持蓬勃向上的发展,通过开展各种活动扩大影响,不断吸引发展新会员,去年原有93家会员的基础上,又吸收发展了5家新会员,使协会不断发展壮大,更好地为行业、企业做好服务。

协会本着"自立、自律、自养"的办会原则,努力探索符合社会主义市场经济的形式和工作方式,加强自身的思想、组织作风建设。根据协会章程要求建立健全了各项规章制度和协会工作人员职责,如协会建立了民主决策制度、重大事项报告制度、监事会工作制度、财务管理制度等。协会还聘请了法律顾问,使协会的各项工作进一步做到规范化、制度化。

协会每年按期召开常务理事会,及时总结协会工作,广泛听取各方面意见和建议,并对一些重大事项进行研究决策,并提出下一步协会工作建议。

2003年工作重点

一、按照中国包协、市经委的要求做好北京地区包装行业的统计工作,为政府制定都市工业发展战略提供参考依据,并结合统计工作进行一次行业调查摸清底数,同时要完成好中国包协、市经委交给的各项任务及好各项活动。

二、受中国包协委托,在北京推广使用国际通用"瓦楞制品回收标志"的实施工作。

三、召开会员代表大会,做好协会换届选举工作。

四、继续做好包装企业质量认证工作,不断提高企业产品质量、管理水平,使企业尽快适应入世后的国际竞争。

五、充分发挥北京包装资料馆、中国包装信息网、中国包装报北京记者站、包装与相关行业信息报、中国包装工业杂志等多种媒体的作用,宣传报道北京地区包装行业、企业的发展变化,继续办好《北京包装信息》、《企业与市场信息》、《企业与企业家》内部刊物,根据企业不同需求随时调整栏目、内容,多提供有实用价值的信息。

六、有针对性地组织包装企业参观、学习、交流、商务洽谈。

七、做好制定行业标准的上报工作。

(北京站)

上海市包装行业概况

上海市包装技术协会　刘思敏

随着科技现代化和经济全球化的到来,我国参加世贸组织,接着上海申办"世贸会"又获成功,给上海的经济建设带来了巨大的影响，产生了极大的推动。外资和外企的大量进入，随之而来的国外先进生产技术，经营理念，都将促使我国的产业结构、生产技术等多个方面，注入活力和进行必要的调整与提高。

上海有着很好的地理优势和历史基础，也正在趁着大好发展时机，迈向国际经济、金融、贸易、航运中心的新世纪发展战略目标，迎着世界制造业中心向中国转移的大趋势到来，各行各业都各有所作为地寻找自己的地位与发展空间。包装业也不例外。上海包装业作为主要的工业产品配套服务行业，已伴随着上海经济的快速发展而有着明显增长。如上海2002年全市实现生产总值为5408.76亿元，平均每年增长11.9%；上海包装工业总产值2002年为233亿元，销售总额为242亿元，较上年增长12.11%。

2002年上海包装行业与专业完成情况 单位：千元

专业	工业总产值			
	2002年	占行业%	较上年增长%	2001年
行业总计	23350121	100.0	12.09	20832397
纸容器	5107882	22.3	14.38	4465601
塑料包装	5676817	24.23	8.73	5221106
木制包装	350950	1.48	14.94	305346
绿色包装	142550	0.60	7.83	132202
金属容器	2323696	10.01	10.91	2095045
玻璃容器	370404	1.56	10.98	333772
包装印刷	6849997	29.59	13.45	6037210
包装设计	12336	0.06	11.15	11900
包装机械	2514599	10.6	12.75	2230215

上海包装工业虽有明显增长和较快发展，但仍存在许多不足。主要如：企业规模小、缺乏竞争力，产业结构不够合理，技术含量不高等。为此，面对大发展的新经济形势，在发展上海包装工业中，还要进一步更新观念、深化改革，增强包装行业的技术创新能力，加快联合互动，共同协调发展，更要充分发挥中介组织即行业协会的组织推动作用。

上海市包装技术协会在适应新形势发展需要中，2002年协会的工作仍是坚持为政府、为行业企业服务，开展多方面工作，并取得明显成效。主要如：

一、加强行业调查，完成研究项目。

如在抗"非典"期间，有针对性地组织专家深入超市调查，从商品包装角度提出有利于防御"非典"感染的措施建议调研报告。接受市经委和中包协委托，结合治理"过度包装"问题，对包装减量化进行了专题调研。除此，在市有关部门委托下，组织人员进行调查研究，提出上海市包装设计师资格评审调研报告及评审办法(初级)。

二、组织行业活动实施行业管理。

如举办"东方之星"包装设计大赛，推动商品包装设计水平提高；组织"星级包装企业"评选活动，以规范行业企业有序发展。坚持及时协调瓦楞纸箱价格，保持行业企业与用户利益。

增进知识产权意识，推动包装领域知识产权保护，经大力推行见到成效，并突破完成指标，达到488项。

根据质监管理部门委托，协会进行有关危险品包装调研发证工作。现已完成前期工作，即将进入宣贯及发证工作中。

协会为加强行业管理基础工作方面经过多方面的数据综合和分类分析从2500余家原始资料中将行业统计工作推向一个新阶段，不仅能及时统计出行业产销数据，并能据之进行多种分析性资料，如大中型企业，行业企业、企业家数和从业人数等，供行业管理和决策参考。

协会为更好为政府和行业企业服务，经过由部分专业委员会建立专业专家组，并在此基础上蕴酿初步建立了协会的专家委员会。

三、加强学术技术交流，提高包装整体水平

主要有：组织并推荐部分优秀包装设计作品，参加亚洲地区包装设计作品展示交流活动。举办《世博会与包装工业》主题报告会，从理论研讨推及到理念的普遍提高，以促进包装行业对"世博经济"在认识上的提高，迅速进入到行动上的应对准备。举办"绿色包装研讨交流"，组织有关专家进行专题讲述，以提高防治"白色污染"的正当认识，推动绿色包装的技术开发和生产扩展。

四、巩固包装信息网络《上海包装》再度改版

为加强包装的信息搜集、传播交流，辅助包装协会报刊的成长与提高，协会召开了重组通讯网络会议，巩固了"一刊"(《上海包装》)期刊，"一报"(《上海包装》报，"一网"(中包网上海中心站)、"一站"(中国包装报上海记者站的通讯、编辑队伍。

《上海包装》由上海市包协主办后，今年进行了二次改版，由季刊改为月刊；由黑白版加彩版改为全彩色铜版纸印刷。内在质量上进行了定位性调整，外观形象上出现"变脸"性新面貌。

五、举办国际包展，扩大区域交往

与专业展览公司联合主办首届中国上海国际包

装工业展。获得圆满成功。

在这一期间，上海市包协重视长江三角及华东地区包装同行的合作与交流，举办了华东地区包协秘书长工作交流。同时，市包协曾组织赴浙江与江苏进行考察访问，既扩大了交流，又增进了同行友谊，进一步加强长三角和华东地区包装领域的联动与合作，共同为加速我国从包装大国迈向包装强国的进程，作出积极的贡献。

抓住机遇　开创甘肃包装新局面

杨文亮

在甘肃省政府的支持和帮助下，在广大包装企业的艰苦努力下，甘肃省包装行业在过去22年中有了很大的发展，已基本形成高、中、低水平共存的相对独立的包装工业体系。

成绩卓越　积极开展行业管理工作

摸清行业底数。为了分类重点服务与指导，包装工业办公室开展了行业结构调整调查工作，及时向政府有关部门提交了限制劣质低档包装和限制重复建设的专题报告，并依此编制了甘肃省包装工业"十五"及2010年发展规划。

加强协会与行业、行业与企业间的联系和协调工作。协会每年分行业召开金属、纸箱、塑料、印刷等包装专业工作会，就行业中存在的技术、设备、质量、管理问题进行专业性的研讨和交流。

开展行业价格协调工作。针对纸制品行业无序竞争，外地劣质纸箱压价销售等问题，协会向有关政府部门反映了行业意见和要求，经省物委批准制定了纸制品行业计价办法。

进行技术交流和技术推广服务工作。协会多次进行了纸箱、印刷、金属、塑料行业的技术交流活动，邀请了 香港高益公司等高级专业技术人才来兰州授课，组织了26家企业赴浙江等地参观学习了先进技术管理经验。

举办包装机械展销会。协会与天津市包协联办了《99'中国兰州·包装食品印刷机械展销会》，展会交易金额达300多万元。

加大产品技术改造力度和项目建设工作

"八五"、"九五"期间是甘肃省包装工业迅速发展的阶段，省包协紧紧抓住国家发展包装的产业政策，重点对纸箱、塑料、金属容器、医药等包装产品进行了技术改造和项目扶持，相继完成了兰州塑料包装材料厂"多层共挤"。甘肃金城瓶盖厂的皇冠盖和彩色印铁、兰州胶囊厂的硬质胶囊生产线项目建设，支持兰州制桶厂、兰州金属容器厂、兰州塑料三厂、兰炼三叶公司、五零四大明包装纸箱厂分别建成了四升方桶生产线、200升塑料中空容器生产线、高档纸箱印刷生产线。

"八五"和"九五"期间甘肃省包装工业共完成技术改造项目55项，实现项目投资1.84亿。

进行包装产品生产许可证管理工作

受中国包装总公司委托，省包协先后对全省纸箱、金属容器、柔性集装袋进行了生产许可证的发放和监督工作。现省内154家纸箱企业，9家金属容器企业，4家柔性集装企业已获得了国家颁发的生产许可证；32家企业获得甘肃省出口商检许可证；5家企业获得了ISO 9000质量体系认证。

加强省内重点项目的包装改进工作

按照国家确定的包装改进目标，重点抓省内粮食、水泥、玻璃、重型机械的包装改进。对省内水泥、化工、易燃易爆产品进行了铁路注册准运工作。

培养包装工程和装潢专业人才

省包协与兰州商学院共同联合开办了两期成人包装装潢大专班，培养了75名具有大专层次的专业人才。协会还利用高等院校的教学资源优势，开办包装装潢短期培训班，为包装行业培养了一批高素质的专业技术人才。

目前，甘肃省包装行业虽然有所发展，但仍存在不少问题和不足，主要问题有：

产业结构发展不合理，传统的包装制品生产能力过剩，而高附加值、高起点的包装制品发展缓慢。

如利乐包装、无菌 PE 薄瓶、软管尚无开发。新型包装材料和制品的开发能力不足，普通纸箱和塑编袋、200 升钢桶生产过剩，而高档轻质彩色瓦楞纸箱、高档油品小包装及小型金属喷雾罐、复合纤维塑编袋，开发能力不足。

绿色环保的治理不彻底，反复性较大。

后劲十足

针对行业的现状，省包协决定抓住国家西部大开发战略，继续实施扩大内需方针的有利时机和加入世贸组织带来的机遇，努力从各方面全面开展工作。

切实加强行业协会的自身建设和组织建设

首先，进一步解放思想，与时俱进，转变观念，改进作风，与行业同生存、共命运；其次，要不断补充新生力量，形成以骨干包装企业为核心的组织领导力量，不断开创包装工作新局面；再次，要深化服务功能，通过各种服务逐步夯实自身的发展与建设。

继续做好行业管理工作

开展行业调查工作。重点对省内包装企业的产值、产量、产品、设备、销售、利税、企业性质等情况进行一次全面调研工作，弄清行业现状与问题。

加强会员管理工作。由于甘肃省包装行业进行改制后，企业有很大变化，下半年协会对会员单位将进行重新登记，登记后将公示，协会将依法维护所有会员单位合法权益。

组织成立省包装行业专家委员会。专家组由取得资格并从事包装技术、质量、安全、环保、管理的专家组成。

分专业召开纸箱、金属、塑料、印刷研讨会，根据最近企业反映的有关包装产品、质量等问题进行协调和限期整改工作，并制定必要的行约行规，规范行业行为，实行有序竞争。

积极组织企业进行考察和技术交流活动，召开包装新产品、新材料、新设备的技术推介会，筹办第二届包装、食品、印刷、塑料机械展。

配合省质监局、安全生产监督局和省商检局进行包装生产许可证和质量体系内审员的培训工作。积极同中国包装产品质量认证中心联系，向中国包装产品认证中心申请成立甘肃工作站和审核资格的培训工作。

开展新形势下的服务工作，对众多包装企业面临的质量体系和产品认证、招标投标、技术改造与技术转让、招商引资、市场信息等，协会将扩大服务范围，向会员单位提供咨询服务。

配合省质量监督局进行“危险化学品包装物、容器”的生产许可证发证工作

根据国家安全生产监督局和国家质量监督局的要求，甘肃危险品包装定点企业和危险品包装生产许可证审查工作已经开始。协会将为取证企业进行申证前必要的咨询服务（包括质量手册编写、程序文件）。对已取得生产许可证的纸箱企业，继续加强质量管理。根据用户反映配合省工商、质检、铁路等部门对劣质掺假纸箱生产企业进行查处。

把包装改进纳入到技术改造和产业结构调整中去，坚持企业改造、包装改进、产业调整相结合

实施绿色包装工程。大力开发绿色包装材料、新技术、着重发展环保纸包装产品，推广可降解塑料包装，发展可回收玻璃、金属包装制品，减少过分包装。

实施名牌战略。结合“陇货精品”品牌战略，将重点改进销售包装，提高运输包装，加强配套包装，淘汰劣质包装。扶持骨干企业上一批技术含量高、市场前景好的包装项目。

产品发展方向。纸包装制品将向低克重、高强度、轻重彩印化发展；金属制罐要向小型化、喷雾罐包装发展；包装印刷要向电子数控方向发展，重在提升包装装潢印后技术；塑料包装要向可降解、多复合包装材料发展。木箱包装的改进除蜂窝纸板外推广九层重型瓦楞箱。

建立包装信息网络，向会员单位公布行业内部信息

公布价格波动、技术发展、环保举措、市场预测、商业洽谈等动向。利用简报等各种形式进行信息沟通，并根据包装企业分布广且分散的情况，建立以河西中部、东南部为主的地域工作网。

以信息化带动工业化发展

协会要求近一两年中全省包装企业无论困难与否都要想办法节省费用，配置计算机实行网络管理，逐步以信息化带动工业化。

社会主义市场经济体制的建立，政府机构改革的深入和中国加入世贸组织，对行业协会带来新的发展机遇。目前包装行业是一个发展中的朝阳产业，但面对日益加剧的市场竞争，光靠企业自己的力量已经显得势单力薄，很容易出现盲目发展，过度竞争和恶性竞争等问题。因此，需要行业协会发挥自律、协调、监督、维权的作用，担负起政府赋予的职责，在市场竞争中引导企业赢得更多的机会和效益。

安徽包装工业发展现状与思考

安徽省包装技术协会　何云从

安徽省包协1984年成立后，在省经委领导下，积极依靠各级政府、各有关部门的支持，倡导包装工业大家办，19年来包装工业取得较快发展。

十九年来安徽省包装工业产值大幅度增长。1984年夏统计的包装工业产值28亿元，2002年达到71亿元。如把100万元以下及乡镇包装企业计算在内，可超过百亿元。以合肥为例，全部包装企业的产值已超过30亿元。包装企业如雨后春笋。1984年包装企业百家，在市场经济推动和各方面的努力下，新建、转产、兼并、兼营、合资和引进的包装企业达1500多家，职工7万多人。具有一定规模的包装企业相继崛起。按产值计算，年产值在3000万元以上的有30多家，其中年产值1亿元左右的近10家。包装产品门类增多。经过"六五"、"七五"、"八五"规划，新问世的包装新产品，新材料填补省内空白的有50余种，基本达到门类齐全。技术改造、更新和引进设备初步统计近百台套，各方面投资近10亿元(其中省包协经办的有1亿多元)，主要是塑编袋、瓦楞纸机、BOPP双向拉伸聚丙烯膜(3万多吨)、多层共挤膜(2万吨)、真空镀铝(1万多吨)、6至10色彩印生产线及设备等，并促进包装机械业的发展，改变了落后面貌。

包装装潢设计普遍增强。省内具有特色的名优产品，如烟、酒、茶、土特产品、新产品及出口商品的包装装潢已具较高水平，达到了保鲜、促销、增加附加值、方便消费和发展经济的作用。

乡镇包装企业相继兴起。对解决农牧副渔的包装，如汤山梨、苹果及一些地区的各类水果、蔬菜等起到了很大作用，方便了农民外运，改善了农村经济状况。

通过开展全省包装大检查，奖惩并行，并把包装改进纳入正常工作，解决了26大类商品因包装不善造成的损失，特别是水泥、化肥、平板玻璃集装化运输，把损失降到了最低。

安徽省包装工业的发展，与省包协的工作是分不开的。安徽包协成立后，以行业管理为主轴，宣传联合团结各方面的力量，不断召开各种会议，共商包装大计，以服务为宗旨，热忱为企业提供信息，帮助企业排忧解难，树立了包协的良好形象，增强了包协的凝聚力和吸引力。

省包协先后制定了从"六五"到"九五"规划，引导企业开发省内缺门产品，在市场经济推动下，包装工业有了很大发展，以产值计算，"七五"、"八五"发展最快，年增长速度分别达到19%和18%。包协不断开展行业活动，组建了7个专业委员会，这在当时对发展包装工业、制定规划、交流信息、避免盲目竞争起到一定作用。一些企业反映"包装协会为我们做了一些想做而做不到的好事"。

协会开展人才培训，先后举办过多次纸箱技术、粘合剂技术、条形码培训班、交流会，举办了200L钢桶、吨装袋、水泥袋和部分塑料制品的技术培训、评比交流会等，这些活动都深受企业欢迎。协会为企业牵线搭桥，沟通渠道，无偿为企业提供资料和信息，帮助研究产品开发、设备选型、设备调剂、推荐人才，并召开多次研讨会、洽谈会，深受企业拥护。

协会汇编了《包装标准及相关资料》之一、之二，无偿发行《安徽包装》、《安徽包装咨询》及相关小册子如纸制品计算办法等。企业反映："我们多方面找不到资料，包装协会为我们汇编齐了。"在发放生产许可证工作方面，先后完成了柔性集装袋、200L钢桶、瓦楞纸箱的普查、评审、发证、复查工作和水泥包装袋等的抽检工作。由于组织的好，方法对头，又为企业提供相关资料，让企业先行自查，使这些量大面广而复杂的工作顺利完成。

协会开展了包装产品质量认证工作。为促进企业改进管理，提高素质与国际接轨，宣传企业重视产品质量认证和质量体系认证，现在较具规模的包装企业经过努力，大多已获通过，对改进管理，提高质量起到很大作用。协会还组织企业参观、参加包装展览和出国访问，开阔眼界，寻找商机。

我国包装工业发展之快前所未有，也是一些国家难以相比的。但世界科技的发展日新月异，要赶上世界先进水平，走向世界，还缺少竞争力，更难跻身于世界包装强国之列。以安徽来说，就更要加倍努力了。现在国家为完善市场经济的需要，深化行政管理体制改革和机构改革，展望未来，协会仍将具有其重要性。包装仍是朝阳工业，也是国家精神文明和物质文明的体现。包协工作仍是任重道远，摆在我们面前的至少存在以下问题值得探讨：如何紧跟世界包装动态，推动包装工业再上新台阶？如何加速技术创新，开发新产品、创名牌、走向世界？如何加强行业管理，适应调整、转制和竞争？如何实施集约整合，联合发展，走集团化道路以发挥优势？如何发展绿色包装产品和加强包装废弃物的回收利用？如何拓宽农村包装市场，以扩大包装产品的供需？

凡此等等，需要进一步研究和深入解决的问题很多，但都有人才、资金、设备、技术等问题要解决，至少有三项工作要做：

第一有些是需要国家和地方政府给以支持，或给以政策上的扶持；

第二各级包协要在调查研究的基础上，向政府提出建议，给企业以指导；

第三从事包装业的同仁不能只看到成绩，满足现状，而应有雄心壮志，放眼未来，力求发展。

抢抓振兴东北老工业基地之机
加快黑龙江包装工业发展

自1999年省包协“四大”以来，黑龙江省包装工业已取得了长足的发展和进步，全省包装工业整体水平有了明显提高，取得了令人瞩目的成绩。2002年完成了包装工业总产值65.8亿元，完成工业增加值30亿元，工业总产值与2001年相比增长了12%，在全省国民经济40个主要行业中包装工业排列在第17位。从大量的事实中可以看到包装行业是朝阳产业，在市场经济中包装产品对产(商)品生产、运输、销售、价格、使用发挥着越来越大的作用。在当今国民经济持续、快速、健康发展的大好形势下，必须加快包装工业的发展，把包装工业作为新的经济增长点抓好。特别是要抢抓振兴老工业基地之机，包装工业要搞好配套服务。

关于今后的工作任务和发展方向，就整体发展水平而言，包装行业与其他行业在产品质量与经营管理、产需衔接、培育市场上还存在一定问题，与沿海省份比还有很大差距。每年因包装不善造成的损失仍然很大，有些企业整体素质差、效益低、改革慢、技术落后、设备陈旧、资金缺乏等等，都急需解决。

在我国加入WTO和实现全球经济一体化的新形势下，黑龙江省包装行业整体发展战略是：按照党的十六届三中全会确定的工作任务和目标，以及省委省政府的战略部署，以科学技术为先导，以市场需求为导向以经济效益为中心，兼顾社会效益；坚持以人为本，树立全面、协调、可持续的发展观；按照稳定政策，适度调整，深化改革，扩大开放，把握全面；为了振兴老工业基地，搞好发展配套，统筹兼顾，协调发展的思路，做好名项工作。

要坚持贯彻“三个代表”重要思想，深化企业内部改革。要把学习贯彻“三个代表”重要思想不断引向深入，继续在武装头脑、指导实践推动工作上狠下功夫。目前，全省有1000多户包装企业，多种所有制并存，其中国有、集体性质企业占1/5左右，这些企业基本都属中小企业，要逐步通过联合、重组、改制等改革举措，以资本为纽带，配置和组建跨地区、跨行业、跨所有制的包装企业集团，发展壮大规模经济。

要坚持“科技兴包”战略，加大技术创新和技术改造力度。要千方百计提升包装产品创新水平，努力开发生产高科技含量的包装新产品。运用先进适用技术改造老设备，挖掘现有设备潜力。要下大力气开发节能、低耗、高性能、无污染的绿色包装制品。提高包装物的减量化、再资源化、重复利用化。要采取多渠道、多形式吸纳争取资金，加大对技术改造的投入，提高包装的产品水平、工艺水平、技术装备水平和经营管理水平。

坚持为振兴东北老工业基地服务，做好配套服务。党中央提出的加快老工业基地调整改造，振兴东北的战略决策，给全省带来了历史性重大机遇。包装工业应抓住机遇，坚持优质产品包装的原则，积极为装备工业产品、石化工业产品、绿色特色食品、林业产品、医药产品等做好外包装，加强包装改进工作，使之上档次、上水平，充分发挥包装改进的作用，提高社会效益和经济效益。

坚持抓好质量监督管理工作。要牢固树立"质量第一"思想，对国家规定的必须取得生产许可证的强制性认证包装产品，要积极配合有关部门做好监管工作。要全面推行ISO 9000国际质量认证体系，搞好质量认证工作，提高企业质量管理水平，适应与国际市场接轨的需要。要继续开展包装打假工作，重点打击利用包装物制售假冒伪劣产品的违法活动。整顿维护市场正常秩序，维护消费者的合法权益。

坚持强化宣传和教育工作，加大市场培育和人才培训的力度。各级包协组织和包装企业要提高对包装宣传工作的重要性的认识，要采取多种有效形式，利用包装报刊加大宣传力度，培育市场，扩大企业及产品知名度，拓宽销售渠道。通过宣传工作，普遍增强人们的包装意识，使人们更加关心和支持包装事业发展。

重视教育工作，加大人才培养力度，要发挥协会的优势，集中精力抓培训，提高职工业务素质。还要充分发挥包装专业高等院校作用，积极培养包装专业人才，提高他们的综合素质。

包装各行业现状及发展前景

PACKAGING RELATED TRADS: STATUS QUO & DEVELOPING TRENDS

我国纸制品包装行业现状与发展趋势

中国包装技术协会纸制品包装委员会

一、我国纸制品包装行业的现状

(一)概况

纸制品包装是以纸和纸浆为主要原料的包装材料制品,产品范围囊括有:纸箱、纸盒、纸袋、纸筒、纸罐等纸制容器;纸浆模塑蛋托、工业包装衬垫,纸托盘、纸护角等纸制衬垫材料或内包装材料制品;瓦楞纸板、蜂窝纸板等板材;以及纸饭盒、纸杯、纸盘等纸制一次性餐具。作为纸制品的基础原材料,专门用于包装的纸和纸板,也属于纸制品包装产品的范畴。

纸制品包装是最重要的包装材料之一,广泛应用于食品、医药、化工、建材、家电、玩具、机电、IT产品、纺织、陶瓷、工艺品、广告、军工等诸多产品的包装,在国民经济中占有举足轻重的地位。从产值来看,1985年纸制品包装材料是我国仅次于塑料的第二大类包装材料。由于环保问题对塑料产品的限制和消费市场对绿色包装产品的拉动,以及纸制品本身的优良适用性及环保性,传统的纸制品包装材料重新获得了较快的发展速度,而塑料使用的比重相对下滑。纸制品包装的比例逐渐上升,终于占据了上风。(表1)

表1 包装产品产值及比重结构 产值单位:亿元

	1985		1990		1995		2000	
	产值	比重%	产值	比重%	产值	比重%	产值	比重%
纸制品	26.39	18	112.20	25	307.97	27	620.0	28
塑料	49.97	34	128.56	28	305.69	27	591.2	27
金属	11.02	7	46.33	10	114.50	10	189.5	9
玻璃	18.73	13	48.15	11	86.22	7	87.8	4
印刷	24.26	16	79.04	17	195.87	17	332.2	15
机械	10.92	7	26.80	6	96.97	8	179.3	8
其他	8.21	5	13.17	3	44.44	4	200.0	9

对2000年世界纸业产量的统计得知,包装纸和纸板占到纸产品总产量的57.2%。说明作为书写印刷材料的纸张,按重量看,其最大用途已不再是传统意义上的信息载体,而是用作包装材料。据中国造纸协会的统计,2000年、2001年我国包装纸和纸板的消费量占纸产品的总量分别为56.9%和57.6%,与世界总的趋势相近。(表2)

表2 我国包装纸和纸板产品生产及消费情况: 单位:万吨

品种	生产量			消费量		
	2000年	2001年	同比%	2000年	2001年	同比%
1. 包装用纸	400	400	0.0	471	466	-1.06
2. 白纸板	280	300	7.1	384	396	3.13
其中:涂布白纸板	200	250	25.0	286	337	17.83
3. 箱纸板	400	460	15.0	511	545	6.65
其中:牛皮箱纸板	170	220	29.4	281	306	8.9
4. 瓦楞原纸	570	600	5.3	669	715	6.88
其中:高强瓦楞原纸	160	180	12.5	259	295	13.90
包装纸和纸板总量	1650	1760	6.7	2035	2122	4.3
纸和纸板总量	3050	3200	4.9	3575	3683	3.0
用于包装的比重%	54.1	55.0		56.9	57.6	

包装行业与对外贸易关联度很高,我国对外贸易的发展水平,直接影响着包装行业的市场空间。包装行业的产品往往直接面对消费者,与城乡居民生活水平紧密相关,随着我国城市化进程的加深,人民物质、文化生活水平的提高,对包装产品,特别是具有绿色环保特征的纸制品包装材料的需求愈加强势。包装行业的生存条件与服务范围决定了其发展离不开国民经济各行各业的发展,离不开制造业、农业、采掘业提供的装备、技术和原材料,更与其发展产生的市场需求有关。上世纪最后5年里,纸制品包装基本保持在两位数的发展速率。远远高于我国国民经济总的发展水平。

根据我国"十五"包装工业规划所做的预测,在"十五"乃至到2015年期间,纸制品包装的发展速度

将逐渐放慢，达到与国民经济的发展速度接近的程度。（表 3）

表 3　我国纸制品包装材料产量和发展预测

年份	1996	1997	1998	1999	2000	2005	2010	2015
产量（万吨）	835.34	965.74	1081	1189	1300	2000	3000	4200
增长率 %	30.60	15.61	12	10	9.3	9	8	6

从上世纪 20 年代以来，从抵制野蛮装卸、杜绝粗放包装开始，纸制品包装行业随着我国市场经济体制的建立和国民经济总体的发展，以及整个包装行业的振兴而经历了一个大的发展阶段。社会主义的市场经济和改革开放为这既传统又新兴的纸制品行业提供了蓬勃发展的条件，也注入了新的活力。在我国改革开放总体方针的基础上，坚持“包装工业大家办，包装工作大家做”方针，纸制品行业逐步走上了一条稳定、健康、协调发展的道路。

2001 年纸制品包装委员会的工作报告揭示，到上世纪末的 1998 年底，我国已有引进及国产纸箱生产线 1046 条，单面机 7000 台，已形成 200 亿平方米的生产能力，次年实际生产瓦楞纸箱约为 115 亿平方米。与 4 年前的 1995 年 63 亿平方米的产量相比，年增长率超过了 20%。瓦楞纸箱是整个纸制品包装产品的一个重要方面。

该报告指出：“‘九五’期间我国经济发展走向国际化，国际贸易数量增加，促进了纸包装行业产品上档次、上水平。纸包装相关行业对外交流合作日益增多，合资企业数量增加，引进国外先进技术装备，吸收先进管理经验，从而提高了产品质量，为出口商品和内需商品包装的配套率有明显提高。”除了纸箱装备的发展之外，纸桶、纸袋、纸管和纸浆模塑制品等的技术装备也都有了较长足的发展，其中有的是通过更新改造、或是引进国外设备技术，有的则是从无到有填充了空白。我国纸制品包装行业的整体已初具规模，能够满足国民经济发展的需要。

（二）有待解决的问题

从整个行业的发展水平，从产业结构、产品结构特别是企业结构来看，纸包装行业还存在着明显的差距和不足，还有一些深层次的问题需要认真解决。具体表现是：

1. 整体现代化管理水平不高，经济效益水平不理想

由于中小企业仍然是多数，而大型骨干企业数量和发挥作用的空间有限，所以影响了整个行业的整体水平的提高。即使是在大、中型企业里，由于传统的“重硬件、轻软件”思想意识仍占有一定市场，致使管理水平不能相应跟上设备技术改造的进程，与发达国家相比，基本上还处于企业粗放经营的状态。另一个不可忽视的问题就是多数企业信息不灵，特别是缺乏国际市场的运作经验和市场信息，为了获得市场分额只能采取恶性竞争的手段。企业内外方面的缺陷导致获利能力低，为数众多的企业微利运行，亏损面较大。

2. 产品档次有待提高

由于资金投入不足，新产品开发和科技推广的能力不强，科技成果不能很快运用到生产中去。中、低档产品尚能满足各行业的需要，但产品更新速度较慢，高档次、性能优良的包装产品依然短缺。

3. 基础原材料和机械设备拖了后腿

国民经济及国际经贸发展需要各种新型纸包装制品，但部分国产包装原材料供应能力不足，品种、数量、质量不能满足需求，制约了纸包装制品行业的发展。比如在纸和纸板方面，每年都有数百万吨的进口。由表 3 的数字可知，供需之间存在很大的缺口，2000 年进口 520 万吨，2001 年进口量有所下降，仍有 483 万吨。

在机械装备制造方面，国产设备与国外同类设备相比，在规格、性能、效率、自动化程度、适应性、科技含量等方面都存在较大差距，与台湾的同类设备也有所差距。在瓦楞设备方面，加工成箱设备及其相应配置的后续设备品种、数量少，技术水平等都不能与主机配套，主辅、前后加工能力不平衡。

4. 技术进步的速度缓慢

无论从全行业的整体，还是从企业个体来看，纸制品包装行业在技术进步方面的步子尚待加大。无论科研、技术、信息，还是工程、教育、标准等方面，还没有形成一家专门服务于本行业的权威性的中心，更没有以这些中心为骨干和导向，在技术创新和产品开发上形成合力，带动整个行业的发展进步。企业自主开发的力度也不够，多数情况是简单的引进、购置设备。小厂更多的是模仿、套用。如有一家制造模塑设备的公司，盲目选用国外样机进行仿造，其实这台样机是人家用来做中试的设备，客户在安装时，也不做工艺设计，所以这些仿机投入生产后存在生产不稳定、能源浪费严重等很多问题。使用这种设备的单位即使由于工厂规模小，机智灵活而在市场方面一时抢占了先机，获得利润，一旦产生了其他对手，必将失去优势。

二、经济形势发展带来的思考

进入21世纪以来，我国经济进入了一个崭新的阶段，包括加入WTO后的深刻影响，经济一体化和对世界贸易依赖程度不断增加，绿色和环保的潮流对产业发展、市场需求的促进和遏止作用，以电子技术和网络为特色的知识经济等等。新的经济形势对纸制品包装提供了前所未有的美好市场前景和发展动力，也提出了更加严峻的历史要求。

我国加入了WTO，对纸制品包装行业的影响，最主要、最敏感和最现实的方面就是进出口关税对境内外企业利益的关联。从进出口贸易来看，关税减让对国内众多相关企业也许并不会带来直接的冲击。这是因为：(一)多数纸制品如纸箱(盒)、模塑产品等，一般是不易于长途运输，更不宜作跨国运输的；(二)很多纸张产品和造纸原料纸浆、废纸的进口关税，我国政府早就把关税降低了，早已为国内企业所适应。而象铜版纸等少数产品，即使入世后调低关税，影响面也不会很大，因为国内造纸业随着产品结构的调整，最终将会完成进口替代的进程。相反，却由于进入WTO而有可能促使纸制品包装的出口增加。这是因为：(一)关税壁垒将逐步打破，配额制度取消促使出口增加而连带包装材料出口增加；(二)投资环境的改善，外资更多进入使出口型产品更多增长，拉动包装产品出口增加；(三)TBT条款即非关税壁垒在限制了木材、塑料等包装材料准入的同时，为绿色包装产品开拓了国外空间。

WTO为中国包装业特别是纸制品包装产业的发展提供了空间，关键是这个空间将由谁去占领。例如造纸行业，正当中国纸业酝酿重组，准备大举调整产业结构的时候，已有来自南亚、北欧的外资却先声夺人，在宁波、苏州、镇江、上海等地以不同方式迅速建立起大型或超大型的生产基地。他们共同的特点是有雄厚的资金来源或融资能力，尽量采用世界一流的技术与装备，管理理念先进，市场信息灵通，因此能在国内市场站住脚。最近，由于国内高强瓦楞包装市场缺口较大，台湾等境外资金重新掀起一轮对我国内地的投资热潮。报载日本三菱商事、东目和中国台湾地区最大的造纸企业正隆公司最近成立了上海中豪纸品加工公司，投资3000万美元将从9月开始在上海合资生产瓦楞纸，月产能力为800万平方米，将成为中国大陆最大的瓦楞纸生产企业。

在新的一轮外资进入过程中，作为业界的一员，或是决策管理者，或是组织者、代言人，我们打算如何面对机遇而把握机遇，面对冲击能争取生存与发展，是需要我们认真思考对待的。

市场的发展引发的对产业结构、产品开发的新思考与新的发展空间，值得关注。

关于瓦楞纸板的生产与纸板成型的关系，形成了对“集中制板分散制箱”的讨论。这场讨论的目的涉及全国近万家瓦楞纸箱厂的产品结构、技术结构等的调整，对避免低水平重复建设、提高瓦楞纸板、纸箱产业整体水平的提升有一定的意义。

对以纸代木为目的的蜂窝纸板存在着相当大的发展空间。蜂窝纸板后加工的设备的设计与生产目前也有相当大的空白。相关企业已经在新产品、新用途方面做了大量的工作，但加工制作仍以手工为主，与国外相比差距还是相当大的。

三、应对措施

进入新的世纪，伴随着我国加入WTO，经济一体化过程的加速，要在纸制品包装行业造就开创一个崭新的局面，仍然要以市场为导向，充分依靠政策的支持，通过相关企业的努力，达到保生存、求发展的目的，为国民经济的可持续发展和人民生活水平的提高作出应有的贡献。

1. 政策支持

由于我国纸制品包装的企业分散，缺乏大型企业的骨干带头作用，所以政府政策的支持与调整不可或缺。比如，如果没有各地对一次性发泡塑料饭盒的限制，就很难顺利实施对白色污染的有效控制。应当针对纸制品包装行业的情况，向有关政府部门提议及时出台下列一些政策，包括指令性政策和指导性政策：

(1) 淘汰落后包装、改造劣质包装、鼓励优质包装的政策，为了保护消费者利益，还要出台限制过分包装的政策；

(2) 纸制品包装行业淘汰落后生产能力、工艺和产品的目录；

(3) 纸制品包装行业应用高新技术、适用技术和信息技术改造提升传统产业的重点。帮助企业提高核心能力；

(4) 鼓励参与西部投资的政策；外商对华投资指南，中资对外投资指南和优惠政策；

(5) 鼓励重大装备国产化的政策，国家或地方可开列享受适当减免税收待遇的设备开发目录；

(6) 加强技术立法工作。随着社会节奏加快，科学技术与日俱进，包装产品更新周期越来越短。而贸易的增长和网络技术的发展，行业常用术语不能适应。产品标准不能适应新型产品的发展。企业对产品、各项原辅材料等方面标准的需求呼声不绝。没有自己的技术标准体系，产业的现代化受到严重制约。相关技术标准和其他法规的制定、更新以及实施工作必须跟上。

2. 基地建设

利用国家实施积极经济政策的机会，在纸制品包装行业内选择少数有条件的地区或企业纳入国家计划，进行重点建设或技术改造，结合大型包装基地建设，形成行业骨干力量；

线上项目确立程序中，建议国家计划部门委托行业协会组织有关有资质的咨询机构和专家出具咨询意见。

3. 使协会具有更多的职能

应当充分发挥中介组织和协会在行业管理、行业服务方面独特的作用。规定、赋予其明确的任务与要求，如进行课题调查、制定行业规划、、提供项目立项咨询、起草标准文本、组织技术攻关等。通过这些活动，达到为行业服务的同时，加强协会的自身实力的目的；

应当关注目前出现的企业界自行组织行会的苗头，如“私企俱乐部”、“民营沙龙”等，鼓励他们与行业协会统合或合作。

4. 加强行业的沟通

在新的经济形势下，信息服务对企业的重要性愈加突出，而恰恰这方面的工作非常缺欠。本行业以往举办的一些展会、技术交流、考察等活动就很受欢迎，今后还要加强这方面的工作。本行业既没有一个专门的信息、咨询中心，也没有一本正式的专业报刊。应当积极创造条件加强这方面的工作。

2003 年 10 月 28 日

我国玻璃容器行业的状况

中国包装技术协会玻璃容器委员会　王立

四年来，正值国家执行“九五”计划的最后两年和“十五”计划的头两年，这四年是玻璃包装容器行业承上启下的四年，行业同时也处于关键的转折期。在这四年中，玻璃包装容器行业企业在坚持以经济建设为中心，深化企业改革，建立现代企业制度，提高经济效益等方面取得了一定的成绩。行业结构的调整取得了积极的进展，部分企业通过兼并、重组、收购、破产等多种措施，实现了企业的资产优化，取得了较好的经济效益，所有制结构和企业结构有了进一步调整，产品质量有所提高，出口大幅增加，技术进步及装备水平明显提高，在实现产业升级和走可持续发展的道路上迈出了坚定的一步，为行业今后的腾飞奠定了坚实的基础。

一、玻璃包装容器行业总体经济小幅增长

根据国家统计局对行业全部国有和年销售额在500万元及以上的非国有企业统计资料显示：2002年我国日用玻璃的总产量为644万吨，比1998年的566万吨，增长了14%，平均年增长率为3.5%；2002年玻璃保温容器产量3.03亿只，比1998年的2.71亿只，增长了11.8%，平均年增长率为2.95%。在这四年间行业的产量基本处于低速增长状态，主要原因是有效需求不足和供给结构不适应市场需求的变化，但基本同我们编制的"十五"发展规划的预测相一致。

二、所有制结构进一步调整和完善

虽然行业的产量增长率不高，经济质量和效益增长不明显，但行业的所有制结构和地区结构变化较大。

我们玻璃包装容器行业在整个国民经济当中，是个小行业，属于国家抓大放小中放的行业。行业中大中型国有企业，通过改制、改革等多种形式，初步建立现代企业制度，涌现出一批有优势、有活力和有竞争力的优势企业。如：青岛晶华玻璃厂和青岛光华玻璃厂组建为青岛晶华玻璃有限公司；德州晶峰玻璃与振华玻璃、德州水泥厂实现了强强联合，组建了德州晶华集团；南京玻璃厂和天津玻璃器皿厂被山东力诺集团并购，组建了力诺玻璃器皿集团；无锡合众玻璃厂、广东江门玻璃厂分别被台湾华夏玻璃公司收购和租赁；广东南海华兴玻璃有限公司收购了广西梧州玻璃厂、湖北大冶玻璃厂其年生产能力已达42万吨；澳大利亚ACI公司与上海澳联玻璃公司、广东澳联玻璃公司、天津玻璃模具公司合资并绝对控股；山东华鹏玻璃股份有限公司收购了辽宁辽阳玻璃厂；新建山东华鹏荷泽玻璃有限公司等等。这些都是国有玻璃生产企业通过改革、改制等一系列措施，实现资产的优化配置，组建成为大的玻璃集团，提高了企业的核心竞争力。通过这几年行业所有制结构的调整，行业内的纯国有企业已基本退出。国外独资企业、合资企业、私营经济在整个行业中将发挥越来越重要的作用。

行业总体状况是公有制经济在调整和改革中增强了竞争力。个体、私营等非公有制经济发展迅猛，在发展经济、活跃市场、扩大出口方面发挥了重要作用。外资正以各种形式加快进入我们行业。

在所有制结构进一步调整和完善的过程中，行业的地区结构也发生了相应的变化。玻璃包装容器行业目前仍然是产量过剩的行业，行业内部竞争的进一步加剧，受到成本因素和国家环保政策的制约，近几年行业企业主要是向能源或原材料便宜、劳动力便宜、配套产业集中的地区转移。行业地区结构的变化主要表现在：行业生产的集中度有了提高；企业生产规模扩大，年生产规模达到5万吨以上的企业绝对数增加较快。

在1998年行业年产量达到10万吨的企业只有5家左右，而在2002年底行业里年产量达到10万吨及以上水平的企业已在15家左右。从这一点看，企业的规模壮大了，提高了企业的抗风险能力和规模效应，行业的生产集约化程度有了一定的提高。

三、行业技术进步步伐有所加快，但整体技术进步不明显

行业的技术进步一直是行业进步的具体体现。在近几年的时间里行业整体技术有所进步，随着玻璃机械设备水平的提高，模具、耐材行业产品质量的提高和为提高玻璃熔化质量所采用的一系列新技术的推广应用，促进了行业的技术进步。如玻璃容器的最大产区——山东省在近几年的时间里新上了一批先进的成型设备、检测设备等，还采用新技术、新材料改造、新建了一批节能型、环保型玻璃窑炉，有力的推动了玻璃熔化、成型和窑炉的节能技术进步。虽然行业技术有进步，但整体技术水平与国际同行业相差很大。

在目前我们行业的大部分中小企业已改制的情况下，技术力量薄弱，基础管理水平差、产品档次低、质量不稳定等问题是制约企业发展的主要问题。企业没有核心竞争力，生产的通用产品利润空间非常小，无力进行设备的更新与改造，无法推动企业的技术进步。在今后相当长的一段时间内推动行业的技术进步仍然是一项艰巨的任务。

四、开始重视产品结构调整，但步伐仍较缓慢

产品结构调整主要依托于几个因素：市场需求、技术进步、经营理念等。在近几年的时间里，在产品结构调整的过程中，我们的行业和部分企业取得了一定的成绩，如山东日照鼎新玻璃有限公司，前几年开发了小型玻壳，现在十分畅销，产品供不应求，由于该产品附加值高，虽然公司玻璃容器产量有所下降，但企业效益创了历史最好水平。又如山东华鹏玻璃有限公司引进先进生产线生产高档产品、力诺集团围绕高新技术，投资生产一系列的高附加值产品。一些规模小、品种多的小型玻璃厂在整个市场中起了调节作用，使整个行业的产品结构丰富多彩，如山西祁县和闻喜等地区，利用原有一定的技术基础，结合本地区的能源和劳动力优势，生产人工吹制玻璃容器和器皿，形成了人工吹制玻璃容器和器皿的出口基地。还有很多这样的例子，应该说这些企业和地区在产品结构调整方面取得了可喜的成绩。

但从我们行业整体来看，产品结构性矛盾非常突出。产品档次低、技术含量低、艺术含量低的问题还没有得到根本解决。在玻璃容器行业中，仍以普通的瓶罐为主，产品的档次和技术含量低，大多数企业在低水平和产品严重过剩的市场上进行残酷的竞争。

五、啤酒瓶质量有所提高

提高玻璃包装容器产品质量，首先要提高的是啤酒瓶的产品质量，啤酒瓶的产量占玻璃瓶罐的总产量比例较大，对熔化工艺和成型技术及设备相对要求较高，啤酒瓶质量的提高，从一定的程度上能反映出我们行业产品质量的提高。

1999年国家质量技术监督局组织对生产领域的啤酒瓶进行了国家监督抽查。共抽查了39家企业生产的啤酒瓶，产品抽样合格率为79.5%。

2000年国家质量技术监督局对啤酒瓶进行了抽查，共抽查了56家企业生产的啤酒瓶，合格43种，产品抽样合格率为76.8%。

2001年国家质量监督检验检疫总局组织对生产领域的啤酒瓶进行了国家监督抽查。这次抽查了61家企业生产的各种啤酒瓶，合格产品51种，产品抽样合格率为83.6%。

2002年国家质量监督检验检疫总局组织对生产领域的啤酒瓶进行了国家监督抽查。这次抽查共涉及55家啤酒瓶生产企业的55批啤酒瓶样品，合格48批，产品抽样合格率为87.3%，较2001年提高了3.7个百分点。抽查涉及到18个省、自治区，约占全国啤酒瓶生产企业的90%；其中大型企业合格率为88.9%，中型企业合格率为100%，小型企业合格率为70.0%；股份制企业合格率为70.6%，集体企业合格率为80.0%。本次监督抽查的不合格项目主要为抗冲击、垂直轴偏差项目。

纵观历年抽查结果表明，啤酒瓶产品质量呈现出如下特点：

(1) 啤酒瓶抽查的抽样合格率总体趋势是逐年上升，行业啤酒瓶的总体质量水平逐年有了提高，这与企业重视产品质量，加强质量管理，提高了企业的综合素质是分不开的；独资、合资和大中型企业的产品质量处于领先地位；中小企业的产品质量逐年有不同程度的提高。

虽然啤酒瓶抽查的抽样合格率逐年上升，但啤酒瓶质量仍存在较多问题。抗冲击、耐内压力不合格是造成样品不合格的主要项目，也是啤酒瓶不安全的主要因素。造成抗冲击、耐内压力不合格的主要原因除了工艺水平落后外，啤酒行业回收瓶质量失控严重制约了新瓶质量的提高。

总体看，产品质量有所提高，但由于生产能力过剩，不规范的市场竞争，产品成本的增加，经济效益的低下等因素越来越严重的制约了行业的发展，阻碍了行业的技术进步，限制了产品质量的提高。

六、行业进出口总额均高速增长

2002年是中国加入WTO之后的第一年，根据海关统计，2002年玻璃包装容器行业进出口情况是：出口8.93亿美元，比去年同期增长34.76%；进口总额为7.34亿美元，比去年同期增长79.70%。从以上的数据看出，我们行业的进出口相比较2001年都有了较大的增长，但进口增幅是出口的2.3倍。纵观这几年实际进出口状况，分析有以下两大特点：(一)进口增速大于出口增速。从1999年至2002年，出口年增长率为26.4%，进口年增长率为32.6%。而进口的增长主要集中在2002年，也就是中国加入WTO后的头一年，比2001年增长了79.7%，我们行业应密切注视这一变化，分析这一现象可能给行业带来的影响，并早作准备。(二)行业总体单位产品的创汇能力均有不同程度的下降。根据对海关的统计数据分析可以看出，几乎各类产品的平均出口单价逐年均有不同程度的降低。自1999年至2002年，这种情况表现比较突出的几类产品为：①各种规格玻璃容器，出口金额增长了16.5%，而出口数量却增长了50.9%，出口数量的增长明显高于金额的增长。1999年该类产品的出口平均单价为593.9美元/吨，2002年平均出口单价为458.5美元/吨，相比较价格下降了22.8%。②铅晶质玻璃制品(PbO含量不低于24%)室内装饰或类似用玻璃器皿，出口金额增幅为230.3%，出口数量增长了352.7%；③其他玻璃制室内装饰或类似用器皿，出口金额增长了114.2%，出口数量增长了169.2%。

从以上的一些数据分析可以看出，目前我们的出口市场较好，增长较快，特别是加入世贸组织后的第一年，但我们也要注意到产品出口价格下降过快，我们行业应积极研究进出口产品市场的变化情况，及时调整出口产品结构，提高出口产品的质量和艺术含量，规范市场行为，防范可能出现的国外反倾销等贸易摩擦，提高行业整体的经济效益。

七、原燃料价格危及行业发展

玻璃包装容器行业是一个高能耗的行业，能源成本占产品总成本40%左右，能源价格的变化直接影响着行业的整体经济效益。1999年初重油的售价基本在1000元左右/吨，而目前受国际局势的影响，重油的价格已经涨到了1800元左右/吨，甚至更高，以燃重油为主的企业仅能源一项吨玻璃成本就增加100元以上。

近几年，重油、纯碱几次大幅涨价对行业的冲击很大。随着国内能源及原料价格与国际市场的接轨，国内的重油、纯碱价格受国际市场的影响将会更加明显。行业的高能耗及原料和产品的大进大出特点，随着重油等价格的持续走高，势必对行业的格局、经济效益、能源和原料结构产生深远的影响。

八、发展包装玻璃容器产业的具体政策建议

包装玻璃容器主要作为食品、饮料、医药、日化、文教、科研等行业和部门的配套用包装瓶。它使用范围广、用途广、用量大、是人们日常生活和工作中不可缺少的包装容器瓶。据调查，世界发达国家包装瓶的人均消费已达40kg以上，如法国65.3kg，德国56.1kg，美国43.5kg，发展中国家也在10kg以上，泰国12.3kg，马来西亚12.3kg，菲律宾11.8kg，2001年，我国人均为4.8kg。目前消费水平还是很低的。瓶罐玻璃市场发展大有前途。包装玻璃容器行业要实现持续、稳定发展，需要行业本身的艰苦努力和奋力拚博，需要相关行业及方方面面的大力支持。除此之外，还有一些虽经努力而行业本身无法解决的事情，要靠政府及有关部门给予重视、关心和支持。

(1) 重视发挥行业协会的作用。随着社会主义市场经济的发展和国家经济管理体制改革的深化，国家微观经济（企业的生产经营）的管理将越来越间接化。随着政府对企业直接行政管理的弱化，强化行业性组织的协调功能以及社会中介的服务功能是十分必要的，这样才能使社会经济体系形成有机的整体，推动整个经济协调并有序地发展。为此，建议国家在采取政策的、法律的、市场调控等手段间接规范企业经济行为的同时，重视发展行业协会在促进企业经济发展中应有的作用，采取必要的措施，创造必要的条件，让行业协会不断得到巩固和发展，使行业协会真正成为政府和企业之间的桥梁和纽带。

(2) 加强总量控制，避免重复低水平建设。当前，我国国有工业企业效益低下，原因是多方面的，其中一个深层次的原因是重复低水平建设。由于总量失衡，低水平的供过于求，企业之间为了抢占市场，不得不互相压价，恶性竞争，互相残杀，致使有些企业不得不限产停产，职工下岗，引起不稳定因素。玻璃容器行业同样存在着总量失衡重复建设的问题。国家应加强总量控制，从严审批生产性建设项目，避免重复的措施是十分必要的。建议国家有关部门在控制总量，审批项目前，要先有个程序，由行业协会提出意见。由于玻璃生产要消耗能源，据媒体报导，人类资源消耗已大于地球再生能力，从我国的统计数据表明，20 世纪 80 年代后期，我国人均原油产量一直维持在 120～130kg 之间，所以对于在环保、耗能方面有影响的项目，应建立许可证制度。对节约能源、碎玻璃回收利用等有利于节约资源的项目应在资金的使用和税收等方面给予支持和优惠条件。

(3) 放水养鱼，增强企业的再生能力。包装玻璃容器行业是一个比较艰苦的行业，劳动强度大，工作环境恶劣，税大，利少。过去在计划经济时期，通过上缴利税，为国家做出过较大的贡献。但是，由于自留资金很少，原始积累不足，技术改造投入不多，以至于整个行业总体上在技术装备、产品档次等方面与国际先进水平差距越来越大。为此，建议国家对包装玻璃容器行业中的市场好、发展前景好的重点骨干企业，在扩大企业资本积累或融资方面给予政策性扶植。

(4) 重视资源的综合利用。玻璃制品除了有化学稳定性好、清洁卫生的特点外，可再生利用也是它的一个显著特点（即可重新回炉熔制）。世界上很多发达国家十分重视废玻璃的回收利用，回收率最高的国家达 80～90％，美国在全国建立了 44 家大型的废玻璃回收利用加工厂，取得十分可观的经济效益和社会效益。而我国在资源再生利用方面存在着很大的差距，废玻璃的回收利用差距更加明显。由于回收率低，不仅浪费了宝贵的资源，又对土地资源等自然环境造成了很大的危害，不利于社会的可持续发展。为此，建议国家采取积极措施，加强废玻璃的回收利用：①选择若干大城市筹建废玻璃回收、加工、储运中心，其中包括以环保、环卫系统与街道居委联手管理的生活垃圾分类收集及废玻璃回收系统；废玻璃分拣、清洗、粉碎、储运系统；与用户单位（玻璃工厂）建立碎玻璃原料定点供销系统，以形成废玻璃综合回收网络体系。②鉴于废玻璃回利用是一项以社会效益和资源再生利用为主要目的的产业，建议国家给予工作上的支持和政策上的优惠，如给予低息或贴息贷款以建立硬件系统；给予减免税优惠，以利于系统的良性运作；颁布相应的法规，支持回收利用工作，由城市的主要领导分管并协调这项工作等等。在政府的重视和支持下，相信这项利国利民的工作一定能做好。

各位代表：近几年来，玻璃容器行业结构的调整取得了积极的进展，取得了一定的经济效益。虽然行业多数企业都进行了不同程度的改制，但改制后仍然存在企业数量多，规模小，集约化程度低，缺乏竞争力的问题。同时我们也要看到行业产品结构不合理、落后和过剩的生产能力问题严重、技术创新能力不强等问题仍然困扰着我们。我们仍要抓住经济结构调整这条主线，经济结构调整要把现有企业的技术改造放在突出的位置，用先进的技术改造传统的日用玻璃行业，用较少的增量激活较大的存量，取得投资少、见效快、效益高的作用。要贯彻规模经济方针，充分发挥市场机制作用，通过资产重组、联合、兼并、破产等规范措施实施战略调整，使大型企业向集团化发展，中小型企业向特色化发展，建立起以部分大型企业集团和一定数量品牌优势的骨干企业为主体的企业组织结构，实现资源优化配置和效益最大化。并鼓励企业积极利用外资，引进先进技术、装备、提高竞争力。积极发挥行业协会的优势，为企业提供和创造机遇，把我们行业的劳动力优势、市场优势、产业基础优势与跨国公司的技术优势、资金优势和管理优势结合起来，在我们行业中加快形成拥有国际知名品牌、具备国际竞争力、面向国际国内两个市场的大规模制造能力的企业，使我们行业早日腾飞。

2003年10月18日

中国包装印刷业浅析

中国包装技术协会包装印刷委员会

党的十一届三中全会以后，随着我国经济体制改革的深入发展，使我国逐步摆脱了计划经济时代留下的种种束缚，国有经济得到了迅速发展，特别是上世纪90年代中期，我国经济软着落获得成功后，连续多年国民经济保持了8%以上的持续增长，使我国的综合国力得到了大大地增强。

与社会商品相配套的我国包装印刷业在国民经济高速发展的有力推动下，也得到了快速发展，并连续多年以10～12%的增长速度，让世人所瞩目。当我们走进超市、商场，看到五彩缤纷、琳琅满目的商品，而产生购物冲动时，我们是否想过，这都是包装印刷给我们带来了美的享受。成功的包装印刷确实增强了消费者的购物欲，它不仅美化生活，还能大大提高商品的附加值，提高产品的档次。由于包装印刷具有如此多的功能和作用，随着国家经济的发展，也必然刺激与带动包装印刷业的发展，因此包装印刷业被经济界誉为“朝阳工业”。又因包装印刷业投资规模相对较小，对环境破坏程度低(甚至无污染)，吸纳劳动力能力相对较强，因此被政府作为“都市型工业”而大力扶持。各地政府都给予各种不同的鼓励与扶持政策，给包装印刷业的发展提供了更大的空间。

一、我国包装印刷业的现状

1. 我国包装印刷业的概况

据有关资料显示，至2002年末，我国从事包装印刷的从业人员约100万人，工业总产值约630亿元，企业约3万家，其中国有企业约1800家，占6%，集体企业约7800家，占26%，三资企业1200家，占4%，股份公司及民营企业约19200家，占64%。

2. 对我国包装印刷业发展的几点印象

① 我国包装印刷业呈快速发展态势。据资料表明：2001年我国包装印刷业工业总产值约560亿元，而2002年同比增长了12%左右，达到630亿元，从与包装印刷业密切相关的印刷机械行业的发展情况来看，也同样能验证这一事实。据了解，印刷机械行业42家骨干企业的主要经济指标从2000年以来不断攀升，年平均发展速度达到16.8%以上，所以说包装印刷业确实是呈快速发展的“朝阳工业”。

② 投资主体多元化。包装印刷业在计划经济时代，是以国有企业为主，集体企业为辅的行业所有制格局。从上世纪80年代中后期开始，乡镇企业通过与国有企业联营等形式，逐步介入这一行业，90年代开始三资企业跻身中国大陆市场，同时民营企业大量发展，进入21世纪，大量的国有企业与集体企业为更好地适应市场经济的竞争需要，摆脱长期以来体制所造成的企业负担与累赘，纷纷改革改制，从概况中我们可以看到国有企业与集体企业正在逐步谈出包装印刷业市场，在行业所有制结构中的比重已大幅下降，而且继续在下滑。如原全国著名国有包装印刷企业的上海包装(集团)公司(现为上海包装造纸(集团)有限公司、浙江省造纸印刷工业集团公司、广州市包装印刷集团有限公司、北京印刷集团有限责任公司等，这些大型国有包装印刷企业正在积极推进改革、改制、重组，以重振昔日雄风，确立行业中的地位。而持国际先进市场理念与成功经营管理经验的三资企业以及充满活力，具有市场快速灵敏反应能力的民营企业，股份制企业的比重则大幅上升。本世纪初，我国包装印刷业已初步形成不同类型、不同层次、国有、集体、民营、股份制、三资等多种所有制经济成份共存的行业格局。这种格局将更有利于企业间的公平竞争与市场的规范化。

③ 印刷门类齐全，印刷装备与企业管理有显著进步。据有关资料显示，2002年我国进口各类印刷机械超过10亿美元，其中单张纸胶印机进口共785台，约合3.4亿美元。

上世纪80年代以前，我国包装印刷是以凸版印刷为主的，80年代初胶印得到了迅速的发展，在许多产品印刷中逐步取代了凸版印刷，80年代后期凹版印刷异军突起，以其优良的印刷品质与极高的印刷效率在我国印刷市场中高速成长并趋于成熟。90年代柔版印刷开始在包装印刷中成为新宠儿。虽然柔版印刷到目前为止在我国包装印刷中仅占3%左右，但其增长速度是十分惊人的.在短短十来年中，由几台机器迅速上升到几百台，有人惊呼在不久的将来柔版印刷将取代凹版印刷。当然这只是一种比较极端的说法，我个人认为这种可能性不大，因为各种印刷方式都有其自身的优势与局限性。但这一说法从一个侧面反映了柔版印刷在我国的发展速度与发展前景。在柔版印刷迅速发展的同时，网版印刷在许多包装印刷品印刷过程中也被广泛应用，大大拓展了网印的应用范围，成为精制包装印刷产品中锦上添花的一种重要印刷手段。因此，我国目前包装印刷已基本实现了由单一的印刷方式向，门类齐全的多种印刷方式的转变。其中凸版印刷在整个印刷的比重已由80年代初的70%左右，下降到24%，而胶印已上升到44%，凹印占20%，柔印占3%，其他占9%。

我国目前的印刷装备水平较过去也有明显提高，技术改造速度加快，据有关资料显示，我国2002年进口各类印刷机总额已超过10亿美元，其中单张纸胶印机共进口785台，约含3.4亿美元。从国内印刷机械行业来看，2002年整个行业实现工业销售产值约30亿元，同比增长约12%左右。其中除1亿多元出口外，其余基本都是内销，国内印刷机械行业整体制造水平较过去也有了很大的进步。因此，国产印刷机技术水平的提高与销售的增长，有力地提升了包装印刷业的装备水平。

在提高装备水平的同时，我国许多包装印刷企业的管理也在快速进步。由于行业内竞争加剧，迫使企业不仅要加大技术改造的力度，提高硬件水平，还必须通过加强企业管理，提高自身的软件水平以及综合竞争力，许多企业，特别是沿海地区的包装印刷企业，当许多人还没搞清楚ERP是表示什么意思时，他们已将国外引进的或国内自产的ERP软件与本企业的管理实践较好的结合起来，较早地实现了企业管理信息化。如上海界龙实业股份有限公司、上海紫江集团、北京地大彩印厂、浙江南方印业有限公司等都作了比较成功的探索与尝试。

④ 包装印刷园区建设成为热点。为充分发挥集聚效应与规模效益，各地政府都大手笔圈地，少则几十亩，多则上千亩建设包装印刷园区，一时成为一个热点。如广东中山的张家边中国包装印刷基地，已集聚包装印刷企业26家，年产值25亿元，实现利税2.5亿元。浙江温州的中国印刷城目前大小包装印刷企业约1000余家，年产值约60亿元。另外还有江苏江阴的“中国软包装生产基地”，上海的“包装印刷城”，河北雄县的“中国北方塑包装印刷生产基地”等，都已聚集了一定的规模，大有蓄势待发。引领中国包装印刷业的宏伟气势。

⑤ 企业之间竞争激烈，整个行业已进入低利或微利时代。上个世纪70年代中期，包装印刷业在我国是一个不为政府所重视的一个小行业。自从政府通过国内外产品的包装对比，对行业进行调查，得出“一等产品，二等包装，三等价格”的结论后，包装印刷业才引起政府的重视，并制定一系列政策鼓励发展。那时包装印刷企业并不多，规模大的更少，因此企业的业务饱满、利润丰厚，像上海凹凸彩印厂、人民印刷八厂当年利润都在35%以上，大大高于社会平均利润率。高利润率的行业必然会吸引社会其他行业的企业加盟。20多年来，我国包装印刷企业的数量几乎增长了近10倍，大量企业的加盟，加速了行业的发展，同时也加剧了行业内的竞争。竞争既促进了企业技术改造、人才培训、经营管理、产品与服务质量的提高，又大幅降低了包装印刷利润率。从印刷工价的变化最能说明问题，原来每色令价约30～40元，而现在一般在25元左右，低的甚至已降到15元左右。据业内许多行家讲，15元的工价已是无利可图，应该是属于亏本经营。这种恶性低价竞争，很可能会蕴含着以次充好、偷税漏税、地方保护等不公平竞争因素在内。因此说这种竞争是十分残酷的，也是无序的。它必然会损害行业内所有企业的利益，最终将影响整个行业的健康发展。然而由于行业内企业数量的迅速扩展，即使正常的竞争也足以把包装印刷业推入了一个低利或微利时代。许多企业抱怨，现在业务越来越难接，利润越来越少。

据包装印刷业比较发达的浙江省提供的，有关方面对省内75家包装企业的调查，75家企业中亏损企业有12家，占16%，亏损额合计为546万元，占75家企业利润总额2.71亿元的2%左右，75家企业的平均产值利润率为9左右，比较发达地区的盈利水平不过如此，可见发达地区更为步履维艰。

二、国外印刷业的发展概况

1. 美国印刷业概况

美国印刷业共有5000余家，近百万的从业人员。目前印刷销售额约1700亿美元左右，年增长率约3%左右。美国印刷业中主要是商业印刷，报纸印刷和包装印刷，其中书刊印刷企业的数量最少，从业人员也最少，但市场集中度最高，规模最大，效率最高，而包装印刷占美国印刷市场的第二位。包装印刷是被美国民营最看好的投资方向之一，据一份调查报告披露，3个受访者就有1个期望购印刷设备，这反映了美国包装印刷业良好的发展前景。在美国包装印刷中，柔版印刷方式占70%左右，柔版平印被广泛用于软包装、纸袋、标签、纸箱、纸盒等包装产品中。

2. 德国印刷业概况

德国印刷业主要由小企业组成，印刷行业的年产值超过160亿美元，近年增长速度都在5%左右。德国印刷技术的创新在极大程度上受到了信息传播技术影响，90%的印刷企业已使用因特网。德国的印刷设备如海德堡、罗兰、高宣都是世界知名的品牌，仰仗其技术优势，德国印刷企业与国外开展不同程度的广泛合作，实现企业生产经营全球化。

3. 越南印刷业概况

越南因长期战争的原因，印刷包装业十分落后，上世纪80年代越南实行革新开饭，10多年来，越南的印刷包装业有了长足的进步，特别近几年包装印刷业已有了相当精美的产品。近几年，在全国范围内已逐步由凸印转向胶印，许多企业引进了最新印刷设备，其中包括多色胶印机与轮转机。目前越南有500多家有知名度的印刷企业，其中国有企业156家，附属于国有企业的印刷企业58家，集体所有制、私有制印刷企业175家，内部印刷厂98家，有外商投资的企业20家。内部印刷厂按政府规定不得从事经营性印刷业务。

国外印刷业的发展情况，为我国包装印刷业的发展提供了有益的经验，开拓了我们的思路与视野，如美国、德国、日本等，同时像越南及东南其它正在起步改革开放的一些国家，为我国包装印刷企业拓展海外市场提供了新的商机。

三、主要存在问题

我国包装印刷业经过20多年的发展，进步是令世人瞩目的，但问题也是客观存在和不容忽视的。

1. 发展不平衡，东、西部差距明显

由于我国经济发展不平衡，造成我国包装印刷业分布不均匀，发展不平衡。包装印刷业主要集中在长三角、珠三角等沿海地区，而西北地区则比较落后，粤、闽、浙、沪、苏四省一市的包装印刷总产值约330亿元，约占我国包装印刷业的52%左右，而西北部地区(陕西、甘肃、宁夏、青海、内蒙、新疆、四川、重庆、西藏、广西、云南、贵州等12个省市包装印刷总产值约为72亿元左右，占我国包装印刷总量的11%左右。东南部五省市的包装印刷产值是西部12个省、市、自治区的5倍左右，说明西部包装印刷业发展较东南部相对滞后许多。而同在西部的这12个省、市、自治区之间差距也非常明显。据政府有关部门在2001年对西部12省、市、自治区印刷业情况的调查资料披露，陕西省是15.5亿元，四川省是10.6亿元，云南省包装印刷产值是27.4亿元，而宁夏仅0.1亿元，新疆是0.2亿元，西藏是0.26亿元，它们之间的差距在几十倍，甚至上百倍。东西部差距比较综合地反映在产值上，实际上这种差距还反映在技术、装备、人才、管理、质量、经营理念等诸多方面。由于这些差距的存在，西部资源丰富的药品、食品等产品包装及其印刷大多是发给外地，特别是到沿海比较发达地区加以定制的。据我了解，西部许多产品标贴、包装全部都委托广东、上海、浙江等地包装印刷企业加工制作，长途运输，成本很高，运输成本最终都要转嫁到消费者身上。发展不平衡还体现在一个地区内印刷方式之间，如云南省纸张凹印特别是烟包装印刷能力非常强，约有50多条纸凹印生产线，生产能力过剩。而塑料凹印、胶印、柔印生产能力不足，这些业务只能流失到其他地区加工。

2. 企业创新能力不足

企业创新能力是企业核心竞争力的一个非常重要、非常关键的组成部分。包装印刷业发展到今天已不再是一个地道的传统产业了，包装印刷业随着自身的发展逐步成为一个边缘性的产业，它集化工、机械、电子、网络等专业技术于一体，并将最新的科技成功很快地应用到包装印刷这一领域，以加快印刷器材、印刷技术的更新换代、推陈出新。

技术创新、新技术的应用，这在美国、德国等欧美发达国家都做得非常出色，他们在这方面不断有新的知识产权、新的技术、新的产品推出。而我们企业创新意识比较薄弱。我们委员会到去年为止，在华东地区连续21年开展行业质量评比活动，从前年开始我们为引导企业创新，特地增设了“设计创意奖”、“新工艺(新技术)创新奖”、“新材料开发奖”等三个奖项，以增强企业的创新意识，加大企业的创新力度。但非常遗憾的是从近二届华东地区质量评比和今年全国首届质量评比情况来，得到这三个创新奖项的产品和企业少之又少，不足1%，三个奖项每年都空缺一、二个奖项，即使已获得这三个奖项的产品，真正拥有自主知识产权的也不多。这是我国包装印刷业与国际先进水平的主要差距之一，也是我们非常致命的一个弱点。

3. 人才匮乏

包装印刷行业是从小作坊生产方式中脱胎出来的，因此从业人员中受过高等教育与具有中级以上技术职称比例大大低于机械、化工、电子、汽车等行业，据我们了解，行业内一些知名大企业，其人才结构与专业结构也不合理，工程师、高级工的比例很低，不足4%。高级工程师、技师、高级技师更是凤毛麟角，同时大量一线生产技术工人得不到应有的专业培训，许多企业特别是中小民营企业，不愿在人才培训上投资，生怕培训后员工跳槽，投资无回报。因此采取只使用，不培训竭泽而渔的用人办法。这大大制约了行业从业人员整体素质的提高，形成行业专业人才匮乏的局面。

目前，我国虽然有包装工程学院和印刷院校，每年都培养了一批专业技术人员进入这一行业，但因包装工程与印刷院校专业课程设置的时间并不很长，其合理性、实用性、专业性尚有待逐步完善。这些院校毕业生到企业工作后还有学以致用，理论结合实际的一个再学习与磨合的过程，有一个滞后的效应。

即使所有毕业生通过几年实践都能成为专业人才，那么相对于行业100万从业人员来讲，也只不过是杯水车薪，难解其渴。

4. 精制产品生产能力不足，一般产品生产能力过剩

按包装印刷产品质量的国家标准，包装印刷产品可划分精制产品与一般产品，目前能按精制产品标准生产的包装印刷产品的比例并不高，据估计大约只占四成左右，这主要受到机械设备、员工技术素质、管理水平等诸多因素的影响与制约。

改革开放以后，人民生活有了很大改善，商品越来越丰富，商品之间的竞争也越来越激烈，过去那种一个品牌产品独霸市场、长盛不衰的局面已一去不复返了。商品竞争，对体现商品品质身价的包装及其印刷的要求也越来越高，这与目前我国包装印刷精制产品的生产能力不足恰恰形成一个反差。据云南、江西等有关方面提供的资料，这些省拥有很丰富的土特产商品资源，但缺少与之配套的精制包装印刷产品，因此造成每年都有十分可观的包装印刷业务外流，阻碍了本地区精制产品生产能力的培育和印刷水平的提高，这更加剧本地区精制产品生产能力与商品包装需求之间的矛盾。

目前行业中大量企业，特别是技术装备较低的民营企业，只能生产一般产品，致使低端产品竞争更加激烈，并通过互相压价来争夺有限的业务资源，造成整个行业盈利水平不断下滑，技术改造、设备更新能力更加低下，如此恶性循环，长此以往，将有一批低端产品的生产企业淘汰出局，而且还会拖累一批发展较好的企业。

四、对中国包装印刷业发展的几点建议

20多年来，中国包装印刷业踏着中国经济发展的节拍，以高于经济增长的速度高速发展，其发展大致可分为三个阶段二个节点。三个阶段即1979年前的初创阶段；1979年至2008年成长阶段；2008年以后的成熟阶段。二个节点即第一个节点是上世纪70年代末、80年代初，中国包装印刷业由小做大的关键转折点；第二个节点是本世纪前十年中国包装印刷业由大做强的关键转折点。根据以上发展阶段的划分，可以看出我们现在正处在中国包装印刷业由大国向强国转变的关键时期。因此，对我国包装印刷业的发展应有一个客观公正的评价。既要肯定我们20多年来发展的成绩，更要直面我们目前存在的问题，并采取积极的应对措施。

1. 东西部互补联动，协调发展

为缩小地区之间特别是东西部之间的差距，政府应积极倡导鼓励发达地区的包装印刷企业通过合资、参股、购并、设点等形式，为欠发达地区输入适用的机器设备、人才资源、专业技术、管理理念，推动欠发达地区包装印刷业的发展，提升该地区行业整体发展水平。

现在发达地区包装印刷企业之间的业务争夺已趋向白炽化，而欠发达地区这块业务处女地亟待开发，把发达地区的设备优势、技术优势、人才优势、资源优势与欠发达地区的资源优势、业务优势通过合资等形式重新整合，既为发达地区企业开拓了新的业务领域，又推动欠发达地区企业的升华。这是利国利民、互补双赢的好事。当然这种整合还许解决一些具体问题。我听到一些企业家对西部的投资环境尚有疑虑，因此要实现这种双赢，改善投资环境，也是

欠发达地区政府亟须解决的一个问题。

2. 加强人才培训，建立一支政治素质好，专业素质高的专业技术队伍

我们一些发展比较好的企业都在引进一流的最新印刷加工设备，但印制的产品质量与国外大公司相比仍有一定差距，甚至差距还很大。其中很主要的一个原因就是我们专业技术人员包括操作工人的专业技术与国外同行还有差距。设备可以花钱，一夜之间更新，而专业技术人员的技术素质不是花钱立刻能见效的。因此，我们要加强员工的技术培训，建立长效稳定的培训机制，定期为员工充电。因为在包装印刷技术发展过程中，不能有最新的科技成果应用到这一领域中来，我们的员工必须跟上包装印刷技术发展的步伐，不断更新专业技术知识，只有这样，才能逐步缩小我国与发达国家同行之间的差距，才能真正建立起一支高效优质的专业技术队伍，为我国包装印刷业由大国向强国的转变奠定坚实的人才基础。

为鼓励企业加大人才培训的投资，政府可以考虑对企业用于人才培训的投入，实行减免税收的优惠政策。

在人才培训方面，除了邀请国外一些专家讲课外，我认为我们更应眼睛向内，充分发挥我们协会的网络与集聚优势，把行业内的各类专家组织起来，充分发挥他们的聪明才智和专业特长；开展各类专业技术培训，我们专业委员会曾组织专家到温州、丹阳等地开展技术培训，深受当地企业和员工的欢迎，效果非常理想。许多青年工人自费利用双休日来听课，甚至在座位不够的情况下他们一直是站着听课，好学精神十分感人。当然，从另一个侧面也反映出我们专家的讲课也非常贴切生产实际，确实为他们解决生产中的一些难题，而且非常精彩。因此，专家在专业技术培训工作方面是大有用武之地的。

3. 加强科技创新，营造创新环境

我认为我们行业在创新方面有“二缺”：一缺创新氛围。现在一些企业如搞技术攻关、技术创新往往是局限在本企业，由少数几个技术人员闭门造车，只怕成果被窃取，这种心情是可以理解的，因为竞争太激烈，太残酷。但这种方式成功的机率太低，因为在当今的包装印刷技术中，一项技术创新可能需要多学种专业人才的共同合作完成，一个企业不太可能也没必要去储备所有相关学科的专业技术人员。再说，一个企业内不可能所有专业技术人员的专业技能都是行业内最拔尖的，因此这种多方合作共同攻关的创新模式，是建立互不信任的基础上低效率的模式，这是一种不可取的模式。我认为，技术创新广泛利用社会科技资源，采取企业、大专院校、科研机构等多方合作，并在诚信的基础上以契约的形式，明确各自的权利、义务，实行费用共担，成果同享，营造一种宽松、诚信的创新氛围，以提高创新的效率。

二缺创新动力。这可以从二个层面来看：第一层面是专业技术人员缺少动力。因为目前一个创新项目成功后，成果往往归企业所有，科技人员最多得到一些为数不多的奖金，成果今后给企业带来的收益与项目攻关人员无关，这肯定会挫伤专业技术人员的积极性。我认为，这是否也可通过事先以契约的形式，对项目的关键人员实行提成方式加以激励，以调动他们的积极性，增加他们创新的动力。

第二个层面企业缺少动力。作为创新的项目，事先是需要投入的，这是一种风险投资，成功有回报，失败就打水漂。在当今竞争激烈、效益滑坡的大背景下，包装印刷企业要进行这种风险投资，许多企业是有疑虑的。为此，我认为政府在这方面应该有所作为，通过制定相应政策来增强企业的创新动力。据我了解，在美国一个风院投资的科研项目，通常是由一个或几个公司财团共同提供科研资金，然后组成课题组，确定课题带头人，所有这些都按契约运作。科研成果归投资者，投资者投资款政府给予全部免税（在美国，收入的约 40% 部分是用于纳税的），以保护投资人的投资积极性。在这方面我们政府是否也可以参考国外的一些成功做法，来刺激我们企业的创新动力。

4. 加强行业内协作配套，逐步实现大强小专的生产经营模式

要解决我们行业存在的精制产品能力不足，一般产品生产能力过剩但是问题，我认为加强行业内部协作配套是至关重要的一环。现在作为大型的优势企业，资金实力比较雄厚，技术力量比较强，人员素质比较高，自身配套能力也很强，可以从材料进去一直到最终产品出来，全部能自己解决，这需要很大的投入。大家知道，包装印刷的后道加工是比较复杂的，如上光、复膜、压光、模切、烫金、压痕、瓦裱、粘盒等，需要各种设备。许多有实力的生产大企业，不仅向印后加工纵向延伸后移，还向印前延伸先移，甚至连印刷承印物的材料都由自己生产。如上海紫江彩印公司的印刷塑料薄膜就由公司自己生产的（现在刚编成独立实体），同时还有大企业的生产向横向拓展。如上海界龙集团、上海人民印刷八厂等企业，他

们以胶印为主，具有很强的后道加工能力，同时还拥有凹印、网印、柔印等印刷设备。

这些有实力的大企业，他们所生产的产品基本上都是上乘的精制产品。他们之间的竞争属高端竞争，一般小企业很难与他们抗衡。

而众多小企业如何摆脱低层次竞争呢?我认为：加强行业内部协作配套是比较可行的一条道路。因为小企业受实力限制，不可能投资很多设备，如要把有限的资金分散投资比较多的设备，那么这些设备的档次肯定不会高，其加工的产品质量也不可能好。因此，应该把有限的资金只用在某一专业加工设备上，使自已成为行业中某一加工工艺的专业工厂，做得非常“专”，把自已的特色体现出来。如果小企业都成为某一加工工艺十分专业工厂，而且小企业之间相互协作配套，形成一个产业加工链，我相信，这些小企业同样能生产出上乘的精制品。这样，我们整个行业的质量水平就将跨上一个很大的台阶，这在纸箱行业是有成功经验的。纸箱行业过去小厂很多，由于设备简陋，生产的纸板强度很低，直接影响了纸箱的质量。几年前，在行业协会的呼吁协调下，通过“集中制板、分散制箱”的办法，小企业不需要引进昂贵的纸板生产线，直接向大企业购买纸板。这些纸板是由大企业纸板生产线生产的，质量很高，强度大，小企业用这种纸板通过模切、粘钉成形的纸箱，质量完全可与大企业媲美，这就是社会化协作配套给整个行业所带来的积极变化。

世界各国都非常看好中国经济发展的前景，对中国经济发展充满信心。中国包装印刷业是与中国经济发展荣辱与共的一个新兴产业，尽管中国包装印刷业现在已进入低利时代，但是中国经济的发展，必然会给包装印刷业提供更大的发展空间与发展机会。因此，我对中国包装印刷业的前景同样充满信心，相信明天会比今天更好。与中国经济强国相适应中国包装印刷业强国必然会存在不久的将来屹立在世界经济舞台上。

以上仅是我们在行业工作中，对中国包装印刷业发展的初浅认识，不妥之处请领导与行业专家不吝指正。

2003 年 10 月

2003 年塑料包装材料行业经济状况分析

中国包装技术协会塑料包装委员会

一、塑料包装材料行业概况

我国塑料包装材料经过 20 多年的发展，已形成一定规模，在包装市场中占有重要地位，对国民经济的建设起了积极作用。1980 年产量仅有 19.1 万吨，产值 30 亿元；2002 年产量达到 401.万吨，产值达到 680 亿元，占包装工业产值 2500 亿元中的 27%。行业装备水平不断提高，有的已经达到发达国家的先进水平，涌现了一批新产品、新技术、新材料，市场需求迅速增长，应用广泛，快速发展，平均年增长率为 12%，2002 年比 2001 年增长 14.2%。复合包装基材克服了长期进口双向拉伸薄膜的局面，现在每年出口薄膜在 30 万吨左右，创汇在 30 亿美元。塑料包装材料乡镇以上的企业共有 8000 多家，其中薄膜制造业 2240 家，丝、绳编织制品 4300 家，泡沫塑料 500 家，包装箱及包装容器 679 家。

23 年快速发展之路，是改革开放之路，是社会主义市场经济之路，是全行业职工奋发图强、艰苦创业之路，特别是民营企业之兴起，从几千元发家达到 10 亿元以上的江阴申达集团、浙江大东南塑胶集团，都是经过艰难曲折，在市场经济中搏斗成长起来的龙头企业，成为国内外知名的大型包装民营企业，涌现一批民营企业家。而原有中小塑料包装企业经过调整结构，进行资产重组和技术改造也获得发展的生机，佛山东方包装材料公司、佛山杜邦鸿基包装材料公司以新的面貌在行业中起着重要作用。此外，外资企业的进入，增加了行业竞争对手，使国内企业进一步感受到优胜劣汰竞争机制的作用。因此，只有增加实力做强做大，提高质量，创名牌，才能在竞争中赢得主动。

二、2003 年塑料包装行业经济运行情况良好

2003 年，塑料包装行业摆脱“非典”的影响，继续保持稳定增长的发展趋势。

根据有关统计，预计今年塑料原料增长16%，塑料制品增长15.8%，出口交货值增加21%。塑料包装材料产量预计达到460吨，比去年401万吨增长15%，其中双向拉伸薄膜、软塑复合塑料包装材料和包装容器(瓶、箱、桶)增幅较大。主要产品1～8月份实际产量及全年预测如下：

		1～8月份(万吨)	全年预计	比去年增长%
软包装膜		150.5	200	18
其中	BOPP	40	60	20
	BOPET	8	12	20
编织制品		89.5	130	14
包装容器		50.5	70	16.5
泡沫包装材料		20.2	30	16
包装片材		18.3	30	16
合计		329	460	16

从上表可以看出，双向拉伸薄膜增长最快，一方面因为BOPP专用料国内已有六家企业生产，占需求总量50%，(包括上海石化、北京燕化、齐鲁石化、茂名石化、广州石化、九江石化)达到拉膜速度350～400m/min的要求，减少了依赖国外，缩短运输时间，争取了主动。另一方面，已引进的生产线在今年投产新增加能力在10万吨以上，如，四川中达公司在成都开发区兴建的2.5万吨五层供给BOPP烟膜生产线将在10月正式投产，江苏双良集团在都江堰市新建年产3.6万吨BOPET将投产，常州武进金氏集团五层共挤BOPP薄膜于8月份投产，5月份抚顺石化公司年产2万吨BOPP生产线投产，福建现代塑料公司和安徽同凤公司也分别引进了年产2.5万吨和3万吨BOPP生产线，现在也在建设中。其中，广东顺德德冠公司、桂林集琦包装公司生产的高性能分子组装抗菌薄膜将投入市场，使两个企业在创新方面迈出了可喜的一步。总之，创新又成为塑料包装发展的推动力，上海紫江彩印公司的镭射防伪薄膜、紫华公司的透气性流延薄膜，紫藤公司的抗静电流延聚丙烯薄膜都列入国家级火炬项目。南京中达共挤热封型双向拉伸聚丙烯薄膜，保持BOPP的热收缩，同时解决了热封性及香烟膜包装的难题，解决了中条包膜与小条包膜的粘合问题，采用开孔定位技术，解决了BOPP热封性问题。

塑料包装的迅速发展，离不开相关行业的市场开发，食品及软饮料包装市场的增速超过20%。因此，今年以来，透明聚丙烯市场获得迅速拓展；农副产品加工实施绿色食品工程，为塑料包装市场提供新的机遇。以辽宁绿色食品产业链的启动为例，涉及辽宁、大连、吉林、黑龙江、内蒙古、山东、河北、海南等9个省市区100个县100个生产基地，包括粮油、生鲜蔬菜、干鲜果品、鲜奶及奶制品、调味品、生鲜肉、禽蛋等3000多个品种的包装，从生产、加工、包装、运输、贮存、销售各个环节对包装都是一个挑战，所有这些都促进了塑料包装材料市场的拓展。

三、当前塑料包装发展趋势及其特点

(一)世界塑料包装材料发展展望。

从国际上看，尽管塑料包装材料一直经受环境问题的严重挑战，但从近年来发表的数据看，塑料包装在包装工业中仍成为需求增长最快的材料之一。据美国Freedonia集团的统计分析和预测，美国包装领域中纸和塑料1996～2001年间平均增长率为2.4%，其中纸板为1.6%，塑料为3.4%。根据日本《包装技术》统计资料，日本塑料包装材料销售量在各类包装总销售量中所占比例为15.4%，仍位于纸和纸板(57.5%)之后居第2位，其余为金属12%，玻璃为9.2%，木制品为5.2%，其它为0.7%。

根据上述美、日、中大国的发展和预测，可以明显看出，21世纪塑料包装材料将持续稳步增长，在包装材料领域中仍然充满勃勃生机，在保护商品、提高商品价值方面继续发挥积极的作用。

21世纪是环保世纪，环境问题日显重要，资源、能源更趋紧张，塑料包装材料将迎来新的机遇，也将经受严峻的挑战，为适应新时代的要求，塑料包装材料除要求能满足市场包装质量和效益等日益提高的要求外，还进一步要求其节省能源、节省资源，用后易回收利用或易被环境降解为技术开发的出发点。为此塑料包装材料正向高机能、多功能性、环保适应性、采用新型原材料，新工艺、新设备及拓宽应用领域等方向发展。

高机能，多功能性塑料包装材料成为许多国家热点开发的包装材料，并已有部分产品投入了工业生产。这类材料包括高阻渗性、多功能保鲜性，选择透过性、耐热性、无菌(抗菌)性以及防锈，除臭、形状记忆、能再封、易开封性等塑料包装材料，其中以高阻渗性多功能保鲜，无菌包装材料等发展更为迅速，将成为21世纪初发展的重点。另外，近年来正在研究开发的纳米复合包装材料，将受到更大的瞩目。

21世纪初，随着世界经济的日益增长，高科技不断发展．产品日新月异，人们生活更趋向方便，休闲

. 无论是日用品包装、食品包装，工业包装都有了更高的要求，另一方面随着环保呼声日烈．在满足包装功能的前提下，尽量减少垃圾的产生量，从而呈现包装薄膜、容器，片材向轻量化、薄壁化发展趋势，其关键技术是积极采用具有超韧性、能加工较薄较易加工的新型原料，如双峰高分子 HDPE、茂金属催化创的聚乙烯、聚丙烯和聚苯乙烯塑料合金等，给塑料包装提供了更多的原料选择。特别是聚乙烯，聚丙烯的开发进一步提高了软包装结构的许多性能，如韧度、透明性．阻渗性、耐热性和抗穿刺性能等，并可降低热封温度、改进加工性、提高包装生产线速度等。聚乙烯食品包装膜的特点之一是可以控制氧气、二氧比碳以及水蒸气的渗透率，可用于可控气调包装．大大延长食品的贷架寿命，主要用于超市色拉，胡萝卜片、椰菜花及肉类等半成品包装以及农产品保鲜袋，阻渗性收缩包装袋等，预计美国到 2000 年，此类半成品货架容量将由上世纪 90 年代中期的 3%增加到 25%，农产品以新鲜采摘形式出售将达 25%，对 MPE 可控气调包装薄膜的需求量将随之大大增长。

被喻为明日塑料之星的塑料共混物、塑料合金、无机材料填充增强的复合材料(ABC)在 20 世纪发展的基础上，通过基础研究两方面共同努力，生产和加工技术将获得进一步提高和完善、产品性能改进和系列化、功能化方面也将取得更大的进展，对提高塑料包装质量，附加值和环保适应性以及开发新产品将产生更大的影响，

随着塑料包装产品质量的提高．功能性增加及新品种的不断开发，其用途也进一步拓宽，特别是高阻塑料包装材料由食品包装为主逐步更多地拓宽非食品包装领域，其中工业包装、医药包装、农副产品包装、建材包装、航海用品包装等都将会获得进一步发展。

进入 21 世纪，世界经济大调整继续深化及可持续发展战略的转变是世界产业变革的总背景，也是塑料工业环境变化的背景，塑料包装材料与传统包装材料比较，从产品整个生命周期评价分析，节省能量、节约资源、废弃物产生量减少、环境负荷也较轻，因此在 21 世纪初发展仍占据重要地位和发挥重要作用，但塑料包装材料相当一部分为一次性消费品，用后在自然环境中较难降解，也不可忽视。

(二) 国内塑料包装材料发展趋势

1. 高阻隔性、多功能性薄膜正在向新的技术水平发展

高阻隔性、多功能性软塑包装材料，已成为近几年发展的热点，2002 年仍然在进步，涌现一批新的产品和新的技术，包括高阻渗性、多功能保鲜膜、无菌包装膜发展更快，原有的复合薄膜正在向更深层次发展，制袋、印刷技术上了一个新台阶，成为进入“彩色革命”时代。全行业已有胶版、凹版、柔版彩色系统，促进了软塑包装材料向深度发展：防伪包装膜正在日新月异发展，称为软塑包装的常开之花。特别是防静电的包装膜开发成功意义重大。电子产品、包括电子元器件、集成电路及印刷线路板等，由于静电放电破坏造成的损失十分严重，我国目前使用的防静电包装膜基本上由美国、日本进口，该产品由重庆兵器工业五九研究所、顺德诚信公司、中山市东升公司开发成功，并已投人生产。

干法复合薄膜技术水平的发展，离不开粘合剂和油墨的技术进步。复合膜的粘合剂有单组份和双组份聚氨酯、丙烯酸类粘合剂、无溶剂、醇溶剂、水溶性粘合剂等，从单组份到双组份是一个进步，2002 年使用双组份粘合剂已达到 3 万吨，但仍然存在着排放大量的溶剂，污染环境。另外，在复合过程，有微量溶剂残留物，会在包装物内产生异味，卫生性能差，这些问题长时间来，遇到环境保护的挑战，当前，国外环保型粘合剂进入中国市场，国内有关粘合剂生产企业也积极进行开发。无溶剂生产线已引进近 30 条，无溶剂用量开始逐步增加，但在技术上还达不到涂布、烘干过程的要求，成本也偏高。因此，寻找一条符合行业发展，又能适应环境保护要求的新路子，是问题关键。2002 年市场上推出的快速固化粘合剂，改变过去复合后，熟化时间从 48 小时，缩短到 4～8 小时就可以进行分切。此外，北京高盟化工公司开发成功高助剂含量的薄膜复合粘合剂，提高了复合强度，减少了残留量，是一个很大的进步。

2. 多层共挤技术的发展，改变了功能性薄膜和容器的产品结构，适应了市场需求

随着市场经济的发展，日用品包装、化妆品包装、食品包装、家用电器包装都提出了更高要求。另一方面随着环保呼声日益高涨，如何在满足包装功能性前提下，尽量减少垃圾的产生量，从而呈现包装薄膜、包装容器向轻量化、薄壁化方向发展，以干法复合为主的高阻隔性薄膜，在生产过程用粘合剂、溶剂的排放易污染环境，而发展共挤包装薄膜，其工艺设备投资省、成本低、适应性强、操作方便。国际上共挤技术发展很快，有关资料表明，发达国家共挤包装

薄膜占整个软塑包装材料的40%，而我们仅占6%，仍然以干法复合膜为主，两者比例不合理。当前，我们的共挤技术也有新的长进。目前除了大连辽南东方机械公司的叠加机头技术得到推广和应用，国产的共挤吹塑技术设备已经通过产品鉴定，开始批量生产。广东金明塑胶设备公司开发的五层共挤高阻隔薄膜吹塑机组通过了新产品鉴定。共挤包装薄膜的发展，将改变多功能性薄膜的产品结构，它适应于液体食品、牛奶、鲜肉等食品包装。

共挤技术的发展，同样适应工业包装的需求。秦川机械公司开发成功六层共挤塑料中空容器，用于生产汽车燃油箱，最大容积为200升。该机采用新技术，确保型坯壁厚100个控制点，使容器厚壁均匀。电气、液压和气压稳定无渗油漏气现象。上料系统确保六台挤出机连续稳定上料。该机的投产，改变的汽车燃油箱单层的局面，随着汽车工业的发展，多层油箱的市场将有较大的发展空间。

3. 蔬果保鲜包装薄膜市场前景广阔

我国2000年水果总产量达7100万吨，蔬菜产量为3亿吨，是世界第一大果蔬生产和销售大国。然而有30%左右的水果在贮存、运输、销售过程中损失。其中包装不当是引起水果腐烂损失的原因之一。在竞争激烈的市场条件下，包装的作用显得越来越重要。由于新鲜的果蔬是一个活体，采摘后仍在呼吸，有着旺盛的生命。靠消耗自身的营养和水分来维持生命。如果果实采后不及时进行保鲜处理，少则3～5天（草莓、荔枝、龙眼、樱桃等），多则10天半月（桃、李、葡萄等）就会出现失水枯萎，品质恶化和腐烂而失去食用价值。尽管不同水果的生理属性不一样，但变色、失水变昧和腐烂是共同存在的问题。因此，如何抑制代谢过程，减少营养物质的消耗，保持水果的风味质量是保鲜包装的重要课题。目前，聚乙烯薄膜和聚丙烯薄膜是新鲜水果蔬菜应用最广的包装材料。不同的水果蔬菜对保鲜包装袋的要求不同，选择什么样的薄膜袋主要考虑以下因素：

（1）适应的气体透过性，保持适宜的O_2和CO_2浓度。根据试验，如果透气性差，袋内O_2浓度太低（$<3\%$），易产生乙醇、乙醛挥发物，产生异味异嗅，CO_2浓度过高（$>10\%$）也会对水果造成伤害。因此，新的聚乙烯保鲜膜也在不断产生，微孔薄膜的出现给热带水果的包装增添了新的选择余地，微孔薄膜市场的增加、应用不断扩大。

（2）添加乙烯气体吸收剂。水果在采后成熟过程中要释放乙烯气体，成植物生长荷尔蒙激素，乙烯在包装袋内积累，会加速果实衰老，减少贮藏期。因此，在薄膜制造过程需加入硅素（沸石、大谷石、方英、sio_2）等多孔性物质具有吸附乙烯气体的作用，把水果释放出来的乙烯吸附了，就能减缓水果的呼吸作用，使水果保鲜。

4. 塑料饮料瓶市场潜伏着诱人商机

塑料包装容器应用市场广阔，其中，饮料行业有着诱人商机，2002年，饮料产量已达2024万吨，汽水、果汁、蔬菜、饮料所需的塑料容器需求量与日俱增。

经调查，2002年我国饮料产量近2384万吨，每年以20%以上速度增长，而碳酸饮料包装中PET瓶的应用比例占57.4%，市场前景看好。目前行业中PET聚酯瓶产量较大的企业，有珠海中富和上海紫江集团，分别占有国内PET瓶30%和20%的市场份额。珠海中富公司为最早获得可乐、百乐认可的PET瓶生产厂家，2001年PET瓶达到32亿个，其中热灌装7亿个，销售额达到23.4亿元，在各地拥有30多家工厂：上海紫江集团近年来发展很快，设在各地的控股公司已发展到15家，占据了武汉、郑州、天津、长春、昆山、成都等市场，新建的年产1.2亿个PET灌装瓶已投产，2002年又在上海、广州、成都、北京等地投资建厂，热灌装瓶的生产能力达到4.85亿个。

聚酯瓶在塑料包装行业的起步较晚。大量的注拉吹技术设备的引进，促进了PET瓶大幅度生产，并以其优良的性能，获得用户的欢迎，短短几年里，成为食用油饮料瓶等包装的主流包装材料。同时，在化妆品、医药等行业的需求也在增加。1996年PET瓶装产量为30亿个，而1998年上升为50亿个，2000年达到80亿个，2001年90亿个，预计2002年将达到100亿个。年增长率为18%，成为塑料包装材料增长幅度最大的品种。特别是2001年起随着国内茶饮料市场异军突起，2001年茶饮料产量已达300万吨，因此热灌装85～90℃PET瓶已成为聚酯瓶增长最快的品种，年增长率超过50%。

聚丙烯透明包装瓶的开发是近几年国内外塑料包装的一个热点。随着透明改性剂一成核剂的开发成功，在普通PP中加入0.1%～0.4%山梨醇缩二甲苯（苯甲醛）成核剂（美国米利肯，新日本理化，二井东亚、牌号Mil—lad3988等），高透明PP可广泛用于注射、吹挤、吹拉、挤压、热型容器、食品、药品瓶等，其价格适宜，是PS、ABS、PET、PE瓶的竞争对手，有着广阔的市场前景。

5. 啤酒塑料包装瓶的应用已是春在枝头

啤酒包装业国际上近几年采用的耐热聚酯瓶(PET)的发展迅速，特别是PET瓶涂层技术(等离子技术)的应用，内涂0.21mm的碳层，它的阻透性几乎与玻璃一样，同时，能承受高温灭菌处理，使其应用范围扩大，适应热灌装茶饮料等包装。

此外，引起包装界注目的聚萘二甲酸乙二醇酯(PEN)新型聚酯瓶，正在步人啤酒业，引起啤酒包装的革命(克服啤酒瓶爆炸事件的良策)。由于PEN与PET分子结构相似，以萘环代替苯环，使PEN比PET更具有优异的阻透性、防紫外线性、耐热性好、耐高温度(非晶态PEN热变温度达100℃而PET仅为70℃)。由于萘是从煤焦油分离出来，我国有丰富来源，工业化生产即将实现。不久将来，PEN大量进入包装领域，引发继PET之后，又一次包装革命。目前，国内少量进口，但价格是PET的5倍，阻碍了PEN的应用。

我国是啤酒生产大国，2002年以来，已达到2386万吨居世界第一位。以2002万吨计算，每年需求包装瓶250～300亿个，为PET聚酯瓶提供了广阔的发展空间。近几年来塑料包装年会，多次进行技术交流，引导有关企业进行开发，从技术方面，啤酒不同于一般的碳酸饮料，即使是微量的氧气进入包装容器也会使啤酒的口味发生变化，而啤酒中CO_2的流失会影响泡沫特性，因此，如何满足保鲜度和保存期的要求，对阻隔性能要求很高。同时，在我国95%的啤酒通过巴氏灭菌方式生产，要求包装瓶的使用要耐62～67℃。这些要求成为塑料啤酒瓶开发中的关键问题。

上海紫江集团、珠海中富集团积极采用新技术，在研究和开发中投入大量资金，采用共注射技术和吹瓶技术，可使啤酒在PET瓶中保鲜期达100天，已试验生产了350毫升、500毫升的PET瓶，并正在开发1.5升和2升啤酒瓶。目前正在进行新厂建设，准备大批量生产，作为新的利润增长点，PET啤酒包装瓶进军的战鼓已敲响，值得同行的高度重视，在新的领域有所作为。

6. 饮水包装瓶(桶)的市场

纯净饮用水，已进入千家万户。目前，市场的5加仑饮水桶以PVC、PET为主，带来不少问题，PVC饮水桶添加剂的毒性问题一直是有争议的，而PET饮水桶是符合卫生要求的，但由于市场秩序的混乱，以次充好，以旧料冒充新料，使桶装细菌含量超标。据抽查，有些地方1/2以上的桶装净水不合格，桶料属非食品级是主要原因。因此，发展食品级PC原料十分紧迫。上海与拜耳已签约建设10万吨级PC树脂，2003年第一期投产，年产5万吨，可以缓解PC长期靠进口的局面。近几年，PC饮水桶发展很快，仅上海、广东两地年产量超过5000万个。因此，随着国内原料投产，发展PC饮料瓶，将是一个难得机遇。

全国瓶装水产量为554万吨，占饮料总量近1/4，经过多年的竞争，目前已形成规模化生产，涌现一批较强的企业，如娃哈哈、乐百氏等十强企业，而包装瓶的品种也由原来的矿泉水瓶发展到蒸馏水、活性水、富氧水、太空水等各种瓶装水，并向品牌发展，所需的包装瓶的品质的要求也愈高。这将是一个朝阳的市场，有着美好的前景。

7. 药用包装材料成为新的发展热点

(1) 药品固体剂型包装发展前景广阔

据有关资料统计，我国医药包装年产值在150亿元左右。目前，药品包装正在成为我国包装领域分支。随着我国医疗体制的改革，药品种类增加，药品包装形式也在发生变化。由原来的纸袋包装、塑料袋包装、玻璃瓶到现在的聚乙烯瓶、聚丙烯瓶、聚酯瓶、铝塑包装、条形包装。扭转了药品包装落后的局面。

国外药品包装已大量采用汽罩PTP包装及条形SP包装，应用于片剂、胶囊等固体剂型包装。在国内我国药品汽罩包装以及条形复合膜包装也将成为主流并有着广阔的发展前景。

(2) 输液塑料包装成为新的发展热点

我国目前大输液90%采用玻璃瓶包装、软塑包装实际生产量不足2亿瓶(袋)。目前国外的输液剂大部分采用优质的塑料瓶或塑料袋包装。随着中国加入WTO组织外资医院增多，来中国居住的外籍人数也不断增多，需求量增多。发达国家人均使用输液量为3.33瓶，这无疑是一个市场空间，目前全球申请的大输液生产量120亿瓶，中国仅为30亿瓶。因此，自2001年以来，改扩建、新建输液包装生产成为"热点"，塑料包装行业也不例外。

输液包装主要分为塑料瓶和塑料袋。去年以来BOPP瓶异军突起，随着东莞佳鸿机械公司开发出国产BOPP输液瓶制造设备，采用二步法注拉吹PP瓶生产设备，每小时生产2200～2500瓶，深受药业用户欢迎。与其他杀菌、灌装设备的配套，BOPP输液瓶呈现增长势头，改变玻璃瓶一统天下的局面。预计到明年已有的和在建的 BOPP 瓶生产能力（有 17 家引进 20 条塑料瓶生产线）将突破 10 亿瓶，将与玻璃瓶、软塑料袋一起形成药用液体包装的多样化。

软塑料袋方面，据不完全统计，目前，共有 21 家企业引进或签订软塑包装生产线 25 条，软塑袋生产能力将达到 3 亿袋。

综合上述，目前正在上马或准备上项目的塑料包装企业要慎重考虑，药包装实行准入制，对包装材料质量、技术有严格要求。但（药用塑料、输液塑料包材及容器标准）尚未出台，在质量保证上给用户选择包材产生困难。容易产生无序竞争。因此，必须慎重考虑，避免造成经济损失。

四、存在问题及对策

1. 重复引进、重复建设产品雷同塑料包装材料当前面临着许多困难和矛盾，最突出的是重复引进、重复建设，产品雷同。以双向拉伸薄膜为例，BOPP 重复引进最为严重，BOPP 从上世纪 70 年代末到 90 年代末，全国 16 省市 31 个企业共引进 BOPP 薄膜生产线 37 条，年生产能力共计为 12.7 万吨，改变了国内空白的面貌，单线生产能力 3000～6000 吨、线速度 150～200m/min、宽 4.2m，为塑料包装行业的发展作出了积极贡献，使塑料包装材料的生产从 1980 年 19.1 万吨，到 1990 年增加到 107 万吨，用十年时间增长了五倍，从 1991 年～1999 年底引进 BOPP 生产线共 33 条，单线能力 6000～10000 吨、宽幅 6m 以上、线速度在 250m/min 以上，这样到 1999 年底已有生产企业 46 家，共引进生产线 70 条，生产能力为 40 万吨，产量为 30 万吨。从 2000 年到 2002 年，三年的时间里这种过热现象没有下降，形成新一轮引进达到新高潮，这三年里共引进生产线 20 条，已签约的，在 2003～2004 年到货的有 20 条，使生产能力猛增至 70 万吨，2002 年实际产量为 50 万吨，这些项目全部投产后预计 BOPP 能力将超过 100 万吨。这一阶段发展的特点是：在“十五”发展的新形势下，结合国际上 BODP 薄膜的应用正朝着多元化、高质量和非对称复合的方 向发展，在大力发挥新型的包装材料的推动下，引进当代的先进技术水平，在线速度水平达350～400m/min，宽幅 8.2m，年生产量在 2.5～3 万吨，有的企业双线引进，一次投产生产能力在 6 万吨左右。由此可见，重复引进的热潮并没有降温，值得引起大家的注意。

当前，BOPP 薄膜的市场供大于求，市场饱和，普通的中低档产品相对过剩，造成市场无序竞争，以压低价格来推销产品，今年上半年更是雪上加霜，销售价格比去年市场平均下降 23%，个别降低到成本价以下，仅有 8300 元/吨，而原料价格为 7300 元/吨，致使企业效益不佳，甚至出现亏损，无法偿还到期贷款，处于非常困难的境地，然而面对如此严峻的局面，某些企业仍然不顾风险在拼命扩大规模，今年盲目引进势头不减，特别是东南沿海地区又分别与德国布鲁克纳与日本三菱公司签订了 10 条生产线，年产能力近 20 多万吨的 BOPP 设备（个别企业一口气就签了 4 条生产线）。到明年，群雄称霸，争抢市场份额，局面火爆。对于如此无序失控的 BOPP 薄膜竞争必将白热化，受害者肯定是生产厂家，犹如前几年生产冰箱、空调、彩电的家电行业出过的现象一样。这就是重复建设，盲目引进带来的严重后果，值得吸取教训，慎重决策为好。

因此，BOPP 行业当务之急是搞好市场开发，研究中国市场 BOPP 薄膜消费量有多大？根据世界 AMI 咨询公司发表的研究报告，2002 年全世界 BOPP 薄膜消费量为 300 万吨，预测到 2010 年为 570 万吨，而中国市场用量为 100 万吨。从现有情况看，我国 BOPP 的应用市场主要预测下列几个方面的需求量：

产品	2000 年（万吨）	2005 年（万吨）
1. 印刷、复合、涂布用光膜	30	41
2. 胶粘带	5	7
3. 珠光膜	5	7.5
4. 烟膜	7	8.5
5. 电容膜	0.8	1.4
6. 金属化膜	1.5	2.2
7. 专用膜	1	2.5
合计	50.3	70.1

从上表可以看出，当前企业的出路，除了加强管理，降低成本外，提高质量，还要努力开发新产品，生产多功能特种膜，如：烟膜、消光膜、珠光膜、镀铝膜、抗菌膜等；要努力开拓出口渠道，将薄膜销往国外。

而 110 条线全部投产后，设备生产能力将达

100万吨。因此，在今后几年，引进设备更应慎之又慎，一套装置投资近1.8亿元，若市场需求发生变化，将造成更严重的经济损失。多年来，政府有关部门、行业协会、报刊、杂志上发表文章，引导防止过热，但始终未果，这是为什么？我想一个是市场有需要，一个是效益上吸引力，BOPP属于量大面广·有着广泛的市场，食品包装、烟草包装、胶粘带行业、文具类及电容膜等随着市场经济迅速发展，需求量逐年增加，而生产BOPP的原料属于低价位（与尼龙聚酯比较而言），而薄膜的价格是原料1～2倍，效益颇丰，刺激了BOPP的快速发展。因此尽管行政政策限制进口，仍然不断的引进·变着花样千方百计的进口，打着新型包装材料、新型透明包装、新型同步拉伸、新型药材包装等五花八门，大摇大摆的进来了。同时，加入WTO后，许多外商、台商看中中国市场，外资独资的建设BOPP厂有十几条线·使国内市场竞争更加激烈，优胜劣汰的市场原则将是对BOPP老企业的新考验。谁也不能搞独此一家别无分店。只能大浪里淘沙，勇于博流才能站稳。走规模化、专业化、系列化的发展方向，才能使企业与国际竞争·立于不败之地。

然而求生之道人皆知之，无奈违背了市场经济价值规律，无形之手还是会扼杀部分企业，或者停顿部分生产线，那时几亿乃至十几亿的财富损失将不可避免，势在必然迟早而已！

为此，我们不得不大声呼吁：BOPP生产线重复引进之风应该停止！建议国家有关部门，海关、银行等应采取强有力的措施，防止盲目重复引进。

2. 塑料包装废弃物的回收利用管理和再生技术与社会环境保护的矛盾突出。

随着塑料包装废弃物的增加，特别是一次性包装材料和泡沫餐盒，成为城乡环境治理的大难题。对废弃物的回收利用管理还缺乏完善的办法，再利用技术正处于发展阶段，尚未完全成熟，因此，科学地对待这一问题，已成为塑料包装企业生产和发展的重要课题。

塑料包装材料大部分用于食品和饮料包装，因此塑料的卫生安全问题与广大消费者的健康息息相关。近年来卫生部，国家标准局和有关部门制订颁发了一些塑料材料的卫生安全标准：如食品包装材料PP树脂卫生检验方法，PE、PP、PS成型品卫生标准，食品用压延PVC硬片专业标准，PVC暂行卫生标准和检验方法等，但这方面的工作还有待加强和完善，而且必须有一些实施标准的具体措施和有一个强化执行的管理机构，监督实施，确保消费者的利益。

另外随着我国食品结构和商品流通的变化，塑料包装材料，特别是一次性消费包装材料将会更迅速进人市场，随之而来的问题将是废弃的包装材料的处理问题。否则，废弃的塑料包装容器，瓶子、废膜、袋等到处乱丢和堆积，势必造成社会公害，污染环境。尽快制订废弃塑料的回收和处理办法及大力研究高效的、适合国情的回收利用技术及设备。另外，在现在生活中，一些一次性包装材料脏乱很难收集，为减轻污染，对这些产品推荐采用降解塑料较为合适。因此也应对降解塑料包装材料的课题列入国家科研规划，进行技术开发非常必要。

我国金属包装产业发展现状

金属包装产业具有资本密集、技术密集、内需型为主、出口为辅、产品替代性高、市场季节性变化大、市场集中度高等特点。金属包装产品可细分为印铁制品（听、盒）、易拉罐（包括铝制二片罐、钢制二片罐、马口铁三片罐）、气雾罐（马口铁制成精美的药用罐、杀虫剂罐、化妆品罐等）、食品罐（罐头、液体或固体食品罐等）和各类瓶盖（马口铁皇冠盖、旋开盖、铝质防盗盖）。另有1～20升马口铁制成的化工桶及冷轧板、锌板制成的20～200升的钢桶。

金属包装是我国包装工业的重要组成部分，其产值约占包装工业总产值的10%，主要为食品、罐头、饮料、油脂、化工、药品及化妆品等行业提供包装服务。从20世纪80年代后期到90年代中期，是金属容器兴旺发展时期。近年来，随着技术发展和行业管理的加强，市场秩序得到进一步改善，并将逐步进入稳定有序的良性发展时期。

生产能力强

目前，我国金属容器制造业的装备已具备极强的实力。两片罐有26条生产线，年生产能力达110多亿只左右(目前市场需求约70亿只)。马口铁三片罐制造设备已拥有各种型号的进口和国产全自动或半自动生产线的500余条，其产品一年供应饮料行业约40亿只，食品罐头业约38亿只。气雾罐年产能力达6亿只。全国现有皇冠盖生产线近300条，90%以上的设备从国外进口，年市场需求为400亿只。钢桶年加工生产量约4000～5000万只。印铁设备全国拥有500多条生产线，进口设备和国产设备各半，年印刷160多亿印次。全行业马口铁年需求量约140万吨左右。随着国产马口铁生产能力的提高，马口铁进口将逐步减少，不久便可自给自足，但部分高档产品尚需少量进口。

市场潜力大

从人均消费量来看，中国金属包装市场尚有很大潜力。目前全世界每年约生产各种金属罐为4100亿只。其中饮料罐约3200亿只、食品罐为750亿只、喷雾罐为100亿只；欧洲每年饮料罐和食品罐销售量分别为330亿只和270亿只；亚洲饮料罐和食品罐销售量在过去10年的增长率分别为：两片饮料罐250%、三片饮料罐63%、食品罐71%；中国饮料罐年消费量110亿罐(二片罐70亿只、三片罐40亿只)，人均消费不足8罐，而日本的年消费是180亿罐，韩国是32亿罐。如果中国年人均消费提高到10罐，每年就要求130亿罐的供应能力。此外，中国罐头食品消费水平偏低，人均年消费不足1.5公斤，欧洲罐头食品人均年消费水平为50公斤，日本人均年消费水平为23公斤。目前，中国金属包装市场呈现供大于求的趋势，但从人均消费量分析，还存在较大发展空间。

我国金属包装的最大用户是食品工业，其次是化工产业，此外，化妆品和药品也占一定的比例。随着中国国民经济持续发展，人民消费水平不断提高，上游相关行业快速发展，将推动金属包装行业走出低谷。当前饮料行业发展迅猛，品牌迭出，虽然采用塑料瓶、玻璃瓶、复合纸包等包装占有一定份额，但二片罐、三片罐仍占优势，如金属罐的啤酒市场份额不断增长，油脂化工、石油制品、医药、化妆品等行业对金属桶罐的需求将成倍增长。2001年，金属包装制品总产量已达205万吨(包括冷热轧板)，预计到2005年可达到288万吨。在新世纪初，我国加入了世贸组织，金属包装行业更要提高产业化水平，提高行业的综合实力，把握住西部大开发的机遇，共同创造良性发展的广阔空间。

发展方向

首先，树立国产品牌，推动强强联合，增强企业竞争实力。

其次，我国金属包装空罐技术已接近国际水平，目前还要努力提高产品质量，使用超薄马口铁及铝材，进行技术改造和开发新产品。

此外，要重点食品饮料罐质量的几个问题，如漏罐、易开盖拉环易破损等，下大力气提高各种产品质量。

(资料来源：中国包装技术协会金属容器专业委员会)

表1 我国金属包装容器产业“十五”计划

指标		年度					“十五”期末出“九五”期末增长率%	年平均增长%	备注
	单位	2001	2002	2003	2004	2005			
总产量	万吨	205	220	237	260	288	50	8.4	一、关于“十五”计划比“九五”计划预计增长率以期末总产量为准 其他指标及主要产品供参考 二、年平均递增率，以总产量为准 三、金属包装容产品复杂。规格多，在此提供主要10种产品供参考
总产值	亿元	125	136	150	167	187	61.2	10	
销售收入	亿元	123	134	147	163	184	61.4	10	
利　税	亿元	13.4	14.6	16	17.8	20	61.3	9.9	
铝易拉罐(二片)	亿只	75	80	86	93	100	42.8	7.4	
马口铁易拉罐(三片)	亿只	35	38	42	47	53	65.6	10.3	
食品三片罐(罐头)	亿只	30	33	36	36	40	42.8	6.7	
气雾罐	亿只	5.9	6.5	7.2	8	9	63.6	10.4	
1～18升小桶	亿只	46	50	55	61	68	58.1	9.6	
20～200升大桶	亿只	0.6	0.7	0.8	0.9	1.0	150	20.9	
各种金属瓶盖	亿只	432	471	518	575	644	61	9.8	
易拉罐	亿只	108	118	130	144	161	61	9.8	
各种杂罐	亿只	44	48	52.8	58.6	65.6	60	9.8	
印铁(桶罐外印)	亿印次	154	168	185	205	230	60.8	10	

表 2　我国金属包装容器产业 2006～2015 年发展预测目标

指　　标	单位	2006	2007	2008	2009	2010	2011	2012	2013	2014	2015	2015 年末比"九五"末增长%	年平均增长率%
总产量	万吨	305	323	340	363	385	406	424	445	468	491	155.7	5.5
总产量	亿元	202	220	242	269	301	325	355	390	433	480	313.8	10
销售收入	亿元	198	216	237	264	295	319	347	382	425	475	316.7	10
利　税	亿元	21.6	23.5	25.9	28.5	31.9	34.5	37.6	41.3	45.8	51.3	313.7	9.9
铝易拉罐(二片)	亿只	104	113	121	131	141	152	164	177	191	208	197	7.6
马口铁易拉罐(三片)	亿只	59	64	71	79	88	95	104	114	127	140	337.5	10.2
食品三片罐(三片)	亿只	44	48	53	59	66	71	77	86	95	106	278.6	10.3
气雾罐	亿只	9.7	10.5	11.3	12.2	13.5	14.7	16	17.5	19	21	282	8.5
1～18 升小桶	亿只	73	80	88	98	109	118	127	140	155	174	304.7	9.9
20～200 升大桶	亿只	1.08	1.17	1.28	1.42	1.60	1.73	1.87	2.06	2.27	2.54	535	9.8
各种金属瓶盖	亿只	695	758	834	926	1036	1119	1219	1341	1488	1670	317.5	10
易拉罐	亿只	174	189	208	231	259	278	303	333	370	415	315	10
各种杂罐	亿只	70	76	84	93	104	112	122	134	148	166	304.9	9.7
印铁(桶罐外印)	亿印次	248	270	297	330	369	398	434	482	535	560	291.6	9.5

医药包装的现状及发展方向

中国加入世界贸易组织后，根据入世协议向国外制药企业开放是大热所趋，医药行业新一轮的竞争已经开始。而对于与之紧密联系的医药包装行业也是一个全新的挑战与冲击。我国医药产品包装与发达国家存在较大的差距，主要体现在药品包装法规、标签的管理与防伪、包装材料的安全性与环保性等方面。我国医药包装行业的发展一直是高速低效益、高消耗的粗放型增长。大多数医药产品的包装质量档次偏低，其中近 70%的药品包装达不到国际水准。

1. 有关药品包装和标签的法规和管理制度相对落后

我国在 2000 年以前有关药品的法律只有《药品管理法》，但对药品的包装、标签、说明书没有统一的规定，各企业自行书写，比较混乱；有的企业甚至在标签上印有误导消费者的图案和成分等。由于标签和说明书内容不详或信息不全，导致患者用药产生严重不良反应的情况时有发生，如 1995 年的"卡马西平"案就是一个典型的例子。随着处方药和非处方药分类管理制度的推行，近两年来，一些专家呼吁修改《药品管理法》的相关条款。并制定专门的《药品包装及标签法》，以加强对药品包装的监督管理，尽快配国际接轨。为此，国家药品监督管理避于 2000 年公布了《药品包装用材料、容器管理办法(暂行)》(21 号令)、《药品包装标签和说明书管理规定》(23 号令)，对药品包装作了详细的规定，虽然不够完善，但毕竟前进了一大步。在药品包装标签管理方面，我们可以借鉴美国 FDA 对医药的评价标准，药品标签内容不仅民括药品的用途、特殊人群(如儿童、孕妇等)使用的注意事项、剂量说明、使用方法和时间等，还要标明药品的副作用、禁忌症及其疗效。任何不符合规定要求的标签都被认定是"假标签"，是严重违反联邦法律的行业。

2. 医药防伪包装刻不容缓

药品是防病治病、保证人民身体健康的特殊商品，但令人震惊的是，媒体上经常出现各种有关假药坑人的报道。自 1998 年以来，全国共查处制售假劣药品案 28 万多起，总价值高达 18 亿元，先后毁制假售假窝点 3088 个，取缔非法集贸市场 116 个，无证经营 4 万多户，有效地遏制了制售假劣药品的热头，严厉打击了造假分子的嚣张气焰。但我们也应清楚地意识到，我国绝大部分药品的包装还非常简单，有的只是在外包装盒上贴上防伪标签，而在盒子的制造和印刷上不采用先进的工艺，客观上也为造假者提供了便利。而在德国，一个巴掌大的药盒上就有近十种防伪标志，使用了缩微文字、上光制版以及在钞票上的凹印印刷技术等可以用肉眼识别的防伪标志，还有使用特殊镜片才能看到的防伪标志，目前，可用于医药防伪的技术有七大类，包括数码防伪、油墨防伪、纸张防伪、特种印刷防伪、核经迹防伪、生物防伪等，但有些技术并未被我国医药企业所采用，如欧美发达国家医药企业经常使用的DNA防伪技术等。

客观地讲，我国医药企业在防伪包装技术方面还是比较落后的，虽然对包装防擅的重要性逐渐有了深刻的认识，但在具体技术的投资上仍然偏少。以下是几个国内著名的大型制药企业防伪手段及投资规模情况的介绍。

北京双鹤药业有限公司：以前采用的是平面激光防伪，但技术含量不高，容易被仿造。从去年开始采用三维激光防伪，技术含量和防伪效果均优于平面激光防伪，年投入资金上百万元。但遗憾的是消费者却很难通过这种防伪方法辨别真伪。

吉林敖东制药有限公司：过去采用的是激光防伪技术和数码防伪技术，但公司对其效果不满意。从去年开始，将数码防伪与激光防伪相结合，采用双重防伪打击假冒产品，虽然成本有的提高，但效果显著。年投入资金近百万元。

山东东阿阿胶股份有限公司：自2000年开始采用数码防伪，贴标年用量达2亿枚左右。年投资近700万元。

广西金嗓子制药有限公司：最早采用激光防伪技术，后使用电话防伪，现在准备采用压膜防伪。年投入资金100多万元。

3. 药品包装材料的整体水平有待提高

伴随着我国医药工业的飞速发展，一向作为"陪衬"的药品包装材料、包装容器开始走上前台，在为医药产业的重要组在部分。一份来自国家药品监督管理局的调查表明，我国药品包装材料行业的整体技术水平不高，档次偏低，远远落后于发达国家，包装材料的质量及包装对医药产业的贡献率偏低。在发达国家，医药包装占药品价值的30%，而在我国尚不足10%。其中口服液、滴眼剂、输液等塑料容器的生产能力远远不能满足药品市场的需求。

当前，我国制药企业主要使用的包装材料有：(1)药用玻璃包装。传统玻璃瓶能耗高，生产成本逐步上升；玻璃在制造过程中还会产生粉尘、废水、噪音等环境污染。为此，玻璃瓶生产企业的利润普遍较低，制约了企业的技术改造。因此，玻璃在药品包装材料中的应用，在很多方面将逐渐被塑料所代替。目前，采用电脑CAD玻璃瓶模具设计、玻璃炉窑的电脑自动控制，以及强化和轻量化工艺等方面的发展，提高了玻璃瓶质量，减轻了重量。由于玻璃具有独特的性能，在药品包装方面目前仍是针剂、输液、酒精、药酒的主要包装容器，其消耗量约占药品包装的10%。(2)药用橡胶包装材料。主要有天然橡胶和丁基橡胶两种。由于天然橡胶化学性能不稳定，故已被列入淘汰产品之列。丁基胶塞由于其优良的密封性能，越来越多地用于抗生素粉剂包装。(3)药用金属包装材料。药用金属包装材料主要指用于粉针剂包装的铝盖、膏剂及气雾剂的瓶身以及铝塑泡罩包装的药用铝箔等。粉针剂铝盖有几种：如E型不开花铝盖(常与天然胶塞配用，伴随封蜡工序)、C型三接桥开花铝盖以及铝塑组台盖。加工用的铝带常用半硬纯铝或H14-H16的合金铝带。铝塑组合盖由于开启方便，使用安全卫生，已越来越多地被市场所接受。(4)药用复合包装材料。主要有药用塑料瓶，它具有质轻价格廉，易形成规模生产，能够做成各种各样规格及各种着色的瓶子。塑料瓶的印刷性能非常好，因此成为药品最主要的包装容器。采用塑料瓶包装的药品主要是口服制剂的固体药片、药丸、胶囊与散剂，以及液体的溶液、乳浊液等。用作药品包装的塑料瓶主要采用聚氯乙烯(PVC)、聚乙烯、聚丙烯、聚苯乙烯等材料制造。药用聚氯乙烯硬片(PVC)是组成铝塑泡罩包装的底层材料。为了提高PVC硬片的阻隔性，可以选用PVC/PVDC复合硬片，或选用冷铝"饭盒"包装和增加干燥剂及铝塑复合袋包装。药用复合膜、袋的形式可谓多种多样，材质结构有"纸/塑料、塑料/镀铝塑料、纸/铝箔/塑料和塑料/铝箔/塑料等多种形式，其阻隔性能依次递增。其中塑料本身材质又分PE、CPP、BOPET、BOPA等，由于具有较强的综合优势和其它材料无法比拟的优越性，虽然会对环境造成一定的危害，但还是受到了普遍的欢迎，其用量增长很快，已部分取代了玻璃输液瓶等其它材料的包装。药品生产商可按药品对包装材料的阻隔性能要求以及药品的包装形式，并综合考虑其他因素，如透明性、美观性、取药便利性、经济性等选择适宜的药用包装。

笔者就药品包装材料的安全性与环保性采访了中国医药包装协会秘书长蔡泓，她认为，现在药用塑料包装材料的用量增长迅速，虽然看起来与环保政策相违背，但医药是一个特殊的行业，药用包装材料的首要功能是保证药品在有效期内的安全性，而且使用量占全国包装材料用量的比例非常低，只要注意回收利用，不会对环境造成不良影响。但开发环保塑料包装材料仍是药品包装发展的方向。

我国从 2002 年 12 月 1 日起正式施行《低密度聚乙烯输液瓶等 14 项国家药品包装材料标准(施行)》，这是国家在加入 WTO 后为保证药品包装质量，保证药品的安全有效而制定的，同时也是我国药品生产企业使用药品包装材料、药品包装材料企业生产经营和药品监督管理部门检验药品包装材料的法定依据。

在我国医药包装"十五"蓝图—《医药包装行业"十五"发展规划纲要》中提出的医药包装行业"十五"发展方针是：加快产品结构调整，加大产品开发力度，推动质量管理体系的进一步实施，满足制药企业发展对医药包装的要求。加入 WTO 后，制药企业参一竞争的基本条件之一就是要获得国家药品监督管理局的药品 GMP 证书。我国有几千家药厂在"十五"期间都将加快 GMP 改造，这就要求医药包装行业一面提高，特别是生产直接接触药品包装的企业(车间)在产品生产、销售、使用全过程都必须适应 GMP 的要求。

《纲要》同时指出：无法可依或有法不依是长期困扰医药包装行业的难点问题，是造成市场混乱、阻碍行业进步的重要因素。"十五"期间，医药包装行业要与国家法制建设的大环境相适应，促进企业、协会、政府的协调互动，加强民主、法制建设，维护市场秩序，保护公平竞争。

《纲要》提出的医药包装行业"十五"发展政策是：

1. 要加强关于医药包装废弃物对环境影响的研究，支持环保型包装产品的开发、生产，探索高分子材料降解在医药包装上的应用。

2. 支持 OTC 包装的开发、生产。

3. 支持儿童安全包装的研究与开发，并推动相应法规的制定。

4. 粉针剂(包括生物、生化、冻干)：发展优质管制瓶和轻量模制瓶，加快淘汰天然橡胶瓶塞，在稳定提高丁基橡胶塞质量水平的基础上，实现丁基化，发展优质铝塑组合盖。

5. 水针剂：提高易折安瓿质量，发展低膨胀系数和印字安瓿，加快开发生产易折安瓿。

6. 输液剂包装：发展优质塑料输液容器，提高玻璃输液瓶质量，严格禁止各种输液容器的二次使用。淘汰天然胶塞，推广丁基胶塞，发展优质铝塑组合盖。

7. 胶囊及片剂：严格禁止手工胶囊的生产，加强对胶囊生产质量和卫生指标的监督检查。大力开发非动物胶囊类型的绿色胶囊的研制，支持海澡类胶囊的工艺研制和开发。支持各种高阻隔性能的复合材料和容器的研制、生产。塑料瓶的密封性能要通过提高模具精度等技术手段来实现，减少瓶口密封膜的使用。提高玻璃黄园瓶的质量，彻底淘汰软(碎)木塞蘸蜡。

8. 软膏：彻底淘汰铅锡管和低质塑料制品。发展有内喷涂的铝管。在兼顾环保和药用要求的前提下，支持高水平铝塑复合管的研究。

9. 配合剂型的发展，研究、开发医药包装新材料。

目前，医药包装工业正向着健康有序的方向发展，重组产业结构，规范行业标准，转变陈旧观念，这就为我国医药产品包装与世界接轨作好基础工作。可以预测，世界医药包装的趋势将向延长货架期、优化阻隔性能、提倡明确清晰的定量配药等方向发展，这也为我国的医药包装企业提出了更高的要求和更广阔的市场空间。

建材包装行业"十五"发展规划

一、指导思想

1. 按照九届人大四次会议通过的《中华人民共和国经济和社会发展"十五"计划纲要》，根据国家包装行业和建材行业"十五"规划的框架及中国包协建材包装委员会起草的《新世纪建材包装发菜战略》，奋发有为、积极稳妥地向建材包装现代化的目标开拓前进。

2. 建材包装应保持与建材行业和包装行业发展同步，依照“十五”建材产品总量的发展水平及产业、产品结构调整方案，规划好与之相适应的建材包装的总量控制水平和结构整顿措施，满足建材产品的发展对包装的需要，进一步作好为建材产品服务。

3. 把握世界经济步入知识经济的走向，按照科教兴国的方针，建材包装要坚定地以科技为先导，走科技兴包的道路，积极改变劳动密集型手工操作模式，置换以高科技武装行业的新思想、新行动，使建材包装主要产品的科技含量有较大幅度提高，既从数量上满足，又有质量上的保证。

4. 认清我国加入世贸组织后，必将与世界经济加强往来的实际，在保护具有中国特色的基础上，建材包装要更多地消化吸收发达国家的高精尖产品和先进的管理经验，坚决摒弃老产品的低水平重复和落后管理方式，把建材包装换代产品打入世界贸易之林，逐步走上现代化管理之路。

5. 进一步增强环保意识，顺应我国及世界共同重视环保的潮流。针对建材包装当前环保问题突出、改善呼声强烈的现状，在老产品的改进、新产品的开发、新技术的应用过程中，切实把对环保的影响摆在重要位置，认真评价，慎重对待，坚决否决一切不利于环保的建材包装项目。

二、预期目标

1. 水泥包装

(1) 再次修订《水泥包装袋》国家标准。争取早日制定实施《水泥包装》国家标准。

(2) 水泥包装的三种包装形式：散装、集装率不低于 30%，袋装率降到 70%以下。

(3) 水泥流通。减少流通环节，发展门对门运输。散装水泥无撒漏，集装水泥无破损，袋装水泥综合破损率不大于 1%。

(4) 集装、袋装主要使用基材是：伸性纸袋纸、复膜塑编布、夹筋纸、埋纱纸等。提高基材质量，作到减量包装。

(5) 水泥纸袋全部弃缝改糊，使用机制糊口袋，开发 50kg 以下系列袋装产品。

(6) 优化水泥包装机械产业结构，开发高新技术含量的包装机械产品，满足国内，走出国门。

(7) 水泥包装的生产管理水平上新台阶，由定点管理向国际质量认证过渡。

2. 平板玻璃包装

(1) 争取修订《平板玻璃集装器具》国家标准，并争取制定、实施《平板玻璃包装》国家标准。

(2) 平板玻璃包装的集装化水平达到 60%以上。

(3) 开发集装器具新的代木基材，完善集装器具产品结构，淘汰落后产品，研制开发创新集装器具。发展深加工玻璃集装化器具的使用。

(4) 优化木箱结构，推进射钉枪、异型钉及先进制箱工艺和技术的应用，开发和使用优质填充材料或填充形式。

(5) 玻璃集装箱破损率不大于 0.3%，流通过程中因包装不善造成的玻璃破损率不大于 2%。

(6) 力争“门对门”集装运输占玻璃总运量的 50%，研制开发大型浮法玻璃运输车及连接配套措施投入使用。

三、具体措施

1. 加强领导，在推动经济管理体制的改革中，中介组织接受委托和接予。行使更多的管理职能，发挥行业自律的主动性，挖掘行业自身潜力，挑起行业发展的重担，充当实施“十五”计划的重要角色。

2. 积极建议调整建材包装行业中介组织的设置，把建材包装领域中目前分别设置的中国散装水涨推广发展协会和中国包协建材包装委员会合并，统一纳入包装大行业，减少重复的行业组织，有利于进一步凝聚力量，深入贯彻国家“发展散装，改进袋装，推动集装”水泥包装的整体战略方针。

3. 随着社会主义市场经济的发展及规划的完善，继续贯彻执行建材包装“百花齐放，优存劣汰”的总方针，对建材包装推陈出新的各类产品，及时总结判断，作出具体引导，不断废弃旧品种，推广新尖端，加快优存劣汰的进程。

4. 沟通科研部门、高等院校与生产部门联手，共同就有待开发的建材包装项目攻关合作，取得成果，并使科研在果转化为生产力。

5. 改变建材包装行业从业人员素质低的现状，采取与高等院校联合办班等措施，使行业在职人员继续接受教育，进行技术和技能培训，增强行业的竞争力。

6. 建议国家经济综合管理部门加强协调、分工合作、综合治理、实现建材包装的加速改观。各工业经济运行部门和中介组织在科研、生产、运输、流通、仓储、使用各个环节协调配合，促进建材包装健康有序地向前发展。

（资料来源：中国包装技术协会
建材包装委员会）

我国瓦楞纸箱包装现状及发展趋势

王志星

瓦楞纸箱是用瓦楞纸板制成的包装运输纸箱，是家电、食品、医药、日化、纺织、烟酒、轻工等行业必不可少的包装容器，由于瓦楞纸箱既轻便又牢固，既能起到保护商品的作用，又便于运输装卸，属于绿色环保产品可回收利用，因此得到广泛的应用。瓦楞纸还是一种十分优良的包装材料，可以纸代木、以纸代塑，因而在越来越重视环保的今天倍受青睐，具有了的发展前景。

随着商品市场的发展，纸箱包装数量逐年递增，就上海市纸箱行业 1990 年纸箱销售额为 10 亿元，到 2002 年销售额增长到 60 亿元，平均年增长率为 30%。我国纸箱产量从 1995 年起每年递增 20%左右。1996 年销售量达 80 亿平方米，2000 年增长到 125 亿平方米，2002 年达到 2000 亿平方米，6 年中增长 1.5 倍。有些地区增长更快，例如上海纸箱业在近十年中每年平均以 30%的速度递增。

目前，我国的纸箱、纸盒等纸包装产品产量已名列世界前茅。我国的纸箱销售飞快增长与亚洲及世界其它地区销售量的萎缩形成鲜明对比。近年来新加坡、马来西亚、韩国以及台湾地区均出现了负增长，而我国纸箱销售量 1996 年约为 80 亿平方米，仅为日本同期销售量一半，而 2000 年增长到 125 亿平方米，接近日本销售量水平。2002 年我国瓦楞纸箱销售量达到 200 亿平方米，超过日本世界第二。未来六、七年是中国经济高速发展的重要时期，将会带动瓦楞纸箱销售赶上美国居世界第一位。

我国纸箱行业的发展与造纸工业，纸制品加工行业、纸箱机械行业及相关行业的发展密不可分。在“九五”时期，我国经济的发展，促进纸包装企业上规模、产品上档次、包装上水平，纸包装行业及相关行业在国内外的交流日益增多，“三资”企业数量飞速增加，同时也引进外国先进的技术装备，吸收了国外企业的先进管理经验，从而提高产品质量和数量，使出口商品和内需商品包装的配套率有明显增加。要使我国瓦楞纸箱业迅猛快速的发展，今后的发展趋势，必须具备以下几个方面结构调整。

瓦楞纸箱行业内部结构调整

今后的一段时间里，瓦楞纸箱将向以下几个方面调整和发展。

1. 推行“集中制板，分散制箱”调整纸箱行业内部生产结构，推行行业内部合作生产格局

目前绝大多数省市的瓦楞纸板生产线开机率不足，先进装备得不到充分发挥，而小纸箱企业由于设备陈旧，产品质量极差，上海包协纸委会从 1996 年提出“集中制板、分散制箱”调整行业内部生产结构，推行业内部合作生产新格局。1997 年经协会调查瓦线生产厂设备利用率只有 42%，绝大部分纸箱企业仍用手工单机和单面机组制作纸板，效率低下，质量极差，经过推行“集中制板、分散制箱”后以互惠互利、薄利多销、发挥优势、合作生产，共同得益为原则，对纸板价格进行协调。既发挥大厂先进设备的优势，克服业务不足扩大纸板生产，从而降低生产成本，提高企业经济效益。目前瓦线开机率已达到 85%左右，绝大多数瓦楞纸板生产线企业向小厂供应纸板。小型纸箱企业向大厂购买纸板，既提高产品质量，原纸损耗率大大降低，纸板供应是尽尺寸，基本没有损耗，又能减少人员和场地，从而大大降低生产成本。目前手工单机制作已彻底消失，单面瓦楞机组除少量 E 型外基本已经不开机，所有小纸箱企业都向大厂购买纸板加工纸箱，克服“小而全”的弊病，以大带小，大中小纸箱企业发展各自优势合作生产的局面，产生了双赢的局面，笔者认为，这种合作生产的格局是今后纸箱行业发展的必然趋势。

2. 加速发展中高档纸箱纸盒，调整用纸结构，降低生产成本，实现商品包装轻量化

目前，产品用户对纸箱包装质量要求越来越高，在激烈的市场竞争中必须向中高档纸箱发展，对纸板和印刷提出更高的要求。所以要发展中高档纸箱

纸盒，重点发展纸克重、高强度、轻量化。

国际上流行微调瓦楞纸箱纸盒潮流，目前比较缓慢推向我国，微细瓦楞包装近年来逐步得到发展，很大程度上取代实心纸板折叠盒，微细瓦楞纸板包括G楞、E楞和F楞，其中G楞纸板的发展更令人瞩目。由于它们具有瓦楞纸板较佳的物理性能和印刷品质，可以在胶印机上直接印刷，既能获得精美的图案，又不会因印刷使瓦楞变型而降低或破坏纸板强度的双重效果。G楞更是其中的佼佼者，有关业内人士预测在今后五年内将会占据10%的市场。而如今利用彩印复面的E楞纸箱纸盒的一部市场让位于G楞纸板已成事实。

3. 加速发展柔性版多色网点印刷，实现纸箱包装美观化

国内的瓦楞纸箱运输包装将向销售商品包装积极发展。瓦楞纸箱用于商品的外包装和运输包装，在纸箱生产企业似乎成了一种约定的行规，形成一种传统观念，因而束缚了瓦楞纸箱行业的发展，随着食品、家电、医药、电子仪器轻工等产品的日益发展，对具有相应强度，装潢精美兼有广告功能的细瓦楞纸箱纸盒的需求量与日俱增，目前在广东、上海、江浙等省市、彩印瓦楞纸箱纸盒的生产和使用相当普遍，制作出来产品精美而富有艺术特色。虽然目前使用者还不多，但是它具有精美和成本低的优势，相信不久就会在各地流行。

瓦楞纸箱行业发展趋势

在今后一段时间里，瓦楞纸箱将向以下几个方面发展。

1. 从运输包装向销售包装发展

随着运输条件改善，集装箱运输扩大，搬运方式改变瓦楞纸箱逐渐从运输包装转向销售包装。随着商品的发达，消费者生活水平提高，市场对具有较高强度和良好广告宣传功能的瓦楞纸箱的需求与日俱增，对精美印刷要求越来越高，这也是纸箱业发展的一个机遇。这种发展趋势对纸箱纸盒的强度提出更高要求，箱盒重量要轻，印刷从单色向多色网点发展，印刷图文清晰、美观、鲜艳，网点立体感强，造型新颖。这就对原纸及纸板质量、印刷设备、油墨、柔性版版材等提出更高要求。随着柔性版及配套器材的发展，纸箱技术也由钉箱向粘箱方向发展，牛皮箱板纸印面逐步被白板牛卡彩面印刷的纸箱纸盒所替代，实现内外销售包装一体化。

2. 瓦楞纸箱行业积极开发新产品，扩展服务渠道

瓦楞纸箱企业应及时调整服务对象，对传统的瓦楞纸箱进行改进并开发新产品新品种，否则在今后更为激烈的国内市场和国际市场中难以站稳脚跟。瓦楞纸箱传统的服务对象是外包装和运输包装，应积极开发新产品、新品种。例如开发瓦楞纸板托盘，护角条、纸管、蜂窝纸板、超市货架等，同时扩大瓦楞纸箱应用领域，向部分以纸代木、以纸代塑、以纸代竹、以纸代金属（纸质罐）以纸代瓶拓展纸包装领域。在原有纸箱纸盒基础上开拓新品种，微细瓦楞、异形折叠纸箱纸盒。纸包装属于绿色包装，不仅有使用价值，还有回收利用再生价值，随着全社会重视环境保护而得到广大用户和消费者大量使用，因此，瓦氏箱行业应抓住这个有利的机遇、拓展纸箱纸盒的服务对象。

3. 大力发展折叠式包装箱盒，市场前景广阔

作为一种新型环保包装产品，折叠式包装箱盒的应用领域非常广泛。国际市场十分流行折叠式箱盒包装，其推广对于中国市场商品标准化和规范化有一定促进作用。达到商品美观、携带方便，深受广大消费者喜受。

小型组装折叠式包装箱盒主要用于食品、保健品、水果、蔬菜、鸡蛋、冷冻水产品，小家电、仪器仪表、玩具等体积小，重量轻的销售包装。这种类型包装箱盒数量巨大，品种多，对产品起到良好的保护作用。

造纸行业调整结构发展多规格、高强度、低克重原纸，以满足纸箱企业的需求

随着纸箱业的发展，我国造纸业同时快速发展，1996年我国纸板量为85亿平方米，到2000年纸板产量发展到123亿平方米，世界十大纸板生产国中，中国远远超过德、法、意、英、西班牙、加拿大，仅次于美国、日本（135亿立方米），位居世界第三，“十五”期间预计我国造纸工业仍将以8%的增长速度发展。到2005年我国纸和纸板年消费量将达5000万吨，其中瓦楞纸板消费量为1500万吨。

目前我国箱板纸生产初具规模，形成三大基地。生产基地的企业平均规模为5万吨左右，不少企业正在投资提高产能和扩大规模。这三大生产基地分别为①京津塘，包括河北、山东总年产能力为300万吨。②江浙沪，包装安徽，总年产能力为300万吨。③珠江三角洲地区，总年产能力为350万吨到400万吨。这三大生产基地所覆盖地区经济发达，贸易繁荣，人民生活水平提高，因而箱板纸发展具有厚实的

经济基础。

基于环保和成本考虑以及纸箱业近几年使用纸板实际情况，瓦楞纸板平均定量包装箱板纸和瓦楞原纸的定量必须降低。传统的瓦楞有A、B、C、D、E型，主要用于强度较高纸箱。近几年来逐步向低定量发展，瓦楞原纸从原来250g/m²逐步向200g/m²～150g/m²发展，箱板纸从原来360g/m²～320g/m²逐步向250g/m²～200g/m²发展，广东地区定量还要低。

目前，市面上出现了F、N、G型瓦楞，它们的强度比传统瓦楞低得多，适用于使用低定量的瓦楞原纸，目前已能生产90～115g/m²的瓦楞原纸，预计将来还会生产60～90g/m²的瓦楞原纸。现在还出现了由面层和底层组成的150g/m²箱板纸，定量下降，但强度不受影响。

我国的瓦楞纸板目前普遍是高定量，一般定量在220～300g/m²的瓦楞原纸，预计将来还会生产60～90g/m²的瓦楞原纸。现在还出现了由面层和底层组成的150g/m²箱板纸，定量下降，但强度不受影响。

我国的瓦楞纸板目前普遍是高定量，一般定量在220～115g/m²之间，瓦楞原纸一般在140～180g/m²之间，而且高强度瓦楞原纸极少，由于缺乏木浆和进口废纸，附加值低，很多造纸厂不愿生产高强度瓦楞原纸，大多生产中低强度瓦楞原纸，而且规模不大，所以高强度瓦楞原纸主要依靠进口。根据“九五”期间我国进口纸和纸板品种和数量的统计，包装纸板是重要进口品种，其中牛皮箱板和高强度瓦楞原纸进口量占纸板量的80%以上。国内自己生产的牛皮箱板和低克重、高强度的瓦楞原纸不仅数量供不应求，质量与进口的相比存在很大差距。

海外纸业也纷纷看好我国瓦楞纸市场，他们瞄准这一大市场而增加生产和销售瓦楞纸数量，外资企业投资建厂规模很大，迅速成为造纸业的一个亮点。加之造纸业亦在扩大规模生产，新建扩大造纸企业不少，相信不久市场供状况将得到变化，以多规格、高强度、低定量来满足纸箱行业的需求。

从发展趋势来看，目前高、中、低产品应有尽有，市场份额划分基本上是进口产品、外资企业产品、国产产品三足鼎立，各个不同档次有不同用途，可谓各得其所。从高档产品市场看，外资企业已在国内生产者受到冲击，按目前势头发展下去，进口纸在中国市场的份额将逐步减少。而且外资企业生产规模大，资金充足，产品档次高，质量好，价格低于进口，与国产同类型纸相当，使国资企业生产箱板纸销售同时受到影响。

随着外资大举进入中国造纸业，近两年国内中高档纸板产量增长迅速，消费大于产量增幅的品种已属少见，高强度瓦楞原纸则是其中最突出的。据权威部门预测，到2005年中国高强度瓦楞原纸的供需缺口将高达160万吨，是当前最具投资空间的纸板品种之一。由于高强度瓦楞原纸消费需求增长快，国内供求缺口大，大量依靠进口的局面近两年难以改变。

纸箱包装机械必须调整生产结构，向中高档机械发展

中国纸箱机械业发展很快，我国已能生产全套纸箱机械设备。但是，主要纸箱机械设备如瓦楞纸板生产线、水性印刷开槽机、平压平或圆压圆模切机等与国际先进水平相比还存在着较大差距，还需不断努力进一步加以改进和提高。

据不完全统计，全国目前拥有瓦楞纸板生产线1100多条，单面瓦楞纸板组7000多台，但普遍存在设备利用率不足状况。广东省现有瓦线600余条，居全国之首。其次，江苏省150条，浙江省140余条，上海市120条。国外引进先进瓦楞并不多，约占10%左右，我国最早在20世纪80年代从日本、意大利（上海纸箱一厂、北京纸箱厂、常州纸箱厂等）引进几条瓦线先进设备，还有部分纸箱企业从台湾引进瓦线，我国从20世纪80年代后期开始仿造瓦线，逐步发展产生国产瓦楞纸板生产线。上世纪80年代末期到90年代初期，瓦线的速度在60～80m之间徘徊不前，门幅在1.4～1.6m，随着纸箱业的发展和市场变化，纸箱包装质量数量的提高，要求提供质量更好、速度更快、门幅更宽、自动化程度更高的瓦楞纸板生产线。目前纸箱市场的发展，要求开发高档、高速、高效、宽幅、电脑控制自动化程度更高的高科技含量的瓦楞纸板生产线和水性印刷开槽机、模切机。

目前，在我国瓦楞纸板生产线不宜增加，20世纪80年代或90年代初的瓦线设备亟须更新，尤其是中高档瓦线设备。我国纸箱机械制造厂商的主要任务，一是学习国际先进国家设备的技术、工艺、加工制造、材质适用的经验，提高自己的制造水平，逐步赶超国际水平。二是符合纸箱业迅猛发展和技术要求，制造生产高档、高速、高效、低效的设备，以适应中小纸箱企业需求。三是面对国外微细瓦楞纸板和折叠式异形纸箱的迅猛发展的现状和我国实际需求，纸箱机械设备厂商必须加大开发力度，研制微细型瓦楞辊（FNG）和折叠异形箱模切设备和电脑设计电脑打样设备。

瓦楞纸箱印刷的发展方向作为今后纸箱业技术改造的重点。纸箱印刷主要是以柔性版印刷为主要印刷手段，这是因为几年前运输包装以单色或双色简单印刷为主，而目前情况有所变化，人们要求将商品的原貌真实地印在其外包装上，通过高质量的包装外观印刷来显示所包装产品的卓越质量。

目前纸箱印刷工艺主要有两种方法，一种是用白板纸采用胶印工艺印刷在箱面上，然后用贴面机覆在纸板上。另一种是直接采用水性印刷机印在纸板上，这种方法纸箱企业都具备印刷条件，前种方法一般需要请彩印厂加工印刷箱面。瓦楞纸箱的印刷也逐步向高档次、多色彩、高质量、立体感强、视觉效果强烈的方向发展，以多色彩色网点印刷达到印刷美观、鲜艳，真实的效果。以商品包装替代运输包装。以白板牛卡替代箱板牛卡。使纸箱包装具有色彩鲜艳、美观、光泽等特点。

瓦楞纸箱印刷设备主要以水性印刷开槽机为代表，近几年来发展很，国际上以法国、美国、德、日本为代表。国内以上海鼎龙、广东东方、陕西北人发展很快。上海鼎龙包装机械有限公司。成为上海市高科技企业，ZYK 型系列高速水性多色印刷开槽机获得上海市级新产品，MYK 型全自动平压平模切机荣获国家级重点新产品。去年又成功研制 ZYKK 型系列全自动高速开槽模切机新产品，该新产品关键是适应纸箱包装企业技术进步和市场需求，达到高质、高精、高速、高效，多色（四至六色根据需要可以移位使用）。ZYKK 型水性印刷开槽机可贮存 999 个订单，开槽刀位自动调整，印刷辊转向，轴向电动数显移位，自动归零，印刷复位等先进技术，大大缩短换版，更换订单的时间，只要轻轻一按开关，只需几分钟即能完成，正确无误，正确无误，操作方便，提高生产效率、减少损耗。该产品投放市场以后受到广大用户青睐和市场认可。鼎龙印刷机已成为全国品牌产品，已被中国包协认可为纸箱印刷机械定点企业，目前鼎龙印刷开槽机和平压平模切机畅销全国各省市，并出口到亚洲、非洲、欧洲等 30 多个国家。

纸箱印刷后道平压平模切机，以上海鼎龙和旭恒为代表，质量好，门幅宽、速度快，模切压痕机以上海旭恒为最佳。

市场竞争的发展趋势是质量价格服务竞争

上海纸箱行业实际情况分析，上海市场的份额大家都想占一席之地，外商、内商都在想方设法争地盘。近两年台湾著名的正隆、永丰余造纸企业在上海开办两家规模很大的纸箱企业，根据其生产能力可达到 3～4 亿元销售额。广东玫龙，在上海周边地区的太仓、常熟也开两家纸箱企业，规模也相当大，争夺上海市场。另外广东、温州、四川来沪投资办了中等规模的纸箱企业五家。

在市场竞争中规模较大的中外大型企业占据一定的优势，它们规模大，设备先进、管理水平高、资金浓厚，产品质量好，生存能力强。当然小纸箱企业也有小的优势，它们的特点是小生产，批量小、规格多、产品低档、印刷简单、适应面广。最困难的是不大不小的纸箱企业隔在中间难度最大。在市场经济的竞争中优胜劣汰是必然的规律，在十分激烈的市场竞争中淘汰一部分企业是合情合理的。

健全组织　加大科研　完善标准　推进交流
军品包装成果丰硕

军品包装委员会　郭宝华

2002 年工作回顾

过去的一年里，在中国包装技术协会的指导下，在全体军品包装工作者的共同努力下，军品包装委员会以部队需求为牵引，以满足新时期军事斗争准备、实现保障有力为目标，群策群力，积极探索，开拓创新，在进一步完善组织法规建设、加大包装科研和改进力度、完善包装标准体系、加强交流等方面作了大量的工作，取得了较好的成绩。

进行组织机构调整，逐步完善了各项规章制度

完善的组织机构，健全的法规制度是做好军品包装工作的重要组织保证和制度保证。

合理调整组织机构军品包装委员会第二次全体会议以后，为了理顺工作关系，健全组织机构，适应新形势下军品包装工作的需要，委员会对原有军品包装分会的设置进行了调整。装甲装备器材包装分会、军械包装分会等根据新的军品包装组织机械设置要求，先后进行了分会换届选举工作，组成了新一届的包装分会。

制定完善规章制度军品包装各项法规是装备、器材和物资管理需求发展的产物，反过来，它又作用于军品包装纸管理过程，更好地服务于装备、器材和物资的管理，成为调整军队系统各个层次、各个部门有关包装管理行业关系的基本准则和依据。为了加强领导、明确职责、规范工作，军械包装分会、军事交通运输包装分会等分会都制定了包装分会章程，军事交通运输包装分会还研究制定了《军事交通运输包装工作暂行规定》，丰富了军品包装政策法规体系。

积极开展包装研究，包装科研取得了显著成果

包装科研水平的不断提高，是促进军品包装整体水平提高的重要技术保证和必然途径。在过去的一年里，广大包装科研人员紧贴部队，按照新时期军事战略要求，紧紧跟踪国际先进包装技术，开展了一系列包装研究，部分科研成果已经部队应用，取得了显著的军事和经济效益。

重视基础研究，理论水平不断提高

包装理论是整个军品包装的基础，包装基础理论水平的提高，对于保证包装科研的技术含量和先进程度、提高军品科研的技术含量和先进程度、提高军品包装水平具有重要作用。军内的包装科研和管理人员越来越重视军品包装基础理论的研究并取得了一定的成绩。全年共在军内外有关包装的期刊上发表论文12篇，编写教材1部。这些为深入开展包装基础理论研究，特别是包装方面的软科学研究提供了基本的理论，丰富了军品包装的理论体系，提高了军品包装技术水平，在一定程度上解决了军品包装发展过程中更深层次的问题，也从一个方面反映了我军军品包装人才队伍的不断壮大和人才素质的提高。

注重成果应用，包装科研贴近实际

包装研究项目从提出、论证、研究都充分考虑了军品包装的实际，紧密结合军用产品的包装特性和流通环境条件，注重防护性、经济性、适用性相统一，在解决运输、贮存、管理、使用中的包装问题方面，取得了十分显著的效果。

紧跟科技发展，发挥信息技术

以信息技术为核心的新军事技术革命正在深刻地影响着战争形态的变化，科技和知识已成为决定现代局部战争胜负的关键因素。充分发挥科学技术、知识经济在军品包装工作中的作用，紧紧跟上世界科技发展的潮流，抓住信息技术带来的机遇，就信息技术在军品包装上的应用进行了一系列探索和研究。广州军区利用自主开发的微型条码计算机和配套的条码管理信息系统，可以通过一线条码识别提取整库、整批、整箱、整层和单箱器材的动态数量信息，实现了一维条码识别、二维信息管理。装甲装备器材包装分会运用IC卡储存、激光条形码技术研制改进的战备器材便携式信息管理系统，实现了野战条件下对器材的快速识别和定位，大大提高了器材保障效率。此外，还组织开展了《军械维修器材包装管理系统》等一系列课题的研究。

这些课题的开展；将信息技术的优势和先进性与军品包装的实际紧密结合，提高了军品包装管理效率，加快了包装信息化建设步伐，初步实现了军品包装信息化。

瞄准军事保障需求，包装改进取得了重大的成就

根据保障要求，委员会有目的、有重点地开展包装改进工作，将国内外先进、成熟的民用包装技术充分应用到军品包装上来，利用新技术、新方法、新材料，积极开展综合防包装和集装化革新。

应用综合防护包装

高技术战争具有大纵深、全天候、全方位、陆、海、空、电、磁五位一体的作战特点。打击、破坏的手段日趋多样，使军事装备、器材、物资的战一存环境日益恶劣，而且我国幅员辽阔，气候条件千差万别，军用物资经历的环境极其复杂。因此，单一防护的包装已不能满足对内装物的防护功能。军械包装分会科学运用高阻隔性包装材料，采用“密封、干燥＋除氧＋吸附”的综合防护措施，设计改进了海岛部队阵地弹药多功能防护箱、大垛封存套等包装器材，落实阵地弹药库房防潮措施等多种防护技术方案，对海岛等地域存放的携运行弹药进行包装改进；增加其抵御高温、高湿、多雨雾、浓盐分等海洋恶劣气候环境的能力，增强了可靠性和完成任务的成功性，提高了技术保障能力。装甲装备器材分会根据高技术战争的特点，针对夜视系统、车载计算机等价值高、防护要求高的器材进行包装改进，一改原来简陋、落后的包装，新采用的包装具有防电磁、防辐射、防震、防潮、防霉等综合防护功能，满足了对内装器材的保护要求。

进行单元集装革新利用汽车、装甲输送车、火车、舰船、飞机等多种运输工具，从陆地、海上、空中，将部队作战所需的军用装备物资快速输送到保障地域的立体化投送，成为现代局部战争运输保障的主体，这就要求军用装备物资的包装必须单元集合。单元集装的包装可以提高军用装备物资装卸搬运效率，适应现代局部战争立体运输保障要求，为军用装备物资保障的机械化奠定基础。单元集装的包装一各种运输保障手段相适应，是实现军用装备物资快速保障的必由之路。卫生药材包装分会、军事交通运输包装分会积极开展单元集装化革新并取得了显著的成绩。装甲装备器材包装分会结合装甲装备器材保障工作的实际，大力开展了战务器材包装集装化的改进，集装化后的器材体积和重量比集装化前的包装体积和重量均有不同程度的缩小，最多的体积缩小了 1.5 立方米，重量减少了 115 公斤，为装甲器材的集装运输和快速装卸搬运奠定了基础，提高了仓储和运输的效益。

注重标准贯彻实施，基本完善了包装标准体系

军用包装标准是军品包装的技术依据，是军品包装质量技术监督的重要文件，是提高和保证军品包装质量的重要手段，是军品包装科学管理的组成部分，是制定武器装备、器材包装的战技指标，生产厂家进行包装设计和定型、军方对军用物资包装实施质量控制的重要保证，对于提高军品包装的技术水平具有重要的意义。

包装标准体系逐步完善随着标准在装备科研、物资订购方面的地位和作用日益突出，按照形势发展和实际工作的需要，不断的完善军品包装标准体系，及时地对包装标准进行制修订已经成为了影响军品包装工作的重要方面。过去的一年里，按照《军用包装标准体系表》和《“十五”军品包装计划》，委员会积极开展了包装标准的制修订工作。一个结构严谨、层次合理、协调配套、通用性较强、技术水平较高的军用包装标准体系正在逐步形成。

包装标准得到贯彻实施在抓紧完善标准体系，积极开展标准制修订的同时，注重了标准的贯彻实施，让标准的作用在装备、器材、物资的采购、运输、储存和使用中得到充分发挥，从而提高了包装质量、节约了包装经费、延长了储存期限，尤其是解决了一直困扰采购部门的难题。新颁布标准全面规范了包装箱尺寸、结构、材料、封存方法、装箱固定、包装标志等标准内容，为工厂生产提供了包装标准化的依据。

充分利用各种形式，开展包装技术和信息交流

开展各种技术交流活动，能提高军品包装工作者的素质，提高军品包装理论、科研和改进水平，培养各类军品包装人才。委员会采用多种形式，积极开展分会之间、军地之间、国内外之间的交流和学习，举办各种培训班和学习班，利用先进的网络技术，实时发布各种包装信息。

技术交流日趋活跃委员会秘书处组织各分会参观了包装改进成果展，有的包装分会组织了包装培训班，军交、卫生、油料等分会组织了各种形式的技术研讨。

拓展信息发布渠道过去的一年里，委员会除了利用这些传统的纸质媒体外，还充分利用网络媒介，借助全军网络平台，实现信息的网上发布，从而保证了信息发布的及时性，实现了军品包装信息的及时共享，满足了信息时代对军品包装的要求，提高了信息交流的效率和速度。

2003 年军品包装工作重点

2003 年军品包装工作要以党的十六大精神为指导，以新时期军事战略为统揽，紧紧围绕提高后勤保障能力和装备技术保障能力，重点研究改进军品包装防护问题；做好军品包装委员会换届工作，加强组织机构建设，大力抓好包装科研、标准宣贯、在果转化以及包装学术技术交流。

重点研究解决军品包装防护问题

在新的一年里，根据战时保障强度大、保障环境恶劣的特点，重点研究解决野外条件下的军品包装防护问题。充分发挥包装既是各种不良环境因素影响装备质量的“承受体”，也是后勤保障和装备保障能力实现的“承载体”和信息传送的“联接体”等功能，赋予我军现有装备、器材适应现代局部战争需要的新包装结构，满足机械化装卸、集装化运输的保障要求、实现储存装备、器材保障的“免维护”、携运行装备、器材的“伴随保障”、装备、器材供应保障的“成套化”和保障全过程的“可控性”，以及保障总资产的“可视性”，以确保军品包装在军事斗争准备中发挥有效的作用。

认真做好军品包装委员会换届和业务管理工作

要根据《军品包装委员会章程》的规定，认真做好委员会的换届工作。进一步加强分会组织建设，调整和充实人员力量，把那些热受军品包装工作，责任心强、经验丰富的同志推荐到新一届军品包装委员会和各包装分会里来。要通过换届工作完善必要的工作制度，建立合理的管理机制，使军品包装组织机构更加精干，管理更加有力。

积极推广应用包装新技术，抓好包装科研和改进工作

学习借鉴国内外先进的包装技术和经验，尽快探索出一条既能快速提高我军包装总体水平又能省时、省力、省钱的新路子。在包装科研和改进过程中，要积极采用和推广诸如防潮防锈新材料，导电材料、光化学功能材料、纳米材料、隐身功能材料、多功能伪装防护材料以及各种防扩方法和技术，提高军品包装的质量和技术水平。

包装科研要继续落实“十五”计划项目，抓好国家军用包装标准制、修订任务。重点研究“组合化包装”、“成套化包装”、“空投包装”以及“自动识别系统”，攻克包装防护能力低等技术难点，改进不合理的出厂包装，以适应现代局部战争的快速保障和立体化保障的需求。

认真贯彻实施标准，不断提高包装产品质量

在继续抓好军包装标准补缺配套的同时，要加大包装标准的宣贯力度，依靠标准对包装实施质量监督和检验，确保军品包装符合保护装备、方便储存与管理使用的各项要求。2003 年重点宣贯国军标《军品包装技术要求的编制》。军品包装委员会拟组织 1～2 期该标准学习班，各分会也要积极组织宣贯该标准。切实把军品包装研究纳入军工产品研制轨道，把包装战术技术指标纳入装备总体战术技术指标，把好新型装备包装的论证、设计和生产等“优生关”，解决“新装备、旧包装”的老大难问题，彻底杜绝部队的“二次包装”，节约包装改进费用，使包装与军品同步设计，同步发展。

大力开展包装学术技术交流，搞好包装人才队伍建设

2003 年军品包装委员会和各分会要继续开展形式多样的学术技术交流活动，特别要重视和抓好军队与地方以及各业务系统之间的交流和合作。可采用专题交流、技术推广、技术讲座、本宣传以及现场会、展览会等多种形式，不断扩大军地之间、军队各业务系统之间技术交流的范围和领域。和军队现有的局域岗，开展包装信息技术服务。组织有条件的分会对国内外包装技术情况进行考察，拓展包装技术交流的内容，充分利用民用资源和技术。

各分会要重视和加强包装人才队伍建设，积极培养包装人才。要制定人才培养计划，建立吸纳、选拔培养、凝聚优秀中青年人才的机制。通过培训班、继续教育、委托培养、网上远程教育等多种形式，分专业、有计划、有组织地开展军品包装人才培训。军品包装委员会拟在 2003 年组织一期包装技术培训班，组织学习包装工程理论、包装技术、包装标准和防护方法，普及包装知识，提高广大包装工作者的素质和技术水平，推动和促进我军包装事业不断向前发展。

我国包装机械业现状及发展方向

吴国荣　何宗金

1. 包装机械概述

包装机械是包装工业的一大门类产品，在包装工业中有着举足轻重的地位和作用，它给行业提供必要的技术设备，以完成所要求的产品包装工艺过程。尽管包装机械的产值在整个包装工业中所占的比重不如包装材料大，不属于经常性消耗品，但对包装工业的现代化却是不可缺少的支撑。它为包装工业提供先进的技术装备，保证包装产品质量高、生产效率高、品种多、生产环境好、生产成本低、环境污染小，因而获得较强的市场竞争能力，带来巨大的社会效益和经济效益。没有现代化的包装机械，就没有现代化的包装工业。

包装机械从广义上讲，包含包装工业所用的所有机械设备。一般分为两大类：即用于加工包装材料或容顺的机械和用于完在包装过程的机械。从狭义和习惯上讲，包装机械通常仅限于后者。我国国家标准《包装术语机械》(GV/T4122.2—1996)中对包装机械的定义为:“完成全部或部分包装过程的机器”。

如上所述,用于完成包装过程的包装机械可分为11类,它们是充填机械、灌装机械、封口机械、裹包机械、多功能包装机械、标签机械、清洗机械、干燥机械、杀菌机械、捆扎机械和集装机械、辅助包装机械和设备等。

用于加工包装材料和容器的包装机械可分为7类,它们是瓦楞纸板加工机械、纸盒加工机械、复合材料加工机械、制袋机械、塑料中空容器加工机械、金属容器加工机械、玻璃容器加工机械等。该类设备包装合成包装材料制造、印刷和容器成型等工序的机械和设备,其产值常高于前一类包装机械。在美国已成为一个独立的行业,称为转换机械,意即将原料经加工、印刷、成型等转换在包装容器的机器。该类设备专业化极强,大多数是成套生产线,生产效益高,与工艺和原料关系十分密切,投资大,但效益好。

包装机械作为专业性机械,除了同于普通机械的一般要求外,还有外表美观、传动装置紧凑、运转平稳、精度高、生产效率高等要求,以很好地完成自身功能,适应市场需求。

2.国外包装机械业概况

美国、日本、德国、意大利是世界上包装机械四大强国。

美国是世界上包装机械发展历史较长的国家,早已形成了独立完整的包装机械业体系,其品种和产量均居世界之首。10多年来,美国始终保持着世界大包装机械生产和消费大国的地位。其产品以高、大、精、尖产品居多,机械与计算机紧密结合,实现机电一体化控制。新型机械产品中以成型、填充、封口三种机械的增长最快,裹包机械和薄膜包装机占整个市场份额的15%,厚纸盒封盒包装机在市场占有率中居第二位。从上世纪90年代初以来,美国包装机械业一直保持着良好的发展势头。

美国国内包装机械市场在全球是首屈一指的,各种包装机械主要内销,1998年美国包装机械国内消费占82%,出口只占产值18%,但出口额大。美国的包装机械制造厂大部分附属于大型包装材料厂,销售也完全依赖母公司。中国已成为继加拿大、墨西哥、日本、英国、德国之后,美国包装机械的第6出口市场。

日本与美国、德国相比,起步较晚。上世纪60年代以前,包装机械厂家不足60家,只能包装糖果、香烟等。60～70年代,是日本包装机械业起步阶段,产值增长速度很快。70～80年代,增长速度虽不如上一阶段那么高,但年增长率仍达13%。80～90年代是稳定增长阶段,将微电子技术成功地应用于包装机械的控制,以后又将光导纤维技术、工业机器人技术、模块化技术应用于包装机械,达到安全性高、无人操作、高生产率的水平,大大提高了其国际市场竞争力。因此,从上世纪60年代到90年代初,日本包装机械业连续30多年高速增长,其经历了引进—消化—发展的过程,吸收国外的长处,并加以改进。

日本的包装机械制造厂以中小企业为主,包装机械的品种齐全,产品品种近500种,规格有700多个。包装机械以中小型单机为主,具有体积小、精密度高、易安装、操作方便、自动化程度高等优点。90年代以来,已将变频调整、光电追踪、无触点电子开关、动态数据显示等技术运用在包装机械中。日本包装机械的很大一部分用于食品包装领域,食品包装机械产值占包装机械部产值的一半以上。

日本包装机械的主要市场是本国,出口额占总产值10%。亚洲是日本包装机械的主要出口市场。从上世纪90年代以来,日本对中国的出口额连年大幅增长,自1995年起,中国取代美国而成为日本包装机械的最大出口国。

德国、意大利、英国、瑞士和法国等,都是世界上很重要的包装机械生产国家。欧洲各国包装机械业的一个共同特点,是出口比例(出口额占产值的比例)都很大,如德国和意大利近80%,瑞士超过90%,荷兰出口额甚至大于产值,因为荷兰是欧洲很重要的贸易转口地。

德国的包装机械在计量、制造、技术性能等方面居领先地位,特别是啤酒、饮料灌装设备具有高速、成套、自动化程度高、可靠性好等特点,享誉全球。一些大公司生产的包装机械集机—电—仪及微机控制于一体,采用光是感应,以光标控制,并配有防静电装置。其大型自动包装机不仅包装容积大,而且能集制袋、称重、充填、抽真空、封口等工序在一台单机上完成。德国包装机械业多年来始终处于稳定增长状态,出口比例占80%左右。德国是世界上最大的包装机械出口国。

意大利是继美国、日本、德国之后的世界最大的包装机械生产国,又是仅次于德国的第二大包装机械出口国。意大利的包装机械多用于食品工业,具有生能优良、外观考究、价格便宜的特点,出口比例占

80%左右，美国是其最大的出口市场。上世纪90年代以来，意大利对中国的包装机械出口额迅速增长，1995年，在意大利的出口排名榜上，中国已跃升为第2位。

3. 我国包装机械业概况

我国包装机械起步较晚，在新中国成立时几乎一片空白，只有少数工厂或作坊生产一些简单的手工包装器具，或为少数进口机器进行修配服务。上世纪80年代以前发展缓慢，只能生产几种水平很低的包装机械，主要在烟草加工、制糖、制盐、酿酒等行业，包装机械没有成为一个独立的行业，国家公布的产品目录中没有分包装机械这一类。

80年代以后，由于改革开放，我国经济迅速发展，社会对包装机械的需求不断增加。市场的需求、政府的重视、政策的引导和积极扶持，使我国包装机械得到迅速发展，年平均增长速度在于30%。进入90年代，仍以20%以上的速度增长。经过50多年的发展，我国包装机械已成为机械工业中十大行业之一，无论是产量还是品种，都取得了令人瞩目的成就，为我国包装工业快速发展提供了有力的保障。2001年全国包装机械产量达53.3万台(套)，产值为195.5亿元，占全国包装工业总产值的8.2%，我国已成为世界包装机械生产和消费大国之一。

然而，我国包装机械业存在不少问题，一是缺乏宏观调控。因包装机械企业起点低，"先天不足"且是跨部门，存在统筹规划、宏观指导难的问题，在投资和开发新产品方面往往一哄而起，出现低水平重复的无序竞争。二是缺乏资金投入，这也是机械行业的共性，难以吸引大量资金投入，难以进行大量的技术改造。因经费不足，企业用于研究和开发的投资占销售额平均水平不到1%，不能做到生产一代，开发一代，研究一代。由于没有技术储备，引进技术、消化吸收工作不力，使企业新产品少，缺乏竞争力。三是缺乏专业技术人员。因包装机械业利润不高，难以吸引优秀的技术人才，以致人才队伍参差不齐，自主开发产品和创新能力薄弱，甚至消化吸收国外同类产品的能力都很弱，造成产品多年一贯制。以上这些已经制约了行业的发展。目前，我国包装机械出口额还不足总产值的5%，进口额却与总产值大抵相当。

江苏包装机械是包装工业一大门类产品，其产值占全省包装工业总产值比例不到10%，大致同于全国包装机械产值所占比例。它有以下几个特点：一是起步较早。江苏乡镇企业起步较虫，发展较快，江苏包装机械业随之在上世纪70年代后期起步。二是分布较集中。江苏包装机械集中分布在经济发达的苏锡常地区，沿江地区包装机械企业正在逐步增多，而淮北地区很少。三是非公有制成分的占比重大。随着改革的深入和开放的扩大，江苏绝大部分包装机械企业通过改制改组，成为个私非公有制经济，同时以合资为主的三资企业也在逐渐增多。

然而，江苏包装机械业存在着基本同于我国包装机械业存在的问题。明显表现在：一是生产规模大、产品档次高的企业不多，生产规模小而差别不大的企业不少，缺乏龙头企业；二是技术含量高、有特色和优势的产品不多，趋于雷同而档次不高的产品不少，缺乏名牌产品。

4. 我国包装机械业发展的思考

首先，要明确我国包装机械业的发展方向。预计到2005年我国包装机械产量将增加到67万台(套)，到2010年将增至93万台(套)。但是，靠简单的重复，靠扩大生产数量，靠向上游、向下游延伸的方法是行不通的，我国包装机械业必须走专业化生产的道路。要发展中高档设备，努力提高技术含量，把产品做精、做细、做专、做强，靠技术进步来推动行业的发展。

目前，世界各国对包装机械发展十分重视，集机、电、气、光、生、磁为一体的高新技术产品不断涌现。生产高效率化、资源高利用化、产品节能化、高新技术实用化、科研成果商业化已成为中国包装机械发展的趋势。这也是我国包装机械业的发展方向。对于我国的包装机械生产企业，并不是求大求全，而是应求精求专。美国、日本、意大利的包装机械生产企业大部分规模不大，但专业化程度很高。

其次，要进行我国包装机械业的结构调整。在"十五"期间乃至2010年，我国包装机械业要着重进行产业结构、产品结构和组织结构的调整。

在产业结构调整上，要提高生产集中度，促进专业化、系列化生产，提高产品质量和对市场的适应能力；要积极发展和扶持一批拥有名牌产品的重点骨干企业，加快现代企业制度的建立和完善，形在行业排头兵，参与国际市场竞争，从而加快产业提升。

在产品结构调整上，要改变目前产品结构中以低技术含量为主的状况，淘汰一批低效高耗的、低档次、低附加值的、劳动密集型的产品，学习国外先进技术，开发生产高效低耗的、产销对路的大型成套设备和高新技术产品，开发出"新、奇、特"的包装设备，加速包装机械的更新换代，开拓国际市场。

在组织结构调整上，要在立跨部门的企业集团，树立大行业的全局观念，进行组织结构优化组合，实现行业资产优化配置，统一国想，强化管理，形成优势互补、分工合作、共同发展的新格局。

再次，要明确我国包装机械业的发展重点。据有关专家分析，“十五”期间乃至2010年，我国包装机械业重要门类产品发展趋势如下：

(1) 袋成型—充填—封口设备：发展系列化产品及配套装置，解决对物料的适应性、配套性和可靠性问题；采用先进技术，提高速度，同时可适用于单膜和复合膜两用的包装机；尽快开发性能可靠、高水平的粉粒自动包装设备。

(2) 啤酒、饮料灌装成套设备：开发适用于10万吨/年以上大型啤酒、饮料灌装在套设备(包括装箱、卸箱、杀菌、贴标、原位清洗等)；发展具有高速、低耗、计量精确、自动检测等多功能全自动大型成套设备。

(3) 称量式充填设备：发展各种形式的称量充填设备，着力提高速度和精度，以及稳定性和可靠性，并与自动包装设备相配套。

(4) 裹包设备：提高产品的可靠性和操作安全性；除塑料薄膜裹包设备外，要开发折纸裹包设备；大力发展与裹包设备配套的各种辅助装置，以扩大主机功能应用面。

(5) 捆扎包装设备：发展多种形式的捆扎机械；重点开发小型台式和大型塑料带捆扎设备及重物(如钢材)的自动连续钢带捆扎机，开发小型纸带捆扎机，推动果蔬、日用百货、工业材料包装自动化水平的提高。

(6) 无菌包装设备：要缩短与国际先进水平的差距，提高速度，完善性能；发展大袋无菌包装技术和设备；研制半液体无菌包装设备，使无菌包装设备产品系列化；发展杯式无菌小包装机械产品，以填补国内空白。

(7) 真空、换气包装设备：发展适用于袋容量较大(最在可达1m³)的连续或半连续真空包装设备和将所需气体按比例充入袋内的高速换气包装设备。

(8) 瓦楞纸板(箱)生产设备：发展宽幅(2米以上)、高速成套设备；在中轻型设备上注重成套性；拓展计算机技术的应用深度和广度，重在提高性能，提高可靠性。

(9) 制罐设备：研制无汞焊轮和专用电源，提高生产速度；发展复合罐、异形罐和喷雾罐等多种、系列制罐成套设备及相应的制盖生产线。

(10) 环保包装机械：开发各种小包装用纸袋的生产设备和以纸基材为包装材料(容器)的包装设备，以适应环境保护的要求；推广和完善蜂窝纸板制造技术，加快产品包装以纸代木；推广和完善纸浆模塑制造技术，扩大应用面，如向电子产品包装发展。

专著论文选登
MONOGRAPHS

版纹防伪技术在包装防伪中的应用

杨郁

一、产品包装和防伪相结合

目前假冒伪劣产品充斥着市场的各个角落，尤其是各种热销产品被假冒的机会更大。假冒伪劣已经成为社会的一个毒瘤，它使人民群众的生命健康直接受到威胁，同时也使国家厂家蒙受损失。各国政府都把打击假冒列为重要工作，防伪问题也越来越引起厂家的重视。消费者接触商品首先接触的是包装，商品的防伪因此也首先体现在包装的防伪上，包装防伪的水平高低直接决定商品的防伪性能。产品要实现防伪就必须将包装和防伪相结合。

随着假冒商品越来越猖獗，其外包装、质量有时甚至能够与真品十分接近，如果没有包装的防伪措施，连生产厂家可能都无法分辨产品的真假，更加增加了人们辨别假货、参与打假的难度。这时候，防伪包装就显得尤为重要。利用防伪包装，不仅使顾客能够识别假货，购买到真货，感到放心，厂家也能够轻易识别本厂产品，这有利于打假，并且能够在与此相关的法律诉讼中占据主动地位。同时，生产厂家在生产商品的时候，有责任运用防伪手段，给顾客一个识别真假的机会，否则，顾客根本没有办法分辨真伪，把假货认为是真货，便将由此带来的问题转移到正牌厂家身上，最终吃亏的还是生产厂家。生产厂家在产品的包装上使用防伪，不仅是为了保护自己的商品不受假冒，同时还是体现对顾客的一种责任和保护，这是生产厂家的一种社会责任的体现。

二、版纹防伪是一种非常适合在包装防伪中的技术

版纹防伪是成本极低、防伪效果极好的一种防伪印刷技术。版纹设计不仅防伪性能高，不易被仿制，而且十分美观，因此在各国的钱币中，版纹技术都起着非常重要的作用。除此之外，版纹技术在商业中的运用也越来越广泛，在证件，证书、票据、包装、标签、标识等产品上的运用越来越多。

版纹防伪的主要特点是：防伪性能高，能产生非常美观的效果。防伪性能主要体现在：

1. 易识别，难伪制，运用丰富变化的矢量线条(非商业网点)进行防伪设计，运用专色，而不是CMYK 四色进行印刷，复制非常困难。经过扫描仪扫描、分色后输出变成网点，变得模糊。

2. 通用软件无法复制出这种线条的效果，还可以利用光学、光谱技术、印刷技术等各种技术原理，与版纹防伪制作软件共同实现诸如开锁、潜影等各种防伪应用技术。

3. 成本较低：防伪设计在制版过程中完成，在印刷中实现，不增加额外的制作成本。

版纹防伪运用在包装上一般有两种形式：一种是包装本身就有防伪功能，在包装的外表面或者内表面使用版纹设计，比如利君沙药盒的内表面就是使用一个单色的版纹防伪设计。版纹防伪设计能够在不影响原有包装的情况下，巧妙地与包装的设计相结合，起到很好的防伪作用。

另一种是防伪标签标识，同仁堂生产的许多药就是使用版纹设计的封口标签。同时版纹设计还能够运用到电话电码防伪标签中去，对于纸基的标签，运用版纹防伪设计不会增加印刷的成本，就能起到很好的防伪作用。在电话电码防伪标签查询率比较低的情况下，增加一道版纹防伪设计的屏障，能够很好地克服这个问题。

三、版纹防伪的工作原理

版纹防伪是一种古老而又行之有效的印刷防伪手段，因为它产品美观而且仿造难度大的特点，因此一直是古今中外印钞、造币通常采用的一种必要的防伪手段。以前，几何防伪图案都是靠手工完成的，如今随着计算机技术的发展，这部分工作大都是在计算机的辅助设计下完成的，设计的图案更加复杂、美观、富于变化并且更具防伪性能。

版纹防伪的原理是利用各种矢量元素(比如极细的线条),或者特殊的元素构成一定的规律或者没有规律的图案和底纹,所有的图案都不用商业网点来表现,而是运用线条等矢量元素,通过专色印刷,防伪生成的元素主要有:浮雕,团花、微缩文字、特殊加网等等。

对于版纹防伪产品的伪造通过两种方式进行:一是:模仿原件进行仿制设计。二是:利用高精度的扫描仪或电分机进行分色、输出。对于第一种情况,因为防伪设计是由千变万化的参数设计出来的,并且还能够进行随机处理,即使使用相同软件也难以设计出与原来一模一样的设计。对于第二种情况,由于通过扫描。电分后输出的彩色稿都是网点,印刷后非常模糊,十分容易分辨。

镀铬薄钢板在食品罐藏包装中的应用分析

株洲工学院 刘玉生

长沙奶制品厂 莫浩光

镀铬薄钢板简称镀铬板,系无锡钢板,是由于金属锡资源少、成本偏高的情况而研制的新型制罐材料。美国、欧洲和日本都有越来越多的应用,取代部分镀锡板用材,我国的应用相对少很多,这需要对这种材料正确认识,从技术上、思想上作些分析。

一、镀铬板的发展与特点

铬是一种坚硬、带银白色光泽的金属,硬度、耐磨性、基体结合性都很好、耐热性也较高,电位比铁负,但钝化作用后电位又比铁正。早在上世纪 20 年代镀铬工艺用于工业生产,美国于 1940 年开始研究镀铬板,先后用铬酸化学浸溃处理和电解铬酸处理,并转入大量生产。日本 1955 年以来后起居上,研究铬酸钝化方法,取得许多成果。例如东洋钢板公司的海特普(Hitop)镀铬板,1961 年进入工业化生产;富士制铁所相继也生产出坎苏珀(Con Cupper)镀铬板;1972 年日本钢管(株)生产出 Bright Coat 镀铬板。欧洲各国也都在上世纪 70 年代相继生产镀铬板。

镀铬板采用的原板和镀锡板是一样的,都是低碳结构薄钢板,但镀铬层很薄(<1.3μm=,其工艺和镀锡板相同。因此一般原有镀锡生产线只需略加改造,加装镀铬槽就可实现镀锡或镀铬两用。

镀铬板的结构有四层:钢基板、金属铬层、水合氧化铬层和油膜。由于基板相同,机械性能和镀锡板一样,但在应用上有一些自己的特点:

1. 成本比镀锡板约低 10%,外观光泽不及镀锡板看好。

2. 耐蚀性不及镀锡板,镀层薄而针孔率高,因此使用时内外表面要上涂料。

3. 镀铬板附着力强,对有机涂料的附着力比镀锡板强 3～6 倍。抗硫化腐蚀能力也比镀锡板强。

4. 镀铬板不能锡焊,只能采用搭接电阻焊或粘合。

5. 镀层薄而韧性差,制罐易破裂,因而不宜冲拨罐,可用于深冲罐。

6. 镀铬板耐高温性强,一般在 500℃颜色和硬度均无明显变化,至 700℃时才开始变软。

二、镀铬板在食品制罐上应用的主要问题

从上述了解,制约镀铬板在食品制罐业上应用的技术问题主要有二:其一是耐蚀性问题。这种问题可从镀铬技术的改进和镀后涂料的改进去研究。提醒注意的是任何技术上的改进都要考虑成本,才能保持镀铬板的优势。就当前而言,镀铬板耐蚀性虽比不上镀锡板,却也有一定的耐蚀性,用于弱酸性食品,包装还是适合的。这类食品市场很大,如肉、鱼、禽、乳制品、蔬菜、胡萝卜、豌豆、甜菜、土豆以及各种饮料、汤类等。如果对涂料严格技术保证,一些 pH 值在 3.7～4.5 的酸性食物也是可以用镀铬板包装的,如水果、泡菜等之类。值得提出的是研究镀铬板的耐蚀性方面,不能流于铬对铁来说有好的耐蚀保护作用一般概念,镀铬板属阴极性镀层,不能起到电化学保护作用,孔隙率多的情况下,钢基板和铬层之间的合金效应值得研究,有人在海水中试验铬钢的耐蚀性,发现短期(2 年内)浸泡,铬对碳钢耐蚀性有改善作用;但长期(超过 2 年后)浸泡不但无益,还加速了腐蚀。

其二是制罐工艺问题。镀铬板镀层薄而韧性差,缺乏如锡一样的冲制润滑剂,因此冲拨工艺需要仔细研究。就目前看，用于二片罐采用深冲工艺还是可行的。由于不能锡焊，制作三片罐时，必须采用熔焊或粘合。如果采用镀锡板镀铬板组合使用，罐身用镀锡板，罐底盖用镀锡板亦是一种应用。此外罐身与盖的封接亦不宜双重卷边工艺，否则必须进行补涂。

三、镀铬板应用的思想认识问题

上述分析说明镀铬板在食品包装中应用虽有其局限性，却也有其特点和优势，有比较广阔的市场，因此是可以值得推广和发展的。但就我国当前的现实看还存在两个属于发展过程中的认识问题。

其一，我国镀铬钢板制造业几乎处于空白状态。

改革开放以来，我国钢铁工业高速发展，上世纪末，我国已成为世界四大钢铁生产国，2000年钢产量达1.27亿吨，钢材1.3亿吨。但是就其品种和质量说，和世界发达国家比相差较大。能满足品种和质量需要的产品大约只占40%，有30%的品种数量不够，20%的品种质量不行，10%的品种不能生产。实际上我国钢材品种以线材和型材为主，板材、管材较缺。而钢的生产厂家有25%是小企业，钢材生产有33%是小企业，他们设备陈旧，工艺落后，原料成分不稳。大型企业也面临体制改革和技术更新改造时期。因此整体看我国钢材质量差距仍较大、化学成分波动大、性能不稳定、成品尺寸精度不高、表面缺陷多，显然给用户使用造成废品率高。许多企业进口了国外先进设备，但由于国产原材料不适用，还要进口材料。从薄钢板材料看，虽然每年增长很快，2000年国产1903.81万吨，同比增长10.20%，但表观消费量达3923万吨。因此，薄钢板材在我国缺口非常大。可以想象，在这种背景下，包装行业想使用镀铬钢板，只能依靠进口。值得提出的是，目前我国镀锡板的生产能力有富余，遗憾的是多是低挡生产线，产品只能用于干态食品包装。要满足罐头、饮料包装的高档镀锡板仍然也有赖于进口。由此可见，原材料本身制约着食品包装的发展和进步，这涉及到我们前进中的许多科学管理，协调发展问题。

其二，我国食品罐头企业如何认识他们的包装容器。目前食品罐头加工企业以使用镀锡板为主，他们的食品工艺，罐品销售，相应设备和机制，均建立在镀锡板罐头基础上，任何技术改造和革新都涉及企业的效益关注，也关系到市场的信誉。因此镀铬板材的应用对他们说是一种风险，必须有科学的经济分析，可靠的条件保证，加上有改革精神的企业家，才有胆略一试。国外有现成的经验、设备，是否适应我国现状，都须谨慎探讨。笔者了解过个别厂，由于企业机制的局限，厂长不敢担风险，因为这是较大的改造。由此可见，我国企业在新事物的接纳上有条件问题，也有思想认识的问题。关键还是要建立企业不断探索、不断改进的机制，特别是我国进入WTO以后，面临市场国际化，这是必须加强的，刻不容缓的。

罐头“软化”也是出路

罐头行业发展如今面临着严重的问题。在包装方面就存在“开口难”和马口铁进口冲击等问题。

目前罐装业发展存在这样一些问题：PET瓶销售量增加，制罐工业产量有过剩趋势。制罐利润少，利润没有明显增长。罐装图案的创新，如浮雕图案的机械设备的快速发展，给人们带来一些新意，但增加了成本。易开罐的新发展能够造成市场利润的全面增加，这也是真正发展方向，增加利润的最佳选择。

开发软包装是一条出路。那么，什么样的软包装袋可以满足企业的要求呢？

首先是可耐高温喷淋。由于菇类食品需要进行高温灭菌处理，所以所用软包装需要能承受120℃高温喷淋。其次是阻隔性强。目前日本包装产品可使罐头的保质期达到一年以上。但国内同类产品一般可使产品的保质期保持在8～9个月。提高阻隔性可以延长产品的保质期。最好就是透明度要高，使消费者可以直接看到产品，从而激发购买欲望。另外还希望包装供应商能尽快解决塑料袋的柔韧性不强，易造成爆袋的问题。

便捷的软包装产品较受消费者青睐。这种包装形式解决了玻璃瓶、马口铁罐的“通病”——“罐头好吃口难开”的现状，并且方便消费者携带。经过短短几年的发展，我国的这种软包装食用菌产品已经占据欧洲、日本等食用菌罐头市场近30%的份额，发展速度之快，是不容任何相关行业忽视的！不少食用菌罐头生产企业都相继加大对软包装产品的生产，包装企业也应该高瞻远瞩，放眼国际市场，为国内产品打造自身的强势品牌出谋划策。

针对软包装的问题，记者采访了几家塑料包装生产企业，发现国内并不是没有适合的软包装。首先，耐高温软包装技术在国内并不存在技术壁垒。据上海紫江彩印包装有限公司技术总监武向宁介绍，采用多层共挤技术，将PE与阻隔性材料共挤，便可以生产出功能相同的产品，这种产品可以根据用户要求来决定阻隔层的厚度，可使产品保质期达到9～12个月。对于CPP与PE复合的塑料袋而言，可以通过添加弹性体来达到增加产品柔韧性的目的，国内技术同样可以满足。另外，据大连降解塑料厂刘厂长介绍说，目前该公司的产品可耐高温达到135℃左右，完全能够满足高温喷淋的要求。那么为什么罐头生产企业找不到适合自己的国产包装材料？互不沟通是问题根源。用户与供应商之间的沟通在一定程度上还有所障碍，用户的呼声供应商不能及时听到；供应商的新技术用户不能及时了解，这在一定程度上影响了包装企业以及用户企业双方的利益。

美国最近推出可重新封口的食品小包装。例如可重新封装的真空软包装鸡肉，内包装是一个透明薄膜袋，宽边边缘处安装一条拉锁，打开拉锁取食鸡肉片，剩余鸡肉再装入袋内重新拉上拉锁，可避免袋内鸡肉与空气接触，保持鸡肉新鲜。外包装是纸盒板，纸盒上有一小孔，可挂在货架上。这种重新封装的真空软包装鸡肉，因消费者一次吃不完可重新封装保鲜，得到美国食品市场及消费者的青睐，可谓是软包装上重大而成功的改革。

我国的罐头食品一直是出口的拳头产品，要在当前激烈的国际市场争得一席之地，除了在产品质量和品种上下功夫外，包装也是不容忽视的关键。国内企业应该多从消费者的角度开发更适宜的包装形式，方便消费者就是方便自己。

酿酒饮料包装装备怎样才有好市场

我国酿酒饮料灌装线制造技术经过消化、吸收和创新，产品已占据国内市场的主导地位，一部分中小型设备已开始向发展中国家出口，具备了一定的与进口产品竞争的能力。

啤酒方面：基础建设完备　　高端产品欠缺

目前国内可供设备包括：12000～40000瓶/小时的玻璃瓶灌装机和18000～36000罐/小时的易拉罐灌装机，产品达到上个世纪90年代初的国际水平；灌装生产线中的玻璃瓶卸垛机、洗瓶机、杀菌机、输瓶系统和纸箱码垛机，其整体性能和技术指标能够满足配套要求，达到或接近国外同类产品的水平；杀菌机中巴氏灭菌机和间歇式加压杀菌机已能替代进口产品；四连杆式、龙门式装箱机已达到36000瓶/小时的能力，24000瓶/小时的玻璃瓶双标贴标机性能可靠，能满足生产线的技术要求；20000～24000瓶/小时的纯生啤酒冲瓶灌装压盖机已开始装备国内的啤酒厂。

不足之处是，国产CIP清洗系统虽也基本能与其配套，但从设计到控制水平尚有不足之处，主要原因是用户和制造商均对CIP认识还有差距。

市场方面，连续式加压杀菌机还是空白；高速贴标机，尤其是三标、四标的高速贴标机仍需进口。

其他与包装配套的设备情况。啤酒生产的前期处理，如糖化、糊化设备多为国外引进技术。板框、烛式过滤机和精滤机达到5吨/小时的处理能力，圆盘式过滤机也开始生产，具有国际水平。近年国外独资和中外合资生产的电器控制系统、仪器仪表、阀门等生产线的配套件和标准件质量水平能够替代进口产品，但一些高精度的定量泵和定量阀仍需进口。

含气饮料方面：设备有发展　　空白仍存在

含气饮料的包装容器目前仍是玻璃瓶，PET瓶和易拉罐瓶比重的下降和PET瓶比重的上升已是大势所趋。

目前国内可供设备包括：能提供36000瓶/小时的PET瓶灌装拧盖机，有能力相当的冲瓶机和装箱机与之配套；还有企业正在开发20000瓶/小时的冲瓶—灌装—拧盖“三合一”机型和18000瓶/小时的自动塑料套标机，这两种产品将会受到市场的青睐；理瓶机能够达到12000～18000瓶/小时的水平。

其他与包装配套的设备情况：含气饮料混合机国内技术水平为二次冷却及二次碳化，产品完全可以替代进口。

市场方面：高速理瓶机目前还是空白

水饮料、茶饮料方面：产销量稳步提升包装设备瓶颈有待打通

茶饮料近年在国内外均发展很快，市场销售量不断上升。2000年市场销售量为150万吨，2001年为185万吨，2002年总产量达到300万吨左右，这就意味着每年有20000吨茶叶用于饮料加工，提高了种茶业的附加值。茶饮料的包装方式为PET瓶及复合纸盒包装。茶饮料和水饮料的PET瓶灌装方式基本一致，均为冲瓶—灌装—封口的“三合一”机型，设备的生产能力为6000～36000瓶/小时。

目前国内可供设备包括：茶饮料及水饮料的前期处理设备，国内产品均能满足需要；理瓶、装箱设备也有相配的产品可供选择；茶饮料一般为热灌装。在灌装机方面，各设备制造厂都能解决好设备在热灌装环境下的控制、密封及保证饮料产品质量所需的工艺要求。

不足之处是有企业正在解决无菌冷灌装的问题，这之中也有CIP可靠性的瓶颈问题。另外，有关SIP技术的研究和应用也需引起重视。

果菜汁和植物物蛋白饮料方面：灌装设备供应尚可　　生产线配套应加强

专家认为，加强对农副产品进行深加工，是提高其附加值，利国利民的好事。这其中果蔬产品的深加工，尤其是果蔬汁饮料的发展是其中的一个重要方面。据最新数据，2002年9月，全国饮料类销售额为22090万元，同比增长58.9%，其中增长速度最快的是果汁饮料，销售额达2334万元，同比增长194%。“十五”期间饮料工业要逐步调整产品结构，积极发展有益于健康的保健饮料和以农产品为主要原料的饮料产品，使其产品由现在占总产量的25%提高到40%左右。重点发展茶饮料、果蔬汁及果蔬汁饮料、植物蛋白饮料，支持果蔬汁饮料的规模化，加快产品的升级换代，提高附加值，搞好综合利用。

目前国内可供设备情况是，针对果菜汁饮料和植物蛋白饮料这两种产品的包装，无论玻璃瓶、PET瓶或金属罐的灌装封口，无论常压、负压灌装或冷、热灌装，国产设备都能提供10000～30000瓶/小时生产能力的产品。

其他与包装配套的设备情况是前期处理设备，中、低压均质机和胶体磨水平较高，有产品出口国际市场。

不足之处在于螺旋榨汁机、带式榨汁机、果汁分离机、水果破碎机、选果—洗果机等一些前期处理设备能达到10吨/小时的处理能力，但处理量偏小，生产线配套性能差。冷罐装后杀菌设备由于与罐头生产工艺相似，国产设备能满足生产能力的要求，但能耗较大是缺憾。

市场方面，具有先进技术的前处理设备开发在国内尚属空白，与我国果菜汁及植物蛋白饮料的快速发展不适应。

葡萄酒方面：大厂垂青进口产品　　现状制约技术开发

近两年的“干红热”促进了葡萄酒的生产，张裕、长城、王朝等著名企业生产的产品使用的灌装设备都是进口设备。其他中小型葡萄酒厂，兼营的多，专营的少，产量较低。这种现状制约了葡萄酒灌装生产线制造技术的开发。

目前国内可供设备包括：1500～4000瓶/小时的小型冲瓶—灌装—压塞机，10000瓶/小时的压塞机单机。

未来两年发展注意哪些问题？

综合对酿酒饮料机械市场及现状的分析，可以看出，在酿酒饮料加工机械装备行业，我国与国外先进技术的差距正在缩小，许多产品已能够满足国内用户的需求。在包装容器和包装材料质量方面，我国还比较落后，国产设备更是难以适应行业快速发展需要。当然，我国周边欠发达国家的包装水平更为落后，我国一些中小型设备更适合这些国家的市场，在开拓这部分国际市场方面，性价比优势较大。我们应该看到，国际上酿酒饮料及其包装设备的新技术、新工艺、新产品、新材料不断更新，国外包装业巨头也在不断开发新品，创造市场，引导消费，如果不将市场当做技术创新的出发点，就可能落伍。我们认为，今后几年酿酒饮料机械装备的发展应注意以下几个问题：

要用信息技术改造传统产业，研制光、机、电一体化的专用设备，对生产过程进行计算机控制，提高酿酒饮料装备的自动化水平。要加大对外置式液体电子灌装技术和定量计时灌装技术、计算机控制的高分子制瓶—灌装一体化技术、智能化机器人的拆垛—卸垛

一卸箱一装箱一码垛装置、糖化一发酵及其他工艺流程的自动控制和自动检测系统的研究;加大对无菌分离技术,如纯生啤酒无菌灌装系统的膜过滤装置的研究。纳米技术最先可能在塑料行业实现产业化,要研制高阻透性纳米PET、涂覆PET、高阻透性且具有耐热性的PET/PEN的一步法吹瓶机。

目前,啤酒企业在向300万吨的生产能力发展,饮料行业也因品牌扩张的需要,在一定销售半径内布点设厂,以扩大生产规模,降低成本,提高效益。1999年,大型企业饮料的生产利润为600元/吨,是全国饮料生产平均利润的6倍,就是例证。酿酒饮料包装机械向大型化、高速化发展是大势所趋,尤其是灌装生产线中的PET瓶高速理瓶机及玻璃瓶的三、四标的高速贴标机在我国还是空白。

要提高现有产品的运转可靠性和整条生产线的效率。设计生产能力和实际生产能力是两回事,用户购买产品需要的是实际生产能力。要实现智能化的计算机控制,具备监测、运行和故障诊断的显示系统,使整条生产线各种设备的运转处于动平衡状态,提高效率。

液体包装由于灌装的物料不同,容器的规格、形状各异,封口方式多样化,机械基本属于专用,其特点表现为产品品种多、批量小。产品要模块化设计,增加通用化和标准化部件的比重,在不能增加产品规模的情况下,形成通用化部件的规模,缩短供货期。

无菌冷灌装技术是我国液体包装制造业技术发展、创新开发的方向。需要加大研究力度,在啤酒、饮料和乳品的无菌包装成套设备上要有所突破,尤其是其中的CIP系统和SIP系统。高速啤酒、饮料无菌灌装技术将进入产业化发展。

环境保护项目,绿色包装工程是国家鼓励发展的产业,有优惠政策扶持。要将环保理念融入酿酒饮料包装工程中,开发配套的废水、废料处理和回收再利用设备。

果菜汁前期处理设备的增能提质、增强配套性是个课题。相关企业若能关注这个市场空白点,及早跟进,可避免这个市场机遇被外商抓住。

酿酒饮料机械装备的配套件、密封件、基础件,大厂不愿干,小厂干不好,有时不得不进口,成本太高。在国外都有专业化工厂,专门制造灌装阀、理盖器、封口辊,产品质量好,性能可靠,价格低。这些基础件直接影响到整机的技术性能、可靠性和生产线的效率,影响到整条生产线的技术水平。专业做精、做好机械产品零配件等消耗品的加工和生产,从长远来看,利润并不比从事整机生产低。

中国加入WTO后,进口设备与国产设备的性价比差距越来越会缩小。国内制造商要减损降耗,使降低成本的理念贯穿于设计、采购、生产、销售的全过程,保持产品对进口产品的性价比优势,做好售后服务,取信于用户。

科研院所改制后,已走向市场。设备制造厂要与这些科研院所进行广泛的"产、学、研"结合,发挥社会力量的潜能,解决一些生产线规格不全、配套性差的问题。

浅谈亟待解决的药品包装问题

据了解,我国医药包装行业虽然有进步,但仍较落后,较混乱,影响了药品质量,目前还有待提高。我国药品包装经历了三个阶段。

上个世纪50～60年代,棕色玻璃瓶、草板纸盒、直颈安瓿等构成了那个年代的包装特色。药品包装笨重,但以实用为原则。类型单调,片剂多用深棕色玻璃瓶(配以软木塞、铁盖),大包装多(0.5克×1000片),糖衣片少。瓶贴设计用色复杂,印刷以铅字排版为主,墨稿普遍手绘,细小说明文字用鸭咀笔书写,较工整。玻璃瓶多用草板纸盒及手工糊衬隔垫包装。200克以上袋用瓦楞纸隔板(牙子)直接装箱,分量重,运输不方便。水针包装单一,以1毫升、2毫升、5毫升为主,点滴用葡萄糖则用20毫升直颈安瓿灌装,外盒为翻盒式纸盒。纸盒用盒贴,盒贴印刷粗糙,盒与盒贴差异大。散剂包装简易,粉药直接用薄纸叠袋装入,外用小型书写纸袋,用色单调。

第二阶段为上个世纪70年代至80年代初。此阶段处于调整、徘徊状态。这时受"文革"影响很大,特别是60年代后期至70年代末，药品包装上已无注册商标，在经过长时期阵痛之后才慢慢走向正轨。

上个世纪80年代至今，与其他行业一样，经过多年的磨合，药品包装业才得以健康发展。80年代初，注册商标得以恢复，药品包装得以改善。在包装形式上，除片、散、丸、膏、水、针、粉之外，又开发了栓剂、口服液、气雾剂、胶丸、胶囊、贴剂、咀嚼剂等剂型。在材料方面，铝塑、纸塑、激光防伪等复合材料逐渐普及。我国医药包装业的年产值已经达到120多亿元，厂家达到1100多家。

各种新型包装机械的开发与引进，加上新型包装材料的应用，使我国药品包装业焕然一新。复合材料如铝塑、纸塑、电化铝、真空镀铝膜、激光防伪的广泛应用有效地提高了药品档次，也提高了包装及包装装潢水平，逐步缩小了与国外同行的差距。片剂铝塑型罩包装广泛使用，在市场中占有相当大的比重。水针淘汰了直颈安瓿，取而代之的是曲颈易折安瓿。黄料瓶的质量有很大提高。复合袋普遍应用于粉剂、片剂、颗粒剂。胶囊上印字已逐步推向市场。

上个世纪90年代后期，电脑的普及也使药品包装设计进入了一个新时期。

目前我国医药成品包装现状呈以下特点：

1. 部分药品包装注重实用原则，符合药政管理要求。这类药品以西药居多，多为合资企业产品。这些包装装潢设计合理、考究、纸盒用料讲究，硬度强，挺括，手感好，有一定代表性。

2. 部分药品包装粗糙，得不偿失。这里面中成药比重大，有的采用草板纸、箱板纸作衬格，耐冲击力极差。如果销售地湿气大、空气潮，纸盒吸潮后强度减弱，易破损。

3. 有些药品包装瓤小体大，华而不实。厂家为了扩大视觉冲击力，盲目加大外盒的尺寸，内小外大，增加了包装的成本(部分转嫁到消费者身上)，应引起药政部门的高度重视。

4. 有些药品包装偏软。以片剂包装居多，特别是糖衣片，本身片重，加上包装软，片与片之间摩察机会多，脱衣、裂片现象严重。

5. 在医药包装中起主导作用的瓶装橡胶密封材料，一是天然橡胶，二是丁基橡胶。然而，由于天然橡胶的性能不能满足药品的要求，容易受到污染，在国际上逐渐被淘汰，而我国却一直在使用天然橡胶制成的瓶塞。业内人士人为，由于近年来的无序竞争，给医药包装业的发展造成了巨大的“隐患”，我国的医药包装业无论是从包装设计上，还是从材料选用上，与国际水平相比差距较大。

中国医药包装协会会长张鹤清认为，药品包装意识不应该成为医药界的“盲点”。今后必须加强对包装新材料的研究应用，大力发展丁基橡胶等先进材料。有关行政部门应该进一步修订10年前出台的《药品包装管理办法》，使其适应时代发展的要求，在医药包装行业内确立新的标准和规则，逐步完善有关药品包装产品的安全、卫生质量标准及检测和评价方法，不要把落后的医药包装产品带入21世纪。

柔印健康发展要进一步解决的根本问题

左光申

我国柔性版印刷在经历了前几年的高速发展后，再一次进入了相对低潮期。经历了过去10多年的几次起落，一些业内人士对我国柔性版印刷的发展感到困惑或者怀疑其发展前景。应该看到，目前柔印的困难局面是我国印刷市场主客观条件共同作用的结果，是暂时的现象。柔性版本身的独特特点，为其在我国的发展提供了良好的前景。我们只有进一步解决好与此相关的一些根本问题，才能促进其健康发展。

一、全面认识，准确定位

过去，我们对柔性版印刷的认识总体上存在一些误区，归纳起来有如下几点：

1. 柔印是一项新的工艺技术，是否采用它是一个印刷企业技术水平高低的标志；

2. 柔印是一项环保技术，将要取代和终结其他

技术(如凹印是一项污染严重的技术将要被取代);

3. 柔印可使用各种承印材料,因此,适合各种产品的生产;

4. 柔印工艺简单,质量容易控制;

5. 柔印投资少,成本低;

6. 柔印机以窄幅机组式为主导机型。

7. 国外的经验(特别是美国)可以参考或照搬。

误导是来自多方面的,其结果是人们对柔印寄予了过高的期望,甚至将它与其他印刷方式对立起来。

从与其他印刷方式(特别是凹印和胶印)的比较中才能认识柔印的优势和弱势。柔印、凹印和胶印的主要应用领域特别是重点产品方向并完全一样,它们在不同应用领域保持着自身优势。这几种主要印刷方式的关系:

· 在有些产品领域,它们各自独享优势,其他工艺几乎没有竞争;

· 在有些产品领域,它们是相互竞争,有可能是相互取代;

· 在有些产品领域,它们是相互补充甚至相互依存的。

各种印刷方式都在不断改进技术以克服自身的不足。因此,它们的关系也不是固定不变的。特别是近年来组合印刷工艺在国内外都受到重视,使各种工艺得到了更多并存的机会。

对于柔印全面认识,正确定位,对于各方面包括制造商、行业协会和主管部门、专业媒介、当然首先是印刷企业本身都是必须进一步解决好的问题。

二、恰当引导,积极扶持

国内企业对新型环保技术一直有着强烈渴望和需求。可惜过去我们的宣传有片面之处,行业引导也不到位。比如,行业引导基本局限在提出发展速度、增长比例等方面,因此今后可做的工作很多。有关政府主管机构和行业协会在制定鼓励柔性版印刷发展规划时,要进一步深入细致研究国外情况,结合中国实际,使政策和发展总体目标更具有指导意义。

特别要注意如下几点:

1. 合理地对待各种不同的工艺技术。柔印和其他印刷方式比例的大小绝对不是技术先进与落后的尺度。各种印刷方式的市场份额依不同国家和地区而异,而推动其发展的核心力量是特定的市场和技术条件。我们不能照搬其他国家和地区的发展模式。

2. 将国外主要制造商引导进入推广过程。柔性版印刷推广很大程度上是由一些销售商来进行的,而国外的顶尖级的制造商又很少参与到这一过程之中,因此,信息不完整,技术服务也不配套。

3. 在宣传柔印环保性时,要注意两点:是否使用溶剂不是凹印与柔印的固有区别;将凹印和柔印区别等同于溶剂性油墨和水性油墨的区别。实际上,凹印和柔印都在或都可以使用溶剂性、水性或其它油墨。它们真正的区别是使用水性油墨的比例不同。目前,凹印水性油墨的开发和推广步伐正在加快。

4. 为企业指出重点推广应用方向。比如:鼓励开发适合柔印工艺的产品;支持重点引进转向卫星式柔印机;鼓励企业在引进时增加连线丝印、多工位烫金、多工位 UV 上光等功能,提高柔印机的实用性等。

三、改进质量,重点开发

柔性版印刷质量一直在不断提高,但是,在很多情况下,还是与凹印和胶印有一定距离,特别是质量的稳定性更是一个没有彻底解决的难题。采用卫星式柔印有利于提高和稳定产品质量。

柔性版印刷的重点在包装和商标印刷领域。柔性版应用的重点应该依次是瓦楞纸板、标签、软包装和折叠纸盒等。

1. 瓦楞纸板印刷:在国外 85%~98%以上采用柔性版印刷,这一领域应当是我国柔印发展最有潜力的应用领域之一;

2. 标签印刷:在不少发达国家是一个规模相当大的行业,采用柔性版印刷比例达 85%~90%。近年来,在我国标签总体规模目前还很小,柔版印刷在这一行业应该有较大的发展空间;

3. 软包装:是国际上柔性版和凹版发展差别最大的行业。在这领域美国采用柔性版约为 70%~80%,欧洲为 35%~40%,亚洲(包括日本、韩国等)这一比例在 5%~8%之间,而我国这一比例更低。在我国推广柔性版技术的最大难题估计就在软包装领域;

4. 折叠纸盒:采用柔版印刷的比例在各国相差不大:在美国为 30%~40%,在欧洲为 10%左右。可以看出,上述包装的四类产品中,纸盒是采用柔版印刷比例最低的。实际上,在折叠纸盒领域,存在胶、柔、凹版多种印刷方式的竞争。我国很多企业柔印机引进时的目标或定位不准确,一般是为了印刷烟包、啤酒标等,其实这些恰是凹印和胶印的强项。

其次,我们还应该注意在出版行业推广柔性版技术。在美国、英国,意大利等柔性版报纸印刷有很大的比例(25%~38%),而我国报纸印刷都使用胶印，目前几乎还没有接受柔性版印刷。此外，在教科书印刷方面，柔性版也应该有一定的优势。

四、选择性引进，大力国产化

今后我国柔印机引进重点将逐渐转向宽幅的卫星式，卫星式并最终也成为我国柔印机的一种主要机型。但是卫星式柔印机进口的主要困难将是价格问题：一台卫星式柔印机的价格是性能相当的机组式凹印机的 70%～80%价格，远高于窄幅机组式。因此，我们必须选择性地引进价格有竞争力的产品。

其次，选择有实力的，能够提供完善技术支持的供应商也是值得注意的一个方面。今后，服务将更多地成为引进的重要因素。

从技术角度看，卫星式柔印在大幅面（如瓦楞纸板预印）和一些特殊材料的印刷上仍有难以替代的优势。要将其优势发挥到最大，还必须有重点地进行国产化。从目前的信息看，国产化的重点是：柔性版材和卫星式柔印机。

卫星式柔印机或中央压印滚筒式柔印机，是柔印机中最重要的机型。卫星式柔印机有许多优点，如与机组式凹印机相比，其控制系统较简单，投资较低，可达到较高的套印精度；与机组式柔印机相比，套印精度高，生产效率高，生产线运行稳定可靠，适应范围广等。卫星式柔印机主要应用在软包装、纸盒、标签和瓦楞纸箱预印刷等领域中。各种资料都显示，在欧美等国家和地区卫星式柔印机占整个柔印机的比例高达 70%～80%。柔印技术在我国正得到越来越广泛的应用，但目前我国引进的绝大多数都是机组式柔型版印刷机。因此，研制开发此类设备对于柔印总体发展具有重要意义。

柔印版材问题一直没有很好解决。进口版材比例居高不下，直接的结果就是制版成本难以下降。目前的实际是当批量达不到一定数字时，柔性版的制版成本要高于凹印。

我们可以武断一点说，如果卫星式柔印机不达到一定比例，如果国产版材不达到一定比例，我国的柔印技术就不能说已经进入了健康发展的阶段。

瓦楞纸板包装与欧洲的标准

长期以来，纸箱企业已经习惯于“有活接活，来活就干”的思维和工作方式，长期封闭式的经营方法和自我麻痹造成了习惯性的短视，只注重眼前利润，看不到以后的发展前景，更看不到潜伏在身边的重重危机。纸箱是个传统的行业，只有引入包装行业内其他产品的优点，才能为客户提供增值服务的同时，也能让企业自身得到增值与发展。想客户所想，为客户排忧解难；思客户所思，替客户出谋划策。其实纸箱厂服务体现在两个方面，一是技术，二是经营策略。技术是可以通过改进提高的，而经营策略是买不到的，需要经营者敏锐的市场洞察力和分析能力。

随着国民经济的快速增长，生活水平不断提高，人们对原本简陋的蔬菜水果包装有了更高的要求。现在国内许多超市的货架上，农产品包装不合理的情况正日益突出，包装的储运功能和销售功能不能并存?这对于我们的纸箱企业来说是机遇也是危机。纸箱包装如果能抓住机会，为客户提供销售和储运性能都很强的包装解决方案，就好比给原本是微利的纸箱企业注入了一只强心针，注入了新的活力，为企业带来新的利润点。

欧洲已经推出了《欧洲通用瓦楞纸箱占地标准》，此标准对蔬果包装的占地尺寸作出了明确的规定，而且融合了 RPC（可回收塑料筐）的优点，加强了瓦楞纸箱的销售功能。这种做法也给我们国内的纸箱企业带来了新的启发，接下来的问题就是我们的纸箱企业能否把握住这个机会，发现市场的需求点，从而带来更多回报。本报特地为广大读者编发了两篇这方面的文章，供广大读者参考。

多年以来，用于新鲜食品行业的瓦楞纸板包装一直在以每年 2%～3%的速度递增。与其他材料包装（27%）相比，瓦楞纸板包装占据整个新鲜食品包装市场的 63%。

最近欧洲瓦楞纸板生产企业联合会与法国瓦楞纸板包装协会对新鲜食品、蔬菜水果包装市场做了一次全面的调查。调查涉及的主要产品是：水果，蔬菜，鲜肉，家禽，鲜鱼和奶制品。被调查的国家主要是比利时、法国、德国、意大利、荷兰、西班牙和英国。

调查结果显示，自从市场上出现回收塑料包装箱后，市场份额发生了一些变化。可回收塑料箱在欧洲新鲜产品包装市场上达到了31%份额。但瓦楞纸板包装仍以48.2%的份额占据首位。

可回收塑料包装箱成本高，管理复杂，只适用于近距离封闭型产销流通系统。对某些产品还会存在卫生问题。而瓦楞纸板包装在成本、装运、产品宣传（可以进行个人化印刷）等方面都具有明显优势。调查结果显示在未来的数年中，瓦楞纸板包装将继续以48%以上的比例领导新鲜产品的包装市场。

为更好地发挥瓦楞纸板包装的优势，更好地适应欧洲各国蔬菜水果流通市场的实际情况，便于欧洲各国之间新鲜产品的调拨与组货，欧洲瓦楞纸板生产企业联合会在各相关企业的协助下，推出了蔬菜水果等新鲜产品瓦楞纸板包装托盘的尺寸标准－STANDARD FEFCOCF1&CF2（COMMON FOOT PRINT）。瓦楞纸板托盘尺寸规范化的主要目的是统一托盘的外部尺寸，优化纸托盘在木托盘上的堆码。

根据欧洲使用的标准木托盘尺寸（1200mm×1000mm和1200mm×800mm二种），蔬菜水果用瓦楞纸板托盘的外部尺寸被确定为二类：CF1的尺寸为597mm×398mm，CF2的尺寸为398mm×298mm。托盘的高度不受限制，可以根据被包装产品体积的需要调整。CF1和CF2的尺寸的确定是通过精确计算的，保证其在木托盘上堆码时不会越出木托盘的四边。采用规范化的瓦楞纸板托盘后，使水果蔬菜集散中心对来自欧洲各国的产品可以随意进行分货，不再需要重新分装或改用木托盘。

这一规范已开始向美国发展。美国瓦楞纸板协会（FIBRE BOARD ASSOCIATION）已采取措施使美国标准能与欧洲瓦楞纸板生产企业联合会标准兼容，以便于美国与欧盟各国之间新鲜产品的贸易往来。

因此，我国在新鲜产品的出口包装上应与欧洲标准接轨。这对提高中国出口产品的质量、改善中国出口产品形象都是非常有益的。

我国农副产品的包装

农副产品种类多、数量大，是人类赖以生存的基本商品。但长期以来，农副产品的包装并未得到应有的重视，其发展远远滞后于我国工业产品包装，较多的农副产品仍然处于“一等产品、二等包装、三等价格”或根本没有包装的状态下，每年因此造成的浪费不计其数。农副产品的包装问题已经成了我国农副业经济发展的制约因素，因此，农副产品包装的改进势在必行，这是提高农产品档次，开拓销售市场，提高农业经济效益的根本途径。本文就粮食、水果、水产品等主要农副产品的包装问题进行探讨，并介绍部分国内外农副产品新包装。

1. 粮食包装

包装是粮食生产之后一个至关重要的环节，粮食没有包装无法进行运输、储存、流通。然而，与其它物品相比，粮食的包装量大，难度高，不仅要防止破损散露，而且要防止生物及微生物的危害和自身的酸败、陈化。据不完全统计，全世界谷物因包装、储存不善，每年所受损失高达5400万吨，价值60亿美元，我国每年损失约1800万吨。因此，改进粮食包装十分必要。

我国粮食包装的现状

近年来我国粮食连年丰收，产量逐年提高，从“九五”开始，由1996年的4.5亿吨提高到1998年的4.9亿吨，到2000年的5亿吨。粮食问题已基本得以解决。我国幅员辽阔，农业发展不平衡，再加上各地的粮食品种不同，粮食流通量很大，调运频繁，每年全国粮食流通量平均在1.5亿吨左右，占粮食总产量的15%，所以搞好粮食运输包装非常重要。然而，长期以来，我国粮食在贮存、运输、销售过程中因包装不善造成的损失是惊人的，以前个别地方由于包装不善造成粮食破包散露率曾高达48.6%。经包装改进后，平均散露率下降到5%左右，但距国家规定的2.5%损耗要求还差很远。目前中国粮食产后损失占粮食总量的12%～14.8%。据估计，如果损耗下降1%，经铁路运输的粮食每年就可减损50万吨。

从销售包装看，随着我国商品经济的迅速发展，人民生活水平的不断提高，全社会粮食消费结构发生了很大的变化，肉鱼禽等副食品类消费量增加，大米、面粉等主食用量减少，人们需求优质米面，要求购买方便，携带容易，但传统的粮食销售包装与运输包装几乎不分，缺乏零售环节的专用包装，销售时采取整袋购买或散堆现象的方式，既不方便，又不卫生。因此在销售环节上需要对粮食包装进行改进，增加卫生、结实、方便、美观的小包装。一些大中城市超市中已出现了2.5kg以下的粮食小包装，特别值得一提的是一种黑龙江大米的纸包装，它采用0.5～1kg的纸袋作为小包装，10个小包装装入瓦楞纸箱作为外包装。这种包装十分卫生可靠，方便，且包装废弃物可回收再生，利于环保。但目前各种粮食小包装还为数不多，主要的仍是农贸市场上堆积式的销售方式。

我国粮食包装的发展方向

随着改革开放的进一步深化和人民生活水平的逐步提高，我国粮食包装按运输包装和销售包装的要求不同而有不同的发展方向。粮食运输包装的发展方向是由"小包装"改为大包装。即集装化运输，大批量原粮包装应改为散装，使用集装箱和集装袋。这不仅能减少损耗、降低成本，也符合社会化大生产、大流通的发展趋势。粮食销售包装则由大包装向小包装发展，这是我国粮食流通由产品分配型向市场经营型的转变，人们生活消费由温饱型向方便、卫生、营养、快捷转变，新的消费观念和消费结构对粮食商品改进包装方式要求的必然趋势。发达国家的粮食销售都是以小包装为主、大包装为辅。日本、美国、法国、英国、意大利、德国的粮食销售包装中，大包装与小包装的比例分别为18∶82、25∶75、32∶68、22∶78、20∶80、21∶79。

粮食小包装必须满足以下几种性能：

(1) 对粮食品质的安全保护性能，这涉及屏蔽性、保护性、稳定性、卫生安全性；

(2) 对机加工制袋的作业性能，这涉及加工性、作业性、印刷性、热封性；

(3) 对包装使用的方便性能，这要求包装质轻、易携带、易存放、易开启、易开封、标致明显、易选购：

(4) 经济性能，这要求包装具有生产的简易性、合理性、节能性；

(5) 环保性能，粮食小包装需消耗大量的包装材料，产生大量的包装废弃物，其可回收再用性或可降解性是决定该材料是否可用的标准。因此，发展小包装涉及生产、技术、原料、经济、环保等问题。开发适用的包装材料、研制高效的专用粮食包装设备及设计功能齐全的包装结构是粮食销售包装改进的重要环节。

总之，我国粮食包装发展方向是：粮食运输包装要向包装合理化、标准化、缝口机械化的方向发展；销售包装要向形式多样化、规格系列化、使用方便化、包装保鲜化、操作机械化的方向发展。因此要逐步淘汰落后的运输包装，进一步推行粮食的散装运输；重点研制和大力发展商品粮的销售包装，开发新材质、新造型的优质包装；努力研制适合粮食特性的包装机械设备，争取尽快以先进的技术和设备代替落后的包装技术和设备，以适应我国全面实现小康和基本实现现代化发展的需要。

2. 水产品包装

我国水产品的包装多年来几乎没有变化，绝大多数新鲜水产品只是用塑料箱盛后运输到市场散售；冷冻鱼类十几斤一坨，用PE膜和瓦楞纸箱简单包装，在市场上解冻零售，很多水产品在销售时已经不再新鲜，大大降低了其应有的价值。水产品是沿海地区得天独厚的优势产品，重视其包装可以充分利用这一地域优势，创出本地区的名牌产品，变优势为利益。

水产品的特点是鲜活味美，但易于腐败，要根据不同种类水产品的特性进行合理包装。

水产品的大宗货鱼类

鱼类的体内外细菌多，而本身含有的天然免疫素却较少，鱼肉中的酶有分解蛋白质的作用，致使肌肉组织变软，新鲜程度下降。当分解产物达到一定程度时，鱼肉还会发出臭味，并为细菌进一步滋生与繁殖提供有了有利条件。此外，鱼肉极易氧化，以至肉质变坏、退色或变色。仅靠冷冻与冷藏的办法对鱼类产品的保鲜作用还不够理想，若要取得更好的保鲜效果，可借鉴以下包装措施。

(1) 鱼类的包装应使用刚性容器。鱼肉组织本来就脆弱，经冻结后，鱼内组织会受到一定的伤害，包装时若受到过度的挤压就会造成鱼体破碎以及鱼肉组织的进一步受损，这不仅影响到外观，而且损务部位的肉质易变坏影响食用。同时，损伤部分在解冻时，细菌极易滋生繁殖。显然，使用不易破损、不易塌陷的刚性包装容器，有利于使鱼类产品在运输与搬运当中免遭各种机械损伤，从而保持原有的形态和品质。

(2) 尽量减少鱼类产品水分损失。鱼肉不仅在冻结过程中水分有所损失，而且在冷藏中因鱼体表面细小冰晶的升华，也会使鱼肉失掉水分，这将使鱼肉不断减重并降低新鲜度。同时，由于鱼体表面水分蒸发的不断深入，将由表及里形成一定厚度的海绵层，使鱼肉失去原有的味道和营养成分。因此，用具有阻隔水蒸汽性能的包装材料进行密封包装，可以防止鱼肉在冷冻、冷藏及销售过程中的水分散失，从而保持其原有的鲜度。须注意的是，包装内所冻结的鱼类产品之间存在着多余的空隙，鱼体的水分易蒸发，使鱼肉脱水，在包装内部出现凝霜。因此，应尽量减少包装容器内部的空隙。若以塑料薄膜袋包装，则应使薄膜紧贴鱼类产品。

(3) 采用真空包装等防氧化手段。鱼类产品含有不饱和脂肪酸，有的鱼类含量很高。当其氧化后使鱼肉变为褐色并变味。采用包装处理时加防氧化剂的方法虽然有一定的效果，但也会对肉质产生一定的副作用。而采用真空包装则可取得较好的保鲜效果。鱼的真空包装须将包装容器内的空气抽出，因而可使塑料薄膜袋紧贴鱼类产品，这对减少包装体积与内部空隙极为有利。为了防氧化，真空包装必须采用透氧性低的包装材料，并将包装容器严密封口，以隔绝包装外部的氧气。

(4) 制造"人造空气"，防止鱼类产品的氧化，抑制细菌的生长和繁殖。所谓人造空气，是指增加二氧化碳或氮气含量的空气。如果将鱼类产品置于二氧化碳浓度为10%的空气中，因其氧含量相对较低，不仅可以提高低温冷藏效果，而且在常温条件下也有较好的保鲜效果。在冷库中，实现人工空气的环境，需要大型调气设备，其运转成本高；而在包装容器内实现气调就简单多了，仅需充气包装机，就可将包装内的空气抽出一部分，再充入一种或多种保护性气体。这样无论在冷藏还是在销售过程中，都能有效地保护鱼类产品的品质。

(5) 避免紫外线照射。紫外线有促进鱼类产品氧化的作用(如日光、灯光等都含有紫外线成分)并会使鱼肉升温，这些不利影响在鱼类产品置于冷藏陈列中展销尤为明显。对此，鱼类产品的包装可采用不透明的材料来防止紫外线的侵入。此外，印刷油墨可以阻止90%紫外线的通过。所以，在透明材料表面用油墨多印一些图文之类，也可以起到遮光的作用。

小批量鱼类的包装

对于小批量、低产量的高档水产品，开发其保鲜包装更有价值。目前，国际上对水产品的保鲜包装比较重视，新的保鲜包装方法较多，现介绍如下：

(1) 鱼类的保鲜方法。美国发明了一种鱼类保鲜法：将刚捕到的鱼装入塑料袋，袋内注入混合气体(其中二氧化碳60%、氧气21%、氮气19%)，密封包好，然后将包装好的鲜鱼放入普通仓库内。4个星期后，鱼类的外观和味道都没有改变，就像刚捕到一样。

(2) 活鱼罐头。日本市场上新出现了一种活鱼罐头，做法是将活鱼用一种麻醉液浸泡至昏迷后装入罐头，在两天内不会死。烹调前，只要取出罐头内的鱼放入清水中，10分钟左右鱼就会苏醒。这种活鱼罐头携带方便，清洁卫生，味道鲜美。

(3) 运送活虾包装。日本研制了一种运送活虾的专门包装容器，该包装容器用聚乙烯作内层，用泡沫聚苯乙烯作外层，在两层之间放入碎冰。内层要防止漏水，外层要防止碰损。在活虾活动的聚乙烯内槽里，装入杀菌消毒的海水并灌入一定量的氧气，然后用盖封严，即可运送。采用这种方法，即使在外部气温高达40℃的条件下，在24小时内，活虾的生存率还可保持在90%以上。

(4) 牡蛎保鲜法。牡蛎是一种举世闻名的美味海鲜食品，但出水后很快死亡，且易被李斯特氏菌污染而变质腐烂，新西兰海洋渔业研究所的研究人员发明了一种新工艺，可使生牡蛎加工后变成一种既能长期存贮又能保持其鲜味。该工艺是将刚从海里捕捞上来的活牡蛎洗净泥沙后，立即进行巴氏灭菌，温度为100℃，压力为1.3kg/m^2，这样可以杀死附着在牡蛎壳内的细菌，然后将灭菌后的牡蛎进行真空铝箔吸塑包装，由于在加压来菌时牡蛎南壳并未打开，故其中的鲜汁全部保留在壳内。消费者购买后，用微波炉加热2～3分钟，即可品尝到美味的烤牡蛎。

3. 水果包装

目前我国的水果包装仍处于初级阶段，急待开发和规范。开发水果包装，要靠高科技的包装，要树立品牌意识，开发出优质水果，辅以优质包装，方可提高市场占有率，进而与进口水果竞争。

靠高科技的包装技术包装出优质水果

在水果生长期间，采用适当的包装方法提高水果的外观和内在品质，进而提高水果的身价，这已是当前开发优质水果的手段之一。有一种水果套袋技术，现已应用于苹果的生产。其具体操作过程是在花后幼果期即给果品套上特制的防护纸袋，在采果前一个月左右，果树不再喷洒农药时，摘掉纸袋，受阳光照射的苹果表面迅速着色。在套袋期间，苹果未受虫害、农药影响，品质优良，口味纯美。经过套袋的苹果，外观和内在品质都大为提高，苹果外皮色泽红亮，个大饱满，而作为对比实验的未套袋的苹果则药迹斑斑，个头、色泽都略逊一筹。套袋后的产量也有所提高。套袋有两层用100%木浆制成的纸构成，具有透气、防水、防虫等有利于苹果生长的性能，而且完全是绿色包装纸袋。

发展水果保鲜包装技术

水果保鲜包装一直是水果贮存和销售中的一个问题。水果的保鲜理论基础是控制微生物的活动，减缓其正常的生命活动速度，并保持其自然的耐藏和抗病能力。传统的水果保鲜多采用冷藏和气调贮藏的方法，投资大，造价高。近年来，各种水果保鲜袋在水果保鲜中应用比较广泛，现介绍一种绿色水果保鲜包装产品——水果复合保鲜纸袋。

这种复合保鲜纸袋制造的基本原理就是在牛皮纸袋和聚乙烯塑料薄膜之间夹有一定量的保鲜剂，当水果装进纸袋，该保鲜剂在密闭的纸容器中，能均匀放出一定量的二氧化碳或山梨酸气体，保持水果的新鲜口味。

保鲜袋的内层为纸袋基材，它能有效的防止害虫、灰尘等有害物质对水果的侵害，同时纸袋作为保鲜剂的载体，防止了保鲜剂直接与水果接触。纸张高的透气度保证了保鲜剂释放的二氧化碳和山梨酸气体能透过纸张的孔隙，扩散到水果表面。

塑料薄膜作为保鲜袋的外层，它有防水性和适当的透气性，使得保鲜袋外部的氧气向袋内渗透，保证了水果的正常呼吸，而二氧化碳、乙烯气体向薄膜外渗透。水分和二氧化硅分子具有要性，透过性差，不能向薄膜外渗透，在纸袋内停遛时间长，保鲜剂能持久发挥作用。

这种复合保鲜纸袋，除对水果具有良好的保鲜防腐作用外，还有较好的保护作用。其制造方法简便，与传统的保鲜方法相比，成本低，特别适用于水果的长途运输。

推行水果采后包装技术

我国是世界水果生产大国，而且不乏优质品种，但由于我国水果大都是从果树上采下后不经处理直接进入市场，每年造成大量水果腐烂，而且价值低，进入国际市场少，再看市场上许多进口水果，外观好，包装美，售价高，基本上是采后即经过分选、打腊处理后包装上市的。

国外早在上个世纪三四十年代就研制出了专用于包装水果的采后处理系统，即清洗、选果、打腊、分级、包装的设备。水果采后即经清洗、分选、打腊处理，除可去除残留农药和尘土，改善水果外观以外，还能防止病菌感染、减少水果水分蒸发、减缓水果呼吸作用，达到防腐保鲜的目的，水果的品质和价格都有较大提高。而我国的水果依然沿用采后无处理即入市的老习惯，不仅果品损失量大，而且不能产生应有的效益，难以与国外水果竞争，因此，我国应大力推行采后处理包装技术。

据市场调查显示：2000 年第一季度国产水果销售量 6.1 万吨，销售额 2.65 亿元；进口水果销售量 0.9 万吨，销售额 2.87 亿元。从这组数据不难看出相同数量水果的销售量，进口水果仅仅因为分选、打蜡、包装的改进以及数质的统一，就使进口水果的单位价格高出国产水果 7.4 倍。市场是无情的，不重视包装，我们的好水果卖不出好价钱。因此，无论是水果生产者，还是经营者都要转变观念，把着眼点从产量、销量、一时的盈利转到市场份额上。花大力气搞好水果的包装、规格和质量，树立品牌意识，与进口水果一争高低，尽快使国产水果上档次，上规模，否则，可能会被市场所抛弃。

4. 结语

农副产品包装改进工作涉及面很大，比如各种水果的包装要求果农在采后就地进行科学的处理和合理的包装；水产品在捕捞后也需立即进行处理、包装；同时又涉及到农副产品生产者观念转变的问题。这就需要生产者、经销商、包装业与国家有关部门共同努力，尽快以先进的技术和设备代替落后的包装方式，以促进我国农副产品包装的改进。

液态奶包装发展进程的探讨

黄秀玲　王晓敏

奶及奶制品的营养价值和保健功能在人们的生活中得到了体现，随之也越来越受到人们的青睐，成为生活中不可或缺的一部分。其中以液态奶的消费量最大，发展也最迅速，尤其是近年来伴随着人民生活水平的提高，液态奶消费量更是猛增。同时，液态奶在口味和配方上也做了很大的努力来满足不同的人群需求，当然，它的发展也促进了与之配套的包装行业的发展。

一、简介液态奶包装及产量的发展

1. 包装的发展

最初消费牛奶几乎是从 20 世纪 40 年代开始的，那时北美把大批的牛奶放在铜质槽车里，输送到每家用户，再用勺子将其取出送给用户，小量的牛奶用玻璃瓶装好送给客户。由于玻璃瓶的不便性，后来出现了用纸质和纸板经涂蜡后包装液体牛奶。到了 20 世纪 60 年代，涂蜡纸被 LDPE（低密聚乙烯）取代，玻璃瓶装牛奶才真正被淘汰，吹制模塑的 HDPE（高密聚乙烯）和 LDPE 广口瓶得到发展。目前，北美市场上液态牛奶瓶主要是 HDPE 和 LDPE 广口瓶，或 PE 塑料瓶，而欧洲和非洲广泛使用纸箱盒（纸板双面涂布了 PE）为主的包装材料。我国目前液体牛奶包装膜主要是无菌包装的多层共挤复合膜及纸/塑/铝各层复合材料生产的袋、盒型式包装。

2. 产量的发展

"九五"期间我国奶类产品的年平均增长速度约为 10%～12%，如从 2000 年至 2010 年平均递增速度保持在 9%～11%，预计到 2005 年奶类产品总产量将达到 1350 万吨，2010 年总产量达到 2252 万吨。目前，世界年人均牛奶消费量是 102kg。我国液态奶的产量由 1995 年的 39.5 万吨增加到 1998 年的 60.2 万吨，继而增加到 2000 年的 150 万吨，2001 年的 200 万吨。到 2030 年我国人均奶类占有量将达到 25kg，总产量达到 4250 万吨。由此可看出奶产品尤其是液态奶发展速度之快。

二、液态奶的种类和包装类型的发展

（一）种类

目前，液态奶主要有鲜牛奶和酸奶两大类。但每一种都在口味、微量元素含量及营养等方面下功夫。口味上有草莓味的、菠萝味的、柠檬味的等；微量元素上有侧重补铁的、侧重补钙的、侧重补锌的等。酸奶市场也是新品迭出，有欧洲和日本普遍饮用的保健型酸奶，法国食品巨头达能公司在欧洲广泛推出的 Actimel 有益菌酸奶，以大豆为基础原料的健康酸奶，还有人向酸奶中加降低胆固醇的物质。可见液态奶的种类层出不穷，这也是它深得民心的原因之一。

（二）包装类型

1. 酸奶包装

酸奶由于其保质期相对鲜奶长一些，所以它在包装上不像鲜奶那样种类繁多，因此它的主要包装形式一直是塑杯包装，但为了适应市场发展，它也采取了一些别具一格的包装形式，如子母型双杯、儿童型联杯、多风味联杯包装、联杯加分层灌装及儿童棒装包装，据业内专家预测，这几种新颖的酸奶包装形式将成为未来 3～5 年内中国市场的主导潮流。除了塑杯外，酸奶包装还采用纸盒、塑料瓶、塑料袋等形式。

目前大家所看到的"小洋人"塑料瓶装酸奶为 BOPP（双向拉伸聚丙烯）瓶，这种瓶是东莞佳鸿机械制造有限公司自行开发的，为两步法双向拉伸 PP 瓶，可二次杀菌。BOPP 瓶具有优异的耐高温性，耐热温度超过 100℃，可经受超高温瞬时杀菌，也可以进行二次高温灭菌，瓶子不变形，且其质轻、高透明、耐低温性也好，适合北方低温气候环境下使用，不破碎。BOPP 瓶用于乳制品包装的货架期可以达一年以上，完全可满足产品的储存需求，并且它属环保型包装，回收方便、简单，废弃物可循环再造。

2. 鲜奶包装

鲜奶自然而然要追求饮用时的"鲜"味，而这种新鲜味道与营养价值的体现与包装是密不可分的，因此可以说鲜奶在一定程度上引导和促进了包装的发展。其包装形式多种多样，塑料袋被广泛应用，其他类型的包装也层出不穷。下面分别介绍几种鲜奶包装。

（1）鲜奶无菌包装

鲜奶无菌包装是指将经过灭菌的奶在无菌环境中包装，封闭在经过杀菌的承印物中，以期在不加防腐剂、不经冷藏条件下得到较长的货架寿命。它的主要优点是在保证无菌的条件下能最大限度的保留奶中原有的营养成分和风味，减少损失。塑料复合膜在保持产品风味、营养的同时进行无菌包装是一种理想的选择，采用这种形式的无菌包装的奶具有长保质期且无需冷藏，有助于以较低的成本将其运送至较远的地方。因此近几年无菌塑料袋包装和无菌杯式塑料瓶包装发展十分迅速，无菌袋包装主要采用 PET（聚酯）镀铝膜与 PE 复合，无菌杯式包装使用多层共挤片材 PP/PE/EVA（乙烯-醋酸乙烯共聚物）/PVDC（聚偏二氯乙烯）/PS（聚苯乙烯）。目前，国家已将液态奶无菌包装列为优先开发项目。可见，我国液态奶无菌包装具有极大的发展空间，市场前景广明。

(2) 屋顶型纸盒包装

屋顶型纸盒包装具独到的设计与特有的材质及结构，可防止氧气、水分的进出，对外来光线有良好的阻隔性；可保持盒内牛奶的鲜度，有效保存牛奶中丰富的维他命A和维他命B。这种包装是由国际纸业于1994年率先在中国市场引入的，凭借其纸盒包装的新颖、美观、卫生、环保，所装牛奶饮品的新鲜、营养、口味好等优点而受到广大消费者的认可，近年来，在国内冷链系统不断完善的基础上，屋顶型保鲜包装系统在中国市场的销售量有了很大幅度的提升。市场需求已经向屋顶型盒装奶生产企业发出了呼唤。

(3) 黑白膜

保鲜包装黑白膜的原材料是聚乙烯，一般需要3或4层，并加入黑白膜母料共挤复合而成，该包装具有独特的阻隔光线和氧气功能，产品包装成本低，符合环保要求，用三层共挤黑白奶膜包装的鲜奶其保质期可达20天。当然黑白膜质量的好坏在很大程度上取决于热封性能的优劣，目前看来戊金属线型低密聚乙烯(MLLDPE)做热封膜是最好的原料。用其制造的黑白膜能够保证鲜奶在自动包装线上具有较宽的热封温度范围，利于提高包装速度，并且在冷藏及运输过程中封口不易破裂。由于黑白膜的诸多优点，近年来已经在日本等发达国家继续流行，被大量地用于鲜奶的包装上。专家认为黑白膜复合包装将成为未来几年鲜奶包装的发展方向。

随着国民收入的不断上升，消费者饮奶习惯的不断提高和对饮品新鲜程度的日益关注，让消费者喝到真正新鲜营养的牛奶，以博得更多消费者的认可和喜爱是乳品生产者和包装厂商的最终目标。健康营养，风味独特的内容物是成功的基础，我们相信，在乳业公司和包装公司的共同努力下，具有优良保鲜功能和高营养价值的包装牛奶将会有更辉煌的明天。

作者单位：大连轻工业学院，印刷包装工程系，辽宁，大连，116034

中国烟包市场走势分析

对于年需求包装制品100多亿元的中国烟草包装市场，其需求走势如何？相信业内人士都非常关注。从中国烟草加快实施的“大企业、大市场、大品牌”总体战略来看，中国烟包市场的走势应该具备以下特点。

随着烟草大企业集团的逐步形成，卷烟品牌将超大幅度减少，烟包生产集中度趋高。

到2003年底，国内年产量10万箱以下的小烟厂将全部关闭，10～30万箱的烟厂也将在近两年内被30万箱以上规模的大卷烟厂兼并重组。全国180多家烟厂的生产计划将首先集中到由国家烟草专卖局确定的36家大型卷烟厂中，其卷烟牌号由过去的2000多个，缩减到200个左右。与此相适应，烟包制品的品种将大幅度减少，单品种的数量相应增加。这一改革进程预计到2005年底完成。

伴随第一步“关小强大”改革的同时，组建中国烟草大企业集团的序幕也已经拉开。以上海、云南、湖南等几个烟草强省(市)为龙头的跨地区兼并已在紧锣密鼓地实施。中国烟草最终会在2008年左右，通过市场和行政两只手，在国内组建起三个左右超大规模的、相互竞争的烟草集团，每个集团的年产量都在1000万箱以上，品牌集中在30个左右。届时，烟包生产集中度会进一步加大。

烟包生产市场竞争更加激烈，中小烟包生产企业将面临转产

目前全国专门生产烟包的企业在100家以上，其中烟草行业独资、控股和参股的包装印刷企业有30家左右。随着中国烟草集团化改革，预计烟草系统外的包装印刷企业面临的市场压力将越来越大，有些设备和技术相对落后的企业将面临转产。烟草行业自己的一些包装印刷企业，也将因技术、设备、管理等原因退出烟包市场。

烟包设计将向着“简约”和“豪华”两极发展

由于目前烟包在我国卷烟制造成本中所占比重比较大，在很大程度上削弱了我国卷烟与国外卷烟的竞争力，因此借鉴国外烟草的经验，国内务卷烟企业在主要品牌的烟标设计上将趋于向“简约”。以软包“红塔山”和软包“白沙”的设计为主要特点的大品

牌卷烟，将在我国卷烟市场唱主角。这一需求，对于“设备先进、技术精湛、实力强大”的烟草包装印刷企业比较有利。

但由于我国人口众多，消费层次复杂，文化背景和西方有较大的区别，卷烟作为礼品赠送是一种非常普遍现象。因此，只要卷烟不退出礼品市场，包装“精致、豪华”的卷烟肯定会有长期的需求。尽管这部分卷烟数量不大，但其包装利润率相对较高，对于“擅长设计和做礼品包装”的烟草包装印刷企业仍具有非常大的诱惑力。

绿色环保包装将成为卷烟企业开发新包装的热点。

由于社会对卷烟对人体健康危害性宣传越来越大，卷烟企业为提升自己的健康形象，将“绿色环保”包装作为卖点将会成为新的趋势。围绕材料最省，废弃物最少，最节约能源和资源，易于回收再利用和再循环，废弃物燃烧产生新能源但不产生二次污染；使用包装材料最少，并能自行分解，不污染环境，最大限度地保护自然环境，形成最少的废弃物和最低限度的环境污染等主题展开的卷烟包装新高潮将掀起。环保油墨和转镀铝卡纸等新材料的使用，将成为近期烟包生产市场的竞争热点。

行　业　简　讯

NEWS IN BRIEF

行业简讯
NEWS IN BRIEF

【我国成为世界商标大国】2002 年我国注册商标总量和注册商行申请量双双跃居世界前列，我国已成为世界商标大国。

国家工商总局副局长李东生在 2003 中国商标高层论坛上作出上述表示。2002 年，我国注册商标总量 166.5 万件，与 1982 年相比增长近 20 倍；注册商标申请量 37.2 万件，是 1982 年的 20 多倍。

李东生说，商标数量的增长，从一个方面体现出我国企业在运用商标品牌战略促进自我发展方面已取得了明显的进步和可喜的成绩。他说，加入世界贸易组织为我国企业进入国际市场提供了前所未有的极好条件，能否利用这个条件开拓、占领国际市场，商标作为利器的作用至关重要，无论是国内市场的商战还是国际市场的商战，高知名度的商标已成为胜败的重要因素。

在商标数量大幅增加的同时，为完善商标法制，适应社会主义市场经济的需要，2001 年 12 月我国新《商标法》颁布实施。2002 年 9 月，根据新《商标法》制定的《商标法实施条例》正式施行。

【国内最大两套石化装置在宁开建】日本东洋工程公司承建的扬巴一体化目丁辛醇联合装置和丙烯酸酯联合装置开工仪式在南京举行。至此，扬巴一体化项目的大部分生产装置及其配套工程进入开工建设阶段。

扬巴一体化是我国政府批准建设的第一个特大型合资石化项目，由中国石化和德国巴斯夫公司共同建设，总投资 29 亿美元。项目由 9 套生产装置及其配套的基础设施组成，其中，年产 25 万吨的丁辛醇联合装置和年产 16 万吨的丙烯酸、21.5 万吨的丙烯酸酯装置是该项目的主要生产装置。这两套联合装置均具有世界规模，在目前国内同类装置中为最大。

扬巴一体化丁辛醇和丙烯酸酯两套联合装置的开工建设，将大大缓解这两大紧俏产品的市场供求状况。

【青岛前湾今年吞吐量将过亿吨】随着 2002 年外贸集装箱航线西移成功，青岛港煤、油、矿、箱四大货种运输重心已全部转移至西海岸。去年，青岛港在西海岸实现的吞吐量已达 9149 万吨，占全港吞吐量可望达 1.3 亿吨；其中在西海岸的吞吐量可望达 1.1 亿吨左右，一个现代化亿吨港口将在西海岸崛起。

目前，青岛港在西海岸的港区包括黄岛油港、前港、明港和西港。四大港区承担了原油、矿石、煤炭、集装箱和少量杂货的运输任务。去年，青岛港新老港区矿石吞吐量达 3337 吨，成为港口吞吐的第一大货种；原油吞吐量达 2658 万吨，成为全国第一大原油进口港；另外，去年青岛港在西海岸的煤炭吞吐量也高达 1700 多万吨，继续保持了较强增势。据介绍；上述三大货种近 90％的吞吐量基本在西海岸实现。与此同时，随着青岛港外贸集装箱航线的成功西移，去年青岛港在前湾新港区实现外留集装箱吞吐量 170 万标准箱，较上一年新增 150 万标准箱。

根据青岛港目前的发展态势测箱，四大货种今年在西海岸的吞吐量将继续保持稳定增长，特别是外留集装箱今年预计在新港区完成 320 万标准箱以上，仅此一项，就将新增吞吐量 1300 万吨左右。因此可以说，今年前湾新港区吞吐量过亿吨已成定局。

【云南省一次性医疗器械将全部使用新包装】从 7 月 1 日起，云南省所有正式注册的一次性医疗器械将全部使用新包装。

去年，云南省药监局共查封了一次性注射器 17 万支；一次性小儿定量输液器 5.6 万副，没收非法所得 43 万元，罚款 151.02 万元；对全省 51 家一次性使用无菌医疗器械经营进行了检查，取消了 15 家不具条件的企业经营资格，责令 16 家企业限期整改。与此同时，云南省医疗器械生产企业已完成 130 个注册证的发证工作，并要求这些企业于 7 月 1 日以起全部使用新包装。

【浙江散装水泥年效益近 11 亿】1 月 14 日召开的浙江省散装水泥工作会议上传出信息，2002 年全省散装水泥供应量超过 2400 万吨，已连续三年位居全国首位；散装水泥供应率已占 40％。据专家测算，2002 年该省因此节约水泥包装纸袋 14.63 万吨，折合节约优质木材 80.40 万立方米，全省因供应使用散装水泥而产生的综合经济效益达到 10.98 亿元。

水泥散装一直为国际同行所关注，散装率的高低从一个侧面反映出一个国家的经济发达程度。使用散装水泥，不仅可节约能源、保护环境，还是一条可持续发展的新型工业化道路。目前，浙江省水泥主产地的城市市区和重点工程，散装水泥的平均使用率已达到70%以上，达到国际先进水平，其中杭州散装水泥的使用率已超过90%

【四川高档塑料包装材料发展强劲】随着我国西部大开发战略的实施，以及加入WTO这两项重大举措的推进，地处西南腹地的四川在近两年中，高档塑料包装材料发展强劲。其主要表现在以下方面：

(1) 2001年3月，在成都高新区（国家级）由成都东盛包装材料有限公司（广东佛山塑料集团有限公司和香港冠山公司合资组建）总投资2.2亿元，引进国外先进生产设备和技术，破土动工新建了一条年产2.5万吨BOPP生产线，该线已于2002年10月建成投产。

(2) 2002年10月，四川中达新材料有限公司（属南京中达集团于公司）在成都技术开发区（国家级）总投资5.8亿元，引进国外BOPP先进设备和技术，破土动工新建一条年产3.2万吨BOPP薄膜项目。该项目建成后，将填补西部空白，以满足四川和西部省区对该高档包装材料的需求。

【平阳县塑料包装协会实践“三个代表”重要思想，推动行业发展】浙江省平阳县塑料包装协会在当地政府的有力支持下，努力为会员单位和广大塑编企业服务，为行业、为企业办实事、办好事，受到企业一致好评。

协会配合政府相关部门，组织申报“中国塑编之都”，经中国轻工联合会和中国塑料加工工业协会批准其落户温州。塑编水泥袋是平阳塑编业的拳头产品，协会组织相关企业参加标准的修订和新标准的宣传贯彻，使企业真正掌握标准修订内容和注意事项。为开拓视野，扩大产品市场占有率，协会组织企业积极参加国内大型展销会，策划“中国塑编城——温州·萧江”品牌，取得很大成功。协会督促企业加强安全生产，立足防范、强化检查、狠抓整改，确保生产安全。协会编发了《平阳塑料包装》内部刊物，向企业传递信息、技术、动态和资料；还帮助企业培训计算机管理人员，邀请专业人员为企业提供网络技术服务……

平阳县塑料包装协会在党的十六大精神鼓舞下，决心进一步加强协会服务功能，聚精会神支持企业搞建设、谋发展，认真抓好萧江工业园区二期工程项目，努力开发新产品，提高产品质量，创建“诚信平阳”，再创平阳塑编产业新辉煌。

【陕西北人印机被金融机构评为陕西首批诚信企业】经在陕注册的政策性银行、商业银行、资产管理公司、陕西省邮政储汇局等24家金融单位推荐评审定，陕西北人印刷机械有限责任公司等172户企业被评为陕西省首批诚信企业。

陕西北人印机公司是我国凹印、特印制造业的惟一支柱企业，也是西部最大的印刷包装装潢机械专业生产基地。面对现实生活中诚信的屡屡缺失，面对企业信誉度遇到的种种挑战，他们提出了“诚信经营，技术领先，精益管理，学习创新”的经营新理念，并确立了“人无信不立，企业无信不兴”的思想，坚守诚信原则，做到信用交易，以上乘的产品和服务质量，赢得了市场。企业主导产品AXJ机组式凹印机评为“全国用户满意产品”、公司荣获了陕西省“先进集体”、“重合同守信用”、“中国包装200强”企业称号，经济效益连续7年创历史新高。

陕西北人印机公司会同陕西省首批诚信企业联合发出诚信经营倡议书，增强诚信意识，恪守信用承诺，依法合规经营，维护市场秩序。

【食品药品施心工程对包装有明确要求包装材料必须由国家指定检验机械检验】由国家食品药品监督管理局牵头，公安部、农业部、卫生部、工商总避、质检总局、海关总署共同制定的《食品药品放心工程实施方案》正式启动。

在“放心工程”中，国家质检总局担负着全面推进加工食品质量安全准入制度，认真开展食品质量监督抽查，强制检验和计量督察工作，在这其中有一项是对包装方面进行审查。为此，记者采访了质检总局准入处，请他们谈一谈对包装方面的要求。“放心工程”对包装的要求是根据国家现行政策标准，要求包装无毒、无害，对包装材料的采购须严格把关，同时必须有国家指定检验机械出具的证明。包装企业不管是自身生产的原材料，还是购进的原材料，在包装食品和药品之前必须有国家指定检测机械出具的证明。

“放心工程”是根据《国务院办公厅关于实施食品药品放心工程的通知》和吴仪副总理关于专项整治要体现“专”和“实”的指示精神，结合管理职责，制定并实施的“放心工程”从7月下旬到12月中旬分三个阶段实施，最后由食品药品监督管理局进行汇总上报国务院。

【“零关税”广东印刷业的新机遇】《内地与香港更紧密经贸关系的安排》六项附件在香港签署，据此，从2004年1月1日起内地对273个税目的香港产品实行零关税，这其中就包括印刷制品、印刷纸制品、印刷油墨。广东省出版进出口公司有关负责人向记者表示，从CEPA的内容看，附件的签署对广东印刷业的发展绝对是个很好的机遇。它与广东建设文化大省的目标互相呼应，将大大有助于打造珠三角国际印刷中刁。

这位负责人认为，“原产地”为香港的印刷制品不多，进入广东的香港的印刷制品不多，进入广东的更是少之又少。因此，在印刷制品这一块，即使香港的印刷制品以零关税进入内地市场，也不会给广东的印刷制品市场带来冲击。

该负责人还认为，香港的印刷纸制品、印刷油墨产品能以零关税进来，对广东的印刷业发展来说是一个很好的机遇。因为广东的印刷业一直希望能以相对低廉的价格进口纸制品和印刷油墨等原材料，香港的印刷原材料能以零关税进来，有助于广东印刷业进口原材料成本的下降。当然，价格低廉质量又好的进口货品进来后，将对一些质量差的油墨厂家、纸制品厂家造成冲击，但对广东整个印刷业的发展是有好处的。

【“同方威视”集装箱检查系统行销五大洲】清华“同方威视”集装箱检查系统在澳大利亚墨尔本港正式运行，开创了我国拥有自主知识产权的大型成套高科技产品出口发达国家的先河。“同方威视”集装箱检查系统目前已遍布五大洲的10多个国家，出口合同额达6亿多元。

由清华大学承担的国家“八五”科技攻关项目“大型集装箱检查系统”在1996年通过了国家验收，使我国成为继法国、德国、英国之后第四个拥有这一技术的国家。1999年5月“同方威视”车载移动式集装箱/车辆检查系统研制成功，这是世界上首次采用电子直线加速器为辐射源的车载移动式系统。

这种系统具有能量大、成像清晰、辐射剂量小等优点，一次检查对人体的辐射影响仅相当于一次医疗X光检测的1/100。

在国内大规模装备“同方威视”产品，使我国成为装备集装箱检查系统数量最多的国家的同时，同方威视公司积极开拓海外市场，改变了自上世纪90年代中期以来德国公司在国集装箱检查设备市场上“一枝独秀”、“一强独大”的格局，形成了德国、美国、中国三国公司“三足鼎立”、“三分天下”的新局面。作为同行中唯一一家对产品拥有全部核心技术自主知识产权的企业，同方威视公司成功地将这一优势转化成技术、质量、服务和价格等方面优势，充分利用国家的有关优惠政策，在国外公司已经划分好势力范围的海外市场上取得突破，进而逐步在世界上多个国家和地区赢得市场主动。

【罐头厂身份协会审发】经国家经贸委批准，中国罐头工业协会将对我国罐头厂代号进行后续管理。这意味“罐头厂代号”由过去的行政审批项目过渡成为行业自律工具。

国家经贸委有关文件指出，对罐头厂代号进行后续管理，旨在保护其品版效应及在国内外市场上已有的良好影响，利用罐头厂代号营造行业的有序环境，增强行业自律能力，并根据新的罐头厂代号管理办法，不断提高行业整体技术水平和产品质量。中罐协有关负责人表示，罐头厂代号审批将坚持严格审核、不收取审批费用等做法，杜绝乱收费现象。

【青岛市消协发布2003年第一号消费警示】保健品冒充药品卖，一种普通的钙片，却被吹嘘成能“迅速补充体内钙含量，提高免疫力”。就目前市场上存在的保健品问题，青岛市消费者协在发布2003年第一号消费警示：买保健品看清包装上的“食健字”。

青岛市消费者协会根据近期消费投诉，发现青岛市目前的保健品市场存在以下问题：保健品在标签、说明书和广告中宣传疗效作用，虚假宣传、扩大功效等。消协提醒消费者，保健品不是用来治病的，它只是对特定人群起调节机体功能的作用。消费者在购买保健品时，应注意包装盒上的批准号“食健字”，有此字样的保健品才是正规产品，而有“药准字”字样的是药品不是保健品。

【海德堡美国公司获2003年度NAPL行业大奖】在NAPL2003年高层管理会议上，NAPL将今年的行业大奖颁发给了海德堡美国公司的总裁和CEO Niels M. Winther先生。

海德堡美国公司有众多的高端产品，从单张纸胶印、轮转胶印、数字印刷机、印前设备到印后加工设备，如裁切、折页、装订以及配页等。

海德堡公司还推动印前、印刷和印后设备之间的集成，并通过海德堡印刷媒体学院来延伸行业的基础知识。同时，还通过资助促进行业的教育，如支持 NAPL 的印刷经济研究中心(PERC)对印刷经济调研和调查报告的开展，核心出版物有“经济前沿”小册子，行业状态报告等。

NAPL(美国印刷协会)行业大奖主要授予那些对图像传播行业的进步作出杰出贡献的设备制造商。

【渭南市政府投巨资进行林纸一体化建设】为改善陕西渭南的生态环境，推动当地经济发展，渭南市政府与西安中富集团公司、香港国林纸公司合作，投资 40 亿元进行林纸一体化建设。

林纸一体化项目将用 5～6 年时间完成，利用道路两侧，灌渠两侧、沙滩地、坡耕地等，营造速生林 180 万亩，建设年产 30 万吨的纸浆加工厂、10 万吨造纸厂以及 30 万立方米的板材加工厂。据有关部门评估，项目建成后，每年产值将达 100 个亿，占渭南现在 GDP180 个亿的一半还多。目前已掀起了营造速生林的热潮。

【红河光明输掉“红河”商标】据《京华时报》，北京市一中院对云南红河光明股份有限公司状告国家工商总局商标评审委“违法”注册“红河”商标一案作出一审判决，认定评审委为济南红河饮料制剂经营部注册“红河”商标的裁定合法。

济南红河饮料制剂经营部是“红河”商标的商标权人，他们去年起诉云南红河光明公司在其生产的啤酒瓶上使用了“红河”字样的商标，侵犯了他们的商标权。红河光明公司认为，根据 1993 年修订后的商标法规定，县级以上行政区划的地名或者公众知晓的外国地名，不得作为商标，但是地名具有其他含义的除外。红河光明认为，红河是云支省的州县名称，不能成为注册商标。于是，在向商标廉政审委提出了撤销“红河”商标的申请被驳回后，向法院起诉。

庭审时，商标评审委端出了《辞海》、《世界地图册》和《中国地图册》，证明红河是我国对越南境内的该河流的称谓和名称翻译。红河能够使人理解为是一条河流。法院经审理后认定了商评委的说法，驳回云南红河的诉讼请示。

【书刊印刷两级定点制度将取消】新闻出版总署于 1991 年 1 月 1 日颁布实施的书刊印刷定点制度即将取消。这是继续种行业审批制度取消后的又一新的被取消的印刷业行政审批项目。

定点制度取消后，新闻出版总署将对印刷企业进行分级分类管理，按周期进行评审。

【二胶再次进入“河南工业百强企业”行列】河南省政府召开新闻发布会，公布了“2002 年度河南省工业综合实力百强企业”名单，中国最大的印刷感光材料生产企业——乐凯集团第二胶片厂再次进入“河南省综合实力百强企业”行列，其次位由 2001 年度 的第 54 位上升到第 51 位。

为使河南骨干工业企业做强做大，培育和造就一批有影响的优势企业群体，带动河南工业整体素质提高，河南省统计局遵循客观、公正、科学和可操作性的原则，以工业企业统计资料为依据，选取能够综合体现企业规模和效益整体情况的销售收入、利润总额、税金总额和工业经济效益综合指数四项指示，对全省规模以上的工业企业进行综合评价，排出了“河南工业综合百强企业”位次。据了解，2002 年，第二胶片厂全体员工在厂新一届领导班子的带领下，艰苦奋斗，团结拼搏，生产经营和建设发展等都取得了显著成绩。与上年同期相比，产销规模增长超亿元，销售收入、实现利润分别增长 20.51%、98.96%。

【我国有九件包装作品荣获[2003 世界之星]】由世界包装组织(WPO)举办的“2003 世界之屋”(WorldStar 2003)包装设计奖评比大会于 10 月 17 日在埃及开罗隆重举行。世界各国和地区选送的 317 件包装设计作品参加了角逐。

中国出口商品包装研究所作为世界包装组织(WPO)的理事成员，由赵红军副所长参加了此次评选大会，并携带了 5 件包装作品参加了评选。经过角逐，中国出口商品包装研究所携带的 5 件作品，其中 4 件作品荣获了“2003 世界之星”(WorldStar2003)包装设计大奖。它们是由深圳九星印刷包装中心谢代森设计，内蒙古奥淳酒业有限公司使用的“奥淳”酒包装；由深圳柏星龙包装设计有限公司刘文设计，承德板城烧锅酒业有限公司使用的“板城烧锅”酒包装；由中国包装进出口贵州公司马侃、贵州省茅台酒股份有限公司马侃、贵州省茅台酒股份有限公司使用的“茅台礼盒纪念酒系列”包装；由刘坤、李建华、郭宝华、黄雪共同设计，北京托尔福科技开发有限公司和中国出口商品包装研究所共同开发选送的运输包装“全纸托盘”。

【岳阳林纸利润过亿　员工收入五年翻番】10 月 1 日起，湖南省岳阳林纸集团本部所有中低收入员工全部增加工资，集团承诺，每位员工月收入要达到千元以上。

湖南省岳阳林纸集团的前身为岳阳造纸厂，曾经是全国十大胶印书刊纸基地之一。由于管理不善，曾负债累累。1998 年新人领导班子上任，7 次掀起观念转变大讨论，全面深化企业改革，营造全新经营理念，生产形势红红火火。5 年来，公司先后将岳阳市困难企业岳阳市木材总公司、城陵矶港务总公司以及沅江造纸厂、冷水滩造纸厂纳入旗下，通过建立现代企业制度，输入岳纸文化管理理念，使四家企业快速扭亏为盈。公司本部仅五年时间，纸产量由 7 万吨上升到 26 万吨，利税由四千万元/年，上升到 2.4 亿元/年，并已连续两年实现利润过亿元。

【15 亿纸浆项目落户四川眉山】在厦门市召开的第七届中国投资贸易洽谈会上，四川代表团的第一单就在厦门鑫安宾馆敲定。由四川省眉山市东坡区与福建省建阳明珠纸业有限公司总投资 15 亿元，建 20 万吨漂白纸浆项目正式签定，这也是眉山市从福建引进的最大一笔投资项目。

据悉，福建明珠纸业拥有 3 家纸厂，现已具备 15 万吨中、高档纸生产能力。该公司对四川眉山市及周边丰富的竹资源产生了浓厚的兴趣，早在 5 个月前双方进行了深入接触，为这次正式签定奠定了良好基础。

该项目的实施，有利于促进当地农业产业结构的调整，具有很好的经济效益、社会效益和环保效益。该项目生产工艺采取间歇式蒸煮臭氧漂白新工艺，吨纸耗水量仅 5 吨。据有关专家介绍，该项目建设符合国家产业政策和造纸工业发展规划，产品技术含量高、污染治理好，市场潜力大。

【武汉打造中部地区最大包装基地】今年，武汉包装业产值将达 100 亿元，位居全国第六。武汉市将利用坚实的包装工业基础和科研实力，以及当地独特的区域优势，打造国内中部地区最大的包装生产基地。

据武汉市包装工业办公室介绍，武汉的食品、医药生物、服装等传统制造业比较发达。近年来，统一、康师傅、可口可乐、百事可乐等知名食品饮料企业落户武汉。按照武汉市"十五"规划，"武汉 · 中国光谷"生产的产品产值将达到 1000 亿元，而由此带来的包装产值将在 100 亿元人民币以上。小天鹅、海尔、NEC、JVC 等国内外知名企业在武汉投资建厂，这些都为武汉的包装行业带来商机。

【辽宁省开展假冒进口商品的专项整治行动】记者从辽宁省工商局或悉，从 2003 年 2 月 1 日起，对假冒进口商品的虚假行为进行专项整治。

检查的重点商品有：服装、家用电器、计算机、钟表、照相器材、化妆品、果品、高档家具以及装饰材料。检查的主要内容和处罚依据是：1. 经销商假冒外国知名企业的注册商标行为；2. 擅自使用外国知名企业商品的名称、包装、装潢的行为；3. 伪造产地、伪造产地、伪造或冒用认证标志、名优标志等质量标志行为；4. 将国产商品冒充进口商品销售的行为；5. 其他侵犯国外知名企业知识产权等不正当行为。

目前，辽宁省工商局已将该项工作以辽工商发〔2003〕2 号文件下发全省各市，并已经进行了部署。文件要求，整治工作必须突出重点，集中查处，严格执法，做到有法必依、执法和严、建法必究。同时，还要依靠社会监督和舆论监督的力量，选择典型案例公开曝光。记者将对专项整治行动进行跟踪报道。

【中国造纸印染等五大行业取水定额国家标准发布】中国国家经贸委和国家标准化管理委员会联合发布了中国的电力、石油石化、钢铁、造纸、印染五个重点行业取水定额国家标准。

据悉，中国的工业用水主要集中在电力、石油石化、钢铁、造纸、印染五个重点行业，在 1999 年期间，这五大行业的取水量达到 772 亿立方米，占全部工业取水量的 66.6%。而此次发布的五个重点行业取水定额国家标准将于 2005 年元旦起正式实施。专家测算，5 个重点行业的取水量如果能达到国家标准，每年可节约新水 60 亿立方米，约占目前全国工业取水量的 17%。

【海南小木片俏销国际大市场】小小木片成了国际市场的抢手货，去年海南省林业总公司共出口木麻黄及桉树切片 13.2 万吨，创汇 1183 万美元，分别比上年增长 33%和 10%。主要销往日本、韩国等国家和台湾地区。

据了解，木片是制造纸浆的主要原料，随着浆纸业的迅速发展，国际市场对木片的需求量增。去年海南省木片出口保持大幅增长，主要得益于市场的开拓和出口品种的优化。

多年来，海南省出口木片主要以桉树切片为主，大部分产品销往日本，为提高该省木片的国际市场占有率，海南省林业总公司在稳定原料基地的同时，大力开拓国际市场，把经营触角伸向韩国，与韩国东海纸浆株式会社签订了长期购销合同。去年冬交会，双方签订了 10 万吨木麻黄切片出口合同，合同金额 940 万美元，韩国客商迄今已投资 1000 多万元与省林业总公司合作造林，在岛东林场及儋州林场营造浆纸用材林木麻黄5万多亩，建立了稳固的出口原料基地，去年销往韩国的木片增加了2万多吨。目前，海南省已建成各类速生丰产林基地70多万亩，出口木片树种也由原来单一的桉树转为以木麻黄为主，木麻黄占出口量的六成以上。

据了解，5年来海南省木片出口达61.5万吨，创汇5810万美元，成为该省林业产业的一大亮点。

【卫生部将出台散装食品卫生规定】记者从卫生部获悉，有关散装食品的卫生规定将正式出台。

据了解，在卫生部即将出台的有关散装食品卫生的规定中将提出，对于直接入口和不需要清洗即可加工食用的食品，必须具有最小销售包装字迹清晰的标签，标签应至少标明产品名称、生产企业名称、厂址、生产日期、保质期、保存条件，以保证消费者对产品质量的知性权，一旦出现问题也能追根溯源。对于在超市商场专门区域内销售的直接入口的食品，要直接来自于有卫生许可证的食品生产经营单位。另外，销售区域不得暴露于顾客所及范围之内，并应设有相应的洗涤、消毒、储存等设备，生熟食品不得在同一区域销售。

【中国市场纸浆现货价飞速上升】从2月10日中国农历新年的假期结束后，纸浆市场的现货价格就飞速上升。一些投机商试图利用强大的需求量来赚钱，是使浆价上升的主要原因。

中国市场上北方漂白软木牛皮浆的现货价每吨上升了美元40～50，辐射松浆价每吨上升了美元40～70，而印度尼西亚混合热带硬木浆的价格每吨攀升了美元20～50。

目前中国市场上纸浆的需求量非常大，到3月份的一些装船单已经订满。但有消息来源显示，目前的价格涨幅过快，购买者对此较为担忧，纸张及纸板的价格也没有相应的跟着上升，这意味着提价不可能保持太久。

在韩国，现货市场的购买力十分薄弱，主要是由于消费者已在1月份价格较低的时候就购进了大量商品以填补他们的库存量。

【20项药品包装标准颁布实施】国家药品监督管理局颁布实施的第一批低密度聚乙烯输液瓶等14项直接接触药品的包装材料和容器标准已于2002年12月1日起正式实行。第二批药用铝箔等20项新标准已经制、修订完毕，并于2003年4月1日起正式实施。

新标准包括了药用铝箔、塑料膜、片、袋、药用玻璃等药品包装材料，包装领域覆盖了药品粉针剂、水针剂、输液剂、片剂及软膏类。

新标准中的很多产品采用了ISO标准，药用玻璃中增加了《硼硅玻璃管制注射剂瓶》和《硼硅玻璃安瓿》，这两个产品都是国际中性玻璃，是同国际标准接轨的产品标准。

随着第一批和第二批共34个标准的发布实施，已初步形成了直接接触药品的药包材产品标准体系的框架。

【我国无菌包装市场前景广阔】据粗略统计，目前国内有各种食品包装中所占的比例还不大，比起国际上无菌包装在液体食品所占的比例——大包装超过80%、小包装超过50%，我国的无菌包装还有很大的发展空间。

无菌大包装主要面向原料市场，解决原料产地果蔬的储存和运输问题；而面向广大消费者的是小包装，其设备生产技术与大包装相类似，但包装机增加了包材杀菌、纸合成型等工序。我国包装企业要在市场上站住脚，有发展，还得从质量与可靠性方面下功夫，做到“横向宽、纵向深”、企业做市场，做销售要向大的方向发展，敢于承包工程项目，做交钥匙工程，以及与相关企业联手合作，抓机遇，抢市场，在技术上，要有深度，发挥企业的优势，不求面面俱到，但求精益求精，真正做到设备性能、质量无可挑剔。

近几年，我国牛奶的消费逐渐增加，国产乳品市场将会有重大的发展。在很多产品中，如利乐包、屋顶包和聚酯瓶，包装成本偏高，不适合我国普遍家庭的经济现状，而小袋无菌包则不然，其价格较便宜、产品风味好，而且在常温下保存时间长，生产厂家、商场也会很欢迎这种设备及其产品。该产品不仅克服了生产地域的限制，而且还去掉了运输过程中所需的冷链，有利于市场拓展。

【河南专项检查牛奶包装和销售】河南省卫生厅组织各级卫生部门在全省范围内开展牛奶包装和销售的专项检查，同时杜绝散装奶在市场上出售。

据河南省卫生厅有关专家介绍，现在有很多包装上标注为“纯牛奶”的饮品，其实是以奶粉加工而成的复原乳，复原乳的营养成分比纯牛奶要低。《中华人民共和国食品卫生法》、《国家牛奶卫生标准》和卫生部颁布的《乳与乳制品卫生管理办法》规定，在复原乳的产品标签和说明书上必须强制性标注“复原乳”，让消费者明白消费。但是有些牛奶生产厂家为了赚取经济利益，不正确标注产品属性，而是将

“复原乳”标注为纯牛奶，以吸引更多消费者前来购买。

为此，省卫生厅组织全省各级卫生部门，开始专项检查，目标锁定为查看牛奶生产企业的产品原料、生产工艺、成品包装、在牛奶加工过程中是否使用非法食品添加剂、复原乳产品包装上是否明确标示了“复原乳”字样。同时，还将重点检查散装牛奶，禁止将散装牛奶直接销售给消费者。据了解，如果在检查中发现不合格产品，卫生部门将及时向社会公布，让消费者能够买到安全放心的牛奶。

【印刷品承印管理规定已于2003年9月1日起开始实施】为规范印刷业经营者的印刷经营行为，健全承接印刷品管理制度，促进印刷健康发展，新闻出版总署署长石宗源和公安部部长周永康联合签署命令，我国印刷行业又一项重要的规章——《印刷品承印管理规定》出台，并于9月1日起实施。

此次颁布的《印刷品承印管理规定》是根据《印刷业管理条例》制定的，总共分七章26条。该《规定》明确要求，印刷业经营者从事印刷经营活动，应当建立健全承印验证制度、承印登记制度、印刷品保管制度、印刷品交付制度、印刷活件残次品销毁制度等管理制度。即印刷业经营者接受委托印刷各种印刷品时，应当依照《印刷业管理条例》等法规、规章的规定，验证委印单位及委印人的证明文件，收存相应的复印件备查；承印的印刷品，按其种类在《出版物印刷登记簿》等上进行登记，写明委托印刷单位及委印人的名称、住址、经手人的姓名、身份证号码和联系电话，委托印刷的印刷品的名称、数量、交货日期等；对承印印件的原稿（或电子文档）、校样、印版、底片、半成品、成品及印刷品的样本应当妥善保管，不得损毁；必须严格按照印刷委托书或者委托证明规定的印数印刷，不得擅自加印；对印刷活动中产生的残次品，应当按实际数量登记造册，对不能修复并履行交付的，应当予以销毁，属于国家秘密载体或者特种印刷品的，应当根据国家有关规定及时销毁等。

《规定》指出，印刷业经营者在执行上述各项管理制度时，应当指定专人负责，严格把关，建档立卷，以备查验。印刷业经营者法定代表人或者主要负责人负责本企业、本单位各项管理制度的组织实施。

《规定》明确指出，县级以上地方人民政府负责出版管理的行政部门、公安部门，指导本行政区域内印刷业经营者建立各项管理制度，并负责监督检查印刷业经营者各项管理制度的实施情况。同时，《规定》还要求，印刷业经营者在印刷经营活动中发现违法犯罪行为，应当及时向所在地公安部门、出版行政部门报告等。

【我国发布实施14项国家药品包装材料试行标准】我国国家药品监督管理局发布的《关于颁布低密度聚乙烯输液瓶等14项国家药包材标准（试行）的通知》正式实施。

《通知》指出，为加强直接接触药品的包装材料和容器的监督管理，《药品管理法》已将药包材纳入药品监督管理的范畴，根据《药品管理法》及我国药包材发展的实际情况，参考国际上药包材同类标准，组织药典委员会及有关专家对药包材国家标准进行制订和修订工作，第一批低密度聚乙烯输液瓶等14项标准（试行）开始正式施行。

新标准施行前生产的药包材仍按原标准执行并检验，2002年12月1日起按新标准组织生产和检验，未修订标准的药包材产品仍按原标准执行，未制订国家标准的产品按《药品包装用材料和容器管理办法》（国家药品监督局21号令）有关规定；按产品注册程序申报，产品应取得《药包材注册证》后才能使用。国家药监局将继续组织其他药包材标准的制订。颁布新的药包材标准是国家为保证药包材质量，保证药品的安全有效，是我国药品生产企业使用药包材、药包材企业生产药包材和药品监督部门检验药包材的法定依据。

【我国条码工作五年内将有大突破】从中国标准化研究院揭牌仪式上了解到，我国条码工作在五年内将有大的应用突破。据悉，中国标准化研究院将切实贯彻实施《中国条码推进工程计划纲要》，加速条码在各个领域的应用，争取在五年的时间内，使条码工作实现较大的应用突破。同时，在代码工作方面，加快代码立法，切实搞好法人单位基础数据库的建设，拓宽代码赋码范围，在金关、金财、金税、金质、金融工程中有实质性应用。

中国标准化研究院是在原中国标准研究中心的基础上组建的，其主要职能是针对我国经济发展的应需要，深入研究国际标准化总体发展动态和发展战略。

【我国对17种商品实施反倾销保障】自1998年7月10日我国首次对原产于加拿大、韩国和美国的新闻纸征收反倾销税以来，到目前为止，我国已对原产于日、韩、欧盟等25个国家或地区的新闻纸、不锈钢冷轧薄板等17种商品实行临时反倾销措施或征收反倾销税。

海关提醒企业，凡进口经营单位（收货人或其代理人）申报进口反倾销商品，必须向海关提交原产地证明，如果原产地为设限国家的，还需提供原厂商发票对于实施临时反倾销措施之后缴纳的现金保证金，转为征收反倾销税后，超出按所列税率计算的反倾销税及相应的进口环节增值税的部分，相关单位应自反倾销公告规定征收之日起6个月内向征收地海关申请退还，不足部分不再补征。

【中国到2015年纸业投资需4900亿元】中国造纸协会常务副理事长曹朴芳透露，我国到2015年纸及纸板消费总量将达到8000万吨以上，造纸业需要投资约4900亿元。

据介绍，目前，我国纸和纸板的消费量约为3350万吨，人均年消费量为26.5公斤，人均消费仅及世界平均消费水平的一半。到2005年，我国的纸及纸板消费量预计将达5000万吨以上，达到人均消费38公斤，是目前亚洲平均消费水平。而要达到目前世界平均消费水平，我国大约是在2015年，消费总量将在8000万吨以上。

曹朴芳认为，从现在到2015年，我国纸和纸板需新增生产能力4300万吨，新增纸浆生产能力430万吨。其中到2005年，需新增纸和纸板生产能力1400万吨，新增纸浆生产能力1500万吨，估算投资额需1600亿元。如果到2015年我国纸和纸板消费量达到8000万吨以上，则需投资4900亿元，每年平均约需320亿元的投资。

当前造纸业投资额年平均约100亿元。对于资金密集型的造纸行业来说，资金短缺已成为制约造纸业发展的瓶颈。面对巨大的资金缺口，应积极研究造纸行业的融资渠道和融资方式，努力向投资主体多元化、资本结构多样化、资金来源多渠道方向发展，调整造纸业的投资结构，解决造纸业资金短缺问题。

【2004年进口港产纸制品享受零关税】在关部门签署的《内地与香港关于建立更紧密经贸关系的安排》中明确，香港将继续对所有原产内地的进口货物实行零关税，不对该等货品实施限制性贸易法规。与此同时，内地将自2004年1月1日起，对原产香港进口金额较大的273个税目的产品，实行零关税

据悉，这273个税目的原产地标准，于2004年1月1日前磋商确定，产品包括电机及电子产品、塑胶产品、纸制品、纺织及成衣制品、化学制品、药物、钏表、首饰、化妆品及金属制品等。

《安排》中还规定，内地将不迟于2006年1月1日对以上273种以外原产香港的进口货物实行零关税。

《安排》还要求，双方将不对原产于对方的进口货物采取与世界贸易组织规则不相符的非关税措施；内地将不对原产于香港的进口货物实行关税配额。双方将不对原产于对方的进口货物采取反倾销和反补贴措施，如因《安排》的实施造成一方对原产于另一方的某项产品的进口激增，并对该方同类产业造成严重损害或严重损害威胁，该方可在通知对方后临时性中止该项产品的进口优惠，并应另一方的要求开始磋商，以达成协议。

【黑龙江省开始发放“危化品”包装生产许可证】10月23日，在黑龙江省技术监督局的委托下，黑龙江省包协召集了部分黑龙江包装企业进行了全省危险化学品包装物及容器生产许可证实施细则的宣传工作会。黑龙江省涉及生产危险化学品包装物及容器的企业约150多户，主要是塑料编织袋类、塑料中空容器类及金属容器类。

按照国家质检部局的工作部署和危险化学品包装物及容器生产许可证实施要求，黑龙江省自2003年10月25日开始组织危险化学品包装物及包装容器生产企业进行许可证的申报工作，对于符合申报条件的企业由省工业产品生产许可证办公室开据《生产许可证受理通知书》，随后按条例规定进行发放。

为确保审查工作的有效进行，省技术监督局研究决定，由省包装技术协会和省石化局及包装检验技术机械等推荐审查人员，经参加国家质检总局所组织的培训班考核合格后，取得相应的国家注册审查员资格，才能从事此项工作的审查。同时要求省包协多推荐熟悉包装物和包装容器生产管理知识的人员，掌握危险化学品包装物及容器产品生主许可证实施细则的人员参加审查员的培训，以确保工作有序进行。

黑龙江省生产危险化学品的企业100多家，产品约431种。包装这些危险化学品包装物量也很大。省包协秘书长郭滨在会上强调：凡是从事生产危险化学品包装物及容器的企业，都应按照法律法规的要求认真申报，无论企业性质如何，即使通过了ISO 9000质量管理体系认证的企业也不例外。另外，作为省包协要做好桥梁和纽带的作用，服务于政府，服

务于企业，协助县省技术监督中开展好这项工作。

【按需短版印刷成为印刷市场新的盈利点】随着国内出版业市场逐步放开，图书出版印刷行业正发生着一些重要的变化，短版印刷开始受到业界的关注；商类短版印刷业务也正快速增长。按需短版印刷已成为印刷类的一个发展方向，也将成为市场内的新盈利点。

按短版需印刷是一种全新的印刷方式，是指按照不同时间、地点、数量、内容的需求，通过数码、超高速打印机实现个性化、短版化、高效率快捷的现代印刷市场需求。按需短版印刷较强的个性化、较强的实用性和高效快捷性将推动印刷市场需求的快速发展，推广价值无疑会为印刷市场带来新的盈利点和增值空间。

【柯达进行战略调加大喷墨打印业务】美国柯达公司宣布将发展重心由传统的胶卷业务向数码领域转移，加大喷墨打印业务是其战略调整的一部分。柯达公司为全力进军喷墨打印业务，聘请了惠普商业打印机部门前副总裁詹姆斯·兰利来经营打印机业务，由于惠普、爱普生、佳能等公司控制着打印机的核心技术，柯达喷墨打印业务的前景如何还难以预测。

【《危险化学品安全管理条例》实施督查展开】国务院办公厅发出通知强调，为进一步推动《危险化学品安全管理条例》的贯彻实施，决定由国家安全生产监督管理局牵头，9月下旬开始在全国开展了一次对《危险化学品安全管理条例》贯彻执行情况的督查。

据了解，此次督查中，国家安全生产监管局与参加督查的国家发改委、国防科工委、公安部、监察部、全国总工会等十多个部门组成10个督查组，分赴北京、黑龙江、上海、山东等18个省（区、市）及中国石油天然气集团公司、中国石油化工集团公司、中国海洋石油总公司等中央直属企业开展督查工作。

该《条例》规定，危险化学品的包装物、容器，必须由省、自治区、直辖市人民政府经济贸易部门审查合格的专业生产企业定点生产，并经国务院质检部门认可的专业检测、检验机构检测，检验合格方可使用。

【日本纸业瞄准中国瓦楞纸市场】2002年日本国内瓦楞纸供需出现100万吨的过剩量，受其影响，日本造纸企业纷纷减产，或到海外发展。从日本乃至世界其他地区造纸企业移师中国似乎正在成为一种时尚。

据日本最大的纸箱生产企业——联合株式会社透露，该公司已在上海设立中国事业统辖室。

据报道，这个中国总部将集中对联合株式会社在中国投资的8家企业进行经营管理，负责原材料的集中采购，并审议未来在中国的其他投资计划。

合资公司瞄准了山东省水果包装用瓦楞纸市场，并认为中国的食品加工企业对瓦楞纸包装材料的需求将不断增加，而决定在中国生产销售瓦楞纸。山东盛产苹果和梨，不仅在中国国内大量销售，产品还出口东南亚和欧洲，瓦楞纸包装材料紧俏。

【3C认证执法监督于8月起进行】国家认证认可监管理委员会总工程师裘亦良表示，目前获得强制性产品认证（3C认证）的企业产品已占相关产品总量的70%以上，执法监督工作已于今年8月1日起进行。

裘亦良表示，受非典疫情的影响，原定于今年5月1日实施的强制性产品认证强制实施时间推迟到8月1日。因为强制性产品认证要经过许多环节，其中申请、送检检测、工厂审查、颁发证书等关键环节中，企业、认证机构、检测机构之间人员往来非常频繁。另外，非典疫情发生以后，各地采取了一系列的防范措施，认证机构无法按时派出专家对企业进行工厂审查。考虑客观实际，国家认监委适时出台了强制性产品认证制度执法监督后延的决定。

【江苏实施10类食品质量安全市场准入制度】江苏省质量技术监督局发布关于实施10类食品质量安全市场准入制度的通告，从2003年10月10日开始执行。

通告说，根据国家质量监督检验检疫总局《关于印发肉制品等10类食品生产许可证审查细则的通知》，对肉制品、乳制品、饮料、调味品（糖、味精）、方便面、饼干、罐头、冷冻饮品、速冻面米食品、膨化食品实施质量安全市场准入制度。凡江苏省辖区内从事上述食品生产加工的公民、法人或者其他组织，必须具备保证食品质量的必备条件，按规定程序获得《食品生产许可证》，生产加工的食品必须经检验合格并加贴（印）食品质量安全市场准入标志后，方可出厂销售。

通告规定，质量技术监督部门按照国家质检部局发布的管理办法对食品生产加工企业的环境条件、生产设备、加工工艺过程、原材料把关、执行产品标准、人员资质、储运条件、检测能力、质量管理制度和包装要求等条件进行审查，并对其产品进行抽样检验。对符合条件且其产品经全项目检验合格的企业，颁发食品生产许可证。

【《水运危险货物包装检验安全规范》系列标准通过审查】由江苏检验检疫局汤礼军等起草的《水运危险货物包装安全规则——通则》、《水运危险货物包装检验安全规则——性能检验》、《水运危险货物包装检验安全规则——使用鉴定》等3项国家标准通过了由全国危险化学品管理标准化技术委员会组织的审查。这些标准将作为水路运输危险货物包装检验的技术支撑，从而保证危险货物水路运输的安全。

危险货物是国际强制管理的一类特殊商品，它直接关系到人和环境、生命、财产的安全。而危险货物的包装对保证安全起到非常重要的作用。水路运输在危险货物运输中占有相当大的比例，然而我国此前没有水路运输危险货物包装检验方面的国标，使水路运输危险货物存在重大安全隐患。

【宁波广博抓住伊拉克战后商机】据息，2003年前4个月，浙江广博集团股份有限公司出口至中东的文具贸易额达到了180余万美元。

尽管美国至今仍未宣布伊拉克战争已经结束，但就在4月15日美军宣布“已控制了伊拉克全境”的当天，一批金额高达20多万美元的广博笔记本开始从宁波港运往阿联酋的迪拜。广博公司一位负责中东地区销售的人士告诉记者：“美伊战争并未给公司造成影响，而战后重建却带来了更大的商机。”

4月20日，一度因战争而暂时撤回的广博文具（迪拜）贸易公司的员工重新返回阿联酋，并迅速与伊朗、科威特、约旦等国客商进行了商务联系，相关贸易也开始逐步恢复正常。一位科威特客商一下子订了44万本、价值18万多美元的笔记本，除部分供应科威特国内市场外，也是为了满足战后伊拉克教育事业逐步恢复的需要。据不完全统计，4月份的下半个月，广博文具与中东客商的贸易额已经超过了50万美元。

【龙港镇政府筑巢引风】印刷业是温州龙港镇一大支柱产业，占全镇工业总产值35%。但与龙头企业不同，遍布全镇大街小巷的700多家小包装印刷企业，在安全管理和发展空间受限，阻碍了印刷业的发展。对此，苍南县龙港镇创造性建起一个有着11万平方米标准厂房的工业园区，吸引上百家小包装印刷企业入驻，使之成为名副其实的印刷城“孵化器”。

为了帮助小企业在印刷业专项整治中脱胎于家庭作坊，做大做强。2001年底，龙港镇因势利导，动工建设一个占地面积为205.5亩的建筑里建起了164套标准厂房，建筑面积达到11万平方米。以此将部分有发展潜力的小企业通过兼并、联合后，从城区搬迁到园区来，引导其上规模、上档次，使其中集中管理中走上健康的良性发展轨道。

目前，该园区已吸引了由200来家小企业合并后的126家企业入驻，其中有98家已经投产，20多家正在搬迁之中。据统计，入驻企业中已先后投入6700多万元，从德、日、英等国和北京等地引进小森、高宝、北大方正等先进印刷设备160多台，并从香港、深圳等地重金聘请了相关的专业技术人才，充实技术力量。

【常州包协上半年工作有效　各项指标均超去年同期】今年上半年，常州市包装技术协会在市经贸委的领导下，认真实施工作目标，努力发挥桥梁和纽带作用，积极开展工作，取得明显效果。

常州包协遵照市委工作会议精神，在行业内开展创建学习型企业活动，利用各种宣传阵地，交流和学习先进经验，不断提升企业的文明程度和竞争力。他们履行行业统计职能，对全市销售额在500万元以上的153家包装企业的各项主要经济指标按季度进行统计并通报，特别在抗击“非典”期间，加强与包装企业联系和指导，制定对策，一手抓抗“非”，一手抓经济，全行业内无一例“非典”病例发生，上半年各项指标超过去年同期水平。针对纸箱业存在的问题，召开瓦楞纸箱价格协调会，组织企业制定价格指导标准线，同时督促企业提高管理和服务水平，降低在本，提高产品质量。同时发挥中国包装报常州记者站作用，建立通讯员、信息员队伍，传递信息，介绍经验，宣传包装企业和产品。

【中英双方协会就合作展开探讨中国包协迎来SARS后第一位国际友人】中国包装技术协会第一副会长韩家增、专职副会长兼秘书长钱进在北京会见了SARS之后来访的第一位国际友人——英国加工与包装机械协会（PPMA）秘书长安德鲁·曼利先生。

曼利先生首先介绍了PPMA会员参加由中国包协主办的PROPAK展会的情况。他说，尽管受到了SARS的影响，但是由于中国很快地控制住疫情，使英国包装企业对中国的经济发展仍然充满信心。根据最新公布的英国我装机械对各国出口量统计数据，中国的排名已从 2000 年前的 20 位以后上升到 2002 年的第 9 位，所以这次报名参展的企业数量大大超过了预想。韩副会长表示，非常感谢 PPMA 和曼利先生本人为推广和宣传中国 PROPAK 莱会所做的工作，各国协会的支持有助于使 PROPAK 展成为中国包装业最具国际水准、最有影响力的展会。

双方还应两协会间在统计、培训等其他方面的合作进行了探讨，会见在十分融洽的气氛中进行，双方都表示对以往的合作非常满意，并对合作前景充满信心。PPMA 中国代表处陈昌邑、中国包协统计处处长蔡虹飞一同参加了会见。

【北京市将制定防治环境污染实施办法】固体废弃物污染环境防治法等一批与包装废弃物相关的法律在北京市将有具体实施配套办法。6 月 10 日，北京市人大公布的 2003 年至 2007 年立法规划草案中，将上述实施办法列入前 10 位中。

与包装废弃物有关的是，固体废弃物污染环境法实施办法，清洁生产促进法实施条例，食品安全监督管理条例等。北京市人大希望社会各界积极参与立法工作。

【中国石材工贸城在莱州建成】占地 6 平方公里、总投资 15 万元的中国石材工贸城在山东省莱州市建成，它将成为我国北方规模最大的，集加工、物流、展示、贸易于一身的现代化石材生产交易中心。

加工区集中了近百家规模型、外向型石材加工企业和相关企业。贸易区内设会展中心、批发市场、交易市场和中心广场等多个功能区，是我国惟一的按国际标准建设的石材会展中心。

【启动危包生产许可证制度 北京包协受托接受企业申请资料初审等工作】北京市质量技术监督局于 2003 年 3 月参加了在广州召开的全国范围内《危险化学品包装物、容器产品生产许可证实施细则》宣贯会，这是国家质量监督检验检疫部局为贯彻执行国务院第 344 号令《危险化学品安全管理条例》而召开的，表明国家危包产品生产许可证制度正式开始启动。北京包装技术协会作为北京包装行业的代表参加了大会。北京市质量技术监督局负责受理北京地区危包产品生产企业的生产许可证申请、审查和监督查处工作。

目前，企业申证工作已全面开始，北京包装技术协会将对所有符合生产危包产品条件的企业，以及生产的包装产品可用于或准备盛装危险化学品企业的申报，及《危险化学品包装物、容器产品生产许可证申请书》等申证材料进行初评。北京市将按全国许可证办公室制定的《危险化学品包装物，容器产品生产许可证实施细则》的内容，在 8～9 月份对企业申请受理审核。被受理的企业申证材料审查通过，还须经过由生产许可证审查员及技术专家组成的审查组对企业生产条件审查合格，现场产品抽样经检验机构检验合格等规定的有关程序，最终送达全国生产许可证办公室审定合格的企业，由国家质检部局全国公告，统一发放危包许可证。危险化学品包装物、容器产品按申请单元签发证书，单个单元一张证书。

即使是销售危险化学品包装物、容器的企业，也必须保证的出售的产品已获取有效的生产许可证，以便给危险化学品提供安全包装。

【宁波包协召开纸箱行业工作研讨会】浙江省宁波市包装协会召开纸箱行业工作研讨会，宁波大红鹰包装材料有限公司、宁波兴广纸制品公司、八方集团股份公司、华一包装公司、鄞州出口商品包装公司等十几家纸箱企业的厂长经理出席了会议。

据了解，作为国内沿海经济发达城市的宁波，在我国加入 WTO 之后经济发展迅猛，带动了当地一批知名企业成长，宁波大红鹰、波导手机、雅戈尔、杉杉服装、帅康电器等产品已成为国内知名商标品牌，宁波港已成为继上海港之后的第二个集装箱集散地。由于产品进出口业务繁忙，宁波的包装生产和需求也持续旺盛。蔡根华秘书长在会上指出，由于市场需求、企业竞争、价格多变、质监不力等多方面原因，致使纸箱行业部分产品质量走低，部分小厂甚至以价格作为利器向产品质量开刀，严重地影响了纸箱企业的信誉。为保护纸箱行业的整体利益，宁波市包协出台了纸制品包装质量评优标准及相关措施。参加会议的部分厂长经理同，目前纸箱行业竞争激烈，部分不具备生产要素的三无(无生产设备，无产量规模，无固定用户)小厂将他们从大生产线上买来的瓦楞纸板粗制滥造加工成箱，卖给社会上大量的中小用户。既造成不合格商品泛滥成灾，也是对包装产品的亵渎。会议认为，加强对纸箱行业的内部协调和行业保护已迫在眉睫，大中型企业（尤其是拥有专业生产线，通过 ISO 质量标准体系的企业）要率先垂范，把优质产品送到市场支接受检验。同时，会议呼吁社会舆论和工商执法部门严格监督执法，取缔那些三无小厂，为市场经济提供规范、干净、公正的环境。

【国家食品药品监督管理局关于一次性使用塑料血袋监管问题的通知】国家食品药品药品监督管理局下发通知，称为加强一次性使用塑料血袋（以下简称血袋）生产企业的监督管理，保证上市产品的质量，原国家药品监督管理局曾在《关于一次性使用无菌医疗器械产品注册申请规定的补充通知》（国药监械〔2001〕583号）中规定，申请血袋注册的企业，必须具备生产含保养液血袋的能力。

根据目前血袋生产企业的现状，对于生产含保养液的血袋的企业，要求必须具备生产保养液的能力。除对血袋要按照医疗器械监管有关规定进行管理外，对其生产的保养液还必须按照药品监管的有关规定进行管理，包括发放药品批准文号、《药品生产许可证》并对生产保养液的车间进行药品GMP认证等。

对于生产仅用于短时间保存血浆等，并且在注册时已申明不含保养液的血袋生产企业，不要求其必须具备生产保养液和含保养液血袋的能力。但各级药品监督管理部门要加强对该生产企业的日常监督管理，禁止此类企业违反规定生产其他类型的血袋。

【“十一五”规划要做四项创新】国家发改委发展规划司司长杨伟民向记者表示，要使中长期规划对经济社会发展真正发挥有效指导作用，就必须使规划工作适应时代发展要求，与时俱进，不断创新，因此在“十一五”规划编制工作中考虑进行四项创新。

(1)灵活确定规划期。从“十一五”开始，不再要求所有规划以5年为期编制。“十一五”规划纲要的规划期以5年为主，同时展望到2020年。(2)探索科学合理的规划体系。“十一五”规划体系，从行政层级上，由国家规划、省级规划、市县级规划组成；从对象和功能上，由总体规划、专项规划、区域规划组成。(3)开展中期评估。对规划和政策的实施效果地进行评估，是市场经济国家和一些国际组织的普遍做法。通过“十五”计划的中期评估，可以查找出规划编制中存在的问题，有利于改进“十一五”规划的编制。(4)制定《规划编制条例》，促进规划工作法制化。目前该条例已经形成了征求意见稿，正广泛征求有关方面意见，争取尽快出台，以把“十一五”规划及以后的规划工作纳入法制化轨道。

【2003年我国商标申请量有望突破40万件】我国知识产权事业十年来取得快速发展，公民对知识产权保护意识逐步树立。国家商标局局长安青虎在北京大学知识产权学院建院十周年庆祝会上透露，我国自1993年首次对《商标法》进行修改，商标申请量已由1993年的10万件上升到2001年的20万件，2002年商标申请量超过30万件，2003年将突破40万件。目前我国商标年申请量已连续两年保持世界第一位。

【社会信用体系建设试式点全面启动】我国社会信用体系建设试点工作于10月底全面启动。

我国社会信用体系建设工作应坚持“政府推动，统一规划，市场运作，分步实施”的工作原则，要积极稳妥地加以推进。有关部门将选择一部分省市和行业作为试点，贯彻国务院领导的指示精神，从重点行业、机构和企业的信用建设入手，着力抓好制度建设，全面加强企业内部信用管理。同时，要从重点领域和重点群体入手，积极探索建立个人信用管理的有效途径。此外，还要积极支持有关部门结合业务工作，根据统一确定的原则，组织开展试点工作。

【我国全面开展诚信宣传教育】为进一步提高全民诚信意识，配合国务院统一部署，用五年左右的时间建立起我国社会信用体系的基本框架和运行机制，全国整规办、中宣部、中央文明办、事法部、教育部和全国部工会等六部门决定从现在开始到2008年在全社会联合组织开展诚信宣传教育。

社会主义市场经济既是法制经济，也是信用经济，建立社会信用体系，是整顿和规划市场经济秩序的治本之策，也是完善社会主义市场经济体制的重要措施，它包括诚信道德和交易信用两个方面，诚信教育是基础，信用制度是保障，两者缺一不可。

社会诚信宣教的重点是在经济生活领域。党政部门和机关工作人员要体现立党为公、执政为民的思想，作讲成信的表率。突出抓好个人和企业诚信。

日前，六部门联合下发了《关于开展社会诚信宣传教育的工作意见》，诚信宣传教育将坚持“舆论先行，教育为本，社会广泛参与，界别各有侧重，与《公民道德建设实施纲要》和普法教育相结合的工作原则，采取多种，行之有效的方法进行。

【天津利士包装有限公司成立】上海紫江集团与上海利士包装有限公司、新加坡REX私人控股有限公司三方投资建立的天津利士包装有限公司3月5日在开发区投资服务中心成立。

该公司注册资本518万美元，投资总额1280万美元，其产品可以应用于石油、化工、饮料等包装容器，预计年销售额7000万元。

【中日合办浙江景兴特种纸有限公司】浙江景兴纸业集团造纸有限公司和日本制纸株式会社、日本纸浆纸张商事株式会社在平湖市政府会议中心签署了投资兴办中外合资“浙江景兴特种纸有限公司”的意向书。

三方就合作事宜进行了多次友好协商后达成合资兴办浙江景兴特种纸有限公司的意向，合资期限为15年。

合资公司建立在浙江省平湖市景兴工业园区内，投资总额为1980.36万美元，注册资本800万美元，浙江景兴纸业集团造纸有限公司以现金出资相当于480万美元的人民币，占注册资本的60%。

日本制纸株式会社和日本纸浆纸张商事株式会社以现金或实物共出资320万美元，占注册资本的40%。

合资公司生产、销售瓦楞芯纸及其他特种纸张和加工纸制品，生产规模以年产瓦楞芯纸15万吨为目标。

效益预测以销售额30600万元人民币/年，利润3218万元人民币/年为目标。

【中国包协批复同意在浙江设立中国包装纸板(华东)开发生产基地】中国包装技术协会经考察、审定，批复同意在浙江平湖景兴纸股份有限公司设立中国包装纸板(华东)开发生产基地。截此，中国包括协批准同意在国内设立的六个包装产品开发生产基地中有四个落户在浙江省(另三个基地为：浙江胜达集团有限公司的中国纸包装开发生产基地、杭州中粮美特容器有限公司的中国印铁包装容器开发生产基地和浙江爱迪尔包装集团公司的中国镀铝环保包装材料生产基地)。

浙江景兴纸股份有限公司是一家以造纸为主，集纸制品加工(瓦楞纸箱、峰窝纸板、纸管)，商务印刷，塑料制品，热电及贸易于一体的具有自营进出口权的现代化大型包装企业集团。2002年年产包装纸板30万吨，瓦楞纸板5000万平方米，实现产值7.5亿元。

景兴股份公司规划到2005年造纸能力达到50万吨，纸箱1亿平方米；到2008年造纸能力将达到100万吨，纸箱2亿平方米，真正确立起中国包装纸板行业的龙头地位。

【中美合作印刷出版与纸品加工技术开展专题培训】中美合作印刷出版与纸品加工技术培训中心2003年第一期《印刷质量控制与色彩管理》培训班在沪举行。本次培训内容涉及了印刷质量控制、色彩管理及条码的质量控制。来自全国各地的印刷、包装企业的厂长及技术主管共37人参加了本次培训。

【北京印刷工业科技信息站成功举办《印刷业务人员培训班》】北京印刷信息站于2002年3月6～7日在紫龙宾馆举办了《印刷业务人员培训班》。参加培训人员来自北京及华北地区的学员80余名。

随着印刷市场的发展和变化，信息站根据企业的需求，举办提高业务人员素质培训班，并得到各企业的大力支持，有的企业厂长带队参加培训，有的企业一次派出5、6名业务人员参加学习。参加培训人员课间主动与老师交流业务活动中遇到的实际问题，学习气氛很活跃。学员们反映：社会上这类培训班很少，希望信息站能经常举办有关内容的培训，这样能安排企业的业务人员轮流培训。这是信息站第一次举办业务人员培训班，在培训内容上做了精心准备：(1)印刷市场现状和企业如何提高竞争能力；(2)业务人员自身素质的提高及规避风险的能力；(3)印刷工价的计算，包括印刷工艺、印刷材料的成本、工价的构成、计价方法以及实例模拟计价过程；(4)现代印刷企业内部网络化管理中生产与业务活动模块的演示。

【上海成功举办2003印刷与环保论坛】为推进印刷业内的环保意识，推广先进的环保印刷技术，促进政府、企业、科研单位与国内外同行在环保知识与经验方面的交流，由上海新闻出版局主办，上海市环境保护局支持，上海市美沪印刷新技术有限公司协办的2003印刷与环保论坛在上海图书馆举行。参加此次论坛的有上海市环境保护局、上海市新闻出版局、中国印刷协会柔印委员会的相关领导，有国际著名企业及本地包装印刷企业与科研机构等国内外相关领域的专家。本次论坛的主要内容有：环保法规详述、印刷业环境与现状分析、最新环保印刷技术与设备介绍。

会上，杨益萍副局长分别从作为都市产业和印刷业对社会对环境保护应尽的责任、提高产品竞争力等方面指出了印刷与环保的密切关系，希望此次论坛是一个良好的开端。

环保局法规处副处长黄震详述了环保法规，进行了情况通报，介绍了环保法形成与发展、上海市工业污染防治工作进展及新三年的环保目标。全美印刷、出版与纸品加工技术供应商协会(NPES)大中国区总监周亚平先生作了主题发言,介绍了我国加入WTO后,国际国内印刷业的状况,尤其是申奥、申博成功后本地企业的机会及国际环保法规的制约。中国印协柔印专业委员会秘书长林逢铭先生、界龙实业公司总经理沈伟荣先生等分析了印刷业环境与现状。一些国际著名企业介绍了最新环保印刷技术与设备。上海市新闻出版局印刷处处长徐国桢主持了本次论坛。

【全国物流信息管理标准化技委会成立】国家标准化管理委员会批准成立了“全国物流信息管理标准化技术委员会”。其主要负责物流信息基础、物流信息系统、物流信息安全、物流信息管理、物流信息应用等领域的标准化工作,秘书处设在中国物品编码中心,受国家标准化管理委员会的直接领导。

全国物流信息管理标准化技术委员会的成立,可以解决长期以来困扰物流业的信息不标准所带来的种种弊端,使各方面的物流信息系统能够对接,交换数据,共享信息,加快流通速度,降低物流成本,提高物流作业效率、管理效率和经济效益,从而提高企业的国际竞争力。

【东港安全印刷股份有限公司成立】东港安全印刷股份有限公司成立。该公司前身为“济南东港安全印务有限公司”,投资总额为1.6亿元人民币,是山东省内最大的安全保密票证印刷企业,也是山东省出版印刷行业首家外商投资公司。

【中国检验认证集团在京成立】经国务院、国家认证认可监督管理委员会批准,中国检验认证集团在北京正式成立。

国家认监委有关负责人表示,中国检验认证集团的成立是行政执法与民事行为的检验认证相剥离的表现,也是遵守和利用世贸组织规则建立公平、公正、合理的检验认证环境的需要。

【浙江省印刷装潢制品质量检测中心正式成立】浙江省印刷装潢制品质量检测中心正式在温州市龙港镇正式成立。它主要承担全省的印刷装潢制品质量监督检验、仲裁检验等任务,同时也为印刷企业提供出厂检验、进货检验,为科研单位开发提供分析检测等服务。现该中心有一支由印刷及相关专业技术系列高精度、智能化的计量检测仪器,检测能力覆盖7大类,30多种产品,可检参数达到80多个,同时具备了印刷行业标准化研究等能力。

【中瑞合资利乐包装(北京)有限公司正式成立】利乐包装(北京)有限公司由全球著名的液态食品加工及包装生产企业瑞典利乐公司与北京制浆造纸试验厂合资设立,总投资达5.7亿元人民币,将在交通便利的北京经济技术开发区内建设占地7万多平方米的集生产、行政办公等功能于一体的新工厂。该项目将分两期进行,预计2004年投产。

新工厂将引入世界上最先进的生产线设备及相关的技术手段,如:多颜色套筒式印刷技术,印刷图像电脑自动监测系统及生产全过程质量自动跟踪、检测系统,换卷静态接纸等。

利乐公司自1972年初进入中国市场以来,便本着“与中国客户共同成长”的理念,紧随市场,在上海、北京、香港等主要城市设立办事处,并在北京、佛山和昆山分别设立了包材工厂,建立起遍布全国各地的分销网络,积极推广先进的包装设备和技术。

作为利乐在中国的第四家合资企业,利乐包装(北京)有限公司将专门生产深受广大消费者欢迎和信赖的利乐砖和利乐枕等液体食品包装。

【广西高峰林纸浆纸业集团成立】由八家国有林场和两家工商企业组成、注册资本8.88亿元的广西高峰林纸浆纸业(集团)有限责任公司成立,这标志着广西林浆纸一体化“航母”正式启航。广西森林资源十分丰富,现有森林面积981.9万公顷,森林积量4亿m^3,林业用地面积2.05亿亩,是我国南方重要的商品木材生产基地。以广西壮族自治区直属的高峰、七坡、东门、派阳山、钦廉、六万、博白、良凤江共八家国有林场的全部用材林资产和武鸣栲胶厂、高峰人造板有限公司的经营性净资产为基础的高峰集团,将利用广西人才、技术、土地、气候等条件,培育速生丰产造纸工业原料林,发起设立广西高峰林纸浆业股份有限公司,并拟上市发行股票,多渠道道筹资,加快筹建钦州临海工业园100万吨(一期60万吨)木浆项目;重点发展人造板、栲胶等综合利用及二、三产业项目。广西林业局局长黎梅松说,组建规模大、产业链长的林业集团,可把国有林场和周围农民的林地集中起来营造速生丰产林，不仅能将每年数以亿计的造林经费的40%以上转化为农民的劳务收入，还将带动制浆造纸、人造板生产等深加工产业的进一步发展。

【天津药品包装检测中心成立】天津市药品包装材料检测中心成立，至此，天津市有了自己的药品包装材料质量检测部门。该中心是天津市对直接与药品接触的各种包装材料实施检测的法定机构，目前主要检测对象为当前生产和使用量最大的固体药用聚烯烃塑料瓶、铝箔等塑料制品和玻璃制品。

【国家林业局林业有害生物检验鉴定中心成立】国家林业局林业有害生物检验鉴定中心成立，这是我国为加强对外来有害生物的防范和管理而组建的第一个权威性技术机构。据国家林业局调查，随着国际交往的增加，林业有害外来生物的数量和种类急剧增加，森林生物灾害的发生面积从建国初期的每年数百万亩上升到目前的1亿亩以上。松材线虫等外来生物物种每年给我国林业造成的经济损失高达560亿元。目前，我国发生的最危险的森林病虫害都是外来有害生物。

我国人工造林保存面积已达7亿多亩，防治森林虫害，尤其是防止外来有害生物对森林的侵害，对保护和巩固造林绿化成果意义重大。林业有害生物检验鉴定中心的成立，将承担我国林业有害生物的威检验鉴定、风险评估和信息交流等任务，为防止外来林业有害生物入侵和危害提供技术保障和科技支持。

【中国标准化研究院成立】中央机构编制委员会办公室批准在原中国标准研究中心的基础上组建中国标准化研究院。

中国标准化研究院是国家社会公益类科研单位，直属国家质量监督检验疫总局。该院主要任务：研究国际标准化总体发展动态，提出我国标准化发展战建议，组织和开展我国重要标准的研究和制定工作；参与相关国际标准化组织的活动，承担相关技术支持和管理工作；加强质量监督信息基础建设，开展标准信息咨询服务；履行国家标准技术审查职责，开展国家标准宣贯和培训活动；承担标准化、质量等工作方面相关法律、法规、规章的研究工作；承担重要国家专业标准化技术委员会和分技术委员会的秘书处工作；经国家质检总局授权，承担全国工业产品生产许可证审查办公室的工作；经国务院授权，管理全国组织机构代码工作，推进代码信息的应用；经国务院授权，管理全国商品条码工作；开展产品认证工作。

【标准编制质量培训在杭州举办】为配合国家标准委对GBT/1.2－2002宣贯培训工作，努力提高有关单位标准编制质量水平，进一步完善有关单位各级标准的编制工作，浙江省质量技术监督干部培训中心在杭州举办了标准编制质量培训班。培训内容紧凑而丰富；GB/T1.1－2000标准的结构和编写规则；GB/T1.2－2002标准中规范性技术要素内容的确定方法；各类标准编写方法；标准编写中应考虑的各种因素；GB/T1.1－2000与GB/T1.2－2000内容上的联系；入世对标准编写的影响；7.提高标准编制水平需要注意的若干问题等。

培训班由长期从事标准审查备案工作，具有很高理论水平和实践经验的专家、杭州市技监局杨永华处长主讲。来自全省各级检验机构、科研机构、行为学会、协会的管理人员人业务人员及企业的质量管理、标准化工作人员近80人参加了培训，培训结束后进行了考试。

参加培训的人员表示，通过3天紧张而系统的学产，获益匪浅。省包协标委员会也派员参加学习，并考虑在适当的时候，组织包装行业从事标准化工作的专业人员举办类似培训，以推进行业标准化工作的规范开展。

【我国开始建设第一个世界性产业中心】记者从中国包协第六次全国代表大会获悉，经世界包装组织（WPO）和中国政府批准，亚洲包装中心作为国际组织在中国建立的第一个世界性产业中心，已在杭州实施。中国包装界达成共识：将举全行业之力全力打造好世界先进包装制造业中心这艘“航空母舰”。“亚包中心”的建设，对于中国入世迎接世界先进制造向中国转移、推动我国从“包装大国”向“包装强国”迈进、增强我国产品国际竞争力、促进我国国民经济发展都具十分重要的意义。

据了解，亚包中心得到了世界包装组织和中国政府的强有力支持。世界包装组织原主席塞吉·哈博费尔德说：“要把亚包中心的建设看成是世界包装企业的一件大事。我作为世界包装组织主席，一定会与广大会员一道关注并支持这个中心的建设。”“亚包中心”落户中国前后，朱镕基、吴邦国、王忠禹等国家领导人、国家主管部门有关领导同志高度重视，作出了重要批示。为争取“亚包中心”落户，浙江杭州在与上海、江苏、广东等地竞争中，终于以最优惠的政策和良好的投资环境争取到“亚包中心”落户西子湖畔。浙江省和杭州市对这一项目建设高度重视，表示要在各方面给予全力支持。现在，经过省、市政府和国内外专家十分认真周密的规划，“亚包中心”的建设工作已经开始在钱江之滨全面启动。

作为一个融制造、科教、研发、信息、贸易、文化、金融和服务于一体的世界性产业中心，“亚包中心”将联合国内外包装行业龙头企业组建亚洲包装中心股份有限公司负责实施。“亚包中心”计划总面积100平方公司以上(首期启动面积35平方公里)，计划招商引资和直接投资总额大于200亿美元，建成后年销售产值可达300亿美元以上，年进出口贸易额可达150亿美元。“亚包中心”还要在国内外其他地方逐步建立分中心、分公司和办事机构。“亚包中心”的建设，对于中国入世后迎接世界先进制造业向中国转移具有十分重要的意义。“亚包中心”的战略目标，“亚包中心”规划了加工区，顺应世界包装制造业中心正逐汽车向中国转移、靠扰的趋势，以自己的优势吸引强龙头包装企业集聚于此，形成“集成”效应和集聚辐射功能，培育一批世界品牌和跨国公司，推进整个包装产业结构的优化和升级。加工区计划引进1000家以上大中型企业(引资额120余亿美元)，并将研发和贸易同时引入，形成新型的包装产业链。

除了加工区，“亚包中心”的另一个重要组成部分就是亚包中心总部，包括科教中心、研发中心、信息中心、贸易中心、金融中心、文化中心、服务中心等，投资额80余亿美元。建在总部区域内的标志性建筑亚包大厦和中央商务区，将引进世界包装组织成员国、各洲际包装组织、与之相关的国际行业组织驻华机构以及大公司、大集团，人园企业1000家以上，为它们提供办事机构和总部用房，届时，还将争取亚洲包装组织和国际包装技术标准委员会等迁此，世界包装组织也将在此设立派出机构。

据亚包中心建设领导小组介绍，“亚包中心”的建设，采取统一规划、全面招商、分期实施和滚动发展相结合的方式，融政府、行业、企业优势为一体，实行功能化、国际化的运作。目前亚洲包装中心有限公司已经成立，招商工作已经全面展开，前来考察、洽淡、签约的中外优强企业络绎不绝。已与第一个外商签订了标志性建筑亚包大厦项目合作协议，总投资1亿美金。与TOM. COM公司洽淡联合组建亚包信息中心事宜，总投资五亿美元以上(首期1亿美元)。已与泰国泰印企业有限公司签订投资3000万美元的工业项目，已落户加工区。还有一批国内外包装龙头企业正在洽淡中，其中，一家世界500强工业企业有意投资5亿美元以上。国际包装机械联盟、英国包装组织、日本日报等外国机构前来考察并达成了全面全作意向。

【我国最大新闻纸企业改制广纸股份公司成立】广州造纸股份有限公司成立，广州造纸集团向上市目标迈出了重要一步。这是继珠江啤酒集团后广州又一大型国企改制，有条件的国企正加速迈向资本市场。

广州造纸股份有限公司由我国最大新闻纸生产企业——广州造纸集团有限公司、维美实业有限公司等5家企业共同发起成立。

广纸集团产量、利润连续多年居国内同行业之首。此次改制将有利于提高资产经营效率，开辟新的融资渠道。据悉，广纸股份现已进入辅导期，按照中国证监会对拟上市公司的要求规范运作，并争取早日A股发行上市，利用募集资金完成国家“十五”计划重点发展项目——林纸一体化，建设80万亩造纸原料林基地，建设一条具有国际先进水平的年产28万吨高档胶印新闻纸生产线。届时，广纸股份将淘汰一批污染设备。

【北人单张纸胶印分公司成立】为了加快“北人”发展战略的步伐，实施现代化管理模式，北人集团将搬迁至亦庄新厂的原多色机分公司、单双色机分公司、齿轮厂、钣金厂等单位合并组建”北人单张纸胶印机分公司”，举行了成立大会。

公司董事长朱武安主持大会并作了重要讲话，他说，这次在亦庄新厂组建“北人单张纸胶印机分公司”是搬迁调整到了一个攻坚阶段，也是关系到成败的关键阶段。朱武安还对新领导班子提出了要求，他说，他为一个合格的领导干部，首先要具备较高的政治素质。第二，工作要有思路，办事要有章法。第三，要具备推动工作的能力，使工作不断地向纵深发展，并取得成效。第四，要有务实的精神，不讲大话、空话、套话、要干实事。每年都应该实现几个难以实现的目标，做成几件难以做成的大事，挑战几个难以成功的创新，登上几个难以攀登的高峰。要养成找难题的习惯，要具有找难题的勇气，要培养解决难题的能力。

会上，宣读了关于组建北人单张纸胶印机分公司的董事会决议和分公司行负责人、党群组织的任命。

【北京镭神公司庆祝公司成立两周年】北京神州镭激光有限公司是一家从事开发生产激光雕版机以技术领先而著称，被我国纸箱、塑编袋、制版企业等广泛应用。2003年12月份，迎来了镭神公司成立两周年。

镭神公司成立两年来，由于把技术领先和质量放在公司发展的首位，很快就得到各地用户的认可。像胶版四色分色和雕刻技术，是镭神公司在国内率先攻克斜坡雕刻技术之后的又一创新，打破了橡胶版的应用领域和潜力，为提高我国印刷质量和效率提供了有力的保障，镭神公司另一成功的关键，就是让购买镭神公司产品的用户永久享受到镭神公司的技术进步，他们在技术上的每一次成功，都将把软件免费提供给以前的客户，公司成立之初购买的激光雕版机由于技术升级与公司的最新产品的性能上毫不逊色。

版位 Position of Ad.	尺寸规格 Specification of Ad.	收费标准 RMB(Yuan)
封面(彩色)(Full Color)Oustside Front Cover	220mm×200mm	10000元/期
封底(彩色)(Full Color)Oustside Back Cover	210mm×285mm	8000元/期
封二(彩色)(Full Color)Inside Back Cover	210mm×285mm	7000元/期
封三(彩色)(Full Color)Inside Back Cover	210mm×285mm	7000元/期
跨页(彩色)(Full Color)Double Page	420mm×285mm	10000元/期
扉页(彩色)(Full Color)Title Page	210mm×285mm	7000元/期
内页(彩色)(Full Color)Inside Page	210mm×285mm	6000元/期
1/2页(彩色)(Full Color)Half Inside Page	210mm×140mm	3000元/期
内页(黑白)(Single Color)Inside Page	210mm×285mm	2000元/期
1/2页(黑白)(Single Color)Half Inside Page	210mm×140mm	1000元/期
信息传递 Information Express 内容包括：公司/厂名，主要/供求产品，联系人，地址，电话，传真，邮编	精品展示 50mm×120mm	500元/期(5000元/年)
	企业指南 55mm×35mm	200元/期(2000元/年)
	供求信息 150mm×10mm	1000元/年

《中国包装工业》杂志用户征订单

姓　名	
电　话	
传　真	
单位名称 (加盖公章)	
邮寄地址	
邮　编	
订阅份数	
订阅期数	至
金　额	
付款方式 (请划√)	邮局□　　银行□

《中国包装工业》广告刊例

杂志规格为国际大16开本

每月月中出版·80页月刊·全年共12期

单价：8.6元·全年103.20元

全国各地邮局订阅·也可直接向编辑部订阅

统一刊号：ISSN 1006—4621/CN11—3180D

邮发代号：82—48

投产、鉴定、信息

PRODUCTION & IDENTIFICATION

投产、鉴定、信息

PRODUCTION & IDENTIFICATION

【宝莱公司 BOPP 薄腊生产正式投产】保定国家高新区宝莱塑料包装材料有限公司 BOPP 薄膜生产线正式投产。

这条由法国 DMT 公司引进的 BOPP 生产线于 2001 年开工建设，具有国际先进水平——美国的挤出设备，德国的分切设备，法国的拉伸设备，并且由法国公司负责设备总集成，该生产线可谓世界最优产品的组合。投产后，可向市场提供烟膜、消光膜、珠光膜等多品种、多规格的 BOPP 薄膜，年产量可达 2.2 万吨，年销售收入约 4 亿元，税后利润约 6000 元。

宝莱公司是宝硕集团有限公司和香港喜多来欧洲有限公司合资组建的，总投资 2.2 亿人民币，注册资本 840 万美元，主要从事 BOPP 包装膜系列产品的生产和销售。

【新型防水包装纸和纸板在京通过鉴定】常德金芙蓉(特种)纸业有限公司研制开发的新型防水包装纸和纸板，在北京通过了由中国轻工业联合会主持的鉴定。

专家组认为，常德金芙蓉(特种)纸业有限公司研制开发的新型防水包装纸和纸板具有以下优势：

新产品采用新型高效防水剂生产的防水纸和纸板具有易回抄、可降解、无污染，产品生产技术应用性好，无需改变纸厂传统工艺流程，可在纸机上一次完成防水纸和纸板的生产过程。与传统的覆膜、涂饰防水处理产品相比，有明显优势，为防水纸和纸板使用范围提供了广阔的空间。产品已经生产试验和用户使用验证，并形成生产能力。所生产的箱板纸、无酸防水档案纸质量符合行业标准。

专家指出，该产品市场前景好，有较好的潜在经济效益和社会效益。根据产品所达到的水平和最新报告，该产品的技术水平在国内处于领先地位。

【上峰公司造纸废水污泥资源化技术通过鉴定】受中国包装总公司科技部委托，浙江省包装行业协调办在杭州主持召开由浙江上峰环保科技有限公司研制、开发成功的“造纸废水污泥资源化利用技术”科技成果鉴定会。

专家委员会认为，该技术是对造纸为水污泥实现资源化再利用，其核心技术是在造纸泥浆中加入纳米填料和化学助剂，并掺入适量废纸浆，经机械混合和化学助剂高度分散作用，通过抄纸过程，获得有较强紧度、表面平整光滑、强度良好的再生纸。该技术是造纸开业环境保护和资源充分利用的重大创新，其技术成果属国内首创，在美国匹茨堡举办的世界发明展览会上获得世界发明杰出新产品金奖，并取得国际专利，认定该技术达到国际先进水平。

专家们一致肯定该技术在造纸工业中的实用意义和明显的社会效益、经济效益，同意通过科技成果鉴定，并建议予以推广应用。

【云南化机厂研制成共成功 7.8m³ 罐式黄磷集装箱并通过省级新产品鉴定】云南化机厂在产品结构调整中，把目标定在适应我国加入世贸组织，运输包装与国际接轨方面。他们参考现行国际贸易黄磷运输包装通用的集装箱，结合云南铁路、公路弯多、坡大的实际情况，依靠自身雄厚的技术力量，在昆明铁路局的支持下，继研制成功 4m³ 黄磷集装罐之后，又成功地开发研制出容积为 7.8m³，可装黄磷 12.5 吨的罐式黄磷集装箱。2003 年 1 月，省经贸委组织有关专家进行鉴定，专家组一致同意该产品为省级新产品。

云南省是我国的大省，2002 年生产黄磷 26 万多吨，出口 12.4 万吨，创汇 1 亿多人民币。黄磷是易燃有毒化工品。7.8m³ 罐式黄集装箱的开发和使用，比现在使用的装黄磷 200kg，140 斤黄磷包装桶，具有安全性更高，装运成本低，无二次污染等特点。该包装产品的成功开发，对危险化工产品运输包装与国际接轨，对云南磷化工产业的发展和黄磷的出口贸易，又将产生积极的推动作用。

【我国最大集装箱船正式投入运行】迄今国内自行建造装箱量最大、航速最快、技术性能最先进的 5668TEU 大型集装箱船“新浦东”号正式投入运行。我国造船技术水平又迈上新的台阶。

“新浦东”号是由中国船舶工业集团公司沪东中华造船(集团)有限公司为中海(集团)总公司批量建造的我国第一艘最大集装箱船，集装箱装载量达到 5668 个。此船首次采用坞内建造法，应用先进的现代造船管理模式和船坞期最短、码头周期最短和出坞完整性最好的三项记录。

大型集装箱船是当今世界是航运市场上最具竞争力的先进船舶类型，市场前景看好。据悉，沪东中华造船(集团)公司目前已开发出7000箱以上的集装箱船，并确立数字造船、绿色造船的发展目标。

【西南首条高精度柔版印刷生产线试机成功】西南地区首条高精度柔版印刷生产线在蓝剑印务试机成功，这是蓝剑印务与美国麦安合作的结晶。

据悉，蓝剑印务近年先后投入近亿元资金进行高起点技术改造，今年拟在西南地区率先掀起环保型包装印刷浪潮，为食品、药品行业的知名产品穿上无毒"嫁衣"。3个月前，蓝剑印务引进了美国安迪8色高精度柔版印刷生产线，并生产出第一批环保包装。

【安徽铜陵清华科技公司金属专用染料项目获批】安徽铜陵清华科技有限公司年产30吨金属专用染料项目经铜陵市科学技术局批准立项，并安排市科技发展资金30万元，目前正组织项目实施。

我国染料行业正在调整产品结构，提高高档染料如金属络合染料、分散染料、活性染料等的比例，重点发展金属络合染料与重金属的媒介染料。当前，国内很少在厂家能生产金属专用染料。

据了解，金属专用染料是一种可用于各种金属制品、摩托车、自行车漆，色彩艳丽、防腐效果好，这种染料涂覆在铝合金门窗上，印刷在包装纸或葡萄酒、啤酒瓶贴纸的铝箔上，可表现出一种耀眼的金属效果，这一产品还可用于木材着色，以及圆珠等油墨、投影仪用防水笔的喷墨墨水等。该染料既能在水中又能在各种有机溶剂及各种人工合作成天然树脂中有良好的溶解性和混溶性，它有着比目前的溶剂染料再进一步的溶解性能、热稳定性和耐光性及很强的差免性能。

【连云港中金医药包装有限公司非PVC大输液膜、袋生产线投入试生产】近年来，连云港中金医药包装有限公司不断扩大企业规模，加大对新产品生产线的投放，使生产品种多元化。该公司投资建设一条新生产线——非PVC大输液膜、袋生产线投入了试生产。

该生产线建设总投资为3000万元，建筑面积1800多平方米，整个生产环境达到万级，局部达到百级。主要设备有三层共挤吹膜机、内外盖注塑成型机、口管注塑成型机、袋嘴组合机、分切机等，技术设备全部从日本引进。该生产线年生产能力为730平方米输液膜，2200万只袋。

该项目自去年开工以来，经过全体人员的努力，于今年二月份开始安装设备，四月完成了设备调试工作，并投入了试生产，所试产品完全符合日本方面提供的各项参数。

【西安秦华机械有限公司酒标生产线在越南投产】秦华机械有限公司与越南客户签定的啤酒标整套生产线已通过商检，不久将运往越南。今年四五月份，他们已完成销售收入1500万元，比去年同期增长30%，创历史最高水平，保证了市场需求，为社会做出了贡献。

中央号召，当前要一手抓防治非典，一手抓经济建设。西安秦华机械有限公司动员全体员工齐心协力，大干100天，将非典造成的损失夺回来，做到防范非典和组织生产两不误，统筹兼顾，合理安排。

秦华公司领导说，"非典"是目前我们面临的一个巨大考验，需要全社会的共同关注。作为经济活动中最活跃的细胞，企业当然责无旁贷。在灾难面前，科学是一道生命线，经济是另一道生命线。面对灾难，我们要冷静，在防"非典"的同时，更要抓好经济，将非典对企业造成的损失减少到最小。西安秦华机械有限公司在尽量减少公司人员流动的情况下，办理业务的方式也改变为主要通过电话办理，上网了解市场行情。面对由于非典所造成的部分原材料不能按时运到，他们就调整生产方式，合理安排，力争生产不受影响。

【20万吨微涂纸合资项目落户河北赵县】中外合资河北龙腾泛亚纸业公司生产20万吨微涂纸项目，正式落户河北省赵县。

据悉，该项目由河北龙腾纸业总公司与新加波泛亚纸业有限公司合资建设，总投资2.36亿美元，可年产高档新闻纸及文化用纸20万吨。此项目的建设将大幅提高河北省造纸工业的技术装备水平，有利于缓解我国中高档纸种的供求矛盾。

据介绍，该项目采用国际先进的生产和污水处理技术及设备，以废纸为主要原料，属高技术绿色环保项目。

此外，该项目还配套建有一座日处理能力为1.2万吨的污水处理场和高温焚烧设备，可实现清洁生产和无污染排放。

【无锡荣奇成纸业公司箱板纸项目7月投产】无锡荣成纸业公司先前属于无锡龙达集团，是由台湾荣成纸业和中国龙达合资的企业。公司安装了一台可日产600吨的利用废纸加工箱板纸的机器。在2003年7月可投入试运行,9月1日可正式投产。

【一流灌装生产线在沪投产】一手抓防止非典,一手抓经济建设,上海印刷包装机械有限公司包装机械分公司(原伟海包装机械厂)迎难而上,研制成功了国内灌装量最大、产量最高、性价比与进口机相比具有明显优势的食用精制油灌装生产线。

该生产线主要由一台灌装主机和两台辅机——封口机、贴标机组成,机组结构紧凑。主机在国内首先采用容积式定量灌装原理,应用了可精密调整的定量灌装原理,应用了可精密调整的定量灌装原理使罐装量达到5升±0.2%的高精度,为油脂厂节约耗油,增加效益。本机组生产能力与进口机在同一水准,目前装有36个灌装阀和6个压盖头,灌装5升容量的油桶,每小明达4000桶。由于采用了机电一体化对机进行一体化控制,电控系统中的变频器、PLC程探器、光电传感器都采用了国际品牌,保证了机器稳定可造的工作。

本机组问世后,"金龙鱼"、"海狮""玉米渍"等品牌食用精制油厂都下了订单。据市场调查,目前,全国仅有10%的人口食用小包装精制油(即桶装精制油),而每年精制油的销售量却以30%的增量在提升,说明了随着人民物质水平的提高,食用精制油的人群在迅速扩大,因此,这项新产品的市场前景十分看好。

【上海紫光新产品通过鉴定】上海紫光机械有限公司举行了ATF—460B商用表格印刷机新产品鉴定会。专家一致认为:该机是在引进日本小峰公司技术的基础上进行创新开发的新产品。在本机中应用了摸屏人机对话技术,一次张力根据纸张厚度自动运算,二次张力自动跟踪、酒精润版、跳印跳号、数控套印、放卷最小纸径及收卷最大纸径自动检测等高新技术。因此,套印精度高,能进行二道不等分横刻线。并能根据用户要求,增加喷墨印刷、轮转丝网印刷、自动跟踪套印等。适合票据、税票、车票等特种商用印刷品的印刷要求,该产品已超过了引进日本小峰公司技术的水平。

经用户使用,该机设备性能稳定,故障率低,安全可靠,印品质量良好,操作便捷,是受用户欢迎的特种印刷设备。

鉴定委员会还认为:该机的试制是成功的,是适合电脑信息时代商业票据印刷需要的一种高新技术产品。其整机技术水平已达到国际上同类设备90年代中、后期的先进水平。

【株洲工学院包装印刷测试中心通过省计量认证】依托于株洲工学院包装与印刷学院的"株洲工学院包装印刷测试中心"于2003年1月21日顺利通过了湖南省质量技术监督局主持的计量认证。将面向包装与印刷工业,提供各类测试服务。

株洲工学院是全国唯一从事包装等教育的本科院校。包装测试和印刷测试,一直就是包装教育的一个重要内容。经过多年的教学和实验工作,株洲工学院在包装测试方面,积累了丰富的理论和实践经验。随着改革开放的日益深入,我国包装行业的日益发展壮大,对包装与印刷人才数量的质量的要求越来越高。市场经济的发展,学校自身建设的要求,都呼唤株洲工学院这个以包装教育为主的高等院校,建立起能向社会提供公正数据的包装与印刷检测中心。

因此,从2002开始,株洲工学院正式启动了测试中心的计量认证工作。在硬件方面,他们对原有的仪器设备进行了修理,配套,更新。2002年到位的新仪器设备约50万元,修理费约5万元。使其测试项目,基本形成系列。为了便于工作,强化管理,学校还将原分散的实验室归到一起,为测试中心的工作,提供了基本的保障。

在软件方面,他们按《产品质量检验机构计量认证/审查认可(验收)评审准则》,并参考GB/15481—2000《校准和检验实验室能力的通用要求》,建立了质量管理体系。并进行了试运行。严格执行质量管理体系,表面上虽然增加了大量的条条框框,但却给实验室的工作,带来了全新的气象。

为了完成计量的认证工作,他们还派出人员,到兄弟院校的实验室,工厂企业的质检室,以及各类国家和地区的包装印刷检测机构进行学习和培训。这些,对人员技术水平提高,为计量认证工作,打下了坚实的基础。

通过上述的种种努力,株洲工学院包装印刷测试中心于2003年1月顺利地通过了计量认证。评审组的评语为:该测试中心人员素质高;熟练掌握测试的基本理论和方法;仪器设备状态良好;质量体系完善。是他们所评审的最好的一个实验室。

该测试中心目前通过的测试项目有六大类:包装与印刷用纸张与纸板类,塑料及软包装类,金属容器类,包装件类,油墨类和印刷品类。测试中心将依托高水平的教学和科研队伍，依托高水平的实验室，为繁荣我国的包装事业，为做大做强我国的包装工业，贡献力量。

【新疆阿勒泰地区首家股份制纸箱厂正式投产】阿勒泰地区及北屯一带惟一的一家以股份合作制形式生产瓦楞纸箱的专业厂家——新疆生产建设兵团农十师181团纸箱厂，开工投产。

181团纸箱厂是今年181团开办的又一家股份合作制企业，该团党委以市场需求为出发点，根据市场调查发现，阿勒泰地区无一家正规的纸箱厂，而该团种植的哈密瓜每年向外运输所用的包装箱用量就达600～700万只。他们果断以股份合作制形式向社会招股44万元，占总金额的87%，在岗员工都是持股上岗。该厂日产哈密瓜纸箱6000个，可极大地满足该团万亩哈密瓜80万只纸箱运输的需求。

【阿华包装印力公司五层纸板生产线顺利投产】山东阿华包装印务公司纸箱车间新投入的五层纸板生产线顺利投产！

五层纸箱生产线的正式使用，标志着阿华包装印务公司大规模的技术改造又上了一新的台阶。

随着市场经济的发展，原来的单机生产已逐渐不适应高档纸箱产品的要求，尤其是随着出口的产品的不断增加，更需要各项性能指标较好的纸板。公司领导迅速决断，南下广东考察并订购了一条纸箱生产线。

现在尽管纸板生产线刚刚投入几天的时间，市场订单迅速多了起来。因为这些客户大多数都在公司附近，原来他们需用高档纸箱到较远的其他地区定做，所以在运输方式和交货时间上往往会出现脱节，贻误很多商机。现在，随着阿华包装印务公司纸箱车间五层纸板生产线的投入使用，极大地方便了周边地区客户群。

【汕头市金通实业有限公司DSTB—1100型微电脑自动双头涂布机通过省级鉴定】在全国许多省市抗击“非典”的非常时期，由广东省产学技术厅组织，并委托汕头市科技局主持的《DSTB—1100型微电脑自动双头涂布机》科技成果鉴定会照常在汕头市召开。鉴定委员会听取和审查了汕头市金通实业有限公司提供的有关报告和相关技术文件，并考察了生产设备，进行了充分的讨论之后，一致同意该科技成品，扩大生产能力，以满足市场的需求。

DSTB—1100型微电脑自动及涂布机，是集机、电、磁、气一体化的高科技产品，适用于金属化转移金、银卡纸、电化铝烫印膜、激光全息识膜、转印膜等生产。其制品广泛用于烟、酒、食品、化妆品、礼品包装带、文化用具等商品包装行业。而现有使用的国产设备大都是由几台非专业设备组合而成，与工艺要求不相应，其制品质量低劣，且速度慢、耗能高，产品不能满足市场需求，因而迫切要求高速度、高质量、低能耗、利于环保、专业精度高、安全可靠的机组来满足市场。

【新型环保餐具生产线在西安建成投产】一条以农作物秸秆纤维作为主要原料生产一次性餐饮具的大型生产线，最近在西安市户县建成投产。西安绿源环保餐具有限公司引进的这条天然植物纤维餐具生产线，是由西安建大环保材料研究所所长周谋志高级工程师发明的专利技术。这种新型绿色餐具使用稻壳、麦秸、玉米秸或稻谷粉作为主要原料，表面光洁，强度大于塑制、纸制餐具、盛水沸水4小时以内无渗漏。在自然环境中，3个月左右可自行降解为有机肥料。该产品已列入中国环境标志认证种类，并在七个省市推广应用。

【肇庆方兴公司水溶性薄膜批量生产】一种在水中可迅速降解的塑料薄膜在广东肇东方兴包装材料公司投入批量生产，用其制作农药小包装袋已开始投放市场。

这种水溶性以PVA为主要原料，经特殊加工工艺处理而成。它与光降解、生物降解塑料薄膜一起构成三大降解塑料制品，而且降解更快，效果更好。目前世界上大的农药公司，如拜耳、汉高等均采用此种材料制作的农药小包装袋。

据介绍，这种由株洲工学院科研人员参与研制的材料，在透明度、拉伸强度、抗撕裂强度，而油耐溶剂性，抗静电性及降解速度可控性上均达到或优于非降解塑料薄膜，在工业、农业、轻工、食品、旅游、环卫产品上有广泛用途。它的热封性、印刷适性，也非常出色。

专家说，水溶性薄膜已成为一个很有前途的环保产品，沿海一些企业已在其出口产品上加以采用。此外，国产水溶性薄膜在价格上有很强的竞争力，仅相当于进口同类产品的40%。

【杭州“纸友”年产5万吨造纸用变性淀粉生产基地投产】杭州纸友科技有限公司资五千多万元，在杭州下沙国家经济技术开发区内建设的造纸用变性淀粉和平基地。

该项目包括年产5万吨国内首创的连续化生产

线，其生产工艺完全采用DCS自动控制及仓泵输送等先进系统。

杭州纸友科技有限公司是国内造纸化学品工程技术及杭州市化工研究所的科研成果产业化基地，已有40年专业从事造纸用精细化学品的研究开发历史，尤其在变性淀粉的研制、生产和应用方面拥有丰富的经验。目前已拥有多项国家发明专利和七个国家级新产品，并且拥有自营出口权。

【襄汾纸业《三倍体毛白杨制浆造高档印刷纸研究》项目通过鉴定】山西省科技厅邀请中国造纸协会、中国制浆造纸研究院、中国轻工国际工程设计院、北京林业大学的专家，对山西襄汾纸业集团有限公司承担的“三倍体毛白杨制浆造高档印刷纸研究”项目进行了鉴定。

山西襄汾纸业集团有限公司与中国林业科学研究院林产化工研究所合作，对三倍体毛白杨及黑杨的纤维性能，采用的制浆工艺技术，抄造的纸品性能等进行了系统试验，并提出了制浆废水污染处理达标排放的工艺技术路线。

与会专家评议一致认为：这是国内第一家全面对三倍体毛白杨制浆抄高档印刷的中试研究。提供的技术文件、资料齐全、完整，数据翔实，可指导产业化生产。以三倍体毛白杨为原料制APMP浆具有得率高、纸浆白度好的性能。以该浆种为主，配抄少量长纤维可抄造质量较好的低定量涂布原纸。该技术填补了国内空白，为我国林纸一体化项目的实施奠定了基础。三倍体毛白杨是一种速生、优质、材质白、经济价值高、适宜制浆造纸的树种。专家们一致通过对该项目的技术鉴定。并建议在完成中试的基础上，进一步拓宽纸品种的开发，尽快实现产业化。

【江苏双灯纸业有限公司通过省环保验收】2002年8月，因开挖淮河入海水道，江苏双灯纸业公司整体搬迁。在国家补偿资金和搬迁资金严重短缺的情况下，公司两年投入4000万元用于环保基础设施和科技投入，环保投资占新厂建设投入，环保投资新厂建设总投资的46.5%。使“三废”治理达到了环保要求，顺利通过了江苏省环保厅的验收。

双灯集团在实施搬迁工程时，坚持高起点设计，高质量管理，用循环经济的理念指导海涂湿地的保护性开发。委托盐城工学院对环保问题进行多学科研究和跟踪监测，用科学的数据证明造纸废水经过厂内预处理和厂外生态处理后可灌溉苇田，实现水资源土循环利用。

鸟类专家观察和研究后认为，造纸废水对丹顶鹤及其它鸟类栖息并无影响，相反由于芦苇的生长反而改善了生态环境。公司委托南京林业大学用循环经济的原理研究环境与经济协调发展的途径，确立了建立双灯生态工业园区和2010实现纸浆产量50万吨/年的发展目标；委托辽宁芦苇研究所研究如何提高芦苇产量，提高海涂开发综合效益。

积极推进“苇纸一体化”工程的实施，对现有制浆造纸的产品结构和原料结构进行战略调整，规划申报20万吨/年的苇浆项目，以发展生态工业、生态农业和生态旅游业，促进行园区的建设，实现海涂经济的良性循环。

【扬州邮肠衣厂获欧盟市场通行证】欧盟主管当局公布了最近批准注册的8家肠衣企业名单，其中江苏扬州羽绒厂高邮肠衣分厂列于名单之首，标示着该企业生产的肠衣产品可以向欧盟各成员国出口。

原扬州羽绒厂肠衣分厂年口肠衣约5000万元人民币，是扬州市惟一对欧盟注册的肠衣厂。由于近年来欧盟对动物源性食品提出的检测标准越来越高，对药物使用和残留量的控制也更加严格，国内不少肠衣企业因不符合欧盟的检测指标而被取消了注册资格。

扬州检验检疫局对肠衣分厂严格按欧盟标准对其生产工艺、卫生条件及软件管理等方面进行了指导，提出了几十项整改意见，使该厂一次性通过国家有关部门的现场评审并获得欧盟注册。

【芜湖海螺塑料制品公司通过ISO 9001质量认证】经过方圆标志认证中心安微分中心专业评审员的认真审核，芜湖海螺塑料制品有限公司于6月底获得ISO 9001—2000版质量体系认证。

该公司在去年6月就着手进行质量体系认证的各项前期准备工作，将此项工作列入日常工作重心来抓，并依据GB/T19001—2000标准的要求，制定颁布了《质量手册》和《程序性文件汇编》在全公司范围内进行度运行。公司各部门、工段严格按质量手册和程序文件的要求，规范操作行为，指导日常工作，各项工作有计划、有检查、有整改措施、有验证结果，形成管理闭环，并环环相扣。通过近一年的运行，该公司各项基础工作进一步得到提升。今年上半年，该公司在“非典”影响销售的情况下，产量仍然大幅提升，超额完成了年度计划，各项经济技术指标也达到了预期水平。

【陶氏专用聚合物生产线投产】陶氏化学将其新系列功能聚合物产品投放市场。此系列产品是陶氏去年在其聚烯烃和弹性体业务中新形成的一项业务领域。旨在扩大高附加值产品的销售收入。该系列功能聚合物主要包括乙烯-丙烯酸乙酯共聚物，乙烯-醋酸乙烯共聚物及顺丁烯二酸酐接枝聚合物等。据陶氏专用聚合物业务部门的负责人称，陶氏化学公司以在将这类产品市场定位于包装材料领域，而新系列功能聚合物则使陶氏将目光转向组合料、热塑性粉末涂料、粘合剂等新领域。

陶氏通过购并联碳公司已拥有乙烯-丙烯酸乙酯共聚物和乙烯-醋酸乙烯共聚物这两项产品业务，而后又开发了顺丁烯二酸酐接枝聚合物。陶氏计划近期在该系列产品中再增加 6 个新品，预期在 3 年至 5 年内，能够在这一新定位的市场占有率由目前的 5%～10%的基础上增长一倍。

目前，功能聚合物销售额只占其整个聚烯烃和弹性体业务的 5%左右，但其增长率无疑会超过整个聚烯烃和弹性体业务增水水平。

【内蒙古印务中心工程开工建设】为提高印刷质量、速度、加快新闻、出版、印刷、包装业的发展，内蒙古日报社创建报业集团的首期工程——印务中心的厂房建设，在呼和浩特市金桥开发区开工建设。

印务中心建设项目土建工程完成后，已经通过招投标引进了世界上一流高速彩色胶印轮转生产设备，德国高宝公司八色彩印轮转机设备一举中标。据介绍，这条高速彩色胶印轮转生产线，可印刷双面多色报纸，即可一次完成双面多色印刷，又可成倍的增加印刷印数，还可提高印刷质量，并且填补了内蒙古自治区一项空白。

【欧标 200 升锥形桶在兰州投产】6 月 18 日，一项采用欧洲标准研制的钢桶包装新产品——200 升锥形钢桶在兰州制桶有限责任公司正式投产。该产品的投产，是我国制桶业与国际接轨的开始。

此次该公司开发的 200 升锥形钢桶，是采用新的欧洲标准生产。选用 0.8mm 厚优质冷轧薄钢板为原料，桶体为柱锥形，桶身上端内径为 553mm，下端内径为 516mm，桶高在 970～990mm 可选，实际容量在 215～25 升。桶上盖为全开口型式，用杠杆式环箍封闭器封闭。钢桶外涂氨基烤漆，内涂防腐涂料。

200 升锥形桶新产品的投产和技术改造项目的建成，填补了甘肃省锥形桶生产的空白，为省内外提供了优质的新包装，为果酱、番茄酱等产品的出口创造了良好的条件。据不完全统计，周边的陕西地区包装果酱、番茄酱年需锥形桶 30 万只，甘肃和内蒙地区年需 40 万只，省内化工企业包装沥青需锥形桶 30 万元，仅这几项需求，年需要总量就有 100 万只。

200 升锥形桶产品的投产，对于兰州制桶有限责任公司来说，这是企业发展的里程碑，它为企业带来了新的经济效益增长点，使企业具有了可持续发展的后劲，是企业能够立足市场，在竞争中立于不败之地的根本。

【乌兰浩特新华彩印公司　投资千万元扩建蒙牛包装箱生产线】据悉，内蒙古乌兰浩特市新华彩印公司投资千余万元，扩建蒙牛产品外包装生产线。

董事长杨新堂对扩建生产线的解释道：首先，外包装箱生产线 7 月初投产后，彩印公司可具备日产 10 万个纸箱的生产能力，而这样大规模的生产能力，目前兴安盟内其他印刷企业无法做到。其二，与外地同行相比，新华彩印厂更具有不可比的三大优势：一是生产出来的纸箱每天可直接送到蒙牛乳业乌市分公司，比使用外地纸箱至少节省一天一夜的长途运输时间；二是蒙牛公司不需库存，蒙牛公司 10 条鲜奶生产线生产后，每天至少需要 9 万个外包装纸箱，这样大的库存靠外地印刷企业很难保证；三是对本地财税贡献份额大，纸箱项目投产后，每年可为当地财政上缴 150 余万元的税金，并一次性增加就业岗位 150 个。

据了解，内蒙古乌兰浩特新华彩印公司在蒙牛乳业乌市分公司筹建之时，就把扩张生产规模的机遇定位在承揽蒙牛鲜奶包装纸箱的印制上。为此，从 2002 年 8 月起，就投资 400 余万元扩建了占地 7000 平方米的纸箱车间；投资 650 余万元上了国内最先进的纸箱生产线设备。

【三鹿包装箱技改项目投产】三鹿乳业集团投资 800 多万元引进的彩色凹印机、模切压痕机等先进设备的五色彩印包装箱技改项目，经试车调试，进入大批量生产。

这一项目的投产，一改过去三鹿乳品包装箱依赖外购的历史，实现了彩印包装生产技术的重大突破，取得了良好的经济效益。

【北京市纸箱厂大型印刷机投产】北京市纸箱厂今年邀请客户，参观最新购置的 ZYK3500×2200

三色印刷开槽机，现场观看开机生产情况。用户高兴地称赞：北京纸箱厂心中有用户，购置大型印刷机顺利解决了我们长期需求大型纸箱的难题。

北京市纸箱厂是具有五十多年历史的瓦楞纸板、纸箱专业生产厂家，主要生产A型楞、B型楞和AB型楞1—4色的内、外贸包装用纸箱，并可在箱体上印刷木纹和做防潮处理。北京市纸箱厂投资1.4亿元人民币，在交通便利、辅助设施齐全的大兴工业开发区建设新厂，新厂占地5万平方米，建筑面积2.6万平方米，从国外引进多台套具有20世纪90年代先进技术水平的全自动纸板、纸箱、彩箱生产设备，其中部分设备属国内首次引进。北京市纸箱厂现拥有两条自动瓦楞纸板生产线，五台套多色印刷纸箱成型生产线，四台模切机以及多台辅助设备，具备年产3000万平方米瓦楞纸板、纸箱的生产能力。制版中心和检测中心配备有先进的印前设计系统和柔性版制版系统以及原材料、半成品、成品的检测系统，为生产高质量的纸箱、纸板提供有力的保证。

多年来，北京市纸箱厂始终坚持用户至上、品质第一的原则，产品质量在全国同行业中名列前茅，是北京出入境检验检疫局出口包装纸箱及危险品包装纸箱的定点生产厂家，通过了ISO 9001—2000质量体系认证，被中国包装技术协会命名为“中国包装企业200强”。

【连云港根深纸制品有限公司天津分公司顺利投入运营】为响应国家加大环保力度的号召，支持环保产业建设，不断满足环保纸制品市场的需求，扩大公司生产经营规模，连云港根深纸制品有限公司自2002年10月份开始在天津市津南区双桥河工业园区筹建分公司。

连云港根深纸制品有限公司自1999年成立以来，以先进的技术、过硬的质量和优秀的服务，赢得了广大客户的信赖，并以良好的环保效应得到了政府部门的大力支持。天津分公司的顺利投产运营，标志着该公司从本土化划向异域化，从生存战略向发展战略的成功转移。未来几年内，该公司将继续利用地区优势和技术优势，在广州、重庆、兰州等大城市继续设立分公司，同时向国际市场进军，争取为中国乃至全球的环保事业作出新的更大贡献。

【安徽20亿只丁基胶塞生产线开工】6月8日，安徽来安县华峰医药橡胶制品有限公司20亿只丁基胶塞生产线正式开工建设。

华峰公司过去是一家以生产医用天然橡胶瓶塞为主的老医药包装企业。早在几年前，面对国家即将强制淘汰天然橡胶瓶塞的严峻形式，超前谋划，积极开发取代天然橡胶瓶塞的新产品丁基橡胶瓶塞。1999年，公司申请北欧政府280万美元贷款，自筹1300万元资金，引进意大利先进生产设备，上马了年产7亿只抗生素丁基胶塞生产线，并于2000年11月份建成投产。两年多来，企业生产经营呈现了良好态势。为抓住市场机遇，谋求企业做大做强，该公司在广泛调研、科学论证的基础上，果断决策上马第二条生产线。二期扩建工程设计年产丁基胶塞20亿只，总投资4500万元。明年5月项目建成投产后，年可新增产值1.5亿元、利税2200万元。

【可塑性淀粉基生物全分解材料通过鉴定】武汉华丽环保科技有限公司自主研制开发的可塑性淀粉基生物全分解材料通过了由武汉市科技局组织的成果鉴定。

这种可塑性淀粉基生物全分解材料采用表面疏水处理、超细化等新工艺，并通过添加反应性增塑剂、反应性增容剂，实现了淀粉的可塑性。化丽环保科技公司还研制成功了具有自主知识产权的啮合同向平行双螺杆挤出机。该设备能一次性完成反应增塑、淀粉结构改性、淀粉接枝和反应性增容等反应过程，并且不需要通过原料造粒环节。

鉴定委员会认为，用该设备生产的片材多项性能指标均达到了国家标准中相关技术要求和国家环境标志产品论证技术要求(HBI 2001)。

【山东药玻丁基胶塞项目建成投产】山东省药用玻璃股份有限公司年产量12亿支的药用丁基胶塞项目建成投产。

作为目前国内最大的药用玻璃包装企业，该公司在立足药品包装、做大做强药用玻璃这个主业的同时，不断开拓医药包装的新材料、新领域。丁基胶塞项目的建成投产，初步实现了公司跨行业经营的第一步战略目标。

这个项目完全按照GMP规范要求建设，净化程度按生产区域分为三十万级至百万级，主要设备从意大利引进目前国际最先进的硫化和清洗设备，硬件设施在国内同行业堪称一流。

目前，这个项目已正式运行，各项管理软件逐步完善、努力做到设施一流的前提下，达到技术一流、管理一流，真正把这个跨行业项目首先做强，在做强的基础做大。

【辽机顺利通过 ISO 9001—2000 转版认证审查】辽阳造纸机械股份有限公司原属国家大(二)型企业，2000 年获得中国方圆标志认证委员会颁发的 ISO 9001 质量管理体系证书。顺利通过了认证机械(1994 版转 2000 版)的转版认证审查。

辽机在这次转版认证过程中，严格依照 GB/T 9001—2000、SO 9001—2000 新标准，认真执行质量体系的策划与准备，质量体系文件的编制、质量体系的试运行以及质量体系的评价和完善的建立体系特定程序，最终顺利通过了此次转版认证审查，并受到认证机械专家组的一致好评。辽机公司质量管理体系全面达标，充分说明了该企业的质量管理工作在取证后两年多的时间里，始终坚持按 ISO 9001 标准运行，其质量管理体系是非常完善的。

【全新型降解塑料聚乳酸将进入产业化中试】由浙江海正集团有限公司研制的新型生物降解塑料——聚乳酸(PLA)，今年 6 月将进入产业化中试阶段，计划两年内建成 1 万吨/年规模。届时，PLA 将成为台州市又一支柱产业。

目前，绿色包装已成为塑料包装工业不可逆转的发展方向，浙江台州地区的传统塑料包装产业因此面临着严峻的考验。从今年 1 月 1 日起，欧盟已明令禁止发泡聚苯乙烯(EPA)作为包装材料进入欧盟各国；韩国也决定从今年 6 月 3 日开始禁止使用塑料购物袋和一次塑料餐具等制品。聚乳酸是以速生资源玉米为主要原料，经发酵制得乳酸，再经化学聚合而制成的全新型降解塑料，具有良好的生和相容性和生物降解性，用它制成的各种制品埋在土壤中 6 至 12 个月即可完成自动降解，因此该产品的研发备受美、德、法等国家的重视。

【闽都纸业高定量涂布白纸板项目投产】福建闽都纸业股份有限公司的二期技术改造扩建工程项目——年产 10 万吨高定量($600\sim1000g/m^2$)高档涂布白纸板工程 2000 年动工兴建，于今年 7 月投入生产，投产后将年创销售收入 4.08 亿元，年创利税 7200 万元，具有良好的经济效益和社会效益。

该项目总投资 2 亿元人民币，制浆系统(包括木浆处理系统和废纸处理系统)的绝大部分设备由台湾川佳公司提供，部分设备幅内配套；纸板机为引进美国 BC 公司的二手机，经过改造，配以 DCS 和 QCS 自动控制系统，可制造 $600\sim1000g/m^2$ 高定量高档涂布白纸板。

该项目被列为国家科技部 2001 年国家重点新产品项目和 2001～2002 年福建省工业结构重点技术改造项目。项目符合我国造纸工业发展方向和“十五”规划要求，符合造纸工业结构调整和污染治理的要求。

【申鹏公司浅网印刷 BOPP 通过鉴定】江苏省科技厅内掌声阵阵，江阴申鹏包装材料有限公司近期开发的“浅网印刷 BOPP 薄膜”鉴定会在此举行。鉴定委员会的专家们听取了申鹏公司的工作研制报告、技术工作报告、经济效益分析报告，审核了公司提供的产品标准、产品检验报告、科技查新报告、用户报告等相关报告。经认真讨论，委员会一致通过了申鹏公司浅网印刷 BOPP 薄膜科技成果鉴定和新产品鉴定。会上，鉴定委员会还对韩仲喜等六位同志颁发了科技成果技术奖。

据悉，申鹏公司的另一新品——消光膜在园区招商发展部的密切帮助和配合下，正在加紧进行科学技术鉴定和新产品鉴定的各项准备工作。

【广东潮州市彩达软包装机械厂通过 ISO 体系认证】广东省潮州市彩达软包装机械帮在开发生产经济型无轴凹版印刷机的过程中，全面实施 ISO 9001 质量管理标准，顺利通过了 ISO 9001—2000 质量管理体系认证，从而使该厂跃上一个新台阶。

彩达软包装机械厂地处全国闻名的“软包装印刷城”潮州庵埠镇，已专业从事设计制造软包装机械及配套设备 10 多年，是省级民营科技企业，主要生产 YGSZT 800—1200 高速电脑自动控制凹版彩印机、YAZTb 800—1200 标准型电脑自动控制凹版彩印机、YAB 600—1200 普通型凹版彩印机、FQZ 1200D 及 FQ 800—1200 系统纵向电脑自动纠偏纸塑两用分条机。有的产品已通过省级鉴定，质量达到同类产品的先进水平，曾经获得国家科学技术部第十二届中国新技术新产品博览会金奖和国家知识产权局第九届中国专利新技术新产品博览会特别金奖，被评为广东省优秀新产品，产品远销国内外。

【洛阳石化拉膜厂通过 ISO 9000 质量管理体系认证】洛阳石化拉膜厂正式通过北京三星 9000 质量认证中心的 ISO 9000 质量管理体系认证。

该拉膜厂始建于 1990 年，是中原地区唯一一家聚丙烯双向拉伸薄膜企业，主要为食品、冷饮、香烟等提供包装材料。建厂以来，该厂注重新产品开发，先后开发生产了平膜、珠光膜、烟膜等 10 多种不同规格和型号的塑料薄膜。尤其是他们依靠科技，潜心钻研生产的珠光膜产品，为彩印行业提供了新型优质材料。他们重视提高产品质量，制定了完备的质量管理制度，从原材料采购、生产过程到售后服务，都有严格的质量标准，不仅使职工的质量意识得到了不断强化，而且使产品质量始终处于受控状态，保证了产品质量不断提高。多年来，该厂的产品远销辽宁、河北、浙江、新疆、上海、重庆等全国20多个省市区，得到了用户的广泛好评。去年9月他们成立了ISO 9000认证小组，并按照北京三星质量认证中心的要求，编写了“质量手册”和18个“程序文件”，制定科学严谨的质量准则，做出了庄严的质量承诺，并组织了管理评审、模拟审核。

【稻壳环保餐具项目落户安徽芜湖】一项将稻壳制成一次性可降解环保餐具项目，落户芜湖长江大桥综合经济开发区。此生产技术已通过安徽省科技厅主持的鉴定。

据介绍，该项目总投资达5000万元，生产的一次性环保餐具中，其主要原料稻壳占96%，辅以4%的植物型、水溶性全生物材料粘合剂，具有无毒、防水、防油、强度高且耐高温等特点，在大自然环境中，约20天左右即可完全降解。

【岳纸集团在监利县建万亩意杨基地】今年，湖北监利县通过招商引资，将同治垸租赁给湖南岳纸集团，建造万亩意杨基地。湖南省岳阳纸业集团聘请的专业植树队伍来到监利县柘木乡同治垸开始植树造林。

据了解，1998年大汛后，同治垸万亩农田严重沙化，粮棉油作物种植效益很低。今年初，岳阳纸业集团拟到监利租赁土地建原料基地，柘木乡领导闻讯后主动上门联系，使该项目落户同治垸。目前，岳阳纸业集团已投资150万元，首期开发5000亩沙地。

【印刷行业2003年制修订国家标准项目计划下达】由全国印刷标准化技术委员会归口，由北大方正电子有限公司、武汉大学新闻与传播学院等单位负责组织制定的印刷行业2003年国家标准项目已经国家标准化管理委员会审核下达，它们是：《印刷技术　印前数据交换　制定PDF/X标准的指导方针和原则》和《印刷技术　印前数据交换PDF的使用适合彩色管理程的完全交换(PDF/X-3)》。

这两项标准都是遵照我国国家标准的制定要有利于推动技术进步和技术创新，是与国际惯例接轨，配合我国加入世贸组织和积极贯彻落实“采标”方针的精神，采用相应的国际标准ISO 15929和ISO 15930-3制定的。

随着数字化印前技术和网络出版技术的发展，PDF文件格式以其突出的特色和优势成为我国印刷出版行业广泛采用的文档图文信息及其页面描述的数据格式，特别是在电子出版和图像处理及其输出过程中，PDF/X数据交换非常频繁，数据交换的统一性与可靠性较高，但缺乏相应的数据交换标准，制约了其在图文信息为主体的印刷出版业中的应用。因此，这两项标准的制定是建立符合国际标准和我国工业生产要求数据交换的前提条件，对我国印刷出版工业的数字化生产进程具有重要的指导意义和实际应用价值。

【新闻纸冷固型油墨胶印印刷标准于12月1日起实施】由新闻出版总署提出，全国印刷标准化技术委员会归口，中国报业协会印刷工作委员会、中国印刷科学技术研究所、人民日报印刷厂、解放军报印刷帮、解放日报印刷厂、羊城晚报印刷厂等单位共同起草制定的国家标准GB/T17934.3《印刷技术　网目调分色片、样张和印刷成品的加工过程控制　第3部分：新闻纸的冷固型油墨胶印》经国家质量监督检验检疫总局批准发布，并于2003年12月1日起实施。

近年来，我国报纸印刷，特别是报纸彩色印刷得到了迅猛发展。1993年颁布实施的GB/T14705《报纸印刷品质量要求及检验方法》国家标准已无法满足目前新闻纸印刷技术的发展和人们对高质量报纸的要求。新颁布的国家标准是在充分调研并进行了大量实测认定工作的基础上，结合我国的实际情况，参照相关的国际标准ISO 12647-3制定而成，提出了既符合目前我国国情，又具有与国际标准接轨的质量要求，对保证和促进我国新闻纸印刷品质量的稳定和提高具有重要作用。

【ISO组织公布印刷机械的国际标准】2003年，ISO组织公布并出版发行一项新的国际标准：ISO 12648，2003印刷技术——印刷机械系统的安全要求。这是国际标准组织第一次专门为印刷机械制定安全保障标准。该标准综合了美国国际标准化组织B65.1“印刷机械安全标准体系”和CNE制定的印刷机械标准草案，是巴西、日本、德国、瑞典、英国、美国等国专家数年工作的结晶。

该国际标准应用于印刷机械系统，包括辅助机械等所有机械驱动设备均由一个相同的控制系统控制。它对机械的设计和制造提出安全要求，并且讨论了印刷机械中众所周知的危险事故，涉及到机械防护装置、非机械危险事故保护、调节管理装置，警告信号装置。

该国际标准为印刷机械的设计与构建提出了安全要求，并针对印刷系统中下述领域的特殊危险提出：机械的；电的；滑动、跌落；人类工程学；噪音；辐射；火和爆炸；热的；喷射的。

该标准适用于所有传动装置在整个系统中具有同一个控制系统的印刷机械系统，包括辅助设备和印后机械。例如装订/印后系统就不是印刷机械，对它们的要求将在 ISO 12649 中进行规定。该标准适用于凸版印刷机（柔印）、胶印机、凹印机、网印机和数字印刷机等。

【兰光透气性测试仪、透湿性测试仪获高新技术产品认证】济南兰光机电技术发展中心研制的透气性测试仪、透湿性测试仪获济南市科技局高新技术产品认证。

济南市科技局专家组对济南兰光透气性测试仪、透湿性测试仪的技术报告、技术使用报告、其他相关资料，以及设备等经过仔细的研究和讨论一致认为，用于软包装阻隔性测试的该两项产品的各项技术达到国内领先，国际先进的水平。专家组还对济南兰光独立自主开发高科技含量的质检设备，替代进口价格高昂产品、发展民族工业精品给予了高度的评价。

据悉，透气性式仪适用于包装材料的 O_2、N_2、CO_2透过率测试；透湿性测试仪适用于包装材料水蒸气透过率的测定，通过对包装材料测定，达到控制与调节包装材料等产品应用的需要。目前，该两项产品已被天津药检所，国家药品质量监督局等质检部门，湖南九芝堂、汕头佳利隆，上海远纺等知名企业，株州工学院印刷包装工程系等高校使用，并得到他们的认同。

【华泰通过 ISO 14001 环境管理体系认证】山东华泰已顺利通过了 ISO 14001 环境管理体系认证。

近年来，华泰先后投资 4 亿元建成了全国同行业运行最早、最正常、现代化程度最高的碱回收、中段水样板工程，成为全国造纸行业的治污典范。同时华泰积极走林、浆、纸一体化的路子，从建设速生林基地入手，在全国最早提出并实施了“绿色生态纸业发展战略”；此外公司还积极引进先进工艺技术，加强公司还积极引进先进工艺技术，加强节水控污，实施清洁生产，自 2000 年以来陆续增上的年产 16 万吨、20 万吨高级彩印新闻纸生产线，在工艺上实现了水的全封闭循环利用，真正实现了增产不增污。

为了进一步规范公司的环境治理工作，实现公司环境目标与经济目标的统一，向政府部门和其他公众团体宣传公司在环境保护方面作出的承诺，华泰从今年 6 月开始进行 ISO 14001 环境管理体系认证。为保证认证工作的顺利开展，公司成立了 ISO 14001 认证领导小组、工作小组和实施小组，并按照 ISO 14001 环境管理体系的思想，结合企业的实际情况建立体系，相继编写了体系化的环境手册和环境程序文件，制定、完善了环境方针和环境目标，以及相关的规程、标准等，将公司的环保工作程序化、制度化、规范化。保证了 ISO 14001 环境管理体系的有效运行。

“十五”期间，公司坚持以可持续发展为目标，从实际出发，不断调整原料结构、产品结构，从原材料的配比、工艺的加工处理、产品的生产、污染物的回收处理，到产品的销售，构造一条完整的、封闭的绿色生态产业链，达到最佳的社会效益、环境效益和经济效益。

【浙江绍兴富陵公司年产 20 万吨聚丙烯及薄膜生产线项目通过可行性评审】浙江省发展计划委员会产业处在杭州主持召开绍兴富陵实业集团公司年产 20 万吨聚丙烯（聚合装置）及薄膜生产线项目可行性研究报告评审会。会议认为，该项目符合国家产业发展导向和石化产品深加工的发展方向，也符合浙江省建设先进制造业中重点改造的十大产业发展规划，有利于进一步调整、改造绍兴市的工业产品结构。项目的实施，将使富陵公司成为浙江省首家既造粒、又制膜的全能型塑料薄膜生产企业，形成一个良性的产业链。

丙烯聚合装置采用 Spheripol 工艺的串联双环管反应器＋气相流化床装置。为保证运转质量，其中挤压、计量、输送系统配置由德国、意大利或日本生产。

【可降解模压蜂窝纸基板材在天津批量生产】由天津市包测新技术开发有限公司研制的可降解模压蜂窝纸基板材在天津投入批量生产。这种被称为新型环保材料的模压蜂窝纸板基材不仅可替代木质托盘，还可用于摩托车、平板玻璃等重物的包装。

据介绍，该产品以纸包装废弃物为主要原材料，辅以无毒、不含甲醛的水性粘合剂，经模压制成蜂窝状板材。其原料来源广泛，用后可再回收利用，成本低。粘合剂具有防水、防潮、阻燃等附加功能。压制模具结构新颖，脱模方便。板材表面可涂布，产品美观。此外，生产方式为流水线，制成品可任意剪裁。

【山东药玻公司通过质量/环境认证】山东省药用玻璃股份有限公司获得了由中国方圆标准认证委员会审核颁发的 ISO 9001—2000 质量体系认证证书和 ISO 14001—1996 环境体系认证证书。

作为药品包装材料（容器）的生产企业，该公司十分重视产品质量的提高和生产环境的改善，不断加大技术改造和技术进步的投入，注重提高产品实物质量，1997 年应在国内同行业率先通过了 ISO 9002 质量体系认证和主导产品模制抗生素瓶的产品认证。

近年来，随着制药行业推行 GMP 认证的深化，制药企业对生产环境的需求不断提高，对包装材料（容器）的实物质量及其生产制造环境也相应地提出了更高的要求。山东药玻公司抓住推行实施 ISO 14001 环境体系认证这一契机，紧密结合企业的技术改造和节能降耗工作，建立健全了环境管理体系，编制实施了环境手册及 60 多个程序文件和操作性文件，对以水、气、声、渣为主的污染因素实行了有效的控制，使整个生产工艺过程的环境因素都处于受控状态。同时，反复试验调整原料配方，对玻璃行业通行的澄清剂砷及锑等有害元素的化合物进行了替代和限量使用，使产品化学成分中有害物质的含量大大地降低，并达到美国药典中规定的标准。

北人 BEIREN 北人印刷机械股份有限公司
BEIREN PRINTING MACHINERY HOLDINGS LIMITED

股票代号：
A股 北人股份 600860
H股 北人印刷 0187

多彩世界 随心所欲

BEIREN300 型
对开多色平版印刷机

BEIREN300 Multi-colour Sheet-fed Offset Press

主要规格：

最高印刷速度（张/小时）	最大纸张尺寸（mm）	最大印刷面积（mm）	印刷纸张厚度（mm）	印版尺寸（mm）	主电机功率（kw）
单面印刷:15000 双面印刷:12000	720x1040	单面印刷:710x1020 双面印刷:700x1020	0.04–0.6	820x1050x0.3	双色:22 四色:45 六色:55 八色:70

平张纸平版印刷机系列：

四开系列单色、双色、多色平版印刷机
对开系列单色、双色、多色平版印刷机
对开双面平版印刷机
全张双色高速印刷机

卷筒纸平版印刷机系列：

７８７双给纸、双印刷组、双折页（彩色或套红）
８９０双面单色、双色、四色书刊卷筒纸平版印刷机
塔式报刊卷筒纸平版印刷机
商用表格印刷机
凹版印刷机

上海北人营销公司	(021) 62542108	北京北人营销公司	(010)67177001	西安北人营销公司	(029) 4295017
浙江北人营销公司	(0571)85352358	辽宁北人营销公司	(024)25879589	北人四川办事处	(028)87677318
湖北北人营销公司	(027) 65611397	广州北人营销公司	(020)86183595	北人新疆办事处	(0991)4557912

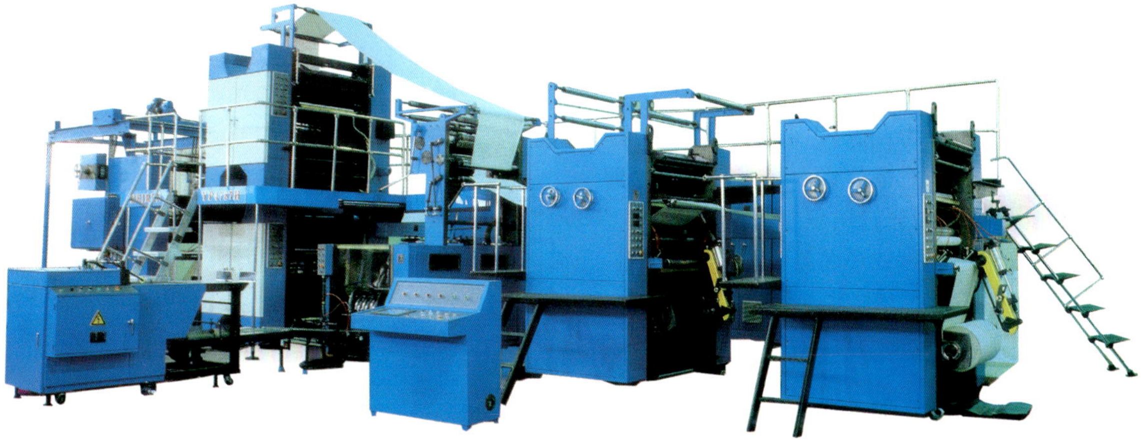

YP4787H 型
卷筒纸平版印刷机

YP4787H Web Offset Printing Press

主要规格：

最高印刷速度（张/小时）	最大纸张尺寸（mm）	最大印刷面积（mm）	卷筒纸最大直径（mm）	印版尺寸（mm）	折叠开本
40000	546x787	520x767	Φ1066	785x580x0.3	8开half-fold

北人

为多彩世界提供满意的印刷设备

地址：北京市朝阳区广渠路南侧44号
传真：(010)67760017
24小时服务热线：(010)67768124
网址：http://www.beirengf.com

市场营销公司：(010)67711385 (010)67714031
技术服务部：(010)67737834 (010)67738229
传真：(010)67738229-1

BEIREN

公司地址：中山火炬高技术产业开发区
电　　话：(0760)5592838(12线)　5313108
传　　真：(0760)5597023　5591979
邮　　编：528437

香港地址：香港九龙沙咀道11-19号达贸中心5字楼6-7室
电　　话：(852)24930919
传　　真：(852)24379389

南京金箔集团有限责任公司

南京金箔集团有限责任公司，世界金箔生产中心，中国烟草物资总公司定点生产基地，中国包装产品定点生产企业，2000年8月被国家科技部命名为高新技术企业。

公司创建于1955年。在上世纪80年代初期企业是一个固定资产只有38万元，而内外债务却高达197万元的濒临倒闭的小手工作坊。1983年由集团总裁江宝全接管后,进行了大刀阔斧的改革，没有要国家一分钱投资，就使企业发生了翻天覆地的变化，现已发展成为拥有八大公司近四十家分厂、6000多名职工，实现年产值10亿元，年利税一个多亿元,并连续十年成为当地区属企业上交国家税收第一的跨地区、跨行业的集团化企业。1990年1月12日李鹏总理曾来视察，题词“金箔之光，灿烂辉煌”；1993年5月23日，荣毅仁副主席视察集团后,也欣然题写了“金陵金箔，中华一绝”。另外，乔石、宋平、李铁映、姜春云、费孝通、杨汝岱、廖汉生、万国权、铁木尔·达瓦买提、彭佩云等许多党和国家领导人先后来集团视察。

公司主要经营金（银、铜、铝）箔及其深加工产品、烟草配套材料、机电、房地产、食品、商贸、三产等，其中“金陵金箔”两度获得国家金奖，经美国麻省理工学院金属测量中心检测，“金陵金箔”最薄、最轻、沙量最少、光洁度最高、颗粒分布最均匀，一举战胜日本、泰国、德国、意大利的金箔，勇夺桂冠。为北京故宫、人民大会堂、布达拉宫等著名建筑物贴金，代表中央政府为香港、澳门特别行政区赠送贴金雕饰“永远盛开的紫荆花”、“盛世莲花”，为美国前总统克林顿赠送贴金礼品；1985年，集团向烟草包装材料进军，从产品到设备填补国内多项空白，成绩显著。长期为上海烟厂、玉溪烟厂等百家烟草企业配套，受到国内外广大客户的一致好评。2000年5月，公司由地方最大的集体所有制企业改制为股份制企业，不久将上市。届时,南京金箔集团将会获得又一次新的发展机遇，为振兴中华民族工业做出新的贡献。

地址：南京市中华门外东山镇金箔路28号　邮编：211100
电话：025-52282616　传真：025-52281516

山东博汇纸业集团是以造纸为主,热电、化工兼营的国家级大型企业集团。近年来，公司在各级领导的大力扶持下，始终坚持“发展是硬道理”的战略方针，与时俱进，开拓创新，实现了企业规模及综合经济实力的迅速膨胀。

集团公司现拥有总资产 30亿元，员工6000余人，下设山东博汇纸业股份有限公司、桓台县热电厂、大华纸业有限公司、桓台博汇社会福利化工厂、博汇水处理厂等五个子公司，造纸能力30万吨、热电10万千瓦。氯碱乙烯10万吨，速生林5万亩。2002年实现销售收入15亿元，利税3亿元,实际上交税金1.32亿元,综合经济实力居全省同行业第四位，全国第七位,先后荣获“AAA级信用企业”、“山东省造纸行业水污染防治优秀企业”、“省级明星企业”、“高新技术企业”等荣誉称号。

“永不满足，争创一流”是博汇人始终遵循的企业精神，为了更好的参与国际市场的竞争，公司以党的十六大为契机，适时提出了“奋战五年，实现双百，步入小康”的又一个新的“五年计划”，也是实现“百年博汇”永葆企业活力的基石。2002年投资15亿元建设的“ 5万千瓦热电项目”、“ 6万吨中段水项目”、“5万吨文化纸改造项目”、“6万吨氯碱乙烯项目”均按计划顺利投产；“30万吨卡纸项目”也将于7月份试车运行。截至5月份，公司实现销售收入6亿元，创利税1. 3亿元；实际上交税金6400万元，实现了首季生产、项目双丰收。预计年底可实现造纸生产能力60万吨、热电10万千瓦、氯碱乙烯10万吨，速生林10万亩，实现销售收入25亿元，利税4亿元。

以项目的顺利投产为动力，公司又迈开了把企业做大做强的新步伐。投资6亿元的40万吨化机浆项目及投资4亿元的10万千瓦热电项目于5月8日在领导们的关注下奠基动工，目前项目进展顺利。两项目计划明年下半年投产达效，项目投产后可新增销售收入25亿元，利税3亿元,2004年公司将实现销售收入50亿元，利税7亿元。

企业的做大做强,发展是动力，管理是保障。公司在抓发展的同时，严抓管理创新，坚持“二手抓，二手都要硬”的方针。在管理与体制创新上，大胆改革，积极探索，逐步走出了一条具有博汇特色的管理之路。在集人、财、物、产、销为一体的“五统一管理体制”的基础上，建立健全了“以人为本，依法建制，规范运营，岗位定责，考核奖惩”的管理模式,对五厂、十七处室制定了以岗位责任制、干部责任制、员工责任制、岗位管理规定为内容的“三责一规定”制度,使企业步入了标准化、制度化与国际市场接轨的管理轨道。同时形成了一整套以爱党、爱国、依法运营、做人做事等内容为主体的“博汇文化”。为确保项目的顺利投产，为实现“百年博汇”打下了坚实的根基。

随着世界经济一体化的进程，市场竞争日趋激烈，博汇将长期处于发展阶段，今后五年内，博汇将以党的十六大精神为指引，抢抓机遇，坚持"发展是硬道理”的战略方针，坚持“永不满足，争创一流”的博汇精神，坚定“百年专一”的信念，精诚团结，奋发图强，力争2008年达到造纸能力100万吨以上，发电能力30万千瓦，氯碱乙烯20万吨，实现销售收入100亿元，建成“新型工业化特大型企业集团”，为淄博的经济发展做出更大的贡献。

集团公司董事长兼总经理：杨延良

博汇 Bohui

山东博汇纸业集团

地址：中国·淄博
电话：(0533)8530387(销售公司)　网址：www.bohui.cc
传真：(0533)8530372　邮编：254605

SIPPC

上海国

1

2

3

4

① 2003年9月4日，全国政协经济委员会副主任、政协常委石万鹏专程至SIPPC视察，中国包装技术协会副会长
上海市包协秘书长庄英杰、上海市普陀区经委主任张永华及上海市包协副秘书长、SIPPC董事长钱成锡陪同石万
接待中心和工地现场。（右起：钱进、钱成锡、石万鹏、庄英杰、张永华）

② 2003年8月14日上午，上海国际包装·印刷城与上海交通大学缔结战略伙伴关系。上海交通大学媒体与设计
教授与SIPPC董事长钱成锡代表双方签约。蒋宏（右七）、钱成锡（左六）

③ 2003年1月12日，上海国际包装·印刷城在工地现场举行了盛大的结构封顶庆典。中国包装技术协会第一副
技术协会常务副会长兼秘书长钱进、上海市委副秘书长胡延照、上海市经委常务副主任俞国生、温州驻沪企业协
队副司令刘际潘、上海市普陀区委书记周国雄、上海市普陀区区长胡秉忠、普陀区副区长包建强、上海市包装技
海市科协副主任吕也博等出席了封顶庆典。（图为封顶仪式现场）

④ 2002年7月10日，日本包装技术协会代表团在团长伏木秀文的率领下，访问上海国际包装·印刷城。伏木秀文

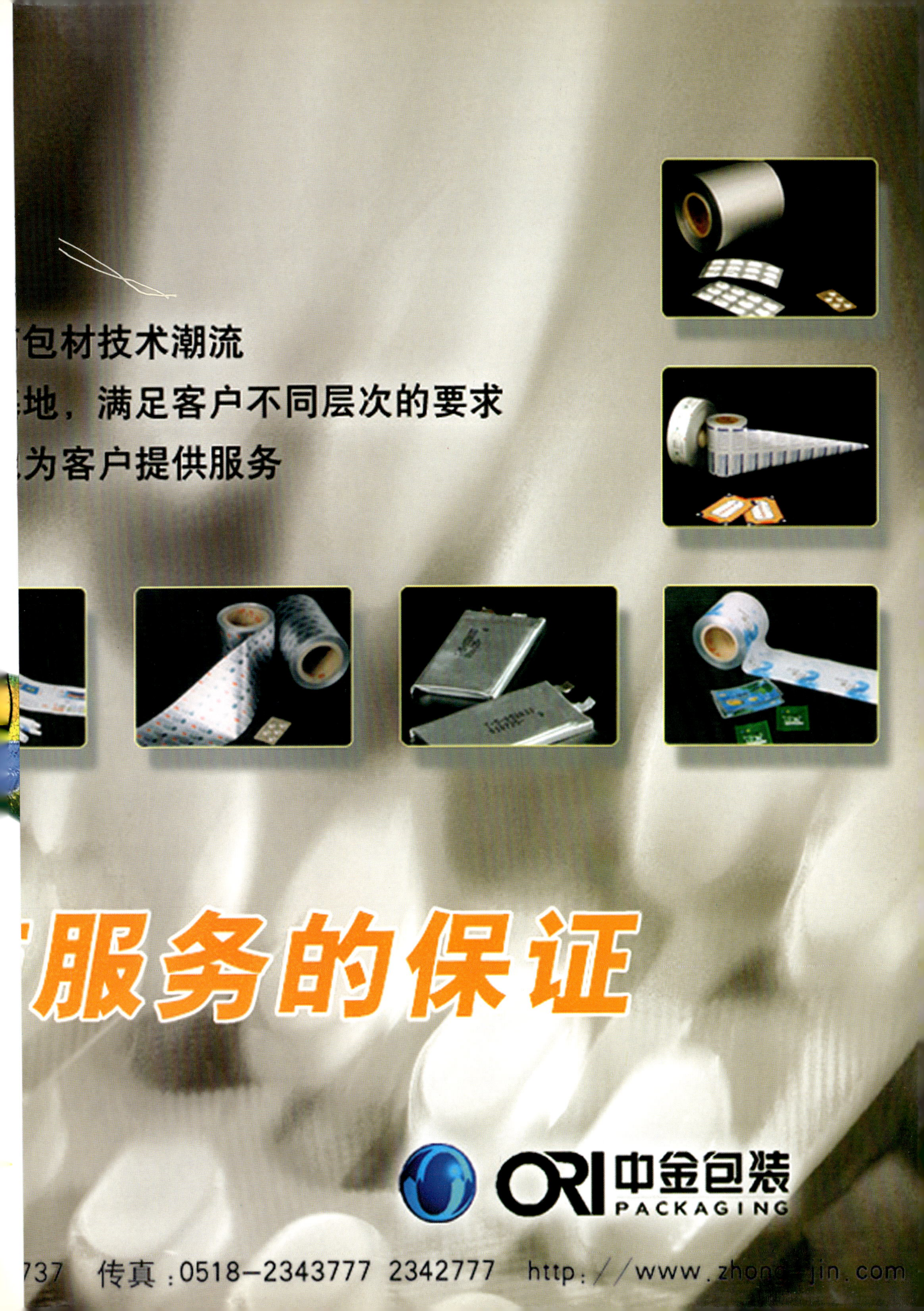

包材技术潮流
地，满足客户不同层次的要求
为客户提供服务
服务的保证
ORI 中金包装
PACKAGING
737 传真：0518-2343777 2342777 http://www.zhon jin.com

CHANCING
诚信包装

浙江诚信包装材料有限公司

浙江诚信包装材料有限公司地处著名的观潮胜地-海宁市盐仓镇，是一家集印刷、复合、制袋、制膜、机械设计、制造等于一体的综合型企业。公司始建于1992年，现资产规模2个亿。公司自98年在海宁建设新厂区投产以来，产值已跃居市工业企业榜首，并挤身海宁市兴海工程重点骨干企业，及明星企业之列。公司一贯奉行“诚信”，重合同，守信用，并被建行评为“AAA”级企业。公司现已被列入国家级高新技术企业行列。

公司总占地面积250亩，近三万平方米的具有现代风格的厂房内，从日本引进具有国际先进水平的日本富士印刷机等全套生产流水线四条及检验设备。公司全年印刷生产能力可达1.8亿米之多。检品机、气相色谱仪等高新技术在生产领域的广泛运用使产品品质得到最严格控制。在质量管理方面，公司于2000年顺利通过了ISO9000的质量体系认证，并于2002年通过了94版向2000版转版工作。投产至今，受到使用单位的好评。

2001年公司从意大利引进五层共挤的制膜设备，年产收缩膜2000吨。从而使公司向新的领域发展，也填补了国内相关领域的空白。

2002年公司成立了诚信薄膜有限公司并引进先进的三层吹膜设备，主生产无菌灌装牛奶膜，年产量达2000吨。

公司领导层注重人才的培养和引进，拥有一支技术过硬、擅管理、敬业精神强的管理及生产技术人员队伍，具有高，中级职称人员及大专以上学历人员占公司总人数的20%左右。公司采用集成采购、销售、生产、仓储为一体的电脑信息管理系统进行全方位资源管理。

公司奉行“诚实待人，信誉至上”质量方针。始终将客户利益放在首位，公司全体员工欢迎社会各界人士的光临指导，愿我们能真诚合作，共创灿烂的明天。

新引进日本富士机械最新型印刷机FCD-9，印刷速度可达250米/分钟

国内唯一的进口五层共挤双泡法吹膜线

◆ 厂址：浙江海宁市对外综合开发区启潮路
电话：(86 573)7966 411　　7966 363
邮编：314422

◆ 杭州办事处：城站广场郭东园路8号中闽大厦2001室　邮编：310009
电话：(86 571)8770 7087　　传真：(86 571)8770 7084
http://www.ChancingPack.com　　E-mail:zjcx@mail.jxptt.zj.cn

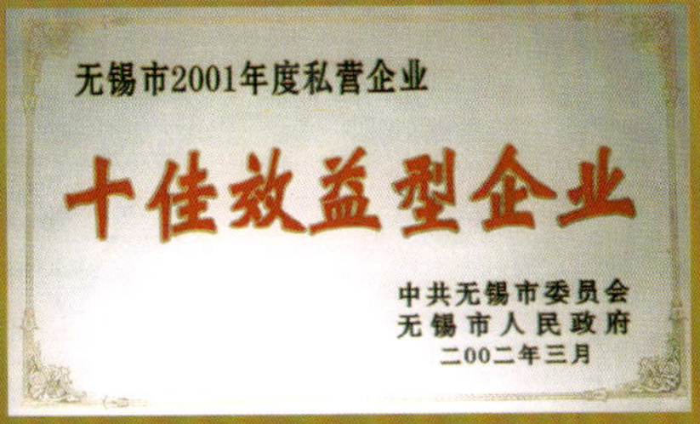

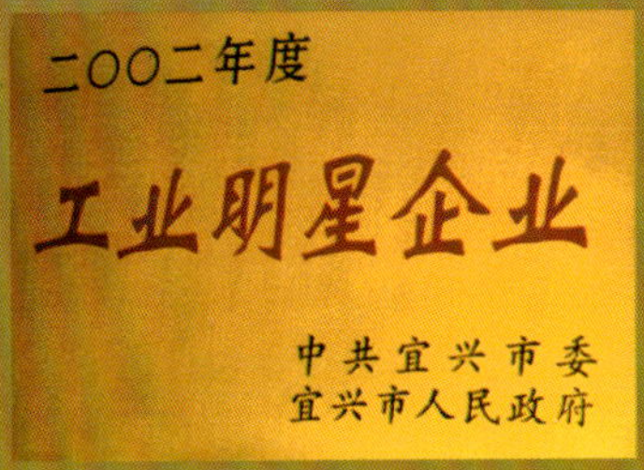

宜兴市华法纸业有限公司

地址：宜兴市宜城镇北郊边庄
电话：0510－7125538
传真：0510－7121839
邮编：214200
E-mail:zcq@yxhuafapaper.com
Http://yxhuafapaper.com

地处锦绣江南的宜兴市华法纸业有限公司，是宜兴市重点民营企业，江苏省重点扶持企业。下设造纸、纸箱二个分公司，以生产、经营牛皮箱板纸、瓦楞原纸及瓦楞纸板和各种纸箱包装为主，现有职工755人，厂区占地面积达9万多平方米，建筑面积6.5万平方米，拥有总资产8000多万元。2002年产值1.35亿元，利税1000多万元。

2002年，是华法不平凡的一年。

这一年，华法在1575型多缸圆网板生产线、2400型长网纸机和1600mm流水线等原有60多台套设备的基础上，又投资2000多万元，新建了2200mm瓦楞纸板流水线及高速四色印刷开槽机，形成了年生产原纸3万多吨、纸箱3500万平方米的生产能力；

这一年，不仅招收了30多名大中专毕业生，而且高薪聘请了造纸、纸箱机械、电脑、营销、管理等方面的十多位高级人才担任各关键岗位的领导，使企业走上了良性发展的轨道；

这一年，公司引进了250万元外资，不仅壮大了实力，同时为引进国外先进的管理经验创造了条件；

这一年，市政府把公司列入二板市场的培训企业；省经贸委批准公司立项建设年产5至10万吨高强度瓦楞原纸及纸箱板纸技改项目；三级政府授予“重合同守信用企业”、“十佳效益型企业”、“工业明星企业”等荣誉称号，董事长查善法被授予“优秀企业家”，被选为市人大代表……

因此，2002年是华法人值得骄傲的一年。

浙江爱迪尔包装集团公司

德国引进的凹印生产流水线

意大利引进的真空镀铝剥离机生产线

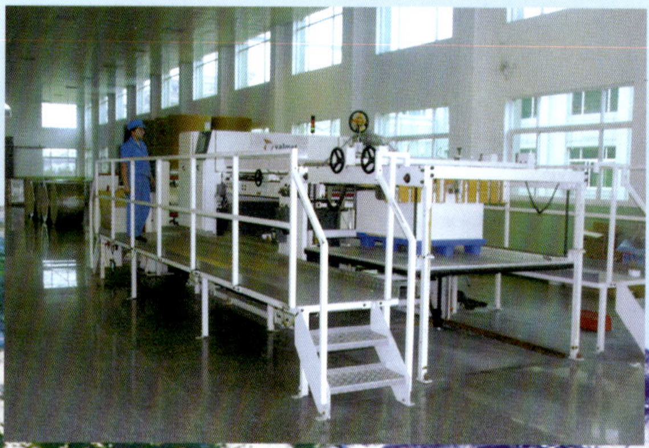

德国引进的分切机

浙江爱迪尔包装集团公司地处浙江省杭州市，始创于1976年，是一家专业生产各类出口商品包装、卷烟商标印刷、彩印纸箱纸盒、真空镀铝包装材料及文具礼品等产品的国家级大型全能包装企业。公司现有职工560名，占地面积12．5万平方米，总资产近8亿元，公司的生产设备全部引进德国、瑞士、英国、意大利世界一流的顶尖设备，在全国同行业中屈指可数。公司系全国印刷包装行业龙头企业，国家级高新技术企业，经济效益一直处于全国同行业领先地位。真空镀铝包装材料是公司99年新开发的项目，总投资5.5亿元，分别引进三条生产线，硬件设备全部从西欧引进，软件技术全部采用欧美生产工艺，镀铝工艺有直接镀铝法和转移镀铝法两种。生产产品有啤酒标贴纸、卷烟内衬纸、食品包装纸、镀铝卡纸、礼品包装纸五大系列，一百多个品种，目前规模和产量为全国之最。去年，真空镀铝产品被评为国家级重点新产品，今年九月又被认定为浙江名牌产品。

经营范围： 各类出口商品包装、卷烟商标印刷、彩色胶印、彩印纸箱、纸盒、高档纸制品、真空镀铝纸、文具礼品。

主要产品： 卷烟商标、纸箱纸盒、环保型全息防伪真空镀铝卷烟内衬纸、啤酒标贴纸、镀铝卡纸、食品包装纸、礼品包装纸。

地址：浙江省杭州市萧山区党山镇杭包路88号
邮编：311245
电话：0571-82522868　82521666　82521766
传真：0571-82522889　82522066　82522618
负责人：王鑫炎
网址：www.zjideal.com
E-mail:ideal@xs.hz zj.cn

上海紫东化工塑料有限公司

上海紫东化工塑料有限公司成立于1997年，由上海紫江企业集团股份有限公司与日本东棉株式会社、华达企业投资（香港）有限公司、日本三菱重工业株式会社共同投资组建而成，投资总额为5598万美元，注册资金为2800万美元，专业生产包装用聚酯薄膜（BOPET）。

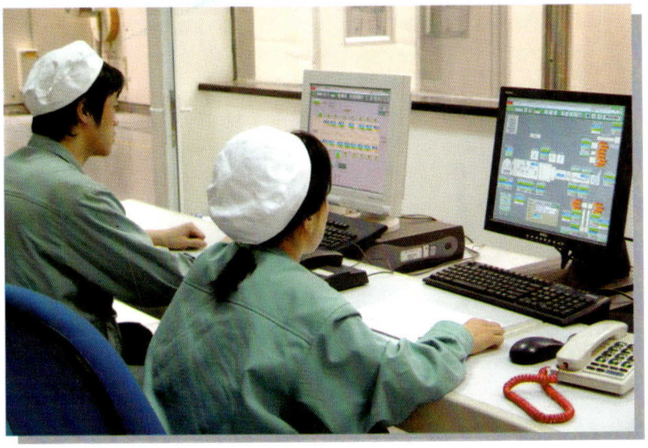

公司成立以来，尊重员工的个性、愿望和选择权利，创造了"以人为本、不断发展、追求创新"的工作环境。人才是企业最根本的资本，公司现有大专以上学历和中高级技术职称者占公司全部员工的37%，各类专业人员涉及管理、工艺、冷冻、电脑软件、电气、质检等诸多方面，公司主要技术骨干均送往日本和德国进行专项培训。学有所长，加之他们的敬业精神，使他们符合"以信为上、以质求存、以量求胜"的经营需要。

公司已从德国和日本引进二条国际先进水平的双向拉伸聚酯薄膜(BOPET)生产线，系用独特的工艺技术、严格的质量闭环控制，具有自动化程度高、人机对话、电脑自动检测等特点，还配有(厚度测量仪、拉伸试验机、雾度计、粗糙度计、热收缩测试仪、光泽度机等先进测试设备，对生产过程以及产品品质都能有效的检测和控制并具有开发客户所需特殊BOPET薄膜的能力。近日又在筹建年产2000T的超薄型聚酯膜生产线，该生产线集试验与生产为一体，产品不仅可应用于包装业，而且可广泛运用到电子工业。

公司在整个生产经营过程中重视全过程控制和售后质量/环境影响跟踪、服务二大环节，全过程的操作均按已通过的ISO9001：2000质量管理体系认证要求运行，并依据ISO14001环境管理系统要求，建立并维持环境管理体系，将所生产和销售聚酯薄膜的安全、耐用、连通、高效的特点成为行业的主导和产品的优选。

目前，公司虽已荣获"中国包装200强先进包装企业"、"上海市高新技术企业"、"上海市外商投资先进技术企业"、"上海市优秀包装企业"的称号，但仍需不断的努力来追寻新的目标。

- 地址：中国上海市闵行区紫东路1号
- 电话：86－21－64091688
- 传真：86－21－64092696
- 邮编：201111
- 电子邮件：sales@zidong.com
- 网址：Http://www.zidong.com

上海外贸界龙彩印厂
Shanghai Foreign Trade Jielong Colour Printing Factory
传承文化 沟通美丽
30YEARS
SHANGHAI JIELONG
JIELONG
COLOUR PRINTING
（1973—2003）
○ 上海市A级纳税信用单位
○ 上海市银行贷款资信A级
○ 上海市工商行政局授予重合同守信用单位
○ 上海市文明单位
上海外贸界龙彩印厂，创建于1973年。三十年来始终立足于“服务、品牌、形象”的基本理念，为用户提供各类高档商品的包装印刷及彩色纸箱的加工与服务。良好的信用与服务使界龙与许多中外企业、跨国公司、国内著名企业建立了长期的合作伙伴关系。企业通过ISO900/2000质量体系国际认证和ISO14001环境管理体系国际认证。2003年被评为中国包装产品定点生产企业。
界龍集团
JIELONG GROUP
厂址：上海市浦东新区川周公路7075号
电话：(021)58921888
传真：(021)58921859
邮编：210205
业务部：上海宁海东路200号申鑫大厦
邮编：200021
电话：(021)63746888(总机)
传真：(021) 63744930
E-mail: wmjlcyd@onlind.sh.cn

DuPont Teijin Films™

ampef™ Polyester Film

环保型新材料——双向拉伸聚酯薄膜

佛山杜邦鸿基薄膜有限公司

佛山杜邦鸿基薄膜有限公司是中外合资经营公司，已获授权使用总部设立在瑞士苏黎世的聚酯薄膜制造商行业协会（简称AMPEF）的聚酯薄膜环保产品标志，是国内规模最大、产品规格种类最齐全、质量最好、企业效益最好的聚酯薄膜生产厂家。公司现拥有五条具有国际先进水平的双向拉伸聚酯薄膜生产线，年生产能力四万吨，主要生产烫金基膜、食品和医药卫生用包装基膜、镀铝基膜、转移基膜、印刷复合包装基膜、护卡基膜、激光防伪商标基膜、半强化基膜、电气绝缘膜、电容器专用膜、触摸开关膜、在线预处理（涂覆）膜等各类可回收和再利用的高品质环保聚酯薄膜，产品厚度范围为3．5μm至350μm。其中食品与医药卫生用包装膜达到美国食品与药物管理局（FDA）的要求，电气绝缘膜获美国UL认证。公司在1999年通过了ISO9002认证，并于2002年1月通过了ISO9001：2000（转版）认证。

双向拉伸聚酯薄膜简称“聚酯薄膜”或BOPET，它具有拉伸强度高、弹性模量高、冲击强度大、耐弯曲性大、表面光泽度和透明度高、耐寒和耐热性好、尺寸稳定性好、无毒无味、良好的阻隔性、耐化学腐蚀、以及良好的电气绝缘性能，如工频电气强度高、介质损耗小和电阻率大等优点，另外，经过表面特殊处理后的双向拉伸聚酯薄膜还可以进一步提高薄膜的表面性能，如特定颜色、表面平滑性、卷取性、阻隔性和与特定材料的表面附着力等。

一、烫金类聚酯薄膜。包括烫金基膜和转移基膜，产品具有拉伸强度高、热稳定性好，产品外观平整度好等优点，主要应用于电化铝、烫金镭射基膜、喷铝转移纸基膜和金银卡纸。其中“转移基膜”是佛山杜邦鸿基薄膜有限公司为了适应环保的需要，自行研制生产的高档环保包装材料,该产品可多次重复使用、品质优良，并且得到了客户的广泛好评。

二、镀铝类聚酯薄膜。包括普通镀铝基膜、增强型镀铝基膜、复纸镀铝基膜、挤出复合镀铝基膜、高亮度镀铝基膜、及双面涂复镀铝印刷基膜;除普通镀铝基膜外,其余为运用美国杜邦公司专有的涂覆技术生产的涂覆产品,该类涂覆产品赋予薄膜更理想的金属化性能。该类产品具有与铝层的附着力较强、镀铝后阻隔性更好、产品的透明性好、镀铝后铝层亮度较好等特点，主要应用于镀铝、复合软包装、激光防伪、复合卡纸、防水材料等。

地址：广东省佛山市东鄱南路6号
邮编：528000
电话：0757-82211988
传真：0757-82211016
网址：www.dphj.com

三、复合印刷类聚酯薄膜。包括印刷基膜、医药包装基膜、普通透明膜、增强型印刷基膜、双面处理印刷基膜、反光印刷基膜、挤出复合基膜和阻氧基膜。产品具有印刷性能好、套印精确、尺寸稳定性好、透明度高和印刷精美等特点。主要应用于复合软包装、食品及医药包装、标签、办公用品和反光材料等。

四、平衡类聚酯薄膜。包括护卡基膜、平衡膜和高透明护卡基膜，其作为保护膜加工后平整美观，能保持原件的清晰和不变形。主要应用于相片、证件、文件及办公用品的保护，投影胶片，书写白板及广告牌等。

五、激光防伪类聚酯薄膜。包括激光基膜、反光基膜和防伪载体基膜。产品具有透明度高、镀铝后亮度好、模压性能好等特点。该类产品技术含量高，主要应用于各种激光防伪标签、反光广告牌、反光交通标志及钞票的防伪。例如人民币的防伪就是使用佛山杜邦鸿基薄膜有限公司的防伪载体基膜进行加工制作的。

六、电气绝缘类聚酯薄膜。包括触摸开关基膜、电热基膜、电气绝缘基膜、电线电缆基膜、马达膜、电容器专用膜和收缩绝缘基膜。主要应用于触摸开关、印刷电路板、电热膜、电容器、电气、通讯及电线电缆、变压器及马达等的绝缘材料，该类产品技术含量极高，从1999年的“神舟1号”至2003年的“神舟5号”宇宙飞船均使用了佛山杜邦鸿基薄膜有限公司的电容器专用膜，为我国航天事业的发展作出了贡献。

七、半强化类聚酯薄膜。包括金拉丝基膜、收缩金拉丝基膜和双向收缩膜，是专为拉伸强度要求高及高热收缩产品而设计的高档聚酯薄膜。

上海烟草工业印刷厂

SHANGHAI TOBACCO-INDUSTRY PRINTING FACTORY

上海金鼎印刷厂

SHANGHAI JINDING PRINTING FACTORY

金鼎印刷——致力于产品包装的专业设计及制作，产品遍及卷烟、食品、医药、保健品、化妆品、文体等行业的包装领域，为众多知名品牌提供高品质的彩盒印刷。长期以来，金鼎印刷在上海烟草工业印刷厂的统筹管理下，追求卓越、开拓创新，为铸就印刷业的辉煌而持续奋进。

联系方式：

上海烟草工业印刷厂

上海市许昌路 1018 号(200082)

电话：021-65459091

传真：021-65122604

邮箱：webmaster@shyyc1018.com

网址：www.shyyc1018.com

上海金鼎印刷厂

上海市浦东新区南新路 577 号(200137)

电话：021-58612948

传真：021-58614779

WOODED ART PACKAGE

之潤木藝包裝

INTRODUCTION

As the pioneer in the wooded art package industry, Guangzhou Zhirun Art Package Co., Ltd. (hereinafter referred to as "the company") has developed, over the past decade, into a comprehensive corporation which has its own intellectual property and has such multifunction as R&D, design, production and sale. Had been Authorised the certification of import & Export.

The company took the lead to develop a new type of wooden art packages which are now widely used as packages of food (especially moon cake), cosmetics, wine, audiovisual products (e.g. CD), tea, gifts and many other kinds of goods. Because of their innovation and uniqueness, these wooden art packages soon became popular with many domestic and international famous brands, and are sold both home and abroad, including Europe, America, Japan and Southeast Asia Several of our designs have gained patents from the country.

The company has a solely-fund wooden package factory and a paper package factory. Have advanced lines and machines. Their daily output reaches about 100,000. Their production capacity and the overall quality rank among the best in the industry.

We welcome you to contact us or pay a visit to our factories. We will serve you with the objective of "elevate the product value for our customers".

公司簡介

作爲新型復合木藝包裝盒行業的創始人，廣州之潤藝術包裝有限公司（下稱“公司”）經過近十年的努力，已發展成一間擁有自主知識產權，集產品研發、設計、生產爲一體的綜合性實業公司，并擁有國家授予的自營進出口權。

公司率先開發的新型復合木藝包裝盒，被廣泛運用于食品類（尤其是月餅包裝）、化妝品類、酒類、音像制品類（包括CD盒等)、茶類、禮品類等各類商品。其開發的衆多結構新穎、設計獨特的新產品深受國内外著名廠商的歡迎，遠銷國内各省市及歐美、日本、東南亞等地。其中有近十種產品獲得了國家授予的發明專利、實用新型專利、著作權等。

公司擁有全資的木藝廠、紙藝廠，有先進的生產綫及機器設備，普通木藝或紙木結合的高檔包裝盒日產量達十萬衹；加工能力、生產技術質量等均在國内處于領先地位。

歡迎來訪、來電，我們將遵循“以提升客户產品價值爲己任”的宗旨竭誠爲您服務！

ZHIRUN 潤
廣州之潤藝術包裝有限公司
GUANGZHOU ZHIRUN ART PACKAGE CO., LTD
ADD:B9F No.609 Tianhebei Road Guangzhou P.R.China
P.C.: 510630
地址：廣州市天河北路609號華標廣場B座九樓　郵編：510630
電話(Tel)：(86-20)38472999　傳真(Fax)：(86-20)38472089
Http://www.zhirun.com.cn
E-mail:zhirun_gz@163.net

Mooncake Package

Mooncake Pack

Wine package

Wine pack

Wine package

Tea pack

Tea package

Cosmetic pac

CD Box/Handkel-chief Box

Mobile pac

上海申威达机械有限公司

SHANGHAI SHEN WEI DA MACHINERY CO.,LTD.

780 920 1150 1370 1550 1660 1860

可选择下列进口电脑品种：

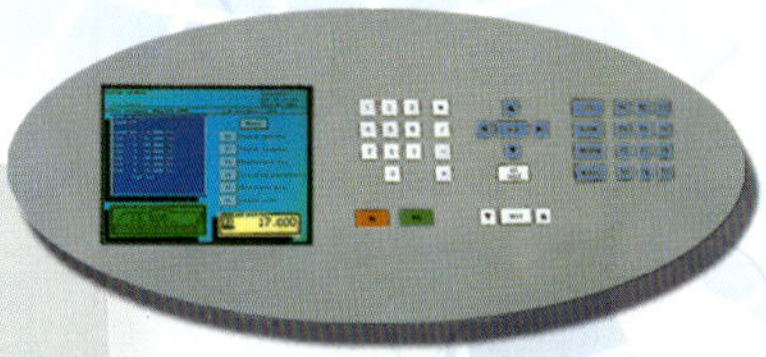

SQZKM 8 大屏幕控制器

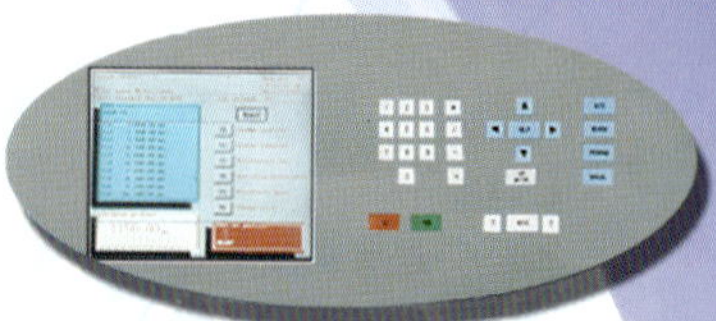

SQZKM10.4"大屏幕控制器

SQZKR5系列、QZK2200 程控切纸机

SQZK、SQZKN系列微机程控切纸机结构坚固，造型美观，零部件采用标准化，通用化设计，规格成系列，压纸器液压驱动可无级调节压力，红外光电保护、双手同步按钮、刀床安全插销、单次裁切循环，裁切过载保护，轻捷方便的换刀机构和全封闭的防护罩、防尘带、防尘罩；安全保护可靠齐全。工作台表面镀铬新工艺，永不生锈。SQZK系列采用高精度滚珠丝杆和直线导轨。SQZK、SQZKN系列分别被中国机械工业部评为可靠性考核达标特别推荐产品和国家机械部、上海市名牌产品，远销世界五十多个国家和地区。

可选配下列进口件：

意大利油泵

德国液压系统

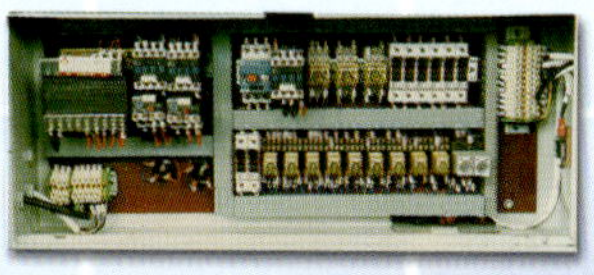

法国、日本电器元件

ISO9001

No.:0100A0363

上海浦东南路2266号 电话：021-58891376（总机）58391513（直线） 邮编：200127 传真:58810161 58814886 网址：www.shenweida.com

南洋印务

TODA 通達印機

搞印刷要发 请购通达 BB.05.08

——通达印机为您创造良机

原定点生产胶印机的国家二级企业

江西通达印刷机有限公司是集科研、制造、销售为一体的专业生产对开单张纸平版胶印机的企业，拥有一支素质高、业务精的工程技术人员和员工队伍，在先进的进口加工中心支持下不断制造出品质优良的印刷机。公司从上世纪七十年代末开始生产J2108-II型、J2205-I型、JS2102C型胶印机，历经二十多年的市场洗礼，质量稳定可靠，不断提升，享有良好的市场信誉。产品行销国内二十多个省、市、自治区及东南亚地区。

公司在发展中先后多次被省市评为“一级纳税信誉企业”、“A级信货企业”、“外资技术先进企业”、“优秀合资企业”。并且顺利通过ISO9001-2000版国际质量体系认证。

“诚信为本、用户至上”是公司的生产、经营理念，用质优、价廉和完善的售后服务，取得用户的信赖。我们愿通过印刷机这座桥梁，诚交印刷界各位朋友，共同进入美好未来。

J2108-II型对开单色胶印机
J2108-II型（变频）对开单色胶印机

J2205-I型对开双色胶印机
J2205-I型（变频）对开双色胶印机

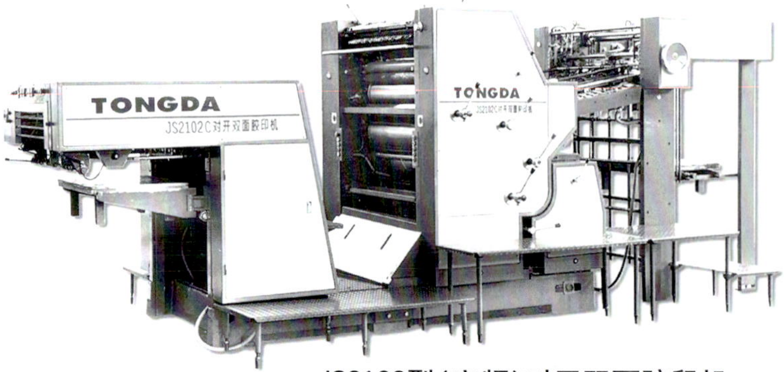

JS2102型（变频）对开双面胶印机

江西通达印刷机有限公司

地址：江西省赣州市南河路23号　　邮政编码：341000
电话：0797-8179511　8179558　　传真：0797-8179559
总经理：陈木生　　联系人：李炎成　华卡
E-mail:toda@pack.net.cn　　http://www.toda-pm.com

TODA 通達印機

ZHONG SHENG

中 山 市
中 升 包 装 材 料 有 限 公 司
新 中 升 包 装 材 料 有 限 公 司

以质量提升企业竞争力

中升包装材料有限公司，座落于美丽的文明城市伟人故里、孙中山先生的故乡中国广东中山市，是一家专业生产塑料包装薄膜（CPP流涎膜、PE膜、PET膜、真空镀铝膜）及塑料制品的企业。公司厂房占地面积6万多平方米，年产值1亿多元。该公司拥有从意大利引进的三层共挤流涎生产线，从英国引进的真空镀铝膜生产机组，旋转模头吹塑机和十色电脑彩印机组等大型先进生产设备，年产流涎膜、镀铝薄膜、十色彩印膜、防静电薄膜、防潮包装薄膜、袋等一万多吨，是中国生产包装产品定点企业之一。

从意大利引进的三层共挤流延生产线

中升包装公司，以其先进的生产设备、雄厚的技术力量、优良的产品品质、合理的销售价格、完善的售后服务，深得广大客商 的信赖。1994年以来，曾多次获中山市“产品质量合格企业、质量信得过企业”称号；获中山市技术研究成果奖；2001年顺利通过广东质量认证中心ISO质量管理体系认证；2003年被中国包装技术协会评为“中国包装产品定点生产企业；现正试运行ISO9001-2000质量管理体系，促进产品质量与国际接轨。

展望未来，中升公司将一如既往贯彻“以人为本、求实创新”的宗旨，与时俱进，努力拼搏，不断超越，进一步适应包装产品市场所面临严峻的形式和挑战，适应“入世”后国际贸易和市场经济发展的需要，全面提高产品的质量和市场竞争力，为推动企业和 包装行业发展作出更大贡献！

十色电脑彩印机

从英国引进的真空镀铝生产机组

地址：广东省中山市港口镇兴港南路木河迳大道　　邮编：528447
电话：（0760）8488201　8488202　　传真：（0760）8488205
中升网址：WWW.zspack.com　　E—mail:2001@zspack.com

北京印刷学院印刷与包装工程学院

北京印刷学院是一所具有工科、文科、艺术、管理等多学科的普通高校，是我国首批获得学士学位授予权的学校之一，是普通高校印刷工程专业教学指导委员会主任单位、包装工程专业教学指导委员会副主任单位。1998年获得硕士学位授予权。现为国家新闻出版总署和北京市共建、以北京市管理为主的高校。学校以"立足北京、服务首都、面向全国印刷、包装、出版及相关行业"为办学宗旨，担负着为我国印刷、包装、出版及相关产业培养德智体全面发展的高级工程技术及管理、工业及艺术设计、编辑发行及营销等方面人才的重任。学院现设6个二级学院、3个教学部和3个研究所，现有教职工近700人，全日制在校生近8000人，不脱产函授生3000多人。20多年来已经为国家培养了各类毕业生数万名。

印刷与包装工程学院的前身是1960年成立于中央文化学院的印刷工艺系。1961年并入中央工艺美术学院，1978年成立北京印刷学院后为印刷技术系。1988年成立包装美术系，1993年组建包装工程系，1998年组建印刷与包装工程系。2003年3月新成立的印刷与包装工程学院整合了全校印刷、包装、材料、新技术研究所的力量，为北京印刷学院的骨干二级学院，现设一个硕士研究生专业（材料物理与化学）、两个本科专业（印刷工程、包装工程）。现有教师60余名，近十年来培养印刷、包装高级专业技术人才3000多名。

印刷与包装工程学院现设印刷工程系、包装工程系、印刷包装材料与技术研究所：下设图文信息教研室、视觉与色彩教研室、印刷技术教研室、包装技术教研室、包装设计教研室、印刷材料研究室、包装材料研究室、信息记录材料研究室、等离子体材料研究室。

印刷工程专业设有"图文信息处理"和"印刷复制技术"等专业方向，培养掌握现代复制先进技术的高等工程技术人才。图文信息处理专业面向侧重培养具有图文信息处理、印刷复制工艺及印品质量管理、数字图像网络传输、多媒体技术等方面的基本知识和应用能力的专业人才；印刷复制技术专业面向侧重培养具有印刷复制工艺及印品质量管理、印刷生产管理、图文处理技术、印刷材料及印后加工等方面的基本知识和应用能力的专业人才。

包装工程专业设有"包装系统设计"和"包装印刷技术"等专业方向，培养掌握先进科学技术、现代设计和制作手段的高等工程技术人才。包装系统设计专业面向侧重培养具有包装结构及装潢设计、包装系统设计、包装印刷及印后加工、出口商品包装、包装质量检测、包装设备与工艺、包装材料等方面的基本知识和应用能力的专业人才；包装印刷技术专业面向侧重培养具有图文处理技术、制版技术、胶版印刷、柔性版印刷、凹版印刷、丝网印刷、印品质量控制与管理、包装印后加工、包装印刷材料、包装设计等方面的基本知识和应用能力的专业人才。随着科技进步和印刷、包装工业的飞速发展，印刷与包装工程学院十分重视教育教学改革和学生的实践教学环节，培养的学生以基础扎实、知识面宽、动手能力强、综合素质高深受业界的欢迎。

地址：北京市大兴区兴华北街　**邮编**：102600
电话：010-61265580　**传真**：010-61265578

大　事　记

EVENTS

大事记
EVENTS

【中央企业工委副书记郑斯林视察中包总公司】 2003年1月9日下午，中共中央委员、中央企业工委副书记郑斯林一行8人到中国包装总公司本部视察，对如何搞好企业改革发展作了重要讲话。

中包总公司党组书记、总经理南昌明汇报了新班子成立一年零九个月以来领导企业改革脱困取得的八项成果和今后的工作思路及对策。郑斯林对此表示满意，充分肯定中包总公司的改革脱困工作取得了阶段性成果。他说，与两年前来公司看到的情况相比，变化很大。现在，企业的发展思路明确了，家底清楚了，职工精神面貌好了，工作有了起色，是上下齐心协力、奋斗拼搏得来的。

郑斯林指出，搞好企业要三件事：一是要有一个好领导班子，其是有一个好的一把手。一把手好了，困难企业可以脱困，亏损企业可以扭亏。一把手选不好，好企业也会搞坏。二是要认真究企业发展问题，不发展就要被人吃掉。市场竞争就是这样残酷无情，企业不是发展就是死亡，也只有在发展中才能求得生存。三是要防范风险，在讲发展的同时要把风险降低到最低限度，防止乱铺摊子导致新的烂摊子。世界上没有一件事效益很高而没有风险，从种意义上说，二者是成正比的。要研究发展当中有什么风险，不然就会重复以往的错误。对决策者来说，没有风险意识是最大的风险。风险控制要做到事前防，尽量把风险降低；事中出了风险，规避风险有对策。从经营角度看，能用好人，一要有发展思路，二要有风险意识，这样的领导才是好领导。

关于如何搞好企业的破产工作，郑斯林强调，这项工作的关键是两条：钱从哪里来，人往哪里支。这两个问题尤其是人的问题处理不好就会引起不稳定，所以具体操作中一定要十分慎重，要让职工感到有出路，看到希望。要强调责任心强、真正对职工有感情的干部做这件事。

郑斯林联系党的发展历史指出，一个单位、一个人最怕绝望，看到希望和光明就好办了。共产党成立时只有几十个人，当时他们就抱定了共产主义的信念，坚信革命一定能胜利，所以，越发展越大。搞革命就要有献身精神，不是为了个人，而是为了大多数群众，所以人民信任党，跟党走。现在干部要赢得人心，就是要吃苦在前，为了国家，为了企业艰苦奋斗。十六大召后，胡锦涛总书记立即带书记处成员到西柏坡，重温“两个务必”，就是告诉全党“两个务必”不能丢。只要干部带头了，不谋私，立党为公，群众就信服你。中包总公司即使以后搞好了，有实力了，出名了，是要发扬艰苦奋斗的精神。有了这种精神，有国家政策支持，加上广大职工努力，是完全可以搞好的。包装是个新产业，发展的潜力和空间非常大。他希望并相信大家在前两年工作的基础上，通过共同努力，肯定会使总公司有全新的面貌，把自身做强做大。

【中国包装总公司系统工作会议在京召开】总结上年和部署新的一年的工作，提出奋斗目标，是企业新年伊始的首要工作。2003年1月15日至17日，一年一度的中国包装总公司系统工作会议在京召开。总公司领导成员、总部各部门、直属企事业单位及联营企业的负责人共100多人出席了会议。这次会议的主题是：认真贯切党的十六大精神，按照中央企业工委工作会议的部署，围绕重组、改制、发展的中心议题，总结去年的工作，分析目前形势，进一步统一思想，明确今年的各项工作任务。

南昌明总经理在会上做了题为“加快重组改制，努力创新发展”的工作报告。报告分三个部分：一、2002年工作的回顾；二、认清在新形势下，我们的历史责任；三、今年和更长一个时期的工作思路和对策。

2002年，是中国包装总公司进入二次创业的开局之年，也是极不寻常的一年。在这一年里，总公司领导班子带领全系统广大员工为了生存，为了“浮出地平面”，按照“自觉、坚定、扎实、高效”的企业理念和“一手抓发展、一手卸包袱”的思路，背水而战，超常地发挥了勇猛顽强、不畏艰险、奋发向上的团队精神，连克数道难关，获得了显著成绩，为切底摆脱生死关奠定了良好基础。南昌明总经理在报中总结了过去一年中取得的8项主要成果：扭亏增盈工作取得了显著成效；部分企业政策性破产工作得到了国务院支持；相关企业集团成功并入；企业重组改制的难关逐一攻克；创建企业品牌服务体系的工作迅速铺开；新开拓的主业和多元化业务开局良好；“三清”工作取得突破性进展；精神文明建设富有特色。

南昌明在报告中总结了两点体会：一是极大限度地开发、利用了企业内部、外部关键性的人力资源；二是比较辩证、稳妥地处理了诸如卸包袱与抓发展、“服务职能”与“产业支撑”两大支柱、主业与辅业、精神文明与物质文明等一些矛盾关系。

在报告第二部分，南昌明总经理着重指出，要认清总公司的发展定位和肩负的历史责任，要将总公司在包装行业的“龙头老大”地位升华到包装行业的旗舰水平。为此，一是要有正确的导航实力；二是要有高位运作的功能和机制。

南昌明在报中重点阐述了“有进有退、进退有序”的策略。他说：“有进”，是进入高层次、进入品牌服务和精品生产领域；“有退”，是退出一般性、低层次的服务和生产领域（包括甩掉资不抵债、长期亏损、难以为继的企业）；“进退有序”，是指做什么事都要主动、自觉、认真、规范、按程序，贯切“低成本、低风险、高效率”的原则。综合分析表明，总公司最有条件成为包装行业的旗舰。我们要自觉认清这一历史责任，增强紧迫感、使命感。

南昌明总经理在报告的第三部分提出了今年和长一个时期工作的总体思路：认真贯切党的十六大和中央企业工委工作会议精神，按照“四新”的要求，以“重组、改制、发展”为主题，以实现“科学分类、进退有序”格局的工作为主线，认真务实，不断创新，力争在两三年内，构筑起具有综合竞争优势的高位服务职能和产业支撑框架，为建成行业旗舰的目标奠定坚实的基础。

南昌明总经理在报中提出了实现全系统总体盈利的目标，在此基础上，确保国有资产增值等几项主要经济指点标的实现等今年的 9 项重点工作。为确保目标的实现，他在报中提出的要求是：各级领导特别是党员干部要焕发出高层次的“勇于创新、奋发向上”的精神面貌，敢于和善于迎着困难上，继续超常利用和发挥“资本”的优势，勇于开拓，冲锋在前，充分体现出共产党人的蓬勃朝气、昂扬锐气、浩然正气。

南昌明总经理在报中强调，今年是总公司的战略转折年，我们的任务十分光荣而艰巨。我们深信，“我们不但能够破一个旧世界（清掉一批旧企业），我们将善于建设一个新世界（并入和培育一批又新又好的企业）。”他在号召总公司系统全体员工在党的十六大精神和“三个代表”重要思想指引下，团结一心，与时俱进，努力开拓，不断创新，扎扎实实地推进我们的各项工作，使我们的改革、发展早日纳入正常轨道。

会议传达学习了中共中央委员、中央企业工委副书记郑斯林察中包总公司时的重要讲话。

会议对《中国包装总公司系统重组改制发展规划方案》、《2003 年至 2005 年中国包装总公司发展战略规划目标》、《利用退出企业拓经营渠道的思路与方案》、《突出重点，分类进行，继续做好绩效考核工作》等方案作讨论修改。

重庆华达、深圳兴泰、南京兰埔成、华东制罐、中国绿色包装产业苑等企业及项目的负责人在会上介绍了内部管理、品牌化、改制重组、目标管理等方面的成功经验。会议还特邀专家举办了《贯切十六大精审、推进国企改革》和《从资本市场看企业集团的发展》的讲座。

与会代表认真讨论了南昌明总经理的工作报告，对有关方案提出了修改意见。人家一致认为，报讲的实在，讲的具体，提出了企业工作中迫切需要解决的问题和今后工作的努力方向。总公司 2003～2005 年战略发展规划及重组改制发展规划方案制订得详细、具体，具有可操作性。要按照总公司的总体部署和规划，指导、安排工作，尽最大力量把中国包装总公司建成包装行业的旗舰。

会议期间，南昌明总经理与一些直属企业负责人签订了 2003 年经济目标责任书。大会表彰了 2001～2002 年度“二次创业之星”先进单位和个人。

中国包装总公司副总经理李瑛、郑崇祥、韩顺伟分别主持了会议。

【北人塔式印报机研讨会在淄博】春暖花开的日子里是播种希望的季节，在这生机盎然的春天里，由山东报业协会、齐鲁晚报社、北人印刷机械股份有限公司、淄博华源展览有限公司、淄博华源展览有限公司联合举办的“北人塔式印投机研讨会”于 2 月 28 日在淄博落下帷幕。参加这次研讨会的有中国报业协会、山东报业协会、齐鲁晚报社和北人集团、北人印刷机械股份有限公司的主要领导、有山东省各地市报、电视报、专业报以及齐鲁晚报分布在各地的印务公司的领导共 120 多人。

研讨会上中国报协顾问夏天俊先生发表了热清洋溢的讲话，他回顾了报业史上的几个发展阶段的表况，殷切希望北人塔式印报机进一步加快生产步伐，他恳切建议各中小型报社能选择国产机，不要一味的崇拜进口机，在中塔和小塔印报机方面，北人推出的 YP47871、YP4787H 完全可以满足中小报社的需要。他满怀信心地鼓励北人今后应对塔式印报机更精益求精、进一步完善，为振兴民族工业、为报业的发展作出更大的贡献。

会上特邀代表人民日报印刷厂老厂长刘丙振先生也即兴发言，重点讲了报纸印刷过程中的技术问题，他称赞北人这次演示的两种塔式印报机无论设计理念上还是设计水平上都是不错的，完全可以取代同类的进口机。

【第二届广州制药机械医药包装展览会举办】由中华医学会广东分会、广州市药品监督管理局主办的第二届制药机械、医药包装（广州）展览会于今年3月10日～12日在广州锦汉展览中心举行。

本次展览的内容包括：

1、原料药机械及设备、制剂机械、药用粉碎机械、饮片机械、制药用水设备、药物检测设备及分析器材、其他制药机械和设备等。

2、药品包装机械、成型制造机械、充填机械、封口包裹机械、保健品制造设备、计数印字打码设备、喷码机、标贴系统、包装容器、包装材料、药用包装复合材料、药用玻璃、塑料、金属、橡胶、明胶及纸制品、药用印刷产品及实验室药厂设备、管理服务与设备等。

【第二届温州国际印刷技术、纸箱设备及纸张、材料展览会圆满成功】由温州成功集团主办，温州成功印刷包装机械有限公司、温州成功纸业有限公司办的“第六届温州国际印刷技术、纸箱设备及纸张、材料展览会”圆满结束了。展览会体现了专业展销的理念、提升了展会的档次。

这次印机盛会，得到了温州市政府及社会各界的支持，倾注了主办方及承办方的心血和努力。展会为全国印包机行业提供了展示的平台，引导了发展的方向，体现了印机业直接、充分地服务于印刷包装业的新式。

此次展会是温州历年来一年一届印机展会的延续，历年展会的经验为此次会议的成功奠定基础。规模大、展品新、样机档次高是本次展会的特点，汇集国内知名商拳头产品，总参展单位达150个、近250个摊位；展示印刷包装机械样机近1000多台，样机档次在国内属精品。样机销售比率达80%，个别印机销售量达5～10台，大会期间客流量每天近3000人次，同时首次参展的纸张及器材也取得了销售和拓市场的明显成果，大会总成交额突破3000万元。

温州作为“中国印刷城”，印刷包装行业的潜力是全国各印机商关注的焦点，更是本地印机商蓬勃发展的契机。印刷包装机械、纸箱设备、纸张、器材展会是沟通温州至全国机械行业与印刷包装行业的桥梁；相辅相成的两相关行业也将携手跨跃国际市场。

【2003年第二届华东包装印刷机械（无锡）展览会】由无锡市中国国际贸易促进委员会无锡市支会主办，无锡市三角洲会展有限公司办的第二届华东包装、印刷机械（无锡）展览会于今年4月18日～20日在无锡市新区科技展览中心举办。

本届展览会的展览内容包括各种包装机械（包装容器成制造、包装材料、包装制品等）、印刷机械（各种胶印、彩印机械、吹塑机械、印前设备、印刷器材等）及零配件等。本次展会在全新的现代化的无锡市新区科技展览中心举办，立足无锡，面向苏、锡、常、南，辐射整个华东地区。

展览会的组织者介绍，江苏包装印刷工业综合实力位列全国第二，无锡市包装印刷企业有1200多家，在无锡经济中占有举中轻重的地位。

【首届中国现代物流管理国际大会在京举行】首届中国现代流管理国际大会，于今年4月24～26日在北京举行。主办单位为中国物流与采购联合会和中国物资流通学会。支持者为美国生产与库存管理协会、高德拉特学会、中美经济文化合作组织、上海物流经理人俱乐部、台湾采购管理学会等。

会中组织者为大会设计的演讲题目涵盖了物流业从宏观到微观的各个层面。所邀请的专家来自企业、行业、咨询、信息科学、政府职能部们各个方面。他们将围绕会议的设置的整合、改进、商业企业以及融合三方的供应链管理人员进行研讨。

会中还推出了物流产业管理师（CPIM），由美国生产与库存管理协会定认证标准。

【鲜奶标识研讨会在京召开】6月28日，由中国奶业协会主办，中国奶业年鉴编辑部和新奶业周刊共同承办的“鲜奶标识与奶业健康发展研讨会”在北京长城饭店召开。

此次研讨会对以下议题进行研讨：实施鲜奶标识意义和作用；国外鲜奶标识实施经验；国内实施鲜奶标识需要解决的主要问题；鲜奶标识与维护消费知情权的关系；新鲜牛奶与还原奶营养成分比较；对还原奶的认识和国内外生产还原奶概况；国内外对

以奶粉为原料生产液态奶的有关规定;进口奶粉生产液态奶对我国奶业发展的影响等一系列焦点问题以及奶业发展中的其他热点问题。

与会领导和专家指出:第一,以奶粉为原料生产液态奶是可以的。目前,在我国奶源总体短缺的情况下,还原奶可以继续存在,但必须指出还原奶在营养价值上和鲜奶是存在着差别的;第二,我国现行《食品标签通用标准》规定,标明配料表及成分含量,真实反映食品内容包含物及含量;现行国家标准GB 5408.2—1999《灭菌乳》规定,原料可以是牛(羊)乳或复原奶,但是以复原奶为原料的产品标签必须标明为"复原奶"。我国《消费者权益保护法》规定,"消费者对所有消费产品原料、加工过程、内容物含量、营养价值等有知情权",因此,实施鲜奶标识是必要的;第三,从长远考虑奶牛业的发展,我国奶业建康发展,必须依靠强大的奶源基地建设和充分的原料奶供应,我国奶牛饲养业必须要保护,因此要尽快制定、出台和实施"鲜奶标识管理办法",规范奶业市场、维护消费者权益、奶农和企业合法权益,以促奶业健康持续发展。

会上,国家农业部有关领导透露,农业部拟与相关部门协商制定《鲜奶标识管理规定》,一会代表一致赞同,并希望尽快出台。

国家农业部、国家学生饮用奶小组办公室、科技部、国家质检部局、国务院研究中心、中国消费者协会、各地奶业协会等单位的领导、专家和奶业企业的代表120余人出席了此次研讨会。

【民营印刷企业发展与创新座谈会在京召开】7月23日,中国印刷及设备器材协会组织北京地区部分民营企业家,就民营企业的发展与创新举行专题座谈会。与会的代表就企业发展与困难向主办方敞开心菲。北京普瑞特公司总经理石深泉谈到,民营企业的发展走过了一条坎坷道路,该公司从成立时只有2万元的资产,发展到年销售额达3000万元,从公司只能生产再生PS版到目前能生产高档CTP版材及设备,从开始找银行货款无门到目前银行主动上门放贷,这一步步的发展遇到了很多困难,但公司坚持走不断加大科技发展的力度,不断增加技术发的资金。北京恒智彩色印刷有限公司赵恒田总经理说:"印刷行业的竞争越来越激烈,已达到白热化,民营企业要发展则必须扩大规模,但困难很多,风险也很大。北京西京网印公司的叶茂西总经理在谈到企业发展时指出,西京网印的发展离不了协会的大力支持。无论是技术,是立项,以至企业今后发展的方向上,协会都提供了很中肯的建意;北京多元数码印刷公司的代表则希望协会充分发挥资源优势、人才优势、技术优势,在新技术、新产品的推广方面多做一些事情。

印刷及设备器材协会的领导鲁兵、王德茂、许锦枫及各分会的同志出席了此次座谈会。

【中包总公司直属党委召开纪念"七一"座谈会】7月1日,中国包装总公司直属党委召座谈会,纪念中国共产党成立82周年。中包总公司党组书记南昌明在座谈会上以《坚持以"三个代表"为指导,认真学习〈企业国有资产监督管理暂行条例〉,在企业重组、改制、发展中发挥先锋模范作用》为题讲了党课,对如何学习贯彻"三个代表"重要思想新高潮,如何结合当前企业重组、改制、发展的实际,认真学习、理解国务院颁布的《企业国有资产监督管理暂行条例》提出了要求和措施。

党组成员、直属党委书记张守信宣读了《关于表彰2002—2003年度先进党支部和优秀共产党员的决定》。出席座谈会的总公司领导为受奖单位和个人颁奖。座谈会举行了新党员入党宣誓仪式,总公司国际部赵文俐(女)面向党旗庄严宣誓。总公司党组成员郑崇祥、朝顺伟,总经理助理高军,纪检组副组长王怀庆,直属党委、纪委委员,在京企事业单位党委(党支部)书记50人参加了座谈会。先进党支部代表杨晓明,优秀共产党员代表柏长发、柯中渝(女),新党员赵文俐分别在座谈会上发言,他们表示,要认真学习贯切"三个代表"重要思想,履行党章规定的党员义务,在完成企业重组、改制、发展的各项任务中发挥先锋模范作用,为党旗增光辉。

【2003年第十一届上海国际印刷包装造纸工业展览会开幕】在我国一些地区发生的"非典"疫情得到有效控制后,经上海市人民政府批准,"2003第十届上海国际印刷包装造纸工业展览会"(简称上海国际印包展)于8月在上海浦东新国际博览中心隆重举行。

上海国际印包展为2003年亚洲特大型的印刷包装柔印印瓦楞纸箱工业展览会,展览面积达5万多平方米,设有2400多个展位,居同类展览会规模之首。展会将聚集500多家海内外知名印刷、包装、柔印、凹印、瓦楞、纸箱、纸制品加工制造技术、耗材、厚纸供应商。其中有三菱、曼罗兰、博斯特、小森、滨田、东洋油墨、赛鲁迪、上海印包集团、北人集团、有恒、多元、中德集团等著名公司均以特大型展位参展，展出当前国际最先进的相关及产品展览会现场出现了 300 多套机器生产线，同时隆隆运转的独特风景线，将吸引海外，特别是东南亚以及全国各地 9 万余名决策人士、专业买家、用户来沪集体大采购。

CTP 设备版材，数码印刷喷绘设备，传统印刷包装设备，柔印印包装设备，瓦楞纸箱纸加工设备，商标票据油墨耗材是本届展览会的六大重点。

数码浪潮、印刷工业发展论坛、柔印年会、绿色包装、造纸工业可持续发展五大专业研讨会同场竞技。

高度专业性的“2003 年第十一届国际印刷包装造纸工业展览会”将现场提供一体化解决方案是展会的最大特色，来自全球顶尖的印刷、包装参展商特别是印后包装加工设备供应商，其中国际展商 170 多家，港澳台展商 220 多家，国内展商 400 多家，现场展示从印前、制版、打样、印刷、印后加工到后道包装加工、纸箱加工的所有机器设备产品材料，将为远道而来的海内外购商、用户看样订货，提供完善的一条龙配套服务，提供一个高效率质量的交流交易平台。

【第三届国际涂料展在穗举行】第三届国际涂料、油墨、粘合剂(广州)展览会于 8 月 26～28 日在广州中国出口商品交易会展馆举行。

此次展会由广东涂料工业协会、广东省化工学会、顺德涂料商会、香港国际会展服务有限公司联合主办。参展产品包括各类涂料、油漆、油墨、粘合剂成品、化学品及原材料，生产及包装设备，测试品、安全及环保设备等。

主办方称，目前广东涂料占全国市场份额达 1/3，年生产能力达到 200 万吨，是国内著名的涂料大省，粤产涂料的质量完全可以和洋品牌相媲美，但由于生产、经营企业间相互沟通了解及宣传不够，加之品牌意识不强，目前全省还没有一个像“立邦漆”那样叫得响的品牌。

举办此次展会目的在于提升广东省涂料、涂装及表面处理产品业的整体实力，铸造更多的知名品牌，促进产业及产品升级。

【首届中国上海国际包装工业展开幕】由上海现代国际展览有限公司、上海市包装技术协会、上海格雷展览服务有限公司联合主办的首届“中国上海国际包装工业展”于 2003 年 8 月 21 日至 24 日在上海浦东新国际浦东新国际博览中心隆重召开。

此次展开会规模宏大，展出面积达 4 万平方米。吸引了来自美国、法国、意大利、瑞士、德国、日本、英国、以色列、比利时、新加坡、马来西亚、中国等十多个国家及香港、台湾地区七百多家企业参展。

这时我国一些地方出现“非典”疫情，并得到有效控制后，经上海市人民政府批准的第一个国际性的包装工业展，也是今年以来亚洲规模最大的包装工业展，包括五大主题：瓦楞纸品、印刷、造纸、包装机械、印前和广告。展会聚集了包装、印刷、柔印、凹印、瓦楞纸箱、纸制品加工制造技术、设备、耗材、原纸的供应商。其中三菱、曼罗兰、KO—PACK、博斯特、小森、滨田、东洋油墨、赛鲁迪等国际大公司纷纷抢占展会的好摊位。而国内的上海印包机械集团、北人集团也以大展区展开攻势。为配合参展商的销售策略，主办单位还通过各地协会和海外热线组织欧洲、美国、日本、东南亚及全国各省市 100 多个专业代表团表参观、洽淡业务，上海国际包装工业展，准备做大做强，打造自己的品牌，真正成为中国乃至亚洲大规模的专业盛会。

【广州召开全国软包装技术信息中心年会】在“非典”疫情得到有效控制之后，人们的目前更多地关注环保与食品的安全问题，行业内的许多人士都在探讨“非典过后的塑料软包装往何处去?”这个问题。为此，中国包装报社软包装技术信息中心于 2003 年 8 月 12～15 日在广州珠江宾馆举行“2003 年全国软包装技术信息中心年会”。挤出复合以及环保与食品安全是本次年会的主题。

本次年会的主要内容有：国内外挤出复合的现状和发展趋势；杜邦“牢靠”AE 树脂在铝塑复合工艺中的应用；挤出复合油墨的应用；当今市场对食品与软包装安全性的要求：软包装复合粘与环境保护；软包装用油墨的现状和发展趋势；干式复合过程中上胶量与成本控制技巧；塑料软包装行业近十年发展的回顾；复合软包装设计和使用中一些问题的探讨；聚乙烯醇薄膜加工技术与应用进展；溶剂中微量水分对包装工艺的影响及其检测方法……。

【彩印纸盒交流：8 月北京成亮点】为便于彩印纸盒生产企业了解国内外彩印纸盒在设计、原辅材料、制作工艺及质量检测等方面的新技术、新工艺，提高产品质量、增加品种、降低成本，增强企业竞争能力和发展后劲，中国包装技术协会于 2003 年 8 月 21 日至 23 日在北京举办“彩印纸盒加工与印刷技术研讨班及新技术新工艺交流会”。研讨班特邀请邀彩印纸盒行业资深专家、教授讲座，并结合生产实际进行讨论与交流。培训及研讨内容主要有国内外彩印纸盒加工与印刷技术的现状主及发展趋势；制盒原料(白纸板、玻璃片、黄纸板及复合纸板)的性能与选择；纸盒结构设计(各种折叠纸盒、功能性结构、强度及粘巾纸盒结构尺寸等)；纸盒印刷(凸版、平版、凹版、柔版及网版印刷设备、油墨、制版与印刷、质量评估等)，商品条码的设计与印刷技术；纸盒装饰技术(烫金、印金、印银技术，上光工艺与覆膜工艺的设备、涂料与涂膜、粘合技术、干燥与整饰)；纸盒加工艺(模切机、模切板)以及纸盒产品质量检测、常见故障及解决方法等。欢迎各彩印纸盒生产及相关企业的厂长、经理、技术人员和相应岗位的人士参加这次研讨培训活动。

【第十六届亚洲国际印刷及包装器材展月底在港举行】第十六届亚洲国际印刷及包装器材展览会暨第二届亚洲国际印艺及图像技术及物料设备展览会于2003年8月28日至30日在香港会议展览中心举行。印刷、包装、公关、广告、商业、标牌、图像、数码科技及设计等行业的诸多厂家均报名参加。

亚洲国际印刷包装展已有十五年历史，已发展成为媒体世界的技术交流渠道，为渐趋势数码化的印刷、广告标准制作及包装业提供商贸交流的互动舞台。

本届展会印刷设备供应商艾利展示旗下法森牌不干胶签材料；飞阳展出INFINITI溶剂性喷绘机系，提供多元化的喷头选择及更宽的介质阔度；富亚推介KGM—2000高速滚筒纸分切机及电脑切纸机；鸿利展出德国CITO—Print Line的RSP柯式连线啤切系统；巨山展示由35厘米至2.2米之多功能覆膜过胶机。恒艺介绍CD/DVD柯式及丝网印机；镭射科技推介一系列镭射发割机；马可展示德国Muller电脑切纸裁切机；东成展示全自动啤机、半自动糊盒机、析样机。

包装设备供应商欧华展示Continua Mailing System塑料包装机。智生展出德国Avery AP5.4T条码标签打印机，而Pfankuch带来摩擦进料机及包装机。快捷则介绍二合一型收缩机、全自动L型收缩机、PVC及OP环保收缩膜。

图像、文字处理设备供应商投利展示电脑图型周力装置服务。今达介绍点阵及彩虹全息图，而MersaLaser™。易晓推介反光膜、切字机、冷裱机，而南光展出霓虹灯、世博展示光纤灯箱。

其他设备生产商海克赛尔及琼花分别介绍PVDC/PVC包装材料、片材、硬质、软质片、板材等。开盟展示为印刷企业而设的估计及定单系统，益昕则企业介绍性油墨、打印机、切纸机、印刷方面问题等。

【中国国际物料搬运与物流技术展8月在上海举办】由中国机械工程学会主的“第八届中国国际物料搬运与物流技术展”于8月19日至22日在上海光大会展中心隆重举行办。

同历届展会一样，此届展会集高新技术介绍、产品展示、学术交流和战略研讨于一体，为展商和观众搭建一个“零距离”接触的平台，使制造商、研发机构和专业用户进行广泛的交流。

展会期间，主办单位还举行第四届物流工程论坛，中日物流技术研讨会等活动，就像过去成功举办的三届物流工程论坛一样，国外的物流专家在会上精彩的演讲，林德、伟轮、宁波如意的叉车、北起所的立体仓库、昆船的激光导引无人车(AGV)、世仓的货架、SEW、LENZE的减速器、德马格、安博的起重机、湖州德马的输送线、菲尼克斯的现场总线、索斯沃斯的升降台等著名产品，就是从这里走向全国各地。

【浙江企业标准化水平确认暨企业标准化工作研讨会在嘉善举办】浙江省企业标准化水平确认暨企业标准化工作研讨会于9月8～10日在嘉善举办。来自有关省级行业协会、各市、县(区)质监局、标准化协会人员近40人参加了培训和研讨。

1995年国家发布了GB/T 15496、GB/T 15497、GB/T 15494等三项标准，从而为指导企业开展标准化工作，建立、健全企业标准体系，提高产品质量和企业管理水平，提供了重要依据和保证；并为企业建立和实施ISO 9000质量管理体系、环境管理体系和职业安全卫生体系奠定了技术基础。多年来，该省各地标准化部门坚持用三项标准帮助企业建立标准体系，取得了一定成绩。在政府审批制度改革中，企业标准化水平确认工作转由省标准化协会组织，进一步理顺了工作关系。

建立企业标准体系是企业加强技术和管理的基础工作，很大程度上也反映了企业的产品质量和管理水平，尤其在打造先进制造业基地，提升产业技术管理层次中，更具有更要意义。省标准化协会提出的关于开展“标准化示范企业”活动，将有利于推进先进制造业基地的建设。活动建议书中阐述了标准与建设先进制造业的关系，分析了该省工业企业标准化工作存在的问题，提出了强化企业标准化工作、促进先进制造业基础建设的意见和开展标准化示范企业活动的主要措施和建议。

作为包装大省，该省有 15 家包装企业列为省“五个一批”重点骨干企业，有四个全国性“包装基地”和“两个中心”，在纸包装、塑料包装、包装印刷、金属包装和玻璃包装业及包装机械业中均有一批包装骨干企业。在这些企业中开展好企业标准化水平评价活动，对提高整个包装行业的技术基础和管理水平，促进先进包装业建设，具有重大的现实意义。

长期从事标准工作，具有很高理论水平和实践经验的专家吴蓁蓁和朱如英老师分别作了讲课。

【百家企业在京研讨企业信息化富思特集团公司汇报工作成果】受中国包协受中国包协推荐，富思特集团公司作为包装行业的代表 9 月 28 日在北京召开的企业信息化高级研讨会上，向来自全国各个行业的 100 多位企业界代表作了题为“强化信息管理，促进企业发展”的成果汇报。

这次会议是由中国工业经济联合会组织召开的，目的是交流企业信息化的成功经验，促进我国企业加快企业信息化建设的进程。中国工业经济联合会副会长、曾担任过中国包装总公司总经理的董绍华在会上致辞，讲解了企业信息化对加快实现我国工业化和现人进种的重要意义。

会上，武钢、宝钢、兰铝等作了企业信息化先进典型发言。钢铁工业信息及自动化推进中心顾问、原冶金部副部长周传典要求企业要坚持信息化的十六字方针即“按科学规律，克服盲目性，多做调查研究”。中国化工信息中心主任杨晋庆介绍了化工企业信息化建设的经验。

【全国软塑料包装材料新技术研讨会九月在京召开】中国包装技术协会于 9 月 24—26 日在北京举办 2003 年全国软塑料包装材料新技术研讨会。

会议邀请到了美国康普顿、埃克森、德国巴斯夫、意大利、金明塑胶、武汉钏德，北京度辰等国内外著名制造商就其新设备、新技术、新材料进行系列讲座、交流与研讨。

会议的主要内容有，国内外软塑料包装材料现状发展动向，涂复复合膜最新发展技术与趋势，如何提高软包装膜材生产中的应用等等，内容丰富多彩。

此次研讨会的召开将为国内软塑料生产企业、包装企业了解业内最新信息，拓宽业务发展构筑一良好的信息与交流平台。对加快软塑料包装进步，提高我国软塑料包装行业的整体水平将产生积极的影响。

【中国环境记协召开第二次会员代表大会】中国环境新闻工作者协会于 9 月 27 日换届，同时宣布启动“重大环境违法案件追踪新闻行动”。国家环保总局局长解振华在会上鼓励记者，要善于抓住一些环境热点、难点问题深入报道。国家环保总局副局长潘岳向新闻行动三路采访组授旗。

解振华说，新闻舆论的宣传和引导对于推动环保工作一直发挥着重要促进作用。我国环保工作取得的成绩，与新闻工作者的辛勤努力是分不开的。国家环保总局对新闻宣传和舆论监督非常重视，始终把宣传教育作为环境保护工作不可缺少的重要组成部分。定期召开新闻发布会，及时向新闻界和全社会公布环境保护工作的最新进展，披露重大环境违法案件。通过媒体发布各类环境量公报和环境立法公示，公布城市的空气环境质量和大江大河的水质，以及重点城市饮用水源的水质和一些重点排污企业的环境行为。目前正在酝酿试行政府环境行为公开和企业环境公开制度。这样做的目的，就是保障是公众的环境知情权，为公众和新闻舆论参与监督创造条件。环保工作既需要新闻界宣传鼓劲，也欢迎新闻媒体严格监督。环境新闻不论报喜还是报忧，都是对环境保护工作的支持。

国家环保总局副局长潘岳在讲话中提出，环境新闻工作者要怀着强烈的危机感、使命感和责任感，充分发挥舆论监督作用，促进舆论与行政执法有机结合。一方面，要监督破坏环境的行为，对一些企业置环境法律于不顾，违法排污、破坏生态的行为要坚决曝光。目前，钢铁、水泥等产品市场需求趋势旺，有些企业见利忘义，违法开工，甚至被关闭取缔的小企业又死灰复燃，环境执法工作十分繁重，面对数十万家排污单位，全国总数不足 5 万人的环境执法队伍显得力不从心。环境新闻工作者要当仁不让，担负起舆论监督职责，对典型案件要扭住不放，深入剖析，推动行政执法和司法部门严肃处理，以儆效尤。另一方面，更要严格监督地方政府及环保部门环境执法，对执法不公正的，也要公开报道，形成约束和规范公共权力的机制。

“重大环境违法案件追踪新闻行动”是由中国环境记者协会组织的。新闻行动将兵分三路，对今年以来国家环保总局查处的重大违法排污案件进行追踪报道，新华社、人民日报、中央电视台等十余家媒体记者参与调查采访。中国环境记协负责人表示，以此次新闻行动为开端，今后还将经常组织记者深入报道重大环境事件，以及环境保护的热点问题。

【河北省雄县成功举办2003年全国印刷包装设备材料展览会】9月20日上午，河北雄县雄州塑料包装城广场上，彩旗招展，鼓乐喧天。由中国包装报社与雄县人民政府联合举办的2003年全国(雄县)印刷包装设备材料展览会在这里隆重开幕。此次盛会共有来自全国各地的100多家包装印刷设备及材料厂商和雄县本地的150家塑料包装及相关企业汇聚广场，十大方队整齐排列，数万观众，神采飞扬。

雄县政府县长王义民主持了开幕式。出席此次开幕式的有中国包装协会副会长兼秘书长钱进、中国包装总公司总裁助理马力、保定市政府副市长高天民、中国包装报总编辑崔渤、北京市包装协会会长白荣五以及雄县在外工作的领导、县四大班子领导和各乡镇、县直各部门负责人、参加展览的企业负责人。另外应邀参加大会开幕式的还有来自中央、省、市新闻媒体的记者。

此次大会为期三天，共有来自全国各地的250多家包装印刷企业，约2000余人参加了展位，总面积达2.5万平方米；展厅外各乡镇展位200个。本来决定四个展棚当中有两个是外地企业展棚，但最后居然三个都不够了，应许多外地参展企业的要求，又在外面搭设了许多临时展位，结果再一次爆满。直到开幕当天，仍有许多企业前来寻求展位。

【第二届中国国际装备制造业博览会异彩纷呈包装机械锦上添花】由国家商务部、中国贸促会、辽宁省级政府主办的第二届中国国际装备制造业博览会经过5天的展示，于9月10日落下帷幕。世界知名厂商和品牌如美国通用电器、德国西门子、韩国大宇、日本三洋、东芝等与国内实力较强的大连机床、沈阳机床在展会上出尽了风头。

在异彩纷呈的展会上，来自国内外的包装机械为第二届装备制造业博览会锦上添花。

在这次制博会上也有一些与包装有关的科研成果值得推广：鞍山科技大学研制的钢材打包机，其价格只有进口同类产品的1/5，现在已在抚顺钢厂使用。沈阳华兴表面技术有限公司研制的新型环保除锈剂、镀锌生产线让人耳目一新。

这次参加第二届制博会国外包装产品不多，韩国EASY—MARK公司展出的大字符喷墨打印机以高清晰度、易调整、价位低对我国国内正在使用的如法国依码士、多米诺、威利、达嘉品牌的喷码机将是一个挑战。韩方参展代表说，他们是第一次参加中国举办的展览会，对产品打入中国市场很有信心，相信这种更符合中国用户的高性能喷码机会受到欢迎。现在，他们希望在中国能够寻找实力比较强的专业公司作代理。

从第二届中国装备制造业上记者感到，飞机、汽车、机床对于振兴我国装备制造业的作用无可厚非，但是从包装机械市场我国每年要进口近20亿美元的惊人数字看，投入更多的智力，开发具有自主知识产权的能够替代进口的包装机械已是势在必行。

【北京市经委再次召开包装产需调研会】受北京市经委行管办委托，由北京市包装协会举办的包装企业和包装用户企业面对面交流座谈会9月17日在北京三元牛奶公司召开。本次座谈会是“提升北京都工业——包装业整体水平发展战略研究专业课”研究的又一次调研会。

会议由北京市包协李景华秘书长主持。市经委行管办张兰青处长先向与会代表介绍了北京市工业的几大支柱行业目前进展情况，包装印刷行业将发展成为北京都市工业的重要行业，这一点已经形成共识，通过前几次的产业调研会也基本理清了思路，今年行管办的工作重点就是拿出包装印刷行业今后发展的长远规划，而规划的制定还须作进一步的调研。特别是北京包装市场的需求变化不定，包装上下游的供求关系成为重要的参考依据。

北京三元食品股份有限公司副总经理陈历俊博士作为乳品业的包装用户代表，向大家介绍了三元食品公司的总体情况及公司使用包装的相关情况后，提出质优、价廉、形象、环保是三元公司选择包装产品的四个基本标准。作为包装印刷生产企业的代表，北京利乐包装公司的张双胜副总经理在会上透露，利乐公司的新厂将在明年7月正式投产，一期投资年产150亿个利乐包。同为包装印刷生产企业的北京德宝商三印刷公司的李建军总经理在发言中说，包装行业是在客户的带动下发展的行业，因此希望各行业精诚合作，加强信息的沟通，一起开发新的乳品包装材料，更好地为北京乳品业服务。只有把市场资源有机地优化在一起，才能实现零距离、零库存的物流目标。

【上海光华胶印机战略研讨会在昆明召开】为了上海光华的发展真正与国际接轨，更好地服务于国内的印刷业，上海光华公司在高层领导在昆明召开第三届上海光华胶印机战略发展研讨会。

国家新闻出版总署、昆明市政府、云南省新闻出版局、中国工业经济联合会、中国印工协、中印总公司、上海印包机械有限公司的有关领导以及来自全国各地221家印刷企业和133家光华代理商近400名代表出席了会议，畅谈光华发展前景，共谋蓄势良策。

研讨会上，在总结光华公司在技术工艺、企业管理和经营理念三方面取得重大进步的同时，人们还共同分析了国内外对单张纸胶印机需求的新形势。

光华公司的有利条件是：目前开发胶印品种已达到系列化、规范化、普及化，几乎能满足所有层次的需求。光华公司正在酝酿更大的体制改革和创新，决心通过6～7年的努力，使销售收入达到20亿人民币，向世界胶印机市场迈出更大步代。

会议期间，国家新闻出版总署印刷复制司李玉琛、昆明市政府副秘书长刘玉坤、中国工业经济联合会副会长鲁兵、中国印工协副总经理李建国，云南省新闻出版局副局长屈山、上海印刷包装机械有限公司党委书记徐承耕作了重要讲话。中国印协理事长武文祥专门为会议来了贺词。

【2003年国际包装技术论坛在津举办】由中国包技术主办，中国包装科研测试中心承办的2003年国际包装技术论坛于9月22日至24日在于津高新技术开发区举行。本次会议继“2002运输包装技术研讨会”后，我国包装业界本年度的一次国际盛会。

这次论坛的显特征之一即国际性，这不仅体现在主讲人是国际上久负盛名的包装专家，如法国国家实验室物流包装部主任马赛尔、丹尼斯、杨、包装咨询开发公司高级顾问丹尼斯·杨、澳大利亚维多利亚大学包装发展研究中心教授斯诺沃尔德、中国包装科研测试中心副主任李华等。更体现在本次论坛的话也都是国际包装界的热点。

特征之二是本次会议汇集了包装产业链上的100多家企业、机构，即包括本来自北京、上海、深圳等全国各国的30多家包装生产企业，也包括包装用户如GE、摩托罗拉、三星华为、联想等40多家国际、国内的知名的公司。在东道主中国包装研测试中心王建英主任盛邀之下，英国莱斯蒙特公司执行总裁朱斯弗首次来华。此外还有十几家包装检测设备企业、大专院校和研究机构以及包装行业媒体。特征之三交互性强，交流效果好。本次会议的形式包括研讨会和技术交流会，研讨会上主讲的专家采用多媒体，以文字、图标、录像相结合的方式，清晰、简洁而又深刻的阐述了自己的演讲主题。在演讲的过程中，与会代表可随时就相关问题进行提问，主讲人也即刻予以解答，互动效果好。此外在会议中的休息时间和晚间的技术交流会时间，各方代表既可向几位专家进行面对面的交流探讨，也可与同行业的代表交换包装行业发展的最新信息，并商讨合作事宜。

丹尼斯·杨在论坛上作了题为《适应全球包装市场的运输包装》的演讲。其主要内容包括运输环境危险的来源、强度、记录；产品设计与运输的关系；全球运输包装的发展；包装的评价和包装测试新技术；美国包装改进和包装设计实例；国际安全运输委员会ISTA实验方案、认证程序等。

目前世界各国政府正通过制定法律来减少包装对环境千万的污染，如《澳大利亚包装条约》、《包装和包装废弃物法令》(欧盟)、《包装原料分离和回收法令》(日本)、《固体废弃物法令》(中国)。这些条例的焦点都集中在通过减少包装材料的使用，重复使用包装及提高包装材料回收率来减少包装废物的产生。这种方法能在短时间内装对环境的污染，但却没有从长远的角度来考虑解决包装带来的环境污染问题，因此必须对现行的包装体系进行彻底改革。就此斯诺沃尔德先生做了题为《澳大利亚可持续包装体系——包装的环保评价与解决方案》的演讲，介绍了澳大利亚为改进旧的包装环保体系，建立新的包装体系而进行的一个全新的、全面的合作研究课题。它由三部分组成：1. 环境影响的分析和环保要求的发展；2. 社会的改革措施和手段；3. 包装加工和系统化的发展。斯诺沃尔德先生的演讲内容对我国建立相应的政策法规和包装体系也有重要的借鉴意义。

【第十二届广州食品包装机械展于9月举行】由广东省食品和包装机械工业协会主办的第十二届广州食品加工、包装机械及配套器材展览会于9月10日至12日在广州中国出口商品交易会展馆隆重举行，业内许多知名企业将携最新产品到会参展。在这次展会上亮相的主要有：

广州铭瑞、龙泰、金瓯、腾田、健力、中天、成顺和的饮料热灌装机、真空旋盖机、酿造机械、水处理设备、方便面设备、煎炸油过滤机、贴标机、喷码机。汕头粤东、远东、汕漳、安平、高雄海的自充填封口机、多层共挤设备、干式复合机、凹印机、果冻包装机。中山裕隆的捆扎机、组合秤。顺德乐善的数控吹瓶机。东莞星技的化、搅伴机。深圳科精庄的平面丝网印刷机。珠海天楹、瑞创的制袋包装机。北京泰德的立袋自动包装机。上海理查、申鹿、城百、亚泰的绕缠机、均质机、包子馒头机、智能型调节仪。浙江胜利的纸杯餐盒机。江苏张家港金荣、南通腾通的桶装水设备、真空包装机。台湾鑫邑的饺子机、包馅机、德国乐家文代理意大利美国、德国的真空充气包装机、罐头高速封口机、自动灌装机等。

据展会主办者介绍，一年一度的广州展会已连续成功举办了十一届，已成为华南地区一大专盛会。

【首届罐头加工与包装展9月在杭州举行】由中国罐头工业协会举办的“第一届罐头加工与包装技术、设备、产品展示会”，于9月22至23日在杭州举行，中国罐头工业协会2003年年会也同期举行。

我国罐头产品的对外贸易和国内销售量每年增长速度都保持在20%以上，2002年创下出口量历史新高。我国加入世贸组织后，罐头生产企业面临更快发展机遇的同时，也将面对产品进口国的技术壁垒、进口产品在国内市场竞争等严峻的考验，在这种形势下，对罐头生产企业的技术更新、装备改造、新产品开发、市场开拓等提出了更高的要求。

本次展示会的目的是为改变配套企业与罐头生产企业之间单向、狭窄的沟通渠道，构建一个平台，使相关的配套企业与罐头生产企业之间、相关的配套企业相互之间有多向、广泛、充分交流的机会，互通各自行业和企业在新技术发展、新产品开发和市场开拓等方面的信息，促进行业的共同发展。

【首届中国食品物流与供应链高层论坛在京举办】9月4日至5日首届中国食品物流与供应链高层论坛在京举办，来自蒙牛乳业集团、椰树集团、可口可乐公司、双汇集团等企业的150多名代表出席。

改革开放20年来，我国食品工业以年均递增10%以上的高增长率快速发展，国内食品的供求关系已从以往的长期短缺转变为总量基本平衡、丰年有余，食品工业的发展进入了门类比较齐全、具有较强出口竞争力的新阶段，大批量原材料采购、生产、加工、大流通已经成为这一行业的显著特点。另一方面，食品工业的快速发展也必然带动包装业的快速发展，而食品流通中成本的居高不下、包装破损率的增加，一直是企业难以解的问题，这次论坛会的召开，为企业提供了一个相互交流、切磋的好机会，同时也显现出国内食品物流与供应链未来的巨大发展空间。

中国食品工业协会会长王文哲就我国食品工业的发展现状、食品工业的发展方向，降低物流成本对于食品工业的意义等问题作了专题发言。出席会议的物流专家和企业代表发表了各自的看法。

【我国首届柔印年会在上海召开】由中国印刷技术协会柔性版印刷专业委员会召开的“首届中国柔印印刷年会”，在上海召开。来自全国18个省市，110多个单位共200多位代表和来自美国、意大利、澳大利亚、德国、瑞士以及我国香港、台湾地区的柔印界同仁在两天的大会中进行热烈的发言和轻松的交流。

这次年会的第一个主题就是：“培育开发柔印市场”。年会上很多单位的发言都谈及这些内容；如美国FTA的成员邵北海先生介绍了美国的柔印发展，上海界龙集团沈伟荣总经理宣读了“推动绿色包装印刷战略”的论文，杜邦公司交流了“133线白板盒直接印刷”，上海硕科图像制版公司交流了“硕科上海柔性制版”，德国海得堡公司介了“柔印—未来的机遇”，西安第一印刷厂读了“坚持下去明天会更好”等论文。

第二个主题“提高柔印操作技能”也是此届年会谈论的焦点。我国每年要增加几十台柔印机，虽然国内柔印质量提高很快，也在国际上获奖，但应该清醒地认识到国内目前柔印质量还不稳定，好的也不多，有的订单签不下来关键就是质量问题，我国目前柔印机的车速普遍偏低，约在60～80米/分，60米/分以下也很多，机组式柔印机设计速度是150米/分，最佳运转效率是85%，即车速最好在120～130米/分，与当前效率差距太大，这次参加会议的“老总”们十分关注“提高操作技能”的问题，柔印委重点组织了在这方面的技术交流。便如：德国曼罗兰公司交流“Nilpeter现代柔版印技技术”、澳大利亚澳科利公司交流“陶瓷网纹辊和套筒的应用技术”，3M中国有限公司交流“贴版胶带在柔版印刷中的应用”、克里奥印前公司交流“数字印前技术在柔印领域的应用”、艾司科公司交流了“数字化柔印工艺流程”等问题。

【中国包装报2003年度通联宣传工作会议在京召开】10月20日中国包装报2003年度通联宣传工作会议在京召开，来自全国各地的近50名驻地记者站代表结合市场经济发展的新形势，围绕如何健全中国包装报社驻地机构网络建设，进一步发挥驻地记者站在报社报道、发行及其他各项工作中的作用，进行了深入探讨。

中国包装总公司总经理南昌明到会并作重要讲话。他着重分析了总公司面临的总体形势和现状以及明年的发展思路，并结合总公司实际对报社宣传工作提出几点要求。在此之前，他传达了国资委关于贯彻落实党的十六届三中全会的有关精神，期望大家结合实际领会三中全会强调的“五个统筹”、“七项任务”、“五个坚持”的重要原则。“五个统筹”就是统筹城乡发展、统筹区域发展、统筹经济社会发展、统筹人与自然和谐发展、统筹国内发展和对外开放。“七项任务”就是完善公有制为主体、多种所有制经济共同发展的基本经济制度；建立有利于逐步改变城乡二元经济结构的体制；形成促进区域经济协调发展的机制；建设统一开放竞争有序的现代市场体系；完善宏观调控体系、行政管理体制和经济法律制度；健全就业、收入分配和社会保障制度；建立促进经济社会可持续发展的机制。“五个坚持”就是坚持社会主义市场经济的改革方向，注重制度建设和体制创新。坚持尊重群众的首创精神，充分发挥中央和地方两个积极性。坚持正确处理改革发展稳定的关系，有重点、有步骤地推进改革。坚持统筹兼顾，协调好改革进程中的各种利益关系。坚持以人为本，树立全面、协调、可持续的发展观，促进经济社会和人的全面发展。

在谈到部公司面临的总体形势和现状时，南昌明总经理强调要在国家的大政方针框架下分析问题和规定产业的走向。由于总公司的发展战略制定得当，切合实际，可操作性强，经过两年多的脱困与发展，已经取得一定成果，特别在运用品牌优势、无形资产等方面都积累了宝贵的经验。今年推出的“三个一工程”——“一个主题”(重组改制发展年)、“一种精神”(团队精神)初见效果，年初制定的9项重点任务基本可以完成。而明年的发展思路，虽同样是“三个一工程”，但内涵有所充实、调整，如“一个主题”的提法由原来的“重组改制发展年”，变为“发展重组制年”，次序稍加变化，间在强调进入正常发展阶段，在发展中推进重组改制，同时又显现出实施公司发展战略的连续性与稳定性。“一条主线”的内涵，是在“科学分类，进退有序”的基础上，强调“重新布局，退低进高”，鼓励创新和开发新项目、新业务。“一种精神”，则要求在争当“二次创业之星”的基础上深入到每位员工，都要成为“旗舰”的优质细胞。

为此，南昌明总经理也希望中国包装报作为产业媒体要大张旗鼓地宣传中包总公司的改革思路及经验，为产业发展推波助澜。同时要求报社切实转变观念，转变工作作风，细致务实地作好深入报道。他还建议报社发起“企业发展靠什么？”“员工如何体现自身价值?”为主题的讨论，鼓励业界人士脚踏实地，开拓进取。

探讨如何应对报业竞争，如何采取多种方式扩大报纸的宣传面、影响力，也是此次会议的重要内容之一。国家新闻出版部署报刊司副司长王国庆到会并讲话，她通报了相关信息，并着重分析了报业面临的情况，以及我国加入WTO之后报业出现的新动向。

王国庆说，报业改革力度加大为全国新闻界所关注，中央关于新闻改革的思路之一，就是将报业完全推向市场，强调在面向市场的同时，增强法人实体的生存能力与发展能力。我国加入世贸组织后，报业发行市场逐渐放开，由此带来两种结果：一方面与国际接轨，这对报刊的发行促进相当大，打破了邮局一统天下的局面。另一方面，出版市场虽未完全放开，但随着版权、著作权的不断完善，期刊出版业正逐步走向规范，这自然也影响到报业的办报方针与思路。

王国庆在分析报业形势的基础上，希望中国包装报在突出产业特色、突出大包装概念等方面多下工夫，这样不仅可以为产业提供更多更富于实效的服务，而且极有可能增大产业空间。

各驻地记者站代表在讨论中，就报社在驻地记者站管理、服务等方面存在的问题，进行了坦诚的交流；对报社围绕市场如体进一步提高办报办刊水平、扩大发行等方面，提出了许多积极的建议。

未来的两三年是中国包装报社发展的关键时期，报社将始终坚持以邓小平理论和“三个代表”重要思想指导，深入贯彻党的十六届三中全会精神，实现对报社企业化运营机制的改造，全力培育核心竞争力，充分发挥行业信息高端服务作用，尽快实现集团化发展目标。

会上表彰了今年做出突出成绩的4家优秀记者站和8位先进个人。

中国包装总公司直属党委书记张守信、中国包装总公司顾问胡余生也出席了会议。

【中国包装总公司认真学习贯彻党的十六届三中全会精神】10月27日，中国包装总公司召开会议，认真学习贯彻党的十六届三中全会精神。党组书记、总经理南昌明传达了十六届三中全会文件和国资委关于贯彻落实党的十六届三中全会精神的初步意见，对总公司系统如何学习贯彻做了具体部署，强调结合企业实际深入领会抓住重点认真落实，全面体现到总公司各项工作之中，提出明年是总公司转入正常发展的第一年，要在发展中推进重组改制，全面加快发展步伐。

南昌明指出，认真学习贯彻党的十六届三中全会精神，要结合工作实际在全面学习领会的基础上抓住重点。党的十六届三中全会是我国新时期发展中一次重要的会议，通过了《中共中央关于完善社会主义市场经济体制苦干问题的决定》，适应经济全球化和科技进步加快的国际环境和全面建设小康社会的新形势，总结改革开放20多年特别是党的十四届三中全会以来的经验和不足，提出了完善社会主义市场经济体制的目标、任务、指导思想和原则，对若干重大问题作出了决定，是指导今后完善社会主义市场经济体制的纲领性文件。《决定》共有12个大问题42条，我们要重点学习领会其中前三个大问题，即我国经济体制改革面临的形势和任务；进一步巩固和发展公有制经济，鼓励、支持和引导非公有制经济发展；完善国有资产管理体制，深化国有企业改革。这三个问题与国有企业改革、发展联系紧密，针对性更强，我们要重点深入学习。

南昌明传达国资委关于贯彻落实党的十六届三中全会精神的六条意见后强调，学习贯彻党的十六届三中全会精神，最重要的是要抓好落实工作。总公司新的领导班子成立两年多来，由于制定了正确改革脱困战略，可操作性强，已经取得一定成果，各项工作取得了重大进展，员工精神面貌发生了深刻变化，特别是在运用品牌优势、运作无形资产等方面都积累了宝贵的经验，为今后进入正常发展轨道打下了扎实的基础。他要求中国包装总公司系统要紧紧抓住党的十六大三中全会带来的新的历史机遇和外部市场发展机会，发扬“深、细、实”的工作作风，突出重点，积极练好内功，在此基础上进一步明晰总公司的发展思路。

南昌明指出，明年和今后一个时期的改革发展思路，要按照十六届三中全会精神的要求，进行必要的充实、调整：一是坚定包装行业“旗舰”的定位目标；二是在坚持“三个一工程”的基本思路前提下，略有调整。鉴于明年总公司的总体运行将转入正常发展，其中“一个主题”六个字的排列顺序，由“重组、改制、发展”调整为“发展、重组、改制”，以突出重在发展；“一条工作主线”从强调“科学分类，进退有序”进一步转向“重新布局，退低进高”；“一种精神”，则是把在发扬二次创业精神基础上的“创星活动”深入普及到全系统基层单位的员工群体，提倡每个员工都要成为整个公司肌体的“优质细胞”；三是提高创新意识和能力，不创新就没有出路，要在体制上、制度上、技术上、管理上创新。以市场需求和服务社会为导向，增强企业的竞争力和发展后劲。

中国包装总公司党组成员、部公司各部门以及在京单位负责人参加了会议。

【2003年全国印刷包装机械（东北）展览会在长春开幕】由长春市人民政府和中国印刷及设备器材工业协会联合主力、中国印刷工业印刷机械行业协会展览销售委员会承办的2003年全国印刷包装机械（东北）展览会在长春国际展览中心举行。

东北地区约有印刷企业6000余家，包装企业2000余家，印刷业年产值约150亿人民币，包装业年产值约200亿人民币，每年印刷设备投资额约7～8亿人民币，包装设备投资额约10亿人民币，近两年，为了满足市场的需求，适应激烈的市场竞争，东北印包业明显加快了设备的更新改造与产品的换代升级，这就为印刷包装设备材料产销商提供了巨大的市场空间。

通过长春得天独厚的工业、经济、运输、信息交流等各方面有利条件，展示我国印刷包装工业巨大的市场潜力和现代化的生产技术水平及今后的发展方向，同时也是为国内外企业、公司提供一次经济、技术信息交流与合作的绝佳良机。本届展览会在主办者的精心组织下，不仅要营造一个产品展示、技术交流、贸易洽谈的平台，而且将成为我国东北地区印刷包装业交流信息、共谋大计的行业盛会。

【上海界龙集团隆重举行“彩印三十周年”庆典】金秋十月，桂子飘香。中国知名的印刷集团、中国农村第一股——上海界龙集团，迎来了其盛大的“彩印三周年”庆典。

10月21日，来自全国和上海市、浦东新区、川沙镇有关领导和政府部门、行业协会、事业单位、合作单位和中外友人共计330余人参加了庆典开幕式。浦东新区常务副区长戴海波、中国印刷技术协会会长武文祥、中国包装技术协会副会长兼秘书长钱进等领导应邀出席了开幕式。

有关领导为“界龙彩印三十周年庆典”亲管题词，以示肯定与勉已拥有20多家子公司、2600多名员工的集团型大企业，从1千元的原始资本起步，如今总资产超过9亿，年销售额达8亿元，已成为著名的包装印刷为主体、多种经营的大印刷集团企业。2002年中国印刷企业排行中位居第五，正如费老所说“龙腾万象，彩印流芳”。

参加“界龙彩印30周年庆典”活动的还有上海市农委副主任严胜雄、上海新闻出版局副局长杨益萍、文汇报总编吴振标、浦东新区区委常委、宣传部长田赛男、浦东新区政协副主席陈南岗、上海市埔物馆馆长陈燮君、上海市工业经济联合会常务副会长朱国梁、上海市包协理事长李晓航、上海市包协秘书长庄英杰等领导。

【中国国际奶业展览会暨奶业发展高层论坛在京召开】10月8日，由中国奶业协会主办的中国国际奶业展览会暨奶业发展高层论坛于北京全国农业展览馆和北京21世纪饭店隆重召开，同时举行中国奶业协会年会。全国政协人口资源环境委员会副主任、农业部在常务副部长、中国奶业协会理事长刘成果。农业部总经济师、畜牧兽医局局长贾幼陵，科技部农社司司长王晓方，农业部产业化领导小组办公室副主任、农垦局副局长丁力，中国奶业方面的著名专家和企业家对中国奶业发展的趋势和热点、焦点等问题在会上作专题报告。论坛内容涉及中国奶业发展战略和对策，奶源基地建设与乳品加工，乳品消费市场开拓与培育，现代养殖、加工技术在奶业中的应用等。大会期间，举办中法奶业交流日活动，来自法国的奶业相关企业全面介绍法国的发业发展现状及最新技术。

参加这次中国国际奶业展览会的展商来自澳大利亚、英国、加拿大、法国、德国、荷兰、以色列、意大利、日本、韩国、瑞典、瑞士等多个国家和国内的共100多家企业参展。其中法国国家展团10家首次亮相中国发业市场。

国际著名公司瑞典利乐、利拉伐，美国国际纸业，德国海思亚、宝柏国际、韦斯伐利亚，日本四国，以色列阿菲金特，荷兰麦格，丹麦SAC，荷兰及澳大利亚荷斯坦育种组织，英国富尔德，加拿大艾格威等著名企业参展，他们与上海光明、内蒙古伊利、内蒙古蒙牛、北京三元、石家庄三鹿、黑龙江完达山、山东泉林包装等国内著名企业共聚一堂，全面展示奶源基地建设、乳品加工、机械设备、包装材料、添加剂和奶业先进技术等，覆盖整个奶业产业链。

【第八届中国国际食品加工和包装机械展览会隆重开幕】10月22日第八届中国国际食品加工和包装机械展览会(China Foodtech2003)在中国国际展览中心隆重开幕。参加开幕式的有全国人大副委员长顾秀莲、中国机械工业联合会会长于珍，以及食品、包装、印刷界的领导，在掌声中顾秀莲为展会剪彩。

CHINA FOOD TECH从1989年起至今已成功举办过七届，今年的展会规模为历届之最，展出面积近两万平方米。目前该展已成为包装和食品机械行业中规模最大、层次最高的大型定期国际化专业展，在国际上也享有一定的知名度。

2003年10月的中国国际展览中心是包装和食品机械行业的一次盛会，在展会期间还举办了数次技术交流活动，同步介绍本行业国内外的发展动态和趋势。

【2003年全国秋季糖酒会(沈阳)食品包装机械展区热点多】10月10日～13日在沈阳国际会展中心举办2003年沈阳全国秋季糖酒会食品、包装机械展区，400多家国内外食品、包装设备、包装制品企业展出了代表本企业水平的灌装机、喷墨打印机、打码机、热收缩包装机、打包机、药片包装机、真空包装机以及各种食品机械，短短几天展会，让来自全国各地的参观者大开眼界，也使参展商得到了实惠。

这次食品、包装机械展从一个侧面反映出我国食品、包装机械行业产品创新步伐加快，行业整体水平不断提高，缩短了与国际先进水平的差距。

在这次展会上，参展数量居于第三的要算是自动包装机了，这其中有包装奶粉、豆粉、芝麻糊、砂糖、壮骨粉等粉末包装机，也有包装如味精、瓜子、花生、茶叶、种子等颗粒包装机，还有包装膨化食品、果片、虾条等较大体积的包装机，所使用的包装材料已由单膜扩展到多层复合膜。在制袋、充填、计量、封口、打码、装箱各个环节都实现了自动化。有的厂家还在解决除静电，设计密封工作结构上采取了有效措施，上述产品基本满足了一般用户的需求。

【第八届中国国际医药展览会暨技术交流会在上海举办】第八届中国国际医药展览会暨技术交流会(Chian-Pharm2003)，于10月28日至31日在上海新国际博览中心举办。

国家食品药品监督管理局实施GMP认证工作以后，有效地推动了国内制药工业技术设备的更新换代，从而确保了人民群众用药安全。截止到目前，全国6300多家药品生产企业，已有1300多家企业通过了由国家食品药品监督管理局组织的GMP认证考核，使这些企业在国内医药市场获得了较大的生产份额。国内市场对制药设备、净化设备、医药工程设计、施工及电子化管理局将会进一步加大对医药行业GMP认证工作的监控和指导，积极推进国内医药产业和医药市场向着国际化方向发展。

本届展览会有德国、美国、英国、法国、瑞典、日本等近20个国家和地区的制药设备研制机械及世界医药企业参加，为国际知名企业展示自己高新尖技术提供一个宣传的平台。另外，还有生物医药园区的参与，它向大家展示高新科技生物园区的发展和趋势。同时旨在让科研机构、制药企业和专业人士在展会中轻松获得最佳采购方案，了解更多国家相关政策及专业知识。国家食品药品监督管理局还主持了多场技术交流会、GMP专业培训等。

【河北东光举办纸箱设备发展研讨会】河北东光县委、县政府和中国包装报社会联合主办的纸箱设备发展研讨会，成功举行。活动取得了满意效果，对于东光壮大纸箱机械产业，推动地域经济发展，都具有重要意义。县委县政府满意，东光纸箱机械企业满意，各地间来参加活动的包装业内人士满意。

在研讨会上，沧州市副市长李志国致贺辞，东光县委书记许晓明致欢迎辞，东光县县长刘立著主持会议。江苏省包协情报委主任黄善祥、长春市包协秘书长张守福、山东省包协副秘书长徐建平、南京包协副秘书长陈永康和业内专家等嘉宾与包装界人士共600余人参加了会议。

纸箱包装机械是东光县的主导产业。现有生产企业240家，从业人员12000人，固定资产达6亿元，集中礴光和连镇两个乡镇，其群体规模居全国之首。目前，该行业已形成2个初具规模的专业园区，总占地面积3000多亩。其中李四维包装机械工业园，年营业收入达4亿元，创利税4000多万元。

【中国食品和包装机械工业协会纸浆模机械及制品分会召开年会】中国食品和包装机械工业协会纸浆模机械及制品分会2003年10月20日在北京华园饭店召开年会。中国食品和包装机械工业协会会长岳书学、秘书长何南至、纸浆模机械及制品分会会长柯继芳、秘书长许立燕以及来自全国各地的纸模行业企业的厂长、经理60人出席了会议。会上，岳书学和何南至首先致辞，祝贺大会的召开。接着柯继芳会长做了重要发言，许立燕秘书长宣读了《纸浆模行业会2002—2003年度工作》和《2004年度工作计划（草案）》，介绍了国际纸模行业最新动态，最后代表们进行了热烈的讨论，就当前纸模行业，尤其是纸模餐具面临的严峻形势及应当采取的对策畅所欲言。

柯继芳会长的发言实事求是，立论精当，催人奋进。他回顾了近年来我国“禁白”工作所走过的艰苦历程。政府有关部门为“禁白”实行起来，的确有一定的难度。目前，国内搞EPS的很多企业是来自台湾和香港的，当初是请人家来的，政策不能说变就变。另外，国家之大，重要的事情多得很，不可能在这件事情上耗费太多的精力，并“毕其功于一役”。而且平心而论，我们也应看到“禁白”工作也还是取得了很大成效的。比如，方便面碗过去几乎全部都是发泡塑料的，现在已是多种多样，有纸板的、植物纤维的、降解塑料的和纸浆模具的等，发泡塑料已呈淘汰趋势。

纸浆模制品既不破坏资源，又有利于环保，无论用作一次性餐具，还是工业品包装，都是发泡塑料理想的替代品。这是因为，首先纸模制品用的是芦苇、甘蔗渣等可再生资源。芦苇是一年生的植物、甘蔗渣是制糖产生的废弃物。在我国，这两种资源可谓取之不尽，用之不竭。其次，纸模制品是可以在自然环境下迅速降解，或回收再重复上用的，而且无论是降解或是再生都不会产生二次污染。这就是纸浆模制品立足和发展之本。

柯继芳会长指出，对于目前的困难，我们不要悲观，不要气馁，应该树立信心，振奋精神，以守待发。这个“守”，不是消极的守，而是积极的守，发展的守。因为，我们现在的产品并非完美无缺，我们的设备也不是无懈可击的，这些都需要创新和改造。例如，设备的性能要稳定，要便于操作，便于维修，便于调换模具。并且要进一步降低成本和能耗。我们只有把这些方面做好了，准备充分了，一旦这个市场变活了，我们就有向前发展的余地了。否则，一味地消极等待，等到要大发展的时候，我们却拿不出像样的东西来，这就可能把整个的时间给耽误了。

纸模行业是一个非常庞大的行业，路子非常宽，除了快餐盒，可做的东西还多得很，比如说工业品包装等，种类何止成百上千。只要我们勤于思考，努力探索，纸模行业的第二次腾飞尽近在咫尺。

柯继芳说，眼前的困难只是暂时的，“物极必反”，纸模行业也不会脱离这个规律。所以我们要有耐心，要坚持下去。如果越是接近胜利，我们越是失去信心，站不住脚，这将是令人十分惋惜的。他的讲话得到了与会企业的积极响应。

【iba2003国际烘焙工业展十月在德国召开】国际烘焙工业展（Iba2003）于10月3日至9日在德国

杜塞尔多夫展览中心 9～14 号馆举行。这是今年全球同类展会中规模最大的盛会。

此次举办的 iba2003 国际烘焙工业展将全方位展示烘焙工业展将全方位展示烘焙、糖果生产技术、设备和原材料、快餐食品、冰淇淋、便利店，以及这些产品的包装。来自世界各地焙烤类食品的供应商和包装生产商将汇聚一堂，收集信息、展示产品。

作为业内交流展示平台，iba2003 同时还展示与烘焙工业有关的媒体、能源管理、清洁和 IT 硬件。

在此次展会上，"世界面包日"在展览现场被宣告诞生，来自国际烘焙和糖果协会(UTB)的理事长和来自欧盟下属国家烘焙和糖果组织欧洲联盟(CEBP)的高层人士和贵宾将登台亮相。通过此活动，iba2003 旨在提供更多的有关良好饮食习惯的信息，从而为国际烘焙工业的进一步发展提供原动力。

此展览会吸引了 100 多个国家参展。德国杜塞尔多夫展览机构十分重视来自中国的参展商和参观者，为此，德国杜塞尔多夫展览(中国)有限公司在上海专门召开"2003 国际烘焙展新闻发布会"。德国烘焙工业协会执行理事、欧洲烘焙工业协会秘书长安伯哈德、格卢贝尔博士告诉记者："中国是德国在亚洲最重要的贸易伙伴。2002 年上半年，德国对中国的出口 66 亿欧元，同比增长 18%。同时德国也是中国在欧洲最重要的贸易伙伴，是中国在全球的第六大贸易伙伴。2002 年上半年，中国对德国的出口达 96 亿欧元，同比增长 5.6%。在 interpack 2002，世界最大的包装展上，杜塞尔多夫迎来了 15 家来自中国的展商，在他们 200 平方米的展位上展示了来自中国的革新技术和创新产品，同时，他们也接待了 50 多位中国观众。"

【全国纸包装年会蜂窝纸板学术研讨会淀粉胶擂台赛在合肥举行】由中国包装装潢印刷工业协会纸制品专业委员会主办、安徽合肥雪公胶粘剂有限公司协办的 2003 年全国纸包装行业年会暨蜂窝纸板专用胶及设备学术研讨会，第四届全国淀粉胶擂台赛在安徽省合肥市召开。来自全国各地的纸箱、纸盒、纸制品企业，设备生产厂及相关辅料配件生产企业的百余家纸制品会员单位的代表席了本届年会。中国包协、纸制品协会、中国印协、江苏省包装科技信息委员会等有关负责同志出席会议并讲话。

据了解，我国加入 WTO 之后，纸制品包装的生产及发展都上了一个新台阶。以外贸出口最活跃的广东省为例，纸制品包装的年产值已高达 150 亿，大致相当于江苏、浙江、上海和山东四地之和。广东纸箱业的发展，不仅得益于雄厚的经济实力和业内领先的技术装备水平，还得益于粤港两地的经济融合和毗邻国际市场(仅输港纸箱就占广东生产份额的 1/3)。而随着国内纸包装生产领域进一步与国际市场接轨，上海、江苏、浙江等沿海发达地区已基本形成行业分工新格局。目前绝大部分小企业向拥有瓦楞纸板生产线的大厂购买原材生产，避免了"小而全"的模式和低水平的重复投资。既发挥了先进设备的潜力，又体现了纸箱生产批量小、规格多的优势，大大减少了原材损耗，优化了资源配置，形成纸制品行业快速发展的新格局。

代表们一致认为，我国加入 WTO 之后，国内和国际两上市场将逐渐融合，对纸制品及设备企业来说，敢于直面国内市场实际上就是与国外同行参与竞争。而产品的市场、价格、质量及服务对象，已成为成败与否的首要因素。在此形势下，信息传递，经验交流，实物展示，市场开发已显得尤为重要。纸制品协会将大力发挥行业协会的整体优势，全力推动技术交流和产品展示活动，为会员之间的合作交流提供和搭建全方位的平台。

会议期间，来自各地蜂窝纸板及设备生产厂的代表进行了专项技术交流。江苏省包装科技信息委主任黄善祥就目前国内蜂窝纸板的生产应用和设备开发作了论述。有关代表指出，蜂窝纸板的发展不能再重复纸浆模塑发展的老路，而要以市场应用为导向，以实用、创新、经济、环保为前提，绝不能用简单的"替代"口号去解决市场问题。

与此同时，国内胶粘剂制造的龙头企业——合肥雪公胶粘剂有限公司利用年会活动的契机，举办了全国第四届淀粉胶擂台赛。该公司自主研制的雪公牌淀粉胶粘剂，攻克了传统制剂干燥慢的重大难题，广泛应用于蜂窝纸板、瓦楞纸板生产线及制品的粘合，以用量节省、高强耐潮、性价比高，节能环保等特点博得了用户好评。

【中国包装技术协会第六次全国代表大会胜利召开】金秋送爽，10 月 18 日至 19 日，中国包装技术协会第六次全国代表大会在京胜利召开。中共中央政治局常委、全国政协主席贾庆林、中共中央政治局常委、国务院副总理黄菊为大会题词。全国政协副主席王忠禹接见与会代表。本次大会讨论并通过了协会第五届理事会工作报告，选举产生了协会第六届理事、常务理事、会长、副会长和秘书长。石万鹏当选为协会会长，邱纯甫为协会名誉会长，马伟武、张晓琪等27人当选为协会副会长，钱进当选为秘书长。石万鹏会长在会议上发表了题为《继往开来，创新发展，为从包装大国向包装强国迈进而努力奋斗》的重要讲话。

中国包协第五届理事会副会长韩家增，受邱纯甫同志的委托，对中国包协第五届理事会的工作做了回顾和总结。

石万鹏会长在讲话中指出：20多年来，我们亲身经历并见证了一部从无到有、从小到大的中国包装工业发展史。在邓小平理论和"三个代表"重要思想的指引下，在党中央和国务院的正确领导下，经过全国包装行业同志们的共同努力，包装行业已从一个门类缺失、分散游离、产品单一、质量低下、严重供给不足、制约国民经济发展的瓶颈行业，发展成了一个门类比较齐全、基本满足国民经济发展需要的大行业。包装工业生产总产值从72亿元飞跃到2500亿元。今天，我们可以自豪地讲，中国已作为一个包装大国屹立在世界东方。

中国包协第六届全国代表大会是在全党全国深入贯彻党的十六大精神下召开的，是在党的十六届三中全会刚刚胜利闭幕后召开的，我们要认真总结协会成立以来的成绩与经验，研究在新世纪、新形势下包装行业面临的形势与任务，团结全国广大包装工作者，继往开来、创新发展，为在新世纪把我国建设成现代化的包装强国而奋斗。

石万鹏会长在分析包装行业面临的形势与任务时说，未来10至20年，是我国包装工业发展的重要机遇期。对包装行业当前和今后一个时期的总体要求是：以邓小平理论和"三个代表"重要思想为指导，以全面建设小康社会为目标，紧紧围绕国民经济结构的战略性调，坚持走新型工业化道路，坚持深化改革，全面提高对外开放水平，坚持保护环境和保护资源的基本国策，遵循客观规律，因地制宜，科学规划，合理布局，改善包装产业的增长质量和效益，实现速度和结构、质量、效益相统一，促进包装工业持续快速健康发展，努力把我国建设成为一个现代化的包装工业强国。

石万鹏会长向全协会提出要开创协会工作新局面、为建设包装强国服务的号召。

本次大会还通过了协会荣誉副会长名单，修改了协会章程，通报了协会有关工作，举行了包装行业信息发布会（包装印刷、玻璃容器、金属包装、纸品包装、塑料包装、包装机械行业的现状与发展趋势）。会议还颁发了中国包装事业最高荣誉奖、中国包装事业杰出成就奖，公布了中国包装产品定点生产企业和中国包装行业优质产品名单。

这次会议具有承前启后、继往开来的重要意义，对我国包装行业和中国包装技术协会发展将产生深远影响。

【上海光华胶印机战略发展研讨会在昆明举行】 第三届上海光华胶印机战略发展研讨会于在春城昆明举行。新闻出版总署印刷复制管理司、昆明市政府、云南省新闻出版局、中国印刷及设备器材工业协会、中国工业经济联合会、中国印刷物资总和上海电气集团印刷包装机械有限公司等部门的领导出席了会议。

这次研讨会邀请了221家印刷企业，133家光华公司的代理商和服务商参加，上海光华印刷机械有限公司总经理胡雄卿做了主题报告，就光华公司如何利用国际产业结构调整的有利机遇，进一步旨化光华公司重组改造的力度，推进企业战略发展，强化按照国际标准进行规模化生产的能力等问题作了深刻的阐述，并表示光华公司要认真贯彻"三个代表"重要思想，就要一心一意为广大印刷企业提供先进的印刷设备和优良的服务，牢固树立"用户第一"的思想，与时俱进，转变经营理念，适应经济全球化发展的市场趋势，培育与树立胶印机国际品牌，实现光华——秋山联动快速发展，力争用6～7年的时间，使光华公司的年销售额达到20亿元，打破高档胶印机国外品牌一统天下的局面，为中国胶印机制造业的发展作出贡献。

与会代表对光华公司近三年来的发展表示由衷的喜悦，对光华公司未来的发展规划充满信心，并寄予希望。代表们对光华的650、740和1020三大系列近20个品种和规格的产品提出了不少建议和意见，代表一致表示，要热情支持光华公司的发展，为繁荣我国的印刷工业作出努力。

中国印刷及设备器材工业协会副理事长兼秘书长王德茂在会上发表了热情洋溢的讲话，对光华公司取得的成绩表示热烈的祝贺，对光华公司如何适应市场需求，不断创新。提高产品的国际竞争力，培育我国胶印机名牌产品等提出了殷切希望。

【黑龙江省包协召开培育市场拓宽销路研讨会】 黑龙江省包协在黑河市召开了全省包装行业加大宣传工作力度，培育市场，拓宽销路的研讨会，并到俄罗斯布拉戈维申斯克市进行了边贸考察。

会上，贯彻落实了“三个代表”重要思想，传达贯彻了中国包装报社宣传工作会议精神，研讨了培育市场，拓宽销路的问题，收到了良好效果。这次研讨会议由省包协副秘书长、省包装总公司副总经理郭毅主持，省包协副会长李德顺讲了话，省包协副秘书长黄学廷致开幕词。全省包装企业厂经理、本报通讯员40多人参加了会议。

会议一致认为，培育市场，拓宽销路是适应加入WTO，适应全球经济一体化新形势的当务之急，刻不容缓。是有长远的战略意义的举措，关系到企业生存和发展的大事。关系包装企业振兴，开拓创新。必须对培育市场，拓宽销路有个全新的认识，在经营管理中坚持不懈地开拓新思路，解决培充市场的思想观念更新，创造良好的经营管理环境和氛围，促进经济效益快速提升。

会议强调，一是要充分认识培育市场、拓宽销路的重要意义，要主动出击，做好宣传，培育好市场，要向会上参加研讨的单位学习，深刻认识培育市场与发展的关系，培育市场与经营管理的关系，深刻认识培育市场的重要意义、作用，千方百计培育好市场，提升经济效益。

二是迅速在全省兴起培育市场、拓宽销路的新高潮，促进经营管理形势好转。要克服那种“酒好不怕巷子深”的旧观念，牢固树立“酒好也在于勤吆喝”的新理念。注重利用包装新闻媒体、包装网络宣传。注重订阅包装报刊，《中国包装报》、《中国包装工业》杂志是全国包装行业唯一的国内外公开发行的行业报刊，是包装原材料、包装印刷、包装机械等产业传播信息的重要媒介，其信息量大，覆盖面广，知名度和信誉度高，是包装企业搞好生产经营的良师益友。包装企业需要订阅包装报刊，没有订阅包装报刊，不入包装网络，不研究包装报刊，不入包装网络，不研究包装信息，不培充包装市场，就不能及时掌握信息，就不以使企业持续、健康、稳步发展。

三是加强领导，确保培育市场，拓宽销路有新起色。订阅新闻媒介——包装报刊，要有专人负责，抓好落实。一定要多订阅包装报刊、多上包装网络，作为培育市场的重要手段，实际步骤。要从思想上行动上真正重视起来，摆到议事日程上来，更多培训通讯员，为他们多写稿创造便利条件。鼓励他们多写一些贴近企业生产、贴近企业实际，贴近群众生活的喜闻乐见的好新闻作品。厂长经理想带头写稿，多培育市场，多创造效益。

在这次历时4天的理论研讨、边贸考察活动中，加强了交流，增进了友谊，架起了产品供需的桥梁。省包协为包装企业搭起了培育市场的平台，拓宽了销售渠道。参加会议代表的哈尔滨科华公司与逊克县洽谈了共同开发土豆制作精淀粉的意向性合同。哈尔滨市天达不干胶有限公司与黑河市一家企业签订了供货合同。与会者一致反映：这次研讨和边贸考察活动搞得很好，不仅使企业家开阔了眼界，增长了才干，还学得了培育市场的技能，为企业指出了快速发展，全面建小康的致富路。

【首届包印产品质量评比交流展示会于11月份在上海举行】全国“十五”包装工业规划中明确表明：提高产品质量是新世纪我国发展包装工业的首要任务，包装产品要实现由数量向质量型转变。根据这一任务和要求，经研究，中国包装技术协会包装印刷委员会决定在第21届华东地区（扩大）包装产品质量评比交流的基础上，举办全国首届包装印刷产品评比交流展示会。来自全国各地的包印企业、包印产品用户和包印器械、材料供应商汇聚上海，通过“零距离”的交流、观摩、学习、切磋和接洽，阔视野，增进了解，推动创新，形成合力。

【11月5日中国国际纸包装工业展在京举行】第三届中国国际纸包装工业展览会及会议于11月5～7日在中国北京国际展览中心举办。第三届中国国际展览会及会议集中展示当今世界最为领先的纸箱及纸板制设备及相关优质耗材。这次会议是由世界著名展览机构美国克劳斯公司主办，中国造纸工业总公司、中国包装总公司科技部、中包网信息技术有限公司（中国包装商务网）承办，四方强强联合共同打造世界顶级纸制包装工业展览会。

改革开放以来，中国经济得到了飞速迅猛发展，各行各业对纸制包装产品的需求每年都有很大幅度的提高。消费者越来越认同对高品质加工和包装产品的需求。为了适应高品质产品对包装的要求，以及迎合企业准备开拓出口市场遭遇到的严格规章制度，制造商们正努力改进他们的产品性能，以创造出对新兴技术来适应广泛需求。

目前，中国已经形成了一批具有一定竞争能力的造纸集团和纸包装生产商，但与国际先进水平相比，差距仍然很大。国内企业能够借此舞台展示产品，与国外企业进行交流，学习进的技术。

在展览会期间，主办单位举行了大型专业技术交流会和研讨会，邀请世界著名专家、学者来华交流座谈。

【汕头举办首届“国际塑料博览会”】首届“汕头国际塑料博览会”于2003年11月20日至23日在广东省汕头市林百欣国际会展中心举行。本届塑料会由中国石油化学工业协会、化工对外经济合作中心、汕头市人民政府主办，由汕头分会、中国塑料商网承办。

此次会展展位约600个，综合展示潮汕各市和华南地区在塑料机械、塑料制品、塑料包装材料、塑料原料等方面的新技术、新工艺、新产品，重点吸引国内外各大石化塑料行业企业参加。博览会期间还举行了专题采购供需洽谈会、第二届国际塑料原料招商洽谈会、汕头港物流园区功能推介暨项目招商洽谈会、汕头塑料行业产业结构优势推介会等多项活动。

中国塑料商网总经理沈润南介绍，“汕头国际塑料博览会”将作为常设博览会，每年举办一届。

【第九届福州食品、饮料及食品加工包装机械展览会11月在福州举行】为了促进我国食品加工和包装机械新产品、新技术、新材料的交流，扩大企业的知名度，拓宽销售市场，由福建省食品和包装机械工业协承办第九届福州食品、饮料及食品加工包装机械展览会于11月在福州举行。

福建省是我国对外开外的重要省份之一，与东南亚、港、台地区的经济、技术有着密切联系。随着加入世贸组织(WTO)及两岸三通大势所趋，福建省孕育着更浓的商机。据有关资料分析，福建的食品加工包装机械市场前景广阔。

近年来，福建省食品和包装机械工业协会得到各省、市行业协会和台湾地区机器工业同业公会的支持，曾主办八届展览，均取得良好的效果，深受广大参展商及用户的好评，展销活动真正成为供需求双方沟通的桥梁。

展出内容包括食品、饮料、药品、日用化工产品包装机械，以及包装容器、包装材料、加工机械和冷冻、冷藏设备等。

【定向结构刨花板包装应用研讨会于11月底在北京举办】为促进定向结构刨花板(OSB)这一全新技术在中国包装领域的推广与应用，交流OSB最新的生产技术，增进对OSB的了解，分析其发展前景，中国包装技术协会于11月底在北京举办定向结构刨花板(OSB)在中国包装领域应用讨会。

研讨会的主要内容有：介绍OSB生产工艺；OSB在国内外发展状况、趋势及在国内包装领域应用探讨；OSB的制标准及其国外最新技术介绍；OSB与其它包装材料性能使用情况对比；OSB的性及对包装行业发展的推进；OSB的应用范例；OSB在军队装备和包装的应用；OSB作为包装材料经济分析。

【中国包装(食品)企业走向东南亚市场调研会11月在昆明举行】东南亚各国的市场状况到底如何？中国包装企业在东南亚市场的发展机遇究竟在哪里？如何才能有效出击东南亚市场？云南省包装技术协会与部分省市包装技术协会合作，于11月在昆明举行中国包装(食品)企业走向东南亚市场调研会。

“中国—东盟自由贸易区”的建成，将形成一个拥有17亿消费者、近2万亿美元区内生产总值、1.2万亿元贸易总额的经济区，从而成为世界上人口最多的自由贸易区。

中国与缅甸、老挝、越南、泰国、柬埔寨等东南亚国家经济互补性较强。缅、老、柬均属于全球经济最不发达的国家，工业基础薄弱，经济技术相对落后。在自由贸易区建设的大形势下，为了适应将来关税壁垒打破以后的竞争形势，各国都力图加快本国民族经济的发展，尤其轻工、食品行业的发展是受到相当的重视。据调查，缅甸粮油、食品和包装机械领域，中国产品以稳定的质量和优良的性价比广泛受到欢迎。中国的包装印刷、粮油加工、粮食储藏、食品饮料成套设备、包装箱、塑料包装制品及其他各类别的轻工食品机械，非常适合目前缅甸经济发展需。缅甸、老挝、柬埔寨、泰国等国家均不同程度地以不同的方式表达了欢迎中国企业投资办厂和井展经贸合作的意向。云南与缅甸、老挝、越南的便捷陆路交通和湄公河航运的开通，极大地方便了中国货物进入东南亚。在中国—东盟自由贸易区建设的特殊时期，这也是中国包装(食品)企业拓展东南亚市场的良好契机。

【第六届国际气雾剂展览会在沪举行】为适应中国雾剂行业蓬勃发展的要求，中国包装总公司、全国喷雾包装行业组联合《欧洲气雾剂》杂志 Aerosol Europe，于11月12～14日在上海国际展览中心举办第六届中国国际雾剂展览会。展览会禀承前五届宗旨，继续服务于国内雾剂企业，展示国际上最先进的技术与设备，提供最新的科技动态和发展方向，促进国际间的贸易合作与技术交流。

经过改革开放二十余年的发展，中国雾剂行业已发展成为一个门类齐全的工业体系。随着改革开放的深入和人民生活水平的不断提高，这种高技术含量的产品将越来越多地进入到人们的日常生活中。据权部门统计：我国雾剂产品的年增长率每年以5%的速度增长，去年销量已突破5.5亿罐，其中刹虫剂占到45%，个人护理用品20%～25%，家庭用品15%～20%，药用雾剂8%。

据了解，中国包装总公司在十二年前和游一中先生共同在中国创办了气雾剂展览会，每两年一届。其目的是促进中国雾剂技术的发展，为中外企业牵线搭桥，创建一个良好的贸易平台。但近两年某些单位和个人，恶意举办题目同内容的展览会，为扩大规模增加经济利益，在气雾剂展览会中加入其他的内容，制造恶性竞争，损害了参展商和贸易观众的利益，违背了展览会为产品服务、为企业服务、为市场服务的根本宗旨。企业强烈呼吁国家有关主管部要加强管理，尽快制定出展览法规，净化性竞争的展览市场。

质量认证公告

QUANLITY CERTIFICATION ANNOUNCEMENT

中国包装产品质量认证中心认证公告

中包认证中心有限公司（CPCC），原名中国包装产品质量认证中心（CPQCC），是经国家经贸委、国家质量技术监督局批准并由中国产品质量认证机构国家认可委员会首批认可（国家认可注册号A03—98），经国家授权的包装行业唯一的质量认证机构。本机构对包装产品进行第三方公正评价。

现将2003年3月1日～2003年11月17日获得本中心认证注册资格的单位公告如下：

1. 内蒙古骆驼酒业股份有限公司

法人代表：随增树

认证标准：GB/T 19001 2000idt ISO 9001—2000(组织对7.5.2条款进行了删减)

认证产品：瓦楞纸箱、冠形瓶口玻璃酒瓶

产品标准：GB/T 6543 1986、QB/T 3562 1999

证书编号：CZB 2003001

有效期：2003年1月24日至2007年1月23日

地址：内蒙古包头市东河区解放菜园甲1号

邮编：014000

2. 浙江中包景兴塑料包装有限公司

法人代表：史佩俊

认证标准：GB/T 19001 2000idt ISO 9001—2000(组织对7.3条款进行了删减)

认证产品：双向拉伸聚苯乙烯(BOPS)片材

产品标准：GB/T 16719 1996

证书编号：CZB 2003002

有效期：2003年1月24日至2007年1月23日

地址：浙江省嘉兴市二环西路1600号

邮编：314001

3. 浙江胜达集团有限公司

法人代表：方吾校

认证标准：GB/T 19001 2000idi ISO 9001—2000(组织对7.3条款进行了删减)

认证产品：瓦楞纸箱、瓦楞纸板

产品标准：GB/T 6543 1986、GB/T 6544 1999

证书编号：CZB 2003003

有效期：2003年1月25日至2007年1月24日

地址：浙江省杭州市萧山国家经济技术开发区建设一路

邮编：311215

4. 天津市东丽区艺林包装厂

法人代表：张伟

认证标准：GB/T 19001—2000idt ISO 9001—2000(组织对7.3条款进行了删减)

认证产品：瓦楞纸箱

产品标准：GB/T 6543 1986

证书编号：CZB 2003004

有效期：2003年2月12日至2007年2月11日

地址：天津市东丽区张贵庄路

邮编：300162

5. 天津市腾达包装有限公司

法人代表：杜恩祥

认证标准：GB/T 19001—2000idt ISO 9001—2000・组织对7.3和7.5条款进行了删减)

认证产品：钢桶封闭器

产品标准：GB 13251 1991

证书编号：CZB 2003005

有效期：2003年2月12日至2007年2月11日

地址：天津市静海县东双塘乡朴楼村

邮编：361600

6. 天津市静海县朴楼机械容器福利厂

法人代表：杜恩祥

认证标准：GB/T 19001 2000idt ISO 9001—2000(组织对7.3和7.5.2条款进行了删减)

认证产品：钢桶

产品标准：GB/T 325 2000

证书编号：CZB 2003006

有效期：2003年2月19日至2007年2月18日

地址：天津市静海县东双塘乡朴楼树

邮编：361600

7. 东莞瑞成纸品有限公司

法人代表:王浩泉

认证标准:GB/T 19001 2000idt ISO 9001—2000

认证产品:瓦楞纸箱、瓦楞纸板

产品标准:GB/T 6543 1986、GB/T 6544 1999

证书编号:CZB 2003007

有效期:2003 年 2 月 19 日至 2007 年 2 月 18 日

地址:广东省东莞市厚街镇涌口富民工业区

邮编:523947

8. 河北省雄县华升彩印有限公司

法人代表:李德生

认证标准:GB/T 19001—2000idt ISO 9001—2000(组织对 7.3、7.5.2 和 7.5.4 条款进行了删减)

认证产品:耐蒸煮复合膜袋、凹版装潢印刷品、包装用聚乙烯吹塑薄膜

产品标准:GB/T 1004—1988、GB/T 7077—1987、GB/T 4456—1996

证书编号:CZB 2003008

有效期:2003 年 3 月 24 日至 2007 年 3 月 23 日

地址:河北省雄县高速引线西侧

邮编:071800

9. 雄县龙达包装材料有限公司

法人代表:郭振兴

认证标准:GB/T 19001—2000idt ISO 9001—2000(组织对 7.3 和 7.5.2 条款进行了删减)

认证产品:耐蒸煮复合膜袋、凹版装潢印刷品

产品标准:GB/T 100044—1998、GB/T 7707—1987

证书编号:CZB 2003009

有效期:2003 年 4 月 2 日至 2007 年 4 月 1 日

地址:河北省雄县高速引线开发区

邮编:071800

10. 襄樊精信汇明化工有限公司

法人代表:周建明

认证标准:GB/T 19001—2000idt ISO 9001—2000(组织对 7.5.4 条款进行了删减)

认证产品:复合膜胶粘剂系列产品

产品标准:CPCC JSGF 0015—2002

证书编号:CZB 2003010

有效期:2003 年 4 月 28 日至 2007 年 4 月 27 日

地址:湖北省襄樊市中原路 45 号

邮编:441003

11. 长春市纳宇包装有限公司

法人代表:秦晋汉

认证标准:GB/T 19001—2000idt ISO 9001—2000

认证产品:瓦楞纸箱

产品标准:GB/T 6543—1986

证书编号:CZB 2003011

有效期:2003 年 5 月 31 日至 2007 年 5 月 30 日

地址:长春市绿园区长农公路 3 公里

邮编:130114

12. 江阴美达新材料有限公司

法人代表:韩仲喜

认证标准:GB/T 19001—2000idt ISO 9001—2000

认证产品:双向拉伸聚丙烯薄膜

产品标准:GB/T 10003—1996

证书编号:CZB 2003012

有效期:2003 年 7 月 3 日至 2007 年 7 月 2 日

地址:江阴市申港镇镇澄路 999 号

邮编:214443

13. 重庆市昊晟玻璃晶品有限公司

法人代表:唐可

认证标准:GB/T 19001—2000idt ISO 9001—2000

认证产品:晶质玻璃酒瓶

产品标准:GB/T 3562—1999

证书编号:CZB 2003013

有效期:2003 年 9 月 3 日至 2007 年 9 月 2 日

地址:重庆市九龙坡区石杨村 10 号(高新区)

邮编:400039

14. 保定鑫旺纸塑包装有限公司

法人代表:梁井生

认证标准:GB/T 19001—2000idt ISO 9001—2000(组织对 7.3 条款进行了删减)

认证产品:包装用聚乙烯吹塑薄膜、凹版装潢印刷品

产品标准:GB/T 4456—1996、GB/T 7707—1987

证书编号:CZB 2003014

有效期:2003 年 9 月 15 日至 2007 年 9 月 14 日

地址:河北省雄县雄州路 672 号

邮编:071800

15. 雄县全利纸塑包装有限公司

法人代表:赵全利

认证标准:GB/T 19001—2000idt ISO 9001—2000(组织对7.5.2条款进行 了删减)

认证产品:凹版装潢印刷品

产品标准:GB/T 7077—1987

证书编号:CZB 2003015

有效期:2003年9月15日至2007年9月14日

地址:河北省雄县东环路南段一浦东工业开发区

邮编:071800

16. 苍南县科镭激光包装有限公司

法人代表:李科

认证标准:GB/T 19001—2000idt ISO 9001—2000

认证产品:激光全息包装材料、镭射全息模压机

产品标准:BB 0008—1996、CPCC 006—2003

证书编号:CZB 2003016

有效期:2003年10月9日至2007年10月8日

地址:浙江省温州市龙港镇人民路664号

邮编:325802

17. 南京中塑工贸有限公司

法人代表:厉建华

认证标准:GB/T 19001—2000idt ISO 9001—2000(组织对7.3条款进行了删减)

认证产品:集装袋吊带

产品标准:GB/T 10454—2000

证书编号:CZB 2003017

有效期:2003年10月9日至2007年10月8日

地址:南京市大厂园东路171号

邮编:210048

18. 天津市津东华明纸箱厂

法人代表:刘乃兰

认证标准:GB/T 19001—2000idt ISO 9001—2000

(组织对7.3条款进行了删减)

认证产品:瓦楞纸箱

产品标准:GB/T 6542—1986

证书编号:CZB 2003018

有效期:2003年10月9日至2007年10月8日

地址:天津市东丽区外环线3号桥东

邮编:300300

19. 北京北方益华印铁制罐有限公司

法人代表:程瑞峰

认证标准:GB/T 19001—2000idt ISO 9001—2000(组织对7.3条款进行了删减)

认证产品:方桶、聚乙烯吹塑桶

产品标准:GB/T 17343—1998、GB 13508—92

证书编号:CZB 2003019

有效期:2003年10月 日至2007年10月 日

地址:北京市大兴区黄村民营工业区新源大街11号

邮编:102600

20. 太平洋制罐(北京)有限公司

法人代表:余灼强

认证标准:GB/T 19001—2000idt ISO 9001—2000(组对7.3和7.5.4条款进行了删减)

认证产品:铝易开盖两片罐

产品标准:GB/T 9106—2001

证书编号:CZB 2003020

有效期:2003年11月4日至2007年11月3日

地址:北京市怀柔区雁栖镇3392信箱

邮编:101407

21. 华东联合制罐有限公司

法人代表:陈德基

认证标准:GB/T 19001—2000idt ISO 9001—2000(组织对7.3条款进行了删减)

认证产品:铝易开盖两片罐

产品标准:GB/T 9106—2001

证书编号:CZB 2003021

有效期:2003年11月17日至2007年11月16日

地址:江苏省镇江市南徐路

邮编:212005

专家论坛与工作研究

FORUM AND RESEARCH

加快行业信息化建设　提升中国包装业竞争力

中国包装网络管理中心常务副主任　龚经强

包装业是国民经济和社会发展的物质基础，包装产业被称为“永不衰落的朝阳产业”，具有无可比拟的产业优势。现在，世界包装市场份额每年已超过8000亿美元。改革开放20多年来，我国包装工业一直以高于18%的年均增长速度递增。由于我国经济连年高速增长，社会政治稳定，有巨大的市场和丰富的人力资源，所以在新一轮国际产业结构调整中，发达国家制造业正在大举向中国转移。但是应当看到，我们现在还远不是包装强国。在世界500强企业中，迄今还没有一家中国的制造业企业。就劳动生产率而言，我国制造业只是美国的1/23、日本的1/25、德国的1/18。大部分企业技术创新能力薄弱，不少关键技术及设备仍然依赖国外。

为了加快实现从包装大国向包装强国的转变，迎接世界制造业基地向中国的转移，我们必须大力推进包装业的信息化，提高我国包装业的整体素质和竞争力：

1. 信息化是当今世界制造业发展的大趋势，是中国制造业实现跨越发展的重要机遇。自第一次工业革命以来，全球制造业先后经历了机械化、电气化和信息化三个阶段。信息技术出现后，信息化成为推动全球制造业进一步发展的强大发动机制造业信息化技术由于集成了电子信息、自动控制、现代管理与生产制造等多项先进技术，能够同时调控物流、资金流、信息流、促进了产品设计的创新、企业管理模式的创新和企业间协作关系的创新，减少了资源消耗和环境污染，提高了产品质量和劳动生产率，从而大幅度地增强了制造业的竞争力。发达国家的制造业早在上个世纪的80年代就基本实现了信息化，现在正向高度智能化和网络化方向发展。目前世界各主要国家都在大力推进制造业信息化，以发达国家的差距就可能进一步拉大，在未来国际竞争中处于不利地位.

2. 制造业信息化是加快实现工业化的突破口，是以信息化劳动工业化的主战场。我国目前还处在工业化进程之中，距离完成工业化还有很长的一段路。我们必须清醒地认识到：信息技术与包装行业的结合，最关键体现在信息技术的产业化，只有产业化的信息技术才能给包装业带来巨大的影响和改变。应该充分利用信息革命的浪潮，大力推进信息化，加快信息技术在包装业的应用，以信息化带动工业化，以工业化促进信息化，进而实现全社会生产力的跨越发展。

3. 包装业信息化工程的总体目标是通过信息化全面提升我国包装业的国际竞争力。

我国包装行业信息化的战略目标是：建设与包装现代化进程相统一的包装信息化体系，构筑与包装现代化及与持续发展相配套的教育、科研与服务的新格局。这一目标是包装行业“十五”规划的重要任务之一。

同时，在实现战略目标的过程中，及在包装信息化体系的建设和完善进程中，也要研究解决以下几个因素：

① 推进信息技术在包装行业中的应用与普及，建设信息化网络；

② 充分开发和利用信息资源；

③ 培养和引进信息化人才；

④ 制定和完善信息化政策、法规和标准，强化健全行业网络信息化管理；

⑤ 建立信息化效益分析体系等等。

同时一定要注意，包装信息化绝不是简单的计算机技术的应用问题，它涉及到企业基本素质、经营理念、行业管理行为和网络技术等诸多方面的变更与升华。落后的经营观念、管理行为和生产技术的不发达与先进的计算机技术的失衡，是实现包装行业信息化目标的障碍。实施包装信息化不仅是政策、行业或企业某一个层面的事情，必须实现政府行业与企业乃至相关行业各个层面的目标应当协调一致，观念、行为与技术的变更，尽快形成企业、行业技术创新机制，推动包装产业结构和区域结构的调整与升级，最终促进包装工业的现代化。

为了更好地启动行业信息化工程，中国包协成立了中国包装网络管理中心，其职能是制定包装信息网络的发展规划，规范包装网络的建设标准，建设全国包装信息网络，推出信息技术在包装行业中的应用与普及，使中国包装互联网络的建设尽快步入正轨，并走在同行的前列。

4. 信息技术是包装业实现市场战略的重要保证

信息技术在包装业的市场战略要素中是进行搜索市场动态，进行产品及创意宣传的有力工具，是实现市场战略的重要保证。首先从市场包装的信息搜索上看，现代信息技术可以把时空差距几乎缩小为零。在今天，市场经济在某种意义上就是信息经济，市场越发达，信息越重要。包装业市场如战场，做不到知己知彼，只能打败仗，信息技术在包装市场分析和科学预测和包装技术开发上都应强有力地发挥着耳目和参谋的作用，确保我们广、快、精、准地获得所需信息，赢得包装市场及包装产品竞争的胜利。

另一方面，在产品介绍及企业宣传上，计算机通信、卫星通信、光纤通信的飞速发展给人类提供了各种便捷、无污染的绿色信息通道，特别是随着技术和经济的高速发展，社会信息量迅猛增加，信息技术使包装信息的畅通成为了事实，并不断地为此提供更先进的设备和方式。

近年来，国务院院、信息产业部及相关部门出台了一系列法规，促进产业发展。大大降低互联网应用的发展铺平了道路，信息化建设已被提到一个相当重要的高度。随着政府、企业、家庭和学校上网工程的开展，互联网上网连锁经营管理等制度的出台，我国信息化基础设施建设和互联网行为规范化已有很大进展，表现在：

1. 网民数量初具规模，增长进入高速时期

目前在中国，网民从以学生为主的上网人群，扩大到白领、工薪族等广大社会中坚人群。据中国互联网络信息中心（CNNIC）报告显示，截至2003年12月31日，我国的上网用户总人数为7950万人；上网计算机总数为3089万；CN下注册域名数量增长迅速达到34万，半年增长近10万；WWW站点总数接近60万，半年内增长12万；国际出口带宽达到27216M。它表明我国互联网产业已初具规模；其次，网民占人口总数不足8%，远低于美、韩、新加坡等国50%以上的网普及率，还有着巨大的发展空间。国外的经验，普及率从5%到25%这一阶段，正是网民增长最快的“雪崩期”。

2. 宽带网络发展迅猛，将向光速经济发展

目前我国网络基础环境有了很大改善。CNNIC报告同时显示，我国国际出口带宽从1997年25M增长到2003年底的27216M，专线、宽带上网发展迅猛。全国从骨干网到接入网都基本实现了宽带化，信息高速公路初见轮廓。中国已拥有世界最长的高速传输网络，互联网网络瓶颈节节打通，正在形成端到端的宽带应用环境。今天，用户可选的网络接入手段呈多样化，如拨号上网、ISDN、FTTB＋LAN、WALN等。此外，网络内容分发存储（CDN、Storage）等新技术的应用，犹如信息高速公路上的立交桥，让信息传递更加快速畅通。

光速经济将使基于网络的虚拟世界与现实世界完美融合，基于网络的虚拟企业也将大行其道，网上电子商务、网络银行等将提供无间断服务，网络接入达到无处不在，随时可用的程度，互联网经济向光速经济发展。

3. 经营走向务实，信息资源高速增长，“内容为王”时代正在到来

在互联网其他信息资源方面，随着“中国数字图书馆”、各行业数据库、网上影视音乐、人才交流、远程教育、电子商务等工程推进，网上信息正呈海量增长。应用内容成为互联网制胜的法宝，“内容为王”时代正在到来。

5. 构建新型产业价值链，进入新一轮的合作兼并阶段

目前，中国门户网站虽取得一定赢利业绩，但在营收上要全面稳定告捷，以及电子商务的全面启动，预计还需时日；互联网产业会首先在几个条件相对成熟的局部得到突破，然后由点成面，全面开花。在局部突破方面最大的可能是通过电信运营商与互联网企业合作，构建完整的新型产业价值链，形成多赢的网络合作经济模式。

回顾前阶段的互联网泡沫，让我们作出反思：在二十世纪末期，中国网民规模不够大，价值也不够高。网站的内容空泛，对用户的粘度较弱；给网站投广告的相当部分实际多是网站的股东，而传统企业并未认可网络模式。盲目扩张、片面追求眼球效应、实际应用水平低等特征是前段发展中出现的突出问题，这也反映出人们对互联网发展有一个从感性到理性认识的过程。

中国互联网产业经过10年的发展，经过大起大落的泡沫阶段考验，目前将进入一轮的合作兼并阶段。新一轮的兼并将呈三大特点：一是务实不贪大，表现在网站与传统企业联手，朝实业网站、产业集团迈进。如2003年3月，中国包装网并购重组浙江中联展览有限公司。Tom.com公司投资5亿美元（首期1个亿）参与亚包中心建设。二是网站间合作，实现业务优势互补。三是外资与本土公司争夺主角地位。中国的互联网市场将上演一场"强龙"与"地头蛇"的争夺，风险投资虽成为制造网络泡沫的导火线，但它并没有离去。现在第二波风险投资潮依然看好IT业，看好中国互联网。尽管对互联网的投资慎而又慎，现在风险投资商还是挑选了具备独有技术、盈利模式清晰、市场前景看好、务实的互联网企业。如美国eBay斥资3000万美元获得易趣33%的股份；3721获日本近千万美元风险投资。

历经中国入世冲击的中国企业，在企业信息化领域更具理性，而且占绝大多数的中小企业用户渐成市场中的主角。许多企业已经开始本着实用、低成本逐步投入的原则，在不断产生的效益中建立起信心。随着这类企业增多，企业信息化将进入一个快速成长期，而随着企业网站应用需求的不断提高，企业网站的功能已不单纯只是企业展示网上形象的窗口，通过网站收集、发布信息、开展网上贸易、网上调查、网上招聘、网上营销资源管理、网上客户关系管理、网上手机短信发布功能、手机短信查询等已成为企业下一阶段应用互联网和电子商务技术的主流需求。互联网企业与传统企业的联姻，不仅解决了企业电子商务、信息化改造过程中人才缺乏的问题，而且减小了企业的投入，降低了中小企业应用电子商务的门槛，从而帮助企业及早利用电子商务、信息技术提升企业的整体竞争力。

中国互联网产业经过10年的发展，经过大起大落的泡沫阶段考验，首先在几个条件相对成熟的局部得到突破，然后由点成面，全面开花。在局部突破方面最大的可能是通过表现在网站与传统企业联手，朝实业网站、行业网站迈进，构建新型产业价值链。以浙江名闻名遐迩的行业网站而言，不管是阿里巴巴、中国化工网，还是中国包装网、中国五金网，采用的都是B to B的模式，服务对象是企业。这些行业网站，都缺乏综合网站和娱乐网站那样能抓住网民眼球的亮点，有些对普通网民来讲甚至于"从未听说"。但行业网站的特点是能够为行业企业提供有价值的专业信息，因为企业需要这么一个专业的信息平台，只要网站的服务能给企业带来价值，它会付出成本。以中国包装网为例，作为中国包协惟一直属行业门户网站，包协各届领导人都对此予以高度重视，前会长邱纯甫更是亲自出任名誉董事长，把中国包装网的建设作为一件大事来抓。中国包装网拥有目前包装行业分类最齐全、功能最强大的信息发布和信息查询的信息平台，以专业化的行业信息和强大的网络技术全面服务于包装行业企业。利用"中国包装网"拥有的庞大联盟阵营（各包装相关行业机构、各包装相关专业服务机构和媒体组合等）进行全方位地对客户企业进行有效推广，如：在举办的一些大型招商引资活动中进行推介，在与中国包装网旗下浙江中联展览有限公司、杂志（中国包装网月刊）中国包装展览网（www.chinapackexpo.com）及合作报纸（中国包装报等）上进行全面推广，形成报纸、杂志、网站、会展、手机短信五大主流媒体进行时间及空间效果上的立体覆盖传播效应，从而达到事半功倍的效果。一个企业通过中国包装网发布信息后即被多家媒体及网站转摘，中国包装网上发布一条消息，传播效果往往超出了预先的计划。同时中国包装网在行业内的号召力也是首屈一指的，国内具有一定规模的展会都可以看到中国包装网主办、协办、独家网络支持的身影。2003年8月25日，中国包装网入选《互联网周刊》发起的"最具商业价值的中国网站100强"，包装行业惟一获此殊荣网站。

由此可见，网络经济并没有改变原来传统经济的基础规律，我们可以将网络经济理解为互联网技术和信息技术武装起来的传统经济，互联网只是改变了传统经济的一些商务运作和市场运作规律，因此企业建网现在已越来越被成功的传统企业所关注，许多企业已经或者正在为自己企业建立网站寻找合作伙伴，并开始走向新经济时代数字化市场的最尖端。

伴随着2004年的到来，传统企业与互联网的整合已经成为国民经济各行业发展的趋势，但我们仍需注意：

1. 中国包装企业信息化发展，需按不同行业、分地区，结合实际总结典型经验。

中国企业情况千差万别，仅靠少数典型，难以指导全面发展。需要通过科学的调查研究，在全面掌握实际情况的基础上，根据不同行业特性，根据企业不同发展阶段要求，分类指导，渐进就绪。

据不完全统计，全国 500 人以下的中小包装企业有数十万家，其中大多数企业的信息化程度还很低，究其原因，主要是目前他们对作为信息化基础的网络化建设及其应用的水平还不高。如何提升这些企业的"用网"水平，可以说紧密地关系到了我国企业信息化整体水平的提高。事实上，很多企业管理者都已经认识到及时、有效的信息沟通不但可以为企业节省成本、提高效率，还可以在充满竞争的环境下提高企业自身核心竞争力。IT 业界从最初的办公自动化（OA）、知识管理（KM），到更加综合深入的 ERP、EAI 等等，让企业更加高效、更加敏捷的企业信息化探索一直没有停止过。

我们认为，企业特别是中小企业信息化是一个渐进的过程，不是大而全，也不是高精尖，要在首先满足信息化基本的条件下进行，许多企业已经开始本着实用、低成本逐步投入的原则，在不断产生的效益中建立起信心。随着这类企业增多，企业信息化将进入一个快速成长期。

2. 中国传统企业要想顺利走上新型工业化道路，需要通过信息化增强企业活力和竞争力。

随着经济全球化的发展，中国企业在做大做强的过程中，需要通过信息化增强企业活力和竞争力，顺利走上新型工业化道路。当前，中国包装企业正在走一条从单纯追求规模庞大转向强健有力的道路，信息化将从促进企业管理的现代化、产权制度的股份化、业务范围的国际化的角度，为企业创造更多的机会，更强的竞争力和更好的发展能力。

3. 中国包协会长石万鹏在第六届全国包装大会上指出，提高中国包装企业总体的综合竞争力，关键在于坚持以信息化带动工业化，以工业化促进信息化，达成互联网产业与传统企业各自资源的有效整合，营造"你中有我，我中有你，共同进步，共同发展"的双赢局面。

以信息化带动工业化是指运用现代信息技术，对企业产品设计、生产、管理、购销等信息资源进行整合和优化，以信息集成取代资源集成，带动企业产品设计方法和工具的创新、企业管理模式的创新、企业间协作关系的创新，实现产品设计制造的数字化、企业管理的系统化、生产过程控制的自动化、制造装备的智能化、咨询服务的网络化、营销手段的电子化。

互联网在经历重重磨难之后，必将迎来较大飞跃，务实和理智将使互联网产业逐步复苏。互联网正以"第四媒体"独特的定位、丰富的资讯，在整个社会独树一帜，成为人们工作生活的助手和纽带。在前段抗击非典斗争中，网上交易、网上办公、网络教育等得到广泛应用，为减少非典对经济、社会活动的冲击作出了积极贡献，同时也推动了互联网自身的发展。

而包装产业今后的发展，必须把握我国数字信息化建设契机，加强与 IT 产业的融合，尽快加强电子商务、企业上网等信息化应用力度，以适应进入信息时代日益临近的国际商业竞争环境，努力开发多元化的经营方式和内容，以多赢互利共同发展来创造新的辉煌。

民营纸业的发展及对策

华南理工大学造纸与环境工程学院院长　陈克复

党的十五大所确定的"公有制为主体，多种所有制经济共同发展"的基本经济制度激发了我国民营企业的发展，并使之成为社会主义市场经济的重要组成部分。民营纸业发展尤为迅速，目前已成为我国造纸工业的重要力量。以广东为例，广东省现有造纸企业 300 多家，其中就有 200 多家为民营纸业，在接近 400 万吨的年生产能力中，民营纸业就占了 60%，产品有生活用纸、包装用纸、箱纸板、白纸板、涂布纸及功能纸制品等多种系列，其中卫生纸及纸巾纸，其质量在国内属上乘之列，生产的高档包装纸，深受国内外用户的观迎。我国民营纸业有的已进入年产 20 万吨以上规模的大型纸业，在国内造纸行业中举足轻重，已发展成为我国纸业之星。

民营纸业的发展，使其在国民经济中的地位和作用日益显著，成为支撑国民经济增长的推动力量；在为国家增加社会资本，创造财富的同时，也创造了就业机会，为社会稳定作出了贡献；通过竞争，也促进了国有纸业的改革和发展，加快了市场经济体制的建立；民营纸业的发展，使我国造纸产品结构更为完善，推动了我国纸业的发展，同时也牵动了相关行业如机械、化工、仪表、环境等的发展。

进入新世纪，我国民营纸业能否持续发展，特别是在我国加入世贸组(WTO)后，如何适应发展是值得研讨的重大问题。作者经过调研，谈谈自己的初浅看法。

在新形势下，民营纸业将面临挑战

有专家预测，我国加入 WTO，有利于现代化大型国有纸业及合资、独资、民营纸业的发展，造纸企业将两极分化。实际上，民营纸业同样将面临新的挑战，特别是在产品质量、产品价格、技术水平、环境保护等方面的挑战。因此在新形势下如何求得生存与发展，是每个民营纸业必须面对的问题。

在产品质量上，部分民营纸业质量还未上档次，原材料消耗高，效益低，有的业主质量意识淡薄，还没有认识到潜在的危机；在产品价格上，部分纸业原来靠低价优热占领了市场，但入世后纸张关税将逐步降至 5%～6%，并最终降到近于零关税，因此产品以低价占领市场已没有优势可言；在技术水平上，部分民营纸业工艺技术落后，技术装备与目前国际水平相差四五十年，在这种条件下难以使产品质量上档次，又缺乏足够的资金进行技术改造；目前国家对环境保护、清洁生产及达标排放的要求更加严格，环境问题将真正成为造纸工业生存与发展的关键问题。

可以认为，入世后对那些装备陈旧，技术落后，污染严重，内部管理差，产品档次低但成本又下不来的民营企业，将受到严峻的挑战，会感受到相当大的压力，并将被逐渐淘汰。

通过强强联合或引进资金，实现产业升级，是提高民营纸业竞争实力的对策

在新形势下，在适应全球经济一体化和国家可持续发展战略要求的前提下，民营纸业为了求得生存和发展，必须寻找相应的对策。针对不同的条件，可考虑下列的途径和对策。

(1) 对于已有较强实力的民营纸业，可在“高、大、强”方面下功夫，通过强强联合，或相互参股，形成重点企业，大型企业集团，通过加大科技投入，建立现代企业制度，使企业水平更高，规模更大，能力更强，进一步提高企业在国内外市场的竞争实力。

(2) 对于具有自身特色的“小而精”民营纸业，如高级特种纸和功能纸制品纸业，可在“特、精、强”上下功夫，利用自己品牌产品的优势和特色，通过各种可能途径，设法引进外资，对企业进行战略性改组和技术革新，使企业精中求强，提高竞争实力。

(3) 对于有一定规模的生产中低档产品的民营纸业，如瓦楞纸厂，应通过出租或出卖部分股权的方法取得资金，深化内部改革和技术改造，在实现产品升级同时尽量降低成本，以质优价廉为竞争王牌。寻求纸业生存和发展。

(4) 对于技术装备落后，产品档次低的民营纸业，只能通过产权转移，出卖股权，让强者兼并来盘活企业，并通过市场调查和分析，尽快调整产品结构，争取入世后有生存的希望。

调整技术结构，依靠技术进步与技术创新，实现清洁生产与产品升级是民营纸业当务之急的大事

一是实现清洁生产，二是产品升级，这是民营纸业要解决的两大课题。

(1) 依靠技术进步优化生产工艺与设备，降低生产过程废液污染程度

有制浆生产线的首先搞好碱回收，改进漂白工艺及设备，提高白水回收率；特别是传统三段漂白的，其废水是产生有机氯化物，产生二恶英等有毒物质的污染源，政府政策已把限制 AOX 排放指标作为参考标准，且很快将作为执行标准，因此要严格控制漂白过程氯气用量，采用无（少）氯漂白技术，即中浓氧气漂白和中高浓过氧化氢漂白技术；搞好白水回收也是降低生产过程污染程度的有效措施，专家认为，超效气浮法是当前国内外先进的白水回收技术，白水多盘过滤机是白水回收技术的关键设备。上述技术国内均研制成功并在推广应用。

在注重清洁生产的同时，还要尽早完善中段废水的末端处理，确保达标排放，目前已有部分纸厂由于排放不达标被环保执法部门勒令停产。

(2) 依靠技术创新，发展中高档产品，适应国内外市场需要

随着人民生活水平的提高和国民经济的发展，市场对纸品质量要求就越来越高。例如，在广东，人们对卫生纸的需求已开始从低档产品转向中高档产品；另外，随着经贸事业的发展，对包装的要求更高，低档瓦楞纸将被逐渐淘汰；现在市场重视涂布印刷纸，如重涂铜版纸及轻量涂布纸目前就较为走

俏。可见只有发展中、高档产品，才能适应市场的需要。

调整产品结构，发展中高档产品需要资金和技术，工艺要改造，设备要更新，这就给不少民营纸业带来困难，但更重要的是企业领导者要有决心和恒心。民营纸业通过艰苦奋斗，奋发图强，坚韧不拔，靠技术，靠管理，硬创出王牌产品的例子举不胜举。

(3) 降低生产成本，在产品升级同时继续保持低价格优势

在产品升级同时保持低价优势是民营纸业提高竞争力的有效方法之一。降低成本的途径归结起来就是通过管理改革和技术改革，提高劳动生产率，降低原材料消耗和能源消耗，减少废品损失。事实上，再好的企业都有潜力可挖，不存在“无懈可击”。

但是，管理改革和技术改革还要靠高素质的职工来实现，业主要有“以人为本”的思想。民营纸业职工虽实行合同制和聘任制，职工流动性还是较大，“只用不教”的现象严重，只有尽快通过思想道德教育和技术培训，全面提高纸业职工的文化素质和技术业务能力，才能为产品升级创造条件。

在宏观政策引导下，深化内部改革，逐步实现现代企业制度是民营纸业的目标

成为现代企业是民营纸业的目标，因此在宏观政策引导下，深化内部改革，逐步实现现代企业制度是民营纸业成为现代企业的基本保证。有的民营纸业早就认识到这一点，经过多年努力，已创造了成为现代企业的基本条件。但更多的民营纸业在管理上“老板说了算”，有人认为有的民营企业业主对人才忠诚度不太信任，采取短期利用的做法，在管理上直接干涉，并有急功近利的心态，缺乏有效的法制环境和平等竞争的社会环境。在社会保障、人员培训、管理服务等还存在难以逾越的界限，从而也存在管理水平低、人员素质不高、技术落后、信息不灵的现象，经营策略和经营手段短期行为严重。对这样的民营纸业，提出要了解现代企业制度，逐步实现现代企业制度就尤为重要。

建立现代企业制度，就要深化企业内部制度的改革，在企业内部建立科学的管理制度，健全监督机构，订立实际可行的管理规章制度，提高科学管理水平，尽快走上自我完善、自我发展的轨道。根据专家的分析，判别企业具有现代企业制度的标准为：(1)经营决策权与监督权是否分离；(2)组织管理是否已规范化、制度化；(3)信息管理是否已现代化；(4)企业是否具有技术创新的机制；(5)企业是否既是法人实体也是竞争主体；(6)企业在运作中是否加入社会化、专业化协作系统，不搞“孤军作战”。

不管民营纸业已发展到什么阶段，管理者经常对照上述六条标准，逐渐实现这些标准，将会推动民营纸业的不断发展。

BOPP市场供大于求重复引进无异雪上加霜

中国包装技术协会塑料包装委员会秘书长　蔡明池

目前，BOPP薄膜的市场供大于求，市场饱和，普通的中低档产品相对过剩，造成市场无序竞争，以压低价格来推销产品。今年上半年更是雪上加霜，销售价格比去年平均下降23%。然而面对如此严峻的局面，某些企业仍然不顾风险在拼命扩大规模，今年盲目引进势头不减。

英国著名的PCI薄膜咨询公司以《中国欲执全球BOPP市场之牛耳》为题，推出了一期最新的专题研究报告。报告中指出，未来2年，中国BOPP膜的产量从现在的90万吨/年提高到130万吨/年，年均增长率为10%左右。另外，美国著名的AMI咨询公司的最新专题研究报告《全球BOPP薄膜市场最新趋势》也指出，预计到2010年中国BOPP薄膜产量将达到100万吨。同时，香港和台湾地区的相关媒体认为：由于内地近年积极扩增BOPP薄膜产能，BOPP膜产能可能过剩。

到目前为止，我国BOPP生产线已达110条(包括已签约未投产)。尤其是今年，仅上半年就引进10

条 BOPP 生产线，投产后全国生产能力达 100 万吨/年。国内专家预测，到 2005 年，我国 BOPP 膜市场需求量才 70 万吨左右。今年 BOPP 膜市场销售价格就比去年平均下降了 23%，市场价格竞争已呈白热化。针对目前这种市场状况，记者采访了中国包协塑料包装委员会秘书长蔡明池先生。

记者：请您先介绍一下这些年 BOPP 的发展过程？

蔡明池：我国 BOPP 的发展大致可分为下列三个阶段：

第一阶段，从 20 世纪 70 年代末到 90 年代初，全国十六省市 31 个企业共引进 BOPP 薄膜生产线 37 条，年生产能力为 12.7 万吨，单线能力为 3000～6000 吨/年，线速度为 150～200 米/分，膜宽 4.2 米左右，此时引进的设备相当国际上个世纪 80 年代水平，改变了国内 BOPP 空白的面貌，为塑料包装行业的发展作出了积极贡献。我国塑料包装材料从 1980 年 19.8 万吨发展到 1990 年 107 万吨，十年时间增长了五倍，这一时期也存在一些问题，主要表现在对引进技术的掌握、消化要有一个过程，产品质量的提高和稳定也需要有一个过程，生产原料主要依赖进口，因此市场开发困难重重，个别引进设备的技术指标和生产参数不理想，产品无法定位，一直处于不正常生产状况，因此，效益不佳，处于非常困难的境地。经过努力，随着市场需求的扩大，困难才得以缓解。

第二阶段，从 1991 年至 1999 年底，随着 BOPP 行业竞争日趋激烈，更多的企业意识到要在国内 BOPP 领域立于不败之地，必须着眼于提高生产效率，改进产品质量，开发新产品，降低成本。因此，许多企业尤其以珠江三有洲、长江三角洲的广东、江苏、上海、浙江等地的申达、大东南、云梦、昆岭为代表的企业都引进新一代 BOPP 生产线，共 33 条，年生产能力在 1 万吨以上，宽幅在 6 米以上、线速在 250 米/分以上。已没有企业感兴趣投资年产 6000 吨以下装置，到 1999 年底已有生产企业 46 家，引进生产线 70 条，生产能力为 40 万吨，产量为 30 万吨。

第三阶段，从 2000 年到 2002 年，这时形成新一轮引进新高潮，这三年里共引进生产线 20 条，在 2003 年～2004 年到货的有 20 条线，使生产能力猛增至 70 万吨，2002 年实际产量为 50 万吨，这些项目全部投产后预计 BOPP 能力将超过 100 万吨。这一阶段发展的特点是：在“十五”发展的新形势下，结合国际上 BOPP 薄膜的应用正朝着多元化、高质量和非对称复合的方向发展，在大力发展新型的包装材料的推动下，引进当代先进技术水平的设备，线速度水平达 350～400 米/分，宽幅 8.2 米，年生产量在 2.5～3 万吨。

记者：今年 BOPP 市场情况又如何呢？

蔡明池：目前，BOPP 薄膜的市场供大于求，市场饱和，普通的中低档产品相对过剩，造成市场无序竞争，以压低价格来推销产品，今年上半年更是雪上加霜，销售价格比去年平均下降 23%，个别降低到成本价以下，每吨售价仅有 8300 元/吨（而原料价格为 7300 元/吨），致使企业效益不佳，甚至出现亏损，无法偿还到期贷款，处于非常困难的境地。然而面对如此严峻的局面，某些企业仍然不顾风险在拼命扩大规模，今年盲目引进势头不减，特别是东南沿海地区，又分别与德国布鲁克纳与日本三菱公司签订了 10 条生产线，年产能力近 20 多万吨，（个别企业一口气就签了 4 条生产线）。到明年，群雄称霸，争抢市场份额。对于如此无序失控的 BOPP 薄膜竞争必将全面白热化，受害者肯定是生产厂家。犹如前几年生产冰箱、空调、彩电的家电行业出现过的现象一样。这就是重复建设，盲目引进带来的严重后果。

记者：是什么原因造成今天这种市场状况？

蔡明池：企业引进设备应真之又慎，一套装置投资近 1.8 亿元，若市场需求发生变化，将造成更严重的经济损失。多年来，政府有关部门、行业协会、报刊、杂志上发表文章，引导防止过热，但始终未果，这是为什么？我想一个是市场有需要，一个是效益上的吸引力，BOPP 属于量大面广，有着广泛市场的产品，食品包装、烟草包装、胶粘带行业、文具类及电容膜等随着市场经济迅速发展需求量逐年增加，而生产 BOPP 的原料属于低价位（与尼龙聚酯比较而言），BOPP 薄膜的价格却是原料 1～2 倍，效益颇丰，刺激了 BOPP 的快速发展。因此尽管政策限制进口，引进之风仍不停止。变着花样千方百计地进口，打着新型包装材料、新型透明包装、新型同步拉伸、新型药材包装等五花八门的名目，大摇大摆的进来了。同时，加入 WTO 后，许多外商、台商看中中国市场，外资独资的建设 BOPP 厂有十几条线，使国内市场竞争更加激烈。

记者：110 条线全部投产后，设备生产能力将达 100 万吨。在今后几年，企业应如何应对这种市场状况？

蔡明池：BOPP 行业当务之急是搞好市场开发，研究中国市场 BOPP 薄膜消费量有多大。根据世界 AMI 咨询公司发表的研究报告，2002 年全世界

BOPP 薄膜消费量为 300 万吨,预测到 2010 年为 570 万吨,而中国市场用量为 100 万吨,从现有情况看,我国 BOPP 的应用市场主要有列几个方面的需求(详见下表)。

由下表可以看出,当前企业的出路,除了加强管理,降低成本,提高质量外,还要努力开发新产品,生产多功能特种膜,如:烟膜、消光膜、珠光膜、镀铝膜、抗菌膜等,要努力开拓出口渠道,将薄膜销往国外。优胜劣汰的市场原则对 BOPP 新老企业都将是一个考验。谁也不能搞独此一家别无分店。只能大浪淘沙,走规模化、专业化、系列化的发展方向,才能使企业参与国际竞争,立于不败之地。

记者:谢谢您接受采访。

我国 BOPP 应用市场一览表

产　品	2000 年(万吨)	2005 年(万吨)
印刷、复合、涂布用光膜	30	41
胶粘带	5	7
珠光膜	5	7.5
烟膜	7	8.5
电容膜	0.8	1.4
金属化膜	1.5	2.2
专用膜	1	2.5
合　计	50.3	70.1

包装高等教育改革需要全社会的关注

陕西科技大学　王德忠

改革开放以来,我国包装工业的年产值以 18.65%的高速度递增,2001 年已达到 2200 亿元,在国民经济中已成为支柱行业之一。包装行业的发展壮大,得益于党中央“科教兴国”方略的实施。从 1985 年开始发展起来的我国包装高等教育培养了一大批国家急需的包装专业人才,为我国包装工业的发展作出了不可磨灭的贡献。然而,在开办包装工程专业的过程中,既有成功的经验,也有教训。面对科学技术突飞猛进,经济全球化热不可挡的发展趋势,一个严肃而又尖锐的问题摆在我们面前:在未来的 20 年里,我国的包装工业如何继续保持快速增长?包装教育部门肩负着为国家培养包装专业人才的重任,信息时代、科技进步、知识经济对包装科技人才的综合素质提出了更高的要求,他们不仅要掌握扎实的基础知识,还要具有一定的创新能力、实践能力以及迅速学会一门新知识的求知能力。包装高等教育要适应我国包装的发展,完成自己的光荣使命,必须加大教学改革的力度,同时还需要全社会尤其是包装行业的关注和大力支持。

1. 包装专业教学内容的改革

提高包装专业学生的综合素质,培养他们的创新能力,是高等包装教育改革的重要目标之一。要实现这一目标,必须进行教学内容改革。使学生在校期间,既能学到扎实的基础理论,又能学到新的专业知识,同时对未来发展将产生重大影响的信息科学、生命科学、材料科学、纳米技术等新学科又有一定的了解,这就要求包装教材建设一定要动态地进行,防止内容老化。

包装工程教育先后出版了两套统编教材,为包装高等教育的发展发挥了重要的作用。该专业开办 18 年来,我国包装工业的技术设备、科技水平变化很大。计算机技术普遍应用,包装信息网已经建立;生态型;环保型包装材料发展迅速,应用纳米技术开发的防静电、防电磁、能隐形的特种包装材料相断问世;体现包装领域设计、制版数字化趋势的设备令人关注;纸盒模切版 CAD/CAM 系统的应用淘汰了手工制作的旧工艺;集印刷、模切、折叠、糊盒于一体的制盒生产线以及高速、多功能、全自动包装生产线的推出,使制盒、包装作业摆脱了手工或半机械化操作的落后状态。然而,包装行业已经出现的这些新技术、新工艺、新材料、新设备,在两套包装统编教材中却没有及时地反映出来。虽然出版教材需要一定的周期，部分内容老化、滞后在所难免，但根本原因在于不少单位对先进设备（尤其是进口设备）和技术资料采用技术保密，以致编写教材中收集素材太难。

2. 培养包装专业学生的实践能力

培养包装工程专业学生的实践能力，也是包装高等教育改革、提高他们的综合素质的重要组成部分。学生实践能力的培养，需要一系列实践性教学环节来保证。如课程实验、课程设计、生产实习可以在学校的实验室和生产实习基地进行。但是增加学生对包装专业的感性认识，了解包装企业相关的设备、工艺以及生产管理等基本情况，培养学生分析问题，解决问题能力的毕业实习，只能借助社会力量才能顺利完成。然而在指导实习教学的过程中，几乎所有高校的包装专业都遇到了很大的麻烦和诸多的问题。不少企业怕影响安全生产不愿意接待，或只能接待走马观花的参观性实习，学生不能动手操作，或只能联系到设备陈旧、技术比较落后的中小型包装企业，以致实习教学无法达到预期的目的。因此，解决实习问题还需要包装行业乃至全社会的大力支持。

3. 设置包装专业的培养方向

包装科学技术的快速发展，对包装教育的要求也在发生变化。设置包装工程专业的培养方向一要考虑社会需求，二要照顾学科特点，课程设置要加强专业基础，拓宽专业口径。然而，在开办包装工程专业的过程中，有的单位设置专业方向没重视学科的特点，以致培养的学生方向不明；有的单位设置专业方向不符合社会的需求，以致毕业生就业困难，不得不停办整顿；还有的单位培养的毕业生实践能力差，又缺乏敬业精神，以致用人单位不欢迎。

包装企业是组织包装生产的第一线，他们对包装专业人才的知识结构、综合素质、各种能力等要求最有发言权。走出大学校门的包装专业毕业生，能否适应我国包装工业的发展，将在实践中得到检验。为了培养训练有素包装技术骨干，包装行业乃至全社会对包装专业的培养方向、课程设置都应给予大力支持和关注。

4. 包装教育部门与包装企业应相互合作

无论是国与国之间的竞争，还是企业与企业之间的竞争，说到底还是人才的竞争。为保证未来20年国民经济的持续增长，党中央和国务院高瞻远瞩，采取了“扩大我国高等教育规模、提高高等教育的质量和水平”这一战略性的英明决策。包装高等教育是我国高等教育不可忽视的组成部分，发展包装高等教育并提高办学水平无疑对我国未来的包装工业可持续发展至关重要。因此，具有战略眼光的包装行业的各级领导和企业家，应该也都会密切关注包装高等教育的改革，大力支持包装高等教育事业的发展，并寻求高校作为企业的技术支撑，促进科技进步。而校方通过厂校合作，可结合包装企业实际设置或调整专业方向、补充或更新教学内容、安排好实习等教学环节。毕业实践可选择有针对性的设计课题，为包装企业排忧解难，“真刀真枪”地搞毕业设计。这样做既可以克服学用脱节的弊端，又可以有效地培养学生的实践能力、创新能力和求知能力。只有这样才有可能向包装企业输送高素质的优秀包装科技人才，使包装教育部门和包装企业步入互相支持、共同发展的良性循环轨道。

凹版油墨市场形势

云飞

印刷厂和油墨制造商都认为质量始终是凹版印刷的特点。关键的劣势是短周期的成本，这是有待研究的一个领域。

“关键的优势将包括高清晰线网版带来的影像深度或清晰度，生产运行中的一致性和从一张订单到另一张订单极好的重复性”，美国包装公司业务经理杰夫·科赫（Jeff Koch）说，“在采购经理的眼中，主要的劣势将是印前和制版费用。”

“回顾历史，在进行数百万次印刷时凹版印刷是首选”，托德先生说，“在长印刷周期下的高质量和色彩一致性是凹版印刷的特点。包括辊筒制造和制版的高前端费用通过基于印刷速度和卷筒纸宽度的每小时输出更多拷贝的能力进行回收。这些固定的印前费用通过分摊到更多的拷贝中去而减少每张印刷页的成本。”

“凹版印刷的优劣势众所周知”，印帕斯塔多先生说：关键的优势是高水平的图像再现性。这带来了高端图像质量的图形。凹版印刷面临的最困难的挑战是短周期经济。凹版印刷在过去的10年中大幅度减少短周期的成本，但是当运地周期断续缩小时，凹版印刷跟其他印刷方法相比仍不具备成本竞争性。”

“优势仍然在长周期工作方面。同时，看上去提供原材料利用和印刷室标准操作流程的印刷专门店能够提供更好的再现性。劣势是在短周期方面”，富林特油墨公司出版凹版部产品开发主管比尔·威特哲尔(Bill Witzel)说。

短周期的可行性

人们普遍认为凹版印刷只适合长周期，而柔版印刷更适合短周期。凹版印刷厂正在打破这种认识。

“这是由于图像变化带来的费用”，科赫先生说：“客户可能要求频繁地改进标签的类型或者需要改变标签上的像地址一样简单的某样东西，作为负片的凹版辊筒的费用没法与其他印刷方法相比。柔版印刷实际上已尽可能减少这种弱点，凹版和柔版之间的费用差异正在缩小。凹版辊筒雕刻已减少内部操作的实际成本并迅速缩小这种差距。”

“这是一种错误的认识”，美国诺地尼亚包装公司业务副总裁帕特·凯林(Pat Kaelin)说，“10年来，柔版官员总是说柔版印刷几乎和凹版印刷一样好。实际情况是当前最新的柔版印刷的费用和凹版印刷的费用几乎一样，而辊筒的费用与最好的印版和网纹传墨辊的费用相比也差不多。但即使处于最好状态，柔版印刷的质量仍然不能与凹版印刷相媲美。”

对凹版印刷厂来说时间管理是非常关键的。

“1994年美国包装公司采用SMED(一分钟更换模具)技术”，科赫先生说，“直到此时，我们才感到我们很有效率，而且这种行业领先的准备时间很少有机会再进行改进。通过改变我们的态度和投入到这个项目中我们已经看到没有人能够预料的结果：通过研究、从外部步骤(能在准备阶段之外完成的那些)分离出内部步骤(只能在准备阶段完成的那些)和把内部步聚转换成外部步骤(在转换过程有效设计每一阶段)的开发计划在所有设备上减少准备时间超过50%。”

“美国包装公司也投巨资在设备上以减少对工具的需求并且尽可能以快速的夹具来替换它们，”科赫先生说：“我们相信只要在设计上有转换时间就有改进的机会。”

油墨制造商也看到短周期凹版印刷更加光明的未来。

“在过去长周期意味着经济”，威特哲尔先生说，“然而，由于数字印前的出现、印刷校样的消除、辊筒和印刷区域更加自动化，使准备时间更快导致短周期凹版印刷也非常经济。当然，原材料流(纸和油墨)一致性的改进的驱动将把变化最小化并帮助进行快速的色彩匹配和快速的转换。”

“凹版印刷更适合长周期的原因与凹版印刷的高成本有关”，印帕斯塔多先生说，“因此成本必须被分摊到长周期中。辊筒的高成本只有在长周期中才显得经济。由于需要比较长的设置时间，设置时间和运行时间的比率只有在长周期下才变得合理。所有使凹版在短周期下更具有竞争性的研究开发将在印前和设置领域进行。”

“最新的通过更快的雕刻设备、更有效率的制版过程和使用数字文件和校样来改进辊筒准备时间的技术进步，已经充分地降低了这些费用，这使凹版印刷在短周期下更具成本竞争力，”马楞先生说。

“凹版印刷机的制造商也设计新的设备以最大限度地减少准备时间，这就提高了凹版印刷的生产率，”马楞先生说，“这些改进对于包装印刷特别重要，因为在包装印刷中凹版印刷机可能不和它们在出版领域中运行得一样长。”

领先的凹版印刷机制造商科尼希 & 鲍尔(高实)有限公司(Koenig & Bauer AG)正在开发新技术以进一步改进转换时间。

“在凹版印刷机制造行业现在有一种世界范围内的强烈的趋势，就是给印刷机装备更高程度的自动化系统、增加监视和控制系统、更快的错误分析和纠正系统”，科尼希 & 鲍尔有限公司凹版印刷机项目经理约翰尼斯·鲍普佩尔(Johannes Boppel)说。

“目前欧洲正朝着有着3.68米(144.9英寸)宽幅面和每秒15米(每分钟2952英尺)的印刷速度的更宽印刷机的方向发展。在美国，第一流的卷筒纸宽度是3.18米(125.2英寸)，典型的装备有能生产更小的产品片段即6×24页的上部结构。”

"最近几年由科尼希&鲍尔有限公司供应的印刷机,至少是新印刷机,都装备有高度自动化系统和一种自动化的辊筒转换系统",鲍普佩尔先生说,"最近一二年供应的印刷机也装备有'无需防溅输墨装置'(一种印版辊筒和压印墨辊清洁系统)和油墨、卷筒纸宽度、带子自动化控制系统。结全科尼希&鲍尔有限公司的预设置系统和有效率的带子转运系统(特别在上层结构中),现在转换时间可以在20至60分钟内完成。"

数字化未来

凹版比柔版和胶版快速发展的领域是数字印前。

"凹版印刷的费用正在减少,而柔版印刷的总费用正在升高,"凯林先生说,"凹版印刷正在不断地对设备进行技术改进以满足市场的短周期需求。作为一种行业,我们已经数字化超过10年了。凹版印刷机的转换时间现在少于一个小时;七年以前,它需要两到三个小时。新技术能使换换时间缩短为30分钟。"

"凹版印刷在20世纪70年代开始进行数字雕刻,而完全数字化地完成印活开始于1990年,"美国凹版协会执行副总裁理查德·邓宁顿(Richard Dunnington)说,"数字技术的下一个浪潮将包括色彩管理。这将导致人们对印刷指纹增加认识。"

邓宁顿先生相信指纹印刷将导致更好的短周期生产能力。

"由于越来越多的印刷厂采用这种技术,他们也将在凹版短周期印刷中获取更多的业务",邓宁顿先生说,"指纹将帮助他们更快和更有效率地开始新工作。这也将成为促使对操作者培训进行改进的一个因素并减少培训工作量。对于油墨制造商和其它供应商来说这将是一个大新闻。"

"这并不是说指纺和自动化将拿走印刷操作工的工作。相反,我看到要求操作工有分析的技能以帮助他们变得更有效率和生产率",邓宁顿先生说,"新的自动化系统单独并不能使印刷机迅速转换。印刷车间必须很好地组织以便充分利用自动化系统。印刷队伍将需要准备工具和材料以最大限度地减少转换时间。"

邓宁顿先生说转换工作就类似于汽车竞赛中的途中停车。

"美国汽车比赛协会后勤维修人员成功地把他们的汽车拖出跑道是因为他们计划、准备和实践这样做",邓宁顿先生说,"同样的事情也适用于印刷车间和印刷队伍。当工具、培训和人员齐备时,短周期凹版印刷将难于被打败。"

新的油墨技术

质量和技术支持对凹版印刷厂来说非常关键。科赫先生说他期望油墨供应商提供:各式各样的产品和生产能力、快速项目反应时间的极好的技术支持、一致性,批到批质量控制的很好的质量管理系统、可靠的及时交货和具有竞争性的价格。

创新是十分重要的;伴随凹版印刷厂进入短周期市场的新的努力,油墨公司期待不断开发新产品以帮助印刷厂迎接未来的挑战。

太阳化学公司、富林特油墨公司和Siegwerk公司都在努力开发新产品以满足这些需求。

我国瓦楞纸箱工业带动纸业机械业发展

王志星

瓦楞纸箱是用瓦楞纸板制成的包装运输纸箱,是必不可少的包装容器,它具有轻便、牢固、保护商品的作用,便于装卸运输等特点。被广泛应用于家用电器、纺织品、食品等运输包装。随着商品市场的发展,纸箱包装数量逐年递增,就上海纸箱业十年中每年以30%的速度递增。目前国内纸箱销售以迅猛速度增长——1996年纸箱销售量达80亿平方米,2000年增长到125亿平方米,2002年预计达到200亿平方米,六年中增长1.5倍。

瓦楞纸箱是一种十分优良的包装材料,可以纸代木、以纸代塑,加上纸材料可以回收利用,是绿色包装材料,因而受到重视环保的现代社会的青睐,具有良好的发展前景。纸箱工业的发展必然带动纸业和机械制造业以及辅料工业的发展。从这个角度分析，瓦楞原纸、机械制造还需加快步伐，紧紧跟上滚动式发展。

一、瓦楞原纸缺口严重

由于经济迅速增长、零售市场进一步发展、消费水平的提高，预计到2005年我国纸和纸板年费费量将达到5000万吨，其中瓦楞纸板消费量为1500万吨，与国外相比，我国使用的瓦楞原纸普遍是高定量的，而且高强度瓦楞原纸极少，由于缺少木浆和附加值低，很多造纸厂不愿生产高强度瓦楞原纸，普遍生产中低强瓦楞原纸，而且规模不大，所以高强瓦楞原纸只能依靠进口。我国计划新扩建的瓦楞原纸项目不多。据悉，除广东玖龙、浙江景兴两家新建高强瓦楞原纸项目外，到2005年至少还会有100万吨缺口，目前高强瓦楞原纸进口量还在不断增长。

目前，我国高强度瓦楞原纸供应不足，而需求量又较大，现有的以中低档产品为主的瓦楞原纸供应体系，满足不了用户对产品品质日益提高的要求，于是高强度瓦楞原纸只有大量依靠进口。出现这种局面主要有以下三个原因：一是由于长期以来瓦楞原纸附加值低，国内生产包装纸板的造纸厂普遍看好牛皮箱板纸、白板纸等附加值高、需求量大的产品，造成计划新扩建的瓦楞原纸项目不多。二是国内纸制品包装迅速发展和提高，拉动了国内高强度瓦楞原纸及牛皮箱板纸的需求增长。三是近期瓦楞原纸国际市场持续疲软，供大于求，而我国高强度瓦楞原纸市场却存在供不应求。

从市场需求来看，国内发展高强度瓦楞原纸必须向低定量、高强度、全规格方向发展是一大趋势。中高强度瓦楞原纸需求量较大、瓦楞原纸价格会有所上升，当前，降低成本和降低定量是瓦楞原纸发展的两大主题。

三、瓦楞纸板发展方向

瓦楞纸板是由面纸、里纸、芯纸和加工成波浪形的瓦楞芯纸通过粘合形成瓦楞纸板，根据商品包装的要求，瓦楞纸板可以加工成单层、三层、五层、七层、九层等瓦楞纸板，后经过印刷、开槽或模切形成纸箱。近十多年来，根据环保的需要和国家相关政策和要求，瓦楞纸箱的商品包装有逐渐取代木箱、塑箱的趋势。

基于环保和成本的考虑，瓦楞纸板平均定量包括箱板纸和瓦楞原纸的定量都必须降低。传统的瓦楞有A、B、C、D、E型，主要用于强度要求较高的纸箱，近几年来市场上出现了F、N、G型瓦楞，它们的强度比传统的瓦楞低得多，适用于使用低定量的瓦楞原纸。现已能生产90～115克/平方米的瓦楞原纸，预计将来还会生产60～90克/平方米的瓦楞原纸，因而瓦楞纸板的定量也从原来的1000～1100克/平方米降低到目前的600克/平方米，有些国家的瓦楞纸板只有500克/平方米，而我国的瓦楞纸板目前普遍是高定量的，因此每年不得不进口相当数量的高强度瓦楞原纸，浪费大量的资源。

三、瓦楞纸板机械制造

目前，我国瓦楞纸板和瓦楞纸箱的生产设备大体有三类。一是传统的单机，都是单一的生产工艺，要经过配料、裁切、拼接、印刷、轧瓦、裱胶、分切、开槽、切角、钉箱、打包等十多道工艺而成型纸箱，这种工艺在广东、江浙、上海、京津等发达地区基本被淘汰。

二是单面瓦楞机组，是我国上世纪80年代后期发展起来的，替代传统的单机生产瓦楞纸板，是一大进步，适应于中小纸箱企业，生产效率、产品质量都比单机提高了一步，适应性强。随着瓦楞纸板生产流水线的发展，瓦楞单面机组生产效率、产品质量又落后一步。

三是瓦楞纸板生产流水线，它的特点是：把各种设备将整个瓦楞纸板生产过程有机结合起来，把整个瓦楞纸板生产工艺联接在一起，实现自动化、连续化生产。生产出来的瓦楞纸板平整、含水量低、楞型挺括、质量好、速度快，为纸箱成型后道工序提供了良好的质量保证。

目前我国瓦楞纸箱企业具体有多少无法估计，有一定规模的纸箱企业近万家。随着市场经济的发展，竞争相当激烈，优胜劣汰，有的纸箱企业发展很快，成为亿元销售大户，如浙江的胜达、上峰、上海的亚洲、联合、华励、新庆、济丰、江苏咸泰等，上海市达到亿元的纸箱企业近十家。上海纸箱行业经过行业内部结构调整，推行“集中制板、分散制箱”行业内部合作生产的新格局，目前绝大部分小纸箱企业向有瓦楞纸板生产线的大厂购买瓦楞纸板，行业分工克服了“小而全”的生产模式，既发挥了大厂生产线质量好的优势，提高先进设备开机率，又发挥了小厂周转快、小批量、我规格的优势，大大减少了原纸损耗，提高双方的经济效益，实现双盈。而传统的单机生产和单面瓦楞板板机组基本被淘汰，整个行业形成先进生产率。

从20世纪80年代起，我国开始从日本、意大利，以及台湾地区引进纸箱先进设备，90年代从美国、德国、法国等发达国家引进国际先进设备，然后仿制并逐步得到发展，现已能生产较先进的瓦楞纸板生产线和水性印刷开槽机、压平模切机等设备。目前纸箱市场的发展对纸箱设备要求更进一步开拓高档、高速、高效、宽幅、高科技含量的纸箱设备指明了方向。目前国内生产的瓦楞纸板生产线与国际水平相比还存在相当大的差距，需要在设计结构、生产速度、电器、钢材材质和加工精度等方面不断改进，再花10年时间赶上国际先进水平应该是可能的。

建议纸箱机械设备制造厂商：一是瓦楞纸板生产线要研究开发高速吸附式瓦辊，提高设备运行的稳定性、降低故障，适当限制技术含量低、高耗低效的单面瓦楞机的制造。二是面对国外微型瓦楞纸板迅猛发展的现状及我国的实际需求，纸箱机械设备厂商需要加大开发、生产微型瓦楞辊的力度，以促进我国微型瓦楞纸盒的发展。三是设备机械企业必须调整生产结构，克服“大而全”什么设备都生产，采用专业化的模式，达到集中力量、精益求精、不断提高、不断改进、不断创新、不断开发的经营思路。

四、瓦楞纸箱印刷发展

随着社会不断发展，标准消费水平的提高，瓦楞纸箱的印刷必须逐步向高档次、高质量、多色彩、视觉效果强烈的方向发展，以彩面多色网点印刷为方向，也就是以商品包装替代运输包装，以白板牛卡替代箱板牛卡达到色彩鲜艳、光泽度好、美观等特点。要达到上述标准，对制版、油墨提出较高的要求，中高档纸箱印刷制版必须以柔性版替代橡皮版，还必须采用高质量水性油墨，达到光泽、鲜艳、快干、适应高速生产。

除了制版、油墨外，对水性印刷开槽机提出了更高的要求，达到高速、高效、多色，套色准确误差正负在0.5mm。印刷开槽机在我国有较大进步和提高，上海鼎龙、广东东方生产水性印刷开槽机已达到我国先进水平，并畅销国内外。印刷质量提高是整个纸箱质量很重要方面，如果修边、开槽、压线、切角工艺采用模切工艺，达到整齐、光滑、美观更为理想。

五、瓦楞纸箱发度提高

瓦楞纸板通常的用途是制作纸箱、纸盒、缓冲衬垫等。据业内人士预测，随着全社会重视环境保护、纸包装属于绿色包装，不仅有使用价值，还有回收利用再生价值，今后大量商品使用纸箱、纸盒做包装、瓦楞纸箱行业应拓宽纸箱、纸盒服务对象。

1. 瓦楞纸箱包装传统服务对象是对包装和运输包装，应积极开发新产品，如微型细瓦楞纸盒、超市货架、蜂窝纸板，从广度和深度两方面发展。

2. 瓦楞纸箱包装还应积极向销售包装发展。随着商业的发达，消费者生活水平提高，市场对具有较高强度和良好广告宣传功能的瓦楞纸箱的需求与日俱增，对精美印刷的需求越来越高。

3. 牛皮箱板纸运输包装将逐渐被白板牛卡彩面印刷的纸箱所替代，实现内外包装商品一体化。

因此瓦楞纸箱包装行业应尽快技术设备改造，使我国的瓦楞纸箱行业立足包装大国，为从包装大国发展成包装强国而努力。

我国柔性版印刷现状与发展

中国印刷及设备器材工业协会顾问　谭俊峤

柔印技术发展概况

目前，国内包装印刷企业，引进的国外柔版印刷机（窄幅、宽幅）及国内自行研制开发生产的窄幅柔性版印刷机，近350条生产线。除少数边远省区外，分布在全国各地，其中以上海、北京、辽宁、山东、浙江、江苏、广东、陕西、四川、云南较多。

在引进机组式柔性版印刷机中，其规格幅宽有：10″、13″、16.5″、18″、21.5″、250mm、510mm。最多11色，最少为3色。

在引进的卫星式柔性版印刷机中，其幅宽一般在800～1200mm，一般为6个色组。

2001年，山东泉林纸业有限公司从德国F&K

公司(FISCHER&KRECKE)引进了一条当前国际上最新技术——无轴传动幅宽1300mm8色高速卫星式柔性版印刷生产线及三层共挤复合机、模切机等相关配套设备。目前已正式投产。柔性版印刷机车速基本稳定在200米/分钟左右,实地色彩厚实一致,网点精晰,套印精度极高,印品质量上承,无轴驱动技术也给生产带来很大便利。主要应用在牛奶、果汁纸盒包装及高档包装印刷等。比机组式的车速要高出1倍多,三层共挤复合机车速每分钟可达300m,速度也是很高的。

浙江天外烟草印刷有限公司从瑞士捷拉斯(GALLUS)公司引进了胶印、柔印、丝印相结合的EM0410、253多功能全UV生产线。在亚洲还是第一家。该生产线具有:(1)双面截纸、电子纠偏、电晕处理及予处理纸功能;(2)印刷功能具有滚筒丝网印刷、四色柔印、四色胶印及烫金、覆膜功能;(3)印后处理有平压平模切、压痕、分条、滚刀模切、电脑纸打孔、电脑纸点线刀模切等功能;(4)在收纸方式上柔版纸收纸、卷筒纸收纸、折页收纸等;另外,该生产线还配有二次套准功能,剥离复合印刷以及翻转印刷等功能。该生产线应用广泛;主要用于高档精美包装印刷(如烟盒、药盒、化妆品盒等)和防伪印刷。

上海国际纸业有限公司2000年和2002年分别从德国BHS印刷机械公司引进820mm幅度的柔印机各一台,速度250m/min,目前三班生产,为全国规模较大的乳品企业如“蒙牛”、“伊利”、“光明”等屋顶包及饮料、果汁提供包装制品。

继浙江天外烟草印刷有限公司之后,广西桂林澳群有限公司、深圳劲嘉彩印有限公司、骄冠特种纸业有限公司和兰州新世纪彩色包装印刷有限公司等单位为了满足面对环保、新型防伪、新型印刷材料等烟包、医药、化妆品包装、票证印刷的需要,在2001年和2002年先后引进了捷拉斯(GALLUS)EM410 9色柔印机、EM410 10色印机及8色柔印机。

柔性版印刷机适印载体广泛,且印品质量已逐步与胶印、凹印靠拢,目前柔性版印刷方式已广泛用于各类包装印刷品,已完全能满足各类用户对印刷品的要求,并已被广大用户所认同。如烟包、医药包装、食品包装、商标标签类印刷、不干胶印刷等。据统计:目前采用柔印为烟包行业印刷的占30%;为各类商标、标签印刷的占15%;为不干胶印刷的占35%;为其他印刷的占22%。

由于柔性版印刷机是一种联动生产线,从纸卷、印刷、涂胶、模切、收卷一次成型,这种工艺,既能提高生产效率,又能降低产品成本。

有的企业在柔印机上增加了剥离装置,就能印出不干胶防伪标签;有的增加挂蜡装置,即可为糖果纸包装印刷、标签印刷、提供新的工艺方法。柔性版印刷机承印不干胶印刷品效果最好,其印品的质量是任何印刷方式都无法比拟的。如采用UV油墨印刷效果最好,由于分切、模切在一条线上生产,既提高工效,又省人力,目前在南方的一些印刷厂里采用较多。

——淋膜纸的印刷,目前国内生产的餐具、纸杯、饮料包装,80%都是采用柔版印刷。印刷、模切、一次成型,速度快,成本低,印品质量能满足用户要求,而且又符合食品法要求。

——环保型印刷,目前国内食品行业包装纸及包装盒的印刷,逐步为柔版印刷所代替。例如汉堡包包装纸、麦当劳包装盒、伊利冰淇淋盒等,采用柔版印刷较多。

总之,在包装印刷行业中,采用柔版印刷技术以来,已越来越显示它的优越性和广阔的发展前景。

柔印生产取得显著成绩

一、目前的柔性版印刷已基本上能够满足包装印刷的需要

从已投入使用柔印机无论是窄幅的还是宽幅的,无论是进口的还是国产的,都能够满足包装印刷品的要求。

经过多年的生产实践,柔性版印刷已在我国的包装印刷市场上初步形成了定位阶段,印品范围、种类不断扩大,柔印市场份额逐步增大。商标标签、塑料软包装、折叠纸盒是目前柔印生产在包装印刷品市场中三大重头。

(1) 商标标签印刷:

绝大部分商品包装都少不了商标和标签。随着我国GDP的增长,包装容器将不断增多,商标标签印刷也就随之不断增长。柔印在美国标签印刷中所占份额,1996年约为30%~32%,2000年增至42%~44%,预计2002年将增至54%~55%.

另外,从商品生产商要求来看,现在不仅要为一般有消费品贴上标签,更要为中高档商品印制精美且有特色的商品标签。例如:在保健品或化妆品方面,随着采用化学性能稳定、外型设计精致美观的塑料容器的增多,模内商标也就越来越流行,它具有成本优势,质量优势及环保优势。

(2) 折叠纸盒印刷

折叠纸盒是柔印与胶印争夺市场份额的热点。过去，由于柔印质量无法与胶印相比，故往往被排斥折叠纸盒市场之外。现在柔印的质量提高了，用户的选择性扩大了，于最除了质量，同时还要成成本、多功能性、速度、效益等方面进行比较。而柔印的连机生产线在一次通过的情况下，从纸板到纸盒，把油墨的固着、干燥、模切、裁切全部解决，就比胶印更有利。于是柔印在折叠纸盒领域中的份额，就不断上升。

(3) 软包装印刷

美国市场上估计 24%～26%的消费品是以软包装材料包装的，而柔印在软包装印刷中：1996 年占 75%，2000 年增长至 85%，2002 年可能上升至 95%。(如表)

表：柔印在美国包装印刷市场中所占份额

	标签	软包装	纸盒
1996	30%～32%	75%	18%～20%
2000	42%～44%	85%	32%～34%
2002(预测)	54%～55%	95%	42%～44%

促使柔印在软包装印刷上升较快的主要原因：一是多层不同阻隔性能的薄膜结构的技术进步，及柔印图像质量的提高和其经济性。尤其在小批量中，比凹印经济，这有利于柔印发挥其优势。二是从消费者的愿望来看，也倾向于减少资源的消耗，同时不乐意为包装承担过多的费用。故立式包装被认为是今后两年、三年中最具有活力的软包装品种。

我国的柔印印品也是朝着以上三个主要方面发展的。目前柔印的领域正在扩大，如屋顶纸盒(适合牛奶、饮料包装)、牙豪管(PE 材料)、扑克牌、编织袋、瓦楞纸箱预印、尿裤片袋、各种袋(胡椒袋、茶叶袋、盐袋)。另外，也为防伪印刷提供了技术与装备，如海南东方国际防伪中心要求选用卷筒纸柔版印刷，但高速分辨摄像记录成为工艺上一大难题，西安黑牛公司勇于接受柔版印刷中诸多的连线难题，为适应横向 400mm 范围 2048 点的线阵摄像机在长度上每间隔 0.15mm 一帧的连续高速摄像要求，在西安交通大学、西北工业大学科研人员的指导予以完成。满足了客户要求。此外，该公司还成功的在进口加拿大雅嘉发和美国联合 A 牌柔印机上增添了凹印组，解决了柔印机上印水松纸金纸(卷烟包装用)和印金文字的难题，如云南大理怡祥公司、昆明彩印有限责任公司解决了生产难题。

二、柔印产品质量明显提高

柔性版印刷能否发展，决定于其印刷质量，这是业内人士的共识，也是能否赢得用户的关键所在。当前我国柔印产品质量到底达到什么样水平？与国外产品相比，差距在那些方面？如果参观过 2002 年 6 月 12 日至 15 日在上海新国际博览中心为配合第四届国际柔凹印技术设备展，同时展出的第三届中国柔性版印刷品质量展评中选送的精品和部分国外厂商送展的样品，在亲眼目堵后将会得出难以置信的结论，如不以放大镜查看点型，难以判别属柔性版印刷。其层次丰富、色彩鲜艳，不仅令印刷界同仁赞不绝口，很难相信柔性版印刷经过两年会有此大的进步，也令外商赞叹不已。如德国《柔印、凹印杂志社》总编 Woifgang 先生用数码照相机将得奖产品一一摄下，并约稿在他的杂志上报导。日本柔性版印刷协会成员也公开表示，中国在柔印工艺走在他们前面，其他如德国知名的柔性版印刷机制造厂家——BHS、W&H、F&K 和瑞士的 Gallus、美国的 Mark Andy 以及德国的 BASF 等厂商、专家、工程技术人员和市场营销人员都认真观赏了展品，并表示敬佩。

据中国印协柔性版印刷专业委员会提供的资料：2002 年 6 月参加全国展评活动的有 12 个省市 28 家企业，共送样品 282 件，其中瓦楞纸箱类 18 件，纸张及纸板类 62 件，薄膜类 202 件。

评选中对每件展品按套印精度、印刷复杂程度、色调范围、图文清晰度及油墨遮盖率五项指标分别给分，最后评出精品奖 10 件，佳作奖 16 件。

此次送评样品与上届 2000 年相比，不仅在印刷质量上有大幅提高，承印机台由过去进口机独揽天下的局面已被打破，国产机印刷入围令人可喜，再一方面采用 CTP 制版技术在窄幅柔印产品中占较大比重。得奖展品并非全部大厂名厂，某些生产的名不见经传的小厂，印品质量非同寻常，令人吃惊，如江苏张家港市工艺美术印刷厂就是其中一例。

三、经济效益比较显著

这些采用柔印技术的企业一个共同特点是：活源充足、产品质量稳定、设备利用率高，经济效益就比较好。这些厂家有：山东青州新华包装制品有限公司、上海纺印利丰印刷包装有限公司、上海人民印刷八厂、北京燕京啤酒集团所属北京双燕商标彩印厂、上海国际纸业有限公司、济南泉华包装制品有限公司、深圳劲嘉彩印有限公司、西安三维印刷有限公司、浙江钱江啤酒集团伟乐包装印刷公司等一大批从事柔性版印刷的企业。

山东青州新华包装制品有限公司，除已引进加拿大雅佳发公司6条柔印生产线外，去年又购置了青州意高发包装机械有限公司的2条柔印生产线，主要承印香烟、啤酒、饮料、医品、食品等商品的商标标签和折叠纸盒印刷。如：卷烟的软包装、硬包、条盒、食品袋、牙膏盒、啤酒标、饮料标、药盒、药袋等印刷。平均日产量约35吨印品。主要客户包括青州卷烟厂、天津普光医药有限公司、山东琥珀啤酒有限公司、山东淄博亚洲啤酒有限公司、寿光兰仔啤酒有限公司等企业。该公司还为“时代”、“八喜”、“青州”、“云门”等名牌香烟印制了精美包装。2002年公司销售额预计实现6200万元，利润640万元，均较2001年的5700万元和524万元分别增长了8.7%和22.1%。

北京燕京啤酒集团北京双燕商标彩印厂原有1台6色麦安迪柔印生产线，开三班生产仍不能满足啤酒标印刷需要，故在2001年又引进了1台麦安迪柔印生产线，才满足了“燕京”啤酒生产增长的需要(2001年啤酒生产预计150万吨，上年是130万吨)。2002年预计实现销售额达5000万元，利税1230万元，2002年的销售额与利税分别比2001年的4100万元和906万元增长了19.5%和35.7%。

上海纺印利丰印刷包装有限公司，柔印印品主要有上海施贵宝制药有限公司安尔康、百服宁、维康福不干胶标帖；强生公司邦迪内封帖；以及肯德鸡、麦当劳、白糖袋、时代广场咖啡、奶粉袋等；2002年产量预计60117千印比上年48793千印增长了23%。上海国际纸业有限公司为了开拓中国奶品包装市场，分别在2000年和2002年从德国BHS印刷机械公司引进两条卫星式宽幅柔印生产线(820mm)8色，速度是250mm/min。目前开三班生产，主要给全国多家如“光明”、“蒙牛”、“伊利”等乳品以及饮料、果汁企业提供屋顶包和包装盒印品。

深圳市劲嘉彩印有限公司在原有的3台瑞士Gallus、柔印生产线的基础上，为了满足当前卷烟、食品、小电器、高档食品等折叠纸盒包装及商标、标签的需要，2002年又进口了4条Gallus公司的柔印生产线。

我国两片钢罐发展前景

(张世云　吴军　曹清原载自《饮料工业》)

两片罐在我国应用现状

20世纪80年代我国开始引进制罐线，由于当时国内还不能生产镀锡DI材，因此，所有制罐线均采用铝材生产两片铝罐。直到1996年，宝钢与USINOR(现Arcelor)、Hoogovens(现Corus)合资建立了中国第一条两片钢罐生产线，开始向国内市场提供两片钢罐。

目前两片罐在中国主要应用领域为：可口可乐和百事可乐(50%)、啤酒(2%)及部分果汁饮料。目前两片罐供求关系失衡比较严重，要想走出困境必须不断创新。

宝钢于1999年开始商业化供给宝翼DI材。宝翼的年销量自1999年起就保持在4亿罐左右，达到满负荷运转。同时，从客户结构上看，可口可乐系统用罐的比例逐年上升，目前已经过半，达到55.41%。宝翼钢罐在华东可口可乐市场的份额也在逐年上升，目前已经达到45.44%。

由于目前宝翼大量使用宝钢DI材，因此宝钢DI材自1999年规模生产以来，年产量维持在1.3万吨到1.5万吨之间。宝钢DI材的质量经受住了严格的制罐规模生产的考验，成材率和质量水平稳步上升，完全满足制罐要求。宝钢镀锡DI材产能可达5万吨左右。另外，在宝钢支持下，两片钢罐的减薄片伐快于两片铝罐。目前宝钢已经能够生产0.24mm的厚度规格，并出口到国外。

目前，欧洲、日本和韩国等钢铁业强国和地区两片钢罐得到迅速的发展。全世界共有490条左右的两片罐制罐线，其中钢罐生产线有90条，每年近500亿罐的生产能力。两片钢罐得以发展的原因是多方面的，主要有：

钢罐成本比铝罐低，综合材料、制罐等因素，根据欧洲实绩预测，钢罐成本至少低10%。而且铝材价格受伦敦金属交易所(LME)铝锭价格波动而变动，有时波幅很大，影响了制罐商的稳定经营。

减少罐重、减薄原材料厚度是降低罐成本的重要措施，由于钢材强度高，减薄潜力很大，而铝材减薄潜力较小。

可口可乐、百事可乐和啤酒商等均通过了使用钢罐的认证，说明两片钢罐能保证内容物的质量、风味和口感等，不影响内容物质量。同时，由于钢罐较重，稳定性好，灌装线运行的速度比铝罐更高，深受饮料商的欢迎。

由于钢罐具有磁性，易于回收。钢是如今惟一能够不借助于手工可大规模分选回收的材料。未回收的部分，可以自然降解，环保性好。

钢罐是在与铝罐竞争中发展起来的。饮料商普遍认为，使用单一铝罐或单一钢罐，都不利于竞争和进步，必须使用不同材质的空罐进行灌装。在竞争中，钢罐具有自身独特的优势。

在中国钢罐能否发展，是钢材供应商、制罐商和饮料商共同关切的问题。笔者认为，在中国发展钢罐有如下有利条件：

钢罐镀锡 DI 材可以实现本土化，依靠宝钢等钢铁厂提供原材料，避免像铝罐那样原材料主要依靠进口。

宝翼是中国目前惟一一家生产两片钢罐的合资企业。从宝翼几年来的生产经营看，中国第一条两片钢罐制罐线是成功的，具有很强的竞争力。在内容物的适应性上，通过这几年碳酸饮料、果汁饮料和啤酒的灌装，证明是安全的。

随着生活水平的提高和生活的丰富多彩，罐装啤酒具有很大的市场潜力，中国啤酒的消费量仅次于美国居世界第二位。而罐装比例极低，只有 2%左右，在欧洲已达到 32%左右。

目前中国两片罐的罐型多为 355ml，只有数量有限的 500ml 罐型。中国饮料市场上，还应发展 330ml、250ml 等罐型，丰富市场，树立形象，适应老人、儿童等不同消费的要求。

生产出高质量的镀锡 DI 材是中国发展两片钢罐的基础，为此，宝钢必须在 DI 材的质量、减薄、新品种开发和使用技术研究方面取得更大的成果。目前国内两片铝罐产能严重供大于求，经营状况不够理想，在严酷的竞争环境下，其寻求生存的突破口在于重组和改造。国内美特集团与富特波尔整合为波尔集团，美国制罐与 PLM 合并，CCE 退出中国市场，都是两片罐市场重新洗牌的结果。宝翼的出现为两片罐的发展提供了良好的条件，但是铝线改钢线所需的较高费用是铝罐厂进行改线的障碍。同时，部分铝罐厂对两片钢罐生产工艺的陌生也是其不能下决心改线的重要因素。

为提高钢罐竞争能力，镀锡 DI 材厚度减薄和降低制罐成本是关键。欧洲的实绩表明，在镀锡 DI 材厚度与铝材厚度保持 0.02mm 的差距下，钢罐可保持明显的成本优势。宝钢镀锡 DI 材投产后，在宝翼生产线上进行了大量减薄试验，并取得了较大的成功，DI 材厚度也已经由投产初期的 0.28mm 减到现在的 0.255mm～0.26mm，使得宝翼两片钢罐在与国内铝罐的竞争中始终保持着成本上的显著优势。目前，宝钢已经生产出 0.24mm 厚的镀锡 DI 材，随着其投入使用，将进一步加强钢罐的竞争优势。为了继续挖掘两片钢罐潜在的强度优势，宝钢已准备开发 0.20mm 到 0.22mm 厚的镀锡 DI 材。

在国内市场上推广两片钢罐，可以借鉴韩国成功进行铝改钢的经验，首先选择一两家铝罐厂，进行铝改钢的试点，成功后逐步推广。韩国 1990 年以浦项钢铁为代表的韩国钢铁厂在其国内推广两片钢罐，当时就出现了 4 条两片钢罐生产线，采用的镀锡 DI 材厚度为 0.28mm。1993 年，又出现了 2 条两片钢罐生产线，镀锡 DI 材厚度减薄到 0.26mm。1995 年到 2000 年之间，浦项再次推出了两条两片钢罐生产线，镀锡 DI 材厚度进一步减薄到 0.245mm。目前，韩国国内共有 13 条制罐线，其中钢罐线有 9 条。在韩国，两片钢罐与两片铝罐的比例为 66：34。

塑料软包装的现状及最新发展

韩永生

当今，随着科学技术的不断发展，人们对生活质量的要求越来越高。高性能、多功能性塑料软包装材料正成为热点开发的包装材料。

高阻隔性塑料包装材料

高阻隔性塑料包装材料是随着食品工业的迅速发展而发展起来的，高阻隔包装材料在包装工业特别在食品包装行业获得了迅速发展和广泛应用。它对食品起到了保质，保鲜、保风味以及延长货架寿命的作用。保存食品的技术多种多样，像真空包装、气体置换包装、封八脱氧剂包装、食品干燥包装、无菌充填包装、蒸煮包装、液体热充填包装等等。在这些包装技术中许多都要使用到塑料包装材料，虽要求其具备多种性能，但重要的一点是都须具备良好的阻隔性。下面就各种常见软包装形态的阻隔性材料作些介绍。

比较常见的高阻隔性薄膜材料有如下几种：

(1) PVDC类材料(聚偏氯乙烯)

聚偏氯乙烯(PVDC)树脂，常作为复合材料或单体材料及共挤薄膜片，是使用最多的高阻隔性包装材料。其中PVDC涂覆薄膜的使用量特别多。PVDC涂覆薄膜是使用聚丙烯(OPP)，聚对苯二甲酸乙二醇酯(PET)等作为基材的。由于纯的PVDC软化温度高，且与其分解温度接近，又与一般增塑剂相溶性差，故加热成型困难而且难以直接应用。实际使用的PVDC薄膜多为偏氯乙烯(VDC)和氯乙烯(VC)的共聚物，以及和丙烯酸甲酯(MA)共聚制成的阻隔性特别好的薄膜。

(2) 尼龙类包装材料

尼龙类包装材料以前一直使用“尼龙6”。但是“尼龙6”的气密性不理想。有一种从间二甲基胺和已二酸缩聚而成的尼龙(MKD6)的气密性比“尼龙6”高10倍之多，同时还有良好的透明性和耐穿刺性。主要被用于高阻隔性包装薄膜，用于阻隔性要求很高的食品软包装。其食品卫生性也得到FDA的许可。它作为薄膜的最大特点是阻隔性不随湿度的上升而下降。在欧洲，由于环境保护问题突出，作为PVDC类薄膜的替代产品，MXD6尼龙的使用量是很大的。由MXD6尼龙和EVOH复合而成的具有双向延伸性的新型薄膜，作为一种高阻隔性的尼龙类薄膜。复合的方法有多层化复合，也有采用将MXD6尼龙和EVOH共混拉伸的方法。

(3) EVOH类材料

EVOH一直是应用最多的高阻隔性材料。这种材料的薄膜类型除了非拉抻型外，还有双向拉伸型、铝蒸镀型、黏合剂涂覆型等。双向拉伸型中还有耐热型的用于无菌包装的制品。EVOH树脂与聚烯烃、尼龙等其它树脂共挤制得的薄膜主要用于畜产品包装。

(4) 无机氧化物镀覆薄膜

作为高阻隔性的包装材料被广泛应用的PVDC，由于其废弃物在燃烧处理时会产生HCl而导致环境污染问题，现有被其他包装材料替代的趋势。比如，在其他基材的薄膜上镀覆SiO_x(氧化硅)后制得的所谓镀覆薄膜受到了重视，除了氧化硅镀膜以外，还有氧化铝蒸镀薄膜。其气密性能与同法获得的氧化硅镀膜相同。

近年来多层复合、共混、共聚、蒸镀技术发展极为迅速。高阻隔性包装材料如乙烯乙烯醇共聚物(EVOH)、聚偏氯乙烯(PVDC)、聚胺(PA)、聚对苯二甲酸乙二醇酯(PET)的多层复合材料及硅氧化合物蒸镀薄膜等得到进一步开发，其中尤以下列产品更为引人注目：MXD6聚酰胺包装材料；聚萘二甲酸乙二醇酯(PEN)；硅氧化物蒸镀薄膜等。

新型保鲜膜

由于农业生产的专业化，远程运输越来越多，鲜活果蔬的远距离运输，以及人们对生活质量的提高的要求，使得对能够使鲜活果蔬保存期和货架期延长的保鲜薄膜的需求越来越大。新鲜水果和蔬菜的一个共同特点是采摘后仍继续呼吸，而呼吸同时伴随新陈代谢、水分蒸发及乙烯生成，促使果蔬进一步成熟直至衰亡。同时，这种环境还使细菌很容易滋生并迅速繁殖，导致果蔬很快腐烂。为了延长果蔬贮存和货架寿命，国内外都加强了新型多功能保鲜薄膜的研究开发。

生鲜食品包装很重视气体的透过性，并以此选择不同的塑料材料。随着食品工业的发展以及材料科学的进步，作为食品包装材料不仅要求高阻气性，而且进一步要求发展选择透过性的功能，即根据包装内容物的要求，仅仅允许需要的(或不需要的)气体分子通过，建立一个适宜的气调环境。这类选择透过性包装材料在国外已进入实用化阶段，主要有添加溶解气体物质的薄膜，添加多孔沸石或氧化硅等粉末的薄膜，用咖玛射线照射使薄膜性质发生变化以及利用扩散系数对含水率的依存性、引入含有羟基基团和酰胺基基团的薄膜等。此外还可以在薄膜中加入一些抗菌剂和防腐剂，来抑制细菌和霉菌的生长繁殖。

近年来备受关注的保鲜技术就是通过微孔或改进薄膜配方结构、改良包装袋内的气调环境(氛围)

以及使用除氧剂与选择性透过薄膜组合的方法。其中尤以下列产品会受到更大的关注：

(1) 功能性保鲜薄膜

日本一家公司推出了一种强密封性包装袋，它是用一种叫做“奇克伦”的塑料制成的，具有极好的隔氧作用，用它来包装新大米，保鲜效果特别好，可长久保持大米的色、香、味不变，而且袋内产生的二氧化碳还有防虫、防霉的作用。

日本一家造纸公司生产了一种水果保鲜包装箱。它是在瓦楞纸箱的瓦楞纸衬纸上，加一层聚乙烯膜，然后再涂上一层含有微量水果消毒剂的防水蜡涂层，以防止水果水分蒸发并抑制呼吸达到保鲜目的。用这种包装箱包装水果，可使水果在一个月内保持新鲜。

为了能使水果和蔬菜在运输过程中保持新鲜，美国一家公司发明了一种在包装箱里减少氧含量、增加氮含量，以使果蔬保鲜的新方法。该方法在运输中使用具有气调性能的新型包装箱，这种包装有一层特制的薄膜，薄膜能够吸收氧分子，而让氮气通过。这样在空气通过薄膜进入包装箱后，箱内的氮气含量可高达98%以上。从而使果蔬的呼吸作用减慢，达到较长时间保鲜目的。

美国一家公司推出了一种新型的果蔬保鲜塑料袋，它可延长水果、蔬菜的保鲜期，减少果蔬因熟化程度过快而造成的损失。这种包装袋用天然活性陶土和聚乙烯混合而成，犹如一个极细微的过滤筛，果蔬在熟化过程中产生的气体和水分可以透过包装袋，袋内不容易滋生真菌，从而可使果蔬的保鲜期延长1倍以上。

美国一家公司研制出一种保鲜时间可长达3年的塑料保鲜袋。这种保鲜袋是在普通塑料袋内侧附上一层塑料薄膜，薄膜中含有吸氧剂，它能吸收在食品包装过程中进入的氧气，这就使导致食品腐烂的微生物因缺氧而无法生存。

(2) 硅窗气调保鲜袋

硅窗气调保鲜袋是在塑料薄膜袋上装上合适面积的硅橡胶薄膜。硅橡胶薄膜对氧气、二氧化碳和氮气有选择性的渗透，这种硅窗气调保鲜袋在水果贮藏上取得了良好的效果。应用它在一定的贮藏条件下，确定好适宜的硅窗面积，封闭一定时间后，即可将包装内的氧气和二氧化碳的浓度自动调节在自动需要的水平。一般贮藏1000千克苹果的大帐，设硅窗面积0.6平方米，可使氧气和二氧化碳维持在适宜水平，呼吸作用产生的过多二氧化碳可通过硅窗排出，袋帐内氧气不足时，可由硅窗透入。硅窗气调技术，关键是选用硅窗膜，确定硅窗面积和适合的贮藏量及贮藏的温度。

无菌和抗菌塑料包装材料

无菌包装可以在无菌条件下，不用添加防腐剂，在常温下就能最大限度地保留食品原有的营养成分和风味。可延长货架寿命，方便运输和贮存。无菌包装主要应用于食品、调味品、医药及化妆品等领域。所使用的软包装材料为纸、塑、铝塑复合膜，含高阻隔性塑料的多层共挤无菌包装片材等。

抗菌塑料包装材料则是对塑料包装材料赋予一定的抗菌性能，现在已经开发了以含银离子为无机抗菌剂的全新型母料，银离子具有显著的抗菌作用，其特点为抗菌效果持续时间长，不会因气化和迁移而对被包装物产生影响，加工稳定性高，不会污染环境。用添加的含银离子的母料(含量1%～3%)制得的薄膜或表面复合一层这种薄膜的容器，经试用表明，在无营养源的情况下，含1%银离子母料的薄膜能在1～2天内完全杀死会引起食品中毒的菌类，广泛用于熟食肉类、水产品和液体食品包装。另外在国外以从某些植物中的提取物作为抗菌剂的薄膜也已有生产，这类抗菌膜主要用于新摘蔬菜及水果等包装。

高耐热性塑料包装材料

耐热性塑料软包装材料以前多为耐蒸煮杀菌用，满足耐蒸煮杀菌的包装要求在120℃、10～20分钟蒸煮杀菌或加热的情况下，外观形状、品质均无明显的变化，包装食品在贮存过程中不产生容器破损、内容物泄漏、微生物二次污染以及光和热使内容物变质等情况。基本是以具有遮光性的铝箔为中间层、高阻隔性塑料PA、PET为外层，具有热封性的PE、PP为内层的多层复合蒸煮膜制成的蒸煮袋使用的最多。一些新型的含高阻隔性材料的EVOH、PVDC、MXD6、硅氧化物蒸镀膜等的多层复合材料也日见使用。

随着电磁灶，微波炉使用的日益普及，对适用于电磁灶、微波炉使用的包装容器的需求越来越大。而电磁灶、微波炉对包装材料的要求是在高温下使用不显著变形、破损、内容物(添加剂)不挥发，尤其是微波炉的加热特性，不允许包装材料中含有金属材料，这样，就限制了以铝箔为中间层、高阻隔性塑料PA、PET为外层，PE、PP为内层的蒸煮袋的使用。所以，现在多使用以PP、无机物填充PP的多层复合材料及结晶聚酯(CPET)片材制得的包装容器。

耐更高温度的新型耐热包装材料如聚砜薄膜、聚醚酰亚胺、聚4-甲基戊烯(TPX)/纸板等材料也得到开发，它们都能够耐180℃以上的温度，足能够满足电磁灶、微波炉对包装材料的要求。

特殊功能性材料

功能性包装材料：其他具有特殊功能性软包装材料包括有吸湿，脱臭、除味、抗静电、防锈、阻隔紫外线，释放或吸附挥发性气体、以及方便性(易开封、易再封)及可食性等材料。如近年来开发的在PE、PP、PVC中加入铁、抗坏血酸等化合物或活性炭、沸石等制得的薄膜，具有可除氨气、硫醇、硫化氢、二甲胺等恶臭的效果，适用于包装具特殊气味的农副产品、水产品、生鲜食品等，不会串味，另也适用于垃圾袋等。

纳米复合包装材料

纳米技术是近年来兴起的一门高新科学技术，研究最多的纳米复合包装材料是聚合物基纳米复合材料(PNMC)。常用的聚合物有PA、PP、PVC、PET等，纳米复合塑料包装材料的可塑性、耐磨性、硬度、强度都有明显的提高和增强。日本首先研制成功的PA6纳米复合包装材料与普通复合PA包装材料比较，拉伸强度和拉伸模量分别提高110MPa和2.1GPa，热变形温度提高到150%，热膨胀系数和吸水率大幅度降低。据报导，我国也已研制出新型的纳米复合包装材料，即将投入规模生产。

目前国内外新开发的塑料包装薄膜的发展趋势是朝着高性能、无毒无害、绿色环保、物美价廉、方便使用的方向发展。其中的软包装材料已由过去的以食品包装为主进一步向工业包装、医药包装、建材包装、化妆品包装等非食品包装领域发展，其使用范围和用量将越来越大。

保鲜包装技术现状与未来

株洲工学院　杨福馨

本文论述了保鲜包装的发展过程，并针对当前农产品保鲜包装的现状，提出了未来农产品保鲜包装技术的发展方向和热点问题。保鲜包装将会越来越受重视，特别是农产品的保鲜包装技术将成为未来农产品加工技术发展的重点技术，同样也会成为原料工业优先采用和推广的技术。因此，保鲜包装技术是未来包装科技发展的热点，也是未来农业、食品加工业等产业竞争的关键手段。

保鲜包装技术是随着保鲜包装材料和包装技术的发展而产生的。保鲜包装技术是贮藏保鲜技术的单元化。这种单元化又反过来促进贮藏保鲜理论的深化和应用效果的提高。

远古时代的罐藏保鲜包装

远古时代的保鲜包装技术最具代表性的是罐藏保鲜。这里所谈的罐藏保鲜包装技术与19世纪80年代法国阿培尔所发明的罐头是有根本区别的。远古时代的罐藏保鲜包装技术主要用于粮食、生鲜果品类的农产品保鲜，如谷物及柿子、桔子之类的果品，后来这种保鲜包装逐渐被引伸到果蔬菜类的发酵容器。其实这一远古时代人类所发明的保鲜包装与加工技术现在一直被沿用。

远古时代的罐藏保鲜可以说是一种具有现代意义的保鲜包装技术。到19世纪阿培尔发明的罐藏—罐头，就是对加工产品(食品)的保鲜包装，其意义在于方便携带和易于实现工厂化生产。

19世纪的罐藏与冷冻技术

19世纪的罐藏(罐头)技术是由法国人尼古拉阿培尔于1804年发明的。当时拿破仑发动的战争战线越拉越长，军饷供给已成难题，拿破仑便拿出12000法郎作为奖品在法国征集能保持食品长时间不变质的贮藏保鲜技术。这一技术正好被当时开办食品加工作坊的阿培尔研制成功了，也就是成功地研制出了密封瓶罐头食品的制作工艺。该技术1847年才完成了罐头食品工业化生产。到科学技术高度发达的今天，我们仍在使用阿培尔的这一技术生产罐头，对加工食品进行保鲜包装。

其实在此之前，很早就有人开始对罐头罐藏进行了研究。例如1765年意大利人阿贝斯巴兰查尼就进行了罐头保存技术的研究。1862年法国科学家巴斯德对这一理论进行了突破。巴斯德的理论阐明了食品腐败的原因是由于细菌的作用，这样便为高温灭菌和密封罐藏法生产罐头及保鲜加工食品奠定了科学理论基础。但这种罐头却实现不了生鲜食品(农产品)的保鲜。

冷冻技术就是人工制冷技术，这一技术的出现和应用，表明保鲜贮藏已由过去依靠自然气候条件转向由人工控制或制造适宜环境实现保鲜贮藏的阶段。这是食品保鲜贮藏史上的一次质的飞跃，也为真正意义上的农产品保鲜包装创造了条件。冷冻技术还包括快速冷冻与快速解冻。研究表明，缓慢冷冻与缓慢解冻会使营养大大降低。特别是常温下解冻，不但会用较长时间，还会导致微生物的生长，从而引起食物中毒。于是后来人们研制出了快速冷冻和快速解冻装置，目前我们所用到的微波炉就是一种理想的快速解冻装置和设备。

20世纪的气调包装技术

气调包装技术是最初由英国人研究出来的气体贮藏法。后来结合包装材料的特性，针对不同的农产品特性在包装中加入不同气体，再结合冷藏技术，便可使农产品的保鲜质量大大提高，还大大延长了农产品的货架寿命。这种气调保鲜包装技术对蔬菜、水果等生鲜食品具有良好的保鲜效果，这就是现代保鲜包装中用得最多的一种保鲜技术。

多种技术应用于保鲜包装

多种新技术新工艺用于农产品保鲜包装是20世纪后叶的事。市场全球化和国际市场竞争的加剧，使得很多过去用于其他工业和军事上的技术也逐步引入保鲜包装领域。其中最有代表性的是辐射贮藏保鲜技术的应用。它是将原子能辐射技术用于农产品保鲜包装处理，利用放射线的高能量进行“冷杀菌”，广泛用于农产品的灭菌、杀虫，防止或抑制某些农产品萌芽变质。常用的高能射线是X射线和γ射线。

另外还有电磁场处理保鲜包装技术、空气电离技术、高压技术、生物技术等。这些技术在某些农产品的保鲜贮藏方面得到应用。

今天，人们的生活方式和消费意识正在不断变化，从过去的加工食品逐步转向天然、生鲜食品，把营养与口感紧密相结合，特别是把是否生鲜、营养成分的多少作为选购食物的重要指标。因此，为农产品的保鲜包装研究带来了机遇，同时农产品贸易国际化，市场竞争的日益加剧，也为我们包装科学工作者带来了严峻的挑战。跟踪国际农产品消费趋势，分析科学技术的最新发展，农产品保鲜包装的课题会越来越多，技术难度也越来越大。未来的研究方向主要有如下几个方面：

新的保鲜包装理论将会出现。目前已出现的新的保鲜包装理论可归纳为五种：营养补充保鲜包装理论、亚生命状态理论、休克休眠状态理论、环境制约理论、酶钝化理论。

农产品保鲜包装研究将从整体的粗放型转向局部性状微观型，未来的研究将转向局部组织的性状及其生理变化微观研究。例如农产品的个体实物中各个局部组成部分表现出来的性状与保鲜包装的关系。表现在表皮性状、实物成分、果实有无核及核的性状等对保鲜的影响。

大宗大类的保鲜包装将转向对局部剖板后分别采用不同的保鲜包装。例如对蔬菜的保鲜包装，传统的研究是整株蔬菜采用同一保鲜包装方法，而未来的保鲜包装可能会将其杆、叶、花等局部分门别类采取不同的保鲜包装方法。

单一的保鲜概念将分解成多种不同性质的保鲜内容。例如对苹果而言，过去进行保鲜包装研究时，只要通过保鲜最终实现“能吃”，可能未来的保鲜包装将分别实现保味、保水、保色，保硬(脆)等专项品质的保持。

未来的保鲜包装技术将会产生两大研究热点，这两大热点是：生物保鲜技术和功能性保鲜包装材料及其与之相配套的包装处理技术。

保鲜包装功能的实现要从过去的静态转向动态，过去那种库房式保鲜方式将会被流通中的保鲜包装所取代。特别是活鲜农产品要求从加工前的成长、流通转移、采用包装技术实现保鲜保质。

保鲜包装将从单一技术转向与加工技术相结合的保鲜包装加工一体化技术方向发展。这种技术不再将包装与加工分割开来，而是将包装技术延伸到加工领域，实现保鲜包装与加工的一体化。例如鲜蛋在通过保鲜包装后，在一定时间内通过特殊的技术，便可能自动转变到皮蛋或咸蛋。

全新概念的保鲜包装材料或保鲜包装容器将会出现。这种材料或容器在具有灭菌功能的前提下，能释放出有利于保鲜的气体成分，同时还吸收掉产品新陈代谢中产生的某些有损保鲜的气体。

有关民间的一些古老保鲜工艺机理将会被破

译。如中草药的保鲜机理、天然香料的保鲜机理、食物相克的机理等。

总之，农产品保鲜包装研究将会出现百花齐放的新局面。

塑料包装材料市场分析

中国包协塑料包装委员会秘书长　蔡明池

我国塑料包装材料经过20多年的发展，已形成一定规模，在包装市场上占有重要地位。1980年产量仅有19.1万吨，产值30亿元，2002年产量达401万吨，产值达到680亿元，占包装工业总产值2500亿元的27%。行业装备水平不断提高，有的已经达到发达国家的先进水平。新产品层出不穷，市场需求迅猛增长，年平均增长率12%。

截止到2002年底我国已引进110条BOPP薄膜生产线，生产能力达70万吨，产量50万吨，生产线技术先进，线速度达350～400m/分，幅宽8.2m，年生产量2.5～3万吨。BOPP薄膜的应用正朝着多元化、高质量和非对称复合的方向发展。其应用范围越来越广，广泛用于印刷、复合、涂布及胶粘带、香烟包装、珠光膜包装、真空镀铝，还可用于制作电容器和金属薄膜容器等。BOOP有着广泛的市场前景。

20世纪80年代我国引起BOPET薄膜设备，从生产感光材料、绝缘材料、音像带材料逐步向包装基材方面发展，到2002年生产能力达18万吨，产量12万吨，60%属包装薄膜。主要应用市场以食品包装(奶粉、茶叶、蒸煮食品、肉类及地方风味小食品)、粮食包装、盐业包装、感光材料、护卡膜、药品包装及建筑装饰材料为主。

BOPA薄膜的优越性是高阻隔、耐穿刺、耐油性好，主要用于制作蒸煮袋及冷冻真空包装，是鲜肉、熟火腿、香味食品的理想包装材料。目前全行业生产能力仅有6000吨，最近有几家企业正在考虑引进设备，预计到2005年生产能力将达到2万吨左右。

目前塑料包装材料正向高性能、多功能、适应环保方向发展，并已成为行业开发的热点。塑料包装材料品种繁多，如具有高阻渗性的多功能保鲜膜、可高温蒸煮、耐烘烤、耐低温冷冻以及防静电、防锈、防臭、形状记忆等塑料包装材料，其中高阻隔保鲜和无菌塑料包装近几年市场发展尤为迅速。

高阻隔多功能薄膜除了基材的发展以外，油墨和粘合剂的技术也在不断进步，促进了蒸煮袋等功能性包装材料的发展。原有的复合薄膜行业正围绕着上水平、上规模、上效益的原则向深加工发展。制袋印刷技术上了新的台阶，具有国际先进的滚筒高精度扫描仪、平台高精度扫措仪，先进的制版设备替代了传统制版工艺，使塑料制袋彩印技术进入了“彩色革命”时代，实现了由电子扫描分色制版向DTP系统转变。目前全行业已具有胶版、凹版、柔版、丝网版彩印系统，促进了包装薄膜向更深度发展。防伪包装薄膜经历了日新月异的发展，成为软塑包装的常开之花。上海紫江彩印包装有限公司开发的防伪包装薄膜，通过特殊工艺将镭射图文纵、横套印在薄膜上，精度达到≤0.2mm，并使镭射图文复在两层膜中间，不易磨损，不易仿冒。安徽双永包装装饰材料公司引进高真空镀铝机、十二色分体自动凹版印刷机、干式复合机、自动高效制袋机及离子电浆处理技术，生产高档真空镀膜包装材料，用于食品、药品、乳品等包装。随着技术创新，利用非金属真空镀膜技术生产高阻隔包装材料项目也正在建设中。

随着环保意识的加强，在满足包装功能的前提下，包装薄膜、包装容器及片材正向轻量化、薄壁化方向发展，其关键是采用具有超韧性、易加工且较薄的新型原材料。自1998年起在成都年会上连续介绍双峰聚乙烯、茂金属聚乙烯、聚苯烯和聚苯乙烯合金等，给塑料包装提供了更多的选择余地，促进了包装薄膜和容器共挤技术的发展，改变了以双向拉伸为主要基材的干式复合法，增加共挤复合，调整了软塑包装的结构，使之更加趋于合理，这方面近几年发展较快的当属三层共挤(PP、LLDPE、PP)热收缩薄膜，而三层共挤流延缠绕包装薄膜已在上海、江苏、浙江等地投产；茂金属聚乙烯多层共挤吹塑薄膜已由苏州嘉合实业公司、苏州思索包装有限公司、保定铁思达包装材料公司开发成功，有效地提高了包装材料的性能，是理想的液体包装材料。高阻隔耐高温蒸煮尼龙与聚丙烯共挤吹塑复合薄膜也在大连利泰塑料公司投产。

上述情况表明，共挤复合薄膜是大有前途的包装材料，据有关资料报道，从 1998 年～2000 年，美国共挤复合薄膜在食品、鲜肉及农副产品包装、快餐食品包装方面的应用率占塑料薄膜包装的 87.9%，日本占 78.1%。市场预测，未来 4 年，超市食品杂货包装所需共挤薄膜将增加 50% 以上。我国是农业大国，蔬菜产量达到 7300 万吨，水里 5000 多万吨，粮食制品、小食品、地方风味食品、水产品等产量也在不断增加，这些产品都需要包装，因此为高阻隔多功能共挤薄膜的发展带来了机遇。

近年来，热收缩包装薄膜得到迅速发展，正从单一的 PVC 扩大到 PE、PP、PVDC、PET 和 PA 等多品种的收缩薄膜。随着市场需求的不断变化，热收缩薄膜正向多层次、多功能方向发展，出现了许多新技术和新产品，如多层共挤复合热收缩薄膜已在天津、浙江、南京、无锡、佛山投产。多层共挤复合热收缩薄膜采用线性低密度聚乙烯作为中间层，共挤级聚丙烯作为内外层，经共挤而制成。它具有 PE 和 PP 的优点，优于单层的 PE 或 PP 薄膜，是目前国际上广泛使用的热收缩包装材料。单层热收缩薄膜除了在快餐面食、陶瓷制品、茶具、机械零件包装方面已获得广泛应用外，在军用机械、五金工具的包装方面，以热收缩薄膜与气相防锈技术相结合，替代涂灌防锈油的方法也获得成功，增强了防锈能力。多层热收缩薄膜除了在新鲜肉、含脂肪食品包装方面应用外，还扩展到生活日用品、卫生保健品、医药、文教用品、化妆品用、音像制品等包装。

缠绕薄膜又称弹性薄膜或裹包薄膜，一般采用 LLDPE 作为原料，属于乙烯与已烯或辛烯的共聚物（国外牌号），国内采用乙烯—丁烯，熔体指数为 1～2，密度为 0.98 的牌号为宜。工艺上采用吹塑法和流延法，可用单层流延或三层共挤流延设备生产。

缠绕薄膜作为包装材料具有自粘性，包装过程中不需要进行热收缩处理，有利于节省能源，降低包装费用；同时能将货物聚裹为一个整体，便于装卸，提高货运效率，降低了运输费用，已纳入“十五”商品包装运输改进计划。

塑料在无菌包装中的应用给无菌包装技术的发展提供了广阔天地。所谓无菌包装，是将经过杀菌的食品(饮料、奶制品、调味品等)在无菌环境中包装，在不加防腐剂不冷藏的条件下，保证被包产品具有较长的货架寿命。非无菌包装先进行包装，然后包装物与容器一起蒸煮杀菌，而无菌包装采用超高温瞬间杀菌或微波杀菌，只需几秒或十几秒，避免了营养成分及风味的过度损失，是一项新的技术。目前，国内除了无菌杯式包装外，无菌塑料大袋包装和无菌杯式塑料瓶包装也已迅速发展。

无菌大袋包装(箱中袋)是指容量为 5～220L，最多可达到 1000L 的复合膜包装袋。装于木箱、纸箱或钢桶中，用于包装西红柿、果汁浓浆等。这种大袋包装大多采用 PET 镀铝膜与 PE 复合。

无菌杯式包装使用多层共挤片材 PP、PE、EVA、PUDC、PS，其中 PP 为可剥离层，作为无菌包装保护膜。在无菌包装上，撕开 PP 膜，露出 PE 无菌表面，完成成型—灌装—封盖过程。EVA 为粘结层，PVDC 对氧阻隔性好，用于包装食品，其保鲜期可与玻璃瓶及马口铁罐相媲美。目前，无菌包装在我国饮料行业仅占 5%，在乳制品中占 10%，而发达国家占 65%。另外，我国人均牛奶消费量 5.1kg，而世界上人均 38kg；果汁的人均消费量我国为 1.2kg，而世界人均为 8.8kg。由此可见，我国无菌包装具有极大的发展空间。

2000 年我国水果总产量达 7100 万吨，蔬菜产量为 3 亿吨，是世界第一大果蔬生产和销售大国。然而有 30%左右的水果在贮存、运输、销售过程中损失，其中包装不当是引起水果腐烂损失的原因之一。在竞争激烈的市场条件下，包装的作用显得越来越重要。由于新鲜的果蔬是一个活体，采摘后仍在呼吸，有着旺盛的生命，靠消耗自身的营养和水分来维持生命。如果果实采后不及时进行保鲜处理，少则 3～5 天(草莓、荔枝、龙眼、樱桃等)，多则 10 天半月(桃、李、葡萄等)就会出现失水枯萎、品质恶化和腐烂而失去食用价值。尽管不同水果的生理属性不一样，但变色、失水变味和腐烂是共同存在的问题。因此，如何抑制代谢过程，减少营养物质的消耗，保持水果的风味质量是保鲜包装的重要课题。目前，聚乙烯薄膜和聚丙烯薄膜是新鲜水果蔬菜普遍使用的包装材料。不同的水果蔬菜对保鲜包装的要求不同，保鲜包装的选择主要考虑以下因素：

适宜的气体透过性，保持适宜的 O_2 和 CO_2 浓度。根据试验，如果透气性差，袋内 O_2 浓度太低（<3%），易产生乙醇、乙醛挥发物，产生异味，CO_2 浓度过高（>10%）也会对水果造成伤害。

添加乙烯气体吸收剂。水果在采后成熟过程中要释放乙烯气体，乙烯在包装内积累，会加速果实衰老。因此在包装薄膜制造过程中加入硅素（沸石、大谷石、方英、SiO_2）等多孔性物质，具有吸附乙烯气体的作用，把水果释放出来的乙烯吸附了，就能减缓水果的呼吸作用，使水果保鲜。

塑料包装容器应用市场广阔，其中饮料行业有着诱人商机，经调查，2002 年我国饮料产量近 2384 万吨，每年以 20%以上速度增长。而碳酸饮料包装中 PET 瓶的应用比例占 57.4%，市场前景看好。目前行业中 PET 瓶产量较大的企业，有珠海中富和上海紫江集团，分别占国内 PET 瓶产量的 30%和 20%。珠海中富公司为最早获得可乐、百事百乐认可的 PET 瓶生产厂家，2001 年 PET 瓶产量达 32 亿个，其中热灌装 7 亿个，销售额达到 23.4 亿元，在各地拥有 30 多家工厂；上海紫江集团近年来发展很快，设在各地的控股公司已发展到 15 家，占据了武汉、郑州、天津、长春、昆山、成都等市场，新建年产 1.2 亿个 PET 瓶生产线已投产。2002 年又在上海、广州、成都、北京等地投资建厂，热灌装瓶的生产能力达到 4.85 亿个。

聚酯瓶在塑料包装行业的起步较晚，大量的注拉吹技术设备的引起促进了 PET 瓶大量生产，并以其优良的性能获得用户的欢迎，短短几年便成为食用油、饮料等包装的主流包装材料。同时，化妆品、医药等行业对其需求也在增加。1996 年 PET 瓶产量为 30 亿个，1998 年上升为 50 亿个，2000 年达到 80 亿个，2001 年 90 亿个，2002 年达到 100 亿个，年增长率为 18%，成为塑料包装材料增长幅度最大的品种。特别是从 2001 年起随着国内茶饮料市场异军突起，2001 年茶饮料产量已达 300 万吨，因此热灌装（85°～90℃）PET 瓶已成为聚酯瓶增长最快的品种，年增长率超过 50%。

国际啤酒包装业近几年采用的耐热聚酯瓶（PET）的发展迅速，特别是 PET 瓶涂层技术（等离子技术）的应用（内涂 0.21mm 的碳层，使其阻透性几乎与玻璃一样，同时能承受高温灭菌处理），使其应用范围扩大，适应热灌装茶饮料等。

此外，引起包装界注目的聚萘二甲酸乙二醇酯（PEN）新型聚酯瓶正在步入啤酒业。PEN 比 PET 更具有优异的阻隔性、防紫外线性、耐热性、耐高温（非晶态 PEN 热变温度达 100℃而 PET 仅为 70℃）。由于萘是从煤焦油分离出来的，我国有丰富资源，工业化生产即将实现。

我国是啤酒生产大国，年产量已达到 2386 万吨，居世界第一位。以 2002 万吨计算，每年需包装瓶 250～300 亿个，为 PET 瓶提供了广阔的市场空间。从技术方面看，啤酒不同于一般的碳酸饮料，即使是微量的氧气进入包装容器也会使啤酒的口味发生变化。而啤酒中 CO_2 的流失会影响泡沫特性，因此，对包装的阻隔性能要求很高。在我国，95%的啤酒通过巴氏灭菌方式生产，要求包装瓶的使用要耐 62℃～67℃高温，这些要求成为塑料啤酒瓶开发中的关键技术。

珠海中富集团采用新技术，在研究和开发中投入大量资金，采用共注射技术和吹瓶技术，可使啤酒在 PET 瓶中保鲜期达 100 天，已试验生产了 350 毫升、500 毫升的 PET 瓶，并正在开发 1.5 升和 2 升啤酒瓶。目前正在进行新厂建设，准备大批量生产，作为新的利润增长点。

目前，纯净饮用水已进入千家万户。市场上 5 加仑饮水桶以 PVC、PET 为主。对 PVC 饮水桶添加剂的毒性问题一直是有争议的，而 PET 饮水桶是符合卫生要求的，因此发展食品级 PC 原料十分紧迫。上海与拜耳已签约建设 10 万吨级 PC 树脂项目，2003 年第一期投产，年产 5 万吨，可以缓解 PC 长期靠进口的局面。近几年，PC 饮水桶发展很快，仅上海、广东两地年产量超过 5000 万个。随着国内原料投产，发展 PC 饮料瓶将是一个难得机遇。

全国瓶装水产量为 554 万吨，占饮料总量近 1/4，经过多年的竞争，目前已形成规模化生产，涌现出一批较强的企业，如娃哈哈、乐百氏等十强企业。而包装瓶的品种也由原来的矿泉水瓶，发展到蒸馏水、活性水、富氧水、太空水等各种瓶型，并向品版发展，对所需包装瓶的品质的要求也不断提高。瓶装水包装有着美好的市场前景。

我国纸箱印刷和印刷设备的发展趋势

王志星

我国在20世纪70年代前纸箱印刷工艺技术相当落后，当时纸箱印刷采用单色胶印机在箱面上印刷文字和图案，如果要印二色就要在胶印机分二次印刷，然后印面再到瓦裱机复面、再进入下道工序分纸、压袋、切角，整个工艺工序十分复杂，使用的手工雕刻分为橡皮版锌皮版两种。胶印印刷主要缺点是油墨干燥，速度慢，又是手工送纸速度更慢，劳动强度高，油性油墨必须用汽油清洗墨滚造成污染。这种落后工艺目前已彻底消失。

引进国际印刷设备，改变印刷落后面貌

20世纪70年代后期至80年代初期，我国具有一定规模的纸箱企业的上海、北京、天津、广州、青岛、武汉率先从日本引进水性印制开槽机，它的主要特点是车速快、自动或半自动送纸，瓦楞纸板直接印刷箱面，水性油墨干燥速度快，二色三色可一次完成印刷，提高生产效率，而且把多道工序连接、印刷、分切、压线一次完成，减少劳动力和劳动强度，水性油黑可用自来水清洗墨滚，很方便，无污染。我国纸箱机械行业纷纷模仿日本式水性印刷开槽机，当时一般制造单式、双色水性印刷开槽机。随着我国互楞纸板生产线的不断发展，水性印刷开槽机相当实用，完全符合我国纸箱印刷技术革命，实现纸箱印刷技术发展的第一次飞跃。

吸收国际纸箱印刷先进技术创造性发展印刷机械设备

20世纪90年代后期，随着我国互楞纸箱业不断地快速发展，向国际先进印刷技术国家引进法国、美国、日本、德国以及台湾地区等水性印刷模切机，由于台湾设备价格大大低于法、美、日、德等国家，因此，台湾印刷设备在我国市场占有绝对优势，特别是广东基本上都是台湾设备。在这个时期，我国纸箱机械行业的技术专家纷纷赴先进印刷技术国家学习考察，吸纳先进技术和印刷设备，有的印刷机械企业与美国、日本以及台湾地区进行技术合作引进先进的电气、机械部件与国内配套，开发新产品。如上海鼎龙包装机械有限公司，丁根龙董事长率领总工程师总设计师和工程技术人员先后考察美国、法国、日本和台湾地区，并采用中外技术合作的方式制造我国最新一代水性印刷模切机和水性印刷开槽机，ZYK型全自动电脑控制高速多色印刷开槽模切机是2001年开发的达到国际先进水平的高新技术产品，已批准为“国家级重点火炬项目”，已被上海市批准为“高新技术企业”获得国家级新产品，国家产权局授予八项专利，产品畅销国内30多个省市，已出口30多个国家和地区。2002年鼎龙公司为了满足国内外市场对高档纸箱的印刷模切加工，以最快速度成功研制开发生产了ZYKX全自动电脑多色印刷开槽模切机和巨无霸超大型MW1720×1260S全自动平压平模切机，填补国内空白，这两项新产品供应市场，受到广大用户青睐。下印机采用电脑控制、前缘送纸、印刷真空吸附传输，橡胶辊和双刮刀兼容式刮墨系统，开槽部精密线性导轨横移系统，模切部采用恒量位移，自动速差补偿，确保线速一致，整个传运联接采用免键联接，长期保证传动精度。以上海鼎龙为代表的新一代印刷设备还有广东东方、陕西北人印机业一批企业，代表着我国印刷机械设备进入第二次飞跃，为我国纸箱印刷提供高速高效高精度印刷机械。

瓦楞纸箱印刷向高档发展，满足国内外市场需求

我国进入21世纪，加入世贸组织，上海申博成功，提供包装市场空间。世界各国看好中国市场，大批外资进入中国市场办厂经商，将对中国包装业带来极大生机和发展机遇。改革开放以来，我国包装业以平均18%的速度增长，上海纸箱业以平均25%速度增长。纸箱业的快速增长和发展，特别是国内外品牌产品和出口产品对纸箱纸盒包装提出越来越高的印刷要求，今后纸箱纸盒发展方向是：

1. 纸箱运输包装逐步向商品包装发展，纸箱印刷文字图案要达到清晰、美观、鲜艳、多色、网点、立体感强，达到美化包装。

2. 纸箱印刷从单色、双色逐步发展到三色一六色印刷，要求套色准确，并印有网点，目前网点在40线～60线，今后发展到80线，对印刷机械精度要求相当高，并要发展柔性版印刷。

3. 箱面印刷从黄板纸逐步发展以白板纸替代，发展白底彩面印刷，以水性油墨替代油性油墨，以水性印刷来替代胶印，达到箱面美观清晰鲜艳，印刷技术含量高，提高商品附加值，并符合环保要求，无污染。

为了印刷质量的提高，必须在重视原纸配料和瓦楞纸板的质量的基础上，把企业技术改造重点放在印刷设备的改造上，着眼点应放在购置高档高速高效高精度多色印刷开槽模切机设备，增强高档产品竞争能力。

从纸箱业情况分析，除有一定经济实力的大型企业可引进国外先进印刷设备外，大多数纸箱企业应适应经济能力购置国产品牌印刷机械设备为宜。

美、法、日、德印刷设备价格昂贵，在1000万元人民币以上，台湾印刷设备大约高于国产一倍左右，而国产设备一般在100多万到200多万元左右，而且零配件、易损件和维修方面，价格纸廉。笔者倾向于国产设备为好。

我国包装机械的现状与发展思路

吴国荣

我国包装机械业存在不少问题：一是缺乏宏观调控，二是缺乏资金投入，三是缺乏专业技术人员，以致自主开发产品和创新能力薄弱，造成产品多年一贯制。目前，我国包装机械出口额还不足总产值的5%，进口额却与总产值大抵相当。

我国包装机械是包装工业的一大门类产品，在包装工业中有着举足轻重的地位和作用，它给行业提供必要的技术设备，以完成产品的包装工艺过程。尽管包装机械的产值在整个包装工业中所占的比重不如包装材料大，不属于经常性消耗品，但对包装工业的现代化却是不可缺少的支撑。它为包装工业提供先进的技术装备，保证包装产品质量高、生产效率高、品种多、生产环境好、生产成本低、环境污染小，因而获得较强的生命力，带来巨大的社会效益和经济效益。

国外包装机械业概况

美国、日本、德国、意大利是世界上包装机械四大强国。

美国是世界上包装机械发展历史较长的国家，早已形成了独立完整的包装机械体系，其品种和产量均居世界之首。10多年来，美国始终保持着世界最大包装机械生产和消费大国的地位。其产品以高、大、精、尖产品居多，机械与计算机紧密结合，实现机电一体化控制。新型机械产品中以成型、填充、封口三种机械的增长最快，裹包机和薄膜包装机占整个市场份额的15%，纸盒封盒包装机在市场占有率中居第二位。从上世纪90年代初以来，美国包装机械业一直保持着良好的发展势头。

美国国内包装机械市场在全球是着屈一指的，各种包装机械主要内销，1998年美国包装机械国内消费占82%，出口只占产值的18%，但出口额大。美国的包装机械制造厂大部分附属于大型包装材料厂，销售也完全依赖母公司。中国已成为继加拿大、墨西哥、日本、英国、德国之后，美国包装机械的第6大出口市场。

日本的包装机械制造厂以中小企业为主，包装机械的品种近500种，规格有700多个。包装机械以中小型单机为主，具有体积小、精密度高、易安装、操作方便、自动化程度高等优点。上世纪90年代以来，已将变频调整、光电追踪、无触点电子开关、动态数据显示等技术运用在包装机械中。日本包装机械的很大一部分用于食品包装领域，食品包装机械产值占包装机械总产值的一半以上。

日本包装机械的主要市场是本国，出口额只占总产值的10%。亚洲是日本包装机械的主要出口市场。从上世纪90年代以来，日本对中国的出口额连年大幅增长，自1995年起，中国已成为日本包装机械的最大出口国。

德国、意大利、英国、瑞士和法国等，都是世界上很重要的包装机械生产国家。欧洲各国包装机械业的一个共同特点，是出口比例(出口额占产值的比例)都很大，如德国和意大利近80%，瑞士超过90%。

德国的包装机械在计量、制造、技术性能等方面居领先地位，特别是啤酒、饮料灌装设备具有高速、成套、自动化程度高、可靠性好等特点，享誉全球。一些大公司生产的包装机械集体一电一仪及微机控制于一体，采用光电感应，以光标控制，并配有防静电装置。其大型自动包装机不仅包装容积大，而且能集制袋、称重、充填、抽真空、封口等工序在一台单机上完成。德国包装机械业多年来始终处于稳定增长状态，出口比例占80%左右。德国是世界上最大的包装机械出口国。

意大利是仅次于德国的第二大包装机械出口国。意大利的包装机械多用于食品工业，具有性能优良、外观考究、价格便宜的特点，出口比例占80%左右，美国是其最大的出口市场。上世纪90年代以来，意大利对中国的包装机械出口额迅速增长，1995年在意大利的出口排名榜上，中国已跃升为第二位。

我国包装机械业概况

我国包装机械起步较晚，在新中国成立时几乎是一片空白，只有少数工厂或作坊生产一些简单的手工包装机具，或为少数进口机械进行修配服务。上世纪80年代以前发展缓慢，只能生产几种水平很低的包装机械，主要在烟草加工、制糖、制盐、酿酒等行业，包装机械没有成为一个独立的行业，国家公布的产品目录中也没有分包装机械这一类。

80年代以后，由于改革开放，我国经济迅猛发展，社会对包装机械的需求不断增加。市场需求，政府的重视、政策引导和积极扶持，使我国包装机械得到迅速发展，年平均增长速度大于30%，进入90年代，仍以20%以上的速度增长。经过50多年的发展，我国包装机械已成为机械工业中十大行业之一，无论是产品还是品种，都取得了令人瞩目的成就，为我国包装工业快速发展提供了有力的保障。2001年全国包装机械产量达53.3万台(套)，产值为195.5亿元，占全国包装工业总产值的8.2%，我国已成为世界包装机械生产和消费大国之一。

然而，我国包装机械业存在不少问题。(1)缺乏宏观调控，因包装机械企业起点低、“先天不足”且跨部门，存在统筹规则、宏观指导难的问题，在投资和开发新产品方面往往一哄而起，出现低水平重复的无序竞争。(2)缺乏资金投入，这也是机械行业的共性，难以吸引大量资金投入，难以进行大量的技术改造。因经费不足，企业用于研究和开发的投资占销售额平均水平不到1%，不能做到生产一代，开发一代，研究一代。由于没有技术储备，引进技术、消化吸收工作不力，使企业新产品少，缺乏竞争力。(3)缺乏专业技术人员，因包装机械业利润不高，难以吸引优秀的技术人才，以致人才队伍参差不齐，自主开发产品和创新能力薄弱，甚至消化吸收国外同类产品的能力都很弱，造成产品多年一贯制。以上这些已经制约了行业的发展。目前，我国包装机械出口额还不足总产值的5%，进口额却与总产值大抵相当。

江苏包装机械是包装工业一大门类产品，其产值占全省包装工业总产值不到10%，大致同全国包装机械产值所占比例。它有以下几个特点：一是起步较早。江苏乡镇企业起步较早，发展较快，江苏包装机械业随之在上世纪70年代后期起步。二是分布较集中。江苏包装机械企业集中分布在经济发达的苏州、无锡、常州地区，沿江地区包装机械企业正在逐渐增加，而淮北地区很少。三是非公有制成分所占比重大。随着改革的深入和开放的扩大，江苏绝大部分包装机械企业通过改制改组，成为个私非公有制经济，同时以台资为主的三资企业也在逐渐增多。

然而，江苏包装机械业存在的问题基本同全国包装机械业的问题。明显表现在：一是生产规模大、产品档次高的企业不多，生产规模小而差别不大的企业不少，缺少龙头企业；二是技术含量高、有特色和优势的产品不多，趋于雷同而档次不高的产品不少，缺少名牌产品。

我国包装机械业发展的思路

首先，要明确我国包装机械业的发展方向。预计到2005年我国包装机械产量将增加到67万台(套)，到2010年将增至93万台(套)。但是，靠简单的重复，靠扩大生产数量，靠向上游、下游延伸的方法是行不能的，我国包装机械业必须走专业化生产的道路。要发展中高档设备，努力提高技术含量，把产品做精，做细，做专，做强，靠技术进步来提升行业的发展。

目前，世界各国对包装机械发展十分重视，集机、电、气、光、生、磁为一体的高新技术产品不断涌现。生产高效率化、资源高利用化、产品节能化、高新技术实用化、科研成果商业化已成为世界各国包装机械发展的趋势。这也是我国包装机械业的发展方向。对于我国的包装机械生产企业,并不是求大求全,而是应求精求专。美国、日本、意大利的包装机械生产企业大部分规模不大,但专业化程度很高。

其次,要进行我国包装机械业的结构调整。在"十五"期间乃至2010年,我国包装机械业要着重进行产业结构、产品结构和组织结构的调整。

在产业结构调整上,要提高生产集中度,促进专业化、系列化生产,提高产品质量和对市场的适应能力;要积极发展和扶持一批拥有名牌产品的重点骨干企业,加快现代企业制度的建立和完善,形成行业排头兵,参与国际市场竞争,从而加快产业提升。

在产品结构调整上,要改变目前产品结构中以低技术含量为主的状况,淘汰一批低效高耗的、低档次低附加值的、劳动密集型的产品,学习国外先进技术,开发生产高效低耗的、产销对路的大型成套设备和高新技术产品,开发出"新、奇、特"的包装设备,加速包装机械的更新换代,开拓国际市场。

在组织结构调整上,要成立跨部门的企业集团,树立大行业全局观念,进行组织结构优化组合,实现行业资产优化配置,统一思想,强化管理,形成优势互补,分工合作,共同发展的新格局。

再次,要确定我国包装机械业的发展重点。据有关专家分析,"十五"期间乃到2010年,我国包装机械业主要门类产品发展趋向如下:

1. 袋成型—充填—封口设备:发展系列化产品及配套装置,解决对物料的适应性、配套性和可靠性问题;采用先进技术,提高速度,同时可适用于单膜和复合膜两用的包装机;尽快开发性能可靠、高水平的粉粒自动包装设备。

2. 啤酒、饮料灌装成套设备:开发适用于10万吨/年以上大型啤酒、饮料灌装成套设备(包括装箱、卸箱、杀菌、贴标、原位清洗等);发展具有高速、低耗、计量精确、自动检测等多功能全自动大型成套设备。

3. 称量式充填设备:发展各种形式的称量充填设备,努力提高速度和精度,以及稳定性和可靠性,并与自动包装设备相配套。

4. 裹包设备:提高产品的可靠性和操作安全性;除塑料薄膜裹包设备外,还要开发折纸裹包设备;大力发展与裹包设备配套的各种辅助装置,以扩大主机功能应用面。

5. 捆扎包装设备:发展多种形式的捆扎机械;重点开发小型台式和大型塑料带捆扎设备和重物(如钢材)的自动连续钢带捆扎机,开发小型纸带捆扎机,提高果蔬、日用百货、工业材料包装自动化水平。

6. 无菌包装设备:缩短与国际先进水平的差距,提高速度,完善性能;发展大袋无菌包装技术和设备;研制斗液体无菌包装设备,使无菌包装设备产品系列化;发展杯式无菌小包装机械产品,以填补国内空白。

7. 真空、换气包装设备:发展适用于袋容量较大(最大可达1m^2)的连续或半连续真空包装设备和将所需气体按比例充入袋内的高速换气包装设备。

8. 瓦楞纸板(箱)生产设备:发展宽幅(2米以上)、高速成套设备;在中轻型设备上注重成套性;拓展计算机技术的应用深度和广度,重在提高性能,提高可靠性。

9. 制罐设备:研制无汞焊轮和专用电源,提高生产速度;发展复合罐、异形罐和喷雾罐等多种系列制罐成套设备及相应的制盖生产线。

10. 环保包装机械:开发各种小包装用纸袋的生产设备和以纸基材为包装材料(容器)的包装设备,以适应环境保护的要求;推广和完善蜂窝纸板制造技术,加快产品包装以纸代木;推广和完善纸浆模塑制造技术,扩大应用面,如向电子产品包装发展。

药品固体剂型包装的发展趋向

白　冰

国外药品包装已大量采用泡罩PTP包装及SP包装,应用于片剂、胶囊等固体剂型包装,今后几年内我国药品泡罩包装以及SP复合膜包装也将成为主流，并有着广阔的发展前景。

目前，药品包装正在成为我国包装领域非常活跃的分支。中国加入世界贸易组织后，更多的国际制药企业进入中国，加剧了我国制药行业的竞争，同时也提高了整个行业的质量及技术水准，从而带动了药品包装业的发展。药品固体剂型包装也随之不断推陈出新，使得药品包装正在成为包装业中效益显著，技术含量高的产品。从另一角度看，中国医药产品的包装水平与发达国家还存在较大的整体差距，这种差距归结为两个方面的原因。首先是我国制药行业整体水平比较低，长期以来，西药产品以仿制为主，很少有自主开发的产品，中药生产企业技术手段陈旧，同类产品缺乏统一的标准，制约了产品的发展。其次是药品流通体制的弊端，药品长期以在医院销售为主，没有处方与非处方之分，在药店销售的药品只占总量很小的部分，这种销售体制制约了药品包装的发展，使得药品包装长期保持老面孔。随着我国医疗体制的改革，这种情况将发生根本的转变。目前全球前100名制药企业几乎全部在中国建立了合资或独资制药企业，不仅带来了更多的新药品种，也同时带来了先进的医药包装的观念和标准。药品种类增加，也给药品包装的形式带来多样化，我国固体型药品如素片、糖衣片、胶囊、胶丸、针剂、外贴用药的包装近年来更新速度很快，由原来的简单的纸袋包装、简易的塑料袋包装、玻璃瓶包装到现在的高密度聚乙烯瓶(HDPE)、聚丙烯瓶(PP)、聚酯瓶(PET)、铝塑泡罩包装、单元条形包装，彻底扭转了我国药品包装落后的局面。笔者就目前以及今后五年内，在药品包装领域仍具有很大发展空间的固体剂型药品包装的主导技术，应用材料以及设备情况做一阐述及展望。

药用泡罩包装形式应用越来越普遍

西药的片剂是种类多，销量最大的药品固体剂型。大容量的玻璃瓶、橡色瓶在“九五”期间已明令禁止使用玻璃与封蜡工艺，经过几年的更新，已退出药品包装这一领域，取而代之的是塑料瓶和泡罩包装，而后者正在成为新型的片剂包装形式。药品的泡罩包装是在20世纪50年代由欧洲兴起的，我国在70年代初所使用的泡罩包装材料主要依赖进口，80年代我国先后由广州、连云港、锦州等地引进日本的药用泡罩包装印刷涂布设备及其技术，主要材料如药用铝箔等均需进口。到90年代我国已能制造单色和多色的铝箔印刷涂布设备，并能印制仿金色系列的药品外包装的铝塑产品，而泡罩包装所使用的主要材料均已国产化，并能满足国内包装行业的需求。泡罩包装的主要优点是携带方便剂量准确，但长期以来，由于我国药品单次服用剂量较大，使得泡罩包装的单位成本明显高于瓶类包装，但由于药品缓释技术的发展，给了它新的发展空间。药品缓释技术能使一片药剂的药性可持续释放12小时甚至更长，它的出现使药品的服用剂量大为减少。为了维持药品在身体中的浓度和持续时间，原来药剂最常见的服用量是每次二到三片，每日三到四次，现在可以做到每次一片，每天一次或二次，很多药品一个疗程的剂量只需6片。剂量的减少，极大地缩小了药品在包装成本上的差距，所以说缓释技术的进一步发展，将为泡罩包装的应用提供更广阔的空间。药品的泡罩包装也称“PTP”(Press Through Packaging)包装，是当今制药行业应用最为广泛、发展最快的软包装材料之一，也是目前我国固体剂型的主要包装形式。我国从最初的引进设备、技术和原材料到今天制造设备和原材料的自给自足，用了20年的时间。预计今后5年我国药品泡罩包装以及材料将会更快地发展。泡罩包装的生产技术是先将塑料薄片输送到电热器下使之软化，再将薄片置于模具内，然后从上方向模具内充入压缩空气，使薄片贴于模具壁上形成泡罩或空穴。如果泡罩或空穴不深，薄膜片较薄时，则用抽真空的方法，从模具底部抽气吸塑成型。成型后取出冷却，将药品置入塑料薄片的水泡眼内，用铝箔涂有粘合剂的一面在一定温度、压力、时间条件下与已装有药品的塑料薄片热封，形成泡罩包装。其耐药性好，化学稳定性好，可手工撕裂，能很好地保持药性且便于取用和携带。药用泡罩包装材料包括药用铝箔、塑料硬片、热封涂料等。药用铝箔是密封在塑料硬片上的封口材料，也称盖口材料，它以硬质工业用纯铝为基材，具有无毒、耐腐蚀、不渗透、阻热、防潮、阻光及可高温灭菌等优点。铝箔通常为0.02mm厚，由保护层、油墨层、基材与粘合层构成。因为药品对潮、湿、光透非常敏感，就要求所用泡罩材料对水、汽、光等有高阻隔性，多选用聚氯乙烯(PVC)、聚偏二氯乙烯(PVDC)或复合材料如PVC/PVDC、PVC/PVDC/PE、PVDC/OPP/PE等。由于PVC在阻湿阻气等方面性能不理想,现多已采用PVDC及其复合材料。以相同厚度的材料比较,PVDC对空气中氧的阻隔性能是PVC的1500倍,是PP的100倍,是PET的100倍,其阻水蒸汽、异味等性能也优于PVC。如有些使用PVC或PET材料包装的维生素E胶丸,在未服用完就已粘壁流液。还有一些需高阻隔包装的中成药,特别是阻氧包装的药品,如伤湿止痛膏选用PVDC膜,气味就不会散失,不会影响疗效。另外药用铝箔印刷用油墨应具备对铝箔良好的粘附性、溶剂释放性快、耐热耐磨性好、光泽性好并且无毒性等特点,主要有醇溶性聚酰胺类油墨和以聚乙烯醋酸乙烯共聚合树脂丙烯酸为主要成分的铝箔专用油墨。药用铝箔粘合材料主要以合成树脂及硝基纤维素混合的溶剂型粘合剂,其溶液固含量一般在22±2%左右,能够满足铝箔与泡罩材料经热压后的热合强度。

药用条形包装复合膜袋的应用日趋广泛

药用条形包装复膜袋不仅能包装片剂,也是粉粒、散剂类型的主要包装形式,对于一些较大剂型吸湿性强、对紫外线光敏感、要求具有耐热耐寒性且要求有效期长的药品采用条形包装更为合适。条形包装SP(Strip Packaging)是利用两层药用条形包装膜(SP膜)把药品夹在中间,单位药品之间隔开一定距离,在条形包装机上把药品周围的两层SP膜内侧热合密封,药品之间压上齿痕,形成一种单位包装形式(单片包装或成排组成小包装)。条形包装是在条形包装机上连续作业,特别适合大批量自动包装。取用药品时,可沿着齿痕撕开SP膜即可。这样,取用一次剂量药品并不影响其他药品的包装。条形包装膜(SP膜)是一种复合膜,具有一定的抗拉强度及延伸率,适合于各种形状和尺寸的药品,并且包装后紧贴内装药品,不易破裂不易产生皱纹。目前较普遍使用的铝塑复合膜,如PT/AL/PE,PET/AL/PE即铝箔与塑料薄膜以粘合剂层压复合或挤出复合而成,由基层、印刷层、高阻隔层、密封层组成。基层在外,热封层在内,高阻隔层和印刷层位于中间。要求基层材料机械性能优良,有光泽、印刷性好、透明性好,阻隔性好、安全无毒且热封性。典型材料有PET、玻璃纸PT及带PVDC涂层的玻璃纸。高阻隔层要对气体阻隔性好且防潮,不透过细菌及微生物,机械性能良好,有一定的延伸率、耐寒耐热、安全无毒,其典型材料是软质铝箔。这种软质铝箔不透明,本身不锈,遮光性强。若需要透明条形包装膜,则要采用PVDC作高阻隔层材料。PVDC作高阻隔层材料,其最大特点就是对气体水蒸汽优异的阻隔性,很好地保持药品原味。密封层是条形包装膜的内层,有优良的热封性,同时具有化学稳定性与安全性,一般采用LDPE材料。目前国外的药用条形包装膜已由双层复合发展到多层复合,有的已达七层,国内有的厂家也在尝试生产,促进了我国条形包装技术的发展。

药用塑料瓶包装向多品种专业化发展

20世纪80年代为改变我国药品包装的落后局面,缩小与发达国家药品包装的差距,由上海"三玻""五玻"、天津"力生"制药、山东"新华"制药率先从美国"威顿"公司和德国"巴登菲尔德·菲舍"(Battenfeld Fischer)公司引进药用注射吹塑生产线,生产优质的高密度聚乙烯(HDPE)、聚丙烯(PP)药用塑料瓶。之后由全国各地引进生产线40余条,到目前为止我国均能自己设计制造药用注吹成型设备,生产药用固体型塑料瓶的企业近300家,基本满足制药企业对塑料瓶包装的需求。品种由小型瓶15毫升至中型瓶300毫升不等,瓶形有圆形瓶、方形瓶以及椭圆形瓶。大部分厂按照国家药品监督管理局批准注册并发给《药包材注册证书》,走向生产药品包装材料多品种专业化之路。采用的设备也由挤出吹塑生产工艺向注射吹塑工艺转变。国家药品监督管理局在"九五"规划中就推广使用注射吹塑成型方式生产优质的药用塑料瓶,以保证瓶体的整体质量。采用注射吹塑成型的塑料瓶的质量优热显而易见,由于这种成型方法在设备成型过程中,注射嘴首先对瓶口进行注塑,保证了瓶口的精密度,然后由机械配置的芯棒吹塑瓶体,保障了瓶体外形尺寸的精度。设备的注射螺杆采用注塞式,注射塑料熔料时熔料分子之间压缩程度大,瓶体密实,当瓶内盛装药品时可防止瓶内药品气体的挥发和外部气体向瓶内渗透。在瓶口与瓶盖之间均采用电磁感应铝箔垫片封口,提高了瓶口的密封性能。应用的材料为高密度聚乙烯(HDPE)、聚丙烯(PP)、聚对苯二甲酸乙二脂(PET),耐化学性和良好的气体阻隔性、阻湿性,广泛应用于药品的包装。这些材料国内目前均可自给,而且材料具有良好的冲击强度。目前新型的瓶体材料已经出现,如聚萘二甲酸二乙脂(PEN),其性质更优。它强度高,耐紫外线照射,对二氧化碳气体和氧气阻隔性能优良,耐化学药品性能好、耐热好,比PET的应用更为广泛。PEN是近几年来国内外积极开发的新型聚酯树脂,也是药品塑料包装极好的材料之一。目前PET瓶在药品包装的应用越来越多,尤其是口服液类、眼药水瓶均属此种材料加工,是目前发展前景较好的品种之一。适用于药品吹塑级的PET的特性粘度为70～80 ml/g,用于吹塑小容积的塑料瓶,采用的设备仍是注吹机。与HDPE不同的是PET属吸湿性聚合物,原料须经过去湿干燥,干燥温度一般为150℃～163℃,时间为5小时,停机干燥温度应降到120℃左右,使含水率达到0.05%左右。PET的粒子干燥程度对成型性能影响极大,应避免干燥的PET与外界空气接触,因为PET会快速吸收水分。这是在加工过程中引起注意的。

总之,综观今后几年内我国药品泡罩包装以及SP复合膜包装有着广阔的发展前景。塑料瓶包装也向人性化设计和多功能方向发展,如针对儿童、老年人的方便性,对儿童则更注意安全性设计,比如瓶盖扭开强度有一定要求,此外还有趣味包装形式等。随着药品包装材料的不断更新与包装设备性能的不断完善,今后几年内我国药品泡罩包装以及SP复合膜包装将在西药的片剂胶囊,中药的丸剂、散剂、粉剂、颗粒剂等剂型包装方面成为主流,同时也广泛地应用于保健品、食品包装的工作领域。

消除阻力　发掘潜力
纸蜂窝产业面临的问题分析

韩　卿

纸蜂窝产品的制造与应用得益于蜂窝技术的发明和应用。从20纪纪50年代初,蜂窝技术的应用逐步扩展到了轻体建筑、装饰、家具、包装、仓储、运输等领域。到了20世纪60年代,才出现了纸制的蜂窝状材料,即纸蜂窝产品。

纸蜂窝产品一经问世,就以其轻巧的结构和优良的性能受到了包装等行业的青睐。

纸蜂窝板的性能分析

纸蜂窝产品除了具有强度高、弹性大的特点外,其抗压、防震、防潮、隔热性能也较为突出,尤其是可回收利用性,使其具有较强的生命力。

强度性能　蜂窝纸芯因其独特的力学结构,使其具有较高的抗压、抗折以及较高的刚度性能。研究证明,当把纸做成蜂窝状时,其立面抗压强度可达到其他方位强度的100倍左右,1g质量的蜂窝状纸板就能承受7.8N的压力而不会变形。另外,10mm厚度的纸蜂窝产品的抗压强度即可达到5～18.9t/m^2,是5层瓦楞纸产品的20～70.6倍,其抗弯挠度也可达到5层瓦楞纸产品横向的2倍和纵向的59.3倍。

承载能力　由于纸蜂窝产品具有较好的强度,所以采用蜂窝纸板制成的纸箱即可承载较大质量的物体。试验测试发现,采用10mm厚度的蜂窝纸芯复合板可达到的承载负荷为0.5～3t/m^2,这是5层瓦楞纸产品的2～10倍,在一些包装领域中可以替代实木板。采用蜂窝纸板箱包装重物的质量范围可从几千克到几吨之间。如果外板采用复合纤维板、三合板时,其承载质量甚至可高达到十几吨。

强度质量比　在纸蜂窝与面板的复合结构中蜂窝状纸芯的存在使其自身质量大为减轻。一般情况下纸蜂窝产品的密度可达0.024g/cm^3左右,所以采用纸蜂窝材料制成的包装产品较金属材料、木材、瓦楞纸产品等制成的产品轻,因此有利于商品的运输。由于其较好的强度,较轻的自身质量,使纸蜂窝材料有较高的强度质量比，可以说这是纸蜂窝产品成功的关键。

缓冲性能 纸蜂窝产品由于内芯蜂窝结构的特性，使其在受外力冲击时发生弹性变化，产生了很强的抗震能力，在包装商品时不需再另加聚苯乙烯泡沫塑料。试验结果表明，与其他包装材料（如瓦楞纸板）相比，应用蜂窝纸芯复合板箱包装的产品其破损率都减少一半以上。与泡沫塑料相比，尽管泡沫塑料属于一种软而韧的材料，但是泡沫塑料的线性弹性范围小，在很低的应力下就会达到材料的屈服点。也就是说，泡沫塑料刚度较差，在较小外力下，泡沫塑料能够对产品起到缓冲作用，而随着外力的增大，其缓冲能力大为减弱。因此，在所受外力较大情况下，纸蜂窝产品具有比泡沫塑料更好的缓冲性能。

独特的蜂窝夹芯结构提供了优异的缓冲性能，使纸蜂窝产品在众多的缓冲材料(如瓦楞纸芯、泡沫塑料等)中具有更高的单位体积能量吸收值，因而可有效地抵抗冲击，对产品起到较好的缓冲作用。只要将蜂窝纸板的厚度适度加大，就可以吸收更大的冲击能量。

隔音和保温性能 纸蜂窝材料的组成形态主要是由固、液、气三相组成。固相成分主要包括植物纤维(还有高模量纤维，甚至还有金属箔)、胶料、填料及染料等，主要提供纸蜂窝产品的力学性能；液相成分主要是其中所含的水；气相成分主要是指其中所包含的空气。由于气、液相的存在使得纸蜂窝产品的力学性质更为复杂化，也由于纸蜂窝产品的纸芯结构内充满空气，因此，纸蜂窝产品具有很好的隔音和保温性能。

可加工性 由于构成纸蜂窝产品的主要材料一般是植物纤维，使得纸蜂窝产品易于切割、钻孔，也可以根据需要加工成多种所需的形状和尺寸，因而有良好的加工性能。

环保性能 作为一种新型的包装材料，纸蜂窝产品及其制品在用于包装商品时，可替代包括聚苯乙烯泡沫塑料缓冲材料在内的包装材料，因此不会产生白色污染，且可以实现原料再生，是一种典型的绿色包装材料。

纸蜂窝产品的成本分析

由于纸蜂窝产品特殊的结构特点，使得制作纸蜂窝材料的原纸消耗一般比瓦楞纸材料少。例如，采用以厚度5mm、面积为$1m^2$的5层瓦楞纸产品的原纸材料就可以制成厚度为10mm、面积为$1.44m^2$的纸蜂窝产品。所以，由纸蜂窝材料制成的包装箱其质量为相同规格的5层瓦楞纸箱的2/3左右，是相同规格木制包装箱1/3左右，另外，纸蜂窝产品的制造原材料可采用相对廉价的废纸、草浆等，因而原料来源十分丰富，且具有较大的成本优势。如资料介绍，纸蜂窝产品的成本仅为相同厚度瓦楞纸箱成本的2/3，为木制板箱成本的1/3。

然而，由于纸蜂窝产品对原纸有着较高的性能要求，加上其制造工艺方面的复杂性，目前看来，纸蜂窝产品在生产成本方面几乎没有什么价格优势。另外，目前国内纸蜂窝产品的成型设备效率一般较低、损耗较高，致使纸蜂窝产品的成本较高。据了解，一个用于包装某电子产品的标准木制托盘的价格在40元左右，有的地方还不到35元，而1个由纸蜂窝材料制成的托盘其价格在40元以上，甚至高达50多元。由于纸蜂窝产品的售价偏高，也在很大程度上制约了纸蜂窝产品的推广使用。造成纸蜂窝产品价格偏高的主要原因，一方面是由于目前纸蜂窝产品的配套设备、制造技术(包括原纸制造技术)的发展相对滞后，造成了制造过程的效率相对低下、成本较高；另一方面是由于目前市场对该类产品使用性能及环境意义等的认识不足，习惯上还在沿用一些发达国家已明令禁止使用的包装材料，使得纸蜂窝产品及其制品的市场实际需求不是很大，这也在一定程度上影响了纸蜂窝产品的大规模化生产。由于生产规模较小，影响了规模效益的体现及产品成本的降低。

纸蜂窝产品的特殊性能使其应用空间十分广阔，市场潜力也非常大。通过不长时间的发展，国内的纸蜂窝产品制造技术已有较大提高，制作成本在逐步下降。目前中国已经制定了有关纸蜂窝产品的行业技术规范和纸蜂窝产品生产线的行业标准等一系列技术法规，有关部门正在致力于高性能纸蜂窝产品及其制品制造工艺的研究，并已取得了较大的进展。

发展纸蜂窝产品应注意的问题

正确认识我国纸蜂窝产品的发展现状

纸蜂窝产品由于其优异的性能，目前已成为包装制品行业中的一个新的产业，国内也得到了较快的发展。特别在1998年，美国、加拿大及欧盟等国家限制中国采用木托盘、木质包装箱出口的商品，增加了严格的熏蒸检疫手续。纸制包装产品可免除以上这些繁琐的检验手续，致使纸蜂窝产品成为人们关注的热点，纸蜂窝产品在国内异军突起。然而，纸蜂窝产品生产线的设备状况、制造工艺技术水平以及人们对该类产品性能的认识等是影响蜂窝产品制造业发展的重要问题。

关于国内纸蜂窝产品制造技术发展，目前还存在以下问题：①历史较短，发展较快；②与发达国家相比，制造工艺有差距。比如由于我国设备加工精度不高，制出的纸芯有时不是等边六角型，在拉伸时就会出现时松时紧的现象，以及纸板复合时速度较慢、烘干不太理想，出现脱胶现象等，另外纸蜂窝产品成型加工方面的设备也比较单一；③规模较小，效益欠佳。由于国内纸蜂窝产品的应用拓展力度不大，制作技术存在问题，因而纸蜂窝企业规模一般不大，产品成本较高，效益较低。

对发展我国纸蜂窝产品制造业的建议

1. 加大纸蜂窝产品及其制品制造技术的开发力度

当前国内制造技术的发展应该注意以下 3 个方面：

(1) 加快设备制造工艺的技术进步。制造出一些效率较高、性能稳定、操作使用方便的纸蜂窝产品制造及加工设备，为提高产品产量、质量以及降低成本创造条件。

(2) 加大对纸蜂窝产品二次加工或深加工设备的开发力度。

(3) 根据纸蜂窝材料本身的特点，打破传统包装方法，创造新的纸蜂窝包装应用方法，通过与纸浆模塑、植物纤维等新型材料的结合，设计出更好的包装方式。

2. 正确认识纸蜂窝产品的质量要求和成本问题

当前制约纸蜂窝产品使用的一个因素就是成本问题。目前该产品售价普遍偏高，这在很大程度上限制了它的推广和使用，所谓“替代效应”也就难以很好地体现出来。一般认为纸蜂窝产品成本较低，是相对于瓦楞纸产品来说，纸蜂窝产品的原纸用量相对较少，但其对原纸的质量要求却是较高的。蜂窝原纸是一特殊质量的纸张，实际上纸蜂窝产品对原纸的要求、制造设备的技术性能等比预想的要高得多。

3. 进一步提高市场的规范程度

通过建立一套完整的质量评价体系，规范纸蜂窝产品的市场行为，使其产品达标销售。对市场上现有的纸蜂窝产品进行规范、优化、以进一步树立纸蜂窝产品的市场形象，这对生产企业和用户都是非常必要的。

机电一体化是包装机械发展的方向

传统的包装机械多采用机械式控制，如凸轮分配轴式，后来又出现了电子控制、光电控制、气动控制等控制形式。但是随着生产力的日益提高，包装参数的随机多变，这些控制系统已越来越难以满足新形势的发展。这时，一种新技术——机电一体化技术应运而生，它彻底改变了包装机械的面貌，使其以全新的姿态出现在世人面前。

机电一体化技术的特点

在当前科学技术日新月异的时代，各种新技术、新工艺、新材料、新设备的出现，已不再是单纯某一门学科的发展，而是各门相关学科、多种先进技术的互相渗透和相辅相成的结果。机电一体化技术就是这样的一种新技术，它是在信息论、控制论和系统论的基础上建立起来的综合技术。其实质是从系统观点出发，运用过程控制原理，将机械、电子与信息、检测等有关技术进行有机组合，实现整体最佳化。具体地讲，它是将微机技术引入到包装机械中。

机电一体化从根本上改变了包装机械的面貌。在这种包装机械中，微机作为它的大脑，取代了常规的控制系统。机械结构是其主体和躯干，各种仪器、仪表、传感器是其感官，它们感受各种包装参数的变化，并反馈到大脑（微机）中，各种执行机构则是它的手足，用以完成包装操作所必需的动作。

一个完整的机电一体化系统，一般包括微机、传感器、动力源、传动系统、执行机构等部分。它摒弃了常规包装机械中的繁琐和不合理部分，而将机械、微机、微电子、传感器等多种学科的先进技术融为一体，给包装机械在设计、制造和控制方面都带来了深刻的变化，从根本上改变了包装机械的面貌。

对包装机械的作用

一种新技术，一旦变成生产力，常常会发挥很大的作用。如光电定位的误差远小于机械定位，微波干燥的效果远好于电加热干燥等等，机电一体化技术用于包装机械上的时间虽不长，但效果是明显的，作用是巨大的。

使机械结构大为简化

控制系统是机器的发令器官，传统的包装机械控制系统多采用断电器、接触器控制电路，其复杂程度随着执行机构的增多，以及调整部位的增加而加大，使得机器也越来越复杂，给制造、调整、使用和维修均带来不便。而机电一体化，可用微机、传感技术、新型传动技术取代笨重的电气控制柜和驱动装置，使零部件数量剧减，结构大为简化，体积也随之缩小。

产品质量提高

微机内有一个存储系统，人们可预先将影响包装机工作的各参数及有关数据存入微机，它能自动跟踪产生过程。当一个参数或几个参数发生变化，这种变化在瞬间反馈至微机，微机对这些变化参数进行识别、判断并及时进行相应修正，使包装机随时保持最佳工作状态。而传统包装机在工艺参数变化时，其调整多凭经验，这就难以找到最佳参数；若是几个工艺参数同时改变，更是无所适从。如最常见的塑料袋封口机，其封口质量与包装材料、热封温度和运行速度等有关。如材料（材质、厚度）发生变化，温度和速度也要随之改变，但变化多少却难把握。如采用微机控制，将各种包装材料的封口温度和速度的最佳参数匹配输入微机存储器，再配上必要的传感器，组成自动跟踪系统，这样不管哪个工艺参数改变，都能保证最佳的封口质量。

参数变化越多，调整部分越多，机电一体化的优越性也越大，这是一般控制方式无法相比的。

功能增多，可靠性提高

机电一体化除可保持原来包装机的功能外，还可赋予其他许多功能。如液体饮料软包装机，它在气动、电气和机械的共同配合下，可具有制盒、灭菌、灌装、封口等功能，但若将微机引入控制系统，则还可存储如生产速率、产品数量、故障现象、故障原因等数据，同时能对这些数据根据实际情况进行相应处理，并把结果打印出来，或在屏幕上显示，大大方便了操作。

机电一体化还将赋予包装机以自动监控、动态检测、报警等功能，还具有安全连锁控制、过载和失控保护等功能，使包装机的可靠性大为提高。

操作简便，效益提高采用机电一体化技术设计的包装机，具有数字显示和多种信息的高度集中显示，大大减少了操作按钮和手柄，并有程序控制等功能。使操作程序大为减少，操作人员也易于培训。

常规包装机多采用异步电动机驱动，实际上多处于轻负载工作状态，能源浪费大。机电一体化技术，用变频电动机代替了异步电动机，由微机自动寻找最佳工作点，随机调整变频电动机的输出功率，一般可节约40%的能源。此外，它的可靠性提高了，产品质量得到保证，效益也提高了。

机电一体化是包装机械的发展方向，它应用的时间虽不长，却已显示出极大的优越性，随着机电一体化在包装机械上的普及和推广，必将对我国包装行业的发展起到积极的作用。

国内烟用BOPP薄膜市场走势

香烟包装用膜简称烟膜，是BOPP薄膜的一种。作为一种高档BOPP薄膜，烟膜较普通包装膜具有低热封温度、更好的阻隔性能、高透明度、厚度均匀性等。

烟膜的厚度国内一般是20～22μm，由于成本的考虑和环保对包装材料轻量化的要求，国外生产烟膜的趋势是更薄的膜。在烟膜中，芯层的聚丙烯均聚物是决定薄膜物理机械性能的主要因素。目前，世界上BOPP薄膜的生产方法主要有管膜法和平膜法两大类。管膜法属双向一步拉伸，具有设备简单、投资少、占地小、无边料损失、操作简单等优点，但由于存在生产效率低、产品厚度公差大等缺点，上个世纪 80 年代后几乎没有发展，目前仅用于生产双向拉伸 PP 热收缩膜等特殊品种。平膜法又分双向一步拉伸和双向两步拉伸两种方法。双向一步拉伸法制造的产品纵、横向性能均衡，但因设备复杂、设备一次投资高、边料损失多、产品厚度受限制等问题，在目前还未大规模被采用。双向两步拉伸法设备成熟、线速度高、生产效率高，适于大批量生产，被绝大多数企业所采用。

生产 BOPP 设备的生产厂商主要有德国的布鲁克纳公司、日本三菱重工、东芝机械、法国 DMT 公司等，目前 BOPP 生产线设备的发展方向一是向大型和高生产线速度发展；另一方向是采用同步拉伸技术，如布鲁克纳公司的线性电机同步拉伸技术，能够使薄膜均衡拉伸，从而生产出更薄和质量更好的 BOPP 薄膜。

烟膜按照被包装物可分为条包用和小包用，按照性能可分为通用型、热收缩型等，国内现在经常生产的有热收缩型香烟包装膜、宽容型香烟包装膜和高速型香烟包装膜三种。

热收缩型香烟包装膜：主要特点是具有优良的贴包装效果；克服硬盒包装薄膜松弛皱褶问题，具有低温热收缩性、高透明度和光泽度，具有高速包装性。

宽容型香烟包装膜：适用于各种不同类型的香烟包装机，其理想的适应性可以应付包装机调校上的轻微误差而不会构成不良后果。主要特点是对包装机具有理想的适应性，优良的爽滑性能，热封范围广，高刚性和抗静电，优良的折叠质量。

高速型香烟包装膜：特别用于高速香烟包装机，提供了高速包装。

我国的烟草行业对 BOPP 膜的需求量很大。据统计，我国现有卷烟厂 165 家。卷烟生产能力 6675 万大箱，国内烟膜总需求量在 6 万～8 万吨/年。2001 年，我国 BOPP 薄膜年产量约 50 万吨，其中，普通光膜约占 75%，烟膜约占 12%，珠光膜约占 5%，电工膜约占 3%，其他如热收缩膜、消光膜等占 5%。

上个世纪 80 年代初期，北京化工六厂、燕山石化公司、广州石化总厂薄膜厂分别从德国布鲁克纳公司引进平膜 BOPP 生产线，此后，国内许多企业开始陆续从德国、日本等国家引进了 BOPP 生产线。目前，全国共有 BOPP 生产线 80 多条，年生产能力超过 50 万吨，其中广东省就引进 BOPP 薄膜生产线近 30 条。

近年包装工业的持续增长，使国内 BOPP 需求呈快速增长的态势，据统计，今明两年新增 BOPP 生产能力在 30 万吨左右，如南京中达制膜有限公司的控股企业江阴申鹏包装材料厂引进的日本三菱重工设备已于今年投产，最大产能 2.5 万吨/年，幅宽 8.3m，最高速度大 450m/min，最高分切速度可达 1000m/min。该公司计划在明后两年筹建 2 个产能在 2.5 万吨/年的 BOPP 生产线，生产规模将达到 8 万吨/年以上。浙江惠盛塑胶有限公司今年底将上 1.4 万吨/年布鲁克纳生产线。

宝硕公司引进的法国 DMT 公司生产的 2.5 万吨/年的生产线已投产。顺德德冠公司、四川东盛公司、上海金浦公司，广东宏铭公司、黑龙江庆港公司都将有 2.5 万吨/年的生产能力的增加，导致对国产 BOPP 原料需求的增加。

另一方面，国内 BOPP 薄膜产品在生产大型化、系列化及多样化等方面与国外相比有一定的差距，如埃克森美孚公司每年 BOPP 薄膜产量超过 20 万吨，规模大、品种多，有近 40 个牌号，应用领域广阔。而国产品种单一，成本高，规模小。因此仍有相当数量的 BOPP 树脂及膜料需要从国外进口。虽然近几年国内的 BOPP 厂也推出了一些新产品，如南京中达集团推出了 BOPP 彩印定位防伪型烟用包装膜、BOPP 超低温热封型烟用条包膜、BOPP 抗磨花型烟用包装膜等，但在产品创新上还有很多工作要做，这是对塑料尤其是树脂和薄膜企业提出的新挑战。

“方便食品”包装新趋势

中国包协塑料包装委员会专家组　陈昌杰

方便食品通常具有方便贮运、使用方便、货架期长、价格适中的特点。方便食品的开发应用适应了社会快节奏的需要，近年来发展很快，如各种直空包装食品、充氮包装食品、除氧包装食品、蒸煮包装食品、微波食品等等。

方便食品的发展和包装材料息息相关。可以说，正是方便食品的快速发展，为包装材料的发展提供了市场，同时也正是包装材料，特别是塑料复合包装材料的开发研究成果，使方便食品的快速发展成为现实，甚至可以说没有包装材料的发展，就没有今天的方便食品工业。为了适应方便食品的发展，方便食品的包装正向着使用方便、安全、卫生、延长食品保质期以及降低成本的方向发展。

本文介绍几种和方便食品关系密切的包装材料：阻隔性包装材料、易开封包装材料以及微波炉用包装材料的基本情况。

阻隔性包装材料

阻隔性包装材料指具有良好阻隔性能的包装材料。通常阻隔性指包装材料对氧等非极性气体和水蒸气的阻隔能力。

包装材料阻隔氧气的性能对于加工食品的储存期的长短影响很大。在选用包装材料时，往往期望它具有较高的阻氧性，即应用所谓高阻隔性包装材料。包装材料对气体的阻隔性，通常采用包装材料的透气量，即在包装材料的两侧气体压力差0.1兆帕(1大气压)的条件下，每平方米24小时透过气体和毫升数予以表征。透气量越大，阻隔性越差；相反，透气量越小，阻隔性越佳。关于高阻隔、中阻隔、低阻隔的区分，至今尚无严格的定义，从实用的角度出发，有人将厚度2.5丝(0.025毫米)的薄膜透气量低于5c $m^3/(m^2.24h..0.1MPa)$的，称为高阻隔性包装材料；透气量在5～200c $m^3/(m^2.24h..0.1MPa)$之间的称为阻隔性包装 材料；透气量大于200c $m^3/(m^2.24h..0.1MPa)$的，称为低阻隔性包装材料。包装材料的透湿性，也对包装食品的质量产生重大的影响。将食品中的水分控制在一定的范围之内，往往不仅是保持食品风味的需要，而且水分的存在，常有助于细菌的繁殖而加速食品的变质。许多食品需要在干燥的状态下保存，要求包装材料有良好的阻隔水蒸气的性能，能够有效的防止空气中的水蒸气进入食品中。包装材料对水蒸气的阻隔性，通常采用包装材料的透湿量予以描述，即每平方米、24小时透过水蒸气的克数予以表片，厚度2.5丝(0.025毫米)的薄膜，透湿量低于5g/$(m^2.24h)$的，称为高阻隔性(高阻湿性)包装材料，透湿量在5～20g$(m^2.24h)$之间的称为阻隔性(阻湿性)包装材料；透湿量大于20g$(m^2.24h)$的，称为低阻隔性(低阻湿性)包装材料。

方便食品常用阻隔性包装材料有两种，一种是含铝箔及无机涂层的复合包装材料，另一种是全塑型阻隔性复合包装材料。传统的铝塑复合包装材料含有铝箔层，它是常用阻隔性包装材料中阻隔性最高的一种，其透氧、透湿性均接近于零，而且可以阻止可见光和紫外线的透过。除了可以防止食品包装容器外面的氧气和水蒸气进入，防止氧气和水蒸气对食品的危害以外，还能防止食品中的光敏成分因可见光和紫外线的作用而引起的变质，对所包装的食品有极其优良的保护性，而且当热封层选用耐高湿树脂，如聚丙烯时，以铝箔为基材的复合材料具有可蒸煮性，因此它在方便食品的包装中具有广泛的市场，至今在蒸煮包装、真空包装、气体置换包装等领域应用十分广泛。

为了解决因铝箔折裂所导致的阻隔性能大幅度下降的问题，人们研究成功了在塑料薄膜的表面上，主要在PET薄膜和BOPP薄膜的表面上进行真空镀铝(亦称真空喷铝)，制造含铝涂层的复合软包装材料，这种材料具有接近于含铝箔的复合材料的阻隔氧气、水蒸气以及光线透过的性能，而且当其受到折叠时，不易产生裂缝，仍可保持其固有的高阻隔性。这种含真空镀铝涂层的复合材料，还具有较之含铝箔的复合材料更好的光泽度，而且通过镀铝基膜的着色，获得金黄、银白、亮红等多种颜色，满足装饰上的需要。此外，由于镀铝层的厚度明显低于铝箔的厚度，采用镀铝基膜代替铝箔生产高阻隔性复合包装材料，还有节约物资的特点。

为了制造具有和含铝箔的复合包装材料相当阻隔性的高透明复合包装材料，人们研发了含有蒸镀氧化铝层或者氧化硅层的基膜(利用物理或化学方法，在PET薄膜的表面上镀一层致密的氧化硅或者氧化铝)，利用这种基膜制造的复合薄膜，具有极高的阻氧、防潮性，透氧、透湿量和含铝箔的铝塑复合薄膜相当，同时还具有高度的透明性，可以透过包装清晰地看到所包装的商品，对商品有良好的展示效果。此外，由于该复合材料不含铝层，微波透过性优良，因此可以在含铝复合包装材料不能应用的微波食品包装方面得到很好的应用。

全塑型阻隔性复合包装材料包括高阻隔性全塑型复合包装材料和阻隔性全塑型复合包装材料。工业化的高阻隔性全塑型阻隔性复合包装材料，常用的阻隔性树脂有聚偏二氯乙烯(PVDC)、乙烯一乙烯酸共聚体(EVOH)、芳香尼龙 MXD6 等，它们不仅可以制得透明高阻隔包装材料，而且都是热塑性塑料，可以采用共挤出的方法，由塑料粒料直接生产出所需要的复合包装材料，实行清洁化生产。由于他们均具有热成型性，可深拉成型，加工成所期望形状的容器。

聚偏二氯乙烯是一种优点与缺点均十分突出的品种，它是包装领域常用聚合物中唯一同时具有高度阻隔氧气和高度阻隔水蒸气的品种，虽然其成型性能较普通能用热塑性塑料差，但在特定的成型条件下，不仅可以制造成单层的平膜及管膜，而且可以通过共挤出的方法，制造多层共挤出复合薄膜，还可能过乳液(或者溶液)涂布的方法，制得成本比较低的含聚偏二氯乙烯涂层的高阻隔性包装材料，因此，聚偏二氯乙烯曾经被看成是一种最有发展前景的阻隔性包装材料。然而聚偏二氯乙烯的环保适性性极差，废弃包装物不能通过熔融造粒再生利用，它又不易分解，焚烧时又会产生氯化氢、二恶英之类的有毒有害物质，如果在包装废弃物的处置技术方面没有重大的突破，聚偏二氯乙烯在包装方面的应用前景不容乐观。

乙烯一乙烯醇共聚体具有与聚偏二氯乙烯相当的高阻氧性，虽然其阻隔水蒸气的能力较差，但可能过与聚乙烯等聚烯烃复合的办法，制造出高阻隔水蒸气的复合材料。它的成型性能十分优良，可以采用常规热塑性塑料的加工工艺与设备成型加工，而且其环保适应性极佳，既可通过熔融造粒的方法再生利用，又可通过焚烧的方法回收热能，焚烧时只产生二氧化碳和水而不产生任何有害于人类健康和危害自然环境的物质，因此它一问世，即被认为是最有发展前景的包装材料之一。但由于其价格昂贵，应用上受到较大限制，虽然近年来共挤出工艺及设备的进步，已经使复合材料中的阻隔层可以降低到总厚的5%～15%范围之内，为乙烯一乙烯醇共聚体类包装材料的推广应用创造了较好的条件，但其应用仍局限于那些附加值较高，其它包装材料不能胜任的场合。乙烯一乙烯醇共聚体更大规模的应用，尚有待于其成本上的大幅度下降。

芳香尼龙 MXD6 在标准条件下的阻氧性略低于乙烯一乙烯醇共聚体，但在经过蒸煮处理之后，恢复到原来所具有的高阻氧性能所需要的时间，较乙烯一乙烯醇共聚体要短得多，同时它也有良好的成型加工及环保适应性，因此被推荐用于需要蒸煮加工食品的包装，目前其应用上的主要障碍也是成本问题。

目前大量使用的阻隔性全塑型复合包装材料是以 PET 和尼龙(PA6)为阻隔层的复合材料，这种材料虽然只有中等的阻氧性，透氧量在 100c $m^3/(m^2$. 24h. 0.1MPa)左右，但已能满足许多食品包装的需要。这种材料均具有良好的环保适应性，较之上述高阻隔性材料还有成本比较低廉的一大优点，因而具有较强的市场竞争能力，应用相当广泛。

聚对苯二甲酸乙二醇酯在塑料包装材料方面的应用主要是以双向拉伸薄膜为基材的各种复合包装材料，除了阻隔性之外，涤纶薄膜在复合材料中的贡献主要是提供良好的机械强度，双向拉伸薄膜的强度高，可以制造得很薄，因此单位面积质量很小。同时，近年其价格有了明显的下降，单位面积成本比较低廉，以其制作的薄膜为阻隔层的包装材料，已成为阻隔性复合包装材料的首选基材之一，应用极其广泛。

传统的 PET 薄膜，不具有热封合性能，当需要制袋时必须事先加工，复合上一层热封合材料，工序繁杂，不仅增加生产成本而且还会降低某些特性，例如透明性。为了克服 PET 薄膜不能热封的缺点，国外已开发出具有热封性的多层共挤出双向拉伸 PET 新产品。

尼龙即聚酰胺也是一种中阻隔性塑料包装材料，其阻隔性和 PET 相当，非拉伸 PA 薄膜的透氧性略大于 PET 薄膜，拉伸 PA 薄膜的透氧性略低于 PET 薄膜。尼龙薄膜具有两个明显的特点，其一是抗穿刺性能突出，因此特别适用于带骨食品的真空包装；其二是尼龙较易吸潮，而且受潮后可导致阻隔性能的明显下降，因此对包装材料的阻隔性要求较高的商品，应选用在尼龙层的两侧，均有聚烯烃树脂保护的品种。

多层共挤工艺已成为提高尼龙复合薄膜阻隔性的有效手段。为了提高共挤出复合薄膜的阻隔性，目前已从原来 3—5 层提高到 7 层以上。当多层共挤薄膜中设置有两层以上的阻隔层时，可使生产过程中产生的缺陷错位，避免因这类缺陷引起复合薄膜阻隔性能下降，在尼龙、EVOH 配合使用时，效果更为明显。

如果说阻隔性包装材料的开发应用，主要是为了提高包装对食品的保护功能，延长食品的货架期以利于方便食品的流通，而易开封型包装材料的开发应用，其主要目的则在于食品的方便使用。

易开封包装材料

方便食品的易开封通常是通过易开封薄膜的应用而实现的。所谓易开封薄膜是一种可热封的薄膜，采用它包装商品，在薄膜进行热封合加工以后，封口具有良好的密合性能。在商品的储存、运输过程中，它能够有效地防止内容物的泄漏以及外界物质对内容物的污染，对商品有可靠的保护功能。在需要取出商品时，又可将封合处剥离开，方便地将所包装的商品取出来。

易开封薄膜一般采用多层复合结构，至少有主层及热封层两层。主层的作用是赋予薄膜刚性及拉伸、撕裂强度，同时它具有高的熔点，以利封合。热封层亦称粘合层，其功能主要是起可靠密封及易于剥离的作用。显而易见，热封层的选取对于易开封薄膜性能的优劣是至关重要的。热封层的料可以采用专用或合剂或者专用配方，要求不高时也可使用特定牌号的通用树脂。比如特殊功能聚合物的粘合，依靠非粘合树脂微分散，(热封时通过热、压力的作用，在界面出现微分散相)，通过微观上控制非粘合树脂的微分散状况，控制封合强度从而达到易开封的目的。

易开封包装材料在我国已有实际应用，如果冻小包装的覆盖膜，基本上均采用了易开封性包装材料。易开封薄膜在瓶装酸奶中也有应用，但总体讲，这种性能优良的材料目前国内尚应用不多，树脂生产企业尚无易开封用专用树脂的生产供应，易开封包装材料的生产完全依靠进口的特种树脂。国内所能够提供的易开封材料品种单一，基本上局限于PS、PP等容器用盖材，面面开封的袋用易开封包装材料等品种尚未见工业化生产，而在一些工业发达国家例如日本，则已有系列化产品供应。

“微波食品”包装材料

随着微波技术的高速发展和微波炉的普及，微波食品作为一种方便食品越来越受到欢迎，微波食品的包装材料的重要性也与日俱增。凡能透过微波的包装材料，都具有采用微波加热的基本条件，但比较理想的微波食品用包装材料除了具有透过微波的能力之外，还须具有如下一些条件：

耐热性

微波炉用容器最基本的要求是必须具有良好的耐热性。考虑到各种微波食品在加热过程中的升温过程不同，水性食品因水的沸点为100℃，升温到100℃后有一段恒温时间，直至水分全部挥发逸尽，因此对水性食品用微波炉容器的耐热性要求较低，但亦不应低于100℃。油性食品因油的沸点在200℃以上，加热过程中直到油的沸点以前，不会出现较低温度区间的恒温阶段，因此油性食品用微波炉容器的耐热性要求较高。为满足微波食品烹调的需要，油性食品用微波炉容器至少要能够在130℃左右经受10分钟以上的加热处理。

耐寒性

微波炉食品为延长其保质期多采用冷冻贮存，因此微波炉用容器的基材除了必须耐热之外，还须考虑其耐寒性的问题。微波炉容器应能耐－18℃～－20℃的低温。

耐油性

微波炉用容器常需接触食用油类物质，因此除水性食品的一次性微波炉用容器之外，应当具有良好的耐油性。

卫生性

微波炉用容器在使用过程中常直接与食品接触，因此所选用的材料必须具有可靠的卫生性能，符合有关国家卫生标准的要求。

价格低廉

微波炉容器是一种普及型日常用品，因此在具有相同或相近使用性能的条件下，应当尽可能选用价格比较低廉的材料以提高市场竞争能力。

废弃物易处理

微波食品的包装容器属一次性用品，因此废弃后的易处理性是一个需要重视的问题，应当尽量选用易回收利用的材料。

塑料不仅具有透过微波的性能而且品种繁多，可以满足上述各项基本要求。此外塑料普遍具有热容量小的特点，作为微波食品包装材料还具有加热升温快、节能的优点，因此塑料微波食品用包装材料发展很快。

微波食品用塑料包装材料有：

聚乙烯类容器

这类容器的突出优点是耐寒性能优良，可耐－40℃以下的低温，其卫生性能可靠，耐油性尚可，用于盛装油性食品时间较短或者在低温下一般不会产生问题。此外它还具有成型方便、成本低廉的优势，废弃物亦易于回收利用(可造粒后产生再生制品或燃烧回收热能)，但其性能上存在缺陷，即耐高温性能较差，聚乙烯容器在100℃左右会变形，在120℃以上即会熔融，使用效果不甚理想。

聚丙烯类容器

纯聚丙烯类微波炉容器。纯聚丙烯类微波炉容器由聚丙烯均聚物或者嵌段共聚物制造，当采用胶段共聚物制造时，容器的耐寒性明显改善，可以耐－20℃以下的低温。嵌段共聚物的耐热性较均聚物的耐热性差，但不管聚丙烯均聚物或者嵌段共聚物其耐热性均在110℃以上。对于水性微波食品的烹调，均不存在耐热性方面的问题。对于油性食品，其耐热性则尚感不足。

填充型聚丙烯容器。微波炉用填充型聚丙烯容器，多采用滑石粉填充型聚丙烯，滑石粉的配入具有提高耐热性和刚性的双重功能，并缩短生产周期，从而达到降低容器成本的目的。填充型聚丙烯微波炉容器中，滑石粉的用量一般在30%左右，这种容器的耐热性在130℃以上。个别品种的填充型聚丙烯微波炉容器，其填料的含量在50%左右，其耐热性为140℃并耐－30℃的低温。

填充型聚丙烯容器的另一特点是废弃物更易燃烧处理，大量填料的加入使塑料的燃烧热大大下降，仅5000KCal/Kg左右，故有和木材燃烧相近的性能，燃烧时不易损坏焚烧炉。较之纯聚丙烯微波炉容器，填充型聚丙烯类微波炉容器的缺点是不具透明性，不能透过容器观察容器中所盛装的物品。

聚酯容器

已实用化的聚酯型微波炉容器是由结晶型聚对苯二甲酸乙二醇酯片材制得的热成型容器即CPET容器，该容器的最高耐热温度达230℃，是常见塑料制品中极其少见的。CPET具有耐油、耐化学药品性、低温性能、卫生可靠性及废弃物料易回收处理等优点，是一种十分理想的微波炉用塑料容器，但制作该产品技术难度较大且成本较高，目前国内尚待开发。

PS类容器

耐热PSP容器。耐热PSP容器采用PS片材与耐热性塑料薄膜复合，或者耐热性苯乙烯共聚体，或者聚苯乙烯合金等途径提高聚苯乙烯的耐热性。据文献报道，在聚苯乙烯片材上复合耐热薄膜可将其耐热性提高到130℃～135℃，合金型聚苯乙烯片材亦可达到相当水平，问题是如何降低生产成本以扩大市场。

耐热BOPS容器。耐热型双向拉伸聚苯乙烯片材，其耐热性可达到接近120℃的水平，适合在微波炉容器方面的应用。当使用填充型聚丙烯微波炉容器时，为了便于观察容器中内容物的形态，也常采用耐热型BOPS片材作容器的盖材。

除了上面介绍的几种微波炉用塑料容器之外，国外开发的微波炉用容器，其特点是有较好的耐热性（可耐110℃左右），其透明性好，可与聚碳酸酯类微波炉容器媲美，而价格上则低于聚碳酸酯类容器，价格上具有更强的竞争力，是一个值得重视的品种。

应加快发展我国包装机械工业

刘晓玫　王　超　刘国靖

随着我国经济的日益发展壮大，包装工业也以年均18%的速度快速发展，全国包装工业总产值从1980年72亿元增长为现在的2300多亿元，每年为几万亿元工农业产品和上千亿美元出口商品提供包装，在国民经济发展中起到了重要作用。

但是在我国包装工业快速发展的进程中，大量技术含量高的成套设备仍依靠进口。如塑料薄膜双向拉伸设备，一条生产线就近1亿元，从20世纪70年代开始引进，到目前为止，国内相继进口此类生产线110条。还有乳品业大量使用的无菌包装盒，灌装设备几乎都为瑞典利乐公司一家提供。我国包装机械对国外高端技术的过度依赖，已成为严重制约我国包装工业持续、稳定发展的稳忧。因为大多数包装产品的技术含量体现在加工工艺和技术装备上，工艺是核心，装备是关键，而包装设备在包装工艺中居于主导地位。虽然大量先进设备的引进大大加快了我国包装工业的发展速度，缩小了我国包装工业与发达国家的差距，但是，我们不能依赖国外的高端技术与技术装备，这是因为国外的技术装备价格昂贵，一些中小企业无力引进，不利于我国包装行业技术水平的整体提高；不利于发展自己的知识产权，不利于培育自己的专业设计人员，长此以往我们只能跟在别人后面，这将丧失发展的控制权和市场的主动权。鉴于以上原因，且包装行业又属于配套行业，涉及国民经济的许多领域，特别是食品行业与饮料行业，更是有赖于包装行业的技术进步、配套服务，因此，我们不能再忽视包装机械落后状况对我国包装行业整体发展的负面影响。

20世纪80年代，发达国家包装机械厂商不断将其他领域的新技术（如微电子、激光、热管、新材料等）应用在包装机械开发上，开创了包装机械的新局面，使包装机械在机械工业中成为瞩目的领域之一。

美国的包装机械发展历史较长，已形成了独立完整的包装机械体系，品种和产量均居世界之首。产品以高、大、精、尖居多，机械与计算机紧密结合，实现机电一体化。

目前日本已成为世界上仅次于美国的包装机械生产国。日本的包装机械制造以中小企业为主，包装机械的品种、规格较多，以中小型单机为主，具有体积小、精密度高、易安装、操作方便、自动化程度高等优点。1990年以来，已将变频调整、光电追踪、无触点电子开关、动态数据显示等技术运用在包装机械中。

德国、意大利、英国、瑞士、法国等都是世界上重要的包装机械生产国家。他们的一个共同特点是出口比例都很大，如德国和意大利的出口份额近80%，瑞士超过90%。德国的包装机械在计量、制造、技术性能等方面居领先地位，特别是印刷机械、啤酒、饮料灌装设备等，具有高速、成套、自动化程度高、可靠性强等特点，德国的包装机械注重柔性与灵活性设计，现在又普遍使用了计算机仿真技术。意大利的包装机械多用于食品工业，具有性能优良、外观考究、价格便宜的特点。

目前，世界各国对包装机械的发展都十分重视，集机、电、气、光、磁为一体的高新技术产品不断涌现。生产高效率化、资源高利用化、产品节能化、高新技术实用化、科研成果商业化已成为世界各国包装机械发展的趋势。

我国包装机械起步较晚，上世纪80年代以前发展缓慢，只能生产几种水平很低的包装机械，没有成为一个独立的行业，国家公布的产品目录中也没有包装机械这一类。

改革开放后，社会对包装机械的需求不断增加，加上政府的重视与扶持，我国包装机械得到迅速发展，年平均增长速度大于30%，进入21世纪90年代，仍以20%以上的速度增长。经过20多年的发展，我国包装机械已成为机械工业中十大行业之一，无论是产量还是品种，都取得了令人瞩目的成就，为我国包装工业快速发展提供了有力的保障。有些包装机械填补了国内空白，已能基本满足国内市场的需求，部分产品还有出口。2001年全国包装机械产量达53.3万台（套），产值为195.5亿元，占全国包装工业总产值的8.2%，我国已成为世界包装机械生产和消费大国之一。

但是，我国包装机械制造业还存在不少问题。一是缺乏宏观统筹规划，在投资开发新产品方面往往一哄而起，低水平重复。二是缺乏资金投入，因经费不足，企业用于研究和开发的投资占销售额平均水平不到1%，不能做到生产一代，开发一代，研究一代。由于没有技术储备，引进技术、消化吸收工作不力，使企业新产品少，缺乏市场竞争力。三是缺乏专业技术人员，因包装业目前的利润水平不高，难以吸引优秀的技术人才，自主开发产品和创新能力薄弱，甚至消化吸收国外同类产品的能力都很弱。目前，我国包装机械出口额还不足总产值的5%，进口额却与总产值大抵相当。

与发达国家相比，我国包装机械行业的差距主要表现在以下几个方面：从产品结构看，目前国外包装机械的品种大约有2300多种，成套设备多，并且不断有新技术、新产品出现。而我国包装机械品种只有1300多种，配套数量少，缺少高精度和大型化产品，不能满足市场需求；从产品质量看，差距表现在产品性能低、稳定性和可靠性差、外观造型不美观、表面处理粗糙、许多基础元器件质量差、寿命短和可靠性低，影响了整体产品的质量；从企业状况看，国外企业生产规模大，专业化程度高，大多采用了CAD/CAM技术，企业的技术、生产、销售等工作基本上实现了计算机管理。而国内包装机械行业缺少龙头企业，生产规模大、产品档次高的企业不多，生产规模小，制造同类产品的企业多，普遍存在技术力量薄弱，技术装备水平偏低的状况；从产品开发看，我国还基本停留在测试仿制阶段，自行开发能力弱，缺少科研生产中试基地，科研经费仅占销售额的1%。

我国包装机械的技术水平从整体看比先进国家的技术水平落后20年，在产品的开发 性能、质量、可靠性、服务等方面的竞争中处于劣势。

据有关专家预计，2005年我国包装机械产量将增加到67万台(套)，到2010年将增至93万台(套)。但是，仅靠增加资金投入、扩大生产规模的粗放式经营已不能满足形势发展的需要，我国的包装生产已进入调整产品结构、提高开发能力的新时期。技术升级、产品换代、经营管理是行业发展的重要课题。

在产品结构上，应以市场为导向，改变目前以低技术含量为主、低水平竞争的状况，淘汰一批低效高耗、低档次低附加值、劳动密集型的产品，努力开发生产高效低耗、产销对路的大型成套设备和高新技术产品。

在包装功能上，由于包装机械的最终目的是完成产品包装，提高工作效率，因而在工农业产品趋向精致化与多元化的发展时期，要求包装机械产品朝着产品多功能与单一高速的两极化方向发展，如可口可乐产品的包装要求是速度与质量，而包装结构的更换是次要的；对于糖果包装就需要枕式的、异形的、联体的，这样的产品则要求在一台包装机上完成系列产品包装。

在技术性能上，要将其他领域的先进技术应用在包装机械上，如机电一体化技术、热管技术、远距离遥控技术、自动柔性补偿技术等，使产品技术性能大幅度提高。

在设计思路上，结构设计的标准化与模块化成为一种模式，这样可以利用原有机型进行模块化设计，以便在较短时间内转换新机型，大大提高产品更新换代的速度，同时也有利于包装机械的专业化生产。

在生产制造上，专业化生产已成为趋势。国际包装机械厂商都十分重视包装机械与整个包装系统的通用能力，一些通用标准件不再由包装机械厂生产，某些特殊的零部件则由高度专用化的生产厂家生产，而真正的包装机械厂在某种意义上是组装厂。

建议

加强宏观指导与行业协调

根据我国包装行业的发展状况，合理引进先进设备，加快消化吸收进程。对于市场需求大、技术难度大的包装机械设备，集中行业优势力量，走产、学、研结合的道路，有组织有针对性地进行消化吸收、科研攻关，开发出拥有知识产权的包装机械，打破国外的技术垄断，加速提升我国包装的技术水平与自给能力。

国家在政策与资金上给予支持

对于包装机械的重点项目，争取国家在政策与资金上给予支持，以调动包装机械骨干企业研发新产品的积极性。通过研发过程，扶持一批具有创新精神的包装机械骨干企业，培养起我国自己的专业设计队伍，创出具有中国特色的包装机械名牌产品。

调整产业结构，提高生产集中度，促进专业化、系列化生产，提高产品质量和对市场的适应能力；加快创新体系的建立，尽快形成企业的自我开发能力。在行业内大力推广使用CAD/CAM技术，把我国的包装机械产品做精、做细、做专、做强。

强化管理，打破行业、部门界限，树立全局观念，进行组织结构优化组合，实现行业资产优化配置，形成优势互补、分工合作、共同发展的新格局，合力面对国际市场的激烈竞争。

代木包装——包装材料发展方向

诺 文

我国是一个少林的国家，全国森林覆盖率只有12%，居世界第120位。在20世纪90年代的一项调查显示，全国木材可以使用的资源只有14亿～15亿立方米，最多只能采代7～8年。但是，由于我国有长时间使用木材的习惯，再加上人们的环保意识比较淡薄，森林资源被严重消耗。现在，随着国民经济的发展，国家对木材的需求量也越来越大，所以我国政府已下令停止大量的砍伐森林，因此，在木材资源日益紧张的情况下，大量使用木材作为包装材料的前景暗淡，节木与发展代木包装已迫在眉睫。

木制品包装容器与材料以其坚固、价廉，加工工艺简单和便于现场装配制作以及耐雨、抗侵泡等优点，曾经在全世界得到了最广泛的使用。可是近几十年来，随着木材资源不断减少，木制包装使用的逐年下降，在这个时候，我们应当积极开展包装改进，探索以新型包装材料代替木制材料来包装产品。

随着科学的进步，一些功能良好、相对成本低、占用空间少、可回收利用性能好的新型包装材料不断涌现，我们可根据产品的不同特性，将其单独、复合或结合运用，从而替代木包装，以避免木材资源的高消耗。

以纸代木

“以纸代木”的包装材料是以废纸为主要原料，加工方便、制作成本低，在生产过程中无污染，废品也可回收，具有环保和价格上的优势。在上个世纪90年代，我国已经开始用瓦楞纸板包装来代替木包装。瓦楞纸包装是在相同结构和瓦楞数目下采用双层瓦楞原纸纵向间隔涂胶后一起进入单面机，从而构成双拱瓦楞，其成品纸板厚度较同样层数瓦楞纸板减少，但刚性和强度大为增加的双拱高强瓦楞纸板箱，目前较普遍地用以代替小木箱。现在科技工作者研究又出了一种新型瓦楞纸板，它抗压强度高，可以代替纯木包装材料做重型产品的包装箱，又因其缓冲性能好，也可以包装贵重物品，产品比木制品重量减轻 65%以上，达到包装轻量化，并且，包装费用比木箱降低 30%左右，具有环保上的优势。

以竹代木

随着我国天然林保护等重大生态工程的实施以及世界各国纷纷禁止原木进口，木材供应量减少与经济建设飞速发展的矛循日益突出。而我国作为竹业资源大国，“以竹代木”，是解决目前森林资源严重匾乏的最佳途径。

我国是世界第一竹业资源大国，竹林面积 420 万顷，竹子开发利用得开独厚，“以竹代木”前景十分广阔。据了解，竹子具有生长快、产量高的等特点，且一次造竹后只要经营合理，可以永续利用；竹子的用途也十分广泛，除加工成食品、工艺品之外，更可用于建筑、材料、化工等各个领域；作为建筑用材，每60根竹子可以代替一方木材。另外，为了缓解日趋紧张的木材供需矛盾，政府计划 7 年内改造和新建竹林基地 120 万公顷，并建立一个体系完整的竹类研究开发网络，以促进竹业发展。再有，有关人士认为，积极开展竹子深加工和综合利用，尽快建立起一批竹材、竹纸浆基地，是中国合理利用资源，实现“以竹代木”规划的必然选择。

木塑复合材料

由于保护环境观念的加强，人们现在开始寻找一种像木材一样的替代产品，这样一来，就推动了木塑复合材料的研究和应用开发。

木塑复合材料是用木纤维或植物纤维填充、增强的改性热塑性材料，兼有木材和塑料的性能优点，替代木材和塑料。它可充分利用资源，而且可以回收利用，而且，材料能否回收利用，已成为包装界选用的重要考虑因素。近年来，木塑制品随着环保呼声日高在建材领域也已崭露头角，目前，主要运用在建筑领域的门窗、顶板、模板、地板等，木塑制品不吸水、不变形、高效低廉，市场前景广阔。

有了对以上“代木包装”的描述，我们将认识到它未来的发展前景，现在，国内已有不少厂家研制开发出了代木包装，质量与进口的相差无几。如果进一步的开发，而且价格合理，代木包装将有更广阔的前景。

纸制包装三大产业走势

包新

在包装工业中，纸制包装加工业有突出地位，纸制包装产品在包括纸、塑料、金属、玻璃、竹木等包装制品总量中约占 40%左右，产量每年以大约 15%的速度递增。

纸制包装品种广泛，包括纸箱纸盒、蜂窝纸板、纸浆模塑、纸袋纸管等，现在主要介绍瓦楞纸箱、蜂窝纸板、纸浆模塑的情况。

一、瓦楞纸箱

瓦楞纸箱在纸制包装总量中约占60%。改革开放后经过20多年的发展，我国的瓦楞纸板产量在2002年已达到150亿平方米，超过日本，直追美国，居全球第二。20多年来，我国瓦楞纸箱加工大致经过了三个发展阶段。

第一发展阶段是20世纪70年代后期到80年代后期。这个时期瓦楞纸板的加工主要是单机手工操作，即用涂胶、裱纸等几台单机生产出瓦楞纸板，质量低，速度慢。这是瓦楞纸箱业发展比较缓慢的时期。由于那时商品经济很不发达，包装工业十分落后，纸箱企业几乎都是清一色的小企业，厂房简陋，设备陈旧，工艺落后，使用单机生产，手工操作，有的是作坊式，有的还用30年代的设备，生产条件差，劳动强度大，人员素质低，产量小，企业年产量一般只有几十万平方米，超过百万平方米的很少。企业生产用纸除了出口商品包装纸箱用极少的进口纸外，绝大部分都用国产纸，其原料主要是草浆和废纸浆，产品质量差，品种单一，几乎都是本色。

第二发展阶段是20世纪80年代后期到90年代中期。这个时期瓦楞纸板的加工主要是单面机生产，即用单面机一台设备直接生产出瓦楞纸板，但是瓦楞纸板一张一张生产，虽然与单机手工生产相比是进步了，可是仍然质量不高，速度慢。在这期间，由于发放瓦楞纸箱生产许可证和出口商品纸箱生产许可证，要求纸箱厂必须至少具备单面机生产瓦楞纸板，淘汰单机手工操作，所以形成单面机热。小纸箱厂纷纷上马单面机，箱板质量明显提高。在这一阶段，国家出台了有关瓦楞纸箱的一系列国家标准，要求严格执行，以指导生产，规模生产，这对保证产品质量、促进行业发展起到了推动作用。纸箱行业处于蓬勃发展时期，但与国际水平还无法相比。

第三发展阶段是20世纪90年代后期到现在，应该说这是飞速发展时期。瓦楞纸板是以生产线加工为主流，即用一条生产线连续、高速地生产。现在全国大约有1800条瓦楞纸板生产线，其中自动化程度较高的生产线约占20%，年生产能力居世界第一，并且每年还在增加生产线100条以上。通过结构调整，开发了一大批新产品，纸箱品种由过去单一的本色纸箱向多品种的方向发展，先后开发了彩印瓦楞包装、彩印细瓦楞包装、白板瓦楞包装、涂布白板瓦楞包装、点状复面彩色包装、宽幅重型包装、无钉纸箱等等。应该说，我国的纸箱业从装备水平、生产能力、产品质量、产品种类等各方面都与国际水平比较接近。

我国纸箱业经过20多年的奋斗，无论是瓦楞纸板设备年生产能力，还是瓦楞纸板实际生产量，在世界上都名列前茅。但是应该清醒地认识到，纸箱业也潜藏着问题。

(1) 生产过剩。我国有1800条瓦楞纸板生产线，上万家纸箱厂，并且现在年增加各种档次的生产线还在100条以上；而美国约有1500家纸箱厂，660条生产线，基本是高速线。相比之下，我国的纸箱业中小纸箱厂多，设备利用率低，市场竞争激烈，平均利润低，引发恶性竞争。

(2) 地区发展不平衡。由于各地区经济发展状况不同，纸箱业也是呈沿海地区发达，边远地区落后的状态。广东省拥有瓦楞纸板生产线约800条，几乎占据全国半壁江山。为什么？因为当地经济发达，尤其是家用电器、服装、食品等生产企业数量大，产量高，据调查，平均每5个企业就需要一个纸箱厂配套。而西北地区，新疆、甘肃、宁夏、青海四个省区，大约共有瓦楞纸板生产线60条。

(3) 高档瓦楞纸箱的原材料供应缺口较大。由于高档纸箱的需求量逐年增长，高强瓦楞纸从1990年开始，实际用量平均年增长近30%。2002年在其他纸品进口下降的情况下，高强瓦楞原纸进口增长13%，占整个纸与纸板进口量的21%。预计2005年高强瓦楞原纸供需缺口160万吨。

以上三个问题中，生产能力过剩引发的一系列情况尤其引人注目，各地纸箱业都做出了反应，采取了有效措施。

(1) 大力推行“集中制板，分散制箱”行业内部合作生产方式。由拥有高水平瓦楞纸板生产线的企业向没有生产线的纸箱厂供应高质量的瓦楞纸板。集中制板的企业根据市场需求和自己具体情况来决定供应纸板与自用纸板的比例，但是注意要向那些讲究信誉、设备先进、保证生产出合格纸箱的企业供应纸板。这种办法行之有效，大大提高了生产线设备利用率，同时提高了小纸箱厂的产品质量。以上海市为例，1997年调查瓦线开机率大约是42%，推行“集中制板，分散制箱”后，目前瓦楞纸板生产线开机率达到90%左右。有的企业以生产纸板为主，销售占有率超过纸箱，占销售收入的60—70%。有90%以上的小纸箱厂基本上甩掉单机手工和单面机生产纸板的局面，向瓦线大厂购买纸板，进行后道成型加工，不仅提高产品质量，而且较大地减少原纸损耗，减少劳动力、场地，便于管理，降低生产成本，提高经济效益。近几年新办纸箱厂只需购进后道工序设备，投资少、实效好。实践证明："集中制板，分散制箱"是调整行业生产结构、加强行业内部生产合作、加速纸箱行业发展的必然趋势和必经之路。

(2) 行业协会组织价格协调工作。由于竞争激烈，一些企业采取不正当竞争手段扰乱市场。纸箱行业本身是薄利销售，提倡优质薄利多销原则，而决不能以低价手段，采取偷工减料、降低用纸等级、减低用纸克重等手段降低产品质量来欺骗客户。进行价格协调工作，不是保护落后，而是要遵循市场经济优胜劣汰的原则，在保证质量的前提下，规范价格，维护行业的利益和发展。

随着经济的大发展，我国的纸箱业仍然有广阔的空间，预计今后五年，每年将会以 10%—15%的增长速度。其中高档箱、彩印箱、大型箱、无钉箱增长速度会更快，低克重箱、微型瓦楞箱数量明显增加。

我国纸箱业的总体装备水平还存在差距，但是一大批年产值过亿元的纸箱企业，生产设备已经达到或接近世界先进水平，成为行业的主体。中小纸箱厂要在纸箱加工后道设备上多下工夫。

以预印方式生产瓦楞纸板势头良好。预印后卷筒纸箱面纸直接在瓦楞纸板生产线上与纸板复面，把传统的纸箱生产单独分立的作业方式，转化为高速连续自动化生产，可提高彩印档次，提高劳动生产率和原材料利用率。这种国际上流行的加工方式，会对我国大型纸箱企业产生极大影响，改变纸箱生产的格局。此种变化也直接影响到纸箱机械制造业。

二、蜂窝纸板

蜂窝纸板是新型材料，主要特点是重量很轻，用材料少，综合成本低；强度高，表面平整，不易变形；外表易装饰，产品种类多，应用广；可降解、回收、符合环保要求；减震、吸音、隔热、经久耐用。蜂窝纸板可以制作托盘，大型纸箱和内衬缓冲物，是替代竹木托盘、竹木箱、重型瓦楞纸箱和 EPS 发泡塑料衬垫的"绿色包装"材料。

与木制托盘相比，蜂窝复合托盘具有显著优点：价格优势——蜂窝托盘的价格与一般木制托盘相当，但在几乎不增加成本的基础上，改变蜂窝板的厚度，可增加托盘的承重和抗弯能力。轻量化实现——全纸蜂窝托盘的平均重量约为 4 公斤，是木制托盘的四分之一，而胶合板复合托盘的重量也仅为 8 公斤左右，远比常用的木托盘轻。非常便于搬运，亦相应提高了运输能力，特别适合空运。符合环保要求——蜂窝复合托盘不使用原木，而使用人造合成材料制成，符合世界各国的环保要求，更避免产品出口时的烟熏、高温处理或禁止使用等情况发生。

与传统的木制包装箱相比，蜂窝复合包装箱更具有明显的优势：缓冲性能比木箱提高 2～8 倍；价格比木箱降低 10～15%；用料比木箱节约木材 75～80%；重量比木箱轻 55%～65%。

作为衬垫材料，蜂窝纸板可以替代 EPS 发泡塑料，并可以回收和再生利用，减少日益严重的"白色污染"。即使废弃，也可以自行分化，不污染环境。如我国的空调行业，每年生产大约 1500 万台空调，用蜂窝纸板代替 EPS 发泡塑料后，每年可以减少 250 万立方米的 EPS 发泡塑料废弃物，缓解我国日益严重的环境污染。

蜂窝纸板从 1998 年 10 月开始热起来，起因是 1998 年美国在我国出口货物的木质包装中发现了光肩星天牛等虫害，于 9 月 17 日宣布禁止我国未经严格高温、熏蒸或防腐剂处理的实木包装材料的入境。加拿大、英国等紧随其后，相断颁布类似的禁令，对我国的实木包装材料实施限制。1999 年 6 月欧盟 15 国家实行紧急措施，防止中国产品木质包装中携带的虫害在盟扩散。

从 1998 年 10 月开始，我国外贸出口下降，解决木质包装问题迫在眉睫。国家主管部门对此十分关注，多次下发紧急通知，要求有关部门研究对策，提出解决问题的措施。我国对美出口货物约有一半采用木质包装，如果采用熏蒸办法，其熏蒸费用十分高昂。因此，不得不考虑尽快开发出适合我国国情和出口需要的新型包装材料，加速推出代木包装材料，而蜂窝纸板是理想材料，成为推广应用的热点，这是蜂窝纸板迅速升温的直接原因。

目前，我国蜂窝纸板生产能力在世界上居于前列，年产超过 3000 万平立米，在包装上主要用于制作托盘。但是国内生产水平与国际水平差距较大，不足主要体现在三方面：一是生产设备，二是蜂窝纸板后续加工设备；三是用户推广。

我国生产的蜂窝纸板设备已经形成一定的风格。国外蜂窝纸板制芯与制板的生产线往往是分开两条独立生产线，单独运行，每条生产线可调整到其最优的生产速度；而国内制芯和制板是连成一条的，整条生产线的生产速度受到制芯速度控制。国外设备自动化程度高，加工精度和外观都比较好，技术稳定性好；国内设备为了降低造价，基本上没有综合应用液压、气动、程控和电脑自动控制等高技术，只是做到了电器集中控制的机械化生产，因而设备加工精度不高，制出的纸芯常常不是等边六角形，复合制板拉伸时松紧度差别较大，甚至还有脱胶现象，纸的利用率较低，一般在80%左右。设备生产厂家要提高产品技术水平，提高设备生产效率，提高纸板成品质量，以利于降低成本和推广。

其次，蜂窝纸板后续加工设备薄弱，限制了使用和市场开拓。以加工成箱为例、缺少必要的设备，最近有所突破。要尽快形成箱体的压痕、切角、锯边、修边、粘接、封边、印刷等一系列设备开发应用。

尤为重要的是，推广使用领域没有广泛打开，直接影响了蜂窝纸板生产的发展。要扩深二次加工，以多方向、多层面拓展蜂窝纸板应用范围，让更多的用户体会到蜂窝纸板的优势。

三、纸浆模塑

纸浆模塑产品的主要原料大多采用草本植物纤维纸浆，如芦苇、蔗渣、麦草、棉秸等，来源广泛，生产成本较低，产品生产厂家因对纸浆需求量小，来料为商品浆而非自产浆，不存在环境污染问题。纸浆模塑产品除餐具外，主要用于工业包装。从目前整体形势看，从事工业包装。产品生产的企业效益相对较好，纸模内衬包装将成为工业产品包装的主流。1996年国际标准化组织颁布了ISO14000环境保护国际标准，要求商品包装材料采用环保型。为保护环境，开展国际贸易，亟须将原来的内包装EPS发泡塑料衬垫改掉。纸浆模塑制品具有重量轻、结构性能好、价格便宜等优点，因此在产品包装中逐步占有重要地位，尤其作为产品包装、固定材料和缓冲材料，纸模制品的作用量和品种越来越多，目前已广泛应用在电子产品、仪器仪表、家电灯具、建材陶瓷等行业中。

目前，我国纸浆模塑设备生产企业超过百家，纸模制品生产企业数字很难统计，估计总数应在500家以上。其生产与国外还有明显差距。生产企业绝大多数采用国产设备，自动化程度不高，生产过程中工艺落后，在成型与整型过程中大部分是手工操作，烘干线的能耗高，制作模具费用高，大部分纸模厂家没有制模能力，制作一套普通的模具费成本价近万元，大规格的更高。国产纸模制品表面柔韧性不够，作精细产品内包装有困难；目前纸模的产品只适用于体积小、重量轻的产品，而对大尺寸彩电、空调、冰箱等较重、体积大的家用电器内衬包装没有大的突破。因此在这方面需加大开发力度，尽快做出替代产品。

以上是对我国纸制包装产业中的瓦楞纸箱、蜂窝纸板、纸浆模塑产业现状的简介与分析。放眼未来，纸制包装作为绿色包装，前景广阔。我国的纸包装产业将会有更大的发展，努力赶超国际水平，跻身于世界强者之林。

最新包装专利选登

PATENT ON PACKAGING

最新包装专利选登
PATENT ON PACKAGING

斜角开启式塑料食品盒

CN2454305Y

斜角开启式塑料食品盒主要是在塑料小食品盒的斜角处开有一槽口，在靠近槽口内的盒座上有一固定轴，在固定轴上套有盒盖，用以开启或关闭槽口。在槽口的下方，即盒座的一角处固定着一块档板，档板与槽口形成 30 至 40 度的夹角，用以引导颗粒沿槽口流出。这种塑料食品盒由于盒盖可转动开启，使用十分方便，且造型非常别致，很适合存放糖豆之类的休闲小食品。

高密封胀紧式钢桶封闭器

CN2454306Y

高密封胀紧式钢桶封闭器提供了一种桶顶与螺圈采用压力机压合成型的封闭方式，包括螺圈、桶塞和密封圈，其中桶塞与螺圈以螺纹形式相互旋合，桶塞与螺圈中间有密封圈。其结构特征在于螺圈上口内部的圆周上加有耐高温的贴塑圈，桶塞凸缘边上压有凹槽。这种高密封胀紧式钢桶封闭器结构设计合理，封闭效果好，操作简单，实用可靠。

全纸方形包装容器

CN2457044Y

全纸方形包装容器包括桶盖、桶体、桶底和桶底压有的凸起。在桶盖的四周有翻边，翻边与搭边固定组成搭口，桶盖、翻边及搭边是一体的复合纸板。在桶底四周也有翻边，翻边与搭边固连组成搭口，桶底、翻边及搭边也是一体的复合纸板，这种全纸方形包装容器可节省运输和贮存空间，也可周转使用，综合性能好，是目前理想的绿色环保型包装容器。

新型货物托盘

CN2457049Y

新型货物托盘是一种用于运输电子设备和精密仪器的货物托盘，主要由天板、地板和托盘架组成。其结构特征在于托盘架是由纵向瓦楞纸板和横向瓦楞纸板组成的框架体，纵向瓦楞纸板为空心板，在空心板的空心处设置有支撑板块，横向瓦楞纸板为 I 型板。这种新型货物托盘结构设计简单合理，自重轻，强度高，具有一定的减震效果。

易开式容器

CN2457062Y

易开式容器包括容器体和金属盖，在容器体口处设有一定位槽，金属盖的盖面为一凸面，其侧边由若干末端相互分离的齿状侧叶构成，这些侧叶的根部与盖面相连，其末端呈向内弯转的爪形，关闭时锁住容器体口部的定位槽。这种易开式容器采用的金属盖，用于指揿下其中间的凸面，即可将金属盖打开。同样，用手指捏其周边爪形齿状的侧叶片，即可将金属盖关闭，使用非常便捷。

食品包装用复合膜

CN2457074Y

食品包装用复合膜包含有芯层，在芯层上侧涂布聚乳酸层，在芯层下侧涂布聚乙烯醇层，芯层是由二层纸层和一层聚乙烯醇层组成，聚乙烯醇层位于两层纸层之间。这种食品包装用复合膜具有易于自然降解和较好的折叠性、防水性、隔气性及热封性，非常适用于制作液体食品的包装容器。

含有憎水层的气相防锈纸

CN2457185Y

含有憎水层的气相防锈纸是在含有气相缓蚀剂的防锈纸的一面，增加涂布一层憎水膜。其防锈防水的计设原理是当有水侵入含有憎水层的气相防锈纸表面时，由于防水层形成的阻挡层具有很好的憎水性，使得水分不能轻意透过防锈纸而进入金属制品的表面，防止了金属制品的锈蚀，可用于金属物品的包装和长期封存。

多层敷膜条形码标签

CN2456256Y

多层敷膜条形码标签是将条形码用多层透明薄膜保护起来，如有污损可将条形码标签上所敷的透明膜第一层揭掉，保证条形码照常识读。如果再污损，可将条形码标签的第二层透明膜揭掉，条形码还可以识读，如此循环。这种多层敷膜条形码标签可使条形码标签在整个物流管理流程中始终保持清洁，条形码标签在全过程中可识读，对推进产品和物流领域的计算机管理将起到积极的作用。

可刮式烫印防伪标识

CN2456257Y

可刮式烫印防伪标识包括底层全息膜，在底层全息膜上设置有可刮掉的表层全息膜，在底层全息膜与上表层全息膜之间的覆盖部分别印有图案。这种可刮式烫印防伪标识可广泛用于各种票据和包装物上，也可以直接用于商品上，利用表层全息膜的可刮除性达到防伪的目的；另外，刮掉后露出的图案可以设置兑奖，从而激发人们索要票据或其他包装物的积极性，刮掉后也可达到票据或包装物一次性使用的目的，是目前用于防伪的理想产品。

蜂窝板生产线烘干装置

CN2456902Y

蜂窝板生产线烘干装置主要包括一机架，一蜂窝板支承格网，多个上电热组件和多个下电热组件，电热组件分两排设置在蜂窝板的上下两侧。上电热组件固定在一可调节架上，由一调节机构带动，可以在垂直方向上作上下移动，以调节上电热组件与蜂窝板之间的距离。这种蜂窝板生产线烘干装置加热温度高，加热面受热均匀，热效应好。

新型剪切装置

CN2457038Y

新型剪切装置提供了一种滚动切割方式，刀辊组件由合金钢制成。刀辊组件是由双刀辊组成，双刀辊平行排列，刀刃在刀辊圆周方向保持对应，对应刀刃间保持零接角。这种新型剪切装置有效地克服了现有装置中刀刃磨损严重、使用寿命短、对材质要求严格及常有切不断的现象，提高了设备的运转效率，降低了原辅材料的消耗，可广泛用于包装印刷和塑料板材的剪切成型设备中，具有良好的推广价值。

新型自动贴标签机

CN2457041Y

新型自动贴标签机设有机座，在机座的前端设有通用工装运动组件和通用控制装置，在机座的一侧还设有标签剥离装置，在剥离装置中设有平行安装在机座一侧的供料轮和卸料轮，在供料轮和卸料轮的上方设有分离板和预剥离板，在分离板的上方设有一个吸头，吸头连接在可进行三维方向移动的运动组件上，在吸头的下方设有一个可上下移动的刀口。这种新型自动贴标签机可实现标签粘贴的高精确自动定位与粘贴，实现了无人化生产，保证标签粘贴的一致性。

滚筒式双面印刷装置

CN2447173Y

滚筒式双面印刷装置包括墨路、印版、印版滚筒、上橡皮滚筒等。在上橡皮滚筒的下方设置有一与其相接触的下橡皮滚筒，下橡皮滚筒的直径是上橡皮滚筒直径的一半。这种滚筒式双面印刷装置可以同时完成纸张的双面印刷，结构设计简单合理，工作效率高，外型尺寸小，制造和使用成本低。

印刷机前规调整装置

CN2447174Y

印刷机前规自动调整装置包括控制机构和执行机构。其设计结构的特征是执行机构安装在前规的固定架上，且由测微头及电机组成。这种印刷机前规自动调整装置可实现在不停机的状态下定量调整前规，减少了操作人员的人为操作误差，明显降低了工作强度，使印刷色差显著降低，工作效率高，节约纸张。

造纸纸浆用高浓除渣器

CN2447361Y

造纸纸浆用高浓度除渣器包括进浆口、出浆口、锥体、冲洗水管和集渣管。在集渣管的底部增设一种洗水管，冲洗水管沿切线方向焊接于集渣管的底部。在除渣器工作时，冲洗水从集渣管的底部沿切线方向进入，并形成向上旋转的涡流，同时带动纸浆浆料旋转，在离心力的作用下实现纸浆与残渣的分离，浆渣通过排渣口排出。

造纸机用导热油烘缸

CN2447364Y

造纸机用导热油烘缸的缸体两端通过轴承安装于中心轴上，中心轴为空心轴，在中心轴空腔的一端设有进油管，另一端设有出油管，在进油管与出油管之间设有热交换装置，在烘缸缸体的两个端面上还设有隔热层。这种造纸机用导热油烘缸的导热油装在热交换器中，不易发生渗漏现象，缸体的工作温度稳定，运行平稳。

造纸半湿压光装置

CN2447365Y

造纸半湿压光装置包括烘缸弹簧引纸辊、烘缸、胶辊及引纸辊。其结构特征是将设在烘缸与烘缸之间的三辊半湿压光机撤掉，增设一个直径为1000～2000 mm的烘缸，并在烘缸的上方增加一支硬度为90度的压光辊及弹簧引纸辊。这种造纸半湿压光装置，当纸页通过时，不易发生湿变形，并通过光洁的缸面与压光辊之间的压力，起到提高正面平滑度和降低两面差异的效果。

复合膨胀密封盖

CN2448742Y

复合膨胀密封盖由复合螺杆塞、分别嵌有密封环的空心塞盖及通腔盖塞等三部分组成。在外力作用下，通腔盖塞的下部在容器颈内扩张膨胀，使上、中、下三部分结合成一体，将容器口固定密封。这种复合膨胀密封盖集盖与塞的功能为一体，使用方便，开启时不需借助工具，可重复使用，改变了密封容器的瓶口一般为圆形的传统设计，使密封盖的外观形状千姿百态，丰富多彩。

带有缓冲口的瓶盖

CN2448741Y

带有缓冲口的瓶盖涉及一种盛装液体的瓶盖。其技术特征是将缓冲口与瓶内口连为一体，缓冲口为一带有若干槽的弧面。由于在瓶口上设置了缓冲口，使得人们在倾倒瓶内液体时，液体只能经过缓冲口的槽中慢慢流出，既方便了使用，又不会造成瓶内液体的浪费。

造纸机近网扩散成形器

CN2448867Y

造纸机近网扩散成形器由方锥管、匀浆器、布浆罩和支架组成。其结构特征在于方锥管的横截面呈矩形，大小两端头部设有法盖盘，匀浆器横截面呈菱形，其两锐角的顶部留有浆液缝和喷浆缝，方锥管、匀浆器和布浆装置相互间由螺栓固定于支架的横梁上。这种造纸机近网扩散成形器生产出的成品纸均匀度好，不会发生堵塞现象，纸的纵横向强度比差小。

新型机用切纸刀

CN2449890Y

新型机用切纸刀主要包括有支架侧壁、机架和切纸刀。其结构特征是切纸刀由转刀和静刀组成，转刀为一个有缺口的圆柱形刀，刀轴与两支架侧板连接，静刀是一个平板刀，静刀通过一个弹簧板固定在机架上，驱动齿轮与转刀固定连接。这种新型机用切纸刀设计结构简单合理，切纸强度高，适合于各种纸张的裁切。

网印机刮除积墨机构

CN2449914Y

网印机刮除积墨机构主要包括有机座和刮除积墨机构。其结构特征是在机座的两侧各设有至少一组相对且向外延伸的滑轨组，在滑轨组间嵌有可活动滑移的印刷台面，在机座网版升降部件上设有一刮印刀的滑轨基座，基座上设置网版，刮除积墨机构固定在印刷台面后侧的边缘上，并设有与印刷台面平行的刮除部件。这种网印机刮除积墨机构可自动将油墨刮除干净，明显提高了印刷品的质量。

转移铝基胶印版

CN2449917Y

银盐扩散转移铝基胶印版的结构包括一铝基板做基版，在基版表面采用经电化学和阳极化处理的方法，生成 1.5～4.0g/L 的氧化膜层，并在其上涂一层具有重金属或重金属硫化物的物理显影核的层影像接受层，最后一层是在影像接受层上再涂一层氯化碘银乳剂层。这种胶印版获得的影像密度比单一使用硫代硫酸钠高 0.2～0.4，同时影像的牢固性也显著提高，耐印率可达到 10 万印以上。

自动装吸嘴封口机

CN2452893Y

软包装袋自动装吸嘴封口机的主要特点是，在套袋及初热封的工位上设有一套自动套袋装置，自动套袋装置包括有取袋传送机构、夹袋拉口机构及套袋滑块机构。工作程序是取袋传送机构从袋架处吸取袋子，然后送到夹袋拉口机构处夹持，并拉开袋口，套袋滑块机构将拉开袋口的袋子套在吸嘴上，完成热封。这种软包装袋自动装吸嘴封口机设计结构简单，自动化程度高，显著提高了生产效率。

新型防伪纸板

CN2460545Y

新型防伪纸板包括至少二层以上的纸浆层，在其中至少一层纸浆层上压有水印。采用这种结构的设计方案，使防伪纸板的一面或二面可从外观上看有明显的水印，用手触摸也能明显地感到水印的存在，这样就达到了既能防伪，又容易判断真伪的目的。

塑料瓶内壁非晶碳镀膜机

CN2460530Y

塑料瓶内壁非晶碳镀膜机是一种利用碳源气体，在微波激发下形成等离子体而在瓶内壁沉积非晶碳薄膜的设备。其结构至少包括这样一个单元，一个由真空系统操纵，可造成塑料瓶内腔真空状态；一个微波发生系统产生的微波作用于塑料瓶，使塑料瓶内腔产生的碳源气体形成等离子体的谐振腔；另外，还有一个与碳源气体注入系统，并向塑料瓶内腔注入碳源气体的碳源气体通道。这种镀膜机加工的塑料瓶可有效地控制瓶内气体从瓶壁流失，或瓶外气体从瓶壁渗入。

纸浆成型干燥输送装置

CN2460491Y

纸浆成型干燥输送装置是一种可防止输送元件变形的装置，主要由输送网带、支杆、带动链条及弹性体组成。支杆的两端与带动链条的链接点连接，侧边装有扣钩孔，输送带安装在支杆的上边，两端的扣孔可供弹性体扣持，通过弹性体的连接使输送网带在弯折传送时，可适度的伸缩调整，使输送网带与支杆间不会发生硬性拉扯的状况发生，达到防止变形的目的。

柔性气调库装置

CN2460904Y

柔性气调库装置是利用普通房屋作为气调库使用的装置。在房屋内安装密封帐和密封池，通过室外的制冷装置、气调机对柔性密封帐内的农副产品进行气调保鲜。由于柔性密封帐的材料为柔性材料，因此，具有结构简单、一次性投资少、密封结构不易因压力变化而损坏、库内气体成份变化小的优点，为农副产品就地保鲜提供了可利用闲置房屋就能保鲜贮藏的柔性气调库装置。

包装机的称量斗装置

CN2460972Y

自动定量包装机的称量斗装置包括称量斗体、涂层、支承块、气缸、气缸臂等及其控制的称量斗门、称重传感器、固定板等。其结构特征是采用单压载式称重传感器，称重传感的两端分别由螺钉贴合固定在支承块上，在称量斗体和称量斗门的内壁喷涂有聚四氟乙烯涂层。这种自动定量包装机的称量斗装置采用单称重传感器支承斗称和称量斗门设计，支承结构较为简单，显著降低了制造成本，运行可靠性增强。

新型防伪酒瓶盖

CN2452933Y

新型防伪酒瓶盖包括有一个导塞和与导塞连成一体的一个扣盖。导塞上沿轴向设有倒酒通道，在倒酒通道的进出口处分别设有单向阀和旋盖，旋盖通过防伪装置与倒酒通道外壁固连，扣盖外有一个下部设有裙边的包肩套，扣盖内有一个套在导塞外且具有弹性的密封圈。这种新型防伪酒瓶具有密封性能好，安全可靠，可广泛用于小口或半大口的瓶口防伪。

洗浆机的螺旋输送机

CN2452968Y

真空洗浆机的螺旋输送机由上下两部分组成，每部分由一节螺旋轴与连接轴头组成，连接轴头与螺旋轴之间用螺栓固定，驱动装置用十字滑块连轴器传动，输送机的轴承材料用铸钢制作。这种真空洗浆机的螺旋输送机运行平衡性好，螺旋轴与连接轴头之间的同心度准确，可广泛用于造纸业的浆料输送和酿造酒业的渣子排放。

饮用水塑料包装瓶

CN2454320Y

饮用水塑料包装瓶的包装容量不大于700ml，包装瓶的瓶体高度与瓶体最大横向尺寸之比不小于3.8，也不大于4.3。在包装瓶的侧壁上设有商标粘贴位，粘贴位的表层为平滑表面，粘贴位的高度不大于整个瓶体高度的15%。这种饮用水塑料包装瓶便于手握，节省制瓶的原材料，节省柜台面积，同时还具有高挑向上的现代感，为消费者带来全新的审美感受。

超声波洗瓶机

CN2455395Y

超声波洗瓶机主要包括有机壳、滚筒、拨轮等。在机壳的两端分别设有进瓶口和出瓶口，在滚筒下部的机壳内安装有多个超声波发生器。这种超声波洗瓶机洗瓶时瓶内没有空气，出瓶时瓶内无残液，清洗效果理想，且可用清水代替碱液作清洗介质，使清洗运行成本明显降低。

新型吹膜模头

CN2455460Y

新型吹膜模头的基体上设有融体导入管和渗料模塞、模塞与渗料出口通道相对应。在模头基体腔内的凸台上设有模芯，模芯伸到基体外的部分设有锁定螺母，在模芯外还设有来福线。与模头基体上部凸台相对应处设有套筒，套筒的底面与模芯的上端面在同一水平面上，在套筒壁上设有均布的3个径向通孔，通孔内还设有调节螺钉。这种新型吹膜模头可保证成型的膜泡薄厚均匀，工作运行平稳，产品质量稳定。

小包透明纸热风除皱器

CN2452896Y

小包透明纸热风除皱器包括有隧道，在隧道上部设有上加热体，下部设有带底盖的下加热体，在上加热体和下加热体内均安装有电热管；在上加热体和下加热体内设置有气室，气室内设有小孔，以使气室与隧道相通；在上加热体的下部和下加热体的上部固定安装有使压缩空气通过的管子，管子的出口位于气室内。这种小包透明纸热风除皱器结构设计合理，使用方便可靠，包装出的透明纸挺括、平整、紧贴。

塑料袋包装活动硅窗

CN2440007Y

塑料袋包装活动硅窗是一种用于以塑料袋包装果蔬进行气调保鲜贮藏的活动硅窗，由硅窗主体和调节环组成。活动硅窗具有一个以捆扎方式与塑料袋口相连通的连接筒，并在连接筒开口端的边缘设有防堵豁口。这种塑料袋包装活动硅窗解决了现有固定硅窗保鲜袋上的硅窗不能与塑料袋分离和硅窗面积无法调节的问题，使保鲜贮藏效果更好，操作更简便，成本更低廉。

气压包装机包装嘴

CN2440753Y

气压包装机包装嘴主要包括弧形外壳和与之内端相连的固定板。在弧形外壳与固定板相连端设有进料管套口，弧形外壳内侧设有隔离板，隔离板和进料管套口与弧形外壳间有间隙存在。这种气压包装机包装嘴主要用于粉状物料的气压式包装，可有效解决粉状物料在包装生产中的粉尘外逸问题，使包装生产环境大为改善。

防伪特种邮票纸

CN2460546Y

防伪特种邮票纸包括邮票原纸、胶水层及涂布层。其结构特征是在邮票原纸中均匀掺有无色合成类的防伪纤维，防伪纤维的外观和物理性能与邮票原纸的植物纤维一致，其长度约为 2～4 mm。其分布密度为 8～15 根/5 cm^2。这种防伪特种邮票纸的优点在于其外观与普通邮票纸相同，只有在紫外线的照射下，防伪纤维才会发出特有的荧光，可作为防伪的鉴别。

标签锁紧装置

CN2452899Y

标签锁紧装置包括有钢针、外壳、钢杯、钢柱和弹簧。其结构特征是在钢柱上设有三个互相连通的横向孔道，且每个横向孔道内各装有一颗钢珠。这种标签锁紧装置制造成本低，抗拉强度好，使标签能很好地锁紧在所附着的商品上，不会轻易脱落，具有较好的锁紧功能。

新型外包装盒

CN2455626Y

新型外包装盒具有外壳和内盒，外壳由上壳和壳基构成，上壳和基壳的相邻边彼此吻合，并形成一个整体具有五面壳帮和一面狭长敞口的外壳，上壳与壳基能在垂直方向上开或合，内盒可方便地从外壳的敞口处放入或抽出壳腔，在内盒上还设有拉手。这种新型包装盒解决了现有外包装盒盒型单一和使用不方便的问题，具有适用范围广、美观大方的优点，可用于各种物品的包装，尤其是食品包装。

制瓶机口模夹钳装置

CN2455712Y

制瓶机口模夹钳装置主要涉及行列式制瓶方式，夹钳开合控制机构是由伺服电机输出轴与夹钳开合控制机构中的丝杠连接，丝杠螺母与丝杠啮合，并与口模左右夹钳连接。这种制瓶机口模夹钳装置结构设计紧凑，运行平稳，由于采用了智能化的伺服电机，可根据产品的要求调整口模的开合尺寸及夹钳的抱紧力，整体磨损低，使用周期长，运行噪音小。

双重数码防伪卡片

CN2456235Y

双重数码防伪卡片涉及商品的防伪技术，附着在商品上的载有明暗双重数码的防伪卡片为双层结构。底部为与商品结合的载有明暗两种随机数码的载体层，上部为表面印有鉴别真伪操作说明的不透明覆盖层，覆盖层的中间部分与其周边采用可撕开的断裂线连接，覆盖层与下部载体层采用粘结连接，这种防伪卡片与识别系统配合，可有效地对商品实现动态防伪，克服了现有防伪设计结构上存在的缺陷。

旋盖机的旋盖机构

CN2460446Y

旋盖机的旋盖机构主要包括有抓盖头和驱动抓盖头旋转移动的驱动装置，抓盖头设置有两个以上的夹盖和可打开、合拢夹盖头的开闭装置。这种旋盖机的旋盖机构设计结构紧凑，占地面积小，不会发生歪盖和飞盖的现象，工作效率较原机型有明显提高。

塑料手提袋自动折带机

CN2460452Y

塑料手提袋自动折带机由导轮、折带模、热封板、气缸、马达等组成。其结构特征在于折带模由伸缩模和推模两部分构成，设置在切刀前方及热封底座的后侧，中间设有导带座相互连接，伸缩模通过关节轴与气缸连接。伸缩模由上、下两片组成，两边有

45度斜角,后端呈外燕尾槽形。推模的前方为开口状,内侧有45度角的缺口,后方连接板为平行状,推模安装于推模座上。这种折带机结构设计合理,功能完善,自动化控制程度高。

高速轮转滚筒模切机

CN2464540Y

一种用于切制香烟包装的高速轮转滚筒模切机,在机架中安装有上滚筒和下滚筒,上下滚筒的两端均设有轴承,在上滚筒的表面镶有刀块,下滚筒的表面镶有平刀块,在机架的侧部设有两个相互啮合的同步齿轮,同步齿轮分别与上下滚筒连接,传动齿轮与其中的一个同步齿轮固连。使用时,只要将纸板插入上下滚筒之间,通过传动齿轮带动同步齿轮和上下滚筒一起转动,就可切制出包装盒。

多层瓦楞纸板

CN2464544Y

多层瓦楞纸板的结构是在两层外层面纸的中间设有两层内层面纸,在两层内层面纸间设一层瓦楞原纸呈单瓦状,在外层面纸与内层面纸间分别设有两层瓦楞原纸呈双拱状,组成三瓦两双拱九层瓦楞纸板。这种多层瓦楞纸板的厚度比同层数单拱瓦楞纸板的厚度薄、强度高,为制作成品箱盒提供了方便。另外,节省了面纸的用量,使瓦楞纸板的生产成本降低。

柔性护角带

CN2464667Y

柔性护角带主要由柔性缓冲层、涂布粘胶层及气相缓蚀防锈层组成。柔性缓冲层可采用塑料泡沫制作。使用时,将含有气相缓蚀剂的柔性护角带粘附于金属制品的表面,或将不含气相缓冲剂的柔性护角带粘附于金属制品外包装的防锈纸或膜的上面。这种柔性护角带实用方便,抗冲击性强,防锈性能好。

高阻隔保鲜复合膜

CN2464668Y

高阻隔牛奶保鲜复合包装薄膜由聚乙烯的黑白膜内层与高阻隔性的外表层复合而成,内层与外表层采用粘合剂复合方式。这种高阻隔牛奶保鲜复合包装薄膜采用不透光的结构设计,耐蒸煮,对湿气和氧气阻隔性好,特别适用于牛奶、酸奶等含有活性杆菌的乳制品的包装,是一种理想的液体食品包装材料。

胶带快速换卷放卷机构

CN2464693Y

胶带快速换卷放卷机构的特征是回转支架经定位套及螺钉安装在机座的一侧,并经插销定位,两插销的末端对称安装在连接块上,连接块经连接螺钉安装在驱动杆的一头,驱动杆的另一头穿出机座外安装偏心轮,在偏心轮上设有手柄。在回转支架上对称安装有挂料轴,在挂料轴上套装有挂料筒,挂料筒的楔槽内安装有楔紧轴,挂料筒的一侧经摩擦垫与回转架连接,这种换卷放卷机构操作方便,工作效率高,换卷放卷迅速,卷带均匀。

贴纸机专用贴纸结构

CN2464694Y

贴纸机专用贴纸结构的油质纸上面涂有光滑的油质层,贴纸层等距设置于油质纸的下方,其下表面设计有图样,与油质纸相邻的一面具有光滑性,并以粘度较低的胶点或胶层粘合于油质纸上,胶面层均布于贴纸层的下方,其粘度大于胶点或胶层。这种贴纸机专用贴纸结构的设计不需用手取下贴纸层,粘贴性可靠。

新型水果保鲜袋

CN2440021Y

新型水果保鲜袋由包装袋和固体保鲜剂组成。固体保鲜剂封装在包装袋的内壁上,使得包装与保鲜成为一体,在水果贮存、运输、销售过程中,保鲜袋内的水果不直接与保鲜剂接触,安全可靠,不污染环境,可避免水果间在包装箱中直接接触,相互挤压产生机械损伤。这种新型水果保鲜袋既改善了保鲜效果,又方便了流通中的应用,是一种理想的保鲜包装产品。

单薄刀分切压线机

CN2440652Y

单薄刀分切压线机的的电控箱和传动箱分别固定在机架的左右两端,上滑动体的轴固定在机架的上端,其上套有可沿上滑动体的轴滑动的上滑动体座,在上滑动体座上固定齿轮箱,齿轮箱上固定磨刀器和润滑清洁器,分切刀嵌装在支承架的凹槽内,支承架固定在下活动体座上,下滑动体座套装在下滑动体轴上。这种单薄刀分切压线机吃刀宽度小,分切速度高低可调,瓦楞纸板的分切刀口光洁美观。

果蔬保鲜护垫

CN2460483Y

果蔬保鲜护垫的垫体包括三层,第一层为平面层,第二层为含有粘合剂的保鲜药层且均匀涂敷在平面层的内侧,第三层为瓦楞层且通过保鲜药层粘合在平面层上。这种果蔬保鲜护垫不但能起到保鲜和减震的作用，并且又具有较好的透气性能，而且保鲜剂不直接作用于果蔬表面而安全性好，明显延长了果蔬在运输或贮存过程中的保鲜时间，特别适用于葡萄的运输包装。

冲瓶灌装联合机组

CN2460453Y

直线式冲瓶灌装联合机组由推瓶杆、翻转架、托瓶架、灌装阀、气缸等组成。冲瓶部分和灌装部分紧密地连接，利用一个托瓶气缸和齿轮齿条机构同时实现冲瓶翻转动作和灌装托瓶动作，利用一个推瓶气缸和推瓶杆同时实现了冲瓶和灌装的进出瓶运动。这种联合机组与现有的冲瓶机、灌装机独立工作方式相比，机组结构设计紧凑合理，占地面积减小，制造成本大为降低，实现了冲瓶与灌装同步进行。

三重防伪密封塑料包装桶

CN2460474Y

三重防伪密封塑料包装桶包括桶盖和桶身。在桶盖与桶身交接口处的桶盖下沿设有一环状撕拉圈，在撕拉圈的外表面上设有开口，桶身外边上沿处装有一外圈，在外圈上开设有防伪口，桶身上部的防伪开口与桶盖上部开口位置相对应，在防伪开口处设置防伪拉块，防伪拉块与防伪开口间采用连接棒连接。这种三重防伪塑料包装桶的防伪彻底，无论桶盖和桶身均不能重新使用，杜绝了假冒现象的发生。

瓦楞纸板印刷机传动系统

CN2468719Y

高精度瓦楞纸板印刷机传动系统由上牵引辊、印版辊、网线着墨辊、橡胶辊、过桥齿轮、同步皮带轮及传动轮组成。其特征在于带齿轮的各类印刷用辊均通过各自的辊轴，呈定位状固设于机架的辊座上，在压印辊、过桥齿轮、同步皮带轮及送纸辊之间，设有能对印版辊与压印刷辊之间中心距做较大调整的带弹簧的同步皮带张力调节器。这种瓦楞纸板印刷机传动系统可适应不同厚度的纸板印刷，并可保证印刷精度。

新型自动贴标机

CN2459276Y

新型自动贴标机主要包括贴标装置、进给装置、吸管及感测器。进给装置包括有气压缸、固定座和定位板；贴标装置设置于定位板的前面，包括真空吸板、支柱脚、弹性元件和吸气管，真空吸板由内外板体组成，内板体外侧的四周固接柱脚，柱脚上套装有弹性元件；感测器为在真空吸板上固定设置的金属片，在定位板相对于金属片的下方设有接近开关。这种新型自动贴标机可平整吸附标签贴纸，能连续自动地进行贴标作业。

新型柱状干燥剂

CN2459277Y

新型柱状干燥剂包括干燥剂本体和外包装壳体，干燥剂本体是由一片或一片以上的干燥剂圆片叠加构成的，外包装壳体的外形为圆柱体，干燥剂本体设在外包装壳体内。这种新型柱状干燥剂设计形态新颖、无毒无害、安全卫生，特别适合于瓶装或罐装物品的防潮包装。

卡套式防漏瓶盖

CN2459287Y

卡套式防漏瓶盖由防尘罩、螺栓吸管、盖体和封口膜组成。在开启饮用时旋转防尘罩，使防尘罩中间的方芯带动螺栓吸管向下转动，同时触破瓶口的封口膜，取下防尘罩即可方便地饮用。这种卡套式防漏瓶盖生产制作成本低、开启方便、防漏和密封性能好，使用安全可靠。

书刊封皮自动折口装置

CN2459175Y

书刊封皮自动折口装置包括胶订机外侧的台板、传送带和机架。在外侧台板上依次设有压条机构、换口导板和导槽板，在传送带上方设有折口压实装置，其中在换口导板的下部分为叠合形外侧台板且固接其上的板条，上部分的展开图包括由左向右依次为三角形、曲线腰直角梯形和长方形、斜线腰直角梯形和长方形等部分，上部分与下部分的夹角由左向右从90度逐步过渡到0度。这种装置可简化生产工艺流程，降低劳动强度，提高设备的总体利用率及生产效率。

书刊装订装置

CN2459174Y

书刊装订装置包括有动力装置、传动装置、锯盘片及操作台等。在操作台上设有两根导轨，导轨上设有载书装置，并有与操作台的导轨相配的单槽套条。这种书刊装订装置一次可为较多的书脊背锯槽，安全省时省力，工作效率高。另外，锯槽较宽，使粘接剂容易进入，使图书和期刊合订本的装订牢固，尤其是省去了线订或铁丝订，装订后的中缝处容易展开，便于阅读和复印。

新型印版滚筒

CN2459170Y

新型印版滚筒包括有滚筒芯、滚筒枕环及滚筒筒身等。其结构特征在于滚筒筒身的左右两端设有枕环，在滚筒枕环直径保持不变的情况下缩小滚筒筒身的直径，加大滚筒筒身与枕环之间的高度差，高度差的距离为 0.5～1.9 mm，在印版滚筒上设有一层凸版或其它非平版印刷版。这种新型印版滚筒与现有技术相比，利用印版滚筒筒身和枕环之间的高度差解决了印刷材料的厚度问题，增加了胶印机的用途，另外也可应用于非胶印印刷。

蒸球内挤浆装置

CN2459337Y

蒸球内挤浆装置包括球体、卸料口、蒸汽管及转轴等。在球体内设有过滤装置，排液管的一端通出球体外，排液管的另一端位于球体内且连接于过滤装置上。这种蒸球内挤浆装置利用球内挤浆机构，使从蒸球中卸出的原料浆中所含的液量大大降低，从而使后继洗涤工艺比原制浆工艺大量减少洗浆用水，也使洗浆废液中的污染物浓度明显降低。

隐形印刷产品检验装置

CN2459660Y

稳形印刷产品检验装置是将普通印刷机的油墨挡板隔成两部分，分别装人无色隐形防涂改油墨和普通有色油墨，在胶辊和靠版辊与油墨档板对应的部位上设有凹槽，在印版滚筒上设有隐形图文印版及有色标志印版，在隐形印刷产品上同时印上隐形图案或文字及有色标志。由于有色标志容易识别，检验起来也非常方便，有色标志在检验后切除。

一种液体罐装桶

CN2253330Y

一种液体罐装桶，由一个带液体出口装置的密闭容器构成，其特征在于：所述容器上还设有一个可开闭的通气装置，该通气装置位于容器内液体的液面以上。本实用新型的特点是：倒出物料时，不会发生间歇喷射、物料飞溅，既造成物料浪费，又弄脏周围环境的现象。使用结束后可关闭通气装置，即可以防止罐装桶翻时漏液，又可防止外部灰尘污染。本实用新型结构简单、成本低、易于实施，尤其给实际使用者带来许多方便。（侯军）

储火柴烟盒

CN2253332Y

一种储火柴烟盒，属吸烟者用品，用于将火柴和香烟包装在一起。其特征是该烟盒由其背面相互连在一起的盒体和盒盖构成，在盒盖上部设有化学擦面。具有结构简单，容易制作，能将火柴和香烟包装在一起，使用方便，再不会发生光带烟没带火吸不成烟的问题等优点。（侯军）

搬运码垛机器人手部

CN2467476Y

搬运码垛机器人手部主要包括手指部分和夹紧部分。手指部分由气缸驱动一平行四杆机构带动手指移动，夹紧部分由无杆气缸驱动右挡板来夹紧和松开箱体，左挡板固定在导轨上。这种搬运码垛机器人手部结构设计简单紧凑，制造成本较低，特别适用于自动生产线上箱类产品的搬运和码垛，是一种理想的搬运码垛工具。

电化铝双复卷分切机

CN2467480Y

电化铝双复卷分切机设置有一床身，床身为凹槽形，在床架的内侧面连接有上收卷辊，上收卷辊的前下方有下收卷辊，在上下收卷辊的一端通过链条连接减速器，后方有多级导向辊，在多级导向辊的后方有一刀排槽辊，刀排槽下方有多级导切辊，在多级导切辊的下方有上卷辊，一次分切两辊多卷成型。这种分切机结构设计巧妙，分切运行平稳，操作方便，工作效率和质量明显提高。

新型饮料灌装机

CN2467494Y

新型饮料灌装机对现有整机中的封口装置进行了改造，封口装置包括下方开口的壳体，在壳体内设有隔热材料，在壳体内部的上方设有电热管。在壳体开口的下方设有一对导轨，在导轨的上方壳体靠近灌装装置的一侧设有预成型轧轮，另一侧设有封口轧轮，封口轧轮的后方设有冷却定型板，冷却定型板被弹性物质由两侧向中间挤压。这种新型饮料灌装机的封口装置的封口效率显著提高，封口质量较好。

模切压痕压凸装置

CN2468714Y

圆压圆式模切压痕压凸装置包括底座、机架竖板、机架撑板、压盖和弹性压力调整装置组成的机架部分。由上至下依次安装的上压力辊、上工作辊、下工作辊和下承力辊，辊筒两端设有滑块、主动齿轮、周向调整装置、两片叠合的上互啮合齿轮、下互啮合齿轮、轴向调整装置和啮合齿轮周向调整装置组成的辊筒部分，在上工作辊或下工作辊上直接加工出模具或安装模块。这种圆压圆式模切压痕压凸装置生产效率高，模切质量好，刀具使用寿命长，机器运行平稳。

柔性凸版印刷机

CN2468716Y

柔性凸版印刷机包括机架和传动装置，在机架上安装有由压印辊、版辊、带有上墨装置的网纹辊组成的卷料柔性印刷机组，版辊最大周长为1500mm。压光机的主动辊和印刷机组的压印辊均为可根据承印物的厚度选用可更换的、有多种不同规格的辊组。这种柔性凸版印刷机重复印刷长度可达1500mm，对承印物表面质量要求低，印刷材料的厚度适用范围宽。

印刷机传水装置

CN2468717Y

水墨混合型印刷机传水装置属于小型证卡印刷机的关键部件。其特征是采用弹簧固定在匀墨传水辊的支架上，匀墨传水辊的支架固定连接在控制轴上，匀墨传水辊通过弹簧紧靠串墨辊，由控水电磁铁控制匀墨传水辊间断的与水斗辊接触。这种新型辊与辊之间能保持压力，不会影响供水量的均匀度，并可有效克服跑墨现象，使印刷机能有效地传墨、匀墨和印刷，并可延长使用寿命。

灌装机的封刀结构

CN2467416Y

液体灌装机的封刀结构是对塑料袋液体灌装机的封刀结构的改进。封刀结构主要由封刀座体、封刀、硅橡胶封口承台等组成，在封刀座体中的封接头中央有一个缺槽，缺槽中装有封刀和刀片，对应硅橡胶承台上也有一个长槽。这种灌装机的封刀结构可将塑料模紧密封接，不会产生裂缝及皱折，而且还能分切包装袋，达到使用方便的效果。

外包装整体缩膜机

CN2467417Y

产品外包装整体缩膜机主要由机座、机体和机上盖组成。机上盖设置在机体的上部，机座设置在机体的底部，在机体和机上盖中设置可电加热器和温控热电偶，在机体和机上盖之间还设置有缩膜加热通道，缩膜加热通道中设置有输送带导轨，输送机的输送带位于输送机导轨之上。这种产品外包装整体缩膜机与现有技术相比，具有设计合理、易于加工、使用方便、缩膜处理效果好、生产效率高等优点。

组装式包装箱

CN2467424Y

组装式包装箱属于一种运输容器，尤其是一种可重复装拆的包装箱，其主要结构包括边框、箱底及箱盖。边框由前、后、左、右四块侧板围成，相邻两块侧板的边缘利用连接钢带相互连接，每块侧板上、下边缘均匀地连接钢制舌片，在箱底与箱盖的周边连接有钢边，在钢边上有允许钢制舌片的头部插入的沟槽，箱底、箱盖与边框利用钢制舌片与钢边相互连接。这种组装式包装箱制作与使用非常方便，材料的利用率高。

三层共挤黑白膜

CN2467440Y

三层共挤黑白膜主要由上层、中层、内层三层结构组成。其中，上层为线性聚乙烯和低密度聚乙烯的混合物，中层为高密度聚乙烯和线性聚乙烯与钛白粉的混合物，内层为低密度聚乙烯和线性聚乙烯与黑碳粉的混合物。这种三层共挤黑白膜具有闭光、保鲜、柔韧性好等优点，尤其具备了液体包装所需的最佳条件。

纸质缓冲垫材

CN2467447Y

纸质缓冲垫材主要由两片墙板及数片隔板所构成。墙板主要是在主板两侧设有数片折板，纵向设有主排槽孔、左排槽孔及右排槽孔，在隔板的四角设有卡板及插板，将隔板依序置于墙板的主排槽孔处，并利用墙板的折板弯成柱状体，使内部形成数个相对独立的放置空间，这种纸质缓冲垫材可利用一个缓冲垫材为多个产品提供缓冲包装。

定量式点胶机

CN2467454Y

定量式点胶机主要包括有压缩空气源、主压缩空气管路、副压缩空气管路、胶枪和定时控制器。在主压缩空气管路中依次设有调压阀、压力计和三通阀，且其一端与压缩空气源连接，另一端与软管连接。与压缩空气源连接的副压缩空气管路中依次设有调气阀和分支管，并与大气连通，从而使得分支管内的压力呈负压。另外，活塞式胶枪借助气压的推动和定时控制器的精确控制，使得粘胶从针头中挤出，同时负压对粘胶产生回吸作用，使得胶枪不会有残滴现象出现。

安瓿印字机的给墨机构

CN2468721Y

安瓿油墨印字机的给墨机构主要由墨轮、墨斗、过墨轮、金属轮、摇摆部件和凸轮装置组成。过墨轮位于墨轮与金属轮之间，且设置在摇摆部件上。在机体上连接一根固定轴，在固定轴上装有两根支架，在两根支架之间设有隔套，在两根支架的上臂部位通过轴安装过墨轮。这种安瓿印字机的给墨机构为间隔性给墨机构，每次给墨不至于多，又很均匀，使安瓿印出的字样清晰美观。

具有单手开关盖子的包装袋

CN2448731Y

具有单手开关盖子的包装袋由袋子和盖子构成，在袋子的底部设有叠层底座，上部装有单手开关盖子，盖子分上盖和下盖，上盖和下盖之间采用常开弹性连接，上盖设有固定挂钧和弹性密封垫，下盖中部有物流嘴，在下盖对应上盖的固定挂钧处设有弹性挂钩、按钮及关盖托。这种包装袋密封性能好，使用方便，可有效防止包装物的逸出，适用于各种液体和固体的包装。

可印刷大型工件的转印机

CN2448553Y

可印刷大型工件的转印机包括机座、气缸和与气缸相连接的烫头，移动装置安装在底座上，气缸和烫头安装在移动装置上，由于烫头可相对转印机的底座而移动，因此可以印制面积较大的或转动不方便的工件，扩大了转印机的应用范围，为印刷业提供了一种改进的印制方法。这种转印机可根据烫头的工作温度与气缸的压力来调节烫头的移动速度，以保证最佳的印刷效果。

多色移印机的机头结构

CN2448554Y

多色移印机的机头结构最少含有两个弹性材料制成的印头，印头与气缸的推杆相固连，气缸的缸体固定在滑块上，滑块与水平滑轨相互配合，滑轨固装在机架上，每个印头都有一个专用气缸。这种多色移印机的机头结构使套色更准确，各单色间的印刷不会相互干扰，印刷效果良好。

超细粉料包装机的脱气装置

CN2448706Y

超细粉料包装机的脱气装置包括加料螺旋杆和密封罩壳，在加料螺旋杆与密封罩壳之间安装有微孔管，微孔管的壁上有许多微孔，在密封罩壳上设置有与抽气装置相连接的管道接口。这种超细粉料包装机的脱气装置可使包装袋的物料呈紧密状态，相应地减小了包装袋的体积，并减少了包装过程中的粉尘污染，同时也避免了由于空气引起的破皮现象。

牛皮纸胶粘带

CN2448709Y

牛皮纸胶粘带涉及一种包装箱的封箱材料，它包括牛皮纸基带，在牛皮纸基带的一面涂有中分子材料和低分子材料配制的粘合剂。这种牛皮纸胶粘带可与纸箱一起进行化浆回收，既节约原材料，又不会对环境造成污染。

体形可伸缩的液体容器

CN2448728Y

体形可伸缩的液体容器的厚壁槽形壳体的上口设有外展的环箍，下口设有内收环箍，薄壁挠性壳体与厚壁环形壳体及槽形壳体的环箍结为一体，槽形壳体的上口直径小于厚壁壳体的环状直径。在按压槽形壳体及薄壁挠性壳体时可使其收缩折叠，与槽形壳体一起进入厚壁环形的壳体中，使容器的体积大大缩小，减少了运输贮存所占用的体积。这种液体容器伸展后，使用状态稳定，可制作大型液体容器。

环保密封瓶塞

CN2448740Y

环保密封瓶塞主要包括有与上盖体和与上盖体连接的外密封套及内塞。在上盖体和外密封套上有一个出液口，在内塞凹槽内的上部设有开口按头，在开口按头下部的内塞上有一内塞凹槽通向出液口，在出液口处的外密封套与内塞之间有内开口与出液口相通。这种环保密封瓶塞可不必完全开启瓶塞破坏密封，就可将瓶内的液体从出液口倒出，使用非常方便。

清洗印刷机墨路装置

CN2447175Y

一种自动快速清洗印刷机墨路装置，它包括有一套墨路和由刮墨刀、墨斗组成的清洗墨斗，在尾端墨辊与其相邻的墨辊之间设有一可带动尾端墨辊绕邻接墨辊摆动的支臂，支臂枢接于尾端墨辊可移动的位移装置上。这种自动快速清洗印刷机墨路装置将常规墨路的尾端墨辊设计成两个位置和两种工作状态，洗墨时油墨依靠墨路正向和反向的两条路线传输到刮墨器，使油墨传递的路径变短，从而实现了快速洗墨，提高了清洗墨路的效率，并且洁净程度高。

袋泡茶叶自动包装机

CN2452892Y

袋泡茶叶自动包装机主要包括有传送带、编码器、机座、推袋器、外层复合膜传送机构、上预热板、下预热板、自动张合式横封辊、自动张合式纵封辊、加热器、温度自动控制装置、牵引辊、切口装置、成品输出装置、变频调速电机、控制系统等。这种袋泡茶叶自动包装机改进了外封套的包装方式，实现了纸、铝、塑及玻璃纸等不同组合的复合膜密封包装，使包装袋外形精美，同时采用 PLC 可编程序控制器，全机可实现自动控制。

激光防伪瓶盖

CN2460469Y

激光防伪瓶盖包括外盖体、外套和与外套连接的内芯。它的结构特征在于顶盖包含有顶盖本体、印在顶盖本体上表面的呈凹凸不平状的内层、涂在内层外表面上的反光层、涂在反光层外表面的保护层。由于在顶盖上印有激光防伪图案，因此理论上不会有完全相同的仿造瓶盖出现，具有理想的防伪效果，在顶盖被顶出且与外盖体分离后，外盖体被破坏而无法复用。

新型纸板上光方法

CN1375394Y

新型纸板上光方法是一种可缩短纸板上光烘干和压光过程的方法，应用于纸板上光的传输流程中，首先使用涂装机对纸板进行涂复上光溶剂，随后让纸板依序进行一涡流式热烘过程和一涡流式冷烘过程，使纸板上的上光剂快速干燥牢固附着，然后再利用一具有光亮表面的无缝辊筒的压光机对纸板进行切点式压光，使纸板上的上光剂能快速取得透明光面的效果，从而缩短整个的工艺过程。

装饰性图案的凹版印刷

CN1375401A

装饰性图案的凹版印刷首先把装饰性图案进行凹版制版，用凹印机把 UV 油墨印刷到卡纸上，然后用紫外光固化。装饰性图案为麻砂、折光、皱纹、冰花、珊瑚等图案，图案可单一制版印刷，也可复合制版在一个印刷辊上。印刷机为单张凹印机及卷筒凹印机，卡纸为金银卡纸或印有彩色的卡纸，UV 油墨由安装在凹印机上的中压汞灯产生的紫外光进行固化。这种印刷的优点是可得到具有良好防伪效果、富有艺术性的印刷品，而且印刷速度快，难以仿制。

真空黑液除沫系统

CN1376825A

真空黑液除沫系统将真空洗浆机出来的黑液，从切向进入旋液器内筒，当泡沫充满整个黑液槽后，在高压风机的作用下，经过 3 个初级除沫装置，所有泡沫流入除沫装置，除沫装置先用消泡器进行一次机械涂沫，余下的泡沫在风机的作用下，被高速吸入高效旋风除沫器，泡沫沿筒壁高速旋转，利用剪切和碰撞进行二次除沫，剩余少量细小泡沫进入旋风除沫器的上部，由于流通截面突然增大，泡沫靠自重沉聚下来，从而使泡沫全部被消除。这种除沫系统使能耗降低到只有原来的 15%，并明显降低了运行中的噪音，节省了大量冷却水。

轻型胶版纸

CN1376826A

轻型胶版纸主要成分—纸浆的组分为机械木浆占 70%～80%，脱墨浆占 20%～30%，其中机械浆是由一定比例的针叶材浆和阔叶材浆组成。这种轻型胶版纸的特点是紧度低而松，厚度高，定量轻，即在相当于传统产品定量为 80g/L 纸的厚度时，其定量只有 60g/L，大幅度减少了造纸用木材，制造成本显著降低，白度适中，印刷质量好，有利于环保。

纸基激光全息成像涂料

CN1376747A

纸基激光全息成像涂料是根据纸基的激光全息图文成像的特性，选用溶剂型的共聚单体，经过合成形成一种共聚树脂涂料作为成像涂料。成像涂料可分为醇溶性和水溶性全息涂料两个类别。涂料成分由主剂、助剂和溶剂等三个部分组成，主剂是涂料的成膜物质，以单体共聚合成树脂作为主剂，以水、醇类、醇醚类物质为溶剂，并加入适量的助剂，经共聚反应和高速分散后过滤，形成水溶性或醇溶性全息涂料。

注塑机节能控制方法

CN1376568A

用于注塑机节能运行的反馈型控制方法，尤其是带有变频器的注塑机节能控制运行。控制方法采用同步采集注塑机中各电磁阀和比例调节阀的信号，以此判断当前注塑机的运行状态，使变频器输出相应的频率值来控制电动机的转速。这种节能控制方法的优点在于实施方便，通用性强，系统的动态响应速度快，还可以按使用要求使电动机停止转动，最大限度地节约了能源。

蜂窝纸板专用胶粘剂

CN1376577A

蜂窝纸板专用胶粘剂提供了一种专用胶和其制作工艺，属于淀粉类粘合剂的领域。专用胶粘剂以玉米淀粉、聚乙烯醇、尿素、氯化钙、滑石粉、磷酸三丁酯、氯化钠及水为原料，按一定的重量比配制而成。这种蜂窝纸板专用胶粘剂具有粘接强度高，干燥速度快，不吸潮，生产成本低等优点。

多型腔玻璃瓶罐制法

CN1375469A

多型腔玻璃瓶罐制法包括将玻璃料滴入导口模中，冲压头上升进行冲压，一次成形瓶坯。其中，口模内含有瓶口形状部分和瓶体形状部分。将口模及成形的瓶坯一同转移至底模的基板上，通过底模基板对瓶坯进行冷却，冷却步骤完成后再进行膜模。这种多型腔玻璃罐制法改变了传统方法中采用初模、口模和成模的方法，将三者合而为一个口模，在口模中同时完成瓶口和瓶体的成形，用一次成形的方法生产出瓶身短的玻璃瓶。

光变油墨组合物及其应用

CN1375528A

光变油墨组合物由占油墨总重量1%～60%的光变颜料、占油墨总重量1%～95%的连接料、占油墨总重量0%～20%的油墨辅助剂组成。同时，还涉及该油墨组合物的应用。这种光变油墨组合物使用方便，可在已知的任何印刷设备上正常印刷，也可在各种承印物上使用，对高清晰度扫描仪和彩色复印机的防伪性强，无毒、无辐射，印刷适应性能好。

双网孔陶瓷网纹辊

CN1375393A

双网孔陶瓷网纹辊的陶瓷层上具有两种类型且规则排列的网孔，两种类型网孔的形状、尺寸、深度之间存在有差异。网纹辊的制造方法是同时将两束激光，通过聚焦镜在辊体的陶瓷层上的两个点同时进行雕刻，连续雕刻出具有一定排列规则及适当深度的网孔，网孔形状包括圆形、椭圆形、三角形、方形、六边形、多边形或不规则形状。由于双网孔的多样化排列组合，提高了网纹辊网线的精密度，可精确地定量供应油墨，上色更加均匀鲜艳，并提高了工作效率。

全降解食品容器及设备

CN1376621A

全降解食品容器及设备以玉米和玉米芯为原料，生产工序是将玉米芯破碎→与玉米混合搅拌→片材膨化成型→切割→加湿→模压成型→干澡涂胶→烘干→消毒包装。技术特征是将搅拌、C型片材成型、膨化等由一道工序实现，膨化所需温度充分利用物料在推进挤出时产生的摩擦高温。在生产设备中推进螺杆及其螺套前端密闭螺接C型片材成型器，物料一经挤出即自然膨化成片材。这种食品容器可广泛用于制作快餐盒、盘、杯等容器。

封边机的热切拉袋装置

CN2466052Y

封边机的热切拉袋装置主要包括胶辊、热切刀、上拉袋辊、下拉袋辊、输送辊、拉袋传动辊、摆臂和推杆。热切刀为刀体单边刃刀，上拉袋辊与硅胶辊直接配合拉袋。这种拉袋装置通过改进上拉袋辊与硅胶辊配合拉袋的结构，实现了热切和拉袋两个动作在同一辊上完成，从而缩短了上拉袋辊与硅胶辊之间的最小中心距离，达到机器加工35mm以下小规格袋子的目的，并填补了包装机械领域中机械加工35mm以下小规格袋子的热切封边机的空白。

包装物料杀菌装置

CN2465715Y

包装物料杀菌装置涉及到一种利用高强度的磁脉冲技术对物料进行消毒灭菌处理的设备。杀菌装置包括磁脉冲发生器与工作线圈，磁脉冲发生器中的高压变压器的一端依次串联连接高压整流器、限流电阻和起到开关作用的空气隔离间隙，再与工作线圈的一端连接；高压变压器的另一端串联连接负载电阻后与工作线圈的另一端连接，在工作线圈的两端并联连接储能电容器组，高压变压器的次级为调压器。

粉粒物料自动包装机

CN2466049Y

粉粒物料自动包装机主要包括给料机构、称重机构及拉袋封口机构。给料机构包括齿轮箱，其中齿轮箱与螺旋轴之间通过电磁离合器连接，螺旋轴水平布置在料仓内，螺旋轴的转动与停止由电磁离合器控制。拉袋封口机构包括夹头气缸及连接夹头安装在水平移动框架上，在机板上装有使袋子在滑槽中移动的水平移动气缸、导向杆及移动块，在机板上还设有固定热合封口体和移动热合封口体，由加热体对袋子的上口实施封口。

新型塑料膜展平辊

CN2466178Y

新型塑料膜展平辊是塑料薄膜在收卷前的展平装置，主要特征是在辊的外表面均匀布满弹性凸起，凸起以辊子的孤面中心线为界，分别向两翼方向斜立。这种新型塑料膜展平辊可有效、稳定地对塑料薄膜进行展平，以保证收卷后的薄膜不至于产生褶皱现象。

纸杯热吹风粘接成型装置

CN2466053Y

纸杯热吹风粘接成型装置包括机架、底杯成型装置、卷边装置和电机机箱。主要结构特征是在机架工作面的上下各安装有一个热吹风加热器，通过热吹风加热器上的热风吹管对工位上的纸杯粘接部位进行热风加热，然后上模压紧粘接成型。这种粘接成型装置具有粘接效果好、生产效率高、适用范围广等优点，非常适用于单面膜、双面膜的纸杯，尤其是大容量纸制容器的粘接成型。

一种带速溶剂的饮料瓶

CN2253333Y

一种带速溶剂的饮料瓶，瓶盖设有螺纹连接瓶口，上部设有易拉环，其特征是在瓶盖内组合设置薄壁粉剂筒，筒底周边设有易断裂的薄弱压线，在薄壁粉剂筒内设置有十字形断面、高度大于粉剂筒高度的内顶柱，优点是：可以在一个饮料瓶中贮放两种不同品味的饮料，便于携带和饮用方便；粉剂筒内可以贮放任意品种的速溶粉剂，可满足不同的需要，适用于贮放不同品味饮料的带速溶剂的饮料瓶。

（侯军）

新型电子电晕机

CN2465939Y

新型电子电晕机涉及一种塑料加工设备，在电源滤波电路的输出端依次串联有电感、电容和可控硅，输出变压器的输入端并联在电容的两侧，二极管与可控硅反向并联，可控硅的触发端连接一个振荡驱动电路。这种新型电子电晕机利用振荡驱动电路产生的高频信号，省去了庞大的电源变压器和输出变压器，使设备整体体积显著变小，而电晕处理效果更好。

纸管弯头卷曲加工模头

CN2465944Y

纸管弯头卷曲加工模头是一种改进结构，主要包括有待加工的纸管和模头。在盘状模头的底端设有固定的螺孔，在端面上设置有配合待加工纸管尺寸的引导沟槽，边缘上设有通至引导沟槽的辅弯件孔槽，通过将纸管导入引导沟槽并旋转模头，从而将纸管内缘卷曲加工成弯头。一般待加工纸管的内缘预先切削成弯头加工面，模头引导沟槽的内侧具有适当数量的扩张孔槽，以将弯头上方的纸管内缘扩张压紧，使其具有良好的导角。

称重充填包装机

CN2466050Y

称重充填包装机包括称重充填料斗，在称重充填料斗的下方依次连接有下料斗、下料管、横封及包装袋，在下料斗与下料管之间设置有一个自动控制阀。由于设计了自动控制阀，有了一个无下落料的横封时间的间隙，使得自动称重充填包装机在高速运行时，横封时不会产生夹粉现象，提高了包装的横封质量，明显降低了损耗。

可充保护气体的双铝包装机

CN2466051Y

可充保护气体的双铝包装机主要包括有机箱、下料装置、铝箔卷轴及传动装置。下料装置中包括带有通管的下料板，下料板穿入机箱的顶板，下料装置还包括在下料板上固定连接的通气装置，通气装置包括可以连接在充气瓶上的通气管和与通气管相通且彼此相互连通带有开口的通气支管，通气支管的开口与下料板的开口方向一致。这种包装机在双铝包装封合的同时进行充填保护性气体，使被包装物品的保质期得以显著延长。

新型电晕发生器

CN2465936Y

新型电晕发生器涉及一种塑料加工设备，发生器包括壳体、安装在壳体中的硅胶管、安装在壳体中且与硅胶管平行的阴极，阴极包括旋转轴和安装在旋转轴上的金属板，旋转轴安装在壳体上的通孔中。这种新型电晕发生器通过调整旋转轴的不同位置，可以方便地改变工作状态，以达到最佳的电晕处理效果。

侧向按压开启管状容器

CN2466067Y

侧向按压开启管状容器是一端密封，另一端开口且设有功能元件的管状容器，在管状容器两端之间的内腔中设有一易启阻隔结构，并与封闭端构成密闭腔室，在密闭腔室中同时装有气体和工作液体。与易启阻隔结构对应的管壁上的通孔内插入一个开启元件，当按压开启元件时，易启阻隔结构即被刺穿，贮存于管状容器密闭腔室中的液体通过开启元件前部的沟槽，从开口端部迅速流出。

电子语音防伪瓶盖

CN2466072Y

电子语音防伪瓶盖呈圆柱形，主要包括上盖、下盖、语音腔、语音电路、瓶口塞盖及瓶口塞。当旋转上盖时防伪齿被折断，再旋转瓶盖时发出语音，继续旋转至瓶盖被打开。这种电子语音防伪瓶盖突破了以往瓶盖制造的技术领域，将语音电路装入瓶盖中，在打开酒瓶盖的过程中便可听到语音，同时破坏外观，防止造假。

新型喷雾瓶

CN2537670Y

新型喷雾瓶包括有瓶体、瓶盖及喷雾装置。瓶盖内设有喷雾装置，喷雾装置与瓶口相连接，在瓶体的肩部对称设有一凸起的弧形卡槽；瓶盖包括有盖体、肩套、螺旋内衬，肩套套在瓶体的肩部，肩套内设有槽卡，肩套与瓶体相互卡接，盖体设在肩套与螺旋内衬间并可上下滑动，盖体的内表面与螺旋内衬的外表面间为螺旋连接，螺旋内衬内表面与喷雾装置卡口的外表面连接。这种新型喷雾瓶主要用于液体香水的包装。

纸芯管镶铁套设备

CN2537690Y

纸芯管镶铁套设备主要包括锥轴、机架、油缸和导向压盖。油缸设置在机架的侧面，导向压盖设置在机架的中部，锥轴安装在机架的中部与油缸和导向压盖活动连接，导向压盖与机架固定，锥轴上设计有包裹锥轴的胀体、胀爪和弹簧，胀体与导向压盖之间活动连接。这种纸芯管镶铁套设备结构设计简单，操作方便，镶套加工过程简单，加工费用低，镶套速度快，镶铁套后的纸芯强度高，是造纸行业镶铁套纸芯管的专用设备。

新型可调中高辊

CN2537729Y

新型可调中高辊的技术特征是在外壳的两端设置加固环，外壳套装在辊体上，在外壳与辊体之间留有空腹腔，在一端的轴头和相应的轴体上使用通孔，通孔与空腹腔连通。这种新型可调中高辊可在各种造纸机和纸品加工机上使用，并可在不停机的情况下，任意调节所需的最佳中高高度，选用的耐磨高强度金属材料或非金属材料具有使用寿命长的特点，可大幅降低使用时的停机时间和维修费用。

瓶装食品微波灭菌设备

CN2538157Y

瓶装食品微波灭菌设备是由微波加热器、微波发生器、防泄漏装置、传送带、排气装置及电控柜组成。防泄漏装置连接在微波加热器的前后，传送带从中间穿过，微波发生器安装在加热器的两侧，排气装置位于加热器的顶部，电控柜位于设备的侧面，加热器与防泄漏装置均开有给瓶装食品进出的通道，这种瓶装食品微波灭菌设备对瓶装食品处理速度快，穿透深度高，灭菌温度低，灭菌效果好，使用成本低，并能最大限度地保持食品的原有风味。

塑料吹塑薄膜旋转牵引机

CN2538522Y

塑料吹塑薄膜旋转牵引机由牵引辊电机、牵引辊、牵引辊固定支架、传动链轮、链条及安装在牵引机框架上的导辊构成。牵引辊固定在牵引辊固定支架内，牵引辊固定支架的底座固定在水平旋转机构的大转动齿轮上边的转动板上，牵引辊固定支架的上部通过连接板与下膜片转向辊的摆动装置的下固定法兰盘固定连接。这种旋转牵引机明显提高了塑料薄膜的印刷性能和抗撕裂强度，可广泛用于塑料吹塑薄膜的生产。

一体化彩塑防伪软包装袋

CN2535342Y

一体化彩塑防伪软包装袋包括有基质层和外覆的透明膜层所构成的袋体，在透明膜层内或外面印制有印刷层，在透明膜层的内面还直接制作有防伪标识。防伪标识为激光全息防伪标识，或者为油墨印刷的防伪标识，基质层为一层或多层塑料薄膜或纸质层。这种防伪软包装袋不仅外形装饰美观，一体化程度高，而且制作难度加大，不易被仿制；防伪标识难以再被无损地揭启下来而重复使用，使彩塑软包装袋的整体防伪性能进一步增强。

新型软压光机

CN2535432Y

新型软压光机主要由主机、液压系统、电气控制系统和加热系统等组成。主机包括机架、硬辊、软辊及传动装置，与液压系统相连接。软辊包括外辊套、内芯轴、若干个小油缸和设置在芯轴两端的顶升油缸，小油缸设置在芯轴的上部，小油缸的活塞中心开有液压油通道，芯轴上也设有相应的液压油通道，两液压油通道相互连通。这种新型软压光机对纸张整饰后，纸幅密度均衡，纸页强度增加，压辊使用寿命较长。

下置式同步冲洗洗瓶机

CN2536325Y

下置式同步冲洗洗瓶机是在主动链轮或辅助链轮的下方设置水流分配器，水流分配器有进水口，进水口连接静止的静环空腔，在静环下设有密封分配盘，密封分配盘在一定弧度上有通槽，在密封分配盘下设置有转盘，转盘的圆周上有若干个孔，孔与多组喷嘴之间通过各自的水流通道相连。这种洗瓶机由于采用了上述结构，使得喷嘴和瓶体同步转动，这样一方面使喷嘴和瓶体对位准确可靠，另一方面使瓶体在链轮工作区间的行程全部为有效清洗行程；同时还特别节水，当清洗量为5000瓶/小时时，耗水量低于1.3吨，只有原来半自动洗瓶机耗水量的8%～10%。

新型四刀切角机

CN2536395Y

新型四刀切角机主要结构包括刀具、进刀机构和机架。其结构特征在于刀具对工件四角实施一次切割成型的四把圆角刀具，四把圆角刀具安装在机架上部平板中心的两个进料口的四个角的位置上。四把圆角刀具可在规定范围内快速调距，调距装置各自连接滑块，滑块上还有能纵向、横向同步调距的丝杆，调距丝杆上设有调节手轮，两纵向调节丝杆还有起同步调距作用的链轮链条。调距装置的纵向、横向调距丝杆上还设有使滑块纵、横方向内侧工件夹紧的弹簧。这种切角机克服了现有技术存在的缺陷，具有加工质量好、小批量或大批量均可适用的特点，设备投资只有金属刀口设备的1/4，而加工产品的产量可与各模切工艺相媲美。

印刷UV装饰性油墨的凹印机

CN2536393Y

印刷UV装饰性油墨的凹印机主要结构包括机座、油墨槽、墨辊、凹版辊筒及压印辊筒。其结构特征是在油墨槽外设有加热夹套，加热夹套内有电热管，凹版辊筒轴上设有通孔，通孔上接循环热管，凹版辊筒上方设有远红外灯，在凹版辊筒边有一个刀架，刀架两端各有聚氨酯弹性薄片，聚氨酯弹性薄片呈L型，两条边与凹版滚筒的两立端面及辊筒边缘相切。这种凹印机的优点是能在单张纸凹印机上可以使用粘度高的印刷UV装饰性油墨，在卡纸上印刷具有仿金属蚀刻、折光、冰花、珊瑚等装饰性图案的效果。

气动式版框锁紧装置

CN2536394Y

气动式版框锁紧装置主要结构包括安装于固定平台上的多个气动装置，气动装置还包括连接多个气缸的气动控制单元、气缸、传动连杆和锁版钩，气缸固定在平台的侧面，气缸活塞头与传动连杆一端相连，传动连杆的中间安装有座子，传动连杆的另一端与锁版钩相连，锁版钩可以上下移动，钩住模切刀的版框。这种锁紧装置采用气缸为动力，通过传动连杆，用锁版钩将模切刀版框紧压于固定平台，显著提高了设备性能和自动化程度。

多边旋转调节吸塑机构

CN2535217Y

多边旋转调节吸塑机构由多边装置、动力主架和动力主轴组成。在多边装置中的每一条边上均装有吸塑模具、真空室、真空室架、连接架、调节螺杆。其中，吸塑模具安装在真空室上，真空室装在真空室架上，真空室架与调节螺杆之间通过连接架相连，调节螺杆安装在动力主架上，在动力主轴的两端各安装一个动力主架。这种吸塑机构与多边旋转调节剪切机构一起应用于吸塑生产线的传动装置上，是对全降解一次性环保餐具生产线的重大改进，使生产线从原材料到产品全部实现了自动化。

双工位多功能包装机

CN2536493Y

双工位多功能包装机可将松散形物料装入预定尺寸的柔性包装袋中。包装机主传动机构输出主轴的上部套装圆型的接料动盘和排料定盘，动盘底部出料口装有计量的圆柱体形定量筒，定量筒的杯体套装可上下滑动的动量筒。定盘的下料口连接下料管，下部用法兰连接扁圆型下料嘴，法兰盘下左右对称安装两块固定板，两块固定板上分别装有电磁铁，电磁铁的下部装有推杆、固定板的转轴，转轴上装设L型杠杆，杠杆的前端用销轴连接夹袋块，其中转轴与销轴的连轴线与夹袋工作面的夹角为5°～15°。

颗粒物料包装机

CN2536494Y

颗粒物料包装机在机架上安装有灌装机构，在灌装机构下方的工作台上安装封口装置，封口装置有两条转轴平行地安装在工作台上，带有加热元件的加热块和垫块分别经一摇杆连接在不同的转轴上，两摇杆连接在驱动机构上，垫块与转轴之间的距离和垫块与转轴之间的距离相同，且大于两条转轴之间的距离。这种颗粒物料包装机的封口操作不需要对包装袋进行转移整理或扶持等，完全是在机械控制下完成的，所以可以省去封口操作的工作人员。

粉体真空包装机

CN2536498Y

粉体真空包装机主要包括有支架、供料装置、真空包装室及粉尘收集装置。真空包装室上设有连接到真空泵的抽真空管、与大气相通的真空释放管和进料喷嘴，抽真空管和真空释放管中设有阀门，供料装置中的进料管中也设有进料阀，进料管与进料喷嘴连接；粉尘收集装置由与抽气泵连接的除尘管和除尘罩组成，除尘管上设有阀门，除尘管位于真空包装室的底部并伸入真空包装室内，除尘罩位于真空包装室顶部的正上方。这种包装机利用真空包装室和供料装置的压力差把粉体产品吸入包装袋中，实现在密闭的真空状态下对粉体进行包装，克服了传统包装机包装重量小、粉尘污染严重的缺点。

新型贴标机

CN2491345Y

新型贴标机主要由电动机、带传动系统、放卷盘、贴标机头等组成。收卷辊与放卷盘处于整个带传动系统的上方，并且分别位于系统主电机的两侧，带传动系统的主动辊和收卷辊分别与两个电动机的转轴连接。这种新型贴标机解决了现有技术中工作效率低的缺陷，具有生产速度快及精度高的优点。

造纸制浆多级分离机

CN2466201Y

造纸制浆多级分离机主要包括布浆预压段、压滤段、稀释置换段和卸料洗网段。在卸料洗网段的中、上、下滤网分离后，上滤网在转向之前平移段的下部设有刮浆板，在刮浆板后部滤网的上部设有第一喷淋水管，在上滤网下与第一喷淋水管相对应处设有第一集水槽。在下滤网转向之后的位置设有第二喷淋水管，在下滤网下与第二喷淋水管相对应的位置设有第二集水槽。这种造纸制浆多级分离机用水量少，黑液提取率高，使整个黑液提取及污水的处理成本显著降低。

新型磁力灌装阀

CN2464709Y

新型磁力灌装阀由阀体、阀芯和驱动装置等组成。在阀体的上部设有进液口，下部设有垂直向下的灌装口，在驱动装置与阀芯之间设有屏蔽隔板，驱动装置与阀芯以磁力相互作用，使阀芯具有开、关灌装口的两个工位。屏蔽隔板可以为上凹或下凹筒形，也可以是阀体的一部分，阀芯可为倒锥体或球体。这种新型磁力灌装阀结构设计简单合理，清洗方便，工作运行平稳可靠，使用寿命较长。

复合高强度聚合物扁丝

CN2464746Y

复合高强度单向拉伸的聚合物扁丝包括有至少两层聚合物，两层聚合物复合后经单向拉伸定向而成聚合物扁丝。复合物的中间层为含有无机填料的聚合物层，或回收利用的废旧的聚合物层。有至少一层的外层面上设有防滑和增加强度的凹凸筋纹，各层可以是不同种类的聚合物材料。这种扁丝或单层扁丝具有更高的强度，有更好的编织性能和使用性能，节约原材料，降低生产成本，还可以回收利用废旧材料。

大型厚料工业缝纫机摆梭

CN2464753Y

大型厚料工业缝纫机摆梭包括有摆梭体、梭心壳和摆梭闩，梭心壳是梭心壳体与梭心导向轴为一体的整体式构造。摆梭体的勾线部位呈锐尖形状，梭心壳的内圆直径在32.5～39.5 mm之间。这种大型厚料工业缝纫机摆梭的特点，改进了原来的摆梭勾线部位，提高了缝纫质量。另外，由于摆梭体外径及梭心壳内径的合理增大，可用于各种大型厚料机，如集装袋、马鞍、麻轮等机型。

新型防伪涂布纸

CN2464763Y

新型防伪涂布纸的结构是在原纸上设有表现为局部密度的水印，在水印原纸的单面或双面设有涂料的涂布层。原纸原料为40g/L～200g/L的原纸，涂布层的涂布量至少为20g/L。这种新型防伪涂布纸为造纸工业提供了一种新的产品，可以作为出版物的封面用纸和扉页用纸，或用于其他产品的商标、包装、标贴等用纸，可以有效地起到防伪作用。

料带冲压成型机

CN2489891Y

料带冲压成型机是对原有机型的一种改进，主要结构包括送料机构、输送机构和冲压机构。在冲压机构的后侧设有一带料机构，带料机构装有一梳状的带料爪，冲料机构上模组的底部中央有一凹槽，带料机构的带料爪与凹槽相对应，并且能够置于其间。这种料带冲压成型机可将冲压机构的冲压加工时间与料带机构抓取待加工物并前进定位的时间合二为一，从而提高了加工速度和经济效益。

贴签夹紧定位装置

CN2490066Y

梯型瓶贴签夹紧定位装置的结构主要包括支承座板，在支承底板的两端设有固定导向座，导向座的内孔与活动推杆相配合，推杆的外端装有滑动的滚轮，推杆的内端设有可移动压紧板，压紧板上装有夹紧定位块，定位块的横截面为不等边的侧向V型口，两定位块形成的夹口为前小后大的形状，压紧板伸出支承底板的下部装有弹簧支承柱，在弹簧支承柱之间套装压缩承簧。这种梯型瓶贴签夹紧定位装置结构设计简单合理，夹瓶对中性能好，适用范围广。

易拉断式防盗广口瓶盖

CN2490088Y

易拉断式防盗广口瓶盖由盖体和防盗环构成，盖体通过易拉齿连接防盗环。其结构特征是盖体与防盗环的连接处设置有相连部和拉条，拉条与易断齿连为一体，盖体下边缘的一部分通过相连部与防盗环的一部分连接，盖体的内壁还设置有密封环，通过拉开拉条可将易断齿拉断，易断齿折断处的盖体与防盗环分离，这种新型防盗环不会跟随盖体离开瓶口，防盗性能和密封性能都很好，可广泛用于各种广口瓶中。

无梭轮高速塑料圆织机

CN2490180Y

无梭轮高速塑料圆织机是在原塑料圆织机的基础结构上，在梭子底板上沿纵向方向设置数条凸筋，在导轨柱上与梭子底板凸筋相对应的位置上设有数条凹槽，两者滑动配合，导轨柱上设置有冷却通道。另外，也可以在导轨柱上设置数条凸筋与梭子上数条凹槽相对应，构成梭子运行轨道，两者滑动配合。梭子上凸筋的形状如燕尾，导轨柱上的凹槽为燕尾槽。这种无梭轮高速塑料圆织机省去了梭轮，减少了易损件，提高了梭子的运转速度，避免由于梭轮压着经丝而在运行中带来的断丝故障。

定量称料包装机

CN2537004Y

定量称料包装机的料仓下面设有初给料出料口和精给料出料口，分别接初给料装置和精给料装置，初给料装置是由一滑设于底板上的矩形定量斗及操控矩形定量斗滑移的驱动机构组成，精给料装置是由精给料管和一由步进电机驱动的输送机组成，精给料管的下口接输送机，上口固接于精给料出料口。这种定量称料包装机以容积法静态测量代替重量法动态测量，既可消除由动态测量及飞行物料所造成的测量误差，又可以提高工作效率，而且造价比较低廉。

新型防锈胶带

CN2536500Y

新型防锈胶带包括基材，在基材上复合有粘胶层，粘胶层含有气相缓蚀剂和接触型缓蚀剂。在基材上还可复合一层增强层，增强层能够进一步增强胶带的抗拉及抗冲击的强度，基材可选用纸、布、塑料膜或复合层。这种新型防锈胶带适合金属表面的局部防锈包装，特别适合产品造型比较复杂或表面凸凹不平产品的防锈包装；另外，既可作为临时性防锈包装，又可作为产品的长期封存，具有良好的粘合能力，表面上的胶不会转移到固体表面，解决了后期清理工作麻烦的技术难题。

设有透明视窗的多用防伪铁罐

CN2536501Y

设有透明视窗的多用防伪铁罐属于容器技术领域，要解决的技术问题是：克服现有易拉罐有可能被造假者回收复用以及开罐之前无法直观辨认罐内盛装物品状况的缺陷。技术要点是在罐体上端罐的一周打有两条平行的撕裂线，两条平行的撕裂线之间形成一条撕裂片，在撕裂片下方的罐体上镶嵌有至少一个以上由透明材料制成的视窗，这种防伪铁罐对盛装物品具有良好的透视性，消费使用即为破坏性使用，破坏性使用后不能回收再用，适用于糖、茶等食品的包装。

复合转移印刷机

CN2491225Y

复合转移印刷机主要包括纸张放卷部、原膜放卷部、复合部、剥离部、印刷色组及印刷后加工部。纸张放卷部和原膜放卷部分别与复合部连接，复合部、剥离部、印刷色相驵部及后加工部依次连接。与现有技术相比，减少了放卷和收卷部分的机械设置，并减少了产品加工工序，产品质量明显提高，不再受环境变化使纸张变形和次复卷使张力变化等因素的影响，局部复合转移及套准印刷的精度地显著提高，制造成本降低。

易拉开启盖刻痕装置

CN2491358Y

易拉开启盖刻痕装置涉及一种金属板材的冲压设备。将氮气弹簧固定安装在冲压模板上再将切痕冲头安装在滑杆上，并将滑杆固定在冲压模板上的氮气弹簧两侧。这种易拉开启盖刻痕装置采用氮气弹簧后，刻痕的深浅主要由氮气弹簧弹力的大小决定。另外，氮气弹簧的使用还可以弥补冲压机曲和刻痕刀磨损产生的误差，结构设计巧妙，刻痕深度稳定。

防伪收缩膜模压装置

CN2491422Y

防伪收缩膜模压装置主要由放卷辊、张力控制辊、冷却辊、收卷辊、胶辊及版辊构成，在版辊的两侧分别设置有夹持收缩薄膜边缘的夹持。这种模压装置整机结构设计简单合理，使用方便，可对收缩薄膜进行激光防伪模压处理，收缩薄膜经模压装置处理后，其收缩特性仍可保持不变，具有良好的光泽度和收缩性能，也不会影响薄膜的包装特性。

多条商标剪折机

CN2491424Y

多条商标剪折机在商标运送及切割机构的台面上安装臆两组或两组以上的商标导向条组，形成并列的两个或两个以上的工作区域，推爪座安装有两个或两个以上的组合推爪座，夹持器的前部安有两组或两组以上的有压块和定位基准架组合而成商标夹持区间，且各组商标夹持区间的长度与名商标导向条组的宽度相适应。这种剪折机实现了多条商标同时切折，从而降低了生产成本，成倍地提高了生产效率，使设备结构更趋合理。

新型纸托盘

CN2535337Y

新型纸托盘的支撑脚至少有 6 个，支撑脚的外表面有一层包脚，在包脚中设有粘接在一起的横梁和合板。包脚中的横梁和合板与纸脚交错排列，横梁与支撑脚交错粘接。这种设计结构的纸托盘不仅有效利用了合板的高强度，并以纵梁、横梁与支撑脚相互结合，提高了稳定性和托盘的整体强度，经测试托盘的两载能力可达 3 吨以上。这种新型纸托盘使用效果好，节约材料，制造成本低，生产工艺简单，结构牢固可靠。

新型纸栈板

CN2535338Y

新型纸栈板的技术方案为百板与栈板脚固定连接，栈板脚包括有若干层纸板，各层纸板之间相互粘接，且呈瓦楞状。栈板脚表层为若干层相互粘接的方形厚纸板，栈板脚内的纸板可留有若干的空间。这种新型纸栈板采用上述结构后，栈板脚利用瓦楞状的纸板作为承重物，使得栈板的承重能力明显提高，并减轻了自身的重量，降低了生产成本，且有利于环保。

热流道全陶瓷电热体加温器

CN2536382Y

带感温无件的热流道全陶瓷电热体的温器属于热道加温技术领域，所要解决的技术问题是提供一种集测温与加温功能于一体的加温器。电热体加温器包括外壳、全陶瓷加热体和感温元件，全陶瓷电热体和感温元件安装在金属外壳内，感温元件以绝缘材料与之绝缘。全陶瓷电热体由中心向外依次为导电层、相对纸缘层、电阻层、外导电层及外绝缘层。导电片装在外导电层尾端外并与外壳搭接，加温器导线的一根与导电层尾端的导线 妆孔连接，另一根与导电片连接。

丝网印刷用平台

CN2491224Y

丝网印刷用平台主要用于真空吸附较困难的承印物，特别是导磁性材料的丝网印刷。在电磁吸附平台内设置电磁模块，利用导磁薄片的吸附作用固定承印物，或者直接吸附导磁性承印物进行丝网印刷。这种丝网印刷用平台解决了传统的真空吸附丝网印刷的平台，不能用于真空吸附较困难的承印物的难题。

成型铝泡罩包装机自检剔除装置

CN2555233Y

成型铝泡罩包机自检剔除装置是在包装机的主轴上装设凸轮，凸轮连接机控阀，机控阀通过气管与气缸相连，气缸又与线路板相连，线路板上装有感应和电板，线路板通过电线与编程器 LC 相连，编程器 PLC 的另一端连接剔除机构，PLC 通过编制程序可以接收来自线路板的电信号来控制剔除机构的起动动作。这种自检剔除装置与现有技术相比，具有自动剔除缺粒产品的优点，使产品的成品合格率达到 100%，而且不需人工重复检查，降低了劳动成本。

锥形磨浆机

CN2554215Y

锥形磨浆机主要结构包括底座、与底座固联的带有进浆管机出装管的壳体、位于壳体两端的封盖和出浆封头、位于壳体内的定子和转子以及电动机等。在壳体两端分别有一个与底座固联的轴承架，主轴的两端位于壳体的外侧，并由轴承架支承，在壳体内设置滑套，其内壁与定子固联，外壁上制有螺纹，进刀机构中的涡轮螺母配装在滑套的螺纹壁上。这种磨浆机改善了转子与定子的同心度，极大地提高了浆机的工作稳定性，纸浆加工质量好，同时改善了磨浆机的出浆效果及调整的方便性和精确度。

新型吹瓶机

CN2568401Y

新型吹瓶机主要解决了现有技术中存在的加工难度大、工艺成本高等问题，吹瓶机设置有高压分配器，高压分配器包含固定体和旋转体，固定体上设有入气口，导气管与入气口连接，在固定体与旋转体的接触面上开有分气槽，在旋转体与固定体上分气槽相对应的位置上开有入气孔，入气孔通过导气管与出气口连接，固定体与旋转体垂直于旋转方向并列布置，固定体与旋转体的接触面为平面，这种新型吹瓶机由于固定体与旋转体的接触面为平面，使得生产加工难度大为减小，同时也降低了工艺成本。

植物纤维餐具热成形模具

CN2568402Y

植物纤维餐具热成形模具包括上模和下模，上下模合模后形成的模腔，及在上下模体结合面侧挖的排气狭缝、模体内的导气孔和通向模体外的排气孔，其中上模和下模均由上、上模体及各自的底一可折卸堵块所组成。上下模底堵块周边处均有集气环槽，集气环槽与通向模体外的排气孔相通，上下模底堵块在形成模膜的结合面也设有系列排气狭缝，排气狭缝与集气环槽、志气孔和排气孔相通，所有的排气狭缝上均设有与之相通，且沿狭缝方向通向模体外的排气孔，排气缝隙的宽度为 0.08～0.15 mm，深度为 4～25 mm。

国外包装市场与趋势

FOREIGN PACKAGE AND OVERSEA MARKET

国际化学品包装法规和条例

韩笑　王芳

据人民日报、新华社等权威媒体报导，2002年我国外贸进出口总额已超过6000亿美元，名列全球第5位；国内生产总值(GDP)首次超过10万亿人民币。其中化学品及其包装占了相当的份额。此外，我国加入世贸组织一年来，为与国际接轨，国家清理法规文件2300多项，其中亦涉及国际化学品进出口包装监管法规。本文将择要介绍国际化学品进出口安全包装的有关国际法规和管理条例。

一、国际化学品安全包装的重要性

众所周知，化学品是人类生产、生活不可缺少的重要物品，它是促进工业发展，提高农作物产量，预防和控制各种疾病，改善人民生活质量的重要组成部分。但是，化学品的生产、包装、储存、运输、销售、使用以及废弃后的处理过程中，由于处理不当、泄漏以及误用、滥用往往造成人身危害和环境污染。特别是有毒化学品的安全包装、监督控制已成为世界各国普遍关注的重要环境问题之一。1989年联合国环境规划署UNEP通过了关于化学品国际贸易资料交流的《伦敦准则》，要求各国加强对有毒化学品的立法管理和信息交换。1992年联合国环境与发展大会通过的《21世纪议程》明确提出了进行国际合作，以实现国际化学品无害化管理的具体任务。1995年，世界贸易组织正式成立后，对国际化学品的安全包装管理亦更加重视和强化。

国际化学品安全标识项目是国际化学品安全规划署(International Programme on Chemical Safety,IPCS)的一项基本任务。该项目最早是在20世纪90年代初期由国际化学品安全规划署和欧洲共同体委员会合作完成。国际化学品安全规划署(IPCS)是三个国际组织，即联合国环境规划署(UNEP)、国际劳工组织(ILO)和世界卫生组织(WHO)合作开展活动的机构。IPCS的主要目标之一是评估化学品对人类健康和生态环境造成的危害，并发布评估的结果。

国际化学品安全标识是联合国国际化学品安全规划署(IPCS)和欧洲共同体委员会合作组织编制的，扼要介绍了2000多种化学品的理化性质、毒性危害、急救/消防措施、包装储存、泄漏处置以及环境数据等信息。数据具有权威性、科学性和可靠性。对我国化学品安全生产、环境管理、医疗卫生和劳动保护等都具有重要价值。

为配合联合国对国际化学品的安全控制，我国国家相关部门已制定了有毒化学品管理法规，国际化学品的环境无害化管理已经被列入《中国21世纪议程》之中。随着我国入世后对外开放的扩大，国际贸易迅速增长，我国化学品安全生产、进口包装、安全与环境管理都需要与国际管理体制接轨。因此，国际化学品安全标识的推行，无疑将对我国有毒化学品生产以及安全包装的监督管理起着十分重要的作用。

二、安全标识的主要内容

国际化学品安全标识包括化学品编号、化学品名称、化学式、分子量、危害、接触类型、急性危害/症状、预防、急救/消防、溢漏处置、储存、包装与标志、重要数据、物理性质、环境数据等诸多项目。现择要介绍如下。

1. 国际化学品编号

常用编号有如下几种：

(1) ICSC编号：ICSC编号指国际化学品安全标卡的顺序号(International Chemical Safety Card)。

(2) UN编号：该号是联合国危险货物运输专家委员会对危险物质的制定的编号。该编号登录在联合国《关于危险货物运输的建议》(Recommmendations on the Transport of Dangerous Goods)中。

(3) EC编号：这是欧洲经济共同体即欧盟的《欧洲商业化学物质记录》(Eurpoean Inventory of

Existing Commercial Chemical Substances EIECCS)中对该物质的编号。

(4) CAS登记号:该号是美国化学文摘社登记号(Chemical Abstract Service)的英文缩写。登记号由三部分数字组成,各部分之间用短线联结。它是用来检索有多个名称的化学物质信息的重要工具。

(5) RTECS号:RTECS号是美国职业安全与卫生研究所所规定的化学物质毒性作用登记号(Registry of Toxiic Effects of Chemical Substances)。该编号可用来查找一个化学物质的毒理学数据。

2. 国际化学品名称

(1) 中文名称:化学品的中文名称包括通用名、IUPAC化学名和其它名称。一般通用名在前、化学名和其它名称在后。无通用名时,将根据国际纯化学和应用化学联合会(IUPAC)规则命名的化学名放在前面。

(2) 英文名称:化学品的英文名称包括通用名(Common Name)、化学名(Iupac Name)和其它名称。通用名在前(英文全部大写),Iupac化学名和其它名称在后。

3. 化学品危害类型

化学品危害类型主要指自然危害类型和接触危害类型。前者是指化学品发生火灾、爆炸后造成的危险,后者是接触(吸入、皮肤接触、眼睛接触、摄食接触)后造成的危害。

4. 预防(Prevention)

采取警告、标识、安全包装等有效措施防止上列各种危害,特别是火灾、爆炸和人身事故的发生。例如包装采取有效包装措施,防止静电积累而引起的爆炸等。

5. 主要数据

国际化学品安全标识要列出化学品的重要数据,尤其是物理危险性、化学危险性以及对人体健康危害作用的数据。

6. 环境数据

国际化学品安全包装标识还应列出环境数据(Environmentaldata),表明化学品的生态毒性、生物蓄积性,以及应注意的保护对象,比如哺乳动物、鱼类、海鲜、甲壳纲动物、鸟类等。此外,对人类重要的食物链中发生生物蓄积亦包括在内。

三、国际化学品的危险性

化学品的危险性程度分为五级,用数字0~4表示,级别越高表示危险性越大。其划分标准如下:

A:人体危险

4——表示只要很短接触,即使立即给予医疗处理也能致死或造成行政严重残留伤害的物质;

3——表示只要短期接触,即使立即给予医疗处理也能引起严重的暂时或残留健康危害的物质;

2——在强烈或连续接触时,会引起暂时机能丧失或可能的残留伤害,除非立即给予医疗处理的物质;

1——接触时引起轻微刺激,但只有很小的残留伤害的物质;

0——着火条件下接触,对人体的危害低于普遍可燃物质的物质。

B. 易燃性

4——指在大气压力和正常环境温度下,迅速或完全气体化的物质,或者容易在空气中扩散并容易燃烧的物质;

3——在几乎所有的环境温度下,都能着火的液体和固体物质;

2——发生燃烧前,必须适当加热或接触相当高环境温度的物质;

1——必须经过预热才能燃着的物质;

0——指不燃物质。

C. 反应性

4——在常温常压下本身很容易起爆或爆炸分解或反应的物质;

3——指自身虽能爆或爆炸分解,但需要强有力的起爆源或者在起爆前,在密闭空间内受热或遇水发生爆炸反应的物质;

2——指容易引起剧烈化学反应,但不会发生爆燃的物质。还包括能与水剧烈反应或可能与水形成潜在爆炸性混合物的物质;

1——指物质本身稳定,但在高温高压下能变成不稳定物质或可能与水发生反应释放出能量,但不剧烈的物质;

0——指物质本身在通常情况下,甚至在接触火焰的条件下是稳定的,并且不与水发生反应的物质。

四、国际化学品的安全包装

1. 监管法规

目前国际化学品使用的危险物质分类、包装与标志规定主要有:联合国危险货物运输专家委员会的《危险货物运输建议书》、国际海事组织(IMO)的

《国际海上危险货物运输规则》和欧盟的《关于危险物质分类、包装与标志的指令(92/32/EEC)》。联合国分类系统已被国际上广为采用。1958年成立，1977年改为现名的国际海事组织的分类、包装与标志要求与联合国的基本一致，只是它根据海上运输的特点作了一点补充修改。欧盟分类系统在欧盟成员国内普遍采用，同时也适用于向欧盟国家出口化学品与危险物质。

一般而言，国际化学品最好使用原始包装。有些物质，如有机过氧化物包装材料的变化可能会带来危险性。此外，国际化学品一般需要密封包装或可密闭包装，这是因为：①物质的消散(像挥发、溢漏)总是不希望发生的；②敞口的包装可能导致污染，有发生反应的风险。

2. 特殊包装

本包装指需要非一般常识所述的特殊包装材料。例如经常处理化学品的人熟悉的酸、碱和水溶液对普通钢材和许多其它金属有腐蚀性并且了解许多塑料不适合的盛装有机溶剂或液体，供货商通常可以对适当的包装材料的选择提出建议。

3. 防碎包装

防碎包装即不易破碎包装，将易碎包装放在不易破碎的密闭容器中，适用于包装极危险的物质。用不易破碎包装给易碎包装提供更大的保护，确保安全，此外破碎时用密闭容器收容。

4. 包装标识

国际化学品安全包装标识详见联合国危险货物包装标志图版。欧盟规定：化学品安全包装使用危险符号、R标记和S标记。在欧盟国家中化学品包装上必须标示出“危险符号”(dangerous symbols)。这些符号含义与危险物质的“特别风险性质(R标记)”以及对危险化学物质的“安全使用建议(S标记)”有关。危险符号应以黑体字印刷在橙红色背景下，各种符号的含义如下：

E符号：爆炸性物品；O符号：氧化性物品；F符号：高度易燃物品；F+符号：极易燃物品；T符号：有毒物品；T+符号：极毒物品；C符号：腐蚀性物品；Xi符号：刺激性物品；Xn符号：有害物品；N符号：环境危险物品。

除了上述这些符号之外，标识卡片上还根据欧盟制定的标准，注出R标记和S标记。有时候还注上“标记A”、“标记B(C、D、E或F)”。

在特别标记中，R标记表示化学物质使用中产生的特别风险的性质（the nature of special risks)。S标记记表示安全预防措施建议（the recommended safety precautions)。这种特别标记由一个字母（R或S)和一串数字组成，字母后面的数字表示具体类型，字母与数字之间的“-”连字符号表示对特别风险（R）或安全预防措施建议（S）的单独说明。字母与数字之间的“/”斜杠符号表示以一句话对特别风险（R）或安全预防措施建议作综合说明。例如R7表示可能引起火灾；R20表示吸入有害；R45表示可能致癌；R20/21表示吸入与与皮肤接触时有害；S2表示避免儿童接触；S7表示 应存在密闭包装容器中；S1/2表示上锁保管并避免儿童接触；S20/21操作（搬运）时不得进食、饮水或吸烟等。

五、联合国的化学品分类与包装级别

联合国把化学危险物品分为9类：第1类爆炸品，第2类气体(含易燃气体、有毒气体等)，第3类易燃液体(高、中、低闪点)，第4类易燃固体，第5类氧化剂和过氧化物，第6类有毒品和感染性物品，第7类放射性物品，第8类腐蚀性物品，第9类杂类危险品。

国际化学品的联合国包装级别，一般根据联合国《危险货物运输建议书》和国际海事组织(IMO)《国际海上危险货物运输规则》等规定，除第1类、第2类、第5类、第6类和第7类有专门规定之外，其余各类化学物质的包装分别按危险性分为三级。危险性大的包装级别为Ⅰ级，中等危险的包装别为Ⅱ级，危险性较小的级别为Ⅲ级。每个级别的划分都有相应的判定标准。例如有毒化学品包装级别的判定标准。例如有毒化学品包装级别的判定标准如下：(LD50，mg/kg)

Ⅰ级包装　口服毒性≤5 皮肤接触毒性≤40 吸入毒性≤0.5

Ⅱ级包装　口服毒性≤5～50 皮肤接触毒性≤40～200 吸入毒性＞0.5～2

Ⅲ级包装　口服毒性＞50～200 皮肤接触毒性＞200～1000 吸入毒性＞2～10

最后，应当特别指出的是：国际化学品安全包装强调了对生态环境的影响，特别强调了化学品的生态毒性，生态蓄积性，尤其是人类食物链中的生物蓄积性以及对各种动物、植物的保护事项，以及这些化学品包装废弃物的回收、处置及废弃的原则，科学的计算方法。

北美柔印市场增长趋势

劳拉·麦克拉斯基

尽管去年经济发展缓慢，但是柔性版印刷仍然是包装印刷业中的一大亮点，预计去年的增长幅度达到4%～5%。根据柔印技术协会的统计结果，北美6000多家柔印企业在2002年的印刷生产总值将超过850亿美元，覆盖的市场领域包括软薄膜包装、纸袋、多层包装袋、标签、瓦楞纸/预印、折叠纸盒、信封以及报纸印刷。

柔印技术协会在不久前公布的一份报告中预测，柔印行业的增长幅度将超过国内生产总值的增长幅度达4%～5%，高的柔印增长幅度接近7%，占北美包装印刷市场的74%，占全世界印刷出版市场的24%。

根据柔印行业的现有业务规模，柔印技术协会会长马克·西斯特尼诺先生指出："食品包装以医药包装的市场预测断续显示出强劲的增长势头。软包装承印物及纸制品加工技术进步在过去几年里推动了市场向前稳步发展，而且在2002起到同样的作用。"

用心经营求生存

西斯特尼诺先生指出，由于消费品生产公司为了保持或降低价格以求得生存，不断给印刷商施加压力，所以降低成本已成为目前柔印生产的重要问题。数字成像技术也是一个热门话题。他说："通过在印前领域采用数字成像并在生产过程中采用数字成像薄印版及套筒，印刷商已能获得更高更稳定的印刷质量。"

瓦楞纸印刷居高不下

在柔印技术协会所调查的柔印市场领域，瓦楞纸/预印生产将以其产总值高居柔印行业排行之首，达290亿美元，占柔印行业总产值的34%。北美大约有1400家柔印企业生产柔印瓦楞纸盒以及预印纸板。

据柔印技术协会成员公司介绍，为使客户感到满意，他们不得不提供额外服务，满足快速交货及高档图案印刷的需要。同时这些公司与所有的纸制品生产商一样，也必须保持具有竞争优势的成本结构。

柔印技术协会认为，就2002年的所有柔印领域而言，软薄膜包装印刷在增长百分率上将位居榜首，总收入将达到204亿美元，同2001年相比增长3.5%～4%。软薄膜包装将在柔印市场上占有24%的份额。

北美大约有950家印刷商/纸制品生产商从事软薄膜柔印生产。他们认为，随着薄膜不断替代硬质包装材料并被看成是新产品的最佳包装选择。软包装进一步占有更多的市场份额。

食品生产促进软包装发展

食品生产将继续增加软包装订货源；其次则为保健美容器及医药产品。硬包装日益被立式袋所取代，这一点仍将成为未来一段时间为业内发展的促进因素。柔印技术协会在另一份软包装调查报告中指出，当今软包装印刷商面临着各种挑战。许多问题都同成本压力及留用高水平雇员有关。软包装印刷商口头禅是"降低成本；满足并超越客户需求；保持竞争优势；提高经济效益。"

有一家接受调查的印刷商说："每个印刷商面临的一大难题是雇用有经验的操作人员。"另一家柔印技术协会成员印刷商补充说："快速交货是印刷商的头等大事。我们需要设法使纸制品生产商适应零售部门的不断补充货源的客观需求。每个客户都要求按需生产，并不断降低库存量。没有人愿意在油墨、原材料库存方面代人负起全责，关键是减少停机时间，破损率以及库存量。"

联机折叠纸盒解决方案

折叠纸盒生产部门面临着一个绝好的柔印机遇。目前，只有不到1/4的产品采用柔印技术。柔印折叠纸盒生产商共有12家。柔印折叠纸盒收入占柔印行业总收入的19.3%，2002年达165美元。UV油墨以及柔印联机加工设备的采用继续使凹印和胶印领域的活件不断转向柔印。电脑直接制版技术扩大了协调范围，提高了细节再现效果，非常符合短版生产的需要。

标签柔印形势大好

根据柔印技术协会的统计结果，北美3000家标签印刷商的总产量2001年增加幅度为3～4%。但是由于竞争加剧，运行资金紧张，致使利润略有下降。标签资金紧张，致使利润略有下降。标签印刷总收入2002年为105亿美元。占柔印行业总收入的12.3%。很快就要实施的医药行业标签贴用规则将会一步推动柔印标签的生产向前发展。柔印技术协会预测在12个月以内柔印标签生产增幅将达到5%以上。采用数字技术的纸制品生产商说，他们的优质快速短版印刷生产能力有了进一步的提高。

2002年大部分时间里信封产销行情依然低迷，总收入预计为38亿美元，产量增幅约1%。

从事信封柔印生产的企业约有260家，其产量占柔印印刷品总产量的4.5%。

纸袋、多层包装袋的今年市场行情不景气，总收入为30亿美元，占柔印市场总额的3.5%。

毛巾、纸巾以及餐巾印刷商进入柔印领域

尽管柔印技术协会的市场调查报告中没有把这些印刷考虑在内，但是他们体现着柔印领域别一强劲增长部分。

柔印技术协会在一份调查报告中指出，从事毛巾、纸巾以及餐巾印刷的印刷商一般雇用200名工人，拥有11台印刷机，每天承印20多批活件（每年平均5000多批活件），油墨每月耗用量为5000加仑左右。印刷机平均压印次数13万印。

3/4看过样本的读者说，他们支持柔印图像复制规则与公差标准。这是由柔印技术协会发起组织，由柔印印刷制定的行业作业指导标准，用于指导独得稳定可靠的优质柔印印刷品。

要求日益提高

纸巾和餐巾印刷商经常说，客户对印刷品细微层次的复制要求越来越高。所有的被调查者都认为在吸附承印物上印刷效果更好一些。有一位柔印技术协会成员公司的专家说：“张力控制和套准控制是印刷机上非常关键的环节。薄纸必须能够调整印刷，而且外观、手感及作用同餐巾一样。油墨必须具有稳定的PH值及粘度，具有很好的印刷适性，印面清洁，符合使用要求。”

许多接受调查的专业人士都发现可以稳定地保持1%的网点。他们认为印前技术进步有助提高图案的清晰度。有位专家说：“目前我们可以极大地提高作业效率，使制版和印刷过程中的网点增大幅度不断降低。”

一份惊喜

有一位油墨行业市场分析人员这样评价有关市场的增长幅度：“纸巾及餐巾市场的主要生产企业认为，从现在到2005年每年的增长幅度3%～5%。市场充满挑战，也令人振奋。我们也没有想到纸巾和餐巾市场会有这么大的增长幅度，确实值得关注。有关企业一定要看清市场发展方向，为最大限度地提高产品质量而投入必要的时间、劳动力和资金。”

这位市场分析人员还说：“供应商正面临着挑战。随着市场在不断发展变化，客户的要求也越来越高。新型4色印刷机的印速为每分钟3000英尺，而且套准精度极高。印刷图案更加突出细节内容。版材生产商必须采取措施延长印版在高速印刷时的使用时限。网纹辊传墨量以及网络数之间的关系具有极为重要的作用。油墨生产商应该不断提高油墨配方必须符合机上印刷规定，在调整高速切力作业条件下保护良好的印刷适性。”

美国包装机械市场发展分析

美国包装工业起步于20世纪初期，自二战以来得到快速发展，逐步建立并形成包括包装材料、包装工艺和包装机械完整而独立的工业体系。其包装工业总产值占国民经济总产值3%。

据美国行业调查分析，其包装机械最大使用行业是食品产业，其次是饮料产业、家庭清洁用品与化妆品产业、医药用品及烟草业。

具体来说，食品产业作为美国包装机械的最大作用行业，几乎所有机型、机种均在食品产业中，蔬菜和水果每年所需求的包装机械所占的比重最大，从1985～2005年呈逐年增大趋势，1985年需求为1.2亿美元占该年食品产业所需包装机械总值的16.4%，到1994年占18.4%，到2005年将有望占20.3%；肉品所需包装机械为第二；乳品为第三位，面包第四位，糖果第五位，除肉品持平外，乳品、糖果结包装机械的年需求值所占食品、产业总需求值的比重都呈下降趋势。食品产业对包装机械的需求1994年到2000年年增长率为7%。正是由于美国食品产业每年推出新产品成千上万种，这种发展势头加快了包装机械的更新换代的速度，国此美国食品产业所用的包装机械的创新速度始终处于首位。

饮料产业是除食品以外的第二大使用包装机械的产业，软饮料对包装机械的年需求值最大，在1985～2005年间，软饮料的需求值占饮料产业对包装机年需求值的比例大，从1985年的36.1%到1994年的43.5%，2000年的47.6%，到2005年将有望占50%；而啤酒及含酒精饮料对包装机械年需求值虽略有增加。但在饮料产业对包装机械年需求总值中占的比重呈现逐年下降趋势，从1985年的36.4%到1994年的31.3%，2000年的27%，2005年将降至24.2%，其原因是消费者对身体健康日益重视。从1994～2000年饮料产业对包装机械的年需求值的年均增长率为4%。

其他产业主要由家庭清洁用品与化妆品、烟草产品、医药产品、日杂产品4个行业组成。其他产业对包装机械年需求值占年总需求值的1/3左右。从包装机械市场占有率来看，美国前十位的包装机械来看，美国前十位的包装机械企业依次为Barry-wehmiller公司、Beinis公司、SA-SIBsPA公司、AveryDennison公司、Bosch公司、CrOwn Corkaha公司、DougalsMachine公司、BAJouex&Cohpany公司、Kliklk公司和Krones公司。它们在经营方面取得成功一般取决三个方面：一是努力提高本企业包装机械品牌的知名度；二是重视本企业的销售业绩；三是十分重视本企业产品的售后服务。

美国当前前景看好的包装机械是：水平枕式微机控制、配有伺服电机和薄膜张力好的电力控制装置的包装机械。今后微电子、电脑、工业机器人、智能型、图像传感技术和新材料等在包装机械中将会得到越来越广泛的应用，使包装机械日趋向自动化、高效率化、节能化方向发展。

国际市场：环保包装成为主流

选用环保材料、采用环保包装新技术和新机械、选择专业包装服务机构，能改变中国出口产品在海外国际市场中的形象，有效提高竞争力。

环保包装的目标与要求贯穿产品的设计、生产、包装、销售的全过程，并且直至废物利用与回收再生。环保包装要求商品的包装从原材料的选择、开发、加工、使用及回收再生使用的全部过程都必须符合无害化、无污染和环保要求。目前，美国、加拿大、澳大利亚、德国、日本、法国等发达国家制定相关的包装法规政策，有的国家更实行“环保标志”制度，用来强化生产商、进口商和零售商在选择包装材料、包装技术、包装机械和包装服务机构时，都要从环保出发，提高自己的产品在海外市场的竞争力。

环保包装与出口

环保包装，又称绿色包装。包装是对产品的美化，绿色的概念使这种美化过程更加环保化。国际上保护环境、爱护地球、节约资源的呼声越来越高，海外市场对外贸产品的包装要求也越来越严格。环保包装要求也越来越严格。环保包装与对外贸易有着密切的互补关系，环保包装有其顺应潮流、合乎规律的重大理由，必将成为国际市场的通行证。

目前，欧、美、日等先进国家特别注重环保包装。因此，应选用天然产品用于包装。从使用者层面看，环保包装最重要的是包装材较可以回收利用。

环保包装必将成为市场的主体

环保包装的依据是ISO 14000，各国大多以此为标准推广环保包装模式。ISO 14000系列明文规定，凡是国际购买产品（包装）都要进行环境认证和生态评值（LCA），并使用环境标志。1999年起，ISO实施绿色“环境标志”，把产品包装的绿色革命推向新的层次，这对中国出口商有很大的促进作用。

香港某集团长期从事出口产品的开发、生产和贸易。该集团保健产品的生产、包装、出口过程中皆采用无污染及环境无害的包装材料。他们在长期的出口贸易工作中发现，欧、美等国家及新加坡、日本对环保包装十分欢迎，对在自然环境中难于分解及对环境有危害的包装的物品的进口亦有严格的要求。不仅如此，国际市场上，食品及医药保健品的买家对环保包装皆有特殊的要求。

由此可见，中国的出口企业全面推广环保包装，其意义不仅仅是减少环境污染问题，而且也是企业走向国际市场的通行证。

选用环保包装材料

环保包装对包装材料的再生利用有明确的定义：重复可再生的包装材料、可食性包装材料、可溶解材料和天然纸质材料等。环保包装材料和天然纸质材料等。环保包装体现在：一是用料省，废弃物最少，且节省能源；二是易于回收再生；三是包装废弃的物质，不再产生二次污染；四是环保包装材料可自行分解，不会污染环境。

因此，环保包装材料的选择应体现无害化、无污染、可再生利用的基本原则。可回收利用的环保包装材料分为：1. 纸包装类：瓦楞纸箱等；2. 木板类：胶合板箱、纤维板箱、胶合板桶、纤维板桶、运输包装水制托盘等；3. 塑料包装类：塑料周转箱、塑料闭口桶、塑料编织袋、柔性集装袋、塑料网眼线等；4. 金属包装类：薄钢板桶、镀锌铁桶、铝桶、铁塑复合桶等。

另外，为了节约天然材料、近年来，国内外包装行业积极采用高新技术研究开发新型环保包装材料。瑞典艾克林公司开发的环保包装材料“艾克林材料”取自纯天然的包装物——鸡蛋壳，以大自然中分布最广的物质碳酸钙为基础，加入对人体和自然环境都无害的聚烯烃为粘合剂。他们的产品既可以做得像硬塑料瓶那样坚固，又可以做得像普通塑料袋那样柔软。艾克林材料的研制，减轻对环境的污染及对人体的侵害，从这几方面来看，艾克林材料优于普通塑料容器、纸容器、铝容器等传统包装材料。

纯天然的环保包装材料固然无污染，但商业成本较高，对地球资源也是严重的浪费，而复合环保包装材料在遵循基本原则的基础上，更具有成本低、无污染、易回收再生等特点，将成为未来环保包装的主流。比如国内生产的新型金属塑料复合板材，是以金属极作表层，热塑性改性聚苯撑氧作中间夹层，经过催化融合的专有技术压合而成，质轻、刚性强，易加工成型，特别适合装饰建筑外墙。用这种材料装饰楼房，就像给楼房套上了环保包装。

由于欧盟、美、加等地限制中国出口货品木制托盘包装进入市场，代用包装材料的需求越来越迫切，为此，也带动了中国包装行业对代用包装材料的研发和生产。

利用环保技术进行包装

环保包装的环节涉及面较广。包装材料是基础，环保包装技术和设备同样决定环保包装“含金量”的多少。环保包装设备是集机电、光电、仿生等为一体的高技术、高智能、高竞争性的产品，发展速度快、更新速度快。世界上新的高科技在包装设备中都得到充分的体现。全新的复合包装材料的普遍采用，对包装设备及工艺的要求显得尤为重要。

在德国，政府对进口货物的环保要求非常严格，进口货物纸箱的连接要求采用粘合工艺，纸箱上的名称印刷必须用水溶性颜料，不能用油溶性油墨。纸箱的表面不能上蜡、上油，也不能涂塑料、沥青等防潮材料。为此，专家建议，包装企业在出口包装中，应采用先进的加工工艺。

现在环保包装中多采用全自动智能型、数字化包装设备，高速制膜、制装设备，1000L 以上的超大型中空容器成型设备，节能、综合利用设备等高技术包装设备得到广泛的应用。此外，废旧原料的回收设备及二次加工设备也适应环保再生的要求。ISO 14000 环境标准的启用，使得保护环境、维护生态平衡也成为环保包装设备（机械）发展的方向。

依靠专业化包装服务

目前，国际市场对环保的要求不一，各国对不同的商品包装要求也不尽相同。出口企业应选择专业包装服务机构。这些机械长期从事对外包装业务，对国际市场的环保要求有较深的了解，有环保包装的经验。因此，专家指出，在选择环保包装机构时，应注重对方在印刷及包装水准方面是否同国际同行业水平接近，对方选用的材料等是否符合国际相关机构和组织的要求与规定。

市场定位是指出口企业根据自身产品环保包装的要求获取专业包装机构更详细的资料，包括以往成功的个案、包装设备、生产工艺、员工的技能、资产状况以及对国际环保的知识，从而确定理想的包装服务机构。

专业评优是利用多部门的专业人员组成“专家小组”对签约的专业包装服务机构进行综合协调评估，其目的是针对买家对包装的需求，协调双方专业机构共同完成协议内容。质量监控及包括生产过程质量监控和后期效果监控两个方面。质量监控是贯穿环保包装工艺的全过程，是出口企业和包装企业控制质量的核心所在。

但是，目前通过专业包装机构进行环保包装的出口企业还很少，因为使用专业包装的出口企业还很少，因为使用专业包装服务机构提供的环保包装会造成出口成本上升。但是，环保包装较之普通包装，成本一般不高于5%，但对出口商的益处却很大，其一，出口商不会因包装物对环境污染而被要求支付巨额的罚金；其二，环保包装的使用有利于提高产品知名度。

世界塑料包装材料新品迭出

近年来，世界各国工业生产发展的增长速度有所减缓。但由于世界包装工业实行了强强联合、跨国合作等新举措，使世界包装行业有了新发展，包装新材料、新工艺、新技术、新产品不断涌现，在某些领域甚至包装材料的增长速度比使用包装的增长速度还快。

新型聚萘二甲酸乙二醇酯(PEN)包装材料独领风骚，在世界范围内引人注目。

由于PEN的分子结构与PET相似，只是以萘环代替了苯环，因此PEN比PET具有更优异的阻隔性，特别是阻气性和防紫外线性，耐热性好(普通非晶态PEN热变形温度达100℃，而PET仅为70℃)。由于采用工业化手段生产PEN，不久的将来PEN定会大量进入包装领域，引发PET之后的又一次包装革命。由于PEN的优点，在饮料、啤酒、化妆品的包装方面亦有广阔前景。

新型降解塑料随着国际环境标准ISO 14000实施，新的降解塑料备受人们关洋。德国BASF推出品牌为Ecoflexd的脂肪族二醇与芳香族二羧酸聚合的降酯树脂，可用于薄膜生产。

据资料介绍，西欧降解塑料市场年需求量为20000吨，主要应用于堆肥袋、垃圾袋、地膜、复合纸、快餐包装容器和饮料杯等方面。

茂金属塑料是过渡金属与环戊二烯相连形成的有机金属配位化合物。茂金属化聚烯烃即是以藏金茂金属配位化合物(melallocene)为催化剂进行烯烃聚合反应所制得的聚合物。茂金属聚合物具有诸多优点，如加工性能好、强度高、高刚性及透明性好等，因而受到人们的关注，也因此推出了许多新品种。

茂金属塑料将直接冲击PP、MDPE、LLDPE、弹性体等塑料市场。目前PE在世界市场上的需求量为4000吨，所增加部分大多为茂金属聚乙烯。

茂金属塑料具有许多优点，如好的光泽、高的熔体强度及薄膜稳定性，适用于食品包装、医药包装、收缩薄膜及卫生用品等方面。

发泡塑料走向零污染，意大利AMUT公司的挤出发泡PP片材是泡沫塑料产品的最新发展。它应用MONTELL公司的高粘度树脂、高强度聚丙烯(HMSPP)、PP均聚物以及低ODP化学发泡剂，生产出具有细小微孔而且均匀分布的发泡聚烯丙片材(FPP)，密度为0.6kg/m³。目前，发泡PP的使用量仅占12.5%，具有极大的经济意义和环保意义。它与具有同样性能的PP片材相比，产品密度低，可以节约20%的原材料，从而节约20%的因破坏生态环境所需偿付的费用。

强强联合开辟新天地。Exxon、DMT、Brukner公司仍是双向拉伸薄膜和生产设备的最大厂家。随着国际市场的激烈竞争、使公司更加集团化、生产合理化、材料竞争白热化。

近几年医用新包装格外喜人，与人们健康密切相关的医用包装塑料引人关注。据有关报导，药品包装以每年7%的速度增长，远远超过药品每年2.5%的增长速度。

德国Bayer公司开发了静脉注射液体的PC包装材料(牌号KP11805)，BranuMedical公司一切了注射用的聚合胺(PA)材料。PcdPoly-mer公司奥地利分公司开发的药片包装材料PP，使用安全并易于回收。此外，用PP共聚物生产的300um透明片材泡罩包装可采用普通方法进行热封。

包装设备环保型增多，现代包装设备是集光、机、电、声磁、仿生、美学为一体的高技术产品，发展速度快，更新速度亦快。

世界上许多高新技术成果都会在包装设备中得到应用，如三维激光扫描设计机。

目前，除了发展全自动智能型、数字化型包装设备、高速制膜、制袋设备、1000L 以上的大型中空容器(集装桶、中空托盘)成型设备外，一些国家正努力开发节能再生、综合利用等新型包装设备。

其主要特点，一是以提高产量为目的，采取提高速度、一机多用等方法；二是增加废旧塑料回收设备，各种破碎机种类、规格齐全，充分说明废旧塑料回收利用被广泛重视；三是开发二次加工设备和加工技术，开拓新用途。

德国包装机械的设计趋势

德国与美国、日本、意大利均为世界包装机械大国。德国包装机械在设计、制造、技术性能等方面居于领先地位。

2002 年德国包装机械产值达 34 亿欧元，欧洲包装机械的 70%为德国生产。其产量的 77%出口，占世界包装机械出口市场的 29%，名列第一位。中国是德国包装机械的重要出口国，尤其是食品加工及包装机械。

德国包装机械设计依据市场调研及市场分析，努力为客户尤其是大型企业服务。随着科学技术的发展及市场竞争的加剧，客户的需求也越来越高，这种需求体现在以下几个方面：

提高生产效率，以满足交货期和降低工艺流通成本的需要，对一些产品，还要求包装机械和生产机械相衔接；

为适应产品更新变化的需要，包装机械要具有高的柔性和灵活性；

设备出现故障要求能进行远程诊断服务；

环境污染，包括噪声、粉尘和废弃物少；

购置设备投资尽可能少，价格要尽可能低；

为满足客户要求，德国包装机械制造研制商和设计部门采取了如下措施：

1. 工艺流程自动化程度越来越高

几年前，自动化技术还只占包装机械设计的 30%，现在已占 50%以上，大量使用了微电脑设计和机电一体化控制。包装机械自动化程度不断提高，一是为了提高生产率；二是为了提高设备的柔性和灵活性；三是因为包装机械需要完成的动作复杂，多采用机械手来完成。如巧克力糖就用机械手替代了原来的手工动作，使包装保持了原来的风格。

包装机械自动化设计有以下两个特点：

(1) 每个机械手均由单独电脑控制

一台包装机械为完成复杂的包装动作，需由多个机械手完成。操作时，在由电脑控制的摄像机录取信息和监控下，机械手按电脑指令完成规定动作，确保包装的质量。

(2) 具有对材质及厚度的高分辨能力

在包装过程中，包装材料的厚度及材质变化不易为人眼所辨别，所以在包装机械上常采用由电脑控制的摄像机和探测器来分辨。摄像机现已发展到能自行检查和辨别摄像的图片，并在显示屏上显示。当前机器在加工的转速是不能变的，今后根据分辨后材料的变化改变转速，控制在最优化状态下工作，并且实现自动清理，自动消毒和自动清洁。

2. 提高生产效率，降低工艺流程成本，最大限度地满足生产要求

德国包装机械中以饮料、啤酒灌装机械和食品包装机械见长，具有高速、成套、自动化程度高和可靠性好等特点。其饮料灌装速度高达 1200 瓶/小时，香烟包装 12000 支/分。

提高机器转速是一个复杂问题，速度越高，单件生产成本越低，但厂房使用面积随之增高，故障率也随之提高，反会使效率降低，因此应寻找两曲线的结合点。

另外，电动机速度也是有限度的。一般而言，转速提高 15%～20%，就将带来一系列复杂问题。

(1) 采用连续工作或多头工作方式

包装机械工作方式有间歇式和连续式，能连续工作，也就提高了生产效率；一台设备内也可有多条生产线生产，生产同一产品或几种不同产品，但必须提高可靠性。

(2) 降低废品率，提供故障分析系统

废品造成的生产损失是惊人的，包括产品损失和材料损失，因此要尽量减少废品损失；包装机械出售时还应提供故障分析系统，既进行模态分析寻找故障，又通过 Inter 网进行远程诊断。今后使包装机械进一步智能化，即设备自己寻找故障、自已解决故障，以降低废品率及故障率，使生产效率得以提高。

(3) 使产品机械和包装机械一体化

许多产品要求生产之后接着就进行包装，以提高生产效率。如德国生产的巧克力生产设备及包装设备就是由一个系统控制完成的。两者一体化，关键是要解决好在生产能力上相互匹配的问题。

3. 适应产品变化，设计要具有好的柔性和灵活性

为适应市场激烈竞争，产品更新换代的周期已越来越短。如化妆品生产，三年一变，甚至一个季度一变，生产量又都很大，因而要求包装机械具有好的柔性和灵活性，使包装机械的寿命远大于产品的寿命周期，这样才能符合经济性要求。

包装机械设备的柔性和灵活性常表现在以下三个方面：

(1) 量的灵活性

既能包装单个产品，也能包装不同批量产品。

(2) 构造的灵活性

整台设备采用单元组成，换用一个或几个单元，即可适应产品的变化。

(3) 供货的灵活性

采用单元组合，将各单元组合在一起供货，如糖果包装机在一个共同基础上，组合不同的单元：三个进料口，四种不同的折叠包装形式，这样一台机器就可同时包装 8～10 种不同的糖果由多个机械手操作，在一台摄像机的监控下，指挥其动作，要包装哪种糖果就可取哪种进行包装。产品改变了，只要改变摄像机内的程序即可，从而使设备具有好的柔性和灵活性。

4. 提供成套设备

德国的包装机械设计尤其重视根据用户需求，为生产企业提供全面考虑结构性及经济性的完整系统方案，并用计算机仿真技术演示操作给用户看，征求意见后进行修改。在为用户提供生产自动线或生产流水线设备时尤其注重成套完整性，无论是高技术附加值还是较简单的设备门类，都按配套性要求提供。

德国包装机械厂家也将提供成套设备作为自己的努力目标。如一条饮料灌装线，有 200 多个微电脑件，有许多管线、显示屏，有 100 多种控制各种包装动作的软件程序，为满足 1200 瓶/小时的生产能力还需两条线工作，因此整个饮料灌装线的生产占半个足球场的面积，他们都要求所有这些设备均能在一个厂家内完成。而我国当前包装机械生产一大弱势就是生产单机多、而成套流水线少，主机多、辅机少，配套性差。德国的这种作法很值得借鉴。

5. 普遍使用计算机仿真设计技术

随着新产品开发速度不断加快，德国包装机械设计普遍采用了计算机仿真技术，即将各种机器元素以数据库存入计算机，把图纸数字化后输入计算机，计算机即可自动合成为三维模型。再把实际生产时的数据和指标输进去，把各种可能发生的故障输进去，计算机三维模型即可仿照实际工作情况进行操作，演示出能达到的生产能力是多少，废品有多少，生产线各环节是否能匹配生产，瓶颈在何处等等，使客户根据显示屏上显示的曲线一目了然，并可根据客户的意见修改模型。计算机合成速度很快，因此修改工作迅速方便，直到使客户或设计者满意。采用计算机仿真设计技术，大大缩短了包装机械的开发设计周期。

包装机械设计不仅要重视其功能和效率，也要注重其经济性。所谓经济性不完全是机械设备本身的成本，更重要的是运转成本，因为设备折旧费只占成本的 6%～8%，其他的就是运转成本。

国外食品包装与防腐技术

果汁饮料

橘子、苹果等天然果汁有罐装、瓶装和纸容器包装在市场上出售，其中以纸容器装的天然饮料风味最好，饮后废纸可回收再用。市场上以无菌包装的果汁最为风行，果汁 pH 在 4.5 以下，杀菌温度不超过 100℃，如温州蜜柑汁，在 90℃～93℃下杀菌数秒钟后急冷到 20℃，纸容器先无菌消毒，再进行无菌包装。果汁饮料的包装材料由 PE/AL/PE/纸/PES 层组成，用铝箔能隔绝氧气的侵入防止果汁氧化。

乳制品

日本生产的奶油有普通奶油和软质奶油两种，干酪有新干酪、加工干酪，分热包装和冷包装两种。

有代表性的奶油、干酪的包装材料与微生物控制方法如下：

奶油，包装材料为金属罐、硫酸纸和铝箔薄膜，低温流通防止微生物再污染。

软质奶油，采用无菌塑料包装，低温流通。

新鲜干酪，采用铝箔和塑料薄膜无菌包装，聚苯乙烯容器无菌包装，低温流通。

纸盒干酪，包装材料为硫酸纸，塑料包装材料和纸盒，铝箔薄膜，加热处理，防止微生物再污染。

棒状干酪，内半 PVDC 膜包装，加热处理，防止微生物再污染。

片状干酪，内装 PVDC，包上玻璃纸 PET，外包装 PET/PVDC/PE. KOP/PE，为防止微生物再污染可以采用充气包装。

肉食品

肉食加工品（火腿、腊肠）在要求低盐、低热量的同时，采用无菌包装和气体充填包装。生长在火腿、腊肠原料肉上的微生物有链球菌属、假单胞菌、小球菌、明串珠菌等耐热性差的细菌和肉毒梭状芽孢杆菌等耐热性强的细菌。

肉食品的包装、包装材料组成及特性如下：

无菌罐：美国大多采用，用于包装炖牛肉、肉糊、肉汤等，经高温蒸汽杀菌。

充气包装：包装材料 PET/PF OPP/PE，廉价气体，包装腊肠、牛肉、混合香肠等。

封入惰性气体包装：用于高级香肠、高级牛肉，混合香肠等，包装材料组成为 KM/PE. KOP/CPP、OPP/QS/CPP，气体和水蒸气阻隔性好。

表面包装法包装：用于包装培根片（一种食肉加工名）、香肠片、火腿片、腊肠等。包装材料组成为 IONOMER/EVAL/EVA、IONOMER/PVDC/EVA，气体阻隔用 EVAL 和 PVDC，热着性用 EVA。

深压真空包装：用于包装火腿片、香肠片、烤猪肉。包装材料底材为耐纶/PE、耐纶/IONOMER，盖子材料：OPP/PE、PET/PE 或 ILNOMER-NY/PE 或 IONOMER。

序列式密着包装：包装火腿片，腊肠片、腊肠、包装材料为软质材料 PVC/PVDC、PVC/PVDC/EVA 压成的膜，硬质材料为 PVC 膜。

线外式密着包装：包装火腿片、腊肠片。包装材料为 IONOMER/EVAL/EVA. IONOMER/PVDC/EVA. PVC/PVDC/EVA 压成的膜。

真空收缩包装：包装整块或半块火腿的整条或半条香肠，包装材料为 EVA/PVDC/EVD，真空包装后热烫式收缩。

喷气装置：包装火腿、香肠、包装材料 PVDC。

包装蒸煮袋：包装汉堡牛肉饼、肉圆等。包装材料 PET/PVDC/CPP，PET/AL/CPP。

肉食加工品是蛋白质食品，存在微生物污染和使肉色变化的问题，袋装制品一般在 118℃无菌 35～40 分钟，喷气装置包装制品在范馏釜中 120℃灭菌 10～27 分钟，能完全杀菌使食肉加工品腐败的微生物，室温下保存 3 个月。

为使火腿、香肠制品长期保存，采用下列包装袋与防腐法：使肉食加工品近乎冻结状态后再切片，并防止刀具的再污染。封充 100%氮气，或能降低 PH 的二氧化碳气，防止微生物生长。包装材料用隔绝性好的 EVA 或聚偏烯二氯乙烯组成的多层薄膜。气体充填包装制品，在 10℃以下出售。

以蔬菜为主的食品

以色拉（西式凉拦杂菜）为中心的食品正在发展中。色拉的原料有胡萝卜、黄瓜、洋葱、马铃薯、通心粉、粉条等。原料处理和包装中的微生物控制，着眼于降低 PH，色拉类的细菌污染大部分来自已经加热处理和原料在刀切与搅拦过程中。为延长蔬菜为主的副食品的保存期，应该重视原料与机械器具及容器的消毒杀菌。例如将黄瓜浸渍在有效氯 200～300ppm 和 PH4^—0 的醋酸溶液中搅拦 60 分钟后水洗，通过淋水器 20～30 秒，再经 90℃以上热水含有效氯 200～300ppm 碘仿 50～100ppm 处理后的无菌刀切片。

欧洲高利润包装市场发展趋势

英国 Pira 国际集团公司近期发布了一份《未来五年欧洲 8 个高利润包装市场发展趋势》的研究报

告,该报告基于对300家跨国公司的调查分析结果,从定量化方向战略分析了未来几年欧洲8个高利润包装市场的发展趋势。这个报告指出了今后五年最有利润的包装设备和包装加工市场,这将非常有利于跨国公司寻找高附加值产品,从而通过革新包装促进销售。

报告通过300多个数据表格和图形,精确量化了8个高利润包装市场在2002至2007年对市场的影响。这些数据主要由德国、意大利、西班牙、英国和其他西欧国家提供,他们代表了各自领域中的一些优秀跨国公司。

该技术报告指出的8个高利润包装市场是(1)数字化包装印刷(Digital printing for packaging);(2)活性包装(Active packaging);(3)名牌保护防伪包装(Brand protection devices);(4)高阻隔材料(High-barrier materials);(5)智能包装(Intelligent packageng);(6)射频识别标签(Radio frequency identification tags);(7)防盗装置(Tamper-evident devices);(8)生物降解材料(Biodegradable materials)。

这份研究报告对包装灌装充填商、包装加工商、原材料供应商、包装机械制造商、消费品和设备供应商、咨询和管理人员、FMCG生产者、产品开发管理人员、包装设计师、财经分析人员等特别有用,因为它由著名的Pira集团独立的分析师、咨询师和市场专家花了半年时间对欧洲300家著名企业广泛的市场调查基础上进行研究评论编写而成;它提供了欧洲300家相关包装用户关于高利润包装市场发展趋势展望的第一手分析资料,并且按类别分别列出了高利润包装装置和包装加工市场在各个国家的量化采用情况;它对每个高利润市场在今后两年和今后五年的增长情况进行了详细分析。

这份研究报告还指出了高利润包装市场从现在起到2007年对整个市场的影响,同时该报告的表格的数据显示了一些关键问题对欧洲品牌商的重要性,这个报告还列出了高利润包装装置和包装加工市场在现实商业化运作中的真实例子,并且基于原始的调查研究成果提供了超过300个可用于参考使用的数据表格。

这个技术报告具有以下一些主要特点:(1)超过300个的数据表格和图形资料定量化显示每种高利润包装装置和包装加工市场的增长趋势和发展规模;(2)每种高利润包装市场首先按主要欧洲国家顺序进行介绍,然后再细分到食品、饮料、药品及装置、化妆用品、家庭生活用品、医药、盥洗用品等分别介绍;(3)8种高利润包装市场的每个方面都用商业化应用中的真实例子再加上技术转换图表,向读者详细分析未来五年的变化趋势;(4)每种高利润市场按年增长百分率、对市场的影响程度和市场采用比率进行定量分析;(5)这份报告从13种消费者模式、购买习惯、对市场的影响情况以及今后5年的市场变化趋势等方面对高利润包装市场进行了综合的战略分析。

日本纸品生产和消费概况

日本多年来一直是仅次于美国的世界第2大纸类生产国和消费国。1985年日本纸与板纸的产量首次超过2000万吨,1990年增达2800万吨,1996年突破3000万吨,此后的年产量呈出上下波动的状况,如1997年增至3100万吨,1998年降为不足3000万吨,1999年又回升为3060万吨,2000年再度增长到3180万吨。从1997年起中国纸类消费量超过日本,2001年中国纸产量超过日本,现为世界第3大纸生产国和消费国。日本2000年的纸与板纸产量为3183万吨,比上年增长3.9%,但2001年产量降到3100万吨以下,减幅为3.4%。从消费量看,日本也是从1999年的3100万吨增到2000年的3174万吨,但2001年又减至3084万吨,减少了2.8%。纸品消费量为1910万吨、比上年减少1.6%。其中印刷书写用纸1160万吨、减少2.3%,新闻用纸1160万吨、增长1%,包装用纸99万吨、减少4.9%。卫生用纸173万吨、增长0.9%。板纸消遇量2001年为1240万吨、减少2.4%,其中瓦楞原纸923万吨、减少1.8%,纸器用板纸224万吨、减少3.3%。2002年上半年日本纸与板纸产量为

1510万吨，比上年同期减少3%。

日本人均纸与板纸消费量2000年为250公斤，2001年降为243公斤排在全球第8位。人均纸消费量居全球前10位的国家分别是丹麦341公斤、比利时329公斤、美国309公斤、瑞典278公斤、芬兰267公斤、奥地利260公斤、加拿大253公斤、日本243公斤、瑞士232公斤和德国225公斤。日本的纸浆产量2000年为1140万吨，2001年降至1080万吨，少于美国、加拿大、中国、芬兰和瑞典，排在全球第6位。日本（2000年）有造纸工厂473家，职工4.42万人，人均产纸721吨，生产效率是较高的。比如中国同年有造纸工厂4750家，厂均产量为6505吨。纸消费量中，印刷与信息用纸是最大的一部分，占合计消费量的一半以上。如1990年，日本印刷信息用纸为924万吨，占合计量的56.5%。1995年，印刷信息用纸消费量增到超过1000万吨的1070万吨，占当年纸消费合计量1790万吨的59.7%。2000年，日本印刷信息用纸比上年增长了5%，增为1190万吨，所占比例提高到61.1%。预计，2001年日本印刷信息用纸消费量将增至1218万吨，增长率为2.7%，高于纸消费量的平均增长率（1.7%）1个百分点。印刷信息用纸中又以用纸为997万吨，信息用纸仅为189万吨。印刷用纸中的非涂工用纸消费量2000年为351万吨，涂工用纸为646万吨，今年预计分别为349万吨和678万吨，合计为1027万吨，信息用纸将略增为191万吨。板纸的消费量很可观，从上世纪80年后期以来每年都在1000万吨以上，1994年以后增至1200万吨以上，2000年为1270万吨以上，2001年为1240万吨。瓦楞原纸消费量占绝大部分，2001年瓦楞原纸消费量为923万吨，占总量的3/4。由于纸板主要用在包装领域，所以日本包装用纸虽然不多，只有100万吨稍多，但加上纸板，包装业应用的纸与纸板总量就相当大了。2001年日本纸、纸板、纸制品等包材和容器的产值为25126亿日元，产量为1271万吨，纸类包装材料的容器在日本种类包装产品中，所占比例最大，其产值占总产值的42.7%，其产量占总产量的59.1%。其中，包装纸和制袋厚纸产值为2736亿日元，重包装牛皮纸袋为860亿日元，方底纸袋为736亿日元，瓦楞纸箱为14000亿日元，纸容器为7262亿日元，纸管为779亿日元。在旧纸回收和再利用方面，日本的成效也很显著。回收再利用率1990年已达51.6%，1995年提高为53.3%，1998年达55.3%，2000年升至56%，2001年为62%，2002年上半年为65.7%。2001年日本旧纸的回收量为1913万吨，是历史最高数字。由于旧纸回收再利用率很高，所以旧纸也成为最重要的造纸原料，1999年全部造纸原料中旧纸占56.1%，2000年和2001年分别提高为57%和58%，2002年上半年为59%。

加拿大包装机械制造业

包装机械领域里的竞争是全球性的，但是加拿大的包装机械制造商以其生产的具有灵活性和可靠性的高质量设备享誉国际市场。

加拿大丰富的自然资源是其强大的包装机械业的源泉。木、矿、油和气是用于生产纸张和纸箱包装、金属包装、塑料包装和玻璃包装的原材料。加拿大制造商能够生产所有这些材料的包装设备。加拿大公司擅长制造用于大量不同流水线速度的设备，擅长设计弹性很大的设备，适用于各类产品。

GN Plastics是热成型机械制造商，总部位于加拿大新斯科舍的切斯特市。有着丰富经验的技术人员经常安排客户参观，并采纳客户的建议设计新设备。2002年，GN Plasics荣获加拿大塑料行业最有威信奖——“加拿大塑料行业协会年度首领”。

加拿大魁北克Point－Clarre的NJM/CLI是制药业公认的领导者。NJM/CLI成立于1996年，由NJM（New Jersey 机械公司）和CLI（Charles Lapierre公司）两家设备厂合并而成。NJM/CLI共同为全球客户提供标签和包装整体解决方案，使他们充分利用独家包装设备资源的整体优势。

作为包装业锐意创新的领导者，Langen包装机械公司致力于不断满足客户的需求。公司的纸箱成形和箱包装机械公司在业内享有盛誉。最近Langen包装机械公司引进了袋包装机，每分钟可生产灌充300个微波爆米花袋。这种设备不仅生产效率高，而具有多种功能，可在平辊流水线上成形密封食品袋，包装爆米花、意大利面条、汤料和大料配餐等固体食品。

在塑料机械领域，加拿大塑料机械业在服务于世界不同地区地方市场特殊需求方面拥有相当的经验。加拿大出口商在量身定做式塑料设备方面建立了市场优势，为客户提供灵活、创新、定做式解决方案。加拿大制造商的能力范围广阔，包括注塑机、吹塑机、热成型机辅助设备和挤压设备。

Corma是塑料设备领域最具创新精神的设计制造商，擅长生产塑料螺纹管及其他管材设备。Corma推出用于管材生产的星形模是其不断创新的杰作。这种模具生产的管材强度极高，显著改善了耐撞击能力。

Mould－tek Indusrries是按安大略Concord著名的配套设备制造商。最近，公司开发出成套再生利用系统，帮助一家大型塑料加工企业解决了废物处理问题。

安大略米西索加市Macro工程技术公司因其创造吹膜技术的杰出贡献，在国际上享有极高声誉。最近，公司又开发了AMT MacroPack隔膜技术，在世界上率先生产出商用宽度尼龙PVDC隔膜。

加拿大出口发展公司

2003～2005年美国纸业产能预测

美国森林与纸张协会第43次年度生产能力调查认为：2001年至2003年美国纸、纸板生产能力持续下滑。2001年下降1.9%，2002年下降了1.3%，2002年下将0.3%。预计到2004年才止跌上升0.8%，2005年上升0.4%。到2005年底预计整个工业的生产能力将达到1亿1百2千万吨，比2000年的1亿9千万吨下降2.6%。

在此期间，世界其他地区在不断地扩大他们的纸和纸板生产能力。亚洲年均增长3.7%；西欧年均增长2.2%，其他地区为1.6%。

2003年美国纸和纸板生产能力为1亿1千万吨，较2001年12月调查公布的减少了350万吨，下降3.4%。原因是2001～2002年期间有40座工厂104台纸机永久性关停所致。

纸类：新闻纸的生产能力两年来下降了将近6%，2002年底刚刚超200万吨，该水平是1990年以来最低的。计划2004年再下降4%左右，达到670万吨。

印刷书写纸2002年生产能力为2730万吨，比2001年下降2.7%，比2000年下降7%，两年损失了210万吨。是1994年以来的最低点。计划2003年保持不变，2004年上升1.6%，2005年上升0.5%。

未涂布磨木浆纸2002年上升了10.3%，达到201万吨。计划2003年增长5.4%，2004年增长3.4%，2005年保持不变。

涂布磨木浆纸2002年增长了2%，504万吨。计划2003年减少3.6%，2004年增长1.8%，2005年增长0.6%。

不含磨木浆的涂布纸2002年下滑了7%，500万吨左右。预期2003下降2.4%，是1995年以来的最低点。

未涂布不含磨木浆纸生产能力从2000年的1520万吨的顶峰下降到2002年的1360万吨，几乎是十年来的最低点，两年来减少了160万吨10%以上。计划到2004年增长到1400万吨。

卫生用纸生产能力继续增长。2000年增长4.6%，2001年增长4.7%，2002年增长2.1%，2002年新增了2台卫生纸机，2001年新增了3台，而2003年又将有4台新纸机投产，新增30万吨生产能力。预计2003～2005年期间，卫生用纸生产能力年均增长1.9%。而2002年前的十年均增长为2.2%。

牛皮纸生产能力由于塑料和可塑性包装材料的大量使用将继续长时间下滑。未漂硫酸盐浆纸2002年下降0.9个百分点。漂白硫酸盐浆纸2002年上升0.5个百分点，2003年将下降5.4个百分点，2004年、2005年将保持平稳。

纸板类：2000～2001年容器纸板生产能力保持了250多万吨，所以现时生产能力后退很小。2002年挂面纸板的生产能力下降0.9个百分点。预测

2003年下滑0.7个百分点，2004～2005年保持适当稳定约2550万吨。

瓦楞芯纸生产能力2002年下降了1.3个百分点，预计2003年下滑0.6%，2004～2005年每年上升0.4%，到2005年达到1120万吨，与2002年持平。

回用纸板能力(不包括容器纸板)2001年下降1.1%，2002年下降1.3%。由于2001年永久性关闭了7台纸机和2002年关掉了5台纸机所致。预计2003年下降1.4%，2004年上升0.9%，2005年上升0.5%，达到800万吨水平。

商品浆：商品浆生产能力预计在以后三年里减少大约20万吨，下降到2005年的1030万吨左右。下降的主要是溶解浆(由于关闭了国际造纸公司的Natchez厂所致)。到2005年溶解浆总量接近80万吨。漂白针叶木硫酸盐商品浆生产能力2003—2005年预计年增长率为1.5%。到2005年达到600万吨，漂白阔叶木硫酸盐商品浆预计到2005年达到310万吨。整个化学纸浆品种的商品浆预计到2005达到950万吨，比顶峰的1995年低16万吨。

回收纸：2002年美国纸厂使用了约3480万吨的回收纸。据调查今后2003～2005年间美国纸厂平均每年增加1.3%的回收纸使用量，达到3620万吨。在2003～2005年期间，美国纸厂为增加效益，特别增加使用高品质回收纸的消费，如脱墨废纸和纸浆替代品，预计年均增长2.1百分点。下一个最快增长的品种是废杂纸，年增长1.7%。旧瓦楞纸板年增长1.2个百分点；旧报柢浆是增长最慢的品种，年增长率平均为0.5个百分点。

世界塑料包装产品发展趋势

从当前世界塑料业发展速度来看，德国和瑞典居首位，日本和欧洲一些国家次之，美国较慢。产量方面，美国、西欧国家、日本以及北美国家居领先地位，约占世界总产量的67%，总消费量的63%；东欧国家占总产量的9%，总消费量的11%；除日本外的亚洲国家地区占总产量的13%，总消费量的17%；拉丁美洲、非洲及中东国家目前尚需要进口。目前，国外塑料包装呈现以下发展趋势：

共聚复合包装膜

当前欧美一些国家大量投资开发非极性、极性乙烯共聚物等，这将大大提高塑膜的拉伸和共挤性能，并提高透明度、密封强度、抗应力、抗龟裂，以及增强稳定性能、改善分子量布与挤塑流变性能。如开发C4-LLDPE，在高速注塑工艺中不损螺杆；HAOC6-LLDPE拉伸共挤薄膜质量优良ctAoc6-LLDPE塑料薄膜的韧性与硬性良好；C6-LLDPE拉伸共挤薄膜质量优良；C8-LLDPE薄膜韧性特佳；VLDPE(超低密度聚乙烯)薄膜平整度好，其树脂的熔融温度低，性能较好，流度性能好；C4-VLDPE/VLDPE(超低密度聚乙烯)适合作各种塑料薄膜包装。在塑料共挤工艺中混合LLDPE，可提高延伸性及抗穿透强度，LLDPE/LDPE可大大提高粘性与韧性，添加HAOC6-LLDPE和LLDPE可促使流变性稳定，热熔融不断裂，塑料薄膜制品不撕裂等等。

在当前的注塑工艺中，各国以VLDPE取代LLDPE、PP、EVA、PVC。在挤塑、注塑、吹塑工艺中，VLDPE将占领医药、医疗、化妆品等的软包装市场，并进一步冲击食品包装领域。

国外专家们认为：当前世界塑料行业的发展重点在于对塑料改性、塑料制品的涂布技术、废塑的快速生物降解，以及塑料的回收再利用综合技术。如欧美一些厂商采取以线性乙烯-α烯共聚物与乙烯-醋酸乙烯共聚物混料/PA袋，适于包装冰激凌、乳脂类等食品。

多功能性复合薄膜

国外大量开发多功能性复合薄膜其作用进一步细化。例如：耐寒薄膜可耐－18℃、－20℃、－35℃低温环境；对PP作防潮处理制成的防潮薄膜，其系列产品可分为防潮、防结露、防蒸冷、可调节水分等几种类型；防腐膜可包装易腐、酸度大、甜度大的食品；摩擦薄膜堆垛稳定；特种PE薄膜耐化学、耐腐蚀；防蛀薄膜中添加了无异味防虫剂；以双向拉伸尼龙66的耐热薄膜取代双向拉伸尼龙6包装食品，其耐高温达140℃；保鲜膜密封性、防霉性好，无冷凝水结露；水调节薄膜能吸收水果释放的乙烯气体；新型专用食品包装膜可提高食品包装的保香性；非结晶尼龙薄膜透明度类似玻璃；高屏蔽薄膜可保色、香、味，营养指标及口感质量的稳定性；金属保护膜采用LDPE改性薄膜包装液态产品，在低温环境下可热封；以PP合成纸提高纸包装的耐光性、耐寒性、耐热性、耐水性、耐潮性、抗油脂性、抗酸性、抗碱性以及抗冲击性能等。

共挤包装膜、片

当前由台湾地区张恩工业公司开发的PP、PE、PVC变色塑料片材，可制成各种器皿，打火机壳、口杯、酒杯以及吸管等塑料制品，当杯内、机壳内温度改变时，杯色与机壳色也随之改变。日本聚苯乙烯-纸公司开发推出屏蔽性能优良的共挤发泡PE板材、PS板材，以及发泡PE模制品与PP模制品。

例如：以融指数为7克/10份的PP和4%的PVC壬基笨基醚混合，制成厚7um的OPP薄膜，其自粘性、耐热性优良。

各类容器

当前国外推出一些塑料新工艺，欧洲市场推出PVC透明卷材代替吹塑成型中容器，可减重50%，在5～9层共挤薄膜工艺中，以回收塑料作中间层，可降低成本费用，层厚由微处理反馈控制。日本推出PET与PC共挤，不仅抗热性、抗冲击性、耐污染性、耐药性均提高，同时价格也有所下降。以PP发泡收缩标套用于玻璃瓶，可抗90℃巴氏灭菌热灌装。英国推出以特种PP树脂注吹包装瓶，可达到轻质、高强度、厚薄均匀、省原料的目的。

当前国外流行塑料 、复合杯(外层PSP、内层PP、盖PS)包装冷、热饮料、酒、方便食品。法国用PE瓶包装是糖果、酸奶，德国用PC瓶包装牛奶。国外以多层模塑罐包装食品、化妆品等，以复合罐包装材料 。以PE或与EVA混合加工软塑桶包装桶饮料，适用于液体包装。

国外周转箱的发展趋势是标准化、系列化、配套化、专用化，并注意防老化、防滑、堆高（定位）稳定、套叠化，加在R角，角部加强、薄壁轻质强度高。

国外大量配套发展适应各种标准及用途的专用塑盖产品。美国雷诺公司以铝箔、纸、PE作瓶盖；欧洲用热收缩膜盖替代铝封盖；日本推出耐高温280℃的涂料瓶，具有六种系列化规格的CPI涂料铝箔盖，作为乳酸饮料瓶用(铝箔用高频热封，温度达180℃～280℃)。

常用技术

当前国外对薄膜热封常用技术有：1．超声波法。在PP、PET、PE、PVC、PA、涂纸、热透明度有影响。2．激光法：该法主要适用对小面积的薄膜等进行热封。3．脉冲法：该法的热封对向＜1～3秒。在PP膜表面上涂布PVDC、氰醋酸，可改进PP膜的热封性能。

目前国外流行的包装技术有：真空（76cm/Hg)，100℃杀菌，采用PE/PET、PA/EVA等包装熟食制品；充气包装（CO2、O2、N2、乙醇气）大量用于食品包装；气调包装用于包装鱼类制品；贴体包装用离子型薄膜取代PE、PVC膜；保鲜包装以微孔透气薄膜、硅薄膜等包装具有呼吸规律的新鲜水果蔬菜；灭菌包装以高温短时、超高温瞬时加热杀灭污染菌、巴氏灭菌包装饮料；无菌包装灭污染菌包装果汁饮料；杀菌包装采用离子型薄膜，以环氧乙烯气体消毒，包装医疗器械；泡罩包装主要作药片包装；防锈包装在薄膜中加防锈剂包装精密仪器；拉伸裹包主要用单元装（托盘、托板等）的裹包包装；热收缩包装主要作小型零部件包装；防霉包装在薄膜中加防霉剂包装织物；压缩包装主要包装质轻的棉衣、羽绒等的包装；防震缓冲包装采用软质聚氨、PVC、发泡PE、PP、LLDPE、离子型聚合物包装材料等。

聚焦欧美软包市场

随着材料和加工技术的不断提高，软包装业在人们生活领域正扮演着越来越重要的角色。欧洲和美国在世界软包装业，尤其是该地区的各种食品包装结构和印刷中处于领先地位，进一步了解欧美软包装市场，对我国包装业来说，无疑有一定的参考意义。

欧洲

饮料

饮料的传统包装是刚性或半刚性结构，但是随着环保方面的要求越来越严格，软包装也正成为一种趋势。多种不同结构的新型包装正成功满足饮料苛刻的保鲜要求。

印刷方式：凹印或柔印

包装形式：立式袋等

包装材料、结构和特性：

(1) PET/ALU/PE，适用于各种果汁等饮料立式包装袋，机械性能非常好，适合于热封；

(2) PET/EVOH/PE，适用于各种果汁等饮料立式包装袋，阻隔性好、透明性好；

(3) PET/ALU/POA/PE，比 PET/ALU/PE 耐热性能更好；

(4) PET/ALU/PET/PE，适用于各种非浓缩饮料、茶和咖啡等饮料立式包装袋，比 PET/ALU/PE 机械性能更好。

在这里特别说明一下咖啡，咖啡是欧洲的传统产品，其包装发展历史悠久。如今各种复合结构的包装已能满足咖啡任何存放和展示的要求。

印刷方式：凹印，多至 10 色

包装形式：三边封或四边封，用于颗粒状或粉状的真空或气调包装。

包装材料、结构和特性：

(1) PET/ALU/PE，适用于真空或气调包装袋；

(2) PP/ALU/PE：适用于真空或气调包装袋，机械阻抗性非常好，机上加工性能好；

(3) PET/M/PE，适用于真空或气调包装袋，不采用铝箔时阻隔性相当高；

(4) 纸 PE/ALU/PE，适用于单袋的真空或气调包装，食用方便；

(5) OPA/ALU/PE，适用于真空或气调包装袋，高阻隔性、机械阻抗性极好。

肉制品

肉制品包装采用了多种复合材料，以满足各种不同的保存和包装加工条件。除了传统的适合高温和巴氏消毒用的复合材料外，透明、高阻隔性的新型结构也在不断推出，这些结构适合于气调和真空包装。

印刷方式：凹印或柔印

包装形式：顶成型袋（包括火腿包装用阀袋、熟肉制品三边平封袋）、热成型卷料（用做托盘的底和盖）包装机、热成型机。

包装材料、结构和特性：

(1) OPA/ALU/PE，适用巴氏消毒，用于火腿包装袋；

(2) PER/ALU/PET/PE，适用于熟火腿消毒袋；

(3) PET/ALU/PET/PP，适用于半成品、熟火腿袋、可采用高温消毒；

(4) PET/ALU/PE，适用于肉片包装托盘盖等；

(5) PA/EVOH/PE，可热成型、阻隔性高，适用于火腿片真空包装；

(6) PET/EVOH/PE，阻隔性高，适用于火腿真空包装；

(7) PA/PE，可热成型，与产品的附着力非常好。适用于和于火腿包装盖；

(8) PVE/EVOH/PE，可热成型、挺度好、阻隔性高，适用于气调包装。

冷冻食品

长期保存易腐烂食品最常用，其包装要求同时保证高的保鲜和产品展示效果。

印刷方式：凹印，多至 10 色

包装形式：三边封袋

包装机：卧式和立式包装机

包装材料、结构和特性：

(1) PET/PE，适用于水果的高速包装；

(2) PET/M/PE，镀铝复合膜，视觉效果好，适用于蔬菜、果酱和鲜肉等包装；

(3) PET/PE/M，与前两种复合膜性能相似，但印刷效果更好；

(4) OPP/PE/M，镀铝复合膜，受环境影响小，适合于蔬菜包装。

新鲜果酱

此类产品包装中常用几种气调包装，其中复合结构应适合干热处理。

印刷方式：凹印或柔印

包装形式：热成型盘、袋

包装机：立式盛开——充填——封口（VFFS）包装机包装材料、结构和特性；

(1) PET/PP，机械性能好、可巴氏消毒，适用于

气调包装和巴式消毒的托盘封口盖，易撕开

(2) PET/EVOH/PE 阻气性高。用于气调包装的托盘封口盖；

(3) PET/EVOH/PP，与前一种相同，但适用于手势处理；

(4) OPA/PE，非常好的机械性能，适用于气调包装；

(5) OPA/PP，透明性高，适合热处理，适用于气调和巴氏消毒。

美国

随着材料和加工技术的不断提高，软包装在人们生活领域正扮演着越来越重要的角色。仅去年，软包装在食品业的销售额超过包装加工业 97 亿美元销售额的 56%，其余的为消费品工业市场。销售额平均分配在易腐食品和干燥食品上。

在易腐食品中，袋装食品和匹萨饼是增长最快的两个部分，包括肉食品、农产品以及其他冰冻食品。这些食品通常用大容量的真空薄膜包装好，放置在超市的外围处。

袋装肉食品以每年 20%的速度成为增长最快部分。使用的主要原料将包括清洁、防雾的封装材料、高阻隔性薄膜以及广泛使用的收缩薄膜。在 70 亿份鲜肉包装中，将有超过 30%的部分将使用袋式包装。然而，包装要求的市场特性、大小和复杂性造成一段时期内包装材料的多样化。

随着宴会用和早餐用的烟熏制香肠畅销，其包装薄膜将以每年 9%的速度成为增长最快的部分。茂合金属作为密封材料正逐渐代替离聚物或乙烯醋酸乙烯脂。尽管新鲜蚝肠的销售由于其高脂肪以及早餐食用的人数减少等原因而步入萧条，但新口味、低脂肪的品种仍有助于促进包装膜的需求增长。

对于许多市场，特别是快餐和糖果市场而言，新颖的图案是必要的，它常常引发人们购买欲望。许多食品要求包装具有高的防潮性能。

其他市场包括谷类食品、宠物的食品及咖啡。增长最快的是售价为 5 美元多一点的产品。多数食品常显眼地旋转在超市的中间走道中，收款处或便利店中可能会放置个别供应的食品，以刺激消费者购买的欲望。

糖果是利润率最高的一个部分，继续以约 5%的速率增长。因为消费者一时冲动而买的糖果超过总销量的 70%。因此，包装加工商使用了高质量的包装图案，特别是金属化的图案。低脂糖果的市场机会也有助于促进包装业的发展。

高档宠物食品采用更贵的包装材料。在市场中的份额越来越大，这些食品含有价格更高、对氧敏感的成分，需要更好的包装保护。

工业品的销售量和销售额是最大的一个领域。保健类包装产品的增长速度最快。包装加工商以每磅 7.60 美元的价格销售其中有附加值的包装材料。使用这些材料的产品包括肥皂、化妆品、一次性纸品及其他零售品。

总之，软包装已渗透到制造领域的每个部分。

世界塑料包装发展新趋势

近几年来，由于实行了强强联合、跨国合作等举措，世界塑料包装业有了新发展，塑料包装产量平稳增长，包装新材料、新工艺、新技术、新产品不断涌现，塑料包装逐步向高阻隔、无毒、抗老化、高强度、共挤膜、环保型方向发展。

一、高阻隔薄膜、吸氧塑料与活性包装逐步推广

高阻隔薄膜具有阻氧气、阻水蒸气、阻油、透明的特性，可有效地保存食品又延长保质期，且可蒸煮。在国际上食品包装、医药包装使用阻隔性薄膜的比例较高。吸氧塑料是指在包装塑料中加入可吸收氧气的添加剂，吸收包装内多余的氧气，防止微生物的生长，显著延长包装食品的货架的寿命。目前，世界吸氧包装塑料市场约有 5 千万美元的规模，预计将来规模还会更大。吸氧塑料已逐步应用于蔬菜、水果、鲜花、动物饲料及保存食物的包装。

二、新型聚酯包装独领风骚

其中，最引人注目的是聚萘二甲酸乙二醇酯(PEN)的应用。这是一种新型聚酯包装材料。市场分析人士预计，不久的将来，PEN 将会大量进入包装领域。

三、企业大力发茂金属塑料

茂金属是过渡金属与环戊二烯相连所形成的有机金属配位化合物。茂金属聚烯烃是以茂金属配位化合物(Netallocene)为催化剂进行烯烃聚合反应所制得的聚合物。采用茂金属催化剂可使聚烯烃结构等方面获得良好的控制，能够按照最终用途所需要的性能进行生产，并对聚烯烃的透明度、光学性能、耐冲击强度、耐热封性等方面进行改造，能生产防渗 透性好的薄膜，并可以在较低温度和较薄的状态下封合。茂金属聚合物具有诸多优点，如加工性能好、高强度、高刚性及透明性好等优异性能，因而受到人们的极大关注，并因此推出了许多新品。茂金属塑料将直接冲击 PP、MDPE、LLDPE 弹性体塑料市场。茂金属具有许多优点，诸如好的光泽、高熔体强度及薄膜稳定性，适用于食品包装、医药包装、收缩薄膜及卫生用品等方面。

四、关注环保塑料，新型降解塑料受青睐，发泡塑料走向零污染

随着塑料在各行各业中的庆用，使用后的废弃物对环保造成的危害已在全球引起关注。目前，全世界塑料产量已逾 1 亿吨/年左右，每年约产生 1500 万吨左右的塑料废弃物。因此，要从根本上解决对环境的污染问题，必须依靠新材料、新工艺来解决。总之，塑料工业和塑料包装业能否持续发展的关键在于废塑料的处理和再生利用，只要把这个问题解决好，塑料包装业才会不断发展，环境也会保持良好。在这方面，意大利 A-MUT 公司研制出的挤出发泡 PP 片应用 MOH-TELL 公司的高粘度树脂、高熔体强度聚丙烯(HM-SPP)、PP 均聚物与低 ODP 化学发泡剂配合，生产出具有细小微孔且均匀分布的发泡聚丙烯片材(EPP)。发泡 PP 所用 HMSPP 仅占 12.5%，具有极大的经济意义和环保意义。随着国际环境标准 ISO 14000 的实施，新的降解塑料备受青睐。其中，德国巴-斯夫公司推出了品牌为 ECOHEXD 有脂肪族二醇与芳香族二羧酸聚合的降解聚酯树脂，可用于薄膜生产。

美国包装工业发展趋势

美国是包装大国，其包装工业在世界处于领先地位。看看美国关于包装工业未来的几项预测，对于我国包装工业的发展也会具有一些提示作用。

生产趋向多样化

以食品工业为例，由于现今美国人对食品消费需求向多规格、多样化、特色化的方向变化，故食品加工业已将费用投向开发具有更灵活和机动的包装线上。通常开发一处新包装产品需两年，现只需半年产品就可上市。这充分说明，美国包装界开发新品种、新产品的速度快，时间短。

同时，包装界致力于向消费者提供更方便的包装。根据美国人口调查局的预测，到 2005 年美国将进入高龄化社会，美国包装界充分考虑到老年消费者对于包装品潜在的需求，开始研制适应未来老龄化社会特点的包装，如带有拉链式的封盖、便于开启的金属顶盖、双指拉环等。

为确保消费者的安全，防盗开封口包装趋向用于多种产品。美国制药业最先用了防盗开封口包装，近年药品的多样化，更使防盗开封口包装有增无减。现在这种确保产品品质的安全包装已经应用于食品加工业、乳品、饮料等包装。

用包装强化促销

由于有七成的消费者是就近购物的，因此零售包装成为影响促销的重要因素。消费者比较喜欢有金属光泽的包装，赏心悦目的图案，可以提高包装产品的自身价值的商品标签以及形态、规格、式样、重量多样化的包装设计。

采用多功能信息标贴系统

为迎合消费者，美国包装界趋向大量使用信息标贴系统。因政府要求包装产品标有营养成分、使用说明、条码，这促使标贴系统向具有多功能信息方向发展。

包装设备一切向多用途、高效率方向发展

包装机械厂商越来越注重开发快速、成本较低的包装设备，设备向小、灵活、多用途、高效率方向发展。此趋势还包括节约时间、降低成本，因此包装界所追求的是组合化、简洁化、可移动的包装设备。在包装机械自动化方面，自动操作程序已获得广泛应用，如 PLC 设备、数据收集系统等。

包装材料和包装系统总成本降低

包装业将使用较轻的材料减少装运成本，用特殊的组件、系统缩短生产时间，与供应商朝着以最少用料提供多种包装作业的目标努力。包装界正着眼于如何减少操作工序中包装废弃物和所需人工，以及如何从流通系统降低库存与搬运成本。

包装设计朝着符合国际标准的趋势发展

为适应国际市场竞争，美国各食品企业致力从材料、设备、销售等方面寻求在国际市场上具有特色的包装。为置身于国际包装大市场中竞争、发展，食品包装制造商们正致力于研制新产品，使之符合设计师们所强调的国际标准及包装发展新趋势。

世界塑料机械市场预测

英国AMI咨询公司的研究报告显示，世界各地对塑料配混机械需求情况不同，近几年美国市场需求减少，而亚洲和欧洲市场强劲增长使世界供需仍保持平衡。

报告预计未来亚洲塑料机械市场继续繁荣，市场需求增长最快的产品是同向双螺杆挤出机，因为它是适用于热塑性塑料配混最主要的设备。配混料包括许多专用料和被用户广泛认可的大容量系列产品，其中TPE（热塑性弹性体）配混料产品在世界大部分地区的需求增长率将高于塑料配混料总体平均水平。PVC（聚氯乙烯）配混料仍是用量最大的品种，在线配混目前已被普遍采用。

AMI咨询公司预计2001～2005年间世界塑料配混料消费年均增幅将达到4%，将增加760万吨，其中大部分增长的消费量来自亚洲，亚洲占增加总量的一半以上，市场以每年平均6.5%的速度递增。欧洲热塑性塑料配混料需求年均增长率略高于2%，而北美的年均增幅为3%左右。日本的情况则完全不同，这5年间将几乎无增长。2001年世界各地热塑性塑料配混料占有比例为：不包括日本的亚洲27.8%，北美25.8%，欧洲25.1%，日本8.8%，其他地区共计12.6%。亚洲用量已居首位，亚洲、北美、欧洲是三大主要消费地区。

根据对大量塑料配混机械生产厂的调查结果，欧洲和日本仍是塑料配混机械主要出口地区。北美和亚洲继续是最大的配混机械进口地区。但当地新增生产厂将对现有出口机械厂家产生巨大冲击。世界最大的供应商是Coperion公司，现在还包括德国Werner&Pfleiderer（W&P）公司和瑞士Buss（布斯）公司。这几家公司已在世界几个地区重组其居领先地位的供应厂。日本生产厂JSW（日本制钢所）已经受住日本经济衰退考验，在本国仍居主导地位。美国Davis Standard公司和Coperion公司已签订在美国的长期合作合同，因而Farrel（法雷尔）公司在美国的市场则受到挤占和影响。

未来3年亚洲对废纸的需求将增加1100万吨

2003～2004年中国废纸市场缺口约为450万吨，除大部分依赖海外进口外，提高本土废纸回收率也是重要途径

国际再生局（BIR）日前在新闻发布会上称，未来3年中，亚洲对废纸的需求将增加1100万吨。

资源信息系统（RISI）大卫克拉普指出，中国对废纸的需求将是旺盛、上升的。他预测2003至2004年中，中国对废纸需求的增加约为450万吨。但他指出，中国有不少小型造纸厂由于环境污染问题正在被关闭。中国新增的造纸能力将取代进口，因此对废纸部分增加的需求将被抵偿。

由于从2003年2月份起，纸板原料价一路上涨，国内造纸企业正在酝酿对纸板提价。

废纸成原料新宠

据中国造纸协会和一些专家分析预测，我国未来几年纸和纸板产量为：2005年3800万～5000万吨，达到人均消费38斤，是目前亚洲平均消费水平，而要达到目前世界平均消费水平，我国大约是在

2015年，消费总量将在8000万吨以上。分析认为，食品包装是纸箱主要的增长动力。尤其是发达国家如美国，食品、农业用品、饮料、烟草制品纸箱用量估计占全部用量的40%。但目前我国纸张和纸板的生产力在3000万吨左右，生产初步形成三大基地，广东珠江三角洲地区就是其中之一，以东莞为主，年生产能力在350万～400万吨。

2002年，广东省废纸进口量达207.2万吨，进口总值2.44亿美元，同比分别增长了6.2%和9.1%。今年头4个月，全省废纸进口量112.3万吨，进口总值1.5亿美元，同比分别增长了52.4%和1.1倍。

由于我国纸张的回收利用率较低，进口废纸正成为我国造纸工业的重要原料之一。另外，按照我国现行关锐，外国纸及纸制品进口必须征收10%～25%的关税，而纸浆、废纸进口则为零关税。以上多种原因都使我国众多造纸企业不得不诉求于从国外进口废纸。

广东省造纸量逐年上升，据统计，2002年，全省造纸量新增了60万吨，比上年增长了近二成。由于省内各大企业生产纸种70%是包装用的纸板，省废纸需求中有一半以上主要依赖进口废纸。

纸板价随风起浪

以占广东省废纸进口量一半以上的美国废纸为例，2002年3月一度传出对美国进口废纸可能加税的消息后，美国废纸进口价格一路升至2002年8月份的148.4美元/吨，2003年3月出口量、值均达到高峰，至4月份，进口价值虽有所落，但157.3美元/吨依然高于上年同期水平。对于这种波动，业内人士透露，确实已经影响到我国的造纸成本，进而影响造纸利润。

对此，占广东省生产量70%～80%的190家大造纸企业一方面加大国内废纸的收购以部分替换进口废纸，来弥补价差；另一方面也认为，大企业对废纸的操作以期货居多，短期内并不受波动影响。

广东省造纸企业在酝酿纸板提价，但提价幅度不会过猛。据称，从2月份纸板原料大幅上涨，成品价格就一直没有涨，经过几个月的市场适应期，成品涨价水到渠成。业内普遍认为，每年的五六月份是造纸企业开工高峰，一般成品价都会有所上涨。

提高废纸回收率

近年来由于中国国内新建纸机的不断上马，再加上环保力度的加大，对废纸的需求剧增，形成废纸进口高潮。大约在2000年第3季度到2001年第2季度，国内使用的废纸大部分是从美国和欧洲进口的，直到2001年第二季度以后日本废纸才陆续进入中国市场，但是凭借地理优势和低廉的价格，日本废纸在国内的市场份额不断扩大。

在进口废纸的各货源国中，美国仍然是龙头老大，因为其质量上乘，供货稳定，销售网络完备，因而受到各国废纸用户的欢迎。但是，其价格较高，而且在其本国纸厂用量上升时，货源会出现紧缺，因此，国内用户开始另觅进货渠道，致使近期进口废纸的供货来源有了很大的变化。根据海关统计的数据，近年来，国内进口废纸增加的数量，大部分来自日本，达到60%。

日本废纸出口量的持续增长是否能够满足我国废纸需求的快速增长呢？让我们来分析一下日本废纸的回收和出运情况：日本国内废纸回收和出运情况：日本国内废纸回收率上升较快，从1997年的52.1%上升到2001年60.9%。

日本国内今后废纸回收率会达到多高？由于计算方法各异，而且对国与国之间的比较有不同的理解，因此很难与其他国家相比。但根据日本自己制定的目标及从其近年增长的速度来看，废纸回收率在现有的水平上要进一步增长，就连他们自己也感到非常困难。

按照现在其废纸回收率来计算，预计到2004年回收废纸出口量将会增加到20万吨。假如日本今后两年的废纸回收率有所提高，按照废纸回收率每增加一个百分点，其出口量增加30万～35万吨来计，2004年日本废纸收率预计将达到65%，其出口量则会达到265万吨；达到66%，出口量则为300万吨；即使达到67%，出口量也只能达到330万吨。

按照这样的增速，肯定满足不了中国新增长的需求。

根据我国造纸业的发展形势，今后我国对废纸的需求将会继续增长，但是国内目前的废纸回收状况还很不理想，因此，还有相当长一段时间得依靠进口。

但是，国际废纸市场的需求变化和价格波动已给国内纸厂造成很大的压力，对此中国必须有新的对策：一是在全球开发新的货源，二是提高本国的废纸回收率。

对中国的废纸而言，一直引起人们关注的问题是废纸的质量，因为，过去国内的纸张中草浆含量过多。但近年来国内不断有大型纸机投产，这些纸机不少是采用高比例进口纸浆为原料，生产出的纸和纸板质量优良。

现在国内应该有大量质地良好的废旧纸板和废纸可回收，时下中国进口的废旧纸箱中，就有不少是国内生产的。因此，认为国内废纸质量差而不重回收的观念已经过时，应尽快提高本土的废纸回收率。

废纸分类标准正在制定

近期，国家科技部批准了《废纸回收分类标准及相关标准的研究》专项资金项目，并由中国制浆造纸工业研究所（现为中国制浆造纸研究院）承担，该项目计划在两年时间内具体完成以下三个标准：(1)《废纸回收分类标准》；(2)《废纸中胶粘物含量的测定标准》；(3)《废纸中油墨残留量测定标准》。

此项工作完成后，将对国内废纸回收提出要求，对于废纸的进口也会有影响。国家产品检验检疫部门也将以此标准作为废纸进口时的检验依据。因此，制定废纸分类标准的工作对规范我国回收废纸及进口废纸有重大意义。同时，由于其有效地降低生产成本，提高经济效益，将使造纸企业成为标准的最大受益者。

为了使废纸分类标准更具可操作性，保证其有效实施，同时还将制定两个相关的标准，它们将涉及到废纸中掺杂的胶粘物和油墨残留量两个方面，不仅能有效地反映出废纸分类情况，还能考核废纸处理设备的能力，将为造纸企业今后购置废纸处理设备，提供一个优选的依据。

2000～2010 年我国纸品市场需求预测

单位：万吨

级及级板总量	2000 年	2005 年	2010 年
生产量	3000	3800	5100
进口量	650	750	1000
出口量	50	50	100
产品自给率%	83	84	85
品　种	2000 年	2005 年	2010 年
新闻纸	140	220	350
印刷书写纸	830	1040	1540
其中：涂布纸	135	200	280
生活用纸	260	350	500
白纸板	145	200	260
涂布白纸板	160	230	360
箱纸板	500	750	1000
其中：			
牛皮箱纸板	270	380	560
瓦楞原纸	640	840	1100
其中：			
高强瓦楞原纸	230	400	600
	中高档产品%	低档产品%	
2000 年	60	40	
2005 年	80	20	
2010 年	90	10	

国际流行的新型食品包装

随着科学技术的发展和人类环保意识的增强，国外不断研制出卫生安全、方便实用、有益环保的新型食品包装，具有一定的推广价值。

食品保冷袋

日本推出家用食品保冷袋，由双层乙烯膜组成，长约 20cm，宽 16cm，外层表面涂有高分子吸水性聚合物凝固剂，内层表面上有一微孔并配有一吸管。如将此袋放在水中 15～30 分钟，水会慢慢渗入袋中并形成凝胶状保冷剂，再将其放入冰箱冷却后备用。当外出旅行时，人们可以从冰箱中取出冷食或冷饮放入保冷袋随身携带，随意取食，尤适盛夏使用。

粮食防霉包装袋

日本三菱化工合成公司开发出一处新型粮食防霉袋，它是用聚烯烃树脂膜制成，含有 0.01%～0.05%香草醛，能慢慢挥发渗入粮食中，既可长期抑制霉菌，又可使粮食产生一种宜人的香味。

冷冻食品保温包装袋

法国开发的冷冻食品保温包装袋，外观与普通商品塑料包装袋和纸袋差不多，不过更厚实。该袋分两层，外层是一般的塑料与厚纸，里层是尼龙纤维制成的绝缘层。商品袋上方封口较严密，原理类似保温水瓶。保温时间有 2h、3h、4h，保温温度分别为 0℃、－4℃、10℃。也有手提旅行包式，可容纳 10kg 的冷冻食品，保温时间更长。

肉类双层叠加膜包装

法国推出的肉类双层叠加膜包装，其外层是具有特殊结构和性能的高密度聚乙烯薄膜，内层是可食用纸。叠加后的双层膜半透明，厚度仅12um。该包装能解决普通材料包肉类的不足，如浸透血与油脂紧贴肉上不易分离并使表面结成硬质的问题，能保持肉类原有的色香味。塑料膜无毒性，十分安全。

防腐保鲜包装纸

瑞典奥伦森纸张有限公司推出高透气性食品包装纸。其内、外层均有一氟树脂薄层，不沾水、不沾油，包裹食品可使内外层温度相同，放入冰箱可较好保持食品原有风味，新鲜如初。日本一家公司采用先将纸浸入含2%琥珀酸、33%琥珀酸钠和0.07%山梨酸的乙醇溶液中，然后经干燥制成食品包装用纸，用来包装食品可在38℃下存放3周不变质。

温度控制包装

美国3M公司开发出一种THIN-SUITE塑料无纺布，用其制成食品包装能绝热保冷。3M公司和L-POIMT公司还开发出了一种可监控包装内食品温度的温控包装。

抗雾包装

日本GUNZE、TOYOBO公司及氰胺公司开发出了一种具有抗雾效果的聚乙烯和聚丙薄膜。用这种膜可制成防雾包装，用于包装新鲜水果，能防止因水分蒸发凝结于薄膜内而导致水果腐烂的现象。

抗菌包装

日本三菱公司开发了一种叫作ZEOMIE的特殊沸石材料并将其混加于聚乙烯、聚丙烯及聚苯乙烯薄膜中，含量仅为0.7%～1%，可产生活性氧，能抑制微生物的繁殖，抗菌效果好。

除臭包装

日本DANICEL化学公司开发出一种除臭剂，将其添加于聚乙烯薄膜中，用于包装海鲜食品，可去除鱼腥味。用来包食品垃圾，可去除氨及硫化氢等臭味。

可释放远红外线包装

日本纸业公司开发出一种含陶瓷质的薄膜，用于包装新鲜鱼、肉等，可通过释放远红外线来延长鱼、肉的保鲜时间。

Trebor包装公司推出蔬菜瓷性保鲜包装，是将空气包装技术与先进的瓷性纸包装技术结合使用。蔬菜用带有瓷性纸的薄膜袋装起来，经抽真空先将袋内的空气排除掉，再充入隋性气体。包袋密封后，瓷性纸不断放射出无害的长波红外辐射，从而限制水分子中细菌的活动，同时也能吸收少量乙烯气，大大延长蔬菜保鲜时间。

可溶解的食品包装

国外能溶解的食品包装材料大都采用糖、海藻、淀粉、果蔬食品加工废弃物等天然原料加工制成，具有4大优点：(1)即食性，可连同被包装食品直接食用；(2)溶水性，包装为薄膜或无隙胶囊，在一定时间可溶于水，易被人体消化吸收；(3)耐油性；(4)耐低温性。此类新型包装中最为看好的是可食包装纸。它采用菠菜、甘蓝、冬瓜、胡萝卜、香菇、海带、木耳、菠萝、香蕉、橘子、苹果、茶叶等果蔬和豆腐渣、酒糟、米糠等原料经加工制成各种规格的可食性包装纸。

生物分解树脂包装

日本研究成功的“玉米淀粉树脂”具有广阔的发展前景。这种树脂是以玉米为原料经塑化而成。用它制成的包装材料可以通过燃烧、生化分解和昆虫吃食方式处理掉，从而免除了“白色污染”。

纳米包装

在包装材料(如塑料及复合材料)中加入纳米微粒，使其产生除异味、杀菌消毒的作用。利用这一技术可将纳米微粒加入到冰箱内，大大延长了食品保存期。同样也可将纳米微粒加入纸、塑料及复合材料中用于包装食品，可提高包装食品的货架寿命。

德国如何实施运输包装固定防护

产品从生产厂家到用户手中要经过装卸、运输等环节。在此过程中由于运输、装卸工具及运输环境的影响，会出现各种各样的力学负载，例如冲击与振动等，有可能导致产品破损。所以产品必须经科学合理包装后才能进入流通领域。既使如此仍然会出现破损现象，这到底是什么原因呢？

经反复研究和试验发现，很多破损并不全是因为包装不善，而是由于运输过程中的安全紧固措施不当引起的。在机电产品出口方面这个问题尤其突出。本文以德国汉堡出口包装有限责任公司“塞库瑞塔斯”(Securitas)机器设备出口包装为例，介绍了德国是如何解决产品包装及运输中的固定防护问题。

德国对机电产品包装件的固定防护通常采用以下几种办法：

安全带或安全链紧固法 即用安全带(链)加大对包装件的压力，也就增加了它们和底座或运输工具底板之间的摩擦力，同时也可在包装件移动的反方向产生一定的拉力，从而阻止在运输过程中出现滑动和移动。安全带的材料以化学合成纤维居多，使用时配有挂钩和张紧装置，其最大张紧力可达2000牛顿以上。

底部固定法 将被包装物(例如设备)直接用地脚螺栓固定在底座的枕木和滑木上。如果包装件的底部及运输工具的装载面都是木质材料，也可将一种双面带齿尖的金属薄板放于两者之间，靠重力的作用齿尖就会嵌入上下两者之中，也可起到一定的防滑作用。

压杠紧固法 即利用压杠将包装物压紧固定在底座上。其结构通常为两根较长的配有螺母垫片的螺杆，把它们固定在包装件两底座的滑木上，将压杠木方套入上部的螺杆中并用螺母拧紧，从而起到压紧包装件防止其移动的作用。当然使用这种方法时必须在杠和包装件之间放一层衬垫材料，以防损伤包装件。

木块定位紧固法 用和包装件轮廓相吻合的木块将包装件卡紧，通常把木块钉合或用螺栓固定在滑木或枕木上。在木块和包装件之间必须放置一层泡沫塑料、用来防止包装件被擦伤或挤伤。这种方法也适用于将包装件固定于集装箱内或平台箱上。

充填法 在包装件之间或包装件与箱体之间设置充填物以消除它们之间的空隙，以防移动。常见的充填物有气袋和其它缓冲材料(瓦楞纸板、泡沫塑料等)。这里的气袋是一种纸塑复合材料制成的较大袋子，使用时先把气袋放入空隙，然后充气，直到紧固为止。除此之外还有拉伸或收缩薄膜缠绕封紧的托盘包装紧固法，以及在装载时使用挡板或挡杆式固定法。

Securitas在机电设备的出口包装中常用的紧固方法为安全带紧固法、底部螺栓固定法、压杠紧固法和木块定位紧固法，通常几种方法同时使用。例如以底部螺栓固定法为主，然后配以安全带和木块定位紧固法。对板材、管料和比较方正的设备，常常使用压杠紧固法。由于设备包装本身的特点，托盘包装固定法在该公司几乎不用，而充填法也很少看到，特别是气袋充填更少见。这种气袋充填固定法目前在整个德国也很少使用，主要原因是它的成本高，使用时不大方便。

Securitas在机电产品出口包装过程中经常采取的另一种防护措施是在包装件与底座之间，或者在包装件和平台集装箱底板之间，也可在包装件和运输工具之间放置橡皮块或泡沫衬垫，这种方法所起到的防滑效果也非常明显，因为它增大了设备和底座间或者包装件与运输工具之间的摩擦系数。另外，Securitas在机电产品包装前要对相应的包装设计进行安全措施验算，以便得知所采用的固定防护是否足以在运输过程中保护包装件不发生滑移现象，否则就要做进一步的改进。这里对其计算与验算的原理做一简单描述。该公司包装件不发生滑移现象，否则就要做进一步的改进。这里对其计算与验算的原理做一简单描述。该公司包装设备大都采取海运方式，根据海运过程中运输船在各个方向可能受到冲击力大小，结合包装物的重量，再根据包装时要采取的紧固措施提供的外力大小，例如安全带的张紧力、紧固螺栓的压紧力等，就可以计算出运输过程中包装物会不会发生滑移。如果有可能发生移动，那么就再增加紧固件，而且可以计算出需要增加多少。

出口机电产品不能只考虑运输包装本身，还必须考虑整个运输过程中包装件的固定防护问题，只有这样才能减少或避免整个物流过程中的破损。另外，在机电设备的出口包装设计中，进行必要的验算也可以减少破损。

欧美日食品和日用金属罐用量占全球大半

如今金属罐早已广泛应用于食品和日用品的包装，世界食品罐、饮料罐、空压罐和一般罐在内的金属罐的年消费量，在4000亿只以上。其中，啤酒和清凉饮料罐的消费量最大，占总量的一半以上即2200亿只。加工饮料罐占1/4，为1000亿只；加工食品罐占近2成，约750亿只；空压罐占3%，有100亿只；一般罐占

1%，在50亿只上下。欧洲、美国和日本的金属罐用量占全球的一大半。如欧美日的啤酒和清凉饮料罐合计用量为1800亿只，占世界总用量的8成多。

美国金属罐应用数量遥遥领先于世界其他国家，多年来的年用量都在1000亿只以上，近些年来更是增加到不下1300亿只。如1992年～2001年的10年间，美国金属罐的年应用数量均不少于1300亿只，高的年份更达近1400亿只，如1994年为1393亿只，1998年和1999年都为1390亿只。用量最低的1992年也为1306亿只。2000年和2001年，美国金属罐应用量比1998年和1999年有所下降，分别减为1362亿只和1358亿只。

啤酒和软料罐在美国各种金属罐中数量最多，1997年以来每年的用量都超过1000亿只，其中1998年为1028亿只。2001年美国啤酒和软饮料罐用量为1008亿只，占各种金属罐总应用量的约3/4。其中软饮料罐680亿只(1998年曾达694亿只，为近10年最高用量)，啤酒罐327亿只(1992年曾达382只)。食品罐用量2001年为308亿只(1999年曾达382亿只)。占总用量的22.7%。其中蔬菜和菜汁罐为87亿只(1999年曾达98亿只)，宠物食品罐80亿只(2000年曾达82亿只)，乳制品罐23亿只(为近10年最高值)，果实罐20亿只(1997年曾达26亿只)，畜禽肉罐18亿只，(1999年曾达18.2亿只)，水产品罐15亿只(1995年曾达20亿只)。一般罐用量2001年为42亿只(1999年曾达44亿只)，占总用量的3%。其中气溶胶罐30亿只(1999年曾达31亿只)。

金属罐(铝罐)在美国啤酒包装空器中占有重要地位，啤酒包装使用的金属罐数量1992年达382亿只，以后逐年有所下降，1994年、1996年、1998年和2000年分别为368亿只、346亿只、334亿只和329亿只，2001年为327亿只。玻璃瓶装啤酒近些年来逐渐增多，由1992年的128亿只分别增加到1996年的167亿只、1998年的177亿只和2000的184亿只，2001年为188亿只。塑料(PET)瓶在包装啤酒中应用是最近几年才出现的，1999年的用量仅为0.5亿只，但2000年就增长了200%，达1.5亿只。美国软饮料包装容器主要有3类，即金属罐、玻璃瓶和PET瓶。金属罐的消费量十分可观，1992年为574亿只，1994年达663亿只，1996年略减为645亿只，1998年增到694亿只，1999年和2000年又分别减为689亿只和674只，2001年为680亿只。不过，近年来由于PET瓶的快速发展，金属罐装软饮料在容量上占全部软饮料的比例，呈下降趋势，由1991年的55%下降为1995年的50%和1998年的48%，1999年为48.3%。

近些年来，日本饮料用金属罐的消费量呈现连续减少之势。1997年，日本消费的饮料金属罐为380亿只，1998年和1999年分别减到370亿只和365亿保，2000年减到370亿只和365亿只，200年减为340亿只，比1997年下降了10.5%。2001年继续减少为325亿只，预计2002年、2003年和2004年将逐年减少5亿只上下，分别降至320亿只、315亿只和310亿只。饮料金属罐的消费金额也由1997年的5500亿日元分别减到1998年的5350亿日元、1999年的5270亿日元、2000年的4900亿日元和2001年的4680亿元，2002年、2003年和2004年将继续减至4600亿日元、4520亿日元和4450亿日地。从用途上看，含酒精饮料(包括啤酒、泡沫酒和低度酒等)应用的金属罐数量最大，2000年为105亿只，占总用量的30.9%。其次是咖啡饮料为95亿只、占27.9%，碳酸饮料(包括可乐饮料、果实饮料等)为40亿只、占11.8%，茶饮料(包括绿茶、红茶、乌龙茶饮料等)为35亿只、占10.3%，其他饮料为65亿只、占19.1%。

日本食品金属罐的用量比饮料罐还要大一些，1992年为343亿只，1994年和1996年增到385亿只和400亿只，1997年为402亿只，是迄今为止的最高数字，1998年和1999年分别减少为382亿只和375亿只。日本气溶胶罐的年用量在6亿只上下。

欧洲(主要是西欧)啤酒和碳酸饮料罐的应用量也相当可观，而且增长势头很猛。1992年，欧洲啤酒和碳酸饮料罐的用量还只有247亿只，1994年就增到近300亿只，1999年达340亿只，2001年增至380亿只。碳酸饮料罐的用量多于啤酒罐，如2001年欧洲应用的碳酸饮料罐为200亿只，啤酒罐为180亿只。铝罐的用量为218亿只，铁皮罐为162亿只。英国2001年应用的饮料罐有75亿只，居西欧各国之首。首次分别是德国73亿只、西班牙·葡萄牙57亿只、法国31亿只、奥地利17亿只、希腊11亿只、土耳其10亿只，此外东欧各国饮料的用量合计为36亿只。欧洲的气溶胶罐的年消费量有40多亿只，其中英国15亿只、德国8亿只、法国5亿只、意大利3亿只、荷兰3亿只、比利时·卢森堡2亿只、西班牙2亿只。从各种用途看，人体用品空压罐的用量居首位，如英国人体用罐数量为9.4亿只、占总量的 62%，德国人人体用品空压罐消费量 5.1 亿只、占总量的 65%，法国 3 亿只、占 57%。家庭用品空压罐的用量也较大，如英国为 2.1 亿只，荷兰为 2 亿只，法国为 1.1 亿只，意大利为 9300 万只。

世界最大制罐公司(2001 年)是美国 Crown Cork & Scal，2001 年的销售额为 57 亿美元。销售额排在前 10 位的大型制罐公司，日本东洋制罐 33 亿美元，美国 Ball Corporation33 亿美元，英国 Rexam30 亿美元，日本大和制罐 22 亿美元，美国 Silgan Containet14 亿美元，荷兰 Impress Group14 亿美元，德国 Schmalbach13 亿美元，美国 US Can8 亿美元，瑞士 Alcan4 亿美元。10 大制罐公司中有 4 家是美国企业，可见美国制罐业的规模是其他国家难以相比的。

欧美日等发达国家对于用后的金属罐的回收和再利用都非常重视，金属罐的回收和再利用成效也十分显著如美国的铁皮罐和铝罐回收率不下 80%，再如日本饮料金属罐的回收和再利用成绩也很明显。日本铁皮罐的回收率从 1994 年的 70%分别上升到 1995 年的 74%、1996 年的 77%、1997 年的 80%、1998 年的 82%、1999 年的 83%、2000 年的 84%和 2001 年的 85%，2001 年日本回收的铁皮罐重量为 90 万吨，节省的能量(即冶炼耗能)相当于 120 万个日本家庭一年消耗的电量。铝罐的回收率 1994 年为 61%。1995 年、1996 年、1997 年和 1998 年别上升到 66%、70%、73%和 74%，1999 年日本回收的铝罐重量为 21.6 万吨，占当年消费量 27.6 万吨的 78.5%，2000 年上升为 80.6%。

新工艺、新产品、新技术、新设备

NEW TECHNOLOGY EQUIPMENS AND MATECIALS

新工艺、新产品、新技术、新设备

New Technology Equipmens and Materials

【泉州环保快餐盒在韩国获金奖】从有关部门获悉：由福建省泉州市鲤城区区属企业——泉州远东鑫美纸制品公司研制品公司研制的“纸浆模塑具系列产品”在2002年韩国国际发明展中荣获金奖。该环保餐具采用甘蔗、芦苇、稻草等一年生植物的纤维制纸浆，经科学技术处理，加入食品添加剂，具有防油防水、两小时不渗漏不变形、自然降解泥化等性能。它的成功开发，为“禁白”提供了理想的替代品，受到各界人士的高度评价。

【海德堡商务印刷解方案现场演示会在京举行】7月22～25日，海德堡商务印刷解方案现场演示会在京举行。这是非典过后，海德堡在京的首次活动，来自全国各地的百全名用户代表参加了演示会。

商务印刷今天竞争日趋激烈，海德堡商务印刷解决方案正是帮助这些企业确定核心竞争力、满足变化多端的市场需求。会上，海德堡公司重点介绍的机有：高生产率、高灵活性对幅面的通用机型速霸CD102—4胶印机；速霸SM52—2胶印机，为此幅面领域印刷质量和泛的适用性树立了全新的标准；印霸GT052—2胶印机，在全世界范围内，被称为“GTO幅面（36cm×52cm）”，而GTO质量也成完善印刷品质的代名词；波拉115C印纸机。为了好地服务广大用户，海德堡融资租赁解决方案，为企业的发展决策提供了及时有效的信息。

【全自动纸模外施胶喷涂生产线问世】中国轻工业杭州机电设计研究院和浙江科威轻工发展有限责任公司研制开发出全自动纸浆模塑外施胶喷涂生产线。该生产线是为降低纸浆模塑制品的成本，提高制品防油、防水性能和提高包装食品保质期而设计的。

据介绍，该生产线纸模制品的放置、喷涂及烘干可自动进行，无需人工参与，喷涂乳液成本低且利用率达100%，成膜均匀，速度快，该生产线采用进口微电脑控制，日产6万只，需操作工2人，装机容量12KW，气源压力4～6kg/cm^2。

【中益油墨涂料有限公司】中益油墨涂有限公司推出UVA—水晶油墨。该油墨可使用低目数（如40、60、80目）的网版，过墨性好。将UVA—水晶油墨印刷在图案上，光固后，可获得光亮透明、平滑柔韧且具有强烈立体感的厚实上光效果。如想获得金属闪烁效果，可在UVA—水晶油墨中加入1%～5%的镭射片、七彩片及金属片，搅拌均匀后进行印刷。UVA—水晶油墨适用于高档烟酒包装、挂历、书刊封面、贺卡、画报等包装印刷。

【Adobe产品加入激活技术】著名软件公司Adobe决定将在其未来的产品中添加类似微软WindowsXP所采用的激活技术。Adobe计划先于2003年4月在澳大利亚发售的Photoshop7.0中加入该项技术，作为以后该公司在其产品中全面加入激活技术的尝试。

但是，Adobe的全球市场主管Drew McManus表示，这项技术的目的并不是为了“打击盗版”，而是“为了保证使Adobe的真正用户获得有效的产品”。McManus还表示“根据Adobe的最终用户协议，激活技术不会阻止用户将本公司产品的同一份拷贝安装到两部不同的电脑上面。”

如果用户在安装了Photoshop7.0之后的30天内没有激活，那么Photoshop7.0就会自动锁死，锁死之后，用户就必须通过上网或者打电话来将它重新激活。和微软的WindowXP的激活技术不同，即使用户的硬件改变，Photoshop7.0也不会需要重新激活。

【喷墨水性墨水在武汉研制成功】武汉现代工业技术研究院成功地研制出了喷墨水性墨水，并已投入生产。

随着计划机应用的普及，彩色打印市场日益繁荣，而喷墨打印机以其低廉的价格及其接近激光打印机的打印质量越来越受到用户的青睐，尤其受到家庭用户的观迎。据统计，我国现在喷墨打印机总保有量超过850万台，每年消耗的墨盒达3200万套，这些墨盒和墨水只能依靠进口，墨水用完后，墨盒只能仍掉，对环境造成了很大的危害，且墨盒价格高，增加了用户的开支。

由武汉现代工业技术研究院研制的水性墨采用的纳米级高着色性色浆和渗透性高分子材料，产品具有适宜的粘度，恰当的表面张力，良好的电导率和稳定的pH值。其特点是着色性强，干燥速度适中，出墨流畅，容易清洗，且色彩艳丽，兼容性优良，可以添加到国内外的任何墨盒中去，价格仅为国外墨水的 50%，使用效果良好，完全可以替代进口产品，也使旧墨盒能够回收再利用，既维护了消费者的利益，又保护了周围环境。这无疑给打印机市场带来福音，也给耗材业带来无限商机。

【杭州科望特种油墨厂推出光固化移印油墨】杭州科望特种油墨厂新近开发光固化转移印刷油墨 UV—1800 系列，该产品的突出特点是：U 针移动印刷和 UV 瞬间固化的特点结合起来，既能对不规则的凹凸物件表面印刷，又使印刷好的图案经外光固化后具有优异的硬度、耐磨性和耐溶剂性等理化性能。

UV—1800 具有良好的流动性能和填空性能，光固速度快，固化膜具有优异的附着牢度，主要用于印刷各种金属、玻璃及塑料制品，如 PVC、PC、ABS 等基材。

【英特尔在国内推出迅驰移动计算技术】3 月 12 日英特尔公司迅驰移动计算技术在国内正式推出。迅驰移动计算技术代表着英特尔公司在移动计算领域里的最新技术，包括一款新的移动式处理器、相关芯片组和无线网络功能模块。配置迅速驰移动计算技术的笔记本产品零售报价预计将超过 17000 元。迅驰新芯片将全面取代奔腾Ⅲ，以及奔腾 4—M 目前在市场中的主流位置。

据悉，作为奔腾的替代产品迅驰新芯片的推出，意味英特尔奔腾时代的结束。英特尔奔腾Ⅲ即将停产，奔腾 4 作为目前市场的主流产品仍存在很长时间。

【金强 TD—515 耐水增强添加剂问世】常州天元化学品公司应用自行研制的独特工艺、配方、设备，生产出耐水性强的金强 TD—515 耐水增强剂。该公采用与接触、架桥剂不同的方法，只用单一成分直接加入淀粉糊搅拦均匀即可使用。采用 TD—515 耐水增强添加剂生产的瓦楞纸板能浸入水中 24 小时不开胶，凉干后仍粘合如初，适合各种进口、国产单面及三到九层机组与各种车速。操作简单，不需增加人员、设备，使用该产品能使纸箱更平顺、坚挺。更具有耐水、防湿、增强、抗压、耐冲击等特殊性能。

近年来，包装用纸箱需求迅增，瓦楞纸板漫浸工业发展迅速、竞争日趋激烈，对纸箱品质要求更高，传统淀粉糊粘的瓦楞纸板浸水 5～10 分钟即自动开胶、分离，无法满足冷藏、海运、高温、高湿环境下的储运要求。

添加剂为多种高分子树脂复合体，与淀粉糊及纸张亲合力强，在糊化间渗出缠绕纸纤维，在烘道中在胶体表面形成固化相网架状，增强粘合，大大提高纸板成品率。是生产高档彩印、出口及湿、热地区纸箱生产企业所必须。

该耐水增强添加剂，加入量为淀粉干重的 5%，该产品无毒、无腐蚀、不易燃，属非危险品。极具安全性。

【金芙蓉推出新型无酸防水档案纸】湖南常德卷烟厂多种经营企业——金芙蓉实业发展公司研制开发的新型防水包装纸和纸板（无酸防水档案纸），在中国轻工业联合会组织的科技成果鉴定会上验收合格。该成果不仅改变了传统防水纸张采用 PE 淋膜、浸蜡、涂防水油等陈旧工艺还使防水纸具有易回收、可自然降解、无二次污染等特点，满足了当今造纸工业发展的要求。

该公司将新型防水包装纸作为科研课题，主要是因为目前市场上方便耐用的各种塑料包装制品有难以自然降解和再生利用等缺陷。采用新型防水包装材料代替目前市场上通常使用的塑米包装材料，具有无污染的优势，且包装成本比塑料、覆膜低，能满足市场需求。

金芙蓉实业发展公司研制开发的防水包装纸和纸板是一种新型的高科技产品，具有防水、防潮、无毒、能自然降解的特点。新型防水包装纸和纸板的适用范围十分广泛，可在烟草、军用品、水产品、食品、家电、档案、药材、卫生用品和鲜花等的包装上推广应用。

该公司从 1996 年开始立项研制该产品，历时近 6 年，投入科研经费共计 315 万元。目前该产品已批量投放市场。

【集装箱 CT 检测系统研制成功】清华大学核能技术设计研究院日前研制成功 Co60 集装箱 CT 检测系统，有效地解决了集装箱则中的难题。该系统是我国拥有完全自主知识产权的、国际首创的反恐、安检和打击走私的重要设施。

作为国家“十五”科技攻关项目，Co60 集装箱 CT 检测系统采用特殊的结构设计，可围绕集装箱转运动，就像在医院中对人体做 CT 检查一样，给集装箱做剖面，物体不再重叠观测。

而且根据度给物体定性，解决了目前各国普遍关注的查找毒品、爆炸物、易燃品等涉及“物性判别”的难题。

【我国首台双倍径高速单凹印机正式推向市场】我国第一台双倍径高速 ZMA94 单张纸凹印机正式推向市场，这是记者从上海紫明机械有限公司召开的“单张纸凹印机 ZMA94 出厂评议会暨新闻发布会”上得到信息。

ZMA94 高速单张纸凹印机是上海紫明公司2003年向包装印刷市场推出的最新力作，是紫明单张纸凹印机系列中属全新概念的主导机型，起点高、品质优，是我国自行研究和生产的高新技术产品，领先国内凹印机制造业水平的新一代机型。

这台具有紫明公司独特风格的 ZMA94 高速单张纸凹印机具有六大特点：

(1) 其压印筒采用双倍径形式，最高印速可达每小时1万张。

(2) 其下摆式递纸机构动作十分稳定，下前规纸张定位时间更长，定位也更精确。

(3) 其采用高纸堆海德堡式的飞达，纸垛高度可达1500mm，且可不停机上纸和收纸。

(4) 其采用防爆型电动墨泵，流量大，寿命长，其采用的自动递进式渍脂集中润滑系统，杜绝了漏油现象。

(5) 其信径收纸筒，且配置强风干燥装置。

(6) 其采用高精度外置式齿轮，滚筒配置精密双排圆锥轴承，运转更轻巧。

这次上海紫明公司还同时推出可与法国产品媲美的 ZMA294 单张纸双色凹版印刷机。

【北京泰尼克科贸中心推出淀粉生物全降解一次性餐具】淀粉生物全降解一次性餐具是北京泰尼克科中心经过三年研制成功的新技术环保产品。它以淀粉和植物纤维为主要原料，采用现代科技手段制成，淀粉含量达90%以上，其生产过程中没有污染，用完丢弃后在短时期内可完全降解，属环保型产品。

2001年5月，该产品这中国环境科学研究院环境分析中心的检测，并于同年向国家专利局申请了技术专利。2002年4月，中国环境保护产业协会组织高分子材料、化工、环境保护方面的专家、教授等组成评议会，对该科研成果进行了评议，一致认为，该产品均达到国标(GBI 8006.1～1999)要求。同年11月，该企业获得了北京市科委颁发的高新技术企业证书。

【国产首台用于利乐包装印刷压痕打孔机组在陕西北人印机公司成功诞生】国产首台利乐包生产线——TAZJ 40900 型机组式凹版印刷压痕打孔机，由陕西北人印刷机械有限责任公司研制成功，并开始投放市场。该机是在该公司成功推出 AZJ 系列高速机组式凹版印刷机、TAZJ 系列纸张凹版印刷机之后，研制成功的又一类别高档次、高技术、高效益的型机组式凹印机产品。

该机首次将纸张的印刷、压痕、孔联在一起，实现联机生产。采用了该公司最新研制成果——高速不停机对接装置，系统张力控制。自动化程度和控制精度高，操作简便，接米平稳，废品少，功效高。其最高印刷速度为120m/min，最大印刷宽度为900mm。主要运用于利乐包装专用纸、铜版纸、牛皮纸、卡纸等纸张的印刷压痕打孔等。

在此之前，国内该生产线一直被国外某公司所垄断。陕西北人印机公司 TAZJ 40900 型机组式凹版印刷压痕打孔机的面世为发展我国牛奶、饮料等液体利乐砖型包装事业，替代进口产品，满足市场需要创造了条件，是档次要求较高的烟包、奶包、饮料包装等企业最经济、最理想的选择。

【武汉研制出废纸用中性脱墨剂】新一代 TD—2 型中性废纸脱墨剂由武汉现代工业技术研究开发成功。

TD—2 型中性废纸用脱墨剂是一种中性助剂，具有无毒、无味、无腐蚀、不易燃、流动性好和存放期长等优点。其生产工艺简单，设备投资少，经多家企业使用证明，在利用废纸造纸技术中，具有添加量少、减少废水污染等特点。

据统计，2000年我国废纸浆用量达到1230万吨，再生纸用的化学助剂也在不断增加。这中性脱墨剂成为造纸行业发展的方向，它不仅能降低废水 pH 值，而且能提高纸品的脱墨率，也是近年国内许多科研单位攻关的课题。随着人们环境意识的不断加强，该产品的应用领域会越来越宽广。

【电脑数控 JGF2—20/200 螺旋斜卷纸管机面市】武进市协明纸制品有限公司、武进市协星异型纸品成套设备厂新推出电脑数控 JGF2—20/200 螺旋斜卷纸管机。该设备适用于将盘纸径上胶后复卷成各种不同孔径和壁厚的纸管，纸管长度可任意确定，并采用先进的光电控制，设备精良，质量上乘，用途广，调节范围大，是塑料、医药卫生、化纤、纺织用纸管生产的必备设备。该机斜卷纸管直径20～200mm；斜卷纸管壁厚1～15mm；纸管长度任意。主要技术特征：双机头，斜卷角任意，单、双面上匀可；设备主电机：摆线针轮减速器；设备总功率：13.2KW；设备外形尺寸：(2800×950×1800)mm。

【高强度埋沙绿色包装袋纸】山东华林纸业有限公司是一家集新型包装材料的研制、开发、生产于一体的高科技民营企业。公司拥有多项造纸专利技术且设备精良，被国家质量技术监督局确定为打假维权重点保护企业。

公司研制成功的高强度埋纱绿色包袋纸是一项专利产品，荣获中国专利新技术产品博览会金奖。

该产品以牛皮、箱板、瓦楞等废纸为原料，在生产过程中将纱线大面积埋入纸浆中一次成型。其透气性好，强度高，无污染，可回收利用，属绿色产品。可应用于水泥、化肥、化工、饲料、粮食、食品等粉粒状物料的包装及制作购物袋和小邮政袋等，市场潜力术极大。

使用该产品制作的水泥包装袋经国家包装质量监督检验中心检验，其各项指标均符合 GB9774 标准，得到中国包装总公司、中国包协、国家建材局等有关权威部门的认可，荣获中国环境科学学会、中国城市发展研究会“百佳环保高新技术企业（产品）”证书。

【上海鼎龙包装机械有限公司四色网点叠印纸箱达到一流水平】上海新通联包装材料有限公司的四色网点叠印达到一流水平，网点清晰、色彩鲜艳、套色准确、文字清晰，可以与台湾铁琏、法国基尔、美国兰斯顿水性印刷开槽机相媲美。在上海纸箱行业2002 年纸箱产品评优中，申报 14 只纸箱产品，有 12 只被评为优秀质量产品，其中有 3 只优质产品是鼎龙印刷机印刷的，这说明鼎龙水性印刷开槽机经过多年努力已达到国际水平。目前，鼎龙水性多色印刷开槽机畅销全国各地并出口东南亚、俄罗斯、南非等地，产品供不应求；近期他们正的扩建厂房，增加生产。

【CeBIT2003：海德堡将打响印刷战役】召开的汉诺威 CeBIT2003 展会上，海德堡公司将在“数字精神”的旗号下大力推广印刷和工作流解决方案。届时海德堡公司将不仅推出全套的彩色和黑白数字印刷解决方案，还将重点放在技术的实际应用上。海德保将展示消费者媒体是如何利用交互式电视变得极具个性化的。电视将与可变数据印刷在一个综合的印刷生产过程中有机结合。它告诉人们数字技术如何改进公司和他们的用户之间的通讯关系的。

参加展会的人将有机会走进我们复杂的数字印刷解决方案，亲身体验可变数据印刷生产的种种应用产品。

海德堡展台内将安装 8 个显示器，播放电视广告，参观者只需按一个按钮便可随时打断广告的播放，并通过一个远程控制单元进行信息的个性化制作。之后这些信息可以被打印出来，并发送给感兴趣的对象。这套集成的印刷作业演示将以海德堡的数字印刷系统为特征。

【佳能新款：新彩喷 S330 和 S220SPx】佳能在厦门举行的经销商大会上，推出了为家庭用户和 SOHO 办公一族量身定做的 S330 和 S220SPx 两款彩色喷墨打印机。

S330 是 300 的后续机型。“超精微墨滴技术”强劲喷射 5pl 超精微墨滴，墨滴克服空气阻力喷射和精确的定位，使它的打印分辨率达到 2400x1200dpi，可以使数码照片演绎精彩，并得到精确的还原。S330 从 4"x6"照片到信纸和有 4 个边距数值可供选择，不用担心在无边距打印时裁切部分照片边缘。

而佳能 S200SPx 的重量仅仅为 2400 克，在同类型打印机中算得上轻巧之极，是笔记本电脑或液晶显示器的极佳伴侣。用户使用永久性的打印头只需要更换墨水盒，降低了运行成本，加之其本身就很诱人的价格，使得 S200SPx 成为同类产品中性价比极高的佼佼者。

这次发布的两款打印机均具备纤巧的体型和时尚的外观，紧凑的设计节约了大量空间；更加精准的打印技术和优良的性价比相信会使这两款机器成为家庭用户和 SOHO 一族的首选。

【国内首台大幅宽单张纸凹版印刷机交付使用】湖南郴州永怡印刷包有限公司与北京贞亨利印刷机械有限公司签订了购置北京贞亨利最大纸张尺寸为 720mm×1020mm 的 YA1B1 型大宽幅张纸凹版印刷机合同，并已交付。此次国内首台大幅宽包印刷的迈进打下了基础。北京贞亨利 YA1B1 宽型单凹机采用国际标准纸张尺寸，可印最大纸张尺寸为 720mm × 1020mm，最小纸张尺寸 360mm × 520mm，滚筒直径为 φ300mm。该机可以和进口大对开胶印机实现胶凹结合的新工艺。

此次北京贞亨利大幅宽单凹机交付使用，必将使国内高档、精美的大尺寸包装印刷有一个新的突破。

【青岛华池包装机械有限公司成功推出国产首台多功能塑编袋纸糊口成套设备】我国自行研制、自主开发的国产第一台多功能塑编袋纸袋糊口成套设备，在青岛华池包装机械有限公司试产成功。经专家评定，该设备填补了国内空白，各项技术性能指标均达到或超过国外同类产品水平。该产品的试产成功，标志着我国同类产品将不再依赖进口。这对改进水泥、粮食、各类化工原料、矿粉、饲料、沥青等各种粉粒物品的包装质量,加快与国际包装市场接轨,推动袋装物品实施“弃缝改糊”的进程,必定产生重大作用。

塑编袋糊口成套设备由塑编布自动印刷分切机和糊底机两大部分组成。其设计理念充分考虑我们及发展中国家的市场需求,吸收消化国外产品的技术精华,在产品具备技术性能先进性和实用性的同时,尽可能降低产品成本。其整套设备采用电脑自动控制,实现人机界面对话,具有较强的适应性。该产品性价比优越,适应我国及发展中国家要求,不仅替代同类产品进口,并可出口创汇,为国家节汇创收,经济和社会效益非常显著。试产以来,市场反响强烈,国内外客户纷纷与华池公司联络考察订货,产品供不应求,呈现出良好的发展势头。目前华池公正全力组织进行批量生产,满足市场需求。多功能塑编袋纸糊口成套设备的试产成功,为华池公司快速发展注入了新的生机和活力。

【新型金属防锈包装纸在河北秦皇岛问世】由秦皇岛市专业技术拔尖人才、天津商学院北戴河分院名誉院长郑东教授发明的不锈钢防锈包装纸专利技术已受到国家知识产权保护将投产投放市场。

金属在贮存、运输和使用过程中,由于受环境气氛中水汽、氧气、酸、碱、盐和碳化物等物质的影响,在一定的温度、时间延续的条件下,会发生化学变化(即锈蚀)。金属零部件功能的衰退和丧失。目前使用的防止金属锈蚀的包装纸,有气相型的和接触型的,但均属于通用金属防锈纸,不是不锈钢专用防锈纸,不适合对不锈钢产品的包装。新型的金属防锈包装纸,“不锈钢防锈纸”专利技术,是专门针对不锈钢的锈蚀包装防护而研制的专利产品。

它是在适宜不锈钢材料“纸基”上加入了“不锈钢锈乱剂”,使纸对不锈钢锈蚀起专门的阻止和防护功能。该纸可分别适宜不锈钢板材、线材、网材、零部件和器具的防锈包装上,不仅防锈效果好,而且防锈纸的生产过程无毒无污染,又不改变原造纸厂的设备和条件,只是在生产工艺的某些方面有些改变。

【石家庄通力公司推出 LSG-2 中性造纸施胶剂】石家庄通力化学品有限公司新近推出的 LSG-2 中性造纸施胶剂,是一种自留着型中性施胶剂,它的突出优点是大大简化了施胶工艺,且其施胶效果、抄造性能、成纸的各项物理指标以及相应的综合经济效益等方面均有显著的改善和提高。该产品具有以下三个特点:

1. 易留着,当其加入纸浆系统时,能够通过静电引力和高分子缠绕作用与其中纤维和填料进行高效而牢固的结合这道施胶要求;2. 助留性能强,能够留着浆中的细小纤维和填料,节约浆料,降低成本;3. 中性抄纸,能够增加成纸强度,减少设备腐蚀,延长纸机寿命。该产品用于木浆、苇浆等浆料生产的各种文化用纸、纸板、新闻纸、果袋纸和要求施胶的包装纸等纸种。能显著提高成品纸的质量,如纸的表面强度、拉力、耐折度、施胶度、不透明度,表面平滑度等指标均优于酸性及传统中性施胶剂。

【美国 Color Wings 公司推出数字化旗帜印刷机】美国 Color Wings 公司推出了 Texjet156 数字化旗帜喷绘机,可在织物上直接印刷,在以 300dpi 的分辨率印刷时,CMYK 四色的印刷质量是传统网版印所不及的。

由于不需要软片和网版,所以单个印件或小批量印件的费用也很低。印前工序可以在 PC 机或 MAC 机上使用 Corel Draw、Photoshop、Adobe IU-ustalor 等软件来完成。

【努尔公司出一种染料墨水系统】努尔以司推出适用于纺织品底材的染料型墨水系统 NUR-BOARDTEX。

该墨水系统特别配制,色彩生动,具有防水、防裂化、耐磨损性能。可在棉布、聚酯布、尼龙布、地毯布等上使用,适合于室内装饰、场景幕布、促销彩旗、地毯等。

【永盛开发 YS—B 第二代全自动纸角成型机】昆山市永盛机械有限公司最新研制的 YS—B 第二代全自动纸角成型机荣获国家实用新型专利。

所谓纸角就是用纸制成角铁形状的产品。该产品有广泛的用途,国外已应用多年,而国内直到 1997 年前还没有生产设备问世。公司吸取国外先进,研制出纸角成型机,成为市场上的抢手货。

纸角成型机是卷筒形的原纸,通过一系列的工序加工成纸角的成型设备。它包括:切纸机、纸角成型机及一些辅机。纸角成型机是由导纸、上胶、成型、加热定型、切断等装置及一些附件组成。民纸、上胶部分由几组滚轮完成;成型部分由几组相互配合的“V”型压辊组成,将上过胶的纸条压成直角形;加热定型部分由若干组相互配合的“V”型压辊和一些电加热元件组成;切断装置由液压站、液压缸及一副

"V"型冲模组成，纸角长度由用户自行调定，切断动作安全可靠。该设备的分切原纸规格为180～700g/m²，分切最大宽度为1600mm，分切速度最大可达80m/min，用该纸角成型机制成的纸角厚度小于7mm，纸角边宽小于90mm，纸张最多层数为9层。

第二代全自动纸角成型机结构合理、运转平衡、操作简单，是目前国内最为先进、实用的一种纸角成型设备。

【氧化铝氮化硅陶瓷脱水元件面市】南京宏乐机械厂推出的氧化铝微晶陶瓷脱水元件及氮化硅陶瓷脱水元件，生产工艺成熟、技术先进、规格齐全、安装形式多样，受到用户观迎。

据介绍，氧化铝微晶陶瓷脱水元件的特点是：密度均匀、硬度高、耐磨损、工作面光滑，工作时摩擦系数小，无沉积物，且网耗、电耗大大降低，从而降低了生产成本，提高了纸张速度和纸的抄造质量。

此外，开发的氮化硅陶瓷脱水元件，其特点是韧性好、强度高、耐磨性好、摩擦系数小，具有一定的自润作用，能降低网与面板之间的摩擦力，延长网的使用寿命。

【广西贵糖集团年产3万吨卫生纸项目1号纸机试产成功】广西贵糖年产3万吨卫生纸项目1号纸机经过两个月的功能测试，已投料试产并成功出纸。

贵糖生活用纸技改工程是贵糖市"工业兴市"的骨干项目，是贵港国家生态工业（制糖）示范园区的重点工程，项目引进20世纪90年代国际先进水平的奥地利安德里兹公司浆料制备生产线和2条幅宽2700mm、车速1500m/min的新月形高速卫生纸生产线，意大利百利怪公司的全自动复卷打孔生产线和自动包装生产线，瑞典ABB公司的DCS集散控制系统、QCS质量控制系统、电气分布传动系统等一系列先进的设备。

利用甘蔗渣为原料，结合湿法备料、黑液碱回收、白水回收技术，在新月形高速纸机上生产中高档卫生纸，是贵糖造纸技术的又一创新。这次成功试产将为3万吨卫生纸项目全部投产奠定坚实的基础。

【台湾推出全自动拉吹机】据海外媒体报道，台湾喜明机械公司生产的自动化全自动拉吹机适用于大产量瓶子生产。

该机主要特点为：自动输送胚管系统是以输送带和排瓶输送机接合成的、简单又快速。红外线灯管、自转马达控制的加热系统能使胚管加热更均匀，开关模采油压驱动双曲轮定位，速度快、定位准，效率高且稳定。

取出系统准确而快速，同时可加装输送系统，瓶胚输送系统以辅助马达控制，定位准确。电脑触控式荧幕，可程式控制系统，明确显示各项动作、操作、稳定性高，参数设定及修改容易，并可记忆99组模具设定参数，机种齐全，PET瓶产量每小时1000支～7200支。

【武汉现代研制成功啤酒灌装线用新型杀菌润滑剂】武汉现代工业技术研究院研制开发出一种浓缩型新型杀菌润滑剂生产技术。经多家大型啤酒厂在灌装线上试用，倒瓶数基本为零，使用成本也比进口同类产品低30%以上，并且有较好的杀菌性和环保性。

据介绍，传统的酒灌装机所用的润油油一般都采用皂液类产品，不但对环境有污染，而且润滑效果也较差，无法用在高速灌装机线上自动喷淋，只能满足每小时产2万大只，量依靠进口产品。该产品的研制开发成功，有效地改变了这一状况，它不但可以满足高速灌装线上的自动喷淋需求，还可以用于低速线上润滑。

【上海华伦研发可用于生活用纸的多功能增强剂】由上海华伦化工有限公司研究开发成功的HN—B纸张多功能增强剂最近推向市场。HB—B纸张多功能增强剂是一种水溶性高分子聚合物，具有效果极佳的补强作用。在浆料中添加适量本助剂，可以提高纸张的干强作用。在浆料中添加适量本助剂，除了能提高纸张的干强、湿强之外，对湿纸幅的各项指标也有明显的补强作用。同时还具有纸张强度在下机后成熟快、损纸处理容易、助剂使用方便，能适应PH值偏酸性或中性纸浆系统，使用时以水稀释后直接加入浆中等优点。

在使用HN—B增强时，为提高其多功能补强裸，可与另一种水溶性聚合物HN-A助强剂配伍使用，效果更佳。这种HN-B纸张多功能增强剂经纸厂实际使用，效果显著。若加入0.2%本助剂（绝干剂），纸张裂断长可提高15%以上，湿强度提高10%以上，并且纸机的断纸率明显下降，从而可提高车速，节约能源。特别适于薄型纸和高速纸机，生产餐巾纸、面巾纸、卫生巾衬纸、复合纸、尿裤纸、新闻纸等。

【昌华公司接单生产三台大型纸机】山东昌华造纸机械有限公司，坚持积极的产品战略，走自主开发、联合研制与技术引进相结合的道路，全面提高了设计制造水平。

昌华化司凭借先进的技术、高质量的产品和优质的服务，分别与山东银河纸业集团和华金集团，安徽巢湖金和纸业及滨州黄河造纸厂签订了4400/550高强瓦楞纸机、3400/450涂布白板纸机、2640/500长网多缸文化纸机的供货合同。

【杭州科望推出高遮盖力UV玻璃油墨】杭州科望特种油墨有限公司最新研制出高遮盖力紫外光固化玻璃油墨UV—GI—31，适合于印刷要求局部不透光或局疗透光的玻璃制品，如宾馆、机场、影院等公共场合的安全出口、紧急出口安全标志灯箱等。

传统工艺大多采用双组分热固型油墨，虽然遮盖力好，但效率低、能耗高，且印刷和烘烤过程中有刺激性气体挥发，影响环境和工人健康。通常UV油墨由于受紫外线穿透力的限制，墨层不太厚，墨色又很深，遮盖力不很高，UV—GI—31采用特殊的光固本系，使油墨在高遮盖力、墨层较厚的情况下，仍能快速固化和深度固化。固化膜硬度高，耐磨性、耐水性优异，附着力良好。该油墨不含挥发性有机溶剂，无刺激性气味，网印时不堵网。丝网目数一般为100～300目，有深绿、翠绿、银白、白色、深黑色、灰白和灰黑等颜色可供选择。

【曼罗兰公司推出印刷材料全方位客户优惠计划】专为新客户及新装客户设计的优惠计划——“印刷材料全方位客户优惠计划”是曼罗兰公司最近推出的新的促销手段。该公司以高达40%的折扣价格，为客户提供极具吸引力的印刷材料组合，让新客户获得最高的成本效益。

这个极具吸引力的组合包括了以高质量及生产力驰名的世界知名产品，如爱普(Epple)油墨、康迪(ContiAir)橡皮布和印刷化学物料。采用“新客户优惠计划”的客户，可节省在市场上找寻不同印刷材料的时间，减少种种费时工序，而且杜绝客户购入次货品的机会。有曼罗兰专业人员的专家推荐的印刷材料，可保证印品质量的提高，这也是客户的追求。

作为印刷业界的先驱和全球领导者，曼罗兰公司不仅向全球销售高品质的印刷设备，同时还销售出色的印刷耗材。曼罗兰公司表示所有组合同的产品，都一次又一次在曼罗兰机器上进行测试，以确保该印刷材料的适宜性。

【FTB1100涂布复合剥离转移机组研制成功】“绿钯环保”激活了真空镀铝材料市场，引发了占有率的剧增，拉开了材料生产企业新一轮竞争的序幕。“工欲其事，必先利其器”，精良的镀铝包装材料设备在这场竞争中无疑显示出其重要的地位。汕头市远东轻化装备有限公司最新研制并投入生产的FTB1100涂布复合剥离转移机组成功的通过了深圳某大型外资企业验收，得到了客户的好评。

该机组专为镀铝转移、金银卡、镭射卡，一步法工艺设计、研制的新设备。从上胶、湿式复合、烘干、剥离、上色、回湿定型、冷却、收卷及载体薄膜的回收、收卷，都可以在本设备上一次完成。

该机组应用PLC可编程控制及彩色触摸屏人机操作界面，完成对整机的操作，在线检测等自动化控制；对放卷、上胶、复合、上色、干燥、冷却、收卷等各段张力和生产速度进行动态同步控制；采用大直径中心收卷方式；收卷张力采用锥度递减自动控制，有效避免了对产品表面的擦伤和压伤；应用间隙自动跟踪和压辊接触压力自动控制，确保大直径卷料的收卷质量。

该机组的机械速度可达180m/min，涂布速度15～150m/min，整机功率340KW。该机组创造性的设计了一组节能式双层组合式烘道，采用一步法新工艺完成多层涂复，提高了工效，保证了产品的质量。

该机组结构先进、自动化程度高、性能优越、产品质量稳定，现已有多个发明和实用新型项目经由国家知识产权局授予专利权。

【申龙高科镭射防伪印刷膜试制成功】新型高精度可定位镭射防伪印刷膜近日在江苏申龙高科股份公司一次性试制成功。该产品除具有一次性印刷并可贴防伪图案功能外，还具有防伪精度高、可准确定位(定位误差在±0.2mm内)，防伪图案可经客户任意设计等优良性能。申龙高科在王德兴总工程师的指导下，在工艺改进和技术攻关方面加大研发力度，充分利用现有设备，精心设计，大胆改革，通过了工艺可行性论证，新的生产工艺日臻成熟，在技术部及生产车间各级人员通力配合下研制成功。该产品投入市场后，得到了客户的欢迎和认可，并创下了申龙高科印刷膜售价之最。新型高精度可定位射防伪印刷膜将成为申龙高科新品进入市场后新的利润增长点。

【万通公司研制出新型包装机】牡丹江市万通公司研制开发的纸塑复合型材料颗粒包装机，一改过去小纸袋包装制袋、装料需两条生产线的传统工艺，实现了制袋、料一机完成。大大降低了成本，填补了国内空白。

过去，粮食、蔗糖等适合小纸袋或小纸塑复合材料包装的产品，由于需要制袋、装料包装两套设备，导致包装成本高，而人工包装又容易造成二次污染。

这种新型包装机，利用自有专利技术，实现一机完成包装纸送进、糊制成型、物料计时、装袋封口等全部工序。每袋包装成本可降低 60%。

【上海显龙推出新型粉模打印软糖浇注机】上海显龙包装机械厂一分厂经过多年来的技术攻关，新近开发生产出了 HXL—800 粉模打印软糖浇注机新产品，并已投放市场。

粉模打印软糖浇注机能浇注粉模打印的各种软糖和夹心软糖，如淀粉和明胶等。本新产品与旧式的传统浇注方式相比较，具有很大的优点，能连续自动化生产，而且在绝对卫生的条件下制成质量好而形状一致的产品。使用该新产品浇模能使糖果的重量作到准确的控制和稳定，因而提高了包装效率。

【全自动纸浆模塑外旋胶喷涂生产线】杭州机电设计研究院所属浙江科威轻工发展有限责任公司研制开发成功全自动纸浆模塑外施胶喷涂生产线。该生产线是为降低纸浆模塑制品的成本，提高制品防伪、防水性能和延长食品保质期而专门设计的。

据介绍，该生产线纸模制品的旋转、喷涂及烘干自动进行，无需人工参与，喷涂乳成本低，利用率可达 100%，成膜均匀、速度快，该生产线采用进口微电脑控制，日产量达 6 万只，需操作人员 2 人，装机容量 12KW，气源压力 4 kg/cm^2。

【QZYX1370 液压全张双数显切纸机面市】常州市武进京旺机械有限公司新推出 QZYX1370 切纸机系液压全张双数显切纸机。该机压纸采用液压驱动，裁切采用蜗杆副通过液压离合实现裁切动作，配备光电保证装置、过载保护装置、换刀装置、数字晃示装置等。因此该机压纸力高、裁切精确、操作方便、安全可靠，适合裁切各种纸张，印刷成品或其它类似纸张的软性材料，是理想的裁切专用机械设备。

【诸城推出汉通盘式热分散系统】山东省诸城市汉通机械有限公司根据废纸制浆的要求，组织公司技术人员攻关，消化吸收国外技术和装备，研制成功系列盘式热分散系统。

该系统由斜螺旋浓缩机、双螺旋压榨机、螺旋加热机、螺旋输送机、盘式热分散机组成，生产能力 30～100t/d。

这套新型热分散系统克服了辊式热分散系统分散效率低的缺点，使胶粘物的去除率达到 95%，尘埃去除率可达 90%，是目前国内最先进的新型热分散系统，为以废书刊、办公废纸、杂志、纸箱为原料生产高质量的文化用纸、包装用纸板提供了可靠的装备。

【浙江富阳市成为白板纸基地】富阳市是目前浙江省最大的以民营企业为主的白板基地。富阳一地有大小企业 300 家，年生产能力 200 万吨，其主要品种是涂布白板纸、生活用纸、特种纸。他们以废纸为主要原料，运用浙江在全国首先开发的废纸脱墨技术和设备，以及相应的化学品，在造纸设备上于走自己的路。开始在因陋就简，然后不断革新，用国产的纸机、涂布机闯出一条工艺技术路子，从低档的 C 级，一直到高档的 A 级纸机，以满足市场。在富阳经济带动下，不少民营企业，如喜兴的步云纸厂、浦江县的斑斑纸厂、金华宝丽来纸厂、衢州的东岳纸厂都已投入涂布白纸板行列，产量在 100t/d 以上，为本地市场提供了必需的产品。

【碱性过氧化氢机械浆（APMP）生产线】张家港市华杭造纸制浆设备有限公司专业从事制浆造纸设备的设计与制造。新推出碱性过氧化氢机械浆（APMP）生产线。该碱性过氧化氢机械浆具有原料适应性强，产品使用范围广，投资费用省，能耗低，污染小易治理等优点。生产 APMP 不仅可用白松、马尾松等针叶木，还可用杨木、桉木等阔叶木，产品可用于配抄高白度胶印新闻纸、轻量涂布纸、超级压光纸、双胶书写纸等。

【全自多功能废纸浆处理设备】江苏常熟市造纸厂开发研制成功的全自动功能废纸浆处理设备，集疏解、磨浆、筛选三大功能于一体。该设备结构紧凑，性能良好，使用维护方便、节能。它采用慢专速、低比压、长磨区、轻打浆、离心筛选的新制浆技术原理，既有利于提高成浆质量，又有利于简化废纸处理的工艺流程，减少投资、降低成本，是废纸再生制浆的理想设备。

【适用于糖果纸、食品纸、瓦楞纸等各类纸张印刷的水性凸版油墨】常州南洋油墨化工厂推出的水性凸版油墨是新型的两种合成树脂与高级有机颜料、染料、溶剂、助剂经充分研磨制成，该水性凸版油墨具有良好的流动性、稳定性和印刷适性，印刷干燥性能良好，印件清晰饱满，并具有耐水特点，该产品可用水调节粘度、降低和产成本。在一定场合最佳为 1：0.5 的水和乙醇混合，溶剂稀释量应小于油墨的 20%；各类颜色可以互相混用，但绝不可以和其它类产品混合，以免变质，产品有效期为一年，规格有大红、中黄、绿、黑、金红、深蓝、天蓝等水性凸版油墨适用于糖果纸、拖膜纸、食品、药品、包装纸、也可用瓦楞纸、瓦楞纸箱、复合编织袋及水泥纸袋等各类纸张印刷。

【华中师大研制出新型“纳米纸”】一种新型的超疏水、自洁净的纳米结构表面日前由华中师范大学纳米科技院黄新堂教授主持开发研制成功。目前此技术已申请了发明专利，正进入中试阶段。

这种纳米纸在普通纸的表面制备了一层纳米结构的薄膜，其技术创新之处在于：采用纳米分散技术将在机母液分割成微米尺度的“小岛”，无机纳米颗粒均匀分散在“小岛”中，形成了超疏水的类荷叶结构。

采用无机纳米粒表面原位修饰技术，促使高密度无机纳米粒子均匀分散。超流水纳米结构涂层在纸张表面的涂覆技术。

纳米纸除具有普通纸可书写、可复印、可印刷等所有应用性能外，还具有超疏水、自洁净、防潮、耐老化、光纤柔和、低吸水性、低伸缩率、高印刷表面强度等优异性能，而且工艺简单，成本低廉，易于产业化，具有广阔的市场前景。

【可拆装高强度蜂窝复合包装箱】常州永盛纸箱成套设备厂日前研制成功一种可拆装高强蜂窝复合包装箱，可以替代木包装用于电器、机电、军械等产品的包装。其包装箱有四个侧板和上下两个底板，用该厂自行研制的紧固件将相邻两个侧板与底板连接，形成稳固的箱体。侧板和底板均采用蜂窜芯和专用板材复合而成。其优点是质轻、美观、抗压强度高、抗撞击性好、密封性好、造价大大低于木包装箱，它可将板材叠放运至包装成箱，使用后又可拆开重新组装成箱复用。

【用于造纸的 YB—02 工业防腐杀菌剂】常州市武进运波化工有限公司新推出 YB—02 工业防腐杀菌剂。该产品属异噻唑啉酮类化合物，具有高效及具有抑菌和杀菌的双重作用，与造纸或涂料工业中的其它物质配伍性能好，不影响纸的色度、强度等物理性能，能在较大的 PH 值范围内保持活性，添加量小，起效快、杀菌力强，使用方便，价格低廉，它是环保型“绿色产品”。该产品可广泛用于造纸行业的涂料制备和纸浆中，生产铜版纸、白板纸、铸涂纸，添加在纸浆中可有效地控制纸浆的霉变。并可以延长纸机的清洗周期，减少浆料损失。

【多功能无菌淋膜复合机推出】江苏江阴市江南械械厂开发研制的能替代进口的多功能无菌淋膜复合机，日前已获得发明专利。据介绍，这套机械可在纸基材上淋膜，也可以铝箔上淋膜；可正面淋膜；也可正反面同时淋膜；既可生产无菌淋膜纸复合材料，也可生产铝塑外壳材料，可广泛用于纸杯、纸餐具生产材料，各类包装纸软性材料，新鲜牛奶、果汁包装材料，铝塑牙膏皮用材料等生产的需要。

【投资小收效大的纸面压纹机面市】常州天鑫纸业有限公司、常州天佳印刷物资有限公司新推出的纸面压纹机。该机机械技术设计合理、三辊自由更换、省工省时省力，可随意选择压纹花型，并自计数，简便、快捷、可靠，震动小，工作效率高、噪音低，速度快慢可调节，纸张厚薄适宜，遇厚纸自动停机，停机后自动卸压等。

【常州大明公司开发出工业纸管生产线】常州大明纸管机械公司是国内率先开发成功的复合罐及工业纸管设备生产基地，目前已获国际包装 CIP 金奖，并被国家列为国家重点项目。

其开发的工业纸管生产线可用于生产涤纶长丝、POY、PTY、FDY、纺纤、胶带、塑膜等的高强度纸管。其壁厚为 1～20mm，纸层最多达 30 层，直径最大至 500mm，为目前国内先进设备，仪征化纤集团等都使用该厂设备。

技术交流与研讨

TECHNICAL COMMUNICATION

无菌包装的发展趋势与新技术应用

中国包协无菌包装委员会　马明驼

无菌包装属于现代高新技术的包装手段，真正用于生产实践仅有几十年的历史。随着科技的飞速发展以及相关应用技术不断提高，无菌包装在食品及药品包装中的应用日益广泛。食品安全性第一与营养功能兼顾性原则逐步为消费者所认同，为无菌包装技术及装备市场化应用开拓了广阔的空间，以致业内公认无菌包装是未来食品包装业的发展方向。同时无菌包装业的发展也面临着前所未有的机遇和挑战。

纵观无菌包装业近几十年的发展历史，我们可以清楚地看到，无菌包装技术的发展无不伴随着现代高新技术的进步而发展，并日益显现出四大显著趋势。

向高新技术集成性和高可靠度要求的方向发展

无菌包装技术是一项对食品及药品的安全性实现综合技术保障的系统工程，它集光机电一体化技术、现代化学、物理学、微生物学、自动控制、计算机通讯等多项高新技术为一体。为满足产品的安全性要求，系统本身的每一个子系统无不包含着新技术、新材料、新工艺的成果。为了满足高可靠度的要求，每一个子系统从设计到制造，从运行实验到运行监控，以及信息反馈与补偿修正都要融入现代质量的理念，达到设备固有可靠性与运行可靠性统一。高可靠度意味着最终产品的高安全性，而实现高可靠度必须有诸多相关学科的高新技术做支撑。尽管各类无菌包装设备的技术指标与最终产品的环境特性相关而存在着差异性，但最终必须以实现安全性保障为终极目标。

向多个产业的应用领域发展和延伸

众所周知，无菌的概念和要求是医学发展的产物。随着现代微生物学和应用灭菌技术的发展，人类对杀灭包括细菌芽孢在内的全部病原微生物和非病原微生物有了更新的认识和控制手段。商业无菌作为评价食品安全性的技术指标为相关行业和市场认同。无菌包装技术进入食品工业首先以乳制品为切入点，以 TETRA. PAK 公司为代表率先解决了牛乳这种高营养和高时效性食品的无菌包装技术，打破了牛乳生产与销售的时间与空间的限制，无疑是一项革命性的突破。近几十年来，伴随着新型包装材料和灭菌新工艺的不断涌现，以及生物技术产品和市场消费的推动，无菌包装从药品到乳品向啤酒、果汁、软饮料行业和热敏性食品领域扩展延伸，最具代表性的是啤酒、果汁、茶饮料的无菌包装。欧美发达国家的先进无菌包装设备逐步进入国内市场，而国内厂商为了构建和引领更新的市场消费理念和销售热点，不惜重金引进设备，也正说明了这一点。

无菌包装设备向单一高速型方向发展

无菌包装设备无论从技术含量和技术指标要求上都属于包装机械中的高端产品，应用领域涵盖了药品、食品的各个行业。对于使用厂家而言，这种技术和资本双重密集性的设备定位必须以提高生产效率为方向，而不同于现代包装机械向多功能和单一高速型两极化发展。从技术层面上讲，高可靠度的装备向多功能型发展，将意味着诸多工程技术中有待解决的问题出现，将加大技术上的难度。虽然设备使用厂商为了构建自身产品的差异化优势而具有产品多样化的需求，但要达到装备的固有可靠性和运行可靠性的统一，从而保障投资的回报，单一高速型应该是最佳选择。

向以技术创新优化性价比的方向发展

无菌包装设备本身的高技术含量和可以创造与众不同的产品商机的特殊功能，决定了其高投入的特点。引进国外的一条生产线，少则上千万元，加上可观的运行费用，使多少企业望而却步。显然国内装备企业要推动无菌包装行业的健康发展，为市场提供价格适中，性价比优良的设备以推动消费市场，需要优化性价比来降低投入。那么要达到这一目的的惟一出路，就是走技术创新的道路。技术创新应采取集成性与突破性相融合的技术策略。所谓集成性，就是对国内外现已发展成熟的相关技术成果进行集成整合，以降低研发成本，简化人机界面。突破性则是对关键工艺和器件进行重点研发和突破。目前，国内致力于无菌包装发展的厂商在乳品、啤酒和果汁行业的无菌灌装设备的研发上已取得了长足的进步，为市场提供优良性价比的无菌包装设备已为期不远了。

无菌包装技术是一门多学科的系统工程。每一台无菌包装设备都具有不可或缺的机械、控制、微生物栅栏和质量监控保障系统。每个系统彼此既相对独立又相互联系，在主控计算机的监控下整体协同运行。随着科技成果向应用技术领域的转化速度加快，现代工程技术领域的技术创新是以工程技术专家对技术要素的优化整合为特征，无菌包装作为行业的前沿和高端技术自然给新技术的应用开拓了新的天地。一台性能优良的无菌包装设备可以集中体现现代科技、现代制造与控制技术的精华，也是一个企业乃至一个国家整体技术水平的综合体现。

就机械与控制系统而言，光机电一体化技术的应用，使整机的固有可靠性和运行可靠性得到了空间的提升。从传动到终端执行部件，从物料输送到精确计量灌装，从控制到信号测控反馈与补偿，各部件、器件的高质量专业化生产为实现整机理想技术状态奠定了坚实的基础。CAD 与 CAM 技术、伺服控制技术、传感器及计算机现场总线技术等多项新技术得到了广泛的应用。

从事无菌包装设备技术开发的工程师都知道，评价设备整机运行可靠性以及最终产品的安全性保障，很大程度上取决于无菌包装设备中微生物栅栏系统的优劣。目前，即使最先进的设备也存在着成品染菌率的指标，虽然每种产品贮存环境特性各异，但要将染菌率有效控制在最小的限度内，无疑是最具挑战性的课题。

微生物栅栏系统是指从包材及达到商业无菌要求的物料进入设备并完成无菌包装过程输出机外，并包括 CIP、SIP 系统功能的无菌保障的综合系统。其对外来微生物采取阻隔与灭杀两种技术手段。

阻隔采用的是物理过滤方法，目前大都采用通过直径为 0.3μm 的高效纤维层过滤器，但这种过滤器效率和耐压低，污染及损伤失效概率高，使用寿命短。近期开发应用的 PVDF 折叠式空气除菌过滤器和金属烧结型过滤器以及高分子膜过滤器，过滤精度可达到 0.01μm，而且流量大，耐温性、耐压性好，安装方便，可进行蒸汽灭菌，从而保证了阻隔系统始终处在最佳工作状态，可稳定可靠的为系统提供安全、高可靠度的微生物阻隔技术支持。

微生物灭杀装置主要是包装容器和材料以及设备内在相关系统的无菌保障，按技术手段划分可分为化学灭菌和物理灭菌。

在无菌包装上采用的化学灭菌多采用强氧化剂，包括 H_2O_2、过氧乙酸、环氧乙烷、卤素等，主要是依靠强氧化剂的氧化能力与细胞酶蛋白中的—SH—巯基结合转化为—SS—基，破坏蛋白质的分子结构，干扰细菌酶系统的代谢，使其失去活性。按照分子生物学的观点，就是对细胞的 DNA 进行氧化性损伤，从而抑制细胞的增殖。使用化学灭菌会对容器和包材以及设备产生一定量的残留污染，必须采取严格的措施控制残留，以保障最终产品的安全性。

物理灭菌可分为蒸汽、电磁波和辐照三种方式，蒸汽灭菌属于经典式的灭菌方法，而电磁波灭菌多采用 2450nm 和 915nm 微波灭菌和超声波灭菌。辐照灭菌可分为离子性辐照和非离子性辐照。非离子性辐照采用最广泛的是 253.7nm 波长的紫外线，由于光源发出的强度所限，虽不存在残留问题，但以上物理灭菌方法都有一定的局限性。

目前，最具备应用前景的是近期开发的激发态紫外光脉冲杀菌技术，它不同于常规的物理杀菌手段，采用特制的光源和电源器件，在高频高压下产生单一波长 253.7nm 的紫外光，其强度可达到 $200mw/cm^2$ 以上，是常规紫外线装置发光强度的 200～300 倍，其脉冲可达到纳秒级，其能量足以打断细胞 DNA 结构中的 C—H 键、C—N 键和 O—H 键，使 DNA 结构产生致死性损伤。实践验证，它可以在几百毫秒时间内使物体表面和空气中 10^9 对数级细菌和 10^5 对数级芽孢致死。如果和低浓度 H_2O_2 协同作用，不但可以增大灭菌强度，同样可以使残留的 H_2O_2 分解。这种新技术的应用将为无菌包装设备的微生物栅栏系统提供更加强有力的技术支持。

在质量监控和保障系统中，现代传感技术和计算机及远程控制、通讯技术的采用，为设备的运行可靠性提供了技术支撑。现场总线技术的应用可以使设备的每个关键环节运行状态信号始终处在主控计算机的严密监控之下，从各种信号的跟踪反馈预警补偿修正进行闭环控制，保证整机处在良好的运行状态，从而保障了最终产品质量的稳定性。

无菌包装设备在使用中有严格的规定使用技术条件，这也是设备良好运行不可或缺的必要条件。所有的外围设备必须严格按照GMP规范设计施工，并引入HACCP程序，以确保整体目标的实现。

目前，国内使用的无菌包装设备多为欧美发达国家的产品。就其设备本身技术密集性和高价位以及未来市场的高成长性，使国内具备一定实力的包装机械制造商纷纷介入。2003年，中国标准化委员会和中国包协无菌包装委员会会同国内外相关厂商编制了《液体食品包装设备验收规范》的国家标准，旨在与国际标准接轨，规范市场行为，促进企业技术创新，提高技术水平和竞争力。随着无菌包装行业的发展，要逐步建立无菌包装设备的认证制度，充分发挥行业引导和监督作用，为无菌包装设备的国产化和赶上国际先进水平，为企业营造更加科学合理、公正的市场环境。

合成纸及合成纸的应用问题

李　路

20世纪60年代以后，由于纸浆资源枯竭和石油化学工业的发展，在1967年前后，合成纸相继问世。

所谓合成纸，简单地说以合成高分子物质为主要原料，通过加工，赋予了纸张的性质，并能作为纸张用途中的材料。

合成纸最初是由聚苯乙烯等发泡塑料制成薄片、薄膜状材料，具有纸张的性质。到目前为止，经过不断地改进，出现了所谓合成纸浆制得的产品，合成纸所用的合成高分子也多种多样，以适应目前各种印刷方法。

一、合成纸的纸化处理

天然纸的表面具有一定的吸收性，油墨印在纸张表面后，一部分组分能立即渗入纸张孔隙中，进而固化。对于合成纸要使其表面也具有吸收油墨的性能，必须进行纸化处理。处理方法主要有如下几种：

(1) 填料充填。二氧化钛、碳酸钙等填料本身对印刷油墨的受容性很强，但只加入20%～30%左右的填料，并不能获得渗透性，因为这时，聚合物覆盖在填料的周围，不存在足够的毛细管。只有加入足够含量的填料或用溶剂洗掉表面层，露出填料，才可获得一定的渗透性。

(2) 充填填料和延伸并用。延展含有大量填料的周围，不存在足够的毛细管。只有加入足够含量的填料的聚烯烃薄膜，就会产生微细裂纹。有助于油墨的渗透。

(3) 颜料涂覆。把黏土、二氧化钛、碳酸钙等和黏合剂一起涂覆在合成纸表面，原理和天然纸中的铜版纸、涂料纸相同。用这种方法，不仅能得到和天然纸同样的渗透性，而且平滑性也极好，能得到超过天然纸的油墨受容性和印刷效果。

二、合成纸的特性

可以看出，合成纸的白度、光泽度、平滑度、耐光性、尺寸稳定性都比较好。除此之外，合成纸因是高分子合成材料制造的纸张，故有热增塑性。不会像天然纸张那样，发生掉毛的现象，不生灰尘，对无尘室等是非常有利的。由于具有良好的耐水性，所以最适宜于印刷易被水淋湿的广告画、旅游图以及具有保存价值的公园门票、博物馆、展览会的入场券。例如，故宫博物馆的入馆门票，就是用合成纸印制的，图案印刷十分精良，很有收藏的意义。

到目前为止，合成纸张的价格比普通纸张的价格高，合成纸张的强度虽大，但是一有破口就容易撕裂。油墨干燥后，纸面容易鼓起，多色叠印的套准性较差，废弃纸张的降解处理尚未完全解决。因而，合成纸的发展还比较缓慢，但是，从保护森林资源，绿色环保的角度来说，合成纸的发展前景十分乐观，国际上一些造纸厂投入资金，改善合成纸的印刷适性，并增大合成纸的幅面，降低成本，以适应高速、多色印刷。

三、合成纸在印刷中应注意的问题

合成纸因种类不同，而具有不同的印刷性能。多采用单张单色或单张多色机印刷。这里仅介绍用单张胶印机印刷时，应注意的问题。

1. 续纸

合成纸和天然纤维纸（简称普通纸）最大的区别，是不存在纤维排列方向的问题，所以也就没有普通纸张那种丝缕和横丝缕的纤维方向，韧性弱。因此，适合采用中央分纸式给纸机输纸，气压分纸器的调整需要极其慎重地进行。即使各种合成纸都进行过某种程度的防止静电的处理，但仍比普通纸容易产生静电，所以最好在续纸台上安装电晕放电型除电器。

2. 收纸

一般来说，合成纸的平滑度极高，容易出现背面蹭脏的现象，喷粉的颗粒应加大些。但是，也要考虑到印后加工的条件来选定颗粒的大小。特别是在进行乙烯膜的表面加工时，会产生以粉末为核心的气泡现象。使用合成纸续纸时，虽然利用自动给纸机除去了静电，但是在施加印刷压力后，与橡皮布脱离时，还会重新带电，这是因为在收纸后，合成纸之间产生了吸引力的原因，故在收纸部位也要安装除电装置。

3. 着墨

合成纸的表面经加工后，着墨性虽然得以改善，但还是不如铜版纸。故使用市面上销售的合成纸专用油墨较好。因为底基是"塑料"，故吸油性也比普通纸差，这就关系到一旦吸收了润湿液，油墨的转移性将很差，所以印刷时，要将润湿液降低到最低限度。从吸墨性差的角度来看，使用强挥发性或 UV 干燥性油墨，可以减少油墨转移的故障。

除此之外，合成纸表面因使用无机物质处理，在印刷中，脱落下来的粒子会堆积在橡皮布上，有时引起环状白点子的现象，它与纸粉不同，由于橡皮市吸附的力量弱，容易出现位移，有自然分散消失的倾向，而且不易发现，要多加注意。

复合膜生产中常见问题解析

孙长河

1. 标准工艺参数

1.1　复合关键参数：

烘箱温度：50～60℃；60～70℃；70～80℃；

复合辊温度：70～90℃；

复合压力：在不损坏薄膜的情况下，应尽可能提高复合辊压力。

关于几种具体情况：

(1) 透明薄膜复合时，烘箱和复合辊的温度及烘箱内的通风情况（风量、风速）对透明度影响较大，印刷膜为 PET 时温度采用上限；印刷膜为 BOPP 时温度采用下限。

(2) 复合 AL 箔时，如印刷膜为 PET，复合辊温度必须高于 80℃，通常在 80～90℃间调节，印刷膜为 BOPP 时复合辊温度不要超过 80℃。

1.2　固化：

固化温度：45～55℃；

固化时间：24～72 小时；

双组份胶在复合下机后并不立即具有理想的粘结强度，需要将制品送入固化室在 45～55℃下熟化 24～72 小时，（普通透明袋 24 小时，铝箔袋 48 小时，蒸煮袋 72 小时），另外固化室的通风也很重要，足够的通风可以减少固化时间，而且可以进一步降低溶剂的残留。

2. 胶液的配制

标准配制方法：先将主剂倒入配胶桶，倒入 1/3 溶剂稀释，搅拌均匀后，加入固化剂，边加边搅拌，均匀后再加入剩余溶剂。

目前一般的做法是，加完主剂后倒入全部溶剂，再加入全部固化剂搅拌，这样做很简单，但配好的胶液的性能对所用溶剂的依赖很大，目前国产乙酯多为甲醛法生产，其中的醇含量相当高，有时厂家会发现什么工艺都没变，复合膜的剥离强度突然变得很差，我在很多厂家遇到过这种情况，把配胶方法变一下，强度就好了。

3. 剩余胶液的使用

将剩余胶液稀释2倍后，密封，次日作业时，作为稀释剂将其参入新配的胶液中，做要求高的产品时，不要超过总量的20%。如果溶剂水分合格，配好的胶粘剂存放1～2天无大变化，但由于复合好的膜不能马上判断是否合格，剩余胶液直接使用可能会造成很大的损失。

4. 影响透明度的原因

4.1　胶粘剂选择不当：

胶粘剂本身颜色深；

胶粘剂的流动性不足，展平性差，不能在基膜上充分铺展。

一般讲，主剂固含量越高，流动性越好，有利在膜上铺展，所以目前市场上75%胶比50%胶透明效果好，50%优于40%，对于透明度要求很高的复合膜，50%及40%都很难达到要求。

4.2　工艺上的问题：

烘道入口温度太高或无温度梯度，入口温度太高，干燥太快，使胶液层表面的溶剂迅速蒸发，表面结皮，然后当热量深入到胶液层内部后，皮膜下面的溶剂气化，冲破胶膜形成火山喷口那样的环状物，一圈一圈，也使胶层不透明。

复合橡胶辊或刮刀有缺陷，某一点压不着，形成空档，不透明。

环境空气中尘埃太多，上胶后烘道里吹进去的热风中有灰尘。粘在胶层表面上，复合时夹在二片基膜中间，有许多小点，造成不透明，解决办法：进风口可用高目数的过滤网清除热风中的尘埃。

上胶量不足，有空白处，夹有小空气泡，造成花斑或不透明，请检查上胶量，使其足够且均匀。

无展胶辊或展胶辊不清洁。

4.3　基材原因。表面张力不高胶液对它的浸润性不够，干燥后造成胶膜不均匀，一点一点，俗称“麻脸膜”。

5. 复合膜有小气泡

5.1　原材方面：

5.1.1　基膜表面张力太低，浸润性差。

5.1.2　稀释剂中水分含量太高，水与固化剂中NCO反应生成CO_2形成气泡。

5.2　工艺方面：

5.2.1　复合胶辊压力不足或钢辊表面温度太低，胶粘剂活化不足，流动性不足，那网点一样的一点一点胶粒流不平，有微小的空隙造成极小的气泡。

5.2.2　复合辊与膜之间的角度不合适，包角过大，尽量按切线方向进入复合辊。

5.2.3　空气湿度太大，车间环境脏，有灰尘粘附在膜的表面，该尘粒将二层膜顶起，周围形成一圈空档，粗看是一点点气泡，仔细看中间有一黑点。

6. 复合膜发皱的问题

复合好的产品出现横向皱纹，特别是卷筒的二端常为多。这种皱纹以一种基材平整，另一种基材突起形成“隧道”式的占大多数。

6.1　材料上：

6.1.1　胶粘剂的初粘力不足。

6.1.2　基材表面张力不足。

6.2　工艺上：

6.2.1　二种基膜放卷张力不适应，一种太大，一种太小。举例：BOPP/AL复合，如BOPP张力太大，烘道中受热，被拉长，AL张力不可能大，加之延伸率小，复合后，BOPP冷却收缩导致铝箔突起，横向出现一条一条的“隧道”。

6.2.2　涂胶量不足，不均匀，引起粘结力不好，引起局部地方出现皱纹。

6.2.3　收卷张力太小，卷得不紧，复合后有松驰现象，给要收缩的基材提供收缩的可能。如果收卷张力大，卷紧压实，下机后立即送到固化室固化，即使工艺有些不适应，也不会出现皱纹。

6.2.4　烘箱温度过低且不通风，残溜溶剂太多胶粘剂干燥不足，出粘力不足，给两种基膜相互位移提供可能。

7. 复合牢度不好

7.1　材料：

7.1.1　胶粘剂的选择，复合厂家都希望采用一种胶做所有的复合，实际上，所谓的通用型也是胶厂的一种愿望，YH2000和YH2000S是比较成功的，如YH2000S可以用于除了蒸煮以外的所有复合，包括AL复合。但与专用胶比起来剥离强度相差还是较大的，通常蒸煮膜、镀铝膜、抗介质膜复合需专用胶。

7.1.2　基材，PE和CPP膜用于复合时，其表面张力不应低于38达因，PE和CPP刚下机时表面张力都在43达因以上，但PE和CPP有一个特性，下机后表面张力下降非常迅速，一般一个月内可以保持38达因，三个月内可以保持35～36达因，所以除了少购少存，对于PE和CPP应该坚持上机前检测达因值。有时有这样的现象，刚下机时复合强度可以，但第二天发现强度反而下降，什么原因呢，PP和PE在加工或制膜时要加入热稳定剂、抗氧剂、防粘剂、爽滑剂等，这些物质会不断从膜内部向表面转移渗出，如果助剂量大，会引起剥离强度大幅度下降，一般常温下7天可显现出来，在固化室24小时后就可能引起剥离强度的下降。

7.2 油墨：

7.2.1 油墨处牢度不好，剥离时油墨大面积转移”原因：胶对油墨的渗透性不好或油墨中树脂不合格，或胶涂布量不足，应改用高固含低粘度胶或换油墨，有经验的厂家复合满底油墨时，把涂布量提高10%。

7.2.2 油墨处牢度可以，而周围非油墨处剥离强度低”原因：该批号油墨防粘剂过量了。

7.3 工艺：

7.3.1 胶涂布量上不去。

7.3.2 复合辊温度太低，胶活化不足，对油墨浸润不好，这在满底AL复合时相当明显。

7.3.3 特殊结构要采取不同工艺：PET/AL/PE和PET/VMPET/PE。

8. 如何做镀铝复合膜

8.1 选择合适胶水：YH501S(专利产品)。

8.2 选择合适的VMCPP、VMPET，我们在研制推广YH501S的时候，国产所有较知名镀膜厂的产品我公司都进行过质量跟踪，发现不同厂家的VMCPP及VMPET复合后差别特别大。佛山太阳、无锡环宇、丹阳大亚、安徽。

8.3 工艺：

烘箱、复合辊温度分别降低5～10℃；

固化室温度不超过45℃；

PET/VMPET/PE(CPP)第一遍复合后固化1～2小时后进行第二遍复合；

如果天气干燥，请将固化剂量减少10%。

解决定量包装品净重量不合格问题的对策

辛巧娟

编者按：在2003年8月1日本版上，本文作者在《定量包装品净含量不合格原因多多》中曾经详细地阐明了定量包装净含量不合格的诸多原因。文章刊出后，收到不少业内朋友的来信和电话，咨询相关问题。鉴于大家的问题具有一定的共性，现在此文中一并答复，答谢行业朋友的支持。

《定量包装商品计量监督规定》的发布，使定量包装商品计量经历了一个由无序到有序的飞跃，尤其对定量包装商品进入超市起到了至关重要的作用。为了进一步规范和监督市场的计量行为，保护广大消费者的合法权益，维护社会经济秩序，国家质量技术监督局采取定期或不定期对一些定量包装商品进行计量专项抽查。

通过这几年加大检查力度的效果来看，大部分生产、销售企业能够正确理解和执行《定量包装商品计量监督规定》的各项内容及技术要求，保证其定量包装商品净含量的准确。但也有一些企业生产的定量包装商品出现短斤少两的现象，尤其是国内一些知名企业，利用消费者对其企业和产品的信任，在抽查中总会出现严重的重量不足的问题。

针对每次抽查中净含量不合格的商品，国家质量技术监督局向这些计量不合格商品生产企业、法人代表发送“计量抽查不合格商品通知书”，责令其限期查找原因，采取措施，认真整改。

国家质量技术监督局要求，定量包装商品生产、销售企业，要认真贯彻实施计量法律法规，严格计量管理，建立企业计量自律机制。同时，国家将对定量包装商品生产企业建立考核制度，从源头上解决短斤少两的问题。

建立健全定量包装商品的法律法规

为了更加有效地贯彻落实《定量包装商品计量监督规定》，国家质量技术监督局加大了对定量包装商品的抽查力度，但从抽查情况的结果来看，各地方、各企、事业单位执行的并不令人满意。为此，国家质量技术监督局又发布了《商品定量计量违法行为处罚规定》，这是对《规定》的补充、完善和丰富，也体现了国家质量技术监督局以务实求真的工作态度，不断提高对定量包装商品执法监督的合理性、有效性和适宜性。

亟待制定《定量包装商品净含量》的规格标准

目前，市场上定量包装商品净含量的标注十分杂乱。从表面上看，生产企业在商品的外包装上都标注了商品的净含量，如 100g、200g、500g、300ml、500ml、1L、1.25L 等，名义上为公制单位，但有许多实际上是英制单位，这是一种变相使用非法定计量单位的表现，造成计量单位制度的混乱；还有一些液体定量包装商品的净含量同时用重量和容量两种值来标注，如 600ml(480g)等；还有一些定量包装商品生产厂家随意选用净含量规格标注，采用一些接近整数的规格，实际上是采用变相减量方法来弥补净含量可能不足的风险。而市场上重量为 25kg 的小麦粉与重量为 24kg 的小麦粉、重量为 88g 的方便面与 100g 的方便面虽从数量上有区别，但从包装的感观上却没有区别。这些杂乱的净含量标注方法严重地扰乱了市场秩序的正常运行，侵害了消费者的合法权益。

从上面的事例我们可以看到，由于《定量包装商品净含量》规格标准的不健全，对实施定量包装商品净含量有效的监督管理和控制带来了一定程度的障碍。对定量包装商品规格标准的随意更改，造成了消费者购物时选择判断困难，而生产厂家可能的欺骗行为在某种意义上讲不亚于净含量不准确带来的危害。为此，政府部门在定量包装商品监督管理的基础上应尽快制定《定量包装商品标注规格标准》。

加强和完善定量包装商品的抽查检验工作

市场上定量包装商品深受广大消费者的喜爱，尤其是在超市，已成为商家经营的主要形式，其定量包装商品净含量是否准确直接关系到消费者的切身利益。只有通过加大对定量包装商品的抽查检验工作，利用有效的法律法规来约束、限制定量包装商品生产厂家在生产和经营活动中，自觉遵守定量包装商品法律法规，本着诚信、便民、科学、实用的原则，将定量包装商品的净含量值清晰地标注在产品包装明确显著的位置上。

随着定量包装商品计量监督力度的进一步加大，又出现了一些新的问题。如一些名优土特产，为保持特定的色、香、味和形，只能以整体为单位加工出售，不能分割。如家禽屠宰加工后的整只净重是不可能完全一致，按照《定量包装商品计量监督规定》的要求，企业应在外包装上标注每只家禽的实际重量。但相当一部分企业，为了减轻自己的工作量，采用配重的办法来单纯的追求定量包装商品的重量，出现了许多令人啼笑皆非的现象，如一只烧鸡 2 只头、3 只爪或无头等。还有一些企业，为了解决配重问题，采用价格等同的土特产进行配重，破坏土特产原有的色、香、味和形。所以，在没有走专业化产、供、销一条龙的前提下，为了满足定量包装商品计量规定的要求，必须实行逐个称重的计量方法。

国家质量技术监督局在加强和完善定量包装商品抽检和检验工作中，要求各级质量技术监督部门，加强对定量包装商品计量监督检查的力度，对那些坑害消费者利益的违法行为要坚决打击。

防潮防霉高分子复合材料

杨虎林

防潮、防霉高分子复合材料具有质轻、柔软、耐化学腐蚀、封合方式多样等特点，广泛应用于化工产品、精密机械、通讯器件、仪器仪表及军工产品的包装。本文就该包装材料的防潮、防霉性能指标及其制作工艺作如下介绍。

化工产品如火药、炸药、起爆药等吸湿性强的材料极易受潮失效；电子仪器及芯板、精密机械、仪器仪表等受潮易生锈或发生霉菌侵蚀现象。国军标GJB1444—92规定，包装材料的水蒸汽渗透率＜$3g/m^2 \cdot 30d$才能满足化工产品对包装材料的防潮性能要求。

防潮包装材料的制作工艺要根据高分子薄膜的内在属性及防潮机理针对性地设计。选用机械强度好、防潮性佳的双向拉伸聚丙烯(BOPP)薄膜，经真空镀铝后，涂布防潮性极为优异的PVDC(聚偏二氯乙烯)乳液，制得阻隔性能优异的复合材料。

真空镀铝工艺是在高真空状态下，将金属铝加热熔融至蒸发，铝原子凝结在高分子材料表面，形成致密的阻隔层——铝层。镀铝工艺要求：真空度不得低于10^{-3}MPa，以免出现褐色条纹或铝层厚度不均现象；控制好系统张力，开启冷却系统，避免薄膜受热出现拉伸变形，精确控制卷取速度（280～320m/min）、送铝速度（0.4～0.7m/minϕ2mm铝丝）及蒸发舟加热电流，以获得较好的铝层厚度(250Å以上)。铝原子将塑料分子链内或分子链间的空隙堵塞，极大地增强了薄膜的阻隔水蒸气性能。

PVDC乳液由偏氯乙烯和丙烯酸酯类经乳液聚合制得。该乳液涂覆于VMBOPP(聚丙烯镀铝)薄膜表面，经塑化、结晶成高阻隔性复合薄膜。涂布工艺要求：采用阴离子表面活性剂调节乳液的表面张力在$40dyn/cm^2$左右，稀释剂的量不宜太大，防止干燥不好；涂层厚度在2.0～3.0μm范围，设定好红外干燥源阶梯温度，确保乳液塑化结晶充分；加入少量防粘剂，开启冷却系统，以免薄膜发生粘连；固化室温度设定40～45℃范围，固化时间在36～48h，使其结晶固化充分，获得优异的阻隔水蒸气性能。经此工艺形成的防潮高分子复合材料，其透湿性能满足国军标GJB1444—92规定的要求。

精密机械、化工产品、通讯器件、仪器仪表等在运输、使用、存储过程中，在适宜温度、湿度、养分、光线、氧气等环境条件下，极易发生霉菌侵蚀现象。国标GB/T4768—95《防霉包装》规定，防霉包装等级应根据产品抗霉菌侵袭能力、运输、存储所涉及的环境条件、包装件结构、选用包装材料的抗霉性能以及霉菌试验的结果等因素来确定。霉菌试验依据国军标GJB573A—98.305，在规定的温度、湿度、菌种、试验周期来进行。

高分子材料要获得一定的防霉性能，需将防霉性物质如酚类化合物、有机金属化合物、含氮化合物、含卤化合物、含硫化合物等以一定比例与热塑性树脂如聚乙烯(PE)、聚丙烯(PP)、聚氯乙烯(PVC)混合，并添加多种助剂，经混炼、塑化、造粒，制得防霉树脂。载体树脂选用防潮性能较好、耐低温、易热封且耐化学品侵蚀的低密度聚乙烯树脂(LDPE)；将有机防霉剂如三丁基氯化锡按一定比例(10～25%)加入LDPE树脂中。助剂的添加要按一定的次序，并充分搅拌均匀。添加剂的选用要注意其协同性、与树脂的相容性及耐久性，且与工艺条件相适应。利用防霉树脂制作防霉高分子复合材料常采用以下两种工艺：

三层(ABC)共挤吹塑一干法复合

将防霉树脂加入A面料斗挤出。该工艺要求：在保证薄膜塑化良好的情况下适当降低挤出机各区的加热温度；螺杆转速与加热温度匹配；选择合格的吹胀比、牵引比；B、C面料斗选用机械强度较高、滑爽剂含量较少的低密度聚乙烯树脂(LDPE)和线性低密度聚乙烯树脂(LLDPE)。要注意防霉树脂、LDPE、LLDPE三者的MI(熔融指数)要尽可能接近。

此薄膜C面经电晕处理，使其润湿张力大于$38dyn/cm^2$，与外层材料经干法复合。经干法复合工艺制得防霉高分子复合材料，A面作为防霉材料的功能面。

双面(AB)共挤复合

将防霉树脂加入A面料斗挤出。该工艺要求：选择MI值较高(7g/10min左右)的防霉树脂；适当调节熔体温度接近粘度，防止温度过高发生变质；螺杆转速、加热温度及车速三者相匹配；适当增加熔体压强，增加滤网层数或目数。B面料斗加入牌号为1C7A的涂复级聚乙烯(LDPE)树脂。被加工材料表面涂布聚氨酯粘合剂，经烘箱干燥后与B面复合。选择合适的含固量及涂布辊，使粘合剂干量在1～$2g/m^2$。其它工艺要求同干法复合。经双面(AB)共挤复合工艺制作的防霉高分子复合材料，A面作为防霉功能面。

防潮防霉高分子包装材料还必须具有足够的机械强度，才能保证产品在堆码、装卸、运输、存储过程中发生挤压、摩擦、撞击、震动、跌落时不致损伤。故在产品包装的设计过程中，还要针对性地选用机械强度好的材料与其优化组合，才能增强包装材料的综合性能。

我国切纸机市场状况与前景预测

韩晓良

切纸机是一种纸张加工设备，主要用于造纸厂单张纸型纸的加工和印刷企业印刷品的整形加工，蜂窝包装纸板产生以后，也要用到切纸机切制纸蜂窝芯。近年来，制卡业发展强劲，切纸机在这个领域也有广阔的市场。另外，切纸机应用于非纸类加工，如PS版、皮革、硬塑料等材料的裁切。切纸机是一种通用设备，应用范围极其广泛，在印刷业中，除部分三印企业外，几乎每个印刷企业都要配置切纸机，因此切纸机在印刷机械产品中占重要的地位。在印刷机械产品家族中，年销售量最大的是小型平版印刷机，第二是切纸机，它在印刷企业中是必备设备之一。

切纸机又是印后主要设备之一，虽然大批量的书刊整形已由三面切书机取代，大批量的包装产品由成型模切机、柔性版印刷生产线、瓦楞纸印刷模切开槽机完成。大量的印大切小产品，如商标、不干胶贴片、卡片及中小型印刷企业对小批量印刷产品，用切纸机对印品加工是投入少，收效快的一种选择，更何况在企业仅纸张尺寸变换、产品的形状变换就需要常备切纸机。随着科技水平的提高，切纸机的自动化水平提高很快，液压、程控、计算机控制的切纸机已占市场主流。

国内情况

国内制造切纸机的厂家约34家。主要企业有上海申威达、长春印机、四川中江、甘肃平凉普业、山东荷泽生建、浙江嘉路等切纸机厂。2001年10家切纸机厂统计，共销售切纸机2703台，完成销售额2.84亿元，2002年7家企业统计，共销售切纸机2484台，完成销售额2.18亿元。主要切纸机规格有420mm、580mm、650mm、760mm、780mm、920mm、1150mm、1250mm、1300mm、1370mm、1550mm、1660mm、1860mm、2200mm等14种规格。

上海申威达的部分产品裁纸速度达到40次/分，并且配备了闯纸机、卸纸机、气垫工作台、升降机形成自动切纸生产线，该企业在国内产品品种最全、规格范围最广、出口也最多。

四川中江的切纸机上有九项国家专利，采用滚动丝杠和线性导轨，使堆纸器动作准确，提高了切纸机速度。这两家企业和长春印机厂经过"九五"期间产品结构调整，已经不再生产落后的机械式切纸机，将以液压式切纸机、程控切纸机、微机程控切纸机取代。长春印机厂经过土地置换和民营改制及集团化运作，企业发展势头良好，出口形势较好。

切纸机裁切的安全装置也由一层保护到多层保护，如压纸器的防坠落装置，双手连动保护控纽、红外线光电保护和内置式电子锁等安全保护装置。这些技术使国产切纸机的水平接近了国外产品的技术性能。要说差距主要表现在设备的稳定性、可靠性、成套性方面和自动化程度相对比较低，切纸精度也是主要差距之一。另外，机械式切纸机的市场还有相当规模，生产企业应该尽快提升技术水平，以适应日益增长的市场需求。

进口情况

由于我国印刷业飞速发展，每年印刷机械进口量居高不下，切纸机的进口额也处于增长趋势。2001年进口切纸机3395台，支付外汇4464万美元。按进口额排序第一德国，进口731台1098万美元。2002年进口切纸机2134台，支付外汇5995万美元。进口德国616台1930万美元。世界知名企业主要有波拉、沃伦贝格、白发达、唯索普，现在波拉已进入海德堡。

市场发展趋势

切纸机有较好的市场前景，主要表现在四个方面：

(1) 印刷厂现配备的切纸机，大都是在印刷业大发展的八九十年代，那时国产的切纸机主要是机械式，主要存在问题，一是没有高精度的尺寸定位系统和尺寸设置装置，精度低，不能满足高档印品裁切的要求。二是机械式切纸机冲击力大、噪音大、安全机构不可靠，容易出工伤事故。三是自动化水平低，没有自动送纸机构，劳动强度大，生产效率低下。这一大批设备需要逐步更新换代。

(2) 2002年7月1日国家经贸委发布“第三批淘汰落后生产能力、工艺和设备目录”，明令2003年底禁止生产、使用老式机械式切纸机。国家新闻出版总署的《印刷业管理条例》和相应的规定中，也不把淘汰设备计算在印刷厂必备条件内，这样就增加了中高档切纸机市场。当然，淘汰落后设备政策的具体落实还有一定的难度，应该制定具体措施，使其尽快退出市场。

(3) 我国印刷品消费水平与世界发达国家和世界平均水平都有相当大的差距。改革开放以来，印刷业发展迅速，印刷企业从2001年印刷业整顿后的15万家，增长到2002年《印刷业管理条例》颁布后的16万家，印刷企业随市场经济发展，将保持继续增长趋势，切纸机将保持快速增长。2000年印机行业统计销售额达到50亿元，按行业发展规划2010年印刷机械销售额将达到100亿元，印刷机械销售额将翻一番，切纸机市场增长是必然趋势。

(4) 切纸机进口量较大，出口量较少，如果通过国内企业的努力，在提高产品质量和技术水平上下功夫，通过资产重组，改变当前分散经营，企业成本过高的情况，努力改变多年来进出口反差过大的现状，切纸机将增大至少30%～40%的市场空间。

提高车速、节省能源可以兼顾
瓦线单面机运行速度偏低的原因及解决办法

李绍先

我国现有的一千多条“瓦线”和几千台“单面机”，多数运行速度偏低。其中低速线，只开到二三十米，中速线开到四五十米，高速线顶多也只开到最高车速的一半。能够开到最高车速3/4以上的线只有极少数。生产线的使用车速与设计速度相差悬殊，致使产量上不去，成本下不来。

是什么原因阻碍了车速提高呢？主要是温度。

温度为什么上不去

生产线使用的粘合剂是用淀粉制成的生胶，需要在生产线上加热糊化。生产线上设置的各种加热辊筒、加热板，一是为了粘合剂快速糊化粘合，二是对已粘合的瓦楞纸板进行烘干。如果辊面和板面温度达不到170℃左右的糊化温度，就只好开慢车、延长纸板的加热时间。

从锅炉给出的蒸汽压力多在1MPa以上，温度超过180℃，可是送到辊筒和热板之后它们的表面温度常常只有130～140℃左右。毛病就出在辊筒及热板里面的凝结水未能及时排出。凝结水占了蒸汽的空间。而凝结水的温度不会超过110℃，辊面及板面温度达不到糊化温度，车速自然上不去。

比如生产线上的加热辊，包括瓦楞辊和压力辊，都装有集送汽和回收于一身的“旋转接头”。旋转接头的回水管要弯成适当的弧度使管口贴近辊筒的下壁——即管口朝下，依靠蒸汽的压力将凝结水排出。如果我们将回水管的管口安装成水平方向、甚至管口朝上，有时安装不牢回水管掉在辊筒内。这时辊筒内就会有一半的空间甚至大部分空间被凝结水占据。辊筒就永远也热不起来，胶水糊化不了，只好开慢车。纸板送检，剥离强度还是达不到。

要提高车速，就必须保证温度。要保证温度就必须及时排出凝结水。

盲目增加预热器和热板的数量不是好办法

车速上不去，许多人不是从生产线内部找原因，而是寄希望于增加预热器和热板的数量。例如有的企业购置的是低速线却要求预热器和热板按中速线配备。多花了钱，多占了地，多用了汽，到头来车速还是上不去。

热板的表面温度与热辊一样也应为170℃左右。用表面温度计测一下，如果温度差很多，则同样是凝结水在做怪。热板结水的排出是靠管路上的“疏水阀”。“疏水阀”自动排泄凝结水又不准蒸汽通过，所以又称“阻气排水阀”。“疏水阀”如果出了毛病，不能排出，热板内就会充满凝结水，表面温度只能达到100℃，增加再多的热板也无济于事。

经常测量板面温度，监测“疏水阀”工作是否正常是机台操作者的重要职责。

既提高车速又节约能源是可以实现的

提高车速，节约能源需从两方面做工作。

首先凝结水要及时迅速地从加热器中排出，否则用来加热的空间长期被凝结水占据。蒸汽量就减少，蒸汽不能和加热面接触，不能与纸板进行热交换，则只好降低车速。

刚开机预热的时候凝结水产生的量大，疏水阀排泄不及，这时打开疏水管路的“旁通阀”直接把水放掉是必要的。但在正常生产时“旁通阀”仍旧开着，让大量的饱和蒸汽随着凝结水排入地沟，这样搞，热板里是不存水了，温度也上去了。可是大量蒸汽尚未做功就白白地跑掉了，既费水，又费煤。所以正常工作时一定要把“旁通阀”关掉。

搞好凝结水的回收可以节约大量能源。凝结水所含的热量占蒸汽的20%，而且是软化水，水质好。将其回收到锅炉房，既回收了水，又回收了热量，降低了成本。

要提高车速，先要及时排出凝结水。要节约能源，先要管好用好“疏水阀”。

纳米技术在油墨中的应用

书　华

研究表明，纳米半导体粒子表面经化学修饰后，粒子周围的介质可强烈影响其光学性质，表现为吸收光谱发生红移或蓝移。实验证明，Cds 纳米微粒的光吸收边有明显的蓝移，Tio2 纳米微粒吸收边出现较大幅度的红移。据此，如果把它们分别加到黄色和青色油墨中制成纳米油墨，便可提高其纯度。用添加了特定纳米微粒的纳米油墨来复制印刷彩色印刷品，层次会更丰富，阶调会更鲜明，图像细节的表现能力亦大增。

如今借助高新技术，可将油墨中的各种成分（如树脂、颜料、填料等）制成纳米级的原材料。这样由于它的高度微细而具有很好的流动与润滑性，可达到更好的分散悬浮和稳定，颜料用量少，遮盖力高，光泽好，树脂粒度细腻、成膜连续、均匀光滑，膜层薄，印刷图像更清晰。若用于 UV 油墨中，可加速其固化速度，同时由于填料的细微均匀分散而消除墨膜的收缩起皱现象。在玻璃陶瓷的印墨中，若无机原料构成为纳米级的细度，将能节省大量原料并印出更精更美更高质量的图像。这为油墨制造业带来巨大变革，使它不再依赖於化学颜料，而是选择适当体积的纳米微粒来呈现不同的颜色。因为有些物质在纳米级时，粒度不同颜色也不同，或不同物质不同颜色，如 $TiO2$、$SiO2Z$ 在纳米粒子是白色，$Cr2O3$ 是绿色 $Fe2O3$ 是褐色。还有如纳米 $Al2O3$ 这类无机纳米材料，具有很好的流动性，若加入油墨中可大大提高墨膜的耐磨性。纳米级碳墨具有导电性，对静电具有很好的屏蔽作用，防止电讯信号受到外部静电的干扰，若把它加入油墨，可制成导电油墨，用于大容量集成电路、现代接触式面板开关等。另外，在导电油墨中如将 Ag 制成纳米级而代替微米级 Ag，可节省50%的 Ag 粉，这种导电油墨可直接印在陶瓷和金属上，墨层均匀光滑，性能很好。若将 Cu、Ni 材料制成 01～1μm 的超微颗粒，它可代替钯与银等贵重金属导电。因此将纳米技术与防伪技术结合，将会开辟出防伪油墨的另一个广阔天地。

此外有些纳米粉微粒自身具有发光基团，可能自己发光，如[—N三H—]纳米微粒。用加有这种微粒的油墨印出的印品，不需要外来光源的照射，靠自身发光识能被人眼识别，用于防伪印刷也可达到很好的效果，用于户外大型广告喷绘或夜间阅读的图文印刷品，不再需要外来光源，不但可节约能源，且大大方便了使用者。

由于纳米微粒具有很好的表面湿润性，它们吸附于油墨中的颜料颗粒表面，能大大改善油墨的亲油和可润湿性，并能保证整个油墨分散系的稳定性，所以加有纳米微粒的纳米油墨印刷适性能得到较大的改善。相信随着纳米材料技术的进一步发展，会有更多具不同特性的纳米材料会被人们所认识和利用。

在静电复印中，用磁性纳米色粉代替现在广泛使用的无磁性色粉，就可省却了在无磁性色粉中加入铁磁颗粒作载体，而制成单组分复印用显影剂，可节约原材料，并能提高复印质量。

至于纳米材料的来源，实际上，获得纳米材料的方法很多，有高温烧结法（如碳纳米管的烧结技术）、沉淀法、高温溶解法、化学气相凝聚法或近代的等离子能量聚合法。

塑料凹印油墨粘接不牢的成因与对策

陈全东

随着复合软包装行业的迅速发展，塑料薄膜印刷技术相应地不断提高，印刷品的好坏直接影响到产品市场竞争中的地位。塑料凹版油墨印刷是一门专业性技术，印刷中必须熟练掌握油墨使用技术以及排除印刷故障的能力。塑料薄膜进行凹版印刷，常常产生一系列的故障，其中油墨粘接不牢就是常见故障之一，产生粘接不牢的原因很多，只要懂得其中的原理，提高预防，一定会将故障产生的机率降至最低点。

判断油墨印刷粘接牢度的方法一般采用玻璃纸压敏胶粘带进行测定，印刷牢度随油墨型号的不同而不同，应仔细参照说明书做具体的解决方案，主要原因有：

(1) 误用油墨型号或混入异种油墨。油墨有多种型号，适合不同的基材，用错了就会产生粘接不牢，例如，玻璃纸的凹版油墨是硝化棉系，印刷纸张的油墨是松香系，如果用错了，就会产生粘接不牢的现象，所以在印刷墨层牢度问题上，油墨也起着决定性的作用。对于不同的基材应使用其相应的油墨，对于玻璃纸可使硝基赛路玢树脂型油墨，对于聚丙烯薄膜可使用氯化聚丙烯树脂型油墨，对于聚乙烯薄膜，则使用聚酰胺树脂型油墨等等。在实际生产中为了调节油墨的粘度和挥发速度，常加入一定量的溶剂。但加入溶剂时又往往采用混合溶剂，应注意几个问题：①在加入溶剂时，应尽量选用表面张力较低的溶剂，以期降低整个油墨体系的表面张力，从而提高对印刷薄膜的润湿性；②工作固体含量过高时，润湿效果会相应较低，从而影响印墨牢度，反之，如果加入的溶剂过多就会相对地减少油墨与薄膜相粘附的有效成分，同样引起牢度下降。为了解决墨层牢度和油墨的挥发速度之间的矛盾，可以在稀释剂或油墨中加入相应于该种油墨的树脂（橡胶）或其它适当的相容的粘接树脂或像胶。这样也可以在一定程度上提高墨层牢度，同时油墨放置时间过长，或混入杂质，会导致连接料变质。因此应尽量用新鲜的油墨或及时更换变质的油墨。

(2) 油墨发胀，或有固体物析出引起粘接不牢。要防止油墨发胀，就不能过份使用快干溶剂，应与适量慢干溶剂并用，要尽量减少油墨与空气接触机会，因空气中的水分侵入油墨，使油墨粘度增高，树脂析出、凝胶。在印刷上出现光泽下降，浓度降低，转移不良，堵塞版子等故障，因此墨槽要密闭，鼓风机的风不要漏吹到印刷辊筒上，当印刷图案特别少时，因消耗油墨特别少，应尽量使用新的油墨，例如：当油墨为聚酰胺树脂性油墨，通常采用甲苯：异丙醇：乙酯 5：3：2 或甲本：二甲苯：异丙醇 20%：50%：30%，均能有效地防止油墨发胀，通常室内温度高于 25℃印刷时，油墨发胀的机率要高些，最好室内温度在 21℃～23℃印刷，相对湿度 65%，都有利于印刷，降低粘接不牢的机率，又如氯化聚丙烯树脂油墨采用甲苯：二甲苯 80%：20%，或甲苯：乙脂：丁酮 70%：20%：10%都有利于提高其粘度，也有效地防止发胀因素。在印刷过程中，油墨干燥之前，若供给溶剂蒸发的热量充分，情况就良好，干燥提供的热量不足，离烘道入口处远的地方，或印刷速度太慢，使材料被印部分到进入烘道的时间拖得太长，就容易出现“白化”故障，也将影响粘接不牢的问题。（“白化”—是油墨遇冷，空气中的水气成为水滴混入油墨中，引起胶化变成混浊、沉淀，“白化”产品其光泽、透明性、粘接力等显著降低。）解决办法是提高印刷速度，使印刷辊靠近烘道口，若以上条件不能实现时，可用慢干溶剂，让干燥时间迟缓。但慢干溶剂大量使用时，印刷物的残余臭气和粘连等问题容易出现，但不可加得太多，所以说，为提高油墨的粘接力，应根据实际操作条件及印刷效果来调整。

(3) 加热不足，同样引起粘接不牢故障。凹版印刷时，干燥机提供的热量要足够，热量不足，粘性就差，因为凹版油墨中的连接料是树脂，达到足够高的温度时才具有粘性。但是加热过度以会使薄膜起皱或收缩，给冷却也带来不利。容易引起残余热量的积累，使收卷后温度过高，产生粘连。

(4) 基材表面状况不良引起粘接不牢。①如聚乙烯、聚丙烯、尼龙、涤纶等塑料薄膜，其表面非常光滑对油墨没有亲和力，油墨不易附在上面，所以要经过处理，改变它的表面状况和化学结构，增加表面粗糙度及分子间的极性，才能使油墨粘接得牢固。塑料薄膜的表面处理有火焰法、化学试剂氧化法及电火花处理法，利用聚烯烃分子链上氢的活泼性易被氧化。把非极性分子变极性分子。

用红外光谱对电火花处理过的材料进行测定，可以发现有羟基和羟基的存在。另外，电子束的冲击，还会薄膜表面产生微孔，变得毛糙，便于油墨的渗透。经过处理的薄膜印刷牢度大大增加，电火花处理的效果，跟电火花所用的电压高低、产生新生态氧的量、处理次数有关。条件适宜可使非极性的聚乙烯和聚丙烯的表面张力，从原有的29～30达因/cm提高到40～45达因/cm，不管那一种塑料，经过表面处理后，表面张力大于38达因/cm，就可以满足印刷牢度。检查表面张力的高低，可以用标准表面张力液。配制标准表面张力液时，要求天平精度要高，试剂纯度要高。为了便于观察，可在张力液体中加入0.03%以下的涂料作发色剂。测量时，室温为25℃，脱脂棉花粘少许试液，在处理过的表面上涂刷，如果液体能均匀地分布在作过的地方，不收缩成一滴珠状，就表明这个受试表面的表面张力达到了所用标准液的表面张力。如果在5～10秒钟内，涂上去的液体收缩成珠状，不连续均匀地湿润受试表面，则表明此受试表面的表面张菌低于标准液所表示的数值，若低于38达因/cm，就印刷不牢，需再次进行电火花处理，一直达到大于38达因/cm才行。国内已有38达因/cm标准液达因笔，使用十分方便，若画线均匀，不线缩则说明符合要求，印刷就可达到预期牢度。

② 添加剂引起的危害。在被印刷用的原料中，大多数都含有各种各样的添加剂，例如：聚丙烯中含有抗静电剂，防湿薄膜中含有爽滑剂、增塑剂等。这些添加剂一旦浮到薄膜的表面上，油墨以基材的粘接力就受到损害使印刷牢度大为降低，印刷不牢是不是由于添加剂引起的，可用下述方法判断：用溶剂（酒精、丙酮或醋酸乙脂等）将薄膜表面揩擦清洗，待干燥后再用相同的油墨及相同的条件去印刷，如果处理过的表面印刷牢度比原来好，那就说明是添加剂的问题，防湿薄膜在冬天特别容易产生这种情况。当证实添加剂的存在后，就不能再用这种薄膜印刷。必须调换另一种牌号的薄膜，或者改变油墨型号，以保证产品正常的印刷牢度。

③表面吸潮。尼龙，普通玻璃纸，乙烯树脂等原料由于容易吸潮，表面上有水分子膜，把油墨与基材分隔开来，使印刷牢度大大下降，因此，这些材料的保管条件和印刷条件，都要尽量保持干燥，不要让它受潮，最终提高油墨的粘接力。

综上所述，影响油墨粘接力的因素还有很多，只需认真总结归纳、预防和步步把关，一定将故障降到最低点。

我国五类包装机械需求旺盛

宋　玉

综合国内包装市场信息，目前市场需求较旺的主要包装机械有：

瓦楞纸板、制箱(盒)、印刷成套设备

瓦楞纸板、纸箱产品可算是包装行业里的龙头老大，全国有近万家纸箱(盒)包装厂。十几年来国内流通领域对瓦楞纸板、制箱(盒)、印刷成套设备的需求量热度不减。

除大量生活日用品采用纸箱包装外，现在摩托车、自行车也大量采用纸箱包装，日常生活中不可或缺的水果也由柳筐改用纸箱进行包装。据业内人士预测，未来蔬菜也会用纸箱包装。

随着目前经济的复苏和进一步发展，纸箱包装企业更新改造速度加快，迫切需要宽幅五层、七层、九层及高强度各种瓦楞纸板、纸箱（盒）成套设备。

医药加工及其包装机械

各种中西药加工成套设备，重点解决中药切片、制片、针剂、膏、散、丸的包装问题，迫切需要各种药品加工及包装设备，解决产品的适应性、配套性及可靠性，特别是高速、自动化、多功能的包装机械及相应配套的复合包装材料。

方便食品生产成套设备

主要有以方便面、方便粥以及饺子、包子等加工机械为代表的方便食品加工成套设备，且产品需求量越来越大。根据国内市场调查，人们对方便食品需求的方向是：营养、高档、味道好。传统食品加工、老年及婴儿食品加工设备的市场前景同样看好，相关企业应重点开发。

啤酒、饮料灌装成套设备

目前全国有大中型啤酒厂 800 余家，大中型饮料厂 2000 多家，啤酒灌装机械重点发展年产 5 万吨中型灌装成套设备，适度发展 10 万吨/年以上的大型啤酒灌装成套设备。业内人士特别强调，要发展高速、低损耗、计量精确、自动检测等多功能全自动设备。饮料机械要适应“集中生产主剂，分散灌装饮料”的发展方向。开发现场调配啤酒、饮料技术和设备。

水果蔬菜加工保鲜包装设备

水果蔬菜加工、保鲜是未来发展的重要趋势，迫切需要水果蔬菜分级技术和设备、高效率榨汁技术和设备、节能的浓缩技术和设备、洗净及挑选水果、速冻蔬菜及脱水蔬菜的技术与装备。

发展大幅度降低水果、蔬菜、粮食、肉类（水产品）、蛋类等食品原料损失的加工机械，特别是包装设备，目前大都采用气调、辐射技术和装备。

技术含量不高　品种过于单一
包装机械业发展遇阻

李雨田

快速发展的我国包装工业和食品加工业，需要大量高质量包装机械和食品加工机械，这给包装机械制造行业带来了商机。有关方面预计。到 2005 年，我国食品加工业和包装工业产值将达到 440 亿元，年均增长率可达 10%。当前，包装机械市场发展呈现以下特点：

包装机械技术含量日趋增加。我国现有的一些包装机械产品技术含量不高，而国外已将很多先进技术应用在包装机械上，如远距离遥控技术（包括监控）、步进电机技术、自动柔性补偿技术、激光切割技术、信息处理技术等。

包装机械市场日趋垄断化。目前我国除了瓦楞纸箱包装机械和一些小型包装机有一定规模和优势外，其他包装机械几乎不成体系和规模，特别是市场上需求量大的一些成套包装生产线，如液体灌装生产线、饮料包装容器成套设备、无菌包装生产线、香烟包装生产线等，在世界包装市场中均被几家大包装机械企业（集团）所垄断。随着国外企业进入我国市场，国内一些无竞争力的包装机械企业将被国外企业收购、兼并或破产，一些包装产品将被几家大企业所垄断，并且垄断的范围逐渐从香烟、饮料包装机械产品扩大到其他包装机械产品。

包装机械零部件生产专业化。国际包装界十分重视提高包装机械加工和整个包装系统的通用能力，所以包装机械零部件生产专业化是发展的必然趋势。很多零部件不再由包装机械厂生产，而是由一些通用的标准件厂生产，某些特殊的零部件由高度专业化的生产厂家生产，真正有名的包装机械厂将可能是组装厂。这是因为包装机械很多控制部件或结构部件与通用设备相同，可以借用。我国目前包装行业“小而全”、“大而全”的格局与专业化的发展趋势十分不相适应，应尽快调整这种不合理的企业整体结构。

产品向多功能与单一高速两极化发展。包装机械的最终作用在于提高生产率和产品多样化，这就使得包装机械产品规格朝着两极化方向发展，即多功能与单一高速。

一些大型企业，诸如可口可乐和百事可乐的产品要源源不断地销往世界各地，在包装产品时要求效率非常高，强调的是速度和质量。随着我国加入WTO，这类产品和企业在我国将会越来越多，而多功能则是为适应不断变化的市场需求而开发的。

怎样提高瓦楞纸板成品率

薛　飞

生产员工应该非常熟悉瓦楞纸板的工艺流程：由单面瓦楞机造出瓦楞与里纸贴合，形成牢固的单面瓦楞纸板。经输送过桥到上胶机涂胶、复合面纸，进入烘干机烘干后，按生产要求压线，纵切横切而制成纸板。很显然造成原纸浪费、纸板成品率低的原因出现在单面机、输送过桥、上胶复合、烘干、分压横切这几道关键工序中。

单面机组

单面机开机后输入原纸，瓦楞纸与里纸贴合不整齐，输纸偏斜。解决方法：(1)加快车速，瞬间可导正；(2)可用定线法，即在瓦楞机或里、瓦纸的预热器缸面上或地上设点或线用目测进行调整。

原纸经预热器开裂造成断纸，解决方法：视纸质减少预热面积。

里、瓦纸在生产厂家检验时，卷筒内撕有巴掌大的小口，输入瓦楞机后，单面瓦楞纸缺材。解决方法：开机前，准备比巴掌略大的里瓦纸（颜色和克重与瓦楞机上的原纸相同。里纸有缺口拿里纸，瓦纸有缺口拿瓦纸，在原纸进入瓦楞机前，两面夹缺口粘上即可。动作必须迅速、准确、及时、安全）。

避免频繁停开机，可有效杜绝里、瓦纸不粘合。

输送过桥

过桥时单面机纸板堆积过多，烘干机车速过快或突然加速扯断后又粘接不牢。解决方法：过桥时操作人员应注意烘干机匀速提升车速，起步不可太快，粘接断头时，上搭接面应顺纸板运行方向。粘接时不能停车。

因故单面瓦楞纸板里、瓦宽度不一致时，被控制其走向的夹纸器刮断。解决方法：瓦纸宽时，夹纸器的两夹板应调至略小于瓦纸宽度；若里纸宽时，把宽于瓦纸的部分在夹纸器前整齐刮去。

烘干机开机后，各层单面纸板均未对齐，在烘干机开机前，依据纵切边刀一侧进出尺寸，将各层单面纸板夹纸器外移 2～3 公分。

上胶复合

(1) 应客户要求用普通箱板纸作面纸，经预热后，原纸变脆，进入烘干机就容易被扯断。解决方法：减少预热面的面积，同时适当加大涂胶量，减少面纸张力；也可人工辅助转动卷筒直至正常。

(2) 进入烘干机后，面纸与单面机机纸板边线不齐，生产纸幅又宽窄不一。解决方法：首先，操作时各层纸边、纸头对齐后方可送入烘干，不齐时送入，加快烘干机车速可跑正，但不齐部分已构成浪费。无论面纸宽于或窄于单面瓦楞纸板，都必须一边对齐。其次，如果面纸卷筒边线与夹纸器、夹纸板不在一条线上，即使各原纸边、纸头对齐送入烘干机，运行一段距离又会参差不齐。为解决这一问题，我们不妨事先从输送过桥夹纸器、夹纸板的一侧，吊一线坠至面纸无轴支架上方距卷筒纸心 0.5cm 处，点动无轴支架上按钮，调至面纸边缘与线垂直。

烘干机烘干

(1) 因故停车，时间过长，造成纸板大面积开胶，三层板尤为突出。解决方法：生产中尽量不停车，确需停车时，操作工根据情况预测停车时间，若非短暂时间（五层板两分钟以上，三层板半分钟以上），最好是在上胶前割断各层纸，将纸板开出烘道。

(2) 烘干机传送带跑偏，纸板边缘开胶，粘合不良。解决方法调整纠偏手轮，堆码时挑出不合格纸板，用手工粘合。现在已经使用自动纠偏装置，效果良好，减轻了劳动强度，降低了废品率。

(3) 烘干机烘道温度过高，纸板脱胶断裂，多见于三层纸板。解决方法：遇到质脆的里、面纸，提高烘干机车速，同时适时排气降压，视情况通知上胶机增加胶量；胶量应适量，否则会出现条痕现象。

压线、纵横切

(1) 压线器压破里、面纸，压线超出允许误差。视纸质、纸板干湿度灵活调整压线深度。以里面纸压痕清晰不破、不裂为宜；除尺寸误差外就是压线轮下凹轮偏斜，校正即可。

(2) 调整切边不及时，造成纸过桥向左或向右，调节夹纸器。

(3) 横切刀过钝，生产进口牛皮面纸箱板易撕裂横断面。应及时打磨或更换新发，底上刀不可对得过紧以免伤刀。

除此之外，再根据所生产的纸板数量、尺寸，合理利用纸幅，尽量控制纸板切边在 0.5～2cm 之内，巧妙搭配生产。对有缺材或略有脱胶的(距纸板边缘1～2cm)纸板，在不影响质量的前提下，进行修补，减少浪费，提高成品合格率。

激光全息图像技术在防伪包装上的应用

宁 平

激光全息图像技术在防伪包装上的应用主要是印刷防伪商标。防伪商标除了具有一般的防伪作用外，其突出的优点是装饰效果极佳，因而许多企业都乐意使用激光全息防伪商标。影响激光全息商标防伪性能的因素主要是商标的种类及商标的使用位置。不同种类的激光全息图像防伪商标具有不同的防伪效果，即使是同类的防伪商标因为使用位置不同，防伪效果也存在着明显的差异。

激光全息图像商标共有 4 种，即不干胶型、防揭型、烫印型和加密型。

不干胶型激光全息图像防伪商标使用非常方便，对贴标机械的适应性较好，由于不用涂抹胶粘剂，所以在生产线上使用不会出现污渍，尤其用于较高档次的包装效果更为明显。这种商标目前用量也最大。但它有一个致命的缺点是可以反复使用，从原位置揭下后可以被完整地贴到另一个位置上，使一些不法之徒可以利用旧的包装及商标制假，因而影响了防伪效果。从防伪的角度考虑，该类商标不宜作为防伪商标使用。

防揭型激光全息图像商标弥补了不干胶型激光全息图像商标的缺陷，它只能一次性使用，当从包装上揭下来时，其上的图像已面目全非，不能再次使用。这种商标是包装领域具有发展前途的一种防伪商标。

烫印型激光全息图像防伪标识是一种不能揭下来的激光防伪商标，它能够被牢固完整地粘到被包装件上，与被包装件形成一体。如果能够合理地选择粘合的位置，其防伪效果会优于上面两种类型的防伪效果。

要了解烫印型激光全息标识的特点，就要了解该标识的制作过程。

首先制作激光全息版。这是烫印型激光全息标识制作的关键技术之一，与普通激光全息版的制作方法基本一样，主要是通过激光两次成像技术及后加工技术实现的。第二步是制作全息电化铝箔。电化铝箔是烫印图像的载体，普通的烫印电化铝主要由基层、热敏层、着色层、镀铝层及胶粘剂层组成。烫印型激光全息标识的电化铝基本与普通烫印用的电化铝一样，但烫印型激光全息电化铝的基层是模压的激光全息图，且没有着色层。第三步是制作烫印型激光全息标识。利用带定位系统的烫金机即可制作，将带全息图像电化铝烫印到印刷品或包装上，使全息标识与包装结合成不可分割的一体，从而完成全息标识的制作。这种标识可以是单独的商标纹样，也可以是与包装图案相配合的图纹。

烫印型激光全息标识使用方便，式样多，还具有一定的装潢效果，适宜在纸张、塑料、有机玻璃等多种包装材料上进行烫印加工，特别是它与各种材料结合紧密，不能撕下，具有极好的防伪效果。

烫印型激光全息标识有多种使用方式。使用的方法不同，防伪效果也不一样，只有根据包装设计要求合理选用，才能达到最好的防伪效果。

加密型激光全息图像防伪商标是对激光全息图像防伪商标进行加密，从而极大地增强防伪效果。目前使用的加密方法主要有图像模糊处理法、莫尔条纹法、变换频谱法、密码法等。这些加密方法的使用，极大地提高了激光全息图像防伪商标的技术含量，其中有些加密方法具有极高的不可识别性，能很好地达到防伪目的。

激光全息图像防伪商标的使用位置对防伪效果具有较大的影响，不同的位置具有不同的防伪效果。如果将激光全息图像防伪商标粘贴在瓶体或瓶盖上，均不能起到防伪效果。

原因是这两种方法都可以毫不损伤地重复使用旧的激光全息图像防伪商标，不能阻止不法之徒利用旧包装瓶进行制假活动，从而失去防伪作用。因而可以说，如果不能正确选择激光全息图像防伪商标的粘贴（烫印）位置，仅仅从商标本身进行深入地研究是没有意义的。

激光全息图像防伪商标的另一种粘贴（烫印）方法是将商标粘贴（烫印）于瓶体与瓶盖的接缝处。开启瓶盖时，首先触及到激光全息图像防伪商标，如果该商标是防揭型的，那么当揭下它时，其上的激光全息图像就被破坏，降低了该商标的重复利用的可能性，防伪效果较好。

由于激光全息图像防伪商标屡被假冒，因而业内人士纷纷推出了技术含量更高的激光全息图像技术，希望能提高其防伪效果。

防伪包装是一项系统工程，制作防伪商标的每一个环节都可能成为不法之徒利用的目标。在制作环节中，母版的防伪是目前防伪的薄弱环节。

获取母版的途径较多，可以按照一般的工艺流程进行制作，也可以直接根据一张激光全息图像防伪商标进行伪造，由此可见，再复杂的加密措施也不能起到防伪作用，因为这些加密措施都是在母版制作以前进行的，全都能在商标上体现出来。

母版被窃也是导致激光全息图像防伪失去防伪功能的一个主要方面，只有通过加强有关企业的管理来进行防范。在商标印制以前及印制之后，商标使用企业都应妥善保管好商标的母版，有条件的企业应采取异地印刷的方式，或采用甲厂制版乙厂模压的方式，尽量减少母版被盗用的机会。另外，商标承印企业也应加强母版的管理及成品商标的管理，确保商标使用企业的利益不受损害。

激光全息图像防伪商标的制作过程决定了通过加密的方法不能达到理想的防伪效果，只有改进防伪商标的制作过程及工艺，方能使得加密的手段起到防伪的效果。

联机制作是防止盗用防伪商标的一种好方法，它是通过改进机械或研制新设备，实现在商品包装生产线上直接联机印刷封贴，大部分制假者都会因无力购买价格昂贵的大型生产线而放弃制假的行为。从目前的技术情况看，联机制作尚存在一些困难，主要是设备问题，如果有了合适的设备，联机制作是有可能实现的。从全息标识的制作工艺来看，实现联机制作也是有可能的。而从激光全息标识的类型来说，烫印型激光全息标识是最符合联机生产要求的防伪全息标识。

目前大部分激光全息防伪标识都是在包装上单独利用激光全息图像技术进行防伪的，其技术含量随着时间的推移而逐步降低，防伪能力也越来越低。只有与其他技术相结合，提高激光全息商标的加工制作难度或使用复杂性，汲取其他技术的优点，才能提高商标整体防伪效果。如将激光全息图像防伪商标与热收缩薄膜相结合。在热收缩薄膜包裹包装件以后，将防伪商标热压印在热收缩薄膜上。打开包装时，一定会撕破热收缩薄膜，压印在其上的防伪商标也就不能被重复利用，这样就达到了防伪目的。

一般激光全息标识的面积较小，能承受的温度也有限，热压印可能会破坏全息图像的完整性，影响整个包装的装潢效果。其解决的办法是加大全息图像边缘面积，压印时只压印图像的边缘部分，不触及图像区域。这样既保护了图像，也实施了压印。当然，也可采用防揭型的防伪商标，同样也能达到防伪目的。

如果能将一些综合技术直接实施于商品包装的生产线上，将会取得更好的防伪效果。当然，相应的设备开发研制需耗费大量的经费，但从目前的情况来看，较大的设备投入也许就是最好的防伪支出，可以达到最好的防伪效果。

激光全息图像技术在包装上用于防伪，单一的技术与方法已很难达到防伪效果，随着科学技术的不断发展，通过各种工艺将其他高新技术与激光全息图像技术相结合，才能增大其仿造难度，从而取得更好的防伪效果。与多种技术的交叉组合，是激光全息图像技术发挥防伪作用的最佳途径。

瓦楞纸板的彩色印刷

郭润兰

多年来,对瓦楞纸板的印刷仅仅是将功能标记涂敷在瓦楞纸板的包装箱上,或者是简单的线条、文字单色印刷,其工艺落后、效率低、成本高。随着市场经济的发展,人们对包装产品的要求不断提高,各种色彩艳丽、设计精湛的瓦楞纸箱和异型瓦楞纸盒随之出现,既提高了产品的附加值,又增加了产品的竞争力,适应了国际包装市场的发展。

瓦楞纸板的内层为特殊的波浪形结构,缓冲了振动,增强了撞击能力。其主要应用于商品的外包装,随着防水瓦楞纸板和强化型瓦楞纸板的出现,瓦楞纸板还可以制成特殊的液体包装容器,扩大了瓦楞纸板的应用。随着柔性版印刷技术的不断改进,在瓦楞纸上采用柔印方式愈来愈多。据有关资料统计,对瓦楞纸箱彩色印刷主要采用柔性版印刷技术,美国占98%,西欧占到85%,我国用于包装的瓦楞纸板印刷面积年产超过100亿m^2,面对如此巨大的市场,我们要更进一步改进瓦楞纸的印刷工艺,提高印刷质量,适应市场发展的需要。

瓦楞纸板采用柔印的优点

瓦楞纸板在采用柔印技术时,由于柔性版的弹性变形,可以弥补印刷中厚薄误差及表面的不平,使印刷墨色均匀;国外瓦楞纸板的彩色印刷趋向于白色纸面的E型瓦楞纸板,高档的印刷网线数可达120线/in,既可印刷实地版,又能印刷网线版,而且实现四色彩印;柔性版印刷属于轻压印刷,印刷压力小,解决了由于瓦楞纸的厚薄不匀而产生的印迹发糊或印迹空虚不实;柔印采用了水性油墨,故可用金属网纹辊传墨,印版则只需轻轻接触瓦楞纸板,水性油墨便被全部吸收;柔印机结构简单,四个滚筒组成一个色组,装版、调整、清洗都很方便,柔性版印刷机还能与其他工序联动生产,如压痕、开槽、模切、涂胶、制箱、计数等组成联动生产线。

瓦楞纸板的彩色柔印工艺

瓦楞纸板彩画柔印的工艺为:

图文设计→图像处理→制版→印刷→模切→制箱

原稿的图文设计及图像处理必须充分考虑瓦楞纸的特点,避免满版印刷和与瓦楞方向相同的带状图文,文字不宜太小,油墨颜色应醒目,选择着色力强、饱和度大的油墨,彩画的网线数一般为60线/in,高档印品为100～120线/in,色数为3～4色,也有5～6色,而且最多只能印出2%的网点。在出分色片时,综合考虑实际油墨参数、网点扩大等参数,编制出色平衡和灰平衡程序,并绘制出C、M、Y和BK的阶调复制曲线。此外,还要充分考虑网点的不同线数、柔印机的幅宽和印刷开槽机,以及不同材料和压力的影响。在制版过程中,柔印版材选择较厚的感光树脂版,其厚度约为3～7mm,硬度为肖氏硬度(HS)25—50。瓦楞纸质量较差时,选用较厚且硬度较低的版材,瓦楞纸质量较好且需印刷小字、网线版时,选用硬度较高的版材。用厚版印刷时,印刷压力过小,印刷基材易产生瓦楞状和"搓板"样的图案,影响实地和加网线数高的印刷品质量;印刷压力过大时,印刷基材易变形以至损坏,引起树脂印版变形和网点扩大。在相同的印版厚度和速度下,硬度较高的印版,印迹无明显扩大,但同瓦楞平行的边缘印迹欠实,硬度较低的软版,印迹结实,但同瓦楞平行的边缘有扩张。

美国R/bak气垫式衬版技术是目前应用较多的衬垫技术,其可以有效地防止印版的变形以及瓦楞纸的破坏,使墨层更均匀,印刷阶调层次、清晰度更好。使用时只需将含有微孔气泡的衬垫置于柔性版的背面一同贴于滚筒上,在印刷时气垫衬层具有缓冲压力的作用,并且吸收印刷基材、印版和印版辊之间产生的压力。对过大或过小的印刷压力而引起的网点增大和瓦楞纸的变形、损坏,均可以减少甚至消除,而且对于跳动过大的印版辊有独特的补偿作用,对各种瓦楞纸有良好的适应性。因此,气垫式衬版技术逐步取代传统的厚型印版。

柔性版印刷机的主要特点是墨路短,而网纹辊是传墨、匀墨的关键部件。网纹辊上墨孔的结构和线数决定了网纹辊的传墨性能和使用范围。在瓦楞纸板柔印中常采用网纹辊线数为180～300线/in，网点线数与网纹辊的线数比为1：4～1：5。另外，多数瓦楞纸板柔性版印刷机的滚筒排列是压印滚筒在上，印版滚筒在下，对纸板的底面进行印刷，使承印面上的灰尘和碎纸可自然下掉。

瓦楞纸板印刷后，根据各种包装箱和盒的设计要求，采用相应的模切方式和制箱设备进行模切，最后生产出所需的产品。

激光在软包装制袋业中的应用

罗小明

激光技术作为一种新兴技术，这几年被广泛应用于金属切割、焊接；产品打标；工艺品雕刻；电路板打孔；半导体切割等众多制造领域。随着工业用激光器寿命不断延长，成本逐步降低，激光技术将进入更多的加工领域，成为重要的加工手段。软包装袋加工中应用激光技术也有广阔的前景。

软包装袋为方便客户打开包装，一般采用两种方式制造易撕口。一种是在包装袋一边或两边冲打易撕口，客户沿冲开的缺口撕拉打开包装；另一种是在包装袋一边或两边用齿形刀切割齿形边，客户可由齿形边撕拉开包装。这两种易撕口均为机械冲压或切割形成，但有两个不足：首先要经常维修更换模具、刀具；其次不能控制客户撕开后撕裂线的走向，往往不能沿产品设计的撕裂线撕开，许多人都会撕开软包装袋时将整袋撕坏，使包装物泄漏。软包装袋加拉链的包装形式对易撕口的撕裂走向有更高的要求，一旦撕裂方向不受控制，很容易撕坏拉链，碰坏拉链袋功能。

欧美发达国家近两年开始用激光技术切割易撕线，这为软包装袋易撕口的加工提供了新的方法。这种方式是用激光光束在设计的易撕线处均匀的切割出一条深仅若干微米的细线，该线破坏了复合膜的外层包装，保留内层包装，既不破坏包装功能，又能撕裂时可以规则地沿易撕线撕开。由于这种加工方式极大地方便了客户使用，很快在欧美发达国家的软包装袋上广泛应用。

中山市新宏业自动化工业有限公司在国内率先开发成功激光易撕线切割系统，并已在数家大型软包装厂家应用。他们开发的该系统安装于分切机或复卷机上，利用分切机或复卷机放卷、纠偏、张力控制，收卷等功能，实现制袋前在卷膜上打好易撕线，达到一机多用的目的，该系统由以下几部分组成：

(1) 激光器。采用美国CO_2射频激光器，其功率稳定性在2%左右，可以稳定地输出能量，保证包装膜上的易撕线深浅稳定，既保护底膜不被切伤，又可靠地切断了外层膜，利于撕拉。该激光器寿命大于20000小时，并可重新充气多次使用。

(2) 激光传导聚焦光学系统。该系统使激光器发出的光束传导至聚焦镜上，由聚焦镜将光斑聚焦至直径0.1mm以下，很细的易撕线不影响包装膜的包装功能。

(3) 计算机控制系统，该系统能方便地调整功率大小，控制切割深浅，还能调整切割线上光斑的间隔距离，形成点状线，点状线或直线条不同的切割效果，并能存贮工艺参数供以后加工时调用。

(4) 直线导轨调整系统。该系统用于安装聚焦镜头，使聚焦镜头能运动至膜卷宽度上的任一位置固定，可在任意位置切割易撕线。

(5) 水冷机组，用于激光器的冷切

该切割系统已经多家厂家使用，可靠性高，使用方便，速度可达100m/min，利用该系统切割的易撕线质量被美国箭牌公司等多家国际公司认可。

随着激光切割易撕线的推广，圆形易撕线，斜角易撕线等产品也会很快产生，必将丰富软包装的产品，极大地方便用户。

真空镀铝薄膜的现状及发展趋势

金　园

1. 镀铝及软包装

在过去的几年里，镀铝膜在软包装的应用上有了大幅度的增长，其市场之所以得到迅速扩大，主要原因在于镀铝膜的技术因素及加工制造的经济因素、环保因素。

2. 高真空镀膜的基本原理

高真空镀膜是指在高真空状态下，通过高温将铝线熔化蒸发，铝蒸气沉淀吸附在柔性材料表面，使这些表面具有金属光泽，形成一层保护层，具有技术上的特性，从而能够适合软包装最终产品的特定用途。

需要蒸镀的薄膜材料，放置在原料处，薄膜按照一定的方式穿过一系列的导辊，被连接在收料轴上放入密封的真空腔中，采取三级真空泵抽真空，当真空腔中的真空度达到 10^{-4}托以上时，预先安装好的蒸发舟开始升温加热，达到 1400℃以上后，铝线开始熔化蒸发，镀铝基材以 400～600 米/分的运行速度，通过布满来自蒸发舟上的铝蒸发的区域时，铝蒸发被吸附积在薄膜表面；经过镀铝的薄膜温度一般都很高，因此需要冷却，否则薄膜的形状和性质都会发生改变，给用户的使用带来意想不到的问题，因此我们采用能达到零下 5℃～零下 10℃的冷却系统来冷却，经过冷却的镀铝膜温度可控制在适当的范围内：我们采用红外线自动膜厚检测仪来检测镀铝膜镀层的厚度；利用其他先进的检测仪器来检测镀铝膜外观等其他指标。

3. 镀铝膜的特点

(1) 外观：因为镀铝膜具有很高的金属光泽和良好的反射性，在软包装中使用镀铝膜能与油墨形成强烈的色彩反差。增加光线的反射，使包装产生非常夺目的光学效果，增加产品的美观程度。

(2) 阻隔性：薄膜经过真空镀铝后，能大大提高薄膜材料的阻隔性，对于一些需要延长保存期的产品，使用真空镀铝膜的软包装是一个不错的选择。

(3) 低成本及良好的加工性能

与铝箔相比，VMPET 有较大的价格优势。成立相当于只有铝箔的一半。

镀铝薄膜基材具有良好的物理机械性能。在复合加工中不容易出现揉曲、皱折、断裂等现象，有利于提高生产效率和合格品率；镀铝膜具有导电性，在加工过程中可以避免因为静电所造成的质量问题或故障，便于安全生产，特别是在包装粉状物品时，因为镀铝膜能够起到消除静电的作用，保证了封口性能的良好性。

(4) 符合环保要求

镀铝产品消耗的主要能源是电力，在生产过程中不会产生废水、废气，残留物氧化铝可以回收再利用；另外镀铝时沉积在镀铝膜表面的铝非常少（一般只有 350～400 埃），因此可以认为没有改变其基材的本质；从环保的角度看，已镀过铝的薄膜仍是一种“单一材料”，所以它们可以更容易地被分类，以循环生产或焚化处理。

真空镀膜的发展趋势：

1. 真空镀膜机的发展趋势

· 宽幅化；

· 高速化；

· 自动化。

2. 纸镀铝：因环保因素，纸镀铝的品种和产量将有较大的发展。

3. 图案镀铝。

降低瓦楞纸箱生产成本的有效方法

鲁　文

成本是很多纸箱企业最关心的问题之一，在保证质量的同时，最大限度地降低生产成本，能让企业在激烈的市场竞争中站稳脚跟。提高及保证瓦楞纸箱质量和降低成本可从以下几方面入手。

首先是合理选用质量好、克重低的原纸。生产的实践表明，不管是生产出口纸箱还是内销纸箱，所使用的原材料（箱板纸和瓦楞原纸）要占整个纸箱制作成本的60%以上。因此，根据所生产的纸箱的质量要求，选用合适的原材料，直接关系纸箱质量和企业的经济效益。抗压强度是纸箱实际使用性能的最好尺度，是纸箱生产企业和纸箱用户对其质量考核的首要指标。从相关的理论和计算公式可知道，在选定了瓦楞纸板的厚度和确定了楞型和纸箱尺寸后，纸箱抗压强度（BCT）完全取决于瓦楞纸板的边压强度（RCT），特别是瓦楞芯纸的环压强度，因为瓦楞芯纸起了支撑纸箱的支架作用。因此，要提高瓦楞纸板的边压强度，除了选用好瓦楞纸板的楞型和瓦楞形状以外，还应该选用好原材料的等级和克重。以往不少纸箱生产企业所选用的是等级较低或克重较高的原材料，而且生产的瓦楞纸板以较厚的AA楞型和较落后的CC楞型、UU形波峰居多，其瓦楞纸板外观显得既笨重又不美观。出口纸箱中70%采用了双瓦楞纸板，而国外或国内的三资企业大多采用等级高、克重低的原料，生产出的瓦楞纸板其边压强度等物理性能完全能满足制作出口纸箱的要求。如果用低等级高克重的瓦楞纸板来制作纸箱，为了保证纸箱的物理性能，必须提高瓦楞纸板的克重，从而消耗大量的原材料，导致了成本的增加。

纸箱用料选配要注意以下几点：

(1) 避免选用等级低的原材料。如果纸箱企业选择等级低的原材料来制作瓦楞纸板，必然会遇到因原材料的同门幅两边紧度张力不一致、同门幅厚薄克重不均和同一卷筒纸的内外水分不一致等质量不稳定因素，造成原材料环压强度不稳定，从而降低瓦楞纸板边压强度和纸箱挤压强度。因此，特别是出口纸箱用料的搭配应避免使用等级低的原材料。

(2) 选用低克重的原材料。进口原材料除了质量上比国产原材料好以外，还具有一个很大的优势，即原材料克重低，一般箱板纸为175～300G/m²，瓦楞原纸为105～127G/m²。

(3) 选用不同特性的国产瓦楞原纸。国产瓦楞原纸生产的原料，一般北方以麦秆浆原料为主，其纸特性为抗压强，但纸质较脆，抗张能力差；而南方以废纸浆为主，其纸特性为抗张能力强，但纸质较软，抗压能力较差。制作AB楞型的双瓦楞纸板时，对瓦楞纸板边压强度的影响，A楞瓦楞芯纸大于B楞瓦楞芯纸，因此，要求接近里纸的A楞型瓦楞芯纸应选用环压强度较高的北方纸，而接近面纸的B楞型瓦楞芯纸可用北方纸或南方纸。

在纸箱生产过程中选用优质高强、低克重的原材料是提高纸箱质量和降低成本的有效途径。"面纸轻磅化，芯纸重磅化"是目前国外纸箱行业普遍采取的做法，是降低生产成本，提高产品质量的有效途径。

影响瓦楞纸盒成功印刷的因素

徐坤元

2002年11月3日～7日在芝加哥举办的包装行业研讨会及展览会（PackExpo）上，展出了各种使用不同衬纸、纸板加工的折叠纸盒和纸箱，可以满足更广泛的印刷需求。成功的印刷方式是用一种可控制的方式将油墨转移到承印材料上，印刷的内容有文字、实地和半色调图像。为了在印刷过程中获得稳定的印刷效果，一定要确定并控制好影响油墨、印刷工艺和承印材料之间关系的纸张性能，这一点非常重要。

首先我们要区分纸张和纸板之间印刷性能的主要差别。纸张的易走纸性对于印刷或印后加工过程的顺利完成起着很重要的作用。影响走纸的主要因素包括纸张的平整度、抗撕裂强度、硬度、油墨吸收性、尺寸稳定性、表面强度、张力和厚度。

印刷适性是纸张是否能稳定地复制图像的一种性质。其中包含色彩密度、实地输出的平整性、色调范围、色相和油墨传递性能。为了达到较好的印刷适性以及衬纸和瓦楞纸板的走纸性，必须要了解相关的纸张性能。

表面特性

印刷品质量受纸张、衬纸、纸板的表面特性的影响，如其光学外观、油墨吸收性、纸张渗透性、结构和厚度等。衬纸材料或纸板的表面特性与很多因素密切相关，包括所使用的纤维的自然特性、生产过程中的加工方法、构成形式、涂布或后加工程序等等。影响印刷质量的最重要因素之一就是纸张的表面结构，通常指表面的平滑度或粗糙度。

纸张的光滑程度主要由纤维的形态控制。磨光、涂布或上光等后加工过程可以获得某种特定的表面结构。这些因素也影响着纸张的吸收性和渗透性，以及最终的油墨附着性。

纸张的厚度随着纸张设备和原材料加工方式的不同而不同。厚度直接受潮湿成分、潮湿端承受的压力和磨光程度的影响。沿纸卷方向具有均匀的厚度是获得稳定印刷效果的重要保证。

纸张中厚度的变化将导致印刷过程中出现输出结果不均匀和网点过分扩大等问题。

纸张的松密度确定了纸张中空气和坚实成分的比例。这种关系对于确定最终使用何种纸张或衬垫材料是非常重要的。

可压缩性是指当纸张表面垂直遭受一定的压力后纸张厚度减少的程度。可压缩性实质上是指强度性能，它影响了油墨的传递。可压缩性受硬度、密度和组分等因素影响。

吸收性

吸收性是指液体（油墨）通过毛细作用进入到纸张中的比例。它由纸张的松密度决定。纸张的构造呈现很多微小的通道和毛孔，毛细管作用要依靠纸张的表面能量和油墨的表面张力及粘性之间的关系发挥作用。

较松的纸张表面比较开放，有很多大毛孔，可以吸收油墨的颜料和连接料。而经过高度研光的纸张可能只吸收连接料。油墨在衬纸或纸板中的吸收程度是非常重要的，它实际上是油墨和纸张之间传递信息的对比。如果颜料仅仅在承印材料的表面而没有被吸收，油墨就可以有效地吸收光线。吸入衬纸（瓦楞纸）的油墨越多，就会有越多的图像损失。印刷原色油墨一旦被吸收就会失去光泽，有时甚至显出不同的色彩。黑色会失去亮度，有时甚至呈现灰色。而同样一种油墨印刷在经涂布过的、吸收性较小的材料表面会表现出不同的色彩。因此，纸张保持油墨的能力有着重要的意义。

油墨的吸收能力也表同在密度方面。吸收率主要依赖于组成材料的成分、填充料的成分、尺寸、精炼的程度、研光程度、密度和表面涂布等因素。非涂布纸张的密度通常比涂布纸张的密度低。

墨膜、粉尘、化学构造

实用的墨膜应该比材料表面的粗糙程度更厚，保证油墨平整的沉积。现代的光敏聚合印版系统具有 Shore-A 的硬度，可以克服不平整的纸张表面结构。但是瓦楞纸柔印印版的柔软性不能达到这个硬度，这样会产生过多的网点扩大。

印版下面的 PET 材料经常出现与印版、胶带和瓦楞纸泡沫材料搭配不得当的情况，很可能导致网点扩大严重。瓦楞纸印版越软，印刷机就越容易克服表面粗糙的问题；但印刷元素的清晰度也会随之降低，图像元素就好像被压缩到一起一样。

另一方面，印刷过程中使用较厚的墨膜传递导致网点扩大严重。墨膜越厚，越难干燥。延长干燥时间又导致印刷速度降低，增加成本。柔性版印刷中常常采用低粘度的油墨。这样，连接料的灵活性更强，可以更快速地进入到涂层中，将颜料留在表面。图像失去光泽度，颜料可以很容易从表面擦掉。这种情况在使用劣质衬纸的瓦楞纸直接印刷中很容易出现。因此，保证衬纸的吸收性与油墨的流变能力相匹配是非常重要的。

粉尘显然是另一个与印刷过程相关的印刷适性问题。粉尘是纸张表面和边缘的小碎片的附属品。如果没有使用油墨过滤装置，灰尘和污垢就会在油墨中聚集，从而转移到印版上。这种现象就是“脏输出”。

纸张的化学组在也对印刷适性有一定的影响。衬纸中过多的酸性会影响油墨的干燥速度。通常来说，非涂布衬纸材料的 PH 值应该在 5 或 5.5 或稍高一些，涂布材料的 PH 值应该在 7～8.5，才能保证最优化的干燥时间。

衬纸（瓦楞纸）材料

总的说来，目前印后加工所采用的衬纸材料通常分以下几种：

1. 牛皮纸瓦楞纸经常用于表面纸张有很强的

抵抗性的场合，或者包装需要具备很强的抗撕扯性的时候。这种衬垫通常应用于A、C和B型瓦楞纸。

2. 测试衬纸是一种由废纸回收制成的有效的廉价衬垫。它由两层组成：一层较厚的底基和一层吸附性较好的外层。这种衬垫也主要应用于A、C和B型瓦楞纸。

3. 装饰性衬纸。在非涂布、半涂布和完全涂布衬垫之间有一个选择，通常是指装饰性衬纸。上面白色的衬纸为产品提供了一个可以达到最有吸引力的印刷质量的合适表面，特别对于有多种颜色的图像设计。装饰性衬纸越来越多的应用于B、E和F型瓦楞纸。

用于后印的光敏聚合印版

在瓦楞纸后印工艺中，光敏聚合印版具有很多基本的性质，这些性质取决于印刷过程的自然特性、底基材料和印刷过程中的外界条件及因素。

各种不同衬纸材料、纸张和纸板的质量、油墨特征、网纹辊参数和设备局限性等考虑因素，以及纸制品加工行业中使用的其他产品，在印刷加工技术的概念和改进过程中占有十分重要的地位。光敏聚合印版由四个主要部分组成：交联剂、单体、光引发剂和添加剂。这些成分的变化和选择以及其性能和相互关系在印刷性能中起着至关重要的作用。用来生产光敏聚合印版的成分对水基油墨系统的选择有很大的影响。油墨的传递性和遮盖性、印版的分辨率、稳定性、抗氧化性和印刷相关性能（设备速度的局限性）等是开发改进光敏聚合印版时应该考虑的主要问题。

印版的必要条件

新型光敏聚合印版的开发受到高网目印刷效果、高分辨率网点以及实地油墨传递等问题的挑战。最后，印刷企业只好在不同的纸袋、衬垫背衬和衬垫材料组合时采用不同的光敏聚合印版，导致各种不同的组合方式。这是为了最大限度地利用特定印版的特性优势，特别是硬度和油墨传递能力，来适合一种特定的应用和特定的底基。

为了实现印刷质量标准化，瓦楞纸印刷厂越来越多的使用更薄的光敏聚合印版和两种标准测径器：3.94mm（0.155英寸）和3.18mm（0.125英寸）。对于印版来说最常用的标准是产生平滑的密集的油墨传递以及低网点扩大。

另一个需求是精确并清晰地输出精细反转片和线条元素、减少填充元素以及较难色阶的平滑印刷。必须达到规格上的最小公差。印版的硬度不能超过E或F型瓦楞纸42ShA（ISO）和B、C或A型瓦楞纸34 ShA（ISO），以克服纸板的表面结构问题。与此同时，印刷厂需要较高的印版弹性，以减少对衬托纸性能的要求，减少停机时间，便于印刷压力的设置。

制版人员都希望缩短清洗时间、减少干燥时间，以提高输出量和生产能力。希望有较长的背曝光时间以拓宽预曝光的范围，同时将UVA散发期间波动的影响减到最小。此外，还需要有较短的表面曝光时间和较长的主要曝光范围，以提高效率。数码印版通常有不同的需求，而这些印刷系统也同样要满足不同的需求，以实现更清晰的印刷效果。

受特定印版成分的选择的限制，印版及其性能有一定的局限性。这些局限性与上面提到的很多需求都有冲突。这些冲突的需求往往不能仅仅靠油墨成分、改变印版、加衬垫或调整设备等方式解决。原色的组合往往必须转化成满足大多数需求。这些元素的范围包括从印版成分到应用到印刷生产等多个方面。

可压缩衬纸

为了在印刷过程中降低印版变形的整体程度，传递的纸张下面普遍采用可压缩衬垫材料。可压缩的泡沫材料可以吸收大部分额外的印刷压力，改善了印刷质量。

泡沫材料的可压缩性和记忆性影响了上面的光敏聚合印版的油墨传递性能。泡沫的厚度不应该比使用的印版材料的厚度更大，以防止任何系统可能出现的不稳定因素（可能导致印刷效果不均匀）。

印后加工应用中的印刷质量

印刷质量可以与胶印覆膜的质量相媲美，这成为大多数后印纸制品加工企业竞争新型利润更高商务的基准。瓦楞纸板走纸性的不断增强、设备停机时间的不断减少以及衬垫表面印刷适性的改善都刺激着印刷企业不断改进纸板生产、寻求更可靠的纸张一致性、更好的油墨传递性、减少网点扩大特征，以及采用更高的设备速度。

为了满足瓦楞纸印后加工应用中最新的质量要求，油墨应该传递最少的量，保证网点扩大最小，并获得所需要的密度，材料成本降低到最小。

随着新型高质量瓦楞纸板印刷机的推出和更精细网纹辊系统的应用，出现了在印后加工过程中使用数字印刷印版的机会，主要用于印刷E和B型瓦楞纸的半涂布白色表面衬纸。0.112英寸和0.125英寸厚度的数字瓦楞纸印版都可以提供令人满意的效果。

软包装材料透气性测试与控制的应用

张红普

软包装材料的透气性研究的提出

传统的金属、玻璃包装对氧气和水蒸气等具有完全不渗透性能，是食品、医药等包装的最好材料，但是随着包装技术的不断发展，能够提供保质、保鲜、保风味以及延长货架期的高阻隔塑料包装材料，因为它们成本低、重量轻、耐冲击、透明、可微波加热、方便、包装设计选择余地大等已成为金属、玻璃包装材料的强有力的竞争者，在食品、医药等包装工业方面获得了迅速发展和广泛应用。

塑料软包装材料主体结构时塑料聚合物，对气体有一定的渗秀性，因此并未能完全代替金属、玻璃包装。但高阻隔材料可以有效的防止氧气侵入使商品氧化变质；防止水或水蒸汽的渗透使商品受潮变霉；防止香气、二氧化碳和异味的透过使商品变质。

随着食品软包装工业的发展，气体包装、气调包装亦得到了广泛的应用，其中最常使用的气体为O_2、CO_2、N_2。根据气体的理性变化，作为食品包装防腐保鲜的介质，N_2和CO_2能够抑制细菌、微生物、真菌的生长和繁衍，减缓食品氧化作用和呼吸作用。N_2和CO_2能够阻隔食品的氧化作用，防止食品内油脂成分的变化而变质，但包装内部气体都会或多或少的渗透。

软包装商品内的气体与大气通过包装膜进行气体交换，气体浓度不断变化，气体渗透速度受包装内混合气体的分压影响，且受环境温度的影响，因此，气体渗透是非稳态的。

这些问题的解决都需要对软包装材料透气性有定量的分析，因此，对软包装材料透气性（或阻隔性）的测试研究在包装测试中越来越重要。

软包装透气性测试的状况

1. 软包装材料透气性的测试的几种方法。根据测试气体透过薄膜的压力变化、体积变化和浓度变化，塑料薄膜透气性的测试方法有压力法、体积法和浓度法，以及用气相色谱仪的气相色谱法和热传导法。现在透气性测试仪大都采用压差法。

2. 我国透气性测试的标准状况。我国积极引进国外先进标准，早在1970年就提出了标号为GB/T1038-70的“塑料薄膜透气性试验方法”国家标准。该标准是采用压差法原理。2000年提出了GB/T1038-2000的“塑料薄膜和薄片气体透过性试验方法”也是压差法，本标准修订后与原GB/T1038—1970《塑料薄膜透气性试验方法》的主要差异在于：

(1) 本标准的适用范围由原标准的塑料薄膜扩展为塑料薄膜和薄片；

(2) 本标准只对仪器的工作原理和要素进行了必要的规定，未对仪器作具体要求，同时明确了仪器可携带计算机运算器。

(3) 因国家禁止使用“atm（大气压）”为压力单位，故选用了国家允许使用的压力单位“Pa（帕）”；时间单位与ISO 2556取得一致，修订后以“d（天）”为计量单位。

软包装材料压差法

透气性测试的原理与技术

压差法的测试原理是在一定的温度下，试样两侧保持一定的气体压差，测量试样低压侧的气体压力变化，计算透气系数和透气量。

透气性的检测对象是微观气体，膜的透过也是微乎其微，因此如何保证测量准确是衡量测试仪器的关键。

济南兰光BTY-B1透气性测试仪的技术处理：

1. 参考国家标准GB/T1038-2000，采用压差法，可以测量O_2，CO_2，N_2等多种气体，可广泛应用于软包装企业。

2. 使用国际最先进的微差压传感器和高端的SMC气动元件，保证测试精度，稳定可靠，操作安全。

3. 整个测试过程，由计算机分步双向控制，确保测试结果准确。

(1) 参考阀关闭等待

参考阀关闭等待时间的设定(xxxS),是对系统采样处理的一种操作。从理论上说,在参考阀关闭的一段时间内,参考和测试两端的压力是不平衡的,并且两腔的压力是呈阻尼波动趋势,最后达到一种新的平衡点。参考阀关闭等待时间的设定是取出新的平衡点,并且滤除由于电控、气控阀的动作带来的干扰。

(2) 门槛测试

通过设置门槛值(xxxPa),使膜片达到测试时近似线性的初始值,具有消除系统初始干扰的作用。

(3) 等待

该值的设定,用以对膜片近似透气量的预测,在等待值的区间内,系统会自动跟踪测试腔内压力值的变化,从而估算出所测试样的透气量、透气速率。然后系统根据用户所设的上限值,计算出该试验过程大概需要的时间以及该段时间内,测试腔内所能达到压力值,即该测试过程纵横坐标的长度。在等待的区间内,还可以对系统各方面的干扰加以滤除。

(4) 正式测试

实时显示时间与压力的曲线,计算出透气量和透气系数如图1。

4. 校准使用标准的高精度(5‰c)压力校验仪,直观、精确、方便。避免使用标准物质,因为标准物质的保存要求极为严格且很难溯源。

BTY-B1 透气性测试仪测试过程

1. 试验条件试样及预处理

1.1 试样120×120mm的方块;试样无皱褶、表面清洁;每组试样3个;试样在无水氯化钙干燥器中干燥24h,或按产品标准规定处理。

1.2 温度:25±2℃或按产品标准规定。

1.3 气体种类按使用要求选择,使用99.99%高纯O_2,N_2,CO_2或其他气体。

2. 试验步骤

试样放在粗滤纸(直径66mm)上,密封于透气室中,打开气源,启动试验测试软件主界面。

结束后,弹出透气性测试仪报告。

透气试验应注意的事项

1. 所测的膜片的本身物理特性不能被破坏(如:平整、无划痕、无穿孔、表面无其他附着物、无弹性或非弹性拉伸)。

2. 膜的透气性与试验温度、湿度有关。试验温度”是计算公式中的参数之一,要保证实验室的温度稳定,以减少试验误差。膜的透气性和膜的湿度有直接的关系,在试验之前要对膜进行严格的干燥处理。

3. 单层膜,正面与反面测试结果一样,测一面即可;涂覆膜、复合膜多层共挤膜等正面与反面应分别测量。

透气性测试数据的应用

1. 可用来指导包装膜的生产

(1) 可合理选用包装膜的成分,包括基础树脂如LDPE、LLDPE。

(2) 可合理选用复合膜的层合结构。

(3) 可选择阻隔涂层材料如PA、PVDC;其中PVDC是目前唯一被美国FDA认可与食品接触的高阻隔透明材料,以BOPP为例,涂覆后透氧率降低1000倍。

(4) 进行阻隔涂层的工艺研究,根据需要可以是单面、或双面,也可多层涂覆阻隔层。或进行涂层方法选择如真空镀铝、物理或化学沉积法涂覆氧化硅等。

2. 作为使用包装膜的企业

(1) 可以进行来料逐批检验,每批产品达到要求的标准,这样可以确保包装好的商品每批均可达到要求的保质期,避免企业信誉受损,杜绝客户投诉,提升企业形象。

(2) 有助于合理选择包装膜的厚度,节约成本。

(3) 为确定包装产品的保质期提供有效依据。

实现瓦线运行速度 必须疏通四个环节

关 阳

大部分企业的瓦楞纸板线都没有达到规定的运行速度,是什么原因导致了这种现象?

近年笔者了解到大部分企业的瓦楞纸板线，平均运行速度偏低，普遍在300m/min之间徘徊，距设备的经济速度相差很大。为此，企业不是与设备制造商扯皮，就是自我改造，结果好端端一条流水线搞得面目全非也未达到理想的效果。那么影响瓦楞纸板线运行速度的症结究竟在哪里呢？

笔者就此谈些看法，与同行探讨。

一、设备先天不足

由于购买设备时对其性能构造缺乏了解，或者贪便宜购买了设计制造不太成熟的设备，主要表现为：

1. 瓦楞机热能利用率低或者根本无法满足180℃生产所需温度（供热配套缺陷，热能损耗高即外吸式真空吸附装置设计不合理，带走一定热量，供热补给又不足）。

2. 瓦楞辊：直径280mm以下。虽然某些设备说明书上标明经济速度600m/min，但实际生产根本就无法达到。有的商家瓦楞辊直径320mm以下也标明经济速度可达10080m/min，其实为欺骗性宣传。

3. 预热器缸径低于600mm，且无调节纸张预热包角装置，无法对原纸充分预热。

4. 烘干机热板过程（不足9m），对双面机涂胶后的纸板烘干不充分，粘合胶糊化不良，速度稍快即造成大量纸板脱胶过软。

5. 冷却部分短小，压载浮辊稀少（间距超过200mm），对纸板水汽散发、定型、充分粘合不利。

二、原纸质量不符合生产要求

片面追求低成本，贪图便宜购进拉力差、水分大、无韧性、灰尘多不符合质量要求的原纸，将这些连最低国家标准也谈不上的原纸应用于生产，会带来什么样的后果可想而知。

三、胶液质量差与涂胶量不当

未能根据纸张的渗水性、环境温湿度灵活配制胶液，或使用变质稀薄且有大量泡沫的胶液，或担心纸板粘合不良而故意加大涂胶量；忽视了车速、单面瓦楞纸板的充分预热以及烘干机的温度等因素，造成单面瓦楞纸板吸水过多变软。为了确保纸板的粘合和挺度，烘干机不得不减速慢行。

四、技术力量薄弱，缺乏团队意识

合格的技术人员严重匮乏，各关键工序的操作人员对设备的驾驭能力不够娴熟，缺乏对员工必要的培训。即使各关键工序的技术人员水平不低、但缺乏良好的团队意识和协作精神，也会影响纸板箱的生产运行速度。

解决以上问题关键是根据企业自身条件因地制宜，因人制宜。倘若企业近期无力设备更新换代，可考虑技术改造。要首先确定设备缺陷所在，对症下药，切忌盲目。在瓦楞材质的选用上须走出“捡芝麻丢西瓜”的误区。根据专家的意见，瓦楞纸板线运行速度60m/min以上，所用原纸质量标准是不能低于B级的；胶液的优劣对纸板线运行速度尤为重要：高速运行纸板线（100m/min以上）、胶粘度40-45S（涂4标测量），淀粉与水之比以1∶6～1∶7为宜。欲达到理想的车速还要对用纸环境湿湿度等综合分析，灵活配制胶液。

最后强调企业应倡导“以人为本”的理念。员工技术水平、素质乃至团队意识、协作精神，这些常挂在企业领导人嘴上的话真正实行起来并不简单。如何去培养人才、留住人才，并让其最大限度地发挥能力，取决于企业的用人机制和企业的凝聚力，给人才以良好的发展空间。

军品包装的研发

杨虎林

军工产品包装材料的研发要根据我国国防战略和后勤保障特点来进行。特别是陆海空天电磁五维一体的现代化战争和高新技术武器装备对军品包装提出了更新更高的要求。本文根据某兵工企业的研制开发实践，着重对军品包装的阻隔水蒸汽渗透（防潮）、防静电危害、防电磁干扰、防菌侵蚀、防机械损伤、防盐雾等防护功能作了简要介绍。

1. 防水蒸汽渗透

军工产品如火药、炸药、起爆药等敏感材料及由其组合而成的弹药极易受潮变质；电子仪器及芯板、精密枪械、仪器仪表等受潮易生锈或发生霉菌侵蚀现象。国军标 GJB2605-96 规定，军品包装材料水蒸汽渗透率$<3g/m^2\cdot 30D$才能满足军工产品长期（20年以上）存储的性能要求。

2. 防静电危害

军工产品中电子器件的高度集成，集光、电磁控制、精密器械于一体的瞄准、制导、监视、预警、指挥、控制系统武器装备，和引信、火工品、弹药等易燃易爆敏感品在生产、存储、运输、使用过程中，由于摩擦、撞击、接触、分离等产生静电积累并放电，导致武器系统失去战斗力甚至燃烧爆炸，造成不可估量的损失。国军标 GJB2605-96 要求，军品包装材料内表面电阻率$\leqslant 10^9\Omega/\square$，外表面电阻率$<10^2\Omega/\square$；静电衰减时间<2S；静电屏蔽<30V 才能防止静电积累带来的危害。

3. 防电磁干扰

随着电子对抗技术在现代战争中的使用，战场的电磁环境日益恶化。海湾战争和科索沃战争表明，电子战已突破了通讯、雷达等以自卫为目的的干扰范畴，进而发展到指挥、指控、光电及计算机等诸多方面的对抗。当电磁波穿透武器系统的敏感器件时，其危害极像静电放电，使武器装备瞬间失去战斗力。电子对抗技术的使用，促进了防电磁干扰包装的研制与使用。国军标 GJB2605-96 规定：电磁干扰衰减>25dB。防电磁干扰包装材料对电磁波进行有效地衰减及屏蔽作用。

4. 防菌侵蚀

真菌种类繁多，要根据不同菌种对环境温度、湿度、养分等的不同生长要求针对性地控制。如通过防潮并保持包装内相对湿度小于65%来抑制霉菌生长；通过充氧密封包装抑制厌氧菌生长；采用真空、充惰性气体、特殊处理等包装方式对其它菌种投其所“恶”，抑制其生长。

5. 防机械损伤

军品包装材料必须具有足够的机械强度，才能保证军品在堆码、装卸、运输、存储过程中发生挤压、摩擦、撞击、震动、跌落而不致损伤。故在军品包装的设计过程中，要根据军品的特殊要求，选用机械强度好的多层材料优化组合，增强包装材料的机械物理性能，如断裂力、直角撕裂力、耐摩擦、耐戳穿和缓冲性能等，才能保护军品不受损伤，利于长贮。

军品包装的研发还要针对其与军品的相容性、环境温度（−45～55℃）适应性和长贮（20年以上）性、耐老化性来进行，保证军工产品在各种恶劣的自然环境中仍能保持战斗力。军品包装的封合方式要多样化，既便于勤务处理，又能发挥其可靠的防护功能。某兵工企业紧紧围绕以上要求，研制开发了性能优异的军品包装材料，批量生产且被我军列装，取得了瞩目的国防及军事效益。

药品包装的要求

罗小明

1. 药品包装中特别要求的性能有：

◆ 保护性

A 机械强度：冲击强度、压缩、抗拉强度、破裂强度

B 隔离性：防潮性、气体阻隔性、遮光性、保香性

C 稳定性：耐高温性、耐光性、抗寒性、抗化学腐蚀性、耐老化性

◆ 安全卫生剂——不含有害物质及毒性添加剂，不产生杂质。

◆ 非反应性——不与内装药剂发生反应或吸收。

◆ 作业性——适合包装设备加工。

◆ 简便性——易开封。

◆ 商品性——透明、光泽度。

◆ 易废弃性——体积减少，环保性好。

◆ 经济实惠性——生产效率性、包装基材成本低等。

医药品有些需要5年保证期限，特别对于吸潮

或氧化易变质的药品，要求包装具有很高的阻隔性。而氧气阻隔性中 $0cc/m^2$ 和 $1cc/m^2$ 之差在 5 年内结果相差很大而出现问题。如果 0cc 和 1cc 之间的变化都不行，就需要求很高阻隔性包装基材，而且基本都采用铝箔组成。

2. 在药品包装中尤其要引起注意的问题：

(1) 防止杂质混入：所谓杂质，是指昆虫、毛发、粘附异物、污物混入、材料碎屑等。

(2) 防止臭味：不允许产生印刷油墨、胶粘剂残留溶剂及封合层的异味。

3. 药品的包装基材构成：

(1) 粉剂的包装基材构成：按粉剂(颗粒状)的吸潮性和遮光性的档次程度分类。

(2) 药丸的包装：过去对药丸多采用 SP 包装和 PTP 包装方式，而近来八成以上是采用 PTP 方式。此外，SP 及 PTP 的集中包装方式有：

① 阻隔性要求水平低的：PE 光膜(70—100μm)

② 阻隔性要求水平中等：PET/PE/AL/PE，KOP/PE，KPET/PE

③ 阻隔性要求水平高的：PET/PE/AL/PE(可以兼用干燥剂)

4. 药品的包装基材构成的更改

在更改新的基材构成时，必须对其包装基材作功能评价，检查与药品的反应性，与药品的吸收性(热封层吸收药剂的成分)。

(1) 阻隔性的评价：必须在 40℃×75%RH 条件下进行 6 个月的加速试验。由于必须实施如此占用时间的测试，所以其他基材代替现行铝箔结构的变迁进展很慢。

(2) 向卫生部门申请：改变包装构成时，必须收集数据向卫生部门申请批准。

5. 现行产品的基材构成。

通常情况下，小包药品的包装基材构成是 PT/PE/AL/PE 或 PET/PE/AL/PE。小包需要具备防潮性、分切性，多使用 PT(MST)材料。作为特殊结构，有大正制药公司的"PabRon S"(药品)。

构成：PET(12μm)—油墨//AL(9μm)//PAN(30μm)(规格 50×70mm)。该构成中热封层采用了 PAN(聚丙烯腈树脂)。PAN 可以直接接触食品，作为化妆品、药品及医疗器械的包装基材适合卫生要求。具有耐化学腐蚀性、气体阻隔性及保香性。而 PE 材料会吸收药剂的某些特定成分，但 PAN 不吸收成分且易热封加工。

水墨印刷故障与补救措施

刘家聚

该类油墨(为柔性凸版和照相凹版)在印刷过程中的其他故障与补救措施同凹版表印相同。

1. 色相不准

主要原因：

① 油墨本身不对；

② 油墨粘度过低；

③ 油墨体系共溶剂对树脂失去了深解作用或侵入酸性物质而分层或沉淀；

④ 油墨搅拌不均匀；

⑤ 油墨流动性差而转移不良。

补救措施：

① 掺入原墨或换掺油墨。

② 加入 3%～5%的乙醇或异丙醇或乙醇，再搅拌 3～5 分钟使其达到互溶，再调整其粘度。

③ 醇胺，再经搅拌，过滤后使油墨重新恢复墨性，尔后上机印刷。

④ 检查印版及墨辊是否老化或网纹辊堵塞，一般清洗印版和墨辊或重新制版或更换墨辊。

2. 难以着墨

主要原因：

① 油墨有触变性；

② 泡沫未消除(往往过量的消泡剂则会更难消除，而且还会产生缩孔)；

③ 溶剂易挥发。

补救措施：

① 墨桶打开后，应将油墨搅动 3～5 分钟(玻璃棒插入提起成线即可)再用；

② 补加 0.1%～0.2%的消泡剂或加入 5%～

15%的异丙醇使泡沫消失后开印(如果属松香树脂水墨,则加入价廉的无机盐水便可);

③ 添加适宜的溶剂(如乙醇或丁醚类)。

3. 成膜性差

主要原因:

① 油墨粘度高;

② 图文轮廓边缘不干;

③ 承印物(如铜板纸数)的吸收性较差;

④ 油墨干燥不好;

⑤ 印刷压力太大或太小。

补救措施:

① 稀释油墨;

② 调节印刷压力并重视垫版;

③ 调换干性好的油墨(或加乙醇或加乙二醇);

④ 调换承印物。

4. 图文压溃

主要原因:

① 印刷质量不好;

② 印压接触过紧;

③ 油墨粘度过高;

④ 油墨搅拌不匀。

补救措施:

① 垫版并调整印刷的高低平衡;

② 调整印刷压力;

③ 调整粘度并改用低粘度油墨;

④ 合理搅墨。

5. 套印不准

主要原因:

① 承印物的PH值与油墨的PH值差距大,尤其是表面张力不平衡;

② 第一道色压力过大或粘度过高;

③ 第一道色的油墨成膜平性太快;

④ 底色太光滑。

补救措施:

① 控制或选择表面张力基本一致或PH值接近的承印物;

② 第二道色的印压加重或第二道色的印压应轻或稀释第一道色的高粘度油墨;

③ 调整好第一道色油墨的干性,尤其是与第二道色油墨成膜的微复溶性(尽量不要使第一道色晶化,即镜面化未完全干透就印后一道色)。

6. 图文模糊

主要原因:

① 印版的质量不良;

② 油墨的粘度大;

③ 油墨的分散不好;

④ 印版和墨辊接触过紧。

补救措施:

① 印版要平整或光洁;

② 调节油墨粘度适量控制在25—35S/涂-4杯;

③ 充分搅拌油墨;

④ 调节印刷的压力。

7. 转移不足

主要原因:

① 印刷压力不足;

② 柔性凸版硬度不够,凹版(图文)太深或堵塞了网纹辊;

③ 纸张的水性过强;

④ 墨输磨损、老化;

⑤ 油墨流动性不良。

补救措施:

① 增加印压;

② 检查柔性凸版硬度应在42±3%的为好,更换凹版(要求版为25~45 μm之间更换弹性好的柔性版)或消除网纹辊,凹版里的堵塞物;

③ 使用憎水性较强的油墨;

④ 清洗印版干结的墨斑,并注意凹版生锈迹的表面处理。

8. 印膜无耐性

主要原因:

① 墨膜不耐水;

② 不耐光;

③ 不耐磨(指印刷油墨墨膜干后)。

补救措施:

① 调换新墨或补加树脂液(PH值控制在8~9.3之间);

② 更换耐光油墨或添加抗紫外线吸收剂;

③ 使用适量的油墨(如丙烯酸系或加入钙)。

9. 墨膜针孔

主要原因:

① 化学针孔(1)消泡剂不足或过量;(2)油墨冲淡过分;(3)低粘度的油墨着墨过多;针孔部位不同、大小不同及数量多少也不同;

② 机械针孔(版面粗糙或着墨辊有缺陷或不通心)针孔会在同一部位,相同面积,一样数量的重复出现。

补救措施:

化学针孔：

① 添加适量的消泡剂；

② 应掺入原墨。

机械针孔：

① 空印磨合一段或调换印版；

② 校正墨辊及调节印刷压力。

10. 油墨起泡

主要原因：

① 消泡剂不足或过量；

② 油墨冲淡过分；

③ 低粘度的油墨着墨过多；油墨抑泡剂不良或油墨的循环量不足；或管子漏气。

补救措施：

① 消泡剂应控制在0.2%左右；

② 增加油墨的循环量；

③ 更换管子或修补损伤处；

④ 油墨最好存放48小时后再用(待其泡沫消失并稳定后)。

11. 油墨胶化

主要原因：

① 用错溶剂；

② 与不同性质的油墨混合；

③ 贮存环境不良；

④ 油墨日久变质。

补救措施：

① 使用溶解性好的溶剂，尤其要适量加入助溶剂(乙二醇、乙二醇醚类；

② 选用同性能，同品牌厂家的油墨，进行调配其它色相油墨；

③ 调节油墨时计量放要准确；

④ 油墨用后密封贮存在通风透光的干燥处；

⑤ 调换油墨(在油墨里加入TM-3或无机盐类反胶化剂)。

12. 印版磨损

主要原因：

① 接触过紧；

② 油墨里有粗硬的颗粒；

③ 纸屑尘埃混进油墨(尤其是墨斗)；

④ 印压过重；

⑤ 印版质量差。

补救措施：

① 重新调节接触；

② 过滤油墨；

③ 清洗墨斗(或定期)；

④ 调节印压；

⑤ 重新换版。

引进高速瓦楞纸板线湿端和干端的选择与配置

张鹏搏

随着纸箱需求量的增长，市场竞争日趋激烈，对纸箱质量提出了更高的要求。因此，瓦楞纸箱生产企业纷纷针对落后的生产设备进行技术改造，以提高其生产能力和纸箱质量。从浙江省来看，多数大中型瓦楞纸箱生产骨干企业先后淘汰了一批落后、陈旧的生产设备，上了国产瓦楞纸板生产线，其中包括1.6m、1.8m、2.2m等不同规格型号的瓦楞纸板生产线。据不完全统计，浙江省内瓦楞纸板生产线已超过了160余条。为了加快瓦楞纸箱生产的发展，有些纸箱生产企业，也引进了一些较先进的高速瓦楞纸板生产设备。

以往在引进国外高速瓦楞纸板生产线招投标时，外商投标的瓦楞纸板生产线都是全套的。纸箱企业在选购时，本应根据企业的情况，选择符合本企业实际情况的、最佳的生产线。但对购买生产线的企业来说，选择的余地和范围却很小，原因是生产线是按生产商固定的模式生产的定型产品。为此，在招投标中，将引进国外高速瓦楞纸板生产线分为湿端和干端两大部分，以便用户有较大的选择空间。

湿端主要包括以下几个部分：油压式无轴原纸架、面纸预热轮、芯纸预热轮、自动接纸机、卡匣式单面机、三重预热轮、双层糊附机、天桥二层输送架、纸板成型部、轮转切断机、蒸气配管、制糊及输糊的回收设备、驱动马达、瓦楞纸机生产管理计算机系统、瓦楞纸机油压废纸打包设备等。对上述各项设备提供的有关材料都应有具体的要求和达到的各项指标，仔细研究和核对客商投标书中的各项设备是否符合招标文件中的各项商务条款，包括设备数量、技术规格、配置、备品备件以及管理文件，特别是对某些设备和部件根据国内生产特殊情况，应提出不同的要求。例如自动接纸机，最高瓦楞芯纸接纸速度≥180m/min，最高面纸接纸速度≥250m/min，接纸成功率＞99％，同时要求完全无纸尾，相接的范围仅限于胶带的宽度 50mm 以内等。又如卡匣式单面机要求采用正压导纸卡匣式单面机，可以生产 A、B、C、E、F 五种瓦楞，楞型 UV 型，上下瓦楞辊经研磨后硬度≥HRC60，压力辊必须以合金钢制造，表面研磨后镀铬处理，硬度≥HRC55。根据目前纸箱生产用纸的实际，应更多地推广使用国产纸，但从用纸质量情况来看，部分造纸厂提供的纸箱生产用纸含沙量较大，和进口纸的质量有一定的差距。国外纸箱生产用纸一般采用低克重，全木浆纤维较长，具有较好的光滑度、柔软度和韧性，含杂质很低，对瓦楞辊和压力辊磨损也较低。而部分国产纸由于采用多次回用的废纸，打浆造纸时又过多地将砂质作为填充剂，因而对引进的国外高速瓦楞纸板生产线中的瓦楞辊和压力辊等造成磨损，缩短其使用寿命。为此，对国外引进的高速瓦楞纸板线中的瓦楞辊和压力辊在硬度上和耐磨上应提出更高的要求。当然，提高国产纸箱生产用纸质量也是十分必要的。

干端主要包括以下几个部分：电脑单刀分纸压线机、吸纸屑机、分纸上下机、双层 N.C 旋切纸机、双层叠纸机、瓦楞纸机生产管理计算机系统等。对上述设备的各项指标应根据生产需要提出具体要求。例如，对电脑薄型单刀分纸压线机除达到有效的工作宽度外，最大分纸张数(以 2500mm 规格要求)：六开(七刀十二线)，最高速≥250m/min，截切最小距离必须不大于 150mm，刀头位置精确度≤±0.5mm，压线最小距离必须不大于 110mm。又如双层 N.C 螺旋切纸机，机器连续最高速度≥250mm/min，切断长度 500mm～3000mm，切断精度≤±1mm，根据目前纸箱生产企业情况来看，除长线产品外，短线和批量不多的社会零件产品占整个生产量一半左右，为此要求至少存储 99 组订单，需要时可输出任一组订单生产，这样能节约时间，及时交贷。

在招投标中将引进国外高速瓦楞纸板生产线分干端和湿端其主要目的：一是提高竞标力度，在各段上展示设备质量和特点，便于分段报价；二是便于企业根据使用要求以及经济实力，确定适当的价格级别。引进的国外高速瓦楞纸板生产线的价格差别很大，欧洲的价格明显高于日本和我国的台湾省。那么，怎么选择呢？一般有三种形式：一是完全采用同一客商提供的干湿端两部分组成的整条生产线的配置。这样选择有利有弊，利是便于同一生产商维修保养；弊是得不到更加理想优化组合。二是根据企业的情况，采用从两家不同生产商分别选择符合本企业生产的干端和湿端配置。其好处是，可择选最理想的端部优化组合配置，充分发挥各特长，并避免过高的价格；缺点是，生产线的维修、保养和备品备件来自两个不同的生产商，在管理上可能有一定的难度。三是按地区干湿端组合配置，这样做主要是便于选中的设备制造厂之间相互协调。例如，目前我国台湾省高速瓦楞纸板生产线生产厂家较多，从已引进的瓦楞纸板生产线来看，设备质量一般还是比较稳定的。因各厂商生产的设备各有各的特点，充分发挥两家的特点进行优化组合，可以避免舍近求远，当然也可以采用欧洲的不同的两个国家的设备进行优化组合配置。总之，在引进国外高速瓦楞纸板生产线湿端和干端的选择与优化组合配置时应根据企业实际需要而定，这样，既可节省投资费用，又能取得较好的效果。对纸箱企业来说，引进一条国外高速瓦楞纸板生产线是件很不容易的事，因此，严格把关，精心选择，把一切可能存在的问题在引进前加以解决是十分必要的。

从以往的情况来看，引进的国外高速瓦楞纸板生产线设备先进、全电脑控制、自动化程度高，生产出来的瓦楞纸板质量一流，但在生产过程中也发现它有某些不足之处。例如生产线上的纸板在压线 B 过程中，下方形成一条浅凹痕，这些纸板浅凹痕直接影响到印刷质量。如果纸板是大面积满版印刷的话，在浅凹痕上就出现十分明显的印刷不均的情况，影响到纸箱美观。这是目前瓦楞纸板生产线尚未解决的问题，有些企业对该设备进行了改进，虽然消除了浅凹痕，但纸屑尚不能及时排除，带油污的纸屑影响了纸板的清洁，这一难题亦亟待解决。

彩面瓦楞纸箱成型技术探讨

陈振华

在包装箱上印出被包装商品的彩色图案，使消费者从包装上就能识别商品形状及优劣品牌。这种包装形式国外早已普及，我国水果包装、饮料包装也大部分采用。这种包装目前采用以下几种加工成型技术：

(1) 先胶印(或凹印)彩面，然后将彩面与瓦楞纸复合成彩面瓦楞纸板，再模切成型，采用这种工艺，需配备胶印或凹印机、贴面机、模切机。设备投资大，工序流程长，制箱、制盒成本高。

(2) 柔印技术。一种是以卷筒纸形式，先在多色轮转柔印机上印出彩面，然后与瓦楞纸复合成彩面瓦楞纸板。有的是在瓦楞纸板生产线上复合，也有的是裁成单张复合，再模切成型，采用这种工艺、设备投资大，灵活性差，只适合大批量生产。

另一种是以单纸复合好的瓦楞白纸板，在多色柔性印刷机印出彩面瓦楞纸板，然后模切成型。采用这种工艺、减少了设备的投入，缩短了工序流程，降低了制箱费用。这种工艺值得推广应用。

目前国内外纸箱模切成型技术有三种方式：即平压平模切、圆压圆模切、圆压平模切。

(1) 平压平模切机有半自动型，靠手工递纸，生产效率较低；全自动型，自动送纸、自动除废，生产效率高；老虎口式平压平模切机，生产效率特低，操作极不安全。平压平模切，其特点是制模容易成本低，模切精度高；缺点是前两种设备价格昂贵，后一种设备价格较低，虽然存在两种不足，但目前还没有相似价格低廉的设备取代，故还在推广应用。

(2) 圆压圆模切机。该机有两种机型：一种是软模切，这种机型，台湾还在给大陆提供，国内也有厂家生产，台湾模套采用是聚氨酯材料，价格特贵，用户难以承受；国内采用尼龙材料，使用寿命短，由于设计不合理，换套非常复杂。另一种是硬模切，这种机型国外早已停止生产，我国却在大力推广应用，因为该机结构简单，造价低廉，生产效率高，但也有它的致命弱点：刀片损坏快，模切效果不理想，制模成本高、难度大。

(3) 圆压平模机。全自动型，国外仅法国生产，该机最大特点是生产效率高，能配多色柔性印刷单元，组成印刷模切机组，一次完成彩面瓦楞纸箱印刷模切成型。精度也特别高，但设备价格太高，一台三色印刷模切机需 60 多万美元，我国只引进了几台。手动型，我国从 20 世纪 90 年代末仿制英国和法国的，用以打样，就是目前市场广泛应用的平台模切机，该机的特点是采用三圆压平模切方式，具备三圆压平的优点，但不足的是定位不准，生产效率特低。

笔者针对以上机械的诸多不利因素，经过 10 多年的潜心研究，并在荆州市包装机械厂的大力配合下，经多次试制、改进，现已研制出性能较理想的一种效率适中，造价低廉，定位准确，安全可靠的圆压平模切机。它是根据法国圆压平模切机原理研制的，也具备了与多色柔印单元配套组成印刷模切机组。采用这种机型加工彩面瓦楞纸箱，设备投资少，工艺流程短，制箱制盒成本低，生产灵活，适应不同批量生产，尤其适宜饮料、水果包装箱加工，该机的推出将会提高纸箱加工水平，满足印刷、包装两大行业的需求。推广集中制板、分散制箱尤为适宜，其后道工序只需购进这一台设备，加订箱粘箱，就可以完成全部工序。

药用铝箔国产分切机与国外设备的差距

白冰

铝箔分切设备状况

药品包装用铝箔在专用的铝箔印刷涂布机上进

行加工后，需将半成品在分切机上进行裁切，其长度、宽度、重量需按有关标准而定。目前国外印后分切机的性能技术较国内优越，主要表现在以下几个方面：首先是设备技术较先进，主要表现在采用了无轴放卷，光电纠偏气压制动方式，收卷采用独立中心收卷，装有上下两根摩擦收卷轴，收卷轴采用特殊结构，由气囊毡条和许多摩擦环组装而成。收卷纸芯固定于摩擦环上，摩擦环相互之间没接触压力，可保证同一轴上收多卷尺寸的铝箔产品。分切机的控制系统采用世界最新型的PLC和触摸屏，具有惯性和摩擦气压计算、工作速度和收卷张力特性曲线计算、工作速度收卷张力特性曲线计算等自动控制功能。PLC运算收卷张力时，综合考虑了直径、速度、转动惯量等因素，可保证收卷张力控制精确、稳定且具有故障显示功能，操作简便。其次是分切速度高，分切速度高达300～400m/min，并配有专用卸卷装置，装卸卷方便、省时、生产效率高，自动化程度高。分切机的操作基本在触摸屏上完成，分切、收卷质量保证程度高，重复性好，消除了操作人员的经验、技能等人为因素的影响。一台机器有多种用途，机器中存贮约2万条收卷张力直径特性曲线以及收卷张力速度特性曲线可供选择。选定曲线，设定各种参数后，收卷张力就可自动控制。因而机器具有广泛的适应性，除分切铝箔外，还适合分切PE、PP、PVC等塑料薄膜，满足不同行业分切的需要。

国产药用铝箔分切机与国外设备比较，总体仍处于较低的技术水平，主要表现在几个方面：分切速度低，一般国产机标称最大车速为180m/min，而实际车速小于该速度；分切收卷质量不稳定，因国产机控制方式落后，控制精度低，稳定性、重复性差，导致分切收卷质量不稳定，对操作人员的经验、技能依赖性强。在分切宽窄不同的产品时，不能准确保证收卷长度。但是经过最近几年的努力，随着我国药品包装的飞速发展以及市场的变化，分切设备的生产能力不断增强，产品质量有待进一步提高。根据目前使用的情况，概括各厂家在使用时对分切机的性能要求，需要在以下这些方面改进：(1)要提高分切机的生产能力。一般要求放卷直径在1000cm左右，收卷直径可达600cm。(2)提高分切速度。在目前的分切速度基础上再提高到200～300m/min。提高分切速度是提高生产能力的主要途径，高速度是对企业提高产量，降低成本的主要手段之一。(3)操作方便。原卷的直径增长，对操作者来说劳动强度必然增大，对设备必须提出减轻劳动强度的要求。放卷系统分为有轴放卷和无轴放卷，一般说无轴放卷，上卷夹紧方便，只要借助一个升降车，上卷和卸卷均可方便使用，达到减轻劳动强度的目的。控制操作也必须简便直观，如设定张力、张力曲线、放卷直径、分切材料与厚度和收卷宽度、长度等各参数，都可通过简单操作达到，用设备保证收卷质量，消除人为因素的影响。(4)设备安全可靠。设备高速运行时，应对操作人员的安全和设备的动作顺序安全性有一定的保证；纠偏仪灵敏，保证铝箔卷边缘整齐无错层；米数设定稳定，保证收卷长度偏差在一定的公差范围内。

国产分切机操作过程中影响产品质量的因素

铝箔经过印刷涂布后需要在分切机上进行印后分切，将大卷半成品裁切成所要求的规格尺寸。在分切机上运转的材料是一个放卷与收卷的工艺过程，此过程包括机器的速度控制与张力控制两个部分。所谓张力控制是为了牵引铝箔并将其按标准卷到卷芯上，必须给铝箔施加一定的拉伸并张紧的牵引力，其中张紧铝箔控制力即为张力。设备收卷与放卷张力的大小直接影响产品的收放卷的成品率。张力过大，收卷过紧，铝箔易产生皱纹；张力不足，铝箔容易在芯卷上产生轴上滑移及严重错位，以至造成无法卸卷，并造成分切时放卷轴产生大幅度摆动，影响分切质量，所以分切机必须具有良好的张力控制系统。

(1) 分切机收卷张力及速度的检测系统类型：①张力传感器检测：张力传感器安装在张力检测辊的轴承下面，将检测到的铝箔张力转换成电信号，送到张力调节器中，与原设定的张力信号比较后，进行PID计算，然后输入收卷电机控制器，达到控制收卷辊张力及转速的目的。②浮动辊间接张力检测系统：在铝箔跟踪辊前装一套浮动辊，浮动辊的位置用一个电位器进行检测，张力控制的方式是靠维持浮动辊的位置尽量不变来保持张力的恒定。③用磁粉离合器控制输入收卷辊的转动力矩来达到张力控制：磁粉离合器由主动部分和从动部分组成，通过万向联轴器等传动机构与收卷辊相连，中间填入微细铁磁粉作为力矩传递媒介。在激磁线圈中通入一定电流而形成磁场，磁粉被磁化。磁化后的磁粉互相吸引而形成链条状排列，主动部分以恒速转动时，破坏磁粉之间的联接力而形成圆周切向力，该切向力与磁粉圈半径的乘积便是驱动从动部分收卷的转动力矩，实现在连续的转动中将输出力矩从主动部分耦合到从动部分，从而达到控制张力的目的。④分切放卷能力与速度检测系统：主要采用磁粉张力制动器来控制放卷力与速度，其工作原理为：在磁粉制动器中安装有联轴器，以及带有磁性线圈的输入部件和输出部件。在磁性线圈下面是一环形沟槽，沟槽的下面是一环形转子即输出部件。环形沟槽位于输出部件的中心，沟槽内充满磁性粉末。当磁性线圈中有励磁电流时，线圈便产生磁通量使磁粉沿磁场方向排列，这样就在输入部件与输出部件之间产生阻尼，传递转矩的大小。如果加大或减小施加在铝箔上的张力与速度，只要改变励磁电流的大小，或者说，变化放大器施加给联轴器线圈的电流值，就可有效地控制张力与速度的大小。

（2）收放卷张力的衰减及张力补偿：一般认为铝箔收放卷时维持铝箔张力恒定，有利于铝箔成品表观质量，其实不然。最好的方法是随着料卷直径的增加，应按一定的规律增加铝箔的张力，而直径越小其张力值也随之衰减。在分切操作过程中有自动张力控制和手动张力控制。自动张力控制系统是领先设定好了的张力衰减值，设备运行过程中收卷自始至终保持该张力值。而手动张力控制需要操作者根据母料卷的直径大小不断调整，以满足运转时铝箔所需要的张力。在设置自动张力操作时，应先设定初始张力，然后再设定张力衰减值。以分切放卷衰减值设定为例，其设置原则为：铝箔张力衰减值（%）等于铝箔每卷结束缠绕时的张力减去初始的张力然后再除以初始张力，得出的商再乘以100%。在设定放卷自动张力值时不宜过大，否则铝箔收卷表面硬度大，易出现翘边现象。但张力也不可太小，太小易造成复卷体太松，收卷不整齐跑边。因此铝箔分切操作过程中收放卷的质量主要受铝箔张力变化的影响，可见对收放卷控制系统的掌握是影响质量的关键所在。

（3）分切时速度的变化影响张力的变化：当运转提速或减速时，主电机转速发生变化。首先引起放卷牵引至收卷段铝箔张力的瞬间变化，而且必须经过一段时间铝箔小幅振动，逐渐使张力平稳。这段张力的不稳定，表现在成品卷上是收卷不齐整，端面有凹凸现象，影响产品质量。

（4）分切机张力检测辊的精度：假如运行中检测辊加工精度差，就不能保证铝箔张力的稳定，进而影响产品质量。对检测辊的整体要求是，加工时辊的圆跳动不能太大，跳动太大，铝箔的张力会随着辊的转动而发生无规则变化。另外辊的平衡问题，平衡掌握不好，辊在一周内的转速时刻发生变化。对辊平衡的要求是：外径处偏重不应超过5克，用于转动导向辊，手松开后，导向辊的转动平稳，使之停止，它在任意位置均能停住，辊重量尽可能的轻，转动惯量要尽量小，以便与主机速度保持一致。

综上所述，在分切药用铝箔时，首先要选择先进的机型，并注意在操作时了解设备中采用哪种收放卷张力控制系统，并根据设备中的张力检测控制系统的特性，对所使用的铝箔材料制定合理的张力以及收放卷过程的张力衰减及补偿，以实现设备张力的软起动，软停止，以防止产生质量问题。在分切操作过程中应时刻注意铝箔收放卷张力的变化，因为它受材料质量、重量、厚度均匀性、分切速度变化的影响，在设定收放卷张力时必须与铝箔的这些特性相适应。为保证收放卷张力的准确，在收放卷机构的张力检测辊应高于最大时速的情况下，进行动态平衡处理，且使用时其表面应有足够的包角，以提供准确的运行张力，保证产品质量的稳定性。

木塑复合材料——新型环保材料

中包木塑材料研发推广中心

木塑复合材料是以废旧塑料、木粉为原料加工制作的一种用途广泛的复合材料。其加工原理是：将废旧塑料和原本无使用价值的木质纤维(木屑、竹粉、稻壳、秸梗等)按一定比例混合,并添加特制的助剂,经高温、挤压、成型等工艺制成一定形状的型材。具体加工过程为:将粉碎后的塑料、木粉原料颗粒经过预先处理后,按一定比例进行充分的混合,并填入到具有加热功能的原料腔内,经螺杆挤压后,输送至模具流道,进行冷却定型。

一、木塑复合材料的特点

良好的加工性能——木塑复合材料内含聚酯和纤维,因此具有同木材相类似的加工性能,可锯可钉可刨,使用木工工具即可完成且握钉力明显优于其它合成材料。

良好的强度性能——木塑复合材料内含聚酯,因而具有较好的弹性模量。此外,由于内含木质纤维并经树脂固化,因而具有与硬木相当的抗压、抗冲击等物理机械性能,并且其耐用性明显优于普通木质材料。

优良的耐水耐腐性能——木塑材料及其产品可抗强酸碱,耐水、耐腐蚀,并且不繁殖细菌,不易被虫蛀,不长真菌。

优良的可调整性能——通过加入不同的助剂,聚酯可以发生聚合、发泡、固化、改性等变化,从而改变木塑材料的密度、强度等特性,符合抗老化、防静电、阻燃等特殊要求。

原料来源广泛——木塑材料除了使用一定数量的助剂以外,95%以上的原料均为聚酯和木质纤维,其来源非常广泛,供货渠道也相对比较稳定。

二、木塑复合材料的应用

托盘、包装箱等包装制品——木塑材料应用于包装行业主要是托盘(东西亚地区也称卡板)、包装箱、集装器具等,用量相当大。仅以托盘为例,北美地区托盘用量高达2亿多个。据日本托盘协会(JRP)统计,日本托盘用量每年约600万个。中国物流与采购联合会托盘专业委员会预测,近几年内我国木托盘的平均使用量可能会突破每年2000万个。

铺板、铺梁等仓储制品——木塑材料因具有耐潮、防虫蛀等特点,适用于仓储行业使用的货架铺板、枕木、铺梁、地板等。在我国,仓储行业应用木塑材料虽然刚刚开始,但在2002年上半年,应用于制药业、粮贮业的木塑仓储铺板的用量就达到了8万多平方米,应用于军事领域的木塑枕木使用量也高达20万米。

凉亭、座椅等城建用品——木塑材料制成的凉亭、座椅、花盆、垃圾桶等具有防水、防潮、防腐的特点,而且寿命长、价格低,在北美地区使用普遍。加拿大温哥华市的花园、路边座椅70%以上使用的都是木塑材料。

房屋、地板、建筑模板等建材用品——近年来,北美地区应用木塑复合材料制作的房屋、室外地板、阳光房、码头、护栏等产品愈来愈多,加工制造这类产品每年实现的产值就高达上亿美元。

汽车内装饰、管材等其他产品——随着人们对木塑材料的认识不断提高,木塑复合材料技术水平不断提高,产品的应用领域近年来也不断扩大。汽车内装饰、复合管材、铁路枕木、车厢箱板、电缆护管、井盖的产品研发,也正从论证阶段步入到应用测试阶段,相信在不远的将来,木塑产品的应用领域仍将进一步扩大。

三、国外木塑复合材料技术现状与发展趋势

尽管木塑复合材料技术的提出较早,但国外真正开始研究并应用的历史却不过才有十几年的时间。相对而言,一些欧美国家应用相对较多,并有数十家企业和研究机构从事生产和研发工作,比较著名的有ONYX公司、DURY INC公司、TIM TECH INC公司和DAVID STANDARD制造厂。

目前,木塑复合材料在北美地区的使用已具相当规模,其应用领域也由比较简单的低附加值产品向相对复杂的高附加值产品如房屋、建筑、管材等方向发展,木塑复合材料技术也因市场的发展而日趋成熟,特别是在混料、成型、温控、速度、切割、配方等方面进行了大幅度的革新和改进,使之更加适合原料来源现状,并有效地提高了强度,降低了成本。以位于多伦多市的一家加拿大与美国合资公司为例,到1999年底已拥有各类木塑生产线43条,并计划为具有高附加值的新型产品另外投入66条生产线,投资总额约3564万美元,年产值接近5亿美元。

随着木塑材料技术的不断发展,其发展趋势可能会有以下几个方面:

(1) 原料选用向大范围方向发展。将回收的单组分废旧塑料(PE、PP、PVC、ABS等)清洗后,加入特定的改性剂即可进行木塑产品的加工制造。

(2) 专用设备的开发。加工方式由单一的螺杆挤出向其他传统塑料加工方向发展,由水冷成型向空气冷却成型发展。

(3) 加工工艺的开发。引入发泡工艺技术,从高泡向低泡、微发泡方向发展。

(4) 产品由低附加值(如木塑托盘、仓储地板)向高档方向(如室内装饰材料)发展。

(5) 由单一挤出型材向复合共挤、包裹共挤方

向发展。

四、木塑复合材料的加工工艺

木塑材料的技术特点是把两大类差别较大的不同材料相互混合在一起，即木材塑料合二为一。

木粉(或农作物的纤维粉沫)作为塑料的一种有机填料，具有来源广泛、价格低廉、密度低、绝缘性好等许多其他无机填料所无法比拟的优良性能。但它并没有像无机填料那样得到广泛应用，主要原因在于：一是与基体树脂的相容性较差，二是在熔融的热塑性塑料中分散效果差，造成流动性差和挤出成型加工困难。由于木粉中主要成份是纤维素，含有大量的羟基，这些羟基形成分子间氢键或分子内氢键，使木粉具有吸水性，吸湿率可达 8%—12%，且极性很强。而热塑性塑料多数为非极性，具有流水性，所以两者之间的相容性较差，界面的粘接力很小，需要通过使用添加剂改性塑料和木粉的表面，提高它们之间界面的亲和力。改性的木粉具有增强性质，能够很好地传递填料与塑料之间的应力，从而达到增强复合材料强度的作用。

挤出成型、热压成型、注射成型是加工木塑复合材料的主要成型方法。由于挤出成型加工周期短、效率高，因此挤出成型方法是一种较为常用的工艺路线。

从木塑复合材料工艺技术特点来看，主要存在以下几类：

从原料使用方面来看，一类是使用的塑料原料为纯塑料或商业级塑料；另一类是使用具有一定特性的单组分废旧塑料。

从加工工艺方法来看，一类是二步成型法，即塑料与木粉造粒后再进行成型加工；另一类是一步成型法，即塑料与木粉混合后直接进行成型加工。

从成型机理方面来看，一类是物理成型，即使用热融性粘合剂，在成型过程中将塑料与木粉粘合在一起。另一类是物理化学成型，通过加人添加剂，在压力和温度的控制下，使原料混合物同相对低分子的添加剂一起转变成高分子状态的网状纤维材料。采用这种工艺制成的材料，内部结构完全是融合后重生的网状分子结构。因此，可达到其他工艺生产出的木塑产品无法比拟的抗弯、抗压、抗冲击强度。

计算机网络管理在纸箱企业的应用实践

王志星

随着中国的入世，市场经济的发展，外资企业的进入，纸箱包装行业的市场竞争日趋激烈，纸箱用户提出更高更多要求，不但要求提供优质廉价的产品，还要求提供及时完善的服务。随着交货周期的缩短，也要求纸箱厂对订单的处理过程更短更快，以满足用户的需求。企业只是在满足用户的同时，尽可能地降低产生成本，提高效率，才有可能达到有利可图的目的，要达到这个目的，就要争取做到尽可能短的供货周期，尽量少的材料消耗，尽可能高的机器效能，尽可能低的库存和损耗。如何把这些信息及时地反映到企业各个管理层并快速地作出反应，使企业在激烈的市场竞争中站稳脚跟，更具有竞争力呢？笔者认为：随着信息化时代的到来，企业必将不可抗拒地进入信息网络时代。企业应当建设具有本企业特点的、管理现代化的信息网络。在现代化企业中，信息管理工作在企业中将发挥越来越重要的作用，企业信息工作，主要是指进行生产经营和执行决策所需要的资源、数据的收集、传递存储等信息，把企业物流的管理提高到对企业信息流的管理来控制企业的运作，及时提供给领导决策所需的多方面的信息和生产现场的实际情况。计算机作为一种高科技、高效率的工具，已经渗透到企业日常工作的许多方面，无论是其自身还是所发挥的作用，都为企业的创新和发展以及经济效益做出了显著的贡献。光用传统的手工作业已不能适应目前的形势和发展的需要，所以，只有引进计算机管理系统，同时引进新的管理思想和掌握现代化的管理手段，才能更好地为用户服务，争取更多的用户，同时也为企业的持续发展奠定坚实的基础。

上海纸箱业中有些企业自行开发了一些小规模的应用软件，用电脑开生产通知单、核算成本、制作报表等，但因系统性和完整性不够，只能单机作业，未能形成网络化、信息化系统工程，有些企业请了软件公司开发，因不熟悉行业没有成功或不够理想，上海包协纸容器包装委员会把计算机网络信息化管理作为重点工作，在率先成功开发计算机网络管理的上海国际济丰石东纸业包装有限公司和上海福门纸业有限公司召开现场会，介绍经验，现场参观，深受启发。上海新庆包装装潢有限责任公司、上海爱思包装有限公司四厂立即行动，同时我们协助企业选入新加坡喜讯科技有限公司作为计算机网络工程的定点单位进行考察，组织企业参加演示、讲解和研讨，熟悉、了解喜讯科技公司。我们认为这套计算机网络管理系统有以下特点：

1. 专业性　该软件是专为瓦楞纸箱制造商设计的计算机系统管理软件，具有很强的行业针对性，并且可以根据用户的需要再作第二次开发，避免了通用软件在专业性、针对性方面不强的缺点。

2. 实践性　该软件自从 1995 年投入市场以来已作四次开发，已经在新加坡、马来西亚、台湾等 40 余家瓦楞纸箱制造商成功实施，可以说是一个比较成熟的软件，能避免软件应用中的不确定因素。

3. 时效性　该软件一般在企业中实施时间约 3～5 月，能使企业尽快掌握，尽快运作，尽快收效，避免边开发、边运行，使项目久拖不决的情况。并为用户保养、维修、开发等善后服务。

喜讯科技公司近两年来已为上海新庆、嘉康、申江、新通联、超裕、大华等纸箱企业完成计算机网络管理系统，明年已与多家企业达成意向。

这套计算机网络管理系统，引进的主要功能模块中包含了订单输入(包括建立产品档案、用户档案)、产品设计、瓦楞纸箱作业排程、工序数据采集、成品入库、出库管理、原材料采购及管理、工序质量信息等一系列内容，并在实际工作中不断完善和改进。销售部门将用户的订单输入系统后可以随时查询订单的落实情况；设计部门根据订单和已建立的数据库和设计产品和工艺流程，生产调度部门随即根据系统的信息来编排作业程序，下达生产任务；车间根据终端屏幕上显示的排控表准备原纸原料进行生产，并将每一个订单的完成情况随即输入系统以供各部门查询；供应部门根据系统显示原材料的库存情况和生产的要求及时地采购原辅材料；质检部门可根据系统提供的各工序生产数据的记录作出质量分析报告。

这套系统建成后，解决了信息共享的问题，各有关部门可以通过内部网络系统以较快的速度获得最新的信息、数据，了解情况比较及时。这套系统突出的长处体现了“以销售为中心”的思想，它以订单为起点，又以订单为终点，对连续的信息流和物流从源头到所有的制造和销售过程进行控制管理，确实帮助企业解决了面临的实际问题。

开发计算机网络管理必须解决的几个认识问题

1. 观念问题

引进计算机管理系统，不仅仅是引进一种管理工具，重要的是在引进管理系统的同时要引进一种新的管理理念和管理方法，思想观念上要有更新，要摒弃传统工作方法上的一些不良习惯式做法，企业在长期经营生产活动中的行之有效的管理方法应揉合到系统中去，使企业管理体系更完善。引进计算机管理系统一方面是企业管理现代化的表现，另一方面也是深化改革，细化管理的需要。当今社会是一个充满了竞争的社会，对企业来讲竞争来自三个方面：质量、价格、服务。想在竞争中取胜，三者不可缺一，提高产品质量，降低生产成本是至关重要的，这就要求企业内部信息畅通，及时了解情况，发现问题并及早解决问题，所以领导成员要统一认识，统一思想。

2. 企业信息化领导是关键

企业管理信息化是对企业级的信息集成，它应用到企业的各个方面，所以这不单单是技术问题，信息化的过程也是一个从“人治”向“法治”转变的过程。企业一把手的高度重视，直接决策、宣传推动和组织实施，对企业信息化建设至关重要。企业最高领导人的亲自参与，也是保证系统成功实施的必不可少的因素，有人把实施信息化管理系统称为第一把手工程，也不无道理。这说明了企业决策者在实施过程中的特殊作用。企业管理信息化是一个系统工程，牵动全局，没有第一把手的参与和授权，很难调动全局。

3. 机构改进或重组

由于每个企业的具体情况各不相同，要求系统为企业解决的问题也有所不同。这套系统可以在其基本的功能模块上根据企业需求作增减或调整，即所谓的“二次开发”。但是企业自己内部的运行情况，如部门设置、人员配备、职能职责、工作流程、发展规划、其他要求等情况要先策划好，如有必要的话要作改进式重组。使计算机系统和企业的操作、管理有机结合起来，与软件公司要作良好的沟通，使软件公司能按企业的管理要求来对模块功能作调整，这是比较重要的一点。

4. 理性地选择软件

软件产品的选型和合作伙伴的选择，是信息化的关键问题。企业不能只通过观看产品演示就购买软件，应当更多地通过需求分析，即实际管理中存在着哪些问题，需要用什么手段解决，管理要达到什么样目标，要有一个总体方案，确定总体方案再来选择软件供应商，特别要注意软件供应商是否懂行、懂专业至关重要，否则就会半途而废或者达不到理想而遗憾，建议要参观同行成功典型用户来确定软件供应商的合作伙伴。避免实施失败的风险。

5. 资源配置

如果财力允许的话，在硬件的配置上倾向于稍高一点为好，一方面现在计算机升级比较快，另一方面还要考虑到系统今后长期稳定运行和数据量增加的需要。喜讯公司这套管理模块软件的功能虽然很多，但分布在各部门，对具体的部门或员工来说，只是其中的一、二个，在操作步骤上也不是很复杂，所以对于使用计算机员工来说，要求并不是很高，并不需要掌握计算机的专业知识，但至少要懂得计算机管理和会计算机的基本操作，再经过培训就可以上岗。

信息化管理是企业实现管理现代化的关键环节，企业是信息化主体，企业信息化不仅能帮助企业建立更合理的资源配置机制，使企业的市场开拓力度明显加大，并且可提高企业经营管理效率。因此，企业信息化对增强企业竞争力和提高生产力将会产生极大的促进作用，加快企业信息化已成为信息时代的现实要求。深层次讲是一场革命。

国务院副总理吴邦国指出“企业信息化是一项系统工程，涉及到企业方方面面，能否与企业各项工作相融合，关系到企业信息化工作的成败。推进企业信息化，要统筹规划、突出重点，整体推进。要紧紧围绕企业改革和发展两大主题，以全面提高企业管理水平和整体竞争能力为根本目的，搞好“三个结合”，一是与企业的改革、改组、改造和加强管理相结合；二是与强化企业基础管理相结合，三是与引进先进的管理理念相结合。

据我所知计算机网络信息化系统管理在纸箱行业中还刚起步，上海纸箱行业先走一步，近几年来已有近 20 家企业实施计算机网络信息化管理，在应用中已经取得良好的效果。部分小型企业正在规划、落实实施方案，明年将有更多企业进入计算机信息化系统管理行列。

过度包装及其治理

吴国荣

过度包装一是浪费资源，二是污染环境，造成过度消费。毫无疑问，过度包装对个人、对国家都是有害的。

包装的基本功能

大家知道，包装有七大功能：保护商品、美化商品、节约成本、便于储运、利于计量、引导消费、提高产品附加值。概括起来，包装的主要目的有两个：一个是保护商品，另一个是促进商品的销售。前者是功能性目的，体现了商品包装的本质，必须做好对商品的保护；后者是增值性目的，它展现包装的魅力和效果，主要起促销的作用。因此，通常把包装分为运输包装和销售包装两大类。

随着国民经济发展，对外贸易扩大和人民生活水平的提高，对商品包装的需求量越来越大，对包装的要求也越来越高。尤其是随着市场经济的发展，由卖方市场转为买方市场，市场容易形成供大于求的局面，因此，对包装促销作用的要求越来越高。

过度包装

包装虽有不少功能，但并不是所有商品都需要包装发挥其所有的功能，而往往是根据需求，发挥某些主要功能。如有些商品主要发挥美化商品、引导消费、提高附加值等功能，月饼包装就是一例。市场上月饼包装有“裸体”零售的，有普通纸盒包装的，也有高档礼品包装，这些包装满足于不同层次人们的消费需求。通过精心设计，精巧的容器外形、精美的印刷、精致的图案衬托出月饼的形象，通过包装表示对受者的亲近、仰慕、思念等，而且通过包装在很大程度上体现出我国古代和现代的文化。高档礼品包装月饼适合一些高层次消费者需求，在一定范围内有市场。这与名酒、名茶的包装相类似，名酒、名茶的高档包装体现了酒文化、茶文化，同样，名贵月饼的高档包装也体现了月饼文化。古代有“买椟还珠”的故事，寓意做事不该本末倒置，但恰恰又说明了包装的魅力和效果。在经济发达的欧美国家，对一些名贵商品，如法国香水、XO名酒等也用相当高档的包装。

我国包装工业的基本情况

改革开放前我国实行计划经济，市场经济不发达。长期以来，包装工业基础薄弱，设备陈旧，工艺落后，管理分散。改革开放以来，我国包装工业迅速发展，其增速高于国民经济增速，但与经济发达国家相比还是落后的。在经济发达国家中，包装工业有显著地位，甚至为支柱产业。在美国，包装工业在国民经济各个行业中列第五位，仅次于建筑工业、汽车工业、石油化工工业、信息产业。在德国，包装工业列第六位，而我国包装工业列第16位。现以江苏省为例，虽然江苏省包装工业较为发达，包装工业产值居全国第二位，占全国包装工业总产值1/6左右，但江苏省包装工业产值占全省工业总产值仅2.2%左右，远远低于经济发达国家包装工业所占的比重。因此，加快发展包装工业是主要方向，是主流，要尽快使我国成为包装大国、包装强国。

治理过度包装

中国包装技术协会受国家经贸委的委托，正在着手制定《关于进一步促进中国包装工业发展的若干意见》，其中提到尽早出台《商品包装管理条例》。在此基础上，跟踪国外包装立法现状和发展趋势，结合我国实际情况，制定和实施我国的《包装法》及《包装废弃物处理法》。对于过度包装，今后也要制定法规。首先要明确治理过度包装的目的，即减轻消费者的负担，保护消费者的合法权益。过度包装是某些商品生产企业一味追求企业利益，过度提高商品附加值而不顾社会效益、人民群众利益所造成的。据有关部门统计，我国每年月饼生产厂家花在包装上的费用竟高达10亿元以上。巨额的过度包装费用无疑都被转嫁到了消费者的头上。过度包装现象已扩大到营养品、保健食品等领域，使消费者白白多花了很多冤枉钱，有的无奈，有的埋怨，有的反映强烈。另外，过度包装无疑要消耗大量资源，对生态环境产生一定的破坏。以上海市为例，上海每年生产月饼1000万盒左右，这些月饼即便不是过度包装，也要消耗约400棵到600棵胸径10cm的树。更何况过度包装情况如此严重！

其次要考虑治理过度包装的手段，要制定相应法规，明确规定过度包装是违法行为，通过法制手段限制过度包装。一是限定商品包装所占体积的比例和层数，如包装体积控制在占商品体积的10%～15%（缓冲包装除外）；二是限制商品包装在整个商品中所占的费用，如包装费用控制在占商品费用的15%～20%。三是对已制造过度包装的生产厂商征收“废品回收费”，对购买过度包装商品后扔掉过度包装的消费者征收“垃圾清理费”，通过税收杠杆来限制过度包装。

在治理过度包装时，要治理与引导相结合。政府及行业协会要加强指导，加大宣传力度，引导企业与社会树立和增强反对过度包装的理念，提倡适度包装，从而达到节省费用、节约资源的目的。

总之，我们要运用法律手段，经济手段、行政手段等，从各个方面来遏制和消除商品过度包装的现象。

企业管理
Enterprises' Management

包装企业如何减少和控制应收款

该收回的资金未收到的，在企业资产负债表中被称为应收款。在企业资 产经营中，应收款是一项重要的债权资金，数额不宜过多，年末应收款占全年销售收入的比例应控制在15%以内。如果比例过大，不但会影响资金的正常周转，而且极易产生不良资产，形成呆账或死账，阻碍企业健康发展。如何减少和控制应收款，提高资金周转率，这是企业管理层与有关营销、财务等管理部门必须注意的。为此，本文就如何减少和控制应收款的问题。结合实践体会谈点想法，以求共同探讨。

一、应收款过多的主要原因分析

（一）包装企业产品的市场因素。包装产品销路相对单一，专门为某一需方的某种产品包装而设计、选料和研制，如：纸箱、彩盒等包装产品都是专用不能通用，一旦需方经营受阻，另行销路别无选择。包装产品更新节奏快，需方为了产品身价的需要，要求包装产品达到精致美观、具有防伪效果等，生产工艺、技术参数和印刷图文色彩更新换代频繁，更换中稍有不符就会影响应收款。在包装产品经营中一般为需方陆续供货，供方容易忽略与需方签约，付款方式尚未实行同时贷款两讫，大多为供货方到一定期限后收款，这样往往处于收款被动状态。

（二）供方的主要工作质量因素。产品的设计、选料、制造、检验及发运等全过程中质量控制不严；设备工装模具等存在缺陷未及时发现排除，影响产品精度、外观、防湿、防震等，导致质量合格率降低、AQL产品验收水平不能保证，最终用户不够满意而拖欠货款。销售人员销售业务工作可能未完全做到位，岗位业务相关专业技术知识、言文表述和处置有关问题方面存在某些局限性。习惯于“君子动口不动手”，有些业务只凭人际关系不签合同。有的合同主要条款不完善不明确，如：品名、规格、数量、货号、标识、技术条件、质量验收标准、交货地点、交货期、价格、付款方式、质量保证、售后服务、违约责任等，缺乏详细规定和必要的附加说明，以致生产管理人员、生产人员不了解情况，产品未达到质量要求。售后服务不到位，用户意见没有及时处理。力所能及的服务工作还不够周到，不够及时，影响用户使用，而提出货款拒付。销售、发运与收款的工作环节中产生淋湿、破损、遗失或差错，因此货款几经波折延误回收。

（三）需方（欠款方）的主客观因素

由于需方产品销售不畅、积压、降价、“三角债”货款未收讫等原因而资金紧张，要求供方暂缓收回应收款，考虑双方协作的情理，供方无奈暂时认可。自以“用户是皇帝”，诚信，对进货质量过分挑剔，寻找缺陷，夸大事实，借故大批打折，故意拒付或要求索赔。需方停业、转资、业主变更、转包后有账不认，货款无着落。经营亏损、资不抵债、企业倒闭，或因国家政策性调整令其停止生产，业主服刑、企业查封等情况使货款无法支付。需方发生不可抗力的天灾人祸，突发性事故等导致经济崩溃，有效证据销毁而无法收货款。

二、减少和控制应收款的对策

（一）加强经营生产管理工作，重内兼外不断向需方延伸

1. 健全和完善营销管理各项制度，并把应收款考核作为重点工作落实。制定切实可行、行之有效的营销管理制度，做到有章可循、违章必究；认真签订营销责任书，明确营销任务和工作职责；把签订好供需双方的合同和催回应收款列为主要的工作职责。强化营销人员业务培训，通过业务素质培训考核，加快优胜劣汰的竞聘用人机制，对于掌握销售工作基本功、营销实绩和应收款收回较差者限期改进或及时劝其离职。对营销人员考核要细化，主要考核指标是销售量和应收款，分别按每一批销售业务的到款状况奖罚，款到提货或在规定期内提前到款给予计息提奖，超期或应收款收不回的应计滞纳金或按比例扣罚，凡因不认真签订合同或合同条款不详而引起纠纷，或对应收款工作漠不关心、无故延误收款有

利时机，导致应收款收不回的，应视为工作失职，加重追究其经济责任。凡营私舞弊向需方收受好处而应收款收不回的应作违纪处理，情节严重的应依法惩处。

2. 加强销售日常管理工作，相关部门职责明确紧密协作。销售部门根据购销合同或需方契约的电函件编制产品销售计划（包括品名、规格、数量、质量、交货期、交货地点、付款方式等），并及时联系和催办落实供产销运工作。与供应、生产、技术、质检等部门密切配合，共同负责做好货款结算工作，编制销售收入计划，对发现产品及时开具发票结算和催收货款。坚持用户第一的宗旨，竭诚为用户服务。凡需方提出质量、数量等异议或投诉，及时分析进行相应处理，必要时会同供应、销售、生产、技术、质检等有关部门共同协作，尽快按合同规定给以解决。

3. 强化企业方针目标的贯彻落实工作，切实做好全过程质量监督控制。认真落实ISO 9000标准相关的管理工作，定期进行内部质量体系审核和管理评审，提高体系有效性和符合性。根据销售计划及时安排生产计划，并不断协调生产进度，确保及时交货。从设计、试制、鉴定、材料供应、生产、检验、包装、入库、发运、售后服务等全过程实行质量控制，做到职责明确、质量责任到人。产品技术文件和资料正确有效性，原辅料供应，产品制造、最终质量检测评定等道道把关，各种质保单等质量文件、质量记录齐全，证据完备有效，各种产品经过检测合格后出厂，避免因质量等引起的纠纷。健全和完善信息反馈系统，及时走访用户，收集用户各种意见和信息，并做好相应处理工作。

4. 以公平诚信守德为本，善交各界朋友。坚持做生意谈业务先交朋友，有了好朋友，才有望供需协作成功。通过诚心真意交朋友，建立和巩固足以信赖的协作关系，增强货款回笼的可靠程度。谨慎观察和体验需方单位负责人以及经办人是否以诚相待，讲诚信、守公德，其单位是否重合同守信用，拥有许多新老客户和友好的合作伙伴。采用多种方式和途径与需方单位的有关人员交流感情，了解经营理念、服务宗旨、公共关系的处置思路与方法。探讨协作单位改革、创新、可持续发展规划和产品经营发展前途，分析生存与发展的可行性。建立互相帮助支持、互惠互利的协作友情和共识，增进相互信任感，怀着良好愿望精诚合作，促进共同发展经济。

（二）明察需方经营态势、预防和控制产生不良应收款

不断地了解需方的经济运行、经营势和信用状况，有利于采取相应的应收款方略和调控销售方向。分析研究货款收回的可靠性，预防和杜绝呆账和死账的形成。经营业务人员应经常注意需方法人、企业性质是否变更，若有变更，要立即会同有关部门共同研究对应措施。必要时，供方可对需方进行信用查询。我国浙江省、江苏省、北京、上海、深圳、重庆等许多省市的经济信息中心都在筹建“企业信用查询系统”。浙江省已基本建成“省企业信用发布查询系统”，汇集了国（地）税、工商、金融、商检、技术质量、海关、劳动、统计、公检法等管理机构掌握的全省企业综合信用记录，并不断整理后更新。供方可以根据需要通过网上查询企业信用记录，避免与缺乏诚信或存在有关不良记录的单位确立供需关系，减少企业经营风险。采取适当方式，了解欠款方开户银行、账号、资金存量、设备、厂房、车辆及有价库存物资量，所有权归属、是否作过抵押等情况。当发现欠款方存在无力支付货款的可能性时，应抓紧研究采取各种有效措施减少损失，如以等价物资抵款或采用法律手段摧回货款。

（三）依靠法律手段，保护合法利益

对于债权明确，采取常规催款方式无法收的应收款，唯一途径是依法收款。当欠款方财务已无力支付而还有财产可抵款时，应主动提出财产抵款。欠款方不同意以财产抵押时，要尽快向当地经济法庭或原合同（契约）签订地法院提起公诉，提供有关原始经营往来账务凭证，叙述有关案由经过，申请依法裁定。若抵款财产存在质量问题或抵款产品存在有效期等因素使用得变现风险加大时，应要求抵款前折价，以免减少贬值造成的损失。当欠款方债台高筑，或有数家企业同样需要以财产抵款，抵款财产不足时，应速办妥抵款事宜。执行财产抵款时力求请法院协助，以免与欠款方产生不必要的争端。为此，我们需要注意的事项：1. 已被长期拖欠的应收款，要保存好每次催欠证据和欠款方所作承诺的凭证，法律认可的经济债权，债务诉讼时效期为两年，间隔时间最长不应超过两年，否则，超过法定追溯期，收款将会更被动；2. 认为有希望收回应收款或抵回实物的，应在时效期内向人民法院提出诉讼请求，必要时还可提出请求对欠款方财产诉前保全。

（四）积极主动采取清欠措施，分别应对已产生的长期拖欠应收款。长期拖欠的应收款是企业的不良资产，应视为清欠重点。产品发出以后经努力催讨尚未收回的应收款，六个月至一年的一般可列为难收应收款，一年以上的一般可列为呆账应收款。许多企业面对长期拖欠的应收款清欠工作深感头痛和艰难，特别是经过多次催付多年收不回的应收款，涉及到经营起伏、体制、经办人变动以及依法时效性等问题，催款催不上来，清欠步履艰难。建议企业根据实际需要成立清欠办公室，具体负责落实各项清理、催办和考核等管理工作，联系实际主动采取相应措施。

对于难收应收款，进一步明确责任人和落实催款措施。根据每一笔应收款分别重申清欠责任人，相对应的原销售经办人应确定为清欠责任人。凡原销售经办人工作已调动，当时收款工作有移交的，交接人应确定为清欠责任人。否则，原经办人仍是清欠责任人。凡原销售经办人工作已调动，当时收款工作有移交的，交接人应确定为清欠责任人。否则，原经办人仍是清欠责任人，即使人已调离也应视情承担责任。明确清欠职责，要求各责任人先明确清欠任务，认真核查在收款金额、逐笔研究清欠对策和措施，列出清欠计划。凡需要通过法制手段解决的款项，要详细写明核应收款的欠额情况，报经主管部门复核后，提请有关法律事务部门协助处理。在此期间，清欠责任人仍应承担主责，尽力配合工作。

对于呆帐应收款，要进一步加大收款及其考核力度。有关责任人应与所在单位签订清欠责任书，并加大收款力度，双方进一步明确责权利。从“应收款清欠责任书”签订之日起，每月从工资收入中预扣一定比例的风险金，直至清欠完毕才予返还。为了控制呆账应收款总额时，应令其停职专项催款，同时暂免去其他职责，并列入重点考核范围。对呆账应收款欠款方倒闭破产、突发事故等其他原因而无法收回，又无物资财产抵款时，责任人必须提交有关专题报告，附相关证明材料，协助清欠办等机构调查考证。在此基础上清欠办等机构调查考证。在此基础上清欠办写出审核意见，报请企业最高管理层审批后处理。凡遇欠款方确系无法偿还债务，并经法制、审计、财务等有关部门会审终结的呆账应收款，视情况要请责任人按一定比例承担损失。凡由于原合同条款不详细，售后服务不到位，错失催款良机等，属于清欠责任人原工作失职或违约而引起应收款不能全额收回或无法收回的，应加大比例承担损失。清款实绩实行严明的考核，由归口行政管理部门和清欠办负责监督。为鼓励清欠责任人的工作积极性，对清款成绩显著圆满完成清欠任务者，除给予是精神鼓励外，按应收款清欠实际回收额的一定比例给予嘉奖。

对包装企业实施名牌战略的思考

企业实施名牌战略是指企业为提高市场竞争力和经济效益，对名牌的创立与发展所进行的周密策划、设计及落实过程。品牌战略是一项复杂的系统工程，包括名牌观念的树立、名牌产品开发和推广、名牌形象的创立、名牌的进一步发展、巩固和保护等几个重要环节。其中名牌产品开发是名牌战略的核心和龙头，在市场经济条件下，企业要想在竞争中取胜，须实施名牌战略。一位经济学家讲过：“世界性的知名商标是一个国家的国宝，哪个国家拥有的多，它就是世界经济强国。”同样，一个城市没有名牌产品，就不可能成为经济强市；企业同样如此。邯郸市提出在企业中实施名牌战略，包装行业企业如何在激烈的市场竞争中铸造自己的名牌，把产品品牌做响，把企业做强，笔者认为必须做好以下几个方面的工作。

一、政府对名牌产品应给予更大的支持，企业要树立强烈的名牌意识，把已有的优势进一步扩大。

无论国际市场还是国内市场，产品的竞争实质上是一种优势的竞争，政府应为这些明星企业、名牌产品创造一个宽松的环境，有利于发展的外部环境，使这些“名牌”能够集中精力做精、做大，进一步提高其知名度，为经济发展作出更大贡献。企业要改变对名牌产品认识不足的观念，一个好的产品是支撑品牌的基础。但一个好产品不一定能是名牌产品，不少企业有不错的产品却很难形成名牌优势，主要原因在于企业没有长远规划，只满足于糊口度日，不考虑品牌的投资，盲目自信，自我封闭，抱着“酒香不怕巷子深”的心理吃老本，不知如何经营品牌资产及品牌的不断升值和延伸。品牌是企业宝贵的无形资产，品牌价值的源泉是消费者品牌的满意度，名牌价值的“账户”不存在于企业，而是存在于消费者的心目中。因此，企业要想在激烈的市场竞争中立于不败之地，必须转变观念，以优质的服务与消费者建立一种比较稳定的关系，逐渐积累品牌资产，把创名牌当成企业的一种最有价值的投资行为。

二、创名牌要以市场为导向，把握市场脉搏。

市场经济的实质是名牌经济，市场竞争的最终结果也将是名牌瓜分天下。没有名牌产品的企业，市场前景是不明朗的。因此，要想稳步发展就必须依据市场变化实施名牌战略，注重名牌经济，脱离了市场，名牌也就无从谈起，创造名牌的过程实际上是创造市场的过程。加入WTO以后，市场竞争将变得更加激烈复杂，因此，企业内部要建立专门的市场调研机构，通过连续不断的市场调研机构，通过连续不断的市场调研，了解用户基本情况及要求，广泛收集市场信息，并在此基础上对每一条信息细心研究，做到用户需求什么产品，企业生产什么产品，避免出现产品成名牌后，便不再进行市场调研，导致产品的再开发处于滞后状态，结果市场变化了而产品没有作出相应的改变，产品与消费者之间的距离越来越大，最终导致名牌被逐出市场的现象。

三、把产品服务作为创名牌的核心。

生产和服务是连为一体的，既然产品服务质量是品牌的核心，那么企业如何通过产品服务来确保自己的品牌长盛不衰呢？产品质量既涉及到产品组合设计、新产品研发等阶段的工作，又包含生产加工环节的工作，同时还与整个企业管理及销售服务水平休戚相关。因此，创品牌争名牌不仅是企业营销部门或市场部门的工作，也是包括研发、市场、行政等部门在内的所有员工的工作，因为好的产品，加上优良的服务，才能获得消费者的称赞与信赖。同样的产品质量，可以因服务得好而增值，也可能因服务不好而贬值。企业在实施名牌战略中，应在服务的方法、手段、策略上不断注入科技、文化和情感含量，与消费者产生情感上的沟通，以增强品牌的市场竞争力。如海尔完善的售后服务，“真诚到永远”的文化理念，使用用户备感亲切和温暖，拉近了海尔产品与用户的距离，确立了名牌产品在消费者心目中的位置。

四、处理好企业信誉和效益的关系。

企业重视利润最大化无可非议，但是要创名牌，就必须注重信誉、诚信。一个企业如没有诚信，或者信誉不佳、信誉度不高，即便是利润再高，也不能成为名牌企业。要树立品牌就必须坚持诚信第一的观念，有时不能因企业效益受到短暂的影响，只要坚持下去最终会带来长远的利益。

从另一个角度讲，企业品牌经营要追求知名度，更要追求用户的忠诚度，这是因为企业在市场竞争中打出品牌，主要是产品赢得了消费者的受戴和信赖，从而持续占据市场，享有相对较大市场份额。顾客是企业的命脉，失去了忠诚就失去了市场。企业要深刻认识品牌忠诚度在企业竞争中的核心地位，大力改进品牌宣传形式，在开拓新的客户的同时更加重视对忠诚客户的培育。

五、名牌需要文化包装。

一种产品，消费者看到的是它的形状、外表包装，然后才知道它的内在质量和产品性能。就象认识一个人，第一印象总是他的外表，然后通过接触与相处，才能了解他的性格及内心世界。产品也如此，琳琅满目的商品摆在货架上，任消费者去挑选。这就得看哪一种商品给消费者的视觉冲击力最强，正如俗话所说“人靠衣裳马靠鞍”，产品也要靠包装。而文化内涵是名牌的灵魂，国际许多知名公司都有独特的企业文化，以此来塑造良好的企业形象，提高产品的声誉。

包装产品质量管理发展趋势及对策

最新的研究表明，虽然所有的检验和质量控制活动都是在生产部门进行的，但在所发现的产品质量问题中，有60～70%是直接或间接地由于设计、制造和原材料采购等方面的缺陷造成的。

在经济全球化步代加快和市场竞争日益激烈的今天，产品质量已成为企业参与市场竞争的焦点，产品质量是衡量企业管理水平的重要尺度，也是企业保护持久竞争力的关键。从整体上讲，自人类开始制造产品以来，就开始了质量管理的发展历史。现代质量管理开始于20世纪20年代，经过几十年的发展，质量管理和质量控制技术已相当完善，对保证和提高产品质量起到巨大作用。随着科学技术的不断进步，人们对包装产品的质量要求愈来愈高。由于新管理模式和新生产方式的不断出现，质量管理技术也不断完善。概括起来，现代质量工程技术大致具有以下几种发展趋势，根据这些发展趋势，包装企业应积极应对，适时调整产品质量管理方式，采用新的对策搞好产品质量管理。

趋势之一：用户的需求多样化，包装产品的生产模式中多品种小批量将逐渐增多。

对策：大力研究并推广应用并行的、实时的、面向中小批量生产的质量控制理论和技术。

21世纪市场是动态多变的，顾客的需求是多种多样的，因此，风行于20世纪的少品种、大批量生产将会让位于面向顾客订货的多品种、小批量生产，包装产品的用户需求也将随之发生改变。在这种生产模式下，原来常用的、面向大批量生产的质量控制技术已不再适用。因为统计质量控制技术已不再适用。因为统计质量控制中，必须具有数量足够的样本，例如不少于50个，才能得出统计结论，否则，得到的分析结果将毫无意义。而在多品种、小批量生产中，产品的生产批量往往不到50件，因此无法再应用制图、抽样检验理论进行质量控制。把并行工程技术和在线实时控制技术引入控制实践中，将是中小批量生产提升质量的主要研究方向。制造阶段质量控制的重点应放在在线实时检测和反馈控制技术上。

制造阶段的质量控制称为“符合性”质量控制，其目的是使零部件和产品的制造质量符合设计提出的要求，在大批量生产中，人们利用控制图和统计质量检验技术进行质量控制。而在中、小批量生产中，应将质量控制的重点放在在线实时检测和反馈控制技术上，通过在线检测和反馈控制提高产品的质量。

趋势之二：通过完善产品设计加强产品质量管理。

对策：重视产品设计阶段的质量控制，采用可信性设计、健壮设计和质量功能配置等新技术。

根据现代质量管理理论，产品质量首先是设计出来的，其次才是制造出来的，质量检验只能剔除废次品，并不能提高产品质量。因此，应将提高设计质量放到质量管理和质量控制工作的首要位置。因为设计上先天不足的产品，在后续的制造过程中有时无论采用何种措施，也无法保证产品的最终质量。商品包装设计是依据一定的商品属性（包括商品的物理、化学、生物属性）、商品的形体结构、储运条件、空间距离转换、商品的促销诱导等方面的需要，从包装容器的造型、材料选用、装饰图案、色彩、文字说明到制成具有特定目的的包装商品的过程。在这个思维和创造过程中应将提高产品质量作为重要因素加以考虑，结合本企业的实际生产能力和工艺水平确定设计方案。为了提高产品的设计质量，除对设计结果进行评审外，还可以在设计的过程中采用各种现代设计技术、如可信性设计、健壮设计、质量功能配置、动态设计、有限元分析、仿真技术等来保证包装产品设计的科学性和合理性，从而满足产品的质量要求。

趋势之三：生产型标准让位于贸易型标准，美学质量对包装产品的影响逐渐加大。

对策：根据用户的实际需求确定包装产品的质量标准，注意提高包装产品的质量标准，注意提高包装产品的美学质量。

产品的质量标准分为生产型标准和贸易型标准。目前，国内包装企业的产品标准基本是执行由政府有关部门制定的质量标准，即生产型标准，同时接受政府质量监督部门的检查和监督。生产者把生产的产品达到或高于国家标准作为目标，而国际上通行则是贸易型标准。二者的区别在于在标准体系的构成上前者大多为国家标准，后者虽然也包括了国家标准，但更多的是生产者根据市场和本企业的情况而制定。在制定标准的指导思想上，前者以指导生产为主要的甚至是惟一的目标，而不注重市场需求的变化，后者则主要以面向市场、面向用户为出发点；在标准的指标方面，前者指标多，项目细，后者只有为数不多的基本指标，其他要求则根据市场的变化而不断改变，因而适应性强，将产品质量标准定位于用户的需求。

在包装产品的贸易型标准中，有一个重要概念就是包装产品的美学质量。包装产品不同于其他工业产品的一个显著特点就是对包装产品的美学质量要求较高。人们对于商品不仅仅要求其满足使用需要，更希望在商品及其包装上能获得美的视觉满足和享受，而这种在包装上所获得美的视觉满足和享受的直接反映就是产品包装的美学质量。随着社会财富的日益丰富和人的文化素养的提高，人们的消费心理和需求观念已经发生了深刻的变化。人们在购买商品时，不仅仅看重由商品和包装的审美价值、情感价值、社交价值等文化价值来提升商品的附价值。加强包装产品的美学质量管理将成为包装企业产品质量管理的一个重要方面。我国企业因为商品包装质量低劣而积压滞销或在出口创汇方面造成巨大经济损失的实例不胜枚举，相反，因为商品包装稍作美学质量改进即获得积压商品畅销或出口创汇增加的情况也不乏其例。

趋势之四：企业全面质量管理的理念日益深化。

对策：应重视企业各部门参与质量管理对质量控制的重要作用。

全面质量管理（Total Quality Management—TQM）强调将质量控制向管理领域扩展，要管理好质量形成的全过程，实现整体性的质量管理，质量管理等方向发展是生产、技术以及市场发展的必然结果。在质量控制中，人们有“三分技术、七分管理”之说，也就是说，在质量控制过程中应特别注意提高管理水平，这是提高质量的根本。包装企业要树立起全员质量观念。有些企业管理者认为，产品质量是通过严格的检验得到的，事实是检验仅仅起了一个把合格产品和不合格产品区分开来的作用，并不能改进产品区分开来的作用，并不能改进产品的质量。最新的研究表明，虽然所有的检验和质量控制活动都是在生产部门进行的，但在所发现的产品质量问题中，有60～70%是直接或间接地由于设计、制造和原材料采购等方面的缺陷造成的。以纸箱生产为例，平整性好的瓦楞纸板有利于纸箱的顺利生产，是生产高质量纸箱的前提条件，而纸板质量和配纸合理与否是影响瓦楞纸板平整性的一个重要方面，造纸生产过程中的原料状况、生产工艺、生产设备及其操作水平又是决定纸板质量的关键因素。因此，对产品质量的控制，不仅仅是质量检验部门的工作，还应包括采购、设计、工艺、生产、包装和运输等所有部门的参与。

ISO 9000质量管理的质量认证体系是全面质量管理理论的规范化和具体化。在全面质量管理实践中实施ISO 9000质量管理和质量认证体系是目前质量管理的大趋势。通过实施ISO 9000质量管理和质量认证体系使企业的生产、经营活动处于受控状态，以合同管理为主线，强调满足用户需求，强调可追溯性，有问题可以查明和改进，强化员工的自主管理意识，把不合格产品杜绝在萌芽状态。但在实施ISO 9000质量标准中，应严格按规范办事，防止“走过场”现象，防止为认证而认证。因为质量认证的目的是最终提高本单位的质量管理水平和产品质量，而不是仅仅为了企业形象的宣传。

趋势之五：生产第一线工人参与质量控制。

对策：应特别重视提高企业生产工人的个人素质，加强培训和教育。

质量控制存在于企业的所有生产经营活动当中，与企业的每位员工特别是生产第一线工人的工作质量息息相关。因此在企业的质量管理实践中，应特别注意充分发挥生产第一线工人在保证产品质量方面的主观能动性。

现代质量管理特别强调生产第一线的工人参与质量控制，很多企业在这方面有很多很好的经验。日本企业认为现代产品的结构愈来愈复杂，仅靠少数质检人员的努力，无论如何都不可能将产品质量控制在满意的水平，而生产第一线的工人对工艺过程最为了解，最容易发现产品和零部件的缺陷。因此，将生产第一线工人纳入质量管理和控制队伍，是提高产品质量的根本途径。几十年来，日本产品称雄国际市场，这种作法起到重要的作用。在21世纪，这种作法仍将有效，且会增加新内容。职工参与质量管理和控制，有效的办法是与“小组化”工作方式相结全，因为“小组化”方式将会是21世纪最常见的工作方式。在未来的生产实践中，应更加强调“以人为本”的质量管理思想，只有这样才能生产出高质量的产品，提供优良的服务。

为了提高生产者的个人素质，包括思想素质和业务素质，就应加强培训和教育，这是从多年实践中总结出来的一条宝贵经验。对质量意识薄弱的一线员工进行专业培训，培训内容可以包括操作规程、全面质量管理、工艺流程等。

趋势之六：现代化的信息技术手段逐渐成为产品质量管理的关键。

对策：加强计算机在质量管理和控制中的应用。

随着人类进入21世纪，世界正经历着一场以信息技术为主导的高技术、高智能的产业革命。计算机成为这场革命的代表，它使智力物质化，使知识和智能迅速转变为生产力。目前，计算机在企业管理中的应用已显示出巨大威力。在国外，商品包装造型设计、结构设计、装潢设计等设计过程中已实现计算机化。将计算机技术引入质量管理和控制中，对提高产品和服务质量同样会产生巨大作用。目前，计算机在质量管理的控制中的应用还不是很多，主要集中在通过信息网络发布和获取各种市场质量信息、工序质量自动控制、质量成本控制、产品质量检验过程中的数据采集、统计分析等环节，但是已显示出强大的生命力，这将是质量管理的一个重要发展方向。可以相信，随着各种新技术、新方法和新工具等现代化的信息技术手段的不断出现，计算机在质量管理中的应用将会愈来愈广泛，包括将人工智能技术引入质量管理和控制中也将成为一个重要的发展方向。

如何从包装大国走向包装强国

中国包装产业过去20多年中，伴随着商品经济的繁荣获得了迅猛发展，中国在世界上已成为包装大国。但由于诸多原因，我国包装行业普遍存在技术落后，缺乏自主知识产权，研发机构水平较低，包装法规不完善等问题。中国要实现包装强国的目标，必须确立适合我国包装产业自身特点的发展战略和政策。

基础

我国已经成为一个包装大国，形成了一个独立完整、门类齐全的现代包装工业体系。

2001年全国包装工业产值为2376亿元。纸包装制品产量超过1400万吨，仅位于美、日之后，名列世界第三；塑料、金属和玻璃包装制品产量，名列世界第四；运输包装用的集装箱产量，已名列世界第一。包装工业在我国40多个行业中现已跃居为第15位，从业人员超过300万人。

通过大量引进消化吸收国外先进包装技术和设备，我国已经形成门类齐全、水平较高、结构合理的包装工业体系。在华东和广东出现了一批规模和水平都接近国际水平的大型包装企业集团。部分产品开始出口。经过近几年的产业结构调整，包装工业经济结构更加适应市场经济发展需要。

由于看好我国巨大的包装市场，世界著名跨国包装企业，纷纷来华投资办厂，加快了我国包装工业与国际包装界接轨的步伐。

差距

我国的人均包装消费约为22美元，仅为世界人均包装消费值的22%。

我国包装企业大都规模小，技术落后，资金短缺，劳动生产率低下，产品质量不高，例如，河北省相当一部分中低档包装产品供大于求。例如，包装装潢印刷业的生产利用率75.8%，塑料包装箱和容器为69.5%，玻璃包装容器为67.1%，金属包装桶为52.4%，金属罐为45.4%。

至今我国基本上没有自主知识产权的现代包装系统、材料和制品，先进包装技术、系统、设备和高档包装，仍然主要依靠进口。

由于我国生产商品的企业对包装工业普遍重视不够，包装工业本身又缺乏高水平的专门研发机构，大多摹仿国外同类产品的包装结构，包装成本较高。不能做到科学而合理的包装。有些销售包装，重装潢功能、轻保护功能，不会设计经济合理的包装，使包装成本占到商品成本的30%～70%，甚至超过产品本身的成本。

我国包装技术落后一方面是由于国家对包装研发的投入极少，另一方面是和包装行业技术人才匮乏有关。虽然我国目前40多所高校设有包装工程本科专业或相近专业，每年能毕业2000多名包装工程专业的大学生，但因为多数包装制品生产企业待遇低于其他行业，导致包装行业很难吸引这些技术和管理人才，而且现在包装行业中工作的技术人员还在外流，使得目前包装行业专业技术人员占职工总数的2%左右，大大低于全国工业6.8%的平均水平。因此，在既缺投入、又缺人才的情况下，包装行业的技术进步很难适应包装产业向强国转变的需要。

我国包装法规很不完善，包装标准的研究落后严重滞后于形势的发展，非常不适应建设包装强国的需要。我国的包装标准与国外流行的绿色包装标准差距较大，曾导致我国有的企业的产品无法向这些国家出口。

目标

入世后，劳动密集型产业和轻工业产品出口的增幅大，推动我国包装产业快速发展。同时也要看到，国外包装大型企业也将参与国内包装市场的竞争，如果我国的包装企业不能尽快上水平、上档次、上质量、上管理，必然会被淘汰。为此，我们必须争取在10～20年内，把我国从包装大国发展成为包装强国。具体的战略目标是：

加快我国包装企业的结构调整，扶持一批核心技术拥有独立知识产权、在国际上能同现有跨国包装集团竞争的知名品牌大型企业集团，同时培育一大批具有特色和活力的中小型包装企业，合理分工，协调发展，使企业的产品质量和效益达到国际先进水平。

我国应能生产出足够数量的有国际竞争力的包装产品。还能参与国际分工与竞争，不仅能满足国内包装市场的需要，特别是能成为亚洲地区包装市场的包装技术以及包装材料、制品和设备的出口中心。有条件的包装企业能走出国门办厂。

建立起具有国际先生水平的、健全的包装法规和标准体系。

在包装产业中基本解决清洁生产问题，使我国的资源和环境得到有效保护，使我国的包装产业能够健康持续发展。

各大型企业都建立有自身产品的包装技术开发中心，大型包装企业则建立有新产品和新技术的研发中心。国家和地区都建立具有世界先进水平的包装研究机构，在一些高等学府中建设有世界一流的包装工程学科和国家级实验室。拥有遍布全国和与世界联网的包装信息网络系统，建立起有效的包装产品电子商务网络平台。

为了实现用 10～20 年建成包装强国的战略目标，我们必须采取强有力的对应之策，强化我国包装的优势，提升整个包装产业的水平。

对策一

强化中国包装技术协会的职能，当好政府的助手，搞好包装发展规划的修订，提出包装产业政策和产品发展目标，协助政府加强对包装项目的宏观调控，筹备包装法的起草，健全包装统计，修订包装标准，实施包装质量认证制度，规范包装制品生产许可证的发放权限，协助包装企业开拓国内外市场，组织重点包装技术培训，大力促进国际合作与交流，增加对包装企业进行中介、咨询、或反倾销代理等服务。

健全和完善中国包装技术协会下属各专业委员会和地区包协组织，有关政府部门或靠挂单位应在人力和财力上给予大力支持。今后中国包装技术协会不仅只是关注包装生产企业本身，还应扩大中国包装协会与食品、医药等各大行业协会的联系，既为前方产业服好务也为包装生产企业开辟更大的市场。

对策二

在培育具有核心技术竞争力的名牌大型包装企业方面，国家应在提供政府贷款和政策等方面予以支持，大力开发新品，减少我国某些高档包装材料对国外的依赖程度。特别要扶持我国包装设备制造业，通过专业化生产与联合经营解决成套供应问题，提高性能和可靠性，为包装企业提供高质量的装备，扩大出口，迎接包装机械强国的挑战。为了解决中小包装企业集约整合和联合发展战略中技术改造所需资金贷款难的局面，可以在中国包装技术协会主持下建立一定数量的技改基金。

对策三

利用国际包装组织同意在我国建立亚洲包装中心的难得机遇，中国包装技术协会应按照市场运作规则进行操作，争取国家和地方政府在资金和政策等方面的大力支持，尽快把亚洲包装研发中心、全球性的包装信息和电子商务中心、国内外包装机械开发与维修中心等大型项目为一体的综合性园区，对于提升我国包装产业在亚洲乃至世界上的形象和实现中国包装强国的目标，都具有十分重要的战略意义和现实意义。

对策四

我们加大力度建立我国绿色包装工业体系，加快与先进国际包装标准接轨的进程，应对各国对包装实施的技术壁垒和环保壁垒等。包装企业应尽快通过包装产品的 ISO 9000、ISO 14000、ISO 16000、ISO 18000 等认证。中国包装技术协会要协助国家制订好《包装废弃物管理规定》，建立全国性连锁的废弃资源回收利用。

国家技术监督局要加强对包装标准修订工作的指导和支持。中国包装技术协会组织专门班子进行对国际相关法规与标准的调研，每年都划拨一定数量的专款，支持修订我国的包装法规和标准体系。对于在新形势下诞生的新兴包装系统，应力争制订出科学性强的新标准，并使之上升为国际包装标准，避免在未来世界包装产业化分工中重演“在下游喝汤”在“在别人划定的圈子里跳舞”的尴尬局面，影响中国商品进入国际市场。支持把 ISO 下属的包装分委员会从土耳其迁到我国的努力。

对策五

国家应加大包装科研和教育的投入。科技部的重点项目中，都应包含有相应包装技术的内容。在办好包装高等教育和中等教育的同时，特别应恢复包装工程专业在研究生目录中的二级学科地位，以利于包装高级人才的培养，这是提高我国包装先进技术的自主开发能力的关键。

国内各企业重视包装人才的使用和培养，造就能吸引包装技术和管理人才的环境。中国包装技术协会在积极开展各种职业技术培训的同时，要逐步建立起适合我国国情的包装技工等级考核体系。各包装专业委员会应定期开展新技术的推广和培训工作。

对策六

目前物流于我国完全是摹仿国外的，它们基本上是面向超市为主的流通体制而开发的。从超市到仓储转变时，包装基本没有作相应的变化。但是，在现代物流系统和电子商务大发展的新形势下，世界包装正在进行着新的根本性变革，总的趋势是弱化装潢、合理保护、强化信息，增加绿色，降低成本。配合电子网络化新式配送中心的需要，可重复使用包装和智能化包装正在兴起。我国必须在这一新兴包装体系的建立中占据应有的重要地位，独立自主地开发出具有中国特色的先进包装系统。中国包装技术协会应组织专家对未来新兴包装系统进行研发，促进严重制约我国经济发展的现代流通体系这一薄弱环节能早日完善，一定要及时把握这一千载难逢的机遇，避免今后又得要走引进别人的新型包装系统的老路。

强化保护法规　加强产权意识
知识产权与我们息息相关

由于我国保护包装设计的力度不够，致使包装“克隆”产品屡见不鲜。一种名牌问世往往带出一群“子孙”，从当年“郎”酒引出一群“野狼”，到近年的“老干妈”成堆，以及今年的“劲”酒包装官司获胜，都是典型例子。我国民间有一句顺口溜说：“打假打假，越打越假”，说的就是这类现象。因此，我们应该从大局出发，从法规角度研究并讨论防止包装“克隆”、保护包装设计的问题。

保护包装设计国际法规概况

据联合国“外观设计法典”规定，任何“图纹设计”和“立体造型”均为外观设计。可见包装设计、包装装潢均属于外观设计范畴。

世界上最早用法律保护外观设计的国家是英国。1709 年，英国颁布了世界上第一部版权法《安娜女王法》，明确规定了工业品外观设计作为艺术作品的一部分，将受到法律保护。

1973 年，法国颁布的版权法也将外观设计列入保护范畴。该法第 1 条规定：任何类型的画家、绘图家，在其一生内享有在法兰西共和国领域内出售和发行其作品的独占权以及转让权。但共和国的工业家和生产商并不以为满足，他们需要更多的法律保护，他们到处申诉，终于在 1806 年 3 月 18 日颁布地区性保护法，这就是世界上第一部专门的外观设计法。

法国的外观设计法鼓舞了周边地区国家的设计工作者，在他们的鼓动之下，外观设计保护制度先后在欧美各国形成。1839 年英国、1842 年美国、1858 年奥地利、1876 年德国、1884 年西班牙、1885 年意大利等先后颁布了这方面的法律。

1883 年 3 月 20 日，保护工业产权国际会议在法国巴黎召开并签订《巴黎公约》(PCPIP)，外观设计作为工业产权的一种正式得到国际承认。《巴黎公约》于 1958 年修订时，又正式增加了第五条五款：“外观设计在本联盟一切成员国都应受到保护”。1925 年 12 月 6 日，一些国家在荷兰海牙签订协定，建立外观设计国际申请的《海牙协定》(HA)，正式展开了外观设计保护的国际合作，后经多次修订。1968 年又签订了《洛伽诺协定》。据不完全统计，目前全世界大约有 150 个国家和地区对外观设计实行保护。我国亦于 1984 年 11 月 14 日参加了保护工业产权《巴黎公约》，使我国外观设计走上了国际保护的道路。

1969 年，保护工业产权联合国际局(BIRPI)专门为发展中国家编制了《发展中国家外观设计示范法》(下称《示范法》，也译《模范法》)，寄给 80 多个国家的政府以供研究。10 月 27 日～29 日发展中国家代表在日内瓦集会审查了《示范法》，建议发展中国家参考使用。并建议他们考虑加入《巴黎公约》，如今成了设计典范。

到了20世纪，世界知识产权保护制度又有了进一步发展。1967年，世界51个国家签署了《建立世界知识产权组织公约》并成立"世界知识产权组织WIPO"（1974年WIPO正式成为联合国机构）。WIPO公约保护下列知识产权：(1)发明权(2)发现权(3)商标、工商名称和标志(4)工业品外观设计(5)文艺和科学作品权(6)表演艺术权(7)制止不正当竞争(8)科技、文艺领域的其他知识活动权。《世界贸易组织产权协议》（TRIPS协议）保护内容大体与WIPO公约相同。

我国保护包装设计的法规

专利法与包装设计的法律保护

专利法是国家制定的用于确认发明创造的权利归属及其各种社会关系的法律规范的总称。专利权是专利权人在法定期限内对特定发明创造享有的专有权利。

随着专利保护范围的扩大，专利保护的国际化是十分重要的。国际专利法规主要有1970年国际《专利合作条约PCT》、1973年《欧洲专利公约EPC》、1962年《非洲专利公约OAPI》（即《LIBREVILLE协定》）、1971年《斯特拉斯堡协定SA》和《美洲CARTAGENA协定》等。

我国曾在1903年、1912年、1928年公布了有关发明奖励章程条例。1944年国民党政府公布《中华民国专利法》。1950年，新中国颁布《中华人民共和国专利法》2000年第二次修改版《专利法》于2001年底执行。

20世纪下半叶是国际知识产权保护的时代。我国先后参加了国际公约如《工业品外观设计国际分类协定》（1968年加入），《世界知识产权组织公约》（1980年3月），《巴黎公约》（1984年11月），《专利合作公约》（1993年11月），《国际专利分类条约》（1994年7月），《布达佩斯条约》（1995年4月）。此外，2001年我国还在世界贸易组织的《TRIPS协议》上签字。

一般而言，保护包装的专利范围是指包装发明、实用新型、包装外观设计三个方面。它们的区别在于，包装发明保护范围比实用新型要广，保护期亦相对长些。例如易拉罐包装发明专利，而改进易拉罐则是实用专利。包装外观设计是指对产品包装的形状、图案、色彩或者综合提出的富有美感并适于工业生产应用的新设计。

应当指出的是，违反国家法律，违反社会公德或妨碍公共利益的"发明创造"，不授予专利权。如仿冒名牌、假冒包装等则被列入打击取缔之列。

商标法与包装商标的法律保护

商标的历史虽然悠久，但依靠现代商标法律法规来保护包装商标权却只有200多年的历史。商标法是用以确认和调整商标产生的社会关系的法律规范的总称。

我国商标法始自清代晚期。1904年，大清政府颁布《商标注册试办章程》，1923年北洋政府通过《商标法》，1930年国民党政府颁布《新商标法》。

1949年中华人民共和国成立后，第二年7月即颁布了《商标注册暂行条例》。1963年公布《商标管理条例》。1982年8月颁布《中华人民共和国商标法》。2000年第二次修订的《中华人民共和国商标法》于2001年执行。新《商标法》加大了保护力度，中国的商标制度从此进入了与国际接轨的全新时代。

随着国际贸易的发展，为了保证我国名优品牌的商标得到国际保护，1984年我国加入《保护工业产权巴黎公约》，1994年加入《商标注册条约TRT》，1995年加入《商标国际注册马德里协定》。此外，亦参加WTO的《与贸易有关的知识产权协议》和《尼斯协定》。

商标法为防止商标权受到侵犯提供了法律保护。应当指出的是名牌商标还受到特殊的保护。我国制定了《驰名商标认定和管理暂行规定》，明文规定了对驰名商标的保护条文。

在《巴黎公约》中更有一套完整的保护驰名商标的规范：一是依法拒绝或取消与驰名商标标图案相似商标的注册并禁止其使用；二是在5年内允许当事人提出撤销与其相似注册商标的请求；三是对欺诈性已注册商标的取消请求不受时间限制。由此可见，驰名商无论是否注册均受法律保护，对于恶意注册或抢占他人驰名商标的行为，权利人可以在任何时候请求予以撤销。

著作权法及包装著作权的保护

著作权是著作人对其创作的科学、文艺作品享有的专有权利。著作权保护制度是人类社会政治、经济、科学、文艺等发展到一定历史阶段的产物。

包装著作权保护包括：与包装有关的(1)文字作品，(2)口述作品，(3)音乐戏曲舞蹈作品，(4)美术摄影作品，(5)电影电视录像作品，(6)产品设计图纸，(7)图形作品等。但是，违反社会公德的作品将被禁止，像“刘文彩臭豆腐”、“南霸天”之类低劣包装作品应予以取缔。

反不正当竞争法及包装设计保护

20世纪90年代我国进入社会主义市场经济阶段。1993年9月2日，我国人大通过《中华人民共和国反不正当竞争法》，同年12月1日实施。该法明文禁止不正当竞争行为。例如，(1)诽谤行为：利用新闻会、公开信、对比广告、包装说明或者虚假投诉、造谣中伤等手段损害竞争对手的商业信誉和商品声誉；(2)假冒包装：假冒他人注册商标，使用知名商品的名称、包装、装潢，伪造或冒用各种认证质量标志等；(3)假冒产地或原产地；(4)假冒他人企业名称或者姓名等以误导消费者，损害竞争对手。该法还专门规定，对违法者将依法追究法律责任。

保护我国包装设计产权对策

强化保护法规，促进包装设计发展。世界著名经济学家、诺贝尔经济学奖获得者诺斯指出，知识产权保护制度是发明家(企业家)大量涌现的前提条件，有了知识保护制度，发明成果将如雨后春笋般出现，从而促进工业革新并创造出现代经济增长的奇迹。因此，我们要加强包装设计知识产权保护制度，促进我国包装设计的迅速发展。避免“老干妈”成堆现象的出现。

加强产权意识，保护包装设计创新。著名学者熊彼德指出，企业是创新意识的人格化。我国新专利法亦指出，创新是企业进步的根本，创新就是要产生新的技术、新的产品、新的材料、新的组织、新的市场、新的包装，最终获得新的经济效益。例如，最近“劲”牌名酒的小方瓶包装赢得最后胜利即是典型一例。因此，强化包装知识产权，保护包装设计的创造发明是我们的重要任务。

执行国际公约，保护名优包装设计。网络技术是20世纪末期的工业革命，亦是“新经济”“全球化”的象征。但是由于全球性网络媒体的特殊性，使得某些模仿性的“盗版”、“假冒”泛滥迅速。比如营销广告的创意、包装装潢设计的模仿等。因此，严格执行《巴黎公约》和WIPO的WTC、PCT、WPPT等国际条约更是责无旁贷。

最近十年来，我国包装设计知识产权保护日趋完善和加强。中国出口商品包装快速发展，外贸依存度从9%增加到40%。2003年2月发表的联合国《国际竞争力年度报告》显示，2002年中国专利排名又提前两位，都是最好的证明。朱镕基在十届人大对政府工作建议中指出，要加强知识产权保护，促进专利发明……为我们指明了前进方向。让我们共同保护包装设计产权，促进我国包装设计健康发展。

企业竞争五大创新理念

企业应该竞争什么？应该如何竞争？这是企业能否在市场竞争中生存和发展的关键问题。特别是在今后的经营环境和市场特征正在发生巨大变化的新经济背景下，企业惟有超越传统竞争，重塑竞争新理念，才能持续健康地发展。

一、不要只关注产品，而要抓住“商机”

有些企业对现有产品的变化十分关注，倾注全力竞争产品的市场占有率，但却往往忽视了或根本就没有意识到改变产品命运的“商机”。因此，一旦市场出现了新的转机，往往使其措手不及，导致其付出巨大的成本。比如，IBM公司曾经对个人电脑的商机视而不见，瑞士手表制造商也曾小看了电子表的盈利机会，这都使他们差点遭受灭顶之灾。这些因丧失商机而付出了极大代价的例子，也从反面说明，企业重视商机是何等的重要。要想先期占有商机，首先必须要能够识别商机。这需要了解商机出现的相关条件，把握商机的规律性变化。一般来讲，商机往往与以下变化或转折密切相关。

1. 消费需求变化。从市场营销学的角度看，企业的盈利机会都是以消费需求为转移的，因此，消费需求的变化必然潜藏着商机。比如，“绿色消费”、“个性消费”等新的消费需求的产生，必将为新的产业发展提供极大的商机。

2. 产业发展转型。产业的成长往往是在改变老行业的结构和游戏规则，创造新的业务和创建新的游戏规则的过程中发展起来的。每一次“破旧立新”都会使产业发生转型，其间必然伴随着极大的商机。比如，现在的流通行业，由于电子网络技术的介人，正发生着电子化商务的转型，这种转型必将改变传统的商务交易模式提供了极大的有待开发的市场空间。

3. 技术变革。如今，技术更新日新月异，虽然在不同层次的技术变革中都潜存商机，但是，主导技术的变革或先导技术的革命将孕育新的产业，并将带来更多的商机。比如，数字技术将改变人们的生存和生活方式，模糊技术将改变人们的生活质量，都充满着商机。

4. 政策改变。由于政策改变能够使经营环境产生不同程度的变化，从而将带来很多有利的市场机会。如今，我国在政策方面正在产生许多新的甚至是非常大的改变，比如，技术创业的政策、发展教育的政策、西部大开发的政策等等，都可以说商机无限；特别是我国加入了 WTO，这不仅会极大地改变国内的经营环境，同时也给我们的企业进入国际市场带来了新的商机。

二、不要死盯住价格，而要创造“价值”

我们有许多的企业在以往的竞争中主要关注的是特定的“产品”和“价格”，因此，动辄就搞“商品大战”、“价格大战”。实际上，只要站在消费者的立场上来看“产品”和“价格”，问题就会十分清楚，特定的产品、价格等不过是消费者所需“价值”的一种表现形式。竞争“价值”的关键，是要真正从消费者的角度出发，认真考虑顾客所期望的利益，这样才有可能为顾客创造出有价值的东西。

1. 改变价值链的不经济点。价值链可以作为企业创造更多顾客价值的一种有效管理方法。每一个企业的价值创造都是进货、生产、发货、经销、服务等基本活动和一些辅助活动过程的集合体。如果价值链中不存在不经济点，则将丧失竞争力；如果价值链中的成本低于竞争者或绩效能够超越竞争者，它就能够获得竞争优势。

2. 增加顾客的整体价值。顾客的价值需求是一个整体，主要是指顾客从给定产品和服务中所期望得到的所有利益。要使价值最大化，主要可通过四个要素来增加其价值，即：产品、服务、人员和形象。而顾客要获得一定人的价值也是想要付出一定成本的，主要有货币成本、时间成本、体力成本、精神成本等。只要顾客的价值减去顾客的成本的差别额部分越多，顾客所享有“利润”(或利益)就越大。那么，如此经营的企业就为顾客创造了更多的价值，其竞争力就越强。

3. 建立差异化价值体系。“差异化”是企业竞争的基本战略，就是要追求“人无我有，人有我优”的区别于竞争者的顾客价值。只要企业能够创造性独特的差异化价值，它就具有不可替代的竞争优势。

4. 构筑创新价值的平台。企业要在为顾客创造价值的竞争中取得更大的成功和保持持续的优势，就应该注意构筑创新价值的四个平台：产品平台——主要指物理意义的产品；交货平台——主要包括物流、资金流及交货给顾客的渠道等；服务平台——主要指诸如维护、顾客服务、质量保证以及对分销商和零售商培训方面的各种支持；信息平台——包括产品信息、消费信息等。在现代市场竞争中，围绕这四个平台的竞争已越来越激烈，并且是企业创新价值的最佳切入点。

三、不要只做规模和范围而要变得“灵捷”

今天的市场和经济环境正在发生着一些根本性的变化。概而言之，当今正在从一个大量市场产品和服务的标准化、寿命期长、信息含量少、简单的一次性交易的竞争环境，向产品和服务个性化、寿命期短、信息含量大，并与顾客保持沟通关系的全球竞争环境的转变。在转变过程中，更丰富的顾客价值内涵，更广的产品范围，更短的产品周期和处理任意批量订单的能力，正成为新的市场竞争或经营的准则。

1. 在营销层面上，灵捷经营具有以顾客价值为中心、丰富顾客价值、生产个性化产品和服务结合的特点。美国 NCR 公司发展很快，它最具附加价值的产品是为各公司提供个别对待顾客的能力，此能力经反复证明可使这些公司收入提高 15%，其“大量个性化”的产品是信息处理软硬件与一系列的专业知识的可变组合，包括在当地和全球范围进行信息的收集、分析和移动。

2. 在生产层面上，灵捷经营意味着具有依照顾客的订单，任意批量制造产品和提供服务的能力。这需要通过改进生产设备、工作流程及管理方式，以实现更小规模和更低成本的生产。东芝公司以极少的新技术在一条生产线上实现了全部 20 多种便携式计算机的组装，每一种又为顾额提供了多种不同的选择，批量为 20 台、甚至为 10 台。

3. 在组织层面上，灵捷经营要求能够整合企业内部和外部与生产经营过程相关的各种资源，通过与供应商和顾客的互动合作，创造和发挥资源杠杆的竞争优势。

4. 在管理层面上，灵捷经营一改强制指挥和控制的管理思想，而转换到领导、激励、支持和信任上来。灵捷企业最基本的管理目标是：(1)保证人力资源队伍是由一支有知识、有技能、善创新的员工队伍组成；(2)为员工提供他们所需的资源，以应付变化的市场机会及个别顾客的要求；(3)适时变革组织的"壁垒墙"。因为这些"墙"有可能限定企业的资源分配，同时也限定了控制权与优先权的分配。

四、不要一味排他竞争，而要善于"合作"

在经济全球化和信息化将世界紧密联结在一起的背景下，企业孤立经营的传统格局正在被打破，企业靠单一的批量生产或规模经营已不再能获得长期利益。企业与企业、企业与顾客、企业与供应商、企业与其他相关群体的相互作用和相互影响日益密切，进入了从孤立生产向协作经营、从产品型向关系型、从独立发展向互联合作的大转变时期。也就是说，企业的竞争正进入利益共享的合作竞争的时代。

1. 供应链型。这主要是企业与供应商的连通合作。由于企业在增值链中，供应过程占有较多的成本，因此，供应链的动态互联至关重要。摩托罗拉公司面对产品市场的无常变化，制定了一套与供应商共享的结果预测方案，要求供应商共享的结果预测方案，要求供应商把产品编目水平保持在最高和最低水平之间。摩托罗拉把自己的信息系统和供应品预期需求信息，一起接通给供应商。其实施结果：摩托罗拉的采购人员减少了30%左右，供应商不需要配备人员来分析摩托罗拉的计划，存货周转速度加快，提高了系统的有效性。

2. 战略网略型。企业通过建设与供应商、经销商以及最终用户的价值链形成一种战略网络。著名的牛仔裤制造商莱维·施特劳斯公司与兰格勒公司的竞争就是一个典型的事例。莱维的主要零售商是西尔斯公司。它每天晚上通过电子数据交换(EDI)，从西尔斯公司及其他零售点获取消售的牛仔裤尺寸和型号的牛仔裤。这样，莱维与兰格勒之间的竞争，已不是单一公司之间的竞争，而是战略网的竞争，胜利者当属具有更好网络的公司！

3. 协作联营型。这主要表现为企业通过选择地与竞争对手以及供应商或其他经营组织分享和交换控制权、成本、资本、进入市场的机会、信息和技术等，产生特定的协作关系，形成一种联营组织，从而在市场竞争中为顾客和股东创造最高的价值。

4. 虚拟组织型。虚拟组织是一种相对较新的经营组织形式，它利用信息技术把各种资源、能力和思想动态地连接起来，是一种有机的企业网络组织。虚拟组织可以灵活地把企业自己的优势资源与其他企业或市场主体的优势资源与其他企业或市场主体的优势资源充分地结合起来，以最低的成本、最快的速度创造出最佳的效益。

五、不要取仅注重载体，而要修炼"能力"

从企业的内在构成来看，它能够实现资源的有效配置，主要依赖于自身的两种体系："制度体系"和"能力体系"。制度体系主要是指企业财产权利或产权关系为基础的有关规章、规则、条例等形成的组织规范结构。企业基于一定的制度体系，可以享有和使用一系列的权利，从而保证对企业活动所需的相关资源进行支配和应用。而能力体系则主要是以企业智力资本为基础而拥有的变换、创新、整合等的系统能力。企业基于一定的能力体系，是可产生对已有资原进行配置的"附加或放大"效应，也就是能够促使企业的资源实现高效或最佳配置。从企业组织的本质和赢得竞争的成功企业的实践中可以看到，企业在能力竞争的过程中，有三类能力值得好好修炼。

1. 基本的能力。指每一个企业都应该具备的能力。主要包括：交换能力——能够把一定的资源转变成满足用户需求的产品；创新能力——能够适应市场和环境的变化不断推陈出新；整合资源，使其产生更好的、更大的效益。

2. 特殊的能力。特殊的能力是企业拥有的独具有特色或与众不同的能力，它主要由核心能力构成(另外还包括善用资源、战略动筹能力)。从竞争的角度看，核心能力是企业在市场竞争中取胜的杀手锏。核心能力包括三个方面的特征：

(一)是创造性，也就是它能够为市场和用户创造出重要的特定价值。二是差异性，这表现企业的"人无我有，人有我优"的独树一帜的能力。这也就是企业为避免产品同质化或被对手学习模仿，而应该发展的别具一格的竞争优势。尽管某项专长在本行业已较为普及，但某企业把它开发运用得不同一般，也将成为其独具竞争优势的核心专长。例如英国航空公司努力提供比一般水平高得多的座舱服务就是这样。三是延伸性，它体现了企业持续发展的技术能力。核心能力必须能够衍生出一系列新产品或服务，也就是能够成为企业持续发展和开拓新市场的动力。

3. 竞争未来的能力。一个企业能够发展到什么程度，在未来市场上扮演什么角色，以及在变化的市场中能够创造和获得多少财富，关键还取决于它竞争未来的能力。企业要竞争未来，必须有能力在三个阶段进行竞争：

(1) 竞争产业远见和概念领先。这是预知未来商机的规模与形式的竞争，是构想给顾客带来何种新的利益、或者构想有何种全新的方法让顾客得到更多现有利益的竞争。(2)竞争缩短发展路径。这是抢先把新的产业概念真正变为现实市场的竞争，是如何积极使未来产业结构朝着有利于自己的方向发展的竞争。这样，不仅使自己能够快速反应，而且可能使竞争对手付出更多的成本。(3)竞争基础上，要抢先占领关键市场，最大限度地提高效率和生产力，驾驭住竞争性的互动关系。

竞争优势的创新是企业需要长期关注和支持的，需要企业全体员工的协调和团结合作，这样才能共同营造一个具有市场竞争力的企业。

公司伦理——企业的首要资产

陈福军　李志诚

企业竞争实际上就是争夺顾客，赢得了顾客也就赢得了竞争。而要赢得顾客，必须使顾客满意，顾客满意是营销战略中获得竞争优势的重要途径。营销战略管理中融入营销道德的必要性之一就是通过使顾客满意创造竞争优势。

1988 年 2 月，由美国著名企业参与的“企业圆桌会议”发布了一项报告：《公司伦理一企业的首要资产》，强调指出“公司伦理是企业生存与盈利战略的关键”。由欧洲、日本、美国的企业领袖组成的“康克斯(CAUX)圆桌会议”所制定的康克斯商务原则也明确指出：“如果没有道德，稳定的商业关系对国际社会的支撑将是不可能的”。两次会议都认为企业伦理在商业决策中有着重大价值。由此可见，注重伦理道德，已成为国际企业界的共识，把伦理作为企业经营战略中的一个关键性因素，是现代经营发展的一种必然趋势。为什么在传统观点看来“唯利是图”的企业现在却如此青睐伦理道德？伦理道德是一种特殊的经济资源，是一种资本，是一种能够投入生产并给企业带来长期收益的能力。一些明智的企业家之所以对伦理街道给予特别的重视，一个很重要的原因就是伦理道德可以转化为竞争优势，可以给企业带来长期效益，可以促进企业的经营和发展。下面我们从顾客满意、企业与利益相关双赢、创建和维护企业的良好声誉等几个方面对营销战略管理中融入营销道德的必要性进行论述。

一、顾客满意

彼得·F·德鲁克指出：“企业的目的只有一种适当的定义——创造顾客。”在买方市场形成和竞争日趋激烈的形势下，顾客对企业的重要性怎么强调也不过分。企业竞争实际上就是争夺顾客，赢得了顾客也就赢得了竞争。而要赢得顾客，必须使顾客满意，顾客满意是营销战略中获得竞争优势的重要途径。营销战略管理中融入营销道德的必要性之一就是通过使顾客满意创造竞争优势。对它的的论述分两步骤：第一步，融入营销道德的营销战略能使顾客满意；第二，顾客满意创造竞争优势。下面分别进行阐述。

融入营销道德的营销战略能使顾客满意。曾任惠普公司总裁的约翰·扬指出：“最大限度地扩大股东财富一直是我们追求的目标之一。确实，利润是我们行动的基础——它是衡量我们贡献大小的尺度，是依靠自身财力持续增长的一种方式，但是利润本身绝不是我们追求的最终目标。我们的最终目标是获得成功，成功与否只能由顾客来判断，而且只能通过做一些自己可以为豪的事情实现。其实利润和成功的关系是相辅相成的。如果我们真正令顾客满意，那么我们一定能获得利润。”如何才能做到使顾客真正满意？首先，不应该有针对顾客的不道德营销行为，如假冒伪劣、质次价高、虚假宣传、短斤缺两、漫天要价等。其次，为顾客提供既符合社会利益，又符合顾客根本利益的产品或服务。仅仅为了赚钱，不加区分地满足消费者任何需要的做法并不能使顾客真正的满意。再次，顾客日益注重企业的社会责任感。纽约 The Wallker Group 在 2001 年进行的一项研究表明，90%的顾客认为，当质量、服务、价格相同时，它们会购买在履行社会责任方面声誉最佳的企业的产品。消除不道德营销行为、注重企业社会责任、提供既符合社会利益又符合顾客根本利益的产品或服务正是营销道德所倡导的。

顾客满意创造竞争优势。一些人认为，不道德营销能获得好处，实际上是只考虑了不道德营销所带来的直接和眼前利益，而轻视甚至忽视了间接和眼前利益，而轻视甚至忽视了间接和潜在的损失。例如，把一批有质量问题的产品通过虚假宣传卖出去了，得到的销售收入是实实在在的，似乎不道德营销获利了。然而，潜在损失却很大。首先，顾客因感到受到了斯骗而不愿购买该企业的产品，损失一个顾客，损失的利润就间相当于这个顾客，损失的利润就相当于这个顾客的终身的价值，也就是说，相当于这位顾客的终身价值，也就是说，相当于顾客在正常年限内持续购买所产生的利润。其次，有一项研究报告指出，上当的顾客会对十个或更多的熟人讲该产品坏话，这就使得前项损失扩大了至少十倍。再次，从事不道德营销的企业，在顾客满意度低从而重复购买率低的情况下，要想获得利润，必须千方百计“争取”新顾客。据福龙公司评估的结果显示：吸引一个新顾客的成本的老顾客的成本是维护一个满意的老顾客的五倍；如果计算盈利率，新顾客与丧失一个顾客相差十五倍。因此，吸引新顾客相对于保持现有顾客来讲，成本要高得多。利润的损失加上成本的提高，必将导致竞争优势的逐渐丧失。相反，在融入营销道德的营销战略指导下，企业尊重顾客、真正为顾客着想，使顾客高度满意，而一个高度满意的顾客对公司来讲意味着忠诚公司更久、购买更多公司新产品和它的产品说好话、忽视竞争品牌和广告并对价格不敏感，向公司提出产品或服务建议、由于交易惯例化而比新顾客降胝了服务成本。总之，顾客满意程度高，一方面重复购买率高、口碑效应好，公司潜在利润大；另一方面，相对于吸引新顾客，通过保持老顾客降低了服务成本。潜在利润空间加上成本的降低将为公司带来持久的竞争优势。

二、企业与利益相关者双赢

正如查尔斯·S·古德曼所指出的：公司并非在从事买卖，它们是在建立相互关系。企业的营销活动是一种合作活动，它离不开所有者、员工、顾客、供应者、社区、政府、公众的合作与支持，甚至也离不开竞争者的存在。营销战略的主要任务之一就是处理与利益相关者的关系，从处理结果看，可能有赢/赢、赢/输、输/赢、输/输、或赢（本方赢，不管对方是输还是赢）。五种结果中第一种最佳，理由正如斯蒂芬·R·柯维所说：“从长远看，如果双方不能都赢，就会都输。这就是为什么在相互依赖的状态中双赢是唯一正确选择的理由。

如何使营销战略获得双赢的结果，涩泽荣一积其一生的经营实践，悟出了走向成功的道理：工商业必须以追求自己的利润时，不能只考虑自己的利益而损害他人和社会的利益，否则就会遭到世间的怨恨，企业也不可能长久获利。因此，为避免工商业损害社会的利益而遭怨恨，就必须用道德来规范其牟利的行为，在确信其行为合乎道德的情况下，才放手去追求利益。从涩泽荣一的话中，我们不难得出结论：营销战略只有通过使企业和利益相关者双赢才能获得持久竞争优势，而要使企业和利益相关者双赢，则必须融入营销道德。

融入营销道德的营销战略之所以能使企业和利益相关者双赢，在于遵守营销道德可以降低交易费用、创造合作效益，这也正是营销战略中融入营销道德的必要性之一。交易费用是指处理人与人之间交易关系所需要的成本，包括交易信息的获取费用、合约、签订、实施和监督费用、制度运行费用等。在现代企业营销活动中，交易费用是营销活动成本的重要组成部分，而且随着分工和专业化的发展，人们之间交往的日益紧密和扩大，交易费用对现代营销活动的影响和制约作用将越来越大。特别是由于物质生产成本在一定条件下弹性很小，交易费用却伸缩性很大，因此，只有尽可能降低营销活动中的交易费用，才能提高经济效益。制度经济学认为：降低交易费用的最有效方式，就是合理的制度安排，包括法律、公约等正式制度安排和伦理道德、意识形态等非正式制度安排。

营销道德在降低交易费用中的作用主要表现在：第一，它通过建立一套行为准则和伦理约束机制，降低了人们在经济交往中的不确定性和复杂性，从而减少每次去处理相互关系时获取信息、进行选择的成本。第二，它可以有效地调节人们在交换过程中的利益冲突，遏制和克服“搭便车”、投机取巧、损人利己等消极行为倾向，减少交易中谈判费用和合约执行、监督成本、以及违约的风险成本。第三，它可以服务于其他制度安排、降低有关政策、法律的实施成本。

营销道德不仅可以降低交易成本，同时可以创造合作效益。合作是人类的基本生存方式之一，是经济发展和社会进步的根本条件之一，合作的价值主要在于可以创造合作效益。所谓合作效益又称合作剩余，指的是不同主体通过相互合作而产生的超出单个主体所能创造价值的总和的那部分效益。合作效益主要是从两个方面形成的：一方面通过合作可以降低交易费用和竞争成本；另一方面通过合作可以形成一种资源的相互共享和优势互补，促进专业化的发展和创造规模效益，经济活动中的合作无疑是以利益为基础的，同时，一定的伦理约束和道德自律是有效合作达成和合作效益创造的必要条件。首先，对彼此权力的尊重和互利的伦理意识，是有效合作得以达成的精神前提。其次，一定的伦理约束和道德自律，可以规范和协调合作者之间的相互关系，遏制和克服合作中的搭便车和机会主义行为？

浅析集团化管理解决方案

集团化管理体制是指建立在公司制基础上的集团公司对子公司的管理体制，包括两方面的内容，一是以产品为基础的生产和市场的经营管理；二是以产权为基础的企业组织管理。目前人们对前者重视较多，也比较容易管理，而后者则是管理的难点和重点。要想管理好后者，必须建立权责明确的母子公司管理体系。对于母公司来说，既要维护出资者的参与管理、选择经营者、资产收益等合法权益，又要在发挥母公司主导作用的同时，调动子公司的积极性和主动精神。对于子公司来说，既要充分行使法人财产权和企业生产的经营的自主权，享有法律上与母公司相同的民事权利，又要承当起集团成员企业的义务，服从集团的整体规划，自觉接受母公司来自产权方面和集团章程规定的监管，确保企业集团整体发展目标的实现。

在集团化管理方面，国内许多企业集团在发展过程中积累了许多经验和教训。面对众多且地区分布广、发展水平不一致的下属企业，如何通过母公司对子公司的有效管理来加以对子公司的控制是一个重要课题。国内很多企业集团的发展情况说明，投资、兼并的范围受制于控制幅度，不加节制地发展子、孙公司，可能出现严重的“内部人控制”或集团总部控制失效，有可能把母公司拖垮。目前，在国内大企业集团的母子公司管理过程中，主要暴露出以下四种问题，即管理中失控、过度集权、放任自流、手段缺乏。

那么，如何解决集团公司在母子公司管理过程中出现的问题，笔者认为一是要借助法人问题，笔者认为一是要借助法人治理结果来加强管理，二是要实施综合治理。

通过法人治理结构来实施管理，可以借助以下三种形式。一是通过股东大会形式，主要是母公司控制子公司的股东大会，通过股东大会，对子公司的经营决策实施影响。但有一种情况例外，即子公司非全资子公司，母公司持股低于 2/3 时，由于子公司股东大会的特殊决议需要 2/3 股东行使议决权，因而母公司就不一定能够完全实施其影响；二是通过子公司董事会形式。股东大会只决定子公司极少数重大事项，作用有限，而重大业务的决定执行在董事会，因此控制董事会十分重要，母公司可通过控制子公司董事会来施加影响；三是通过母公司董事会形式。各国法律规定不一，但一般要求子公司经营中的一些重大决策问题需要经母公司董事会决议，这样可以实施部分影响。

综合治理的实施，要从“考核、权限、人事、信息”四方面入手操作。四管齐下，同时根据企业和业务的不同情况进行权变的设计。这样，使得管理控制比较全面、扎实。同时可以留有缓冲余地，达到松紧适中的管理目标。

(1) 考核控制。业绩控制是最重要的控制手段，它以指标的形式表现出来的。指标可以分为定性和定量两种。定性指标主要对那些不便于衡量的工作进行控制。这些指标只会出现完成和完不成两种情况，对于任务完成的好坏并不好衡量。定量指标则容易衡量比较。定量指标主要有：市场占有率、市场增长率、收入、利润、资产收益率、资产周转率、净资产周转率、资产负债率、流动比率等。

(2) 权限控制，权限控制规定了子公司享有何种权限，即规定子公司在多大程度和范围内可以做什么。权限控制主要针对子公司经营活动中的重大决策行为进行控制。应该控制的权限有：对外投资权、重大资本性支出权、重大资产处置权、开设子公司权、重大合同、担保、重大信用政策、年度预算、重大技术改造和基建权等。这些权限，在一定程度上均反映为一定的授权额度。最严的控制可以是不授予这项权限。例如子公司没有开设子公司的权限；较松的控制可以授予的权限额度较大。上述这些权限设置，将企业经营活动中最为常见的一些活动都做了相应的规定。这样，子公司的重大活动均能做到受控。对外投资权和开设孙公司权限最容易引起母子公司间的管理失控。一些集团公司，由于这两个权限上没有做好完备的设计，子公司在不断的发展过程中，盲目地进行对外扩张和投资活动，随之孙公司也在不断地产生。而集团公司对此却一无所知，到某一天长期积聚的问题开始链式反应般的爆发时，集团公司才猛然发现，自己连子公司有多少对外投资、有多少孙公司都不甚清楚。这种例子在一些资产管理不清，最后导致经营困境的集团企业的案例中有报道。重大合同和重大信用政策上的控制，其用意也是为了防范子公司经营的风险。但是这种控制的额度松紧有时会直接影响子公司的积极性。总体来说，权限控制是管控中必不可少的工具，但是它也是一把双刃剑，在对子公司可以做到严格控制的同时，又极易挫伤子公司的经营积极性。所以，权限控制的应用和松紧度设计必须审时度势。

(3) 人事控制。人事控制历来是中国企业中最为看重的。计划经济体制下，组织部门的人事任免制度往往是最厉害的杀手锏。这种人事管理，更多地并不是从人力资源管理的角度去控制。而现代企业制度下，对子公司的人事控制更多地是从激励、考核、奖惩等现代人力资源管理的角度出发，去设计控制方式。母子公司的人事控制，表现在对两类人的控制，一类是派驻子公司的股东大会的代表，负有重大的运营监督职责。母公司首先应做好对董事监事的选派工作，制定详细并有操作性的选派驻子公司的股东大会的代表，负有重大的运营监督职责。母公司首先应做好对董事监事的选派工作，制定详细并有操作性的选派标准，派出真正懂得企业经营和管理的董事监事。其次，母公司应该考虑外派董事监事的激励、考核和奖惩。没有相应制度安排和设计，外派董事监事的作用将可能得不到应有的发挥。对外派董事监事的权责，必须也要通过公司章程或子公司细则的形式，加以法律化的规定和界定。这样，从选派控制开始，设计相应的激励、考核、奖惩制度，并做好权责的制定，就可以较好地实行外派董事监事的人事控制。在中国企业的实践中，这一块控制是做得最差的，许多企业对子企业的外派董事监事，要不从母公 司各部门经理中挑选，一人负责一家子公司或轮流坐庄，要不就是集中在母公司高层的几位总经理、副总经理，一人身兼数职。这样的结果，往往导致董事监事形同虚设的情况出现。另一类人事控制是对 CEO 和财务负责人的控制。对 CEO 的控制无需讳言，因为 CEO 是子公司的经营负责人。对财务负责人的控制也是十分必要的，因为他们是企业财务活动的负责人。这两个人的控制方式主要通过指标体系和定期述职来完成。指标体系在前面已经做过描述，定期述职则是为了保证信息沟通顺畅的一种控制。

(4) 信息控制。信息控制的主要内容是要保证子公司的运营信息能够及时准确地传递到母公司。这些信息可以包括市场销售、回款情况、重大合同执行状况等市场信息；财务损益表、现金流量表等财务报表；生产计划、实际生产状况等生产运营信息。了解掌握这些信息并不是为了插手子公司的实际运行，而是为了了解掌握运行的实际情况，为了及早发现问题，为了防范风险。如果母公司对于一个子公司6个月来的运营情况都不了解、不甚清楚的话，那是会面临很大风险的。这种信息的沟通可以存在多种途径。一种是建立子公司 CEO、财务负责人向母公司高管人员的定期述职制度，例如 2 个月述职一次。另一种是在母子公司对应部门之间建立定期述职制度，例如子公司财务部门向母公司财务部门定期述职。子公司生产、市场部门向母公司资产运营管理部门(如集团中的产业管理部门或资产管理部)定期述职。审计也是非常重要的一种信息控制的方法，它具有强制性和事后控制的特点。大的集团企业中对子公司开展定期的审计是必须的。对于许多企业而言，信息控制是十分薄弱的。母公司往往并未将信息控制提到像人事控制这样的高度来看待和处理。这里一方面是认识上的问题，另一方面也存在管理基础薄弱的问题。信息控制的前提，一是要有基础的管理信息；二是要有一定的IT硬件平台，国内一些著名的大企业，自身已具备了这方面的基础和条件，已经开始利用IT技术自建企业内部信息平台，进行内部的信息沟通和交流。

上述对这四种控制手段的描述，是从比较严格的角度出发进行了较为全面的说明。实际运作中，在松紧度的把握上应根据具体情况作适当的调整、侧重。具体情况与许多因素有关，如子公司业务的产业特点，是传统行业还是新兴行业；子公司在集团中的战略地位，是否核心企业；子公司业务是核心主业还是多元化业务；甚至子公司CEO的个人领导风格，这些都会影响管理控制的广度和深度。同时，四种手段之间并不是互相割裂的，是要有机地看待的，都容易带来管理上的漏洞和风险。

集团化的管理从总体上就是要解决集权与分析的关系问题。世界各国的经验证明，公司内部或者集团内部的管理权限配置，都没有统一标准，有的强调集权，有的则强调分权。不过，大都遵循"有控制的分权"这一基本的管理信条。

海外视窗

Oversea Window

海外视窗

Oversea Window

【英国发布食品标签指南】英国食品标准局发布食品标签指南，帮助消费者了解所购买的食品来自何处。由于食品标准局正致力于在欧洲推行最佳标签工作，该指南的发布实施可促进食品行业采取应对措施。指南明确规定，经加工的产品其原产地标签不能对所用原料的原产地产生误导。此外，指南还列举了标签实施的最佳实例，以鼓励食品行业采用明确的和清晰的标签。食品标准局指出，除了牛肉和小牛肉外，动物出生、饲养和屠宰在同一个地方的应给出惟一的原产地声明。反之，应标明出生、饲养和屠宰地的每一个信息。如果食品原产地与最初原料原半不相同，那么有必要提供有关这些原料原产地的信息。

【德国强制加收包装瓶罐】德国联邦政府规定，2003年初开始征收瓶罐押金。凡是内装有啤酒、矿泉水、可乐与汽水等铝罐、玻璃及PET塑料瓶。1.5公升以下的缴0.25欧元，而超出的则需缴0.5欧元。但牛奶、酒类和果汁的瓶罐依旧免收押金。目前包括Aldi等多家零售连锁商表示不再卖罐头饮料，而Metro则将采用自家押金系统，顾客付款时，将收到列有金额的押金收据，一旦把瓶罐送回，将可凭据取回押金。

【新颖的PEN薄膜】一种品名为“Kaladex”的新型薄膜已在国外研制成功，它是由聚萘乙二醇酯(PEN)的经过双向拉伸制得，它的最大特点是弥补了聚酯(PET)薄膜的热性能不足。PET的玻璃化转换温度是78℃，而PEN则高达120℃，PET薄膜在150℃温度下经5分钟收缩率即达120℃。PET薄膜在150℃温度下经5分钟收缩率即达0.5%，而PEN则要在190℃下经5分钟收缩率方达0.5%。PEN强度比PET大大增加，例如PEN薄膜的抗张模量达到6000MPa，比PET增高了25%，抗张强度则增加10%从而达到了220MPa，PEN的阻气性能由比PET高4倍，印刷效果亦佳。在包装中的应用有良好前景。

【德国开放废纸回收市场】德国双向系统回收组织(DSD)在欧盟竞争法规的管辖下，将被迫向欧盟各国开放包装废弃物回收合同的招标规则。

DSD由德国414家包装纸收集、分类和再生经营商所组成，年收集150万吨废纸，其中包括瓦楞纸箱。该组织给废纸收集者年补贴5000万欧元，费用由德国国家级绿点标记系统在年收入中支出。

目前，欧盟已迫使DSD终止和解除2004年1月以前的合同招标工作，要求其对欧盟其他国家经营包装废弃物业务的集团订户开放。目前，有关机构正对DSD所拟订的新合同条款文字进行调研，以便对纸包装回收所给予的补贴金额进行削减提出意见。

【日本用废纸制包装酒瓶】日本花王公司用废纸为原料，制成可盛装漂白剂、洗发水等的包装瓶。

将回收的废纸制成纸，然后用塑料瓶和瓶盖，不仅美观实用而且可以回收，丢弃后也能被生物降解，因此有利于环境保护。

在用废纸制造包装瓶的过程中，先将废纸放入水中浸泡，再用打浆机打成纸浆，纸浆经注入金属模具中成型，干燥后即为各种包装瓶，这种包装瓶可用来盛装粉末状的固体。如果要盛装液体洗发水等，则需要对包装瓶进行防水处理，方法是在表面涂覆一层薄薄的塑料涂层。

由于这种用废纸制包装瓶的方法可以大量生产，因此，其成本比普通使用的塑料包装瓶还低。

【日本研制成功光分解塑料垃圾袋】据海外媒体报道，日本尤尼卡公司近日研制成功一种光分塑料垃圾袋，可在光的作用下自动分解。

据报道，用来生产这种垃圾袋的光分解塑料，由乙烯和一氧化碳聚合制成，它接触阳光中的紫外线后，氧气活化，把外部的氧气结合起来，一氧化碳变成二氧化碳，然后散发到空气中，从而使聚乙烯的结合受到破坏，塑料垃圾袋便变成了粉末状，自行光分解。该种塑料垃圾在自然条件下，从常态变成粉末约需3个月时间。

【乌兹别克斯坦对进口商品提出新要求】乌兹别克斯坦政府作出规定，从2003年1月1日起，部分进口的日用消费品必须使用乌兹别语印刷的商标。

为保障消费者权益，使其能够准确无误地了解进口商品的相关信息，乌政府上月初颁布了关于完善进口消费品制度的决议。决议以2003年4月为最后期限，以后进口的无乌语商标消费品将被禁止销售。

【日本用废蚕丝制造保鲜膜】日本蚕丝昆虫农业技术研究所利用废蚕丝加工制成保鲜膜。该保鲜材料的特点是强度大，耐拉伸，通过果蔬自身环境吸温放温、调节环境温度，在干燥环境下有较好保温性，能抑制果蔬水分蒸发而不会干瘪；在多温环境下又能保持产品适宜温度，不会造成水分过多，从而使果蔬达到既不干瘪又不腐烂变质的最佳新鲜度状态。据对马铃薯保鲜试验，能达到与库贮藏保鲜相当的效果。

废蚕丝加工保鲜膜方法是将下茧与废丝通过煮茧与碱处理工序，使之成丝状，切断丝纤维制成丝浆，再与特殊的再生纤维各一半混合加工而成。

【巴西发明强化包装回收新法】巴西《圣保罗州报》报道，巴西研究人员研制成功了一种回收强化包装材料的新方法，已提出专利申请。

由纸张、塑料和铝箔分层压制而成的强化包装正越来越多地应用于食品和药品的包装上。强化包装材料虽然有耐久、抗腐蚀、保鲜能力强的特点，但这种包装的结构特性使得它们的上成了令人头疼的问题，其在垃圾填埋场里的数量与日俱增。

巴西马拉那理工学院的8位研究人员最近共同研制成功的一项全新的分离使强化包装材料的分类回收成为可能。负责这项研究的亚里山德罗·高松介绍说："我们通过一种特别的化学溶剂来回收包装中的三种成分。这种溶剂的配方现在还不便透露，因为我们3个月前才开始申请专利，要等一年时间才能拿最终的认证。"

高松说，在将强化包装袋浸入这种溶剂两分半钟后，包装材料中的塑料、铝和纸张便会分层。随后用人工将这三层成分分离，并用高压除去残留的溶剂，三种物质就可以轻易分类回收了。这种溶剂对任何种类的纸张以及PVC塑料或是聚乙烯都颇为有效。

高松对于自己的研究成果很有信心："这项技术不仅适用于回收牛奶和果汁的包装，也适用于更薄的诸如食盐、真空咖啡以及鸡蛋等的包装。目前我们仍在进行成本估算，这种溶液尚未开始商业化生产，但使用这项技术的成本不会很高，溶剂的原料并不难找"。

【北美生物降解聚合物市场需求增长快速】近年来，北美包装业得到了快速发展。在北美，生物降解聚合物市场以散装包材料占主要份额，2003年销量约2000万磅，预计今后销量将年均增长4.6%；第二大应用领域是装肥袋，估计年均增长9.9%，至2005年销量将从2003年的500万磅增至800万磅；其他应用还包括农用膜，有关卫生产品和纸涂料等，目前市场需求量不到100万磅，至2005年可望增至200万磅以上，约占市场份额的8%。

据商务通讯公司预测，在今后几年中北美对生物降解聚合物市场需求可望增长稳定。现今北美生物降解聚合物增长稳定。现今北美生物降解聚合物年销量估计为2500万磅，到2005年将增加到3500万磅，年均增长7%。作为一种生物降解聚合物，聚乳酸的年需求量至2005年也将达到2500磅。

【意大利包装机械销售特续增长】据意大利自动化包装及包装机械生产协会的一份资料显示，近年来意大利包装机械销售情况理想，2002年增长3.8%，预计2003年会实现两位数的增长。

该协会表示，属下会员公司在2002年的总利润达到27.37亿欧元，比2001年上升6.8%来自外销市场，所以出口增长了7.1%。预计2003年增长率会在8%～10%之间。据悉，意大利包装行业在美国市场销售状况良好，在其他地区的发展表现也不错，包括俄罗斯、中国及东南亚市场，欧洲包装市场也没有下滑的迹象，这是因为医药、化妆品、化学品及食品工业的需求较稳定。

【巴西非织造布新设备投产】南美最大非织造布布卷材产商——巴西巴拉那州的Companhin Providencia公司增设了两套加工设备以扩增其纺粘法非织造布及其产品产量。这些新设备中有一条是具有层压能力的PE可透气膜挤压设备，另一条是具有6纺丝箱超薄技术的Reifenhauser纺粘法非织布生产线。

PE挤压设备将被用来生产具有低透气和高透气性的薄膜以及加工PE膜与PP纺粘布的层压材料，其主要用途是供给婴儿尿布市场，该机生产能力为每月700t。纺粘法生产线为SSMMSS多纺丝箱设备，生产能力达1500t/m，其产品目标主要是瞄向该公司的出口市场，以增加该公司在美洲的市场份额，尤其是尿矾和妇女卫生巾的产品领域。这两条线的加入将把CompanhiaProvidencia的总生产能务提高到约5t/a。这家公司的主要市场除卫生材料外，还有家具和床上用品、室内装饰以及汽车装饰等。

【加拿大不列颠哥伦比亚省彻底改革林木管理体制加拿大最大的软木生产省份不列颠哥伦比亚省将彻底对其林木管理方式进行改革，并将通过拍卖出售45%林木所有权。

目前，在关于如何管理其软木业方面。不列颠哥伦比亚省已经遭到来自美国的巨大压力，为此，该省将推出一项包括回购20%伐木保有期的新策略，另外还将取消锯木厂购圆木的限制性规定。以使林木价格机更完善。

目前，该省每年13%的砍伐权已经通过拍卖主要出售给了小型的伐木公司。与加拿大大多数省份一样，不列颠哥伦比亚省目前仍实施诸如长期保有短期租赁等行政管理规定，并拥有其90%林木的出售砍伐权。

【美卓将向中国提供一条价值一亿欧元的纸机生产线】美卓造纸机械公将向中国江西晨鸣纸业有限公司提供一条完整的低定量涂布纸生产线。这条新生产线将成为位于江西省南昌市晨鸣纸业有限公司的核心设备，该合同的价值约1亿欧元，并计划于2004年下半年开机运行。

这条8.6米宽的纸机生产线包括机内涂布和多区压光系统，美卓的供货范围还包括备浆、纤维回收、湿部化学品制备以及卷取打包设备。此条生产线可日产1 213吨高质量的低定量涂布纸。美卓自动化将提供工艺过程自动化控制和监控系统。

该合同是近两年来美卓与中国签订的第三条低定涂布纸生产线合同。山东晨鸣控股公司是中国目前最大的造纸生产企业之一，江西晨鸣纸业有限公司是山东晨鸣的一部分，山东晨鸣拥有江西晨鸣公司股份的90%。

【国外纸业两巨头合资生产预浸渍装饰纸】设在苏兰的奥斯龙特种纸业公司和Felix Schoeller集团拥有控股权的德国TRechnocell Dekor部门均从事物特种纸业务，最近两家公司将两部门重组，成立合资公司生产预浸渍家具装饰纸。

据报道，奥斯龙是全球最主要的预浸功能性用生产商，主要用于家具装饰和仪表工业；而FeTechnocell dekor部门是全球最主要的木材加工工业的传统室内潢装饰用纸供应商。装饰纸的市场需求前景看好，目前奥斯龙公司的特种纸纸机正满负荷运转。Tchnocell Dekor部门目前已决定，改造现有的室内装饰用纸纸机，以便除可用生产现有产品外还可用于生产预浸装饰纸。

新成立的合资公司将拥有这两台特种纸纸机，并将接管两公司原有的所有预浸装饰纸业务。合资公司成立初期，奥斯龙公司将拥有80%股份，Felix Schoeller集团有20%股份，当完成特种纸纸机的项目后，两家公司将各自拥有合资公司50%的股份。

新成立合资公司的首要任务是满足市场对预浸装饰纸日僧增加的需求。新公司整合优质资产将会产生巨大的效益。奥斯龙公司和Felix Schoeller集团拥有完备的市场开拓体系和经营观念及专业技术优势，从而保证合资公司在新产品开发、生产和营运方面继续走在世界前列。

【鲜禽肉出口欧盟须遵循相关规定】一、向欧盟国家出口鲜禽的企业必须得欧盟国家认可资格。在向欧盟国家出口鲜禽肉时，在包装及有关单证上都必须标有企业的认可号码。被认可的企业如果在生产加工过程中不能满足欧盟国家的卫生要求，将有被取消认可的可能。

二、欧盟委员会的兽医专家，在必要时可联合出口国卫生主管当局(我国为国家出入境检疫部门)对申请认可的企业或已经认可的企业进行现场检查，检查结果通知各成员国。

三、出口到欧盟国家并用于人类食用的鲜家禽肉必须符合下列条件：

1. 鲜禽肉必须是来自于那些经过宰前检验，认为适于宰杀，其鲜禽肉可以投入市场的家禽。为证明这一点，家禽养殖场必须向屠宰场提供家禽饲养地官方兽医的检疫症明，在鲜禽肉出口时，必须提供该证明。

2. 屠宰家禽的屠场及鲜禽肉的包装中心必须经欧盟国家认可，并确保屠宰前、屠宰中、屠宰后以及鲜禽肉的包装、运输等过程全部处于官方兽医或其助物的严密监控之下。

3. 屠宰过程以及鲜禽肉的处理必须符合欧盟理事会制定的降生要求。鲜禽肉必须经过兽医宰后检验，并被判定为适于人类食用。

4. 鲜禽肉必须在兽医监督下加施卫生标记。用于小包装标记的字母或图形必须有0.2cm高，标训的上部是大写的发运国名首字母，中部是企业的兽医认可编号，下部是下列各组首字母之一：CEE、CXF、EWC、EOK、EEC、EEG。用于标记的材料必须符合卫生标记，还可以包括能识别对肉进行卫生检验的兽医标志。用于标记的材料必须符合卫生要求，标记内容应字迹清晰。

5. 包装鲜禽肉的包装环境、包装物必须符合卫生要求，包装物不能将对人体健康有害的特种传播给肉，同时必须有足够的强度以保证在运输和托运过程中能有效地保护肉制品。

6. 鲜禽肉出口到欧盟必须随附商业单证，商业单证上带有能识别出鲜肉生产当天负责卫生检验的官方兽医以及负责监督企业的主管当局的编码。这些商业单证在受货人处必须保存一年以上，供欧盟国家主管当局查询。此外，还要随民方兽医签发的健康证书，以有该批鲜禽肉来自于安全非疫区，并经官方兽医检验，认为适合人类食用。

四、对鲜禽肉的检测采用公认科学的经过认可的，特别是欧盟或国际上统一制定的测方法。

五、对用于展览、特殊研究或分析的鲜家禽肉，必须严加控制，保证该禽肉不可能被用于食用；在展览研究或分析所产生的正常损耗外，剩余禽肉必须立即销毁。

【英国开发成功高屏蔽墙纸】英国一公司开发出一种高屏蔽墙纸，其屏蔽效果可与钢铁墙壁相匹敌。这种高屏蔽墙纸是在碳素纤维的表面镀镍等。制成的墙纸具有相当于钢铁、铜或铝材料的屏蔽性能，能使高灵敏度电子设备等免受电磁波及调频杂音的干扰，还可以完全防止电子侦察活动，确保物体的安全。该高屏蔽墙纸除可用于公用与民用建筑室内，还可以用在民用或军用飞机上以及汽车内。在粘贴施工时，可使用普通墙纸用的粘合剂。

【会说话的药瓶】英国的一家包装公司，设计出一种会说话的药瓶，可提醒病人按时服药。

这种会说话在的药瓶和普通药瓶没有区别，只是在瓶盖里装了一个集成电路。当拧紧瓶盖时，电路便会接通，计量器开始工作。一到规定的时间，瓶盖上就会发出声音："时间到，快吃药吧！"间隔1秒钟后，还会重复说一遍。如果在集成电路中设定服药数量，也可以同时提醒，如"时间到，快吃药吧！应服×粒"等。这对经常会忘记服药的人大有帮助。

【耐高温标签】日本一家公司开发出一种耐高温标签。它不仅具有防水性和耐化学腐蚀性，而且可耐150℃的高温，比聚丙烯纸制成的标签耐温能力高出80℃。

这种耐高温标签新聚酯合成纸制成。该合成纸呈白色，不透明，质轻，既可进行印刷，又能用铅笔书写。

利用这种新型聚酯合成纸，还可制作挂历和广告招贴等，用途广泛。

【巴西开发出防腐包装新材料】巴西维索萨联邦大学科研人员成功开发出一种的食品包装材料。这种材料可以延长食品的保质期并使消费者减少防腐剂的摄入量。

目前，防腐剂都是一次性加入食品内，其弊端在于消费者在保质期初期食用会摄入较多的防腐剂，而在保质末期防腐剂则几乎失去了效力。

该大学科研人员开发的这种含有抗微生物剂的塑料薄膜，可以在一定期限内逐渐向食品内释放防腐剂，这样不仅有效地保证了食品质量，还可以解决保质初期消费者摄入较多防腐剂的问题。

研究人员利用面包和香肠所做的试验取得了令人满意的结果。用新型包装纸包装的面包保存15天后仍没有滋生任何微生物。

据悉，研究人员还将利用同样的原理试验防腐塑料瓶，并开发利用天然防腐剂的包装材料。

【瑞士包装业巨头收购宝柏公司】国际包装业巨头瑞士阿尔康集团总裁(Weinhold)在接受德国世界报采访时表示，欧洲受德国世界报采访时表示，欧洲包装行业企业众多，各自为战，恶性竞争，面临并购重组局面。

阿尔康集团于2002年12月收购了德国宝柏软包装有限公司，并于2003年4月得到了欧盟竞争委员会会的批准。

Weinhold明确表示，收购宝柏公司主要是看中亚洲市场，特别是中国市场。宝柏公司在亚洲拥有8家工厂。阿尔康希望在此基础上大力拓展在亚洲的包装业务。Weinhold在强调中国市场的巨大潜力时认为，世界经济的持续疲软，迫使企业节开支，企业的采购战略正在发生相应变化。食品、烟草及医药集团的包装业务需要的是一个环球性的伙伴，阿尔康集团拓展亚洲市场就是为了适应这一发展趋势。

【日本研制出先进的印刷供油墨泵】日本山田YAMADA公司最新研制出印刷供油墨泵，该泵具有以下特点：

1. 稳定的机械性供气转换系统；
2. 极大的消除了排气噪音，转换金属噪音；
3. 通过活塞杆的润滑构成了顺畅的喷雾系统；
4. 改善了气流结构，不易冻结；
5. 泵机构重视定量性；
6. 小巧的设计；

7. 感应板容易插入油墨筒内，而且更换方便，外径尺寸可变的密封系统；

该泵的以下系统已申请专利：

感应板结构插入筒内后可切实密封内壁。在更换墨桶时，封套的外径将缩小，可顺利取出。在交换油墨时，油墨不会飞散，不会弄脏周围，不会浪费油墨。

【亚洲纸浆价格还将上涨】据美国厂家预测，继北方漂白针叶牛皮浆10月份在亚洲的价格每吨上涨10美元，达到510美元，11月还可能再上涨10美元。而辐射松纸浆价格将提高15美元，达到每吨485美元。

有报道说，中国的纸浆进口近有所放缓，因此生产厂家把货转发欧美地区。另有分析人士指出，中国的买家为打击纸浆提价，转从北美和北欧以外的国家购买纸浆。2003年1～7月份，中国的纸浆进口量达到336.28万吨，比去年同期增长7.4%。

韩国9月份各种纸浆价格每吨均上涨20美元。中国的市场价格已对韩国的买家产生影响，使得他们不得不接受中国市场的行情。

【美国市场接受纸浆价格上调】据海外媒体报道，2003年10月初，美国纸浆市场看起来将接受惠好公司每吨15美元的提价幅度，而不是按其他生产商要求的30美元。

惠好公司宣布对美国和欧洲的10月11日份纸浆价格均每吨提高15美元。来自市场的消息称，宝水公司和Canfor公司已分别通知用户将10月份的美国市场提价幅度减为每吨15美元，而不是按其早前宣布的30美元。这样一来，北京漂白针叶牛皮浆在美国市场的售价为每吨565美元。按每吨提价15美元计算，在美国市场宝水公司的南方漂白针叶牛皮浆的价格为535美元。

目前仍不清楚生产商在10月份每吨提价15美元后，在11月份是否再提价15美元，但是可以肯定的是在9月份美国和欧洲都没有出现人们期待的纸张需求的增长，因此左右价格的因素将看10月份亚洲的购买数量及美元是否进一步贬值。

【瑞典南方森林公司将进一步提高纸浆价格】据瑞典《每日工业报》25日报道，欧洲最大的商业纸浆供应商、瑞典的南方森林公司已决定从2003年11月1日起进一步提高纸浆价格。

根据新的价目表，瑞典南方森林公司11月1日开始供应的每吨漂白松木纸浆价格将从目前550美元提高到560美元，每吨漂白短纤纸浆价格将从目前的505美元提高到525美元。

南方森林公司市场部负责人乌尔夫·埃德曼说，由于市场需求增加，北美与斯堪的纳维亚地区的纸浆库存在9月大幅减少后，10月继续呈下降之势，这给进一步提高纸浆价格创造了条件。

【加拿大八月纸张和纸板产量同比下降百分之五】据海外媒体报道，2003年8月份加拿大的纸张和纸板产量为164.7万吨，与去年同期相比下降5%。出现这一状况的部分原因是由于加元升值，加拿大对美国的出口下降了7.4%。

8月份加拿大的纸张和纸板库存量为93.9万吨，同比下降了1.8%；主要新闻纸产量下降2.2%；书写/印刷纸产量下降3.4%；牛卡纸产量下降18.4%。

另外，加拿大8月份的纸浆产量为221万吨，同比轻微增长了0.4%。

【台湾三大纸厂在内地增资】台湾三大造纸厂拓展内地市场，其中正隆近日与花旗银行、台湾“中国农业银行”等签订1亿美元联货，启动正隆上海“纸业群组”计划；荣成已经获得内地中国工商银行、中国建设银行、中国银行、交通银行4家银行4亿人民币额度，无锡纸厂二期工程将于今年9月完成；在内地已有10个纸器厂的永丰余造纸，则计划在未来2至3年内，平均每年还要再兴建3到5个纸器厂。

据介绍，在这三大造纸厂中，正隆是较晚进入内地市场的，但投资规模是最大的一家。正隆以群组的观念规划上海造纸厂，共计成立上海中旋资源再生科技公司、上海中铭再生资源利用公司、上海中隆纸业等5家公司。

【韩国一纸厂改造后将用全废纸生产瓦楞原纸】韩国沃尔山(Wolsan)纸业公司最近决定，将对其釜山造纸厂以废纸为原材料的纸箱原纸造纸机进行技术改造，以提高造纸机的生产能力和纸品的质量，改善该纸厂的市场竞争力。

沃尔山公司发言人金商运说，该项目将分两个阶段进行：第一阶段将于11月底完工，届时，通过安装由梅特索公司(Metso)生产的靴状压榨设备，可使纸边宽度为4.6米的纸机压榨部运行速度从每分钟600米提高至850米；纸机的生产能力将从日产180吨增至580吨。第二阶段将通过安装新的干燥器和流浆箱以改善纸品质量。

沃尔山公司已向梅特索公司订购了新型冷凝带干燥器和新的流浆箱。冷凝带干燥器的工作方法是通过钢带传送热和压力，以生产高标准的具有滑度、高强度和造印性的挂面层。

【美国推出新型窄幅多色卷筒凹印机】美国ADI International推出了一款窄幅多色卷筒凹印机，它可以组合窄幅卷筒UV柔印机组，或者窄幅水性/溶剂型柔印机组。

该凹印机还可以在前端组合2个或4个轮转凹印机组，在中间组合6个、8个或9个UV柔印机组，也可以是水性/溶剂柔印机组；在凹印机的后端可以组合层合机组和圆压圆模切机组。同时，这种全联线加工的凹印机还能够组合丝印、热烫金、上胶和层压等单元。ADI International认为，可组合窄幅轮转凹印、柔印和丝印机组的凹印机，让包装加工厂家能够采用金墨/光油和涂料来达到需要的光泽效果，降低了油墨成本、稳定了印刷质量，各种油墨使用起来均得心应手。

【日本联合公司将在亚洲扩大瓦楞纸生产】日本联合公司明年将在中国和印度尼西亚增设工厂，扩大瓦楞纸的产量，以满足日益增长的亚洲市场的需要。

该公司的子公司上海联合公司将与住友商事公司合作，在无锡的工业园区成立新工厂。同时，大连联合公司也将进行搬迁，以扩大生产能力，使月产量达到600万平方米，比原来提高50%。

目前，联合公司在中国7个城市建有工厂，月产能力累计达到1500万平方米，而2003年年末将增加到1900万平方米。

此外，联合公司明年还将在印度尼西亚增设一家月产能力达250万平方米的工厂，这样，该公司在中国和印度尼西亚的投资总额将达到50亿日元。

【英国研制出快速降解塑料袋】一家英国连锁超市研制出一种可以在18个月内100%降解的新型塑料袋，预计2003年下半年可在该公司所有超市全面使用这种环保塑料袋。

这种新型塑料袋的外观、手感和坚韧程度，几乎与目前使用的一般塑料袋没有区别，但却可以在1年半之后，完全分解成水和少量二氧化碳，在空气中完全消失，对环境保护有极大帮助。

这种新型塑料袋能在短时间完全降解，是因在塑料袋中加入一种无害的金属离子分解剂。在塑料袋加工流程的最后一道工序中，将这种分解剂注入聚乙烯混合物中即可。此外，生产商商可根据用户的不同需要，这改变金属分解剂的含量和比例，改变塑料袋的使用寿命。

【挪威推出无内袋食品环保包装】挪威RegaiMoiie集团最近推出了一种无内袋的食品新包装，主要用于包装早餐食品。

据介绍，该包装采用了CTMR—Baseei包装纸板，具有良好的阻隔性能。RegaiMoiie集团委托一研究机构，对各类纸板在不同潮热、光热条件下所产生的不同反应，以及早餐食品的气味对其影响做了全面分析，并最终确定下来。这种包装节约了内袋材料，可回收利用，并符合当今倡导的无污染、绿色包装的发展趋势。

国家包装标准选登

SELECTED CHINA PACKAGING STANDARDS

中华人民共和国国家标准

包装容器　金属辅件

GB/T 18927—2002
国家质量监督检验检疫总局 2002—12—20 发布　2003—05—01 实施

1　范围

本标准规定了包装容器起吊护铁、包角角铁、包棱角铁、通风窗等金属辅件的技术要求

本标准适用于运输包装容器的防护用金属辅件。

2　规定性引用文件

下列文件中的条款通过本标准的引用而成为本标准的条款。凡是注日期的引用文件，其随后所有的修改单(不包括勘误的内容)或修订版均不适用于本标准，然而，鼓励根据本标准达成协议的各方研究是否可使用这些文件的最新版本。凡是不注日期的引用文件，其最新版本适用于本标准。

GB/T699—1999　优质碳素结构钢

GBT/700—1988　碳素结构钢(nep DIN630:1987)

GBT/709—1988　热轧钢板和钢带的尺寸、外形、重量及允许偏差(neq ГОСТ 19903:1974)

GB/T2828—1987　逐批检查计数抽样程序及抽样表(适用于连续批的检查)

GBT/4122.4—2002　包装术语　木容器

GBT/1800.2—1998　极限与配合　基础　第2部分:公差、偏差和配合的基本规定(eqv ISO 286—1:1988)

GB/T1800.3—1998　极限与配合　基础　第3部分:标准公差和基本偏差数值表(eqv ISO 286—1:1988)

3　术语和定义

GBT/4122.4 确定的以及下列术语和定义适用于本标准。

3.1　金属辅件　master accessory

运输包装容器中用于部分加强结构所用的金属件。

4　一般要求

4.1　各种金属辅件应采用 GB/T709 规定的热轧钢板或 GB/T700 规定的普通碳素钢以及 GB/T699 规定的优质碳素结构钢。

4.2　尺寸公差应符合 GB/T1800.2—1998 和 GB/T1800.3—1998 公差等级 IT14 的规定。

4.3　各种辅件应进行防锈处理。

4.4　各种辅件的表面应光滑，不应有毛刺。

4.5　金属构件的结构型式与尺寸要求可依据包装箱的情况适当改变，但尺寸要求一般不应小于本标准的规定。

5　技术要求

5.1　起吊护铁的结构型式与尺寸

根据安装位置的不同，起吊护铁分为底座用起吊护铁和顶盖用起吊护铁。起吊护铁的弯角半径应为3mm～6mm，当内装物大于10t时，起吊炉护铁的弯角半径为5mm～8mm。各种金属辅件的弯角半径一般应小于4mm。

5.1.1　底座用起吊护铁的结构型式与尺寸要求分内装物在 6000kg 以下的和内装物在 6000kg 以上的两种，内装物在 6000kg 以下的结构式按图 1、图 2 的规定，尺寸要求按表 1 的规定。

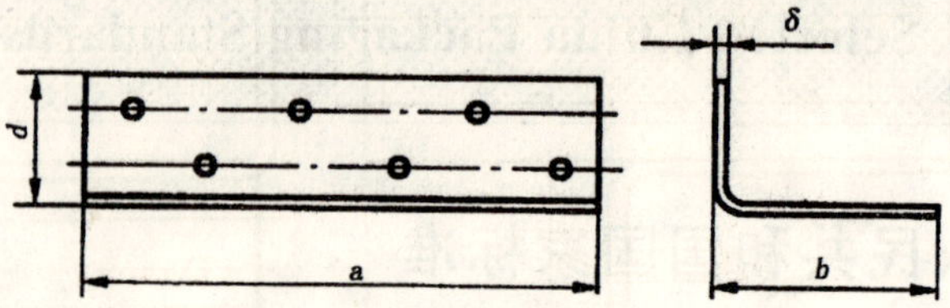

图 1　内装物在 6000kg 以下的底座用起吊护铁的结构型式示意图

表 1　要求内装物在 6000kg 以下的底座用起吊护铁的尺寸要求

单位为毫米

内装物质量/kg	$a\geqslant$	$b\geqslant$	$d\geqslant$	δ
<2000	150	50	50	1.0～2.0
2000～4000	200	60	60	1.5～3.0
4001～6000	250	80	80	2.5～5.0

内装物在 6000kg 以上的底座用起吊护铁结构式按图 1、图 2 的规定，尺寸要求按表 2 的规定。

表 2　内装物在 6000kg 以上的底座用起吊护铁的尺寸要求

单位为毫米

内装物质量/kg	a ≥	b ≥	c	d ≥	f	δ ≥
6001～10000	300	80	35	80	150	3.0
10001～20000	300	80	45	80	150	5.0
>20001	400	100	50	100	200	6.0

对于内装物在 4001kg～6000kg 的起吊护铁，当底座上的滑木与辅助滑木是两个独立构件时，采用图 3 所示的安装方式。

当滑木与辅助滑木实际上是一根整体构件时，起吊护铁应采用图 2 所示的结构型式，其尺寸按表 2 中内装物重量为 6001kg～10000kg 一档所规定的尺寸要求，安装方式如图 4 所示。

5.1.2　顶盖用起吊护铁的结构型式按图 5 的规定，尺寸要求按表 3 的规定。

顶盖用起吊护铁的宽和高尺寸 b，可采用不等边尺寸，但小边尺寸不应小于表 3 中给定的尺寸。

表 3　顶盖用起吊护铁的尺寸要求

单位为毫米

内装物质量/kg	包装箱长	a ≥	b ≥	δ ≥
<5000	≤2000	300	50	2.0
	2001～3500	400		
	>3500	500		
5001～10000	≤2 000	400	60	3.0
	2001～3500	500		
	>3500	600		
10001～20000	≤2000	500	80	5.0
	2001～3500	600		
	>3500	700		
20001～30000	≤2000	800	80	5.0
	2001～3500			
	>3500			

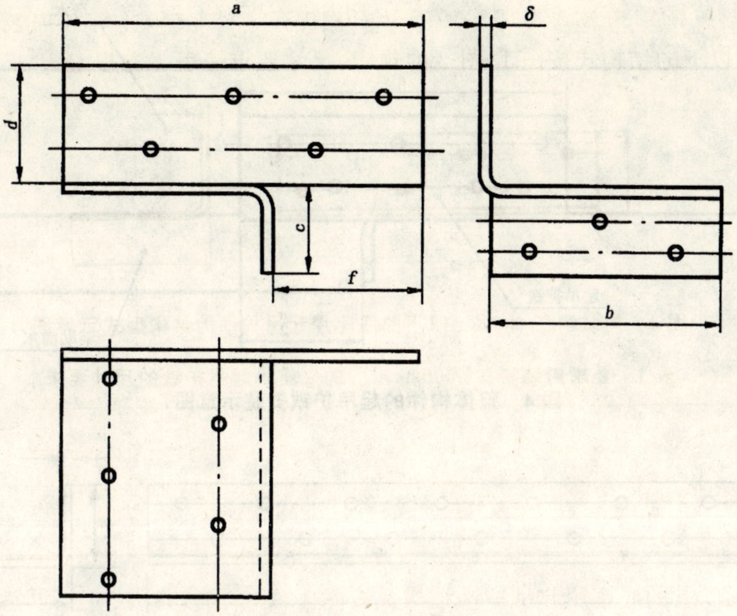

a）内装物在 6000kg 以上的底座用起吊右护铁的示意图

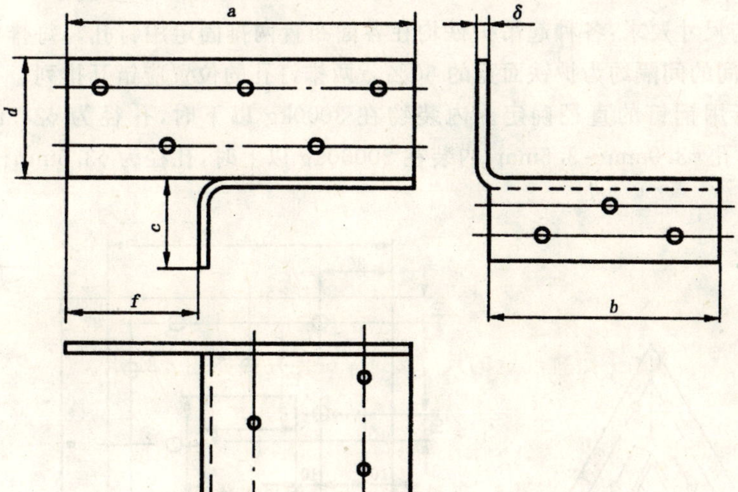

b）内装物在 6000kg 以上的底座用起吊左护铁示意图

图 2

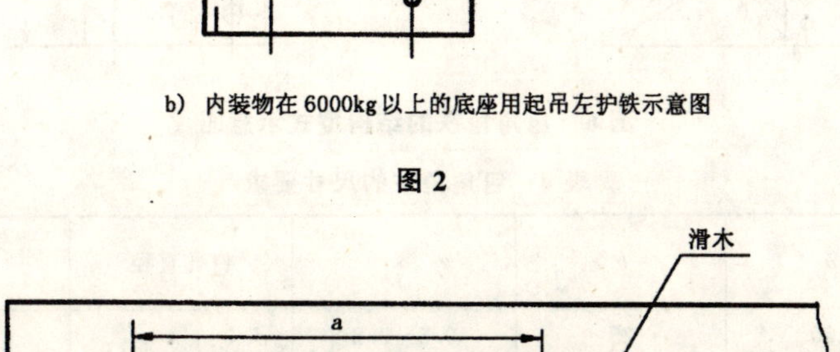

图 3　独立构件的起吊护铁安装示意图

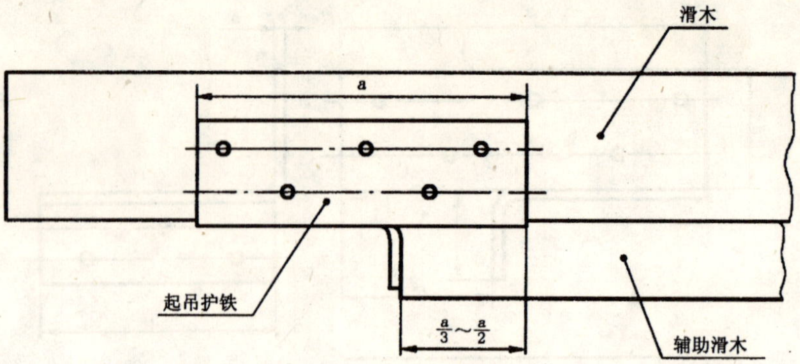

图 4　整体构件的起吊护铁安装示意图

图 5　顶盖用起吊护铁的结构型式示意图

5.1.3　钉孔的数量与尺寸要求：各种起吊护铁均在各面布置两排固定用钉孔。每排中，钉孔的间隔不大于 120mm。两排钉孔之间的间隔约为护铁面宽的 60%。两排钉孔的位置应错开排列。

钉孔的直径由所用钢钉的直径确定。内装物在 3000kg 以下时，孔径为 ϕ2.5mm～3mm；内装物在 20000kg 及其以下时，孔 ϕ3.0mm～3.5mm；内装在 20000kg 以上时，孔径为 ϕ3.5mm～4.5mm。钉孔倒角不小于 120°。

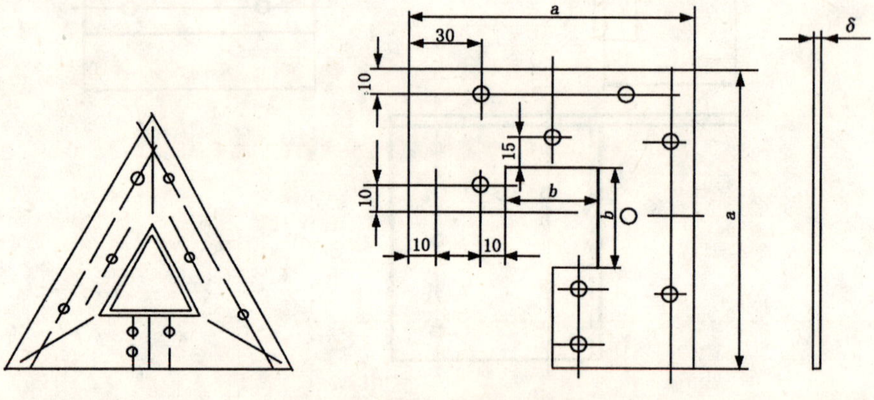

图 6　包角角铁的结构型式示意图

表 4　包角角铁的尺寸要求　　　单位为毫米

包装箱体积/m³	a	b	δ	钉孔直径	钉孔数量个	备注
<4	100	25	0.5～0.8	ϕ1.5～2.5	10	弯成三角锥形
5～8	140	45	0.8～1.0			
9～18	170	55	1.0～1.5			
>18	200	65				

5.2　**包角角铁**

包角角铁的结构型式按图 6 的规定，尺寸要求按表 4 的规定。

5.3 包棱角铁

包棱角铁分为框架木箱、普通木箱、普通滑木箱用包棱角铁。包棱角铁的尺寸a可采用不等边结构，但小边尺寸要求不应小于表6中的规定。

5.3.1 框架木箱用包棱角铁结构形式按图7的规定，尺寸要求按表5的规定。

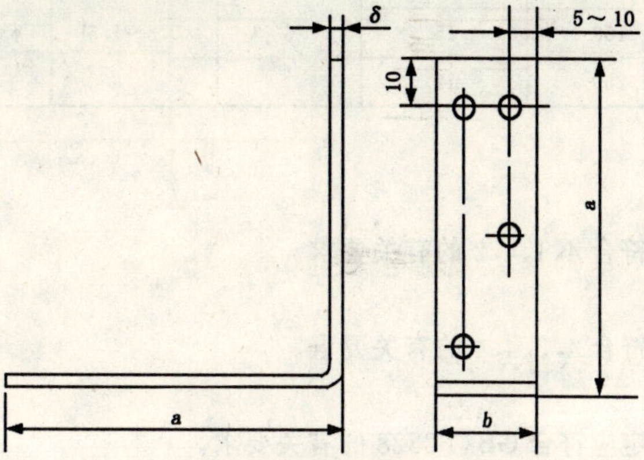

图7 包棱角铁的结构型式示意图

表5 框架木箱用包棱角铁的尺寸要求 单位为毫米

内装物质量/kg	*a*	*b*	*δ*
3000～5000	100	30	0.5～0.8
5001～10000	140	30	
10001～20000	140	40	0.8～1.0
＞20000	160	50	＞1.0

5.3.2 普通木箱、普通滑木箱用包棱角铁的结构型式与框架木箱用包棱角铁的结构型式相同，按图7的规定，尺寸要求按表6的规定。

表6 普通滑木箱、普通木箱用包棱角铁的尺寸要求 单位为毫米

内装物质量/kg	*a*	*b*	*e*
20～50	60	40	0.5～0.8
51～200	75	60	0.8～1.0

5.4 **通风窗**

通风窗的结构型式按图8的规定，尺寸要求按表7的规定。

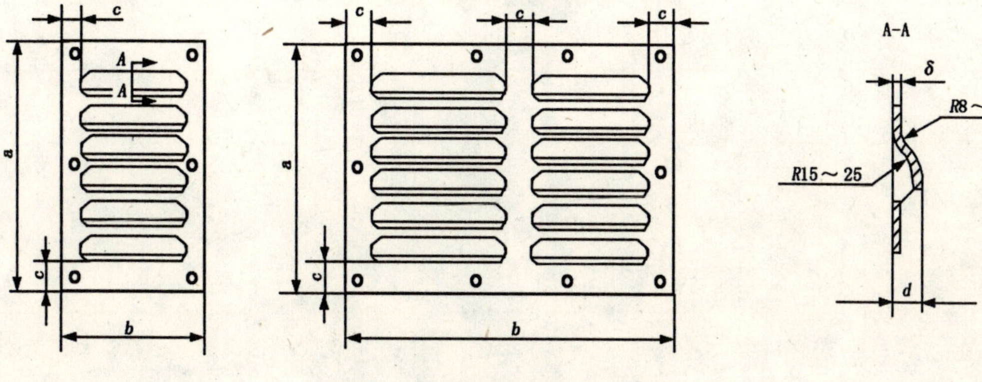

图8 通风窗的结构型式示意图

表 7　通风窗的尺寸要求　　　　单位为毫米

型式	a	b	c	d	δ	孔径	钉孔个数	槽孔条数
Ⅰ	120	90	10	4	0.5～0.8	ϕ2.5	4	4～6
	140	130	12	6	0.8～1.5	ϕ3～3.5	6	
	200	150	15					
Ⅱ	140	250	12				8	12

6　检验规则

6.1　尺寸检验

各种金属辅件的尺寸应符合 4.1、4.2 的有关要求。

6.2　外观检验

各种金属辅件的外观应符合 4.3、4.4 的有关要求。

6.3　合格判定

各种金属辅件的合格判定应符合 GB/T2828 的有关要求。

7　标志、贮存

7.1　标志

可按用户需求进行产品标志。

7.2　贮存

合格辅件应贮存在干燥、防湿的环境中。

中华人民共和国国家标准

托盘缠绕裹包机

GB/T 18928—2002

国家质量监督检验检疫总局 2002—12—20 发布　　2003—05—01 实施

1　范围

本标准规定了托盘缠绕裹包机的型式、基本参数、技术要求、试验方法、检验规则和产品的标志、包装、运输与贮存。

本标准适用于各种类型的以托盘作为运输包装方式的，用拉伸薄膜作缠绕包装的机器。

2　规范性引用文件

下列文件中的条款通过本标准的引用而成为本标准的条款。凡是注日期的引用文件，其随后所有的修改单(不包括勘误的内容)或修订版均不适用于本标准，然而，鼓励根据本标准达成协议的各方研究是否可使用这些文件的最新版本。凡是不注日期的引用文件，其最新版本适用于本标准。

GB 2894—1996　安全标志(neq ISO 3864:1984)

GB/T4122.2—1996　包装术语　机械

GB/T4857.22—1998　包装　运输包装件　单元货物稳定性试验方法

GB/T5226.1—1996　工业机械电气设备　第一部分:通用技术条件(neq IEC 204-1:1992)

GB/T7311—1987　包装机械型号编制方法

GB9969.1—1998　工业产品使用说明书　总则

GB/T13306—1991　标牌

GB/T13384—1992　机电产品包装通用技术条件

GB/T14436—1993　工业产品保证文件　总则

GB/T16784.1—1997　工业产品售后服务　第1部分:总则

GB/T16784.2—1998　工业产品售后服务　第2部分:维修

GB/T16958—1997　包装用双向拉伸聚酯薄膜

JB/T7232—1994　包装机械噪声声功率级的测定　简易法

JB 7233—1994　包装机械安全要求

3　术语和定义

GB/T4122.2 确立的以及下列术语和定义适用于本标准。

3.1　薄膜卷辊滑架　film roll carriage

此装置为薄膜输出系统，它使薄膜拉伸，半根椐包装要求上升和下降。

3.2　阻拉伸　stretch

根椐薄膜输出速度与货物旋转速度差所产生拉力，将薄膜拉伸的方式称为阻拉伸。拉伸数值一般增加60%左右为标准拉伸，调节范围为40%～80%。

3.3　预拉伸　pre-stretch

薄膜在卷辊滑架中，根椐预先设置的参数将薄膜在输出之前均匀拉伸的方式称为预拉伸。拉伸数值一般增加200%左右为标准拉伸，调节范围为100%～300%，预拉伸使薄膜拉伸均匀。

4　分类参数和型号

4.1　型式

4.1.1　基本结构型式

产品按其基本结构分为以下三种型式，代号见表1。

a) 简易型:人工控制裹包过程。包装速度低。卷辊滑架速度、转盘/旋臂转速、卷绕为大小不能调整。由人工操作控制薄膜的裹包的重叠量、翻边量、缠层数和货物裹包高度。不能与生产线连接。

b）半自动型：人工加机器控制裹包过程。包装速度较低。卷辊滑架速度、转盘/旋臂转速，卷绕为大小可随时调整。可预先设定薄膜裹包的重叠量、翻边量、缠绕层数等形成程序对货物进行自动裹包，并可根据货物高度变化调节裹包高度。

c）全自动型：（即生产线型）机器自动控制裹包过程。包裹速度较高。全自动机型可直接与生产线上的传送带相连，操作控制系统可连在生产线主控机上，统一控制货物的进给与输出以及传送带的运转，并自动确定包装中心位置；所有调节参数为预设置，夹膜和切膜装置为自动电控制；配有可拆卸的安全防护栏及自动安全锁。以确保操作人员的人身安全。

表 1　基本结构型式代号

基本结构型式名称	基本结构型式代号
简易型	J
半自动型	B
全自动型	Q

4.1.2　选加结构型式

产品按选加结构分为以下两种型式，代号见表 2。

a）阻拉型：根据薄膜输出速度与货物旋转转速度差所产生拉力，将薄膜拉伸的机型，即薄膜无动力驱动拉伸系统。

b）预拉型：薄膜在卷辊滑架中，根据预先设置的参数将薄膜在缠绕之前均匀拉伸的机型，即薄膜在拉伸过程中有动力驱动装置。

表 2　选加结构型式代号

选加结构型式名称	选加结构型式代号
阻拉型	Z
预拉型	Y

4.1.3　机型结构型式

产品按机型结构分为以下两种型式，代号见表 3。

a）转盘型：转盘式机型有三部分构成，即立柱、转盘和薄膜卷辊滑架，薄膜卷辊滑架固定在立柱一侧。包装时，物货放置在转盘上，由转盘旋转，薄膜卷辊滑架沿垂直方向±升和下降，使薄膜以螺旋状方式对货物进行四面体缠绕裹包。转盘式机型包装方式比较适用于普通货物的包装。

b）旋臂型：旋臂式机型有三部分构成，即立柱支架、转臂和薄膜卷辊滑架，薄膜卷辊滑架固定在旋臂上，包装时，货物放置在地上或传送带上，处于静止状态，由旋转臂旋转，薄膜辊滑架沿垂直方向上升和下降，使薄膜以螺旋状方式对货物进行裹包，旋臂式机型包装方式速度高，适用于包装过重、及过高的不稳定货物，以及配套高速生产线。

表 3　机型结构型式代号

机型结构型式名称	机型结构型式代号
转盘型	P
旋臂型	X

4.2　**主参数**

4.2.1　第一主参数：包装工作速度；单位为托/h，见表 4。

4.2.2　第二主参数：裹绕规格；长×宽×高；单位为毫米（mm），见表 4。

表 4 主参数

项目		各种类型指标
主参数	包装工作速度(托/h)	10～60
	裹绕规格 $L\times W\times H$/mm	1200×1200×1800～1500×1500×2500

4.3 基本性能参数

各种型式的基本性能参数见表 5

表 5

项目		各种类型指标
基本性能参数	转盘承重/kg	＞1500
	转盘直径/mm	＞φ1300
	转盘转速/r/min	1～15
	旋臂回转半径/min	＞900
	旋臂转速/r/min	1～35
	包装材料尺寸 $W\times T$/mm	300～800×0.01～0.035 拉伸薄膜技术条件应符合 GB/T 16958 的规定
	功率/电压/频率/(kW/V/Hz)	国内 1.5kW～3kW/220、380V/50、60Hz 出口：根据定货要求确定
	最大外形尺寸 $L\times W\times H$/mm	4000×4000×4000
	最大整机质量/kg	＜2000

4.4 型号

型号编制应符合 GB/T 7311 的有关规定。

4.4.1 型号表示：(T)BC×××，见图 1。

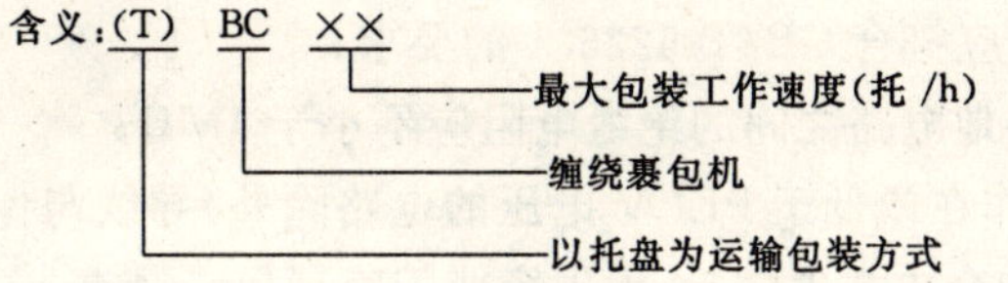

图 1

4.4.2 编制格式，见图 2。

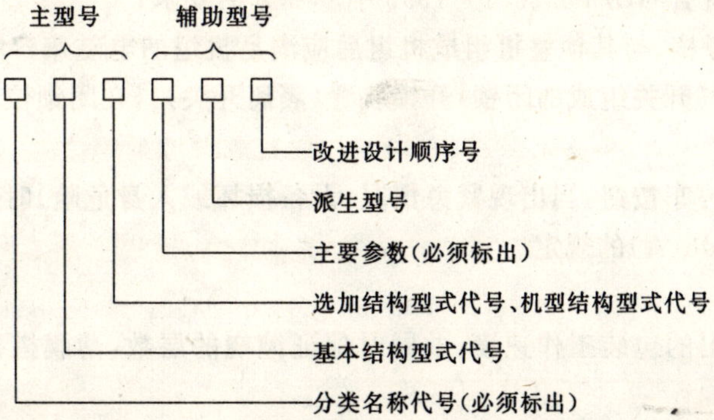

图 2

4.4.2.1 分类名称代号(T)BC；托盘缠绕裹包机。

4.4.2.2 基本结构型式代号。

4.4.2.3 选加结构型式代号、机型结构型式代号。

4.4.2.4 主要参数：指第一主参数。

4.4.2.5 派生型代号：指派生的型式代号。用Ⅰ、Ⅱ、Ⅲ等罗马数字表示派生型式。

4.4.2.6　改进设计顺序号：用A、B、C等英文大写字母表示改进顺序。

4.4.3　编制格式标示举例：见图3。

全自动预拉型旋臂型托盘缠绕裹包机，最大包装工作速度60托/h 。可标为：BC60。

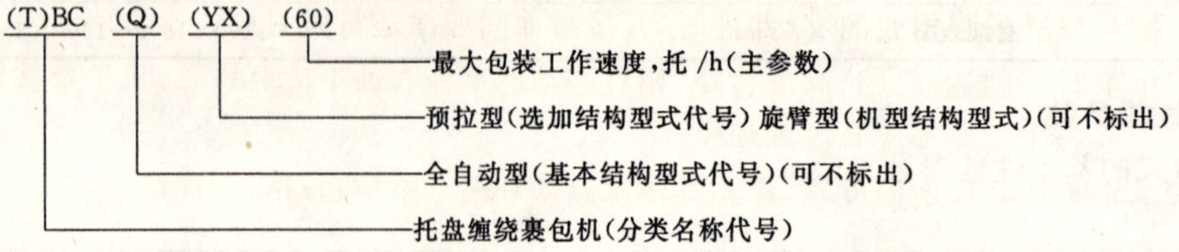

图3

5　技术要求

整机应按照经规定程序批准的图样及技术文件制造，并符合本标准的规定。

5.1　工作条件

整机在下列工作条件下应能正常工作：

a）环境温度：0℃～30℃；

b）相对湿度：55％～65％；

c）电源：3N～50Hz/TN-S，380V±38V，50Hz±1Hz。

注：出口整机的电气部分应根据采购方指定的电源电压和频率设计。

5.2　健康、安全和环境保护

5.2.1　凡对人身易造成伤害事故的运动部件或机器对人体易造成伤害的部位，应设置安全保护装置和安全标志，并应符合GB 2894的要求。

5.2.2　电气设备安全性能中的绝缘电阻和介电强度，保护接地电路连续性和其他安全性能应符合GB/T 5226.1的有关要求。

5.2.3　电气设备与机械全部连接完毕后，电气安全性能应符合下列要求：

a）保护接地电路的连续性应符合GB/T 5226.1的要求；

b）动力电路导线与保护接地电路之间的绝缘电阻应不小于1MΩ；

c）电气设备所有电路（工作在或低于PELV电压的电路除外）导线与保护接地电路之间经受1 500Hz、1 000V交流电压至少1s时间的介电强度试验，无击穿或闪络现象；

注：PELV（保安特低电压）见GB/T 5226.1—1996中6.4。

d）残余电压的防护应符合GB/T5226.1—1996中6.2.3的要求；

e）电磁兼容性不单独考核，与其他整机组成机组后应满足机组的电磁兼容性要求；

5.2.4　整机上应设置由电气开关组成的闭锁/开锁装置（隔离开关）。在闭锁位置时，任何启动设备的操作，将不能进行。

5.2.5　整机上应设置紧急停车按纽，当出现紧急情况（设备损坏或人身危险）时按下此按钮即可断电停机。

5.2.6　整机噪声不大于85db(A)的规定。

5.3　包装质量

a）整机应满足用户提出的包装工作速度，并同时保证缠绕的层数，薄膜搭接宽度以及托盘包装的适当的紧固力。

b）包装后的托盘包装单元，应防水、防潮、防尘，并便于叉车搬运。

c）包装后的托盘包装单元应能经受GB/T4857.22的检验。

5.4　外观质量

5.4.1　电镀与化学处理层质量应符合有关规定。

5.4.2　外表面涂漆质量应符合有关规定。

5.4.3　外观涂漆色泽应协调一致。并应符合有关规定。

5.5 **装配**

5.5.1 装配程序应符合工艺要求。

5.5.2 各执行机械的动作应协调、准确、可靠。

5.5.3 在装配与润滑内腔相通的零、部件时，其接触面间应涂适量密封胶。

5.5.4 装配结束时，机器的内腔、润滑管路、相对运动的零件表面不应有铁屑、灰尘及其他污物存在。

5.5.5 润滑管路的接头处不应有渗漏现象。

5.5.6 转轴的轴承达到稳定温度时，检验其轴承温度和温升不应超过下列规定：

a）滑动轴承：温度 60℃，温升 30℃；

b）滚动轴承：温度 70℃，温时 40℃。

5.6 **空载运行**

a）整机控制系统运转正常、可靠，并能满足空载运行所需的各种功能；

b）传动系统运转平稳，工作可靠；

c）操作机构、电磁离合器、微电开关、限位开关等动作准确、灵敏可靠，无自发性移动；

d）润滑系统标志清晰，油路畅通，各部位润滑良好，工作可靠；

e）润滑部位不得有漏油现象；

f）轴承温升和电机温升不超过 40℃，轴最高温度应不高于 70℃。

5.7 **负载运行**

整机负载运行按合同规定进行。

6 试验方法

6.1 整机主参数和基本参数应符合设计规定。

6.2 电气设备的绝缘电阻和介电强度试验，保护接地电路连续性和其他安全性能的检查和试验按 GB/T 5226.1—1996 中 20.2 有关规定进行。

6.3 电气设备与机械连接完毕后的电气安全试验按下列规定进行：

a）保护接地电路连续性检查和试验按 GB/T 5226.1—1996 中 20.2 的规定；

b）绝缘电阻试验按 GB/T 5226.1—1996 中 20.3 的规定；

c）介电强度试验按 GB/T 5226.1—1996 中 20.4 的规定；

d）残余电压的防护试验按 GB/T 5226.1—1996 中 20.5 的规定。

6.4 整机应进行空运转试验，连续运转时间不少于 2h。运转时间应从低转至高转依次进行，在最高工作速度时，运转时间不得少于 30min，并符合 5.7 的规定。

6.5 整机正常的工作条件下，分别测量裹绕最大规格和最大包装工作速度，试验时间大于 1h。并应符合设计规定。

6.6 整机的机械安全要，按 JB 7233 的规定进行试验，并应符合要求。

6.7 整机的噪声测量按 JB/T 7232 的规定进行试验，并应符合 5.2.6 的规定。

7 检验规则

整机检验分为出厂检验和型式检验。

7.1 **出厂检验**

7.1.1 每台出检验的项目：5.1、5.2、5.3、5.4、5.5、5.6、5.7、5.8、8.1、9.1。

7.1.2 每台整机应经制造厂质量检验部门检验合格，并附有产品保证文件后方可出厂，产品保证文件应符合 GB/T14436 的规定。

7.2 **型式检验**

7.2.1 有下列情况之一时，应进行型式检验：

a）新产品或老产品转产生产的试制定型鉴定；

b）正式生产后，如产品结构、材料、工艺有较大改变，可能影响产品性能时；

c）正常生产时，累计生产 50 套后，应周期性进行一次检验；

d）出厂检验结果与上次型式检验有较大差异时；

e）停产三年后恢复生产时；

f）国家质量技术监督机构提出型式检验要求时；

g）合同规定时。

7.2.2 型式检验项目为本标准所有技术要求。

7.2.3 型式检验的应在经出厂检验合格的产品中随机抽取，抽样率为 10%，但不得少于两台。

7.3 **判定、复验规则**

7.3.1 在各项检验中，检验结果均符合本标准的要求时，则判定产品为合格。

7.3.2 在检验中，当某项指标达不到本标准规定时，允许调试后复检，若复检两次仍达不到规定时，则判定产品为不合格。

8 标志、使用说明书

8.1 标志

产品在必要位置应设置标牌，并符合 GB/T 13306 规定。

产品铭牌的内容至少应包括：

a）产品型号、名称；

b）额定生产能力；

c）制造厂名称；

d）制造日期、出厂编号。

8 使用说明书

产品应有使用说明书，产品使用说明书的编写应符合 GB 9969.1 的规定。

9 包装、运输、贮存

9.1 包装

9.1.1 包装应根椐要求进行设计，包装容器的制造、包装材料的选择、设备的固定、包装的标志均应符合 GB/T 13384 的有关规定。

9.1.2 出口产品的包装应符合产品出口的有关规定。

9.2 运输

9.2.1 产品应使用额定载质量大于产品毛重的运输工具运输。

9.2.2 装卸、运输应严禁碰撞。

9.3 贮存

9.3.1 贮存应在干燥、通风的场所。若在露天放置包装箱时，应采取防雨水措施。

9.3.2 产品的存放期不得超过半年。贮存到期应按产品使用说明书规定对电控设备通电检查一次。

注：产品交付采购方后超过贮存期限，后果全部由采购方负责。

10 产品责任

产品责任宜在采购方与供方签订的合同中予以明确。

注 1：建议至少在合同中明确：采购方在遵守本标准和产品使用说明书规定的条件下，整机自开箱验货确认无误之日起 13 个月内，确因制造质量而不能正常使用，供方应免费修理或更换。

注 2：采购方与供方商定的不同于本标准的技术要求，应在合同中予以明确。

注 3：产品售后服务可按 GB/T 16784.1 和 GB/T 16784.2 的规定，在供方与采购方签订的合同中予以明确。

中华人民共和国国家标准

商品零售包装袋

GB/T 18893—2002

国家质量监督检验检疫总局 2002—11—26 发布　　2003—04—01 实施

1 范围

本标准规定了商品零售包装袋的产品分类、技术要求、试验方法、检验规则及标志、包装、运输和贮存。

本标准适用于以聚乙烯薄膜及牛皮纸、白板纸为包装袋基材的商品零售包装袋。

2 规范性引用方件

下列文件中的条款通过在本标准的引用而成为本标准的条款。凡是注日期的引用文件，其随后所有的修改单(不包括勘误的内容)或修订版均不适用于本标准，然而，鼓励根椐本标准达成协议的各方研究是否可使用这些文件的最新版本。凡是不注日期的引用文件，其最新版本适用于本标准。

GB/T 2828　逐批检查计数抽样程序及抽样表(适用于连续批的检查)

GB/T 4456—1996　包装用聚乙烯吹塑薄膜(neqJIS K6781:1994)

GB/T 6672—2001　塑料薄膜和薄片厚度的测定　机械测量法(eqv ISO 4593:1979)

GB 9687　食品包装用聚乙烯成型品卫生标准

GB 11680　食品包装用原纸卫生标准

GB/T 12914—1991　纸和纸板抗张强度的测定法(恒速拉伸法)(eqv ISO 1924.2—1985)

GB/T 15239　孤立批计数抽样检验程序及抽样表

GB/T 15482　产品质量监督小总体计数一次抽样检验程序及抽样表

GB 18006.1—1999　一次性可降解餐饮具通用技术条件

GB/T 18006.2—1999　一次性可降解餐饮具降解性能试验方法

GB 18455　包装回收标志

QB/T 1011—1991　单面白板纸

QB/T 2358—1998　塑料薄膜包装袋热合强度试验方法

QB/T 3516—1999　牛皮纸

3 产品分类

3.1　以袋子材料不同分为两类：塑料袋类；纸、纸基袋类。

3.2　以袋子结构不同分为两型：提手型；无提手型。

4 材料要求

4.1　塑料袋所用薄膜材质符合 GB/T 4456 的要求。

4.2　纸、纸基材袋所用纸质应符合 QB/T 1011 或 QB/T 3516 或相应纸的产品标准要求。

5 技术要求

5.1 尺寸规格

商品零售包装袋的外形尺寸由供需双方协商定，长度、宽度偏差为±2%，其他部位偏差由供需双方协商决定。

5.2 厚度

5.2.1　各类袋子厚度应均匀。

5.2.2　非降解塑料袋厚度应不小于 0.025mm。

5.3 印刷质量

5.3.1　袋子印刷质量要求油墨均匀；图案、文字清晰、完整；套印准确，套印误差应不小于 1mm。

5.3.2　塑料袋印刷剥离率不大于 20%。

5.4 **外观质量**

5.4.1 袋质均匀、平整、无皱折；无杂质、无污迹。塑料袋应无气泡、缩孔、针孔等缺陷。

5.4.2 印刷袋宜印有"可降解袋"、符合 GB 18455—2001 中的回收标识或其他环保提示。

5.4.3 食品袋应有食品包装标识。

5.5 **物理机械性能**

5.5.1 塑料袋封口强度应符合表1规定。

表 1

厚度/mm	≤0.025	>0.025～0.030	>0.030～0.035	>0.35～0.040	>0.040～0.045	>0.045～0.050
热封强度/(N/15mm)	3.0	4.0	5.0	6.0	7.0	8.0

5.5.2 纸袋的封口粘合强度应大于所使用材料相应标准规定的抗张强度指标。

5.5.3 袋子物理机械性能应符合表2规定。

表 2

项　目	指　标
提吊试验	≥0.5h 无破裂
跌落试验	高度：500mm 自由落下 1 次无破裂
漏水性	不漏水

注：纸袋不考核漏水性

5.6 **卫生性能**

用于直接包装直接入口的食品袋，塑料袋卫生性能应符合 GB 9687 规定；纸袋卫生性能应符合 GB1168 规定。

5.7 **采用降解材料制造的袋子，其降解性能应符合 GB 18006.1—1999 的规定。**

6 **试验方法**

6.1 **试样预处理**

将袋子置于温度 23℃±2℃，相对温度 50%±2%环境中放置 4h 以上进行预处理。

6.2 **尺寸测定**

6.6.1 袋子长、宽部位用分度值 1mm 钢板尺测量，在所需测量部位的两个端面各测一次，取偏差最大值。

6.2.2 印刷套印

套印部位用分度值为 0.5mm 钢板尺测量，结果以套印误差最大值计。

6.3 **塑料袋厚度测定及计算**

6.3.1 塑料袋厚度测定按 GB/T 6672—2001 进行。每个袋子各测定 4 点，取其算术平均值，结果修约至 0.001mm

6.4 **印刷剥离率**

6.4.1 在袋子印刷较多部位上切取试样，印刷朝上，用透明胶带将试样四边固定在平滑的台面上露出试验部位：100mm×100mm，操作过程中不要用手接触测量部位，用 180°剥离强度为 6.5N/15mm±1.0N/15mm 的胶粘带，取宽 15mm，长 175mm，贴于试样印刷面上，在 75mm 处折成 180°，并在粘贴部位用质量为 1kg 压辊来回滚压一次。然后用手快速进行剥离，剥离后用分度值 0.5mm 钢板尺测量印刷剥离面积与残留面积。取其三个袋子进行试验，取平均值，结果修约至 1%。

6.4.2 印刷剥离率按式(1)计算：

$$印刷剥离率(\%)=\frac{剥离面积}{残留面积}\times 100 \qquad (1)$$

6.5 **封口强度**

6.5.1 封口强度按 QB/T 2358—1998 进行。

6.5.2　塑料袋封口强度试验速度速度为 300mm/min±50mm/min

6.5.3　纸袋、纸基袋封口粘合强度试验按 GB/T 12914—1991 进行。

6.5.4　每个袋子各取四个试样进行试验，取其算术平均值，结果修约至 0.1N/15mm。封口不断而材料断时，封口强度以材料断裂时载荷计。

6.6　**漏水试验**

将袋子装入五分之一体积 23℃±2℃清水，保持静置，1min 后观察袋子底部是否有滴落水珠，并记录所观察现象。用三个袋子进行试验，以最小值为测量结果。

6.7　**提吊试验**

6.7.1　试验设备：提袋疲劳试验机，振幅 30mm±2mm，频率 2Hz—3Hz。

6.7.2　将相当于 2 倍的标称内装物质量的颗粒混合物装满四分之三袋，然后悬挂在试验机上，观察袋体及提带处有无损坏。用三个袋子进行试验，以最小值为测量结果。

6.8　**跌落试验**

将实际内装物或相当标称内装质量的颗粒状混合物装满四分之三袋，用胶粘带将袋口封上，从 500mm 高于自由落下，试验地面为光滑水泥地面，观察袋子是否损坏。用三个袋子进行试验，以最小值为测量结果。

6.9　**降解性能按 GB/T 18006.2—1999 相应规定进行。**

6.10　**卫生性能，塑料袋按 GB 9687 进行，纸袋按 GB 11680 进行。**

7　检验规则

7.1　**组批**

产品以批为单位进行验收，同一规格、同一工艺、同一原料连续生产的产品为一批，最大批量不超 过 1 万个。

7.2　**检验分类**

7.2.1　出厂检验

出厂检验项目为：外观、尺寸、厚度、印刷质量。

7.2.2　型式检验

型式检验项目为技术要求中规定的全部项目。有下列情况之一时，需进行型式检验：

a）新产品试制鉴定时；

b）原料、配方、工艺有较大改变，可以影响产品性能时；

c）正常生产 6 个月；

d）产品长期停产后恢复生产时；

e）出厂检验结果与上次型式检验有较大差异时。

7.2.3　监督检验

质量监督机构监督检验项目为第 5 章规定的全部项目

7.3　**抽样**

7.3.1　出厂检验按 GB/T 2828 规定的一次正常抽样方案抽取，采用一般检查水平Ⅱ，合格质量水平（AQL）为 6.5。

7.3.2　型式检验中的外观、尺寸、厚度、印刷质量按 GB/T 15239 进行，一次抽样方案（模式 A）LQ=5.0，其他项目按 6.5、6.6、6.7、6.8 规定数量从外观、尺寸检验后的样品中随机各抽取，不足部分从该批中随机抽取。降解性能、卫生性能从该批中随机抽取足够样品进行试验。

7.3.3　监督检验中的外观、尺寸、厚度、印刷质量按 GB/T 15482 进行，采用第二监督检验等级的抽样方案，$r=2$，$N=210$，$D_0=7$，$n=12$，其他项目按 6.5、6.6、6.7、6.8 规定数量从外观尺寸检验后的样品中随机抽取，不足部分从该监督总体中随机抽取。降解性能、卫生性能从该监督总体中随机抽取足够试样进行检验。监督检验部门也可以根据检验目的，定出标准中主要抽样参数或选择其他适用标准。

7.4　**判定规则**

7.4.1　合格项的判定

7.4.1.1 外观、尺寸、印刷质量检验结果按5.1、5.3、5.4规定进行单项判定。若符合标准规定，则判为该样品外观、尺寸、印刷质量单项合格，否则为单项不合格。

7.4.1.2 厚度、物理机械性能检验结果按5.2、5.5规定分别进行单项判定，试样全部符合标准要求定该项合格。否则判该项不合格。

7.4.1.3 卫生性能检验结果按5.6规定进行单项判定。若有一项不合格，则判定卫生性能不合格。

7.4.1.4 降解性能按5.7规定进行单项判定，若有一项不合格，则判降解性能不合格。

7.4.2 合格批的判定

外观、尺寸、印刷质量、厚度、物理机械性能、卫生性能以及降解性能各项检验结果全部合格，则判该批合格，否则为该批不合格。

8 标志、包装、运输和贮存

8.1 标志

每批商品零售包装袋内附有合格证，合格证注明：产品名称、商标、制造厂名、厂址、规格、标称内装物质量、批号、数量、生产日期、检验员章等。食品包装应在标志中注明，外包装也应有标志的主要内容。

8.2 包装

商品零售包装一般用塑料薄膜包装或瓦楞纸箱包装，也可以供需双方协商确定。

8.3 运输

该产品在运输时应保持外包装完好，防止机械碰撞及日晒雨淋。

8.4 贮存

商品零售包装袋应贮存于清洁、干燥、阴凉的库房内，堆码整齐，距热源不少于1m。食品袋应贮存在周围无对其产生有害影响的环境中。降解袋应根据其降解性能确定合理贮存期，非降解袋贮存期从生产之日起不超过一年。

中华人民共和国国家标准

包装容器 木构件

GB/T 18926—2002

国家质量监督检验检疫总局 2002—12—20 发布　　2003—05—01 实施

1 范围

本标准规定了运输包装容器及托盘用木质构件的技术要求。

本标准适用于运输包装容器及托盘的木构件。

2 规范性引用文件

下列文件中的条款通过本标准的引用而成为本标准的条款。凡是注日期的引用文件，其随后所有的修改单（不包括勘误的内容）或修订版均不适用于本标准，然而，鼓励根据标准达成协议的各方研究都是可使用这些文件的最新版本。凡是不注日期的引用文件，其最新版本适用于本标准。

GB/T 1931—1991 木材含水率测定方法

GB/T 4122.4—2002 包装术语 木容器

GB/T 4823—1995 锯木缺陷

GB/T 14074—1993 （所有部分）木材胶粘剂及其树脂检验方法

LY/T 1350—1999 指接材物理力学性能试验方法

3 术语和定义

GB/T 4122.4 确立的以及下列术语和定义适用于本标准。

3.1 木构件 wood members

运输包装容器及托盘中可划分为最基本单位的木质件。

4 木构件分等

1 等：结构件（高应力构件）；

2 等：结构件（中应力构件）；

3 等：非结构件（低应力构件）。

5 一般要求

5.1 木材分组

构件所用的木材树种应按表 1 分组。

同一组内的树种可混合或互换使用。当规定的构件无树种组别要求时，可任意选用。

表 1 木材分组

组别	性质	树种组成
1组	由较软的木材组成。材质具有中等的握钉力，中等强度和适度的耐冲击力，不易钉裂。	杨木、杉木、云杉、冷杉、白松、柳木、椴木、桤木、七叶树、梧桐等
2组	由较硬的木材组成。材质具有较强的握钉力，较易钉裂	栗木、落叶松、马尾松等
3组	由比较硬的木材组成。材质具有中等密度，较强的握钉力，不易钉裂并耐冲击	枫香、蓝果树、桦山、山茱萸等
4组	由硬木材组在，材质具有最大的握钉力，有较强的耐冲击力，由于过硬较难打钉，在打钉处易钉裂，加工性能差	白蜡树、槭木、榆木、核桃木、青冈、水青冈等

5.2 表面处理

木容器的底座和框架允许采用粗加工木材。木构件至少有一面应光滑，以便做标记。

6 技术要求

6.1 构件尺寸

构件经干燥处理和机加工后锯切成的基本尺寸要求应符合表 2 的规定。硬木料采用实际销售尺寸.

表 2 构件基本尺寸要求 单位为毫米

厚度		宽度	
基本尺寸	允差	基本尺寸	允差
25～100	±2	50～200	±2
≥100	±3	≥200	±3

6.2 含水率

构件制造时的含水率应为15%～25%。

6.3 缺陷控制

构件应按下列要求选择下料加工。

6.3.1 腐朽

构件不应有任何腐朽现象，但允许有污斑和变色，有污斑和变色的构件不允许用于容器外部做标记处。

腐朽可采用撬挖检验。撬挖检验为用刀子或凿子剔开可疑的观察面的纤维或树皮。如果此处材料比同树种良好的木材软一些，则可判定为腐朽；不劈开就破裂为严重腐朽。也可从色泽判别，通常腐朽的部分为不正常的棕褐色，变色或褪色并有杂斑，失去木材的色泽。

6.3.2 裂纹

裂纹分纵裂和环裂，一般木构件只检纵裂，纵裂 的长度尺寸应小于构件的宽度尺寸，并应符合表3的要求。

表 3 构件裂纹的允许要求

构件等级	裂纹长度与构件长度的百分比
1等	小于或等于10%
2等	小于或等于10%
3等	小于或等于15%

6.3.3 变形

变形分为翘曲和扭曲。翘曲分为顺弯、横弯和翘弯。其中变形量应控制在表4的要求之中。

表 4 木构件允许变形量

长度				
项目 尺寸	顺弯	积弯	翘弯	扭曲
≤2000	3	3	3	3
2000～3000	4	4	4	4
3000～4000	5	5	5	5
≥4000	6	6	6	6

宽度				
项目 尺寸	顺弯	积弯	翘弯	扭曲
≤100	2	2	2	2
100～400	3	3	3	3
≥400	4	4	4	4

6.3.4 节

构件应限制死节、活节、节乱和节带。节宽应符合表5的要求。构件在任意等于该构件宽度尺寸的长度范围内，出现的各节的宽度总和应不超过该构件单节的最大允许宽度尺寸。

表 5 节的允许宽度

构件等级	单节的允许宽度
1等	50mm，且应小于或等于构件宽度尺寸的四分之一
2等	75mm，且应小于或等于构件宽度尺寸的八分之三
3等	100mm，且应小于或等于构件宽度尺寸的二分之一

a 钢丝捆扎箱面板上的最大允许宽度应小于或等于40mm。

6.3.5　虫害

构件上不允许有明显的虫害。1 等结构件和 2 等结构件在任意材长 1m 中，虫眼个数不得超过 4 个。3 等非结构件在任意材长 1m 中，虫眼个数不得超过 10 个。

6.3.6　斜纹

由于斜锯或原木中的扭曲及螺旋生长，都可形成斜纹。构件最大允许斜纹的斜度应符合表 6 的要求。轻微局部偏离的纹理方向可不计。当同一构件既有斜纹也有螺纹时，应考虑二者的综合危害，并计算和测量斜纹综合斜度。综合斜度为斜度平方和的平方根值。

表 6　斜纹允许斜度

构件等级	斜纹最大允许斜度
1 等	小于或等于 10%
2 等	小于或等于 10%
3 等	小于或等于 12.5%

6.4　箱板构件

连接和拼接：常用盒或箱的侧面、端面、顶盖和底面的箱板构件可用下述方法将各棱边连接制成。使用胶应符合 GB/T14074（所有部分）的规定。

a）对口拼接并胶合；

b）压边拼接并胶合；

c）榫槽拼接并胶合。

7　检验规则

7.1　构件尺存的检验

构件尺寸的检验应符合 6.1 的有关要求。

7.2　构件的含水率检验

构件的含水率检验应符合 6.2 的有关要求，并按 GB/T1931 的有关要求进行。

7.3　构件的缺陷控制检验

构件缺陷控制检验应符合 6.3 的有关要求，并按 GB/T4823 的有关要求进行。

7.4　箱板构件的检验

检验样品从每批构件中随机抽取 15 个。样品尺寸为长度（垂直于木纹方向）为构件宽度，宽度（平行于木纹方向）为 50mm±3mm，样品不应有明显的纵裂、环裂、树脂囊。接缝距木板棱边应小于或等于 60mm。

检验方法按 LY/T1350 的规定进行，试验直至样品弯曲失败。与接缝有关的折断位置应作记录，在接缝处部分或全部断裂为失败。15 个样品中有 12 个样品在接缝处不失效，视为此批合格。

8　标志、贮存

8.1　分等标志

每批构件应有分等标志。

8.2　贮存

合格木构件不应直接露天存放。

附 录 A
(资料性附录)
各等级木构件在运输包装容器及托盘等中的应用举例

A.1 国际流通和多次装卸的运输包装容器及托盘等对木构件的等级要求可参照表 A.1 选择。

表 A.1

容器名称	木构件等级要求		
	1 等级结构件	2 等级结构件	3 等非结构件
滑木箱	箱档、压条	项盖、侧面、底面、滑木	端面、垫木
普通木箱		箱档	
钢钩捆扎箱	箱档	压条	锯板
纤维板箱	箱挡	项盖、底面、侧面	端面
木框瓦楞纸箱	箱档		端面
框架木箱	顶撑	枕木、滑木、梁、端木、柱、斜撑、支撑、托架、纵向框架构件	箱项、辅助滑木、梁桥
框架花格箱	滑木框架结构		辅助滑木
定向结构刨花板箱	箱档	枕木、顶盖、底面、侧面	端面
托盘		台板、木桁条板、木桁条柱	
容器内部的阻块和挡块	受力处		非受力处

A.2 国内直达的运输包装容器及托盘等对木构件的等级要求可参照表 A.2 选择。

表 A.2

容器名称	木构件等级要求		
	1 等级结构件	2 等结构件	3 等非结构件
滑木箱		箱档、压条、顶盖、底面、侧面	端面
普通木箱		箱档	
钢钩捆扎箱		箱档、压条	锯板
纤维板箱		箱档	顶盖、侧面、底面、端机
木框瓦楞纸箱		箱档	端面
框架木箱		顶柱架、枕木、滑木、梁端木纵向框架构件	柱、斜撑、箱板、柱架、支撑、辅助滑木、梁桥
框架花格箱		枕木,所有其他框架构件	辅助滑木
定向结构刨花板箱		箱档	顶盖、侧面、底面、端面
托盘		台板、木桁条板、木桁条柱	柱
容器内部的阻块和挡块	受力处		非受力处

中华人民共和国国家标准

运输包装件质量界限

GB/T 18923—2002

国家质量监督检验检疫总局 2002—12—20 发布

2003—05—01 实施

1 范围

本标准规定了经由公路、铁路、水路、航空运输包装件质量界限。

本标准适用于运输包装件的设计和运输 。

2 引用标准

下列文件中的条款通过本标准的引用而成为本标准的条款。凡是注日期的引用文件,其可随后所有的修改单(不包括勘误的内容)或修订版均不适用本标准,然而,鼓励根椐本标准达成协议的各方研究是否可使用这些文件的最新版本。凡是不注日期的引用文件,其最新版本适用于本标准。

GB/T1413—1998 系列 1 集装箱 分类、尺寸和额定质量(idt ISO 668:1995)

3 定义

下列术语和定义适用于本标准。

3.1 通用质量 general weight

适用于某种运输方式的主要运输工具承载能力的运输包装件最大质量。

3.2 允许质量 admitted weight

适用于某种运输方式的某种运输工具承载能力的运输包装件最大质量。

4 运输包装件质量界限

用于公路、铁路、水路运输的运输包装件最大质量为 4500kg。

4.1 公路运输

运输包装件通用质量为 500kg。

运输包装件允许质量为 18650kg,超出此界限时,应作为特殊运输。

根椐不同的货车车型，其运输包装件的质量应小于该车型车厢的最小载重量，最大质量应小于该车型车厢的最大载重量，公路主要货车车型载重量范围见表 1。具体质量按公路运输工具载重量确定，见附录A。

表 1 公路主要货车车型载重量范围 单位为千克

车 型	载重量 最 小	载重量 最 大
轻型货车	500	3000
中型货车	4500	6000
重型货车	8000	18650
厢式货车	3000	5000
挂 车	—	10000
厢式挂车	—	4500

4.2 铁路运输

运输包装件通用质量应为 30000kg.

运输包装件允许质量应为 65000kg,超出此界限时,应作为特殊运输。

根椐不同的货车车型，其运输包装件的质量应小于该车型车厢的最小载重量，最大质量应小于该车型车厢的最大载重量，铁路主要货车车型载重量范围见表 2。具体质量按铁路运输工具载重量确定，见附录

B。

表 2　铁路主要货车车型载重量范围

车型	载重量	
	最　小	最　大
棚　车	50000	60000
平　车	60000	65000
敞　车	50000	65000
保温车	30000	46000

4.3　**水路运输**

运输包装件底面每平方米的通用质量为 500kg。

运输包装件底面每平方米的允许质量为 10000kg，超出此界限时，应作为特殊运输。

根据不同的船型，其运输包装件的单位面积质量应分别小于该船型载货部位的单位面积最小载重量，单位面积最大质量应分别小于该船型载货部位的单位面积最大载重量，水路运输主要船型载货部位的单位面积载重量范围见表 3。具体质量按水路运输工具单位面积载重量确定，见附录 C。

表 3　水路主要船舶载货部位单位面积载重量范围　　单位为千克每平方米

船　舶	单位面积载重量	
	最　小	最　大
海　船	500	10000
河　船	1220	10000

4.4　**航空运输**

运输包装件底面每平方米的通用质量为 400kg。

运输包装件底面每平方米的允许质量为1 952kg，超出此界限时，应作为特殊运输。

具体单位面积质量按航空运输工具单位面积载重量确定，见附录 D。

根据不同的航空集装箱或集装板单元，其运输包装件质量应分别小于该航空集装箱或集装板单元载重量，见表 4 和表 5。

表 4　航空集装箱载重量　　单位为千克

型　式	载　重　量
LD-2	1224
LD-3	1587

表 5　航空集装板载重量　　单位为千克

型　式	载　重　量
P1P	4626
P6P	5103

4.5　**集装箱运输(航空运输除外)**

运输包装件通用质量为最小额定质量 10160kg 减去空箱质量。

运输包装件允许质量为最大额定质量 30480kg 减去空箱质量。

根据不同的箱型，其运输包装件质量为该箱型额定质量减去空箱质量，具体质量接 GB/T1413 的集装箱额定质量确定，见附录 E。

附 录 A
（资料性附录）
公路运输载重量

A.1 表 A.1 中给出的公路运输主要货车车型载重量是在实际中常用的车载载重量。

表 A.1 公路主要货车车型载重量

单位为千克

序号	种类	车型	载重量	序号	种类	车型	载重量
1	轻型货车	WHQ1020S	500	23	中型货车	QD1090KL4	5000
2	轻型货车	CA1026LF	700	24	中型货车	QD3090K	4500
3	轻型货车	YC1021QS	1075	25	中型货车	NJD1100DK	5000
4	轻型货车	JX1030	1250	26	中型货车	NJD1112DP	5000
5	轻型货车	SXZ1032	1250	27	中型货车	NJD1113DP	5000
6	轻型货车	NJ1061	3000	28	中型货车	吉尔 130	6000
7	中型货车	CA1091	5000	29	中型货车	R10.215F	5000
8	中型货车	CA1092PK212	5000	30	中型货车	IFW50L	5000
9	中型货车	CA1092PD2L3	5000	31	重型货车	日本尼桑	8000
10	中型货车	CA1092PK2L4	5000	32	重型货车	CQ1260.01	15150
11	中型货车	CA1111K2P	6000	33	重型货车	CQ19210	10650
12	中型货车	CA1111K2PL1	6000	34	重型货车	CQ30290	18650
13	中型货车	CA1111K2PL2	6000	35	厢式货车	EQ140SA	5000
14	中型货车	EQ140	5000	36	厢式货车	解放 141	5000
15	中型货车	EQ1116G	6000	37	厢式货车	南京东风	4500
16	中型货车	EQ1116G18D	6000	38	厢式货车	NJT5110XLD	5000
17	中型货车	EQ1116H	6000	39	厢式货车	NJT5113XLD	5000
18	中型货车	LZ1090DJ	5000	40	厢式货车	武汉东风加长	5000
19	中型货车	LZ1090DJ	5000	41	厢式货车	SG5060	3000
20	中型货车	LZ1090DK	5000	42	挂车	东风	10000
21	中型货车	LZ1090FK	5000	43	挂车	东风	10000
22	中型货车	QD1090KL2	5000	44	厢式挂车	东风	4500

附 录 B
（资料性附录）
铁路运输载重量

B.1 表 B.1 中给出的铁路运输主要货车车型载重量是在实际中常用的车型载重量。

表 B.1 铁路主要货车车型载重量　　单位为千克

序号	种　类	车　型	载重量	序号	种　类	车　型	载重量
1	棚　车	P13	60000	22	敞　车	C50	50000
2	棚　车	P50	50000	23	敞　车	C50	50000
3	棚　车	P50	50000	24	敞　车	C60	60000
4	棚　车	P60	60000	25	敞　车	C61	61000
5	棚　车	P61	60000	26	敞　车	C62	60000
6	棚　车	P62	60000	27	敞　车	C62A	60000
7	平　车	N6	60000	28	保温车	B6	45000
8	平　车	N12	60000	29	保温车	B8	37000
9	平　车	N13	60000	30	保温车	B11	30000
10	平　车	N15	65000	31	保温车	B12A	45000
11	平　车	N16	65000	32	保温车	B17	40000
12	平　车	N17	60000	33	保温车	B17	40000
13	平　车	N17	60000	34	保温车	B17-1	40000
14	平　车	N17	60000	35	保温车	B17-3	40000
15	平　车	N60	60000	36	保温车	B18	40000
16	敞　车	C16	65000	37	保温车	B18-1	40000
17	敞　车	C16	60000	38	保温车	B19	40000
18	敞　车	C50	50000	39	保温车	B19-1	40000
19	敞　车	C50	50000	40	保温车	B20	40000
20	敞　车	C50	50000	41	保温车	B21	46000
21	敞　车	C50	50000	42	保温车	B22	46000

附　录　C
（资料性附录）
水路运输单位面积载重量

C.1 表 C.1 中给出的远洋、沿海主要杂货船载货部位单位面积载重，是在实际中常用的载货部位单位面积载重量。

表 C.1 海上（远洋、沿海）主要杂货船载货部位单位面积载重量　　单位为千克每平方米

船型种类	货舱号	单位面积载重量	船型种类	货舱号	单位面积载重量
1	Ⅰ	1750	16	Ⅰ、Ⅱ	2000
2	Ⅰ	2100	17	Ⅰ	2500
3	Ⅰ、Ⅱ	2000	18	Ⅰ、Ⅱ	1750

续表

船型种类	货舱号	单位面积载重量	船型种类	货舱号	单位面积载重量
4	Ⅰ、Ⅱ	2600	19	Ⅰ	500
5	Ⅰ	1700	19	Ⅱ	3000
6	Ⅰ	2000	19	Ⅲ	2500
7	Ⅰ、Ⅱ	1600	19	Ⅳ	10000
8	Ⅱ	1760	20	Ⅰ	2000
9	Ⅰ、Ⅱ、Ⅲ	850～4420	20	Ⅱ	2500
10	Ⅰ	1500～4500	20	Ⅲ	3000
10	Ⅱ	1300	21	Ⅰ	2000
12	Ⅰ、Ⅱ	2500	22	Ⅰ	2000
13	Ⅰ、Ⅱ	2000	23	Ⅰ	2000
14	Ⅰ、Ⅱ、Ⅲ	1200～8000	25	Ⅰ	2000
15	Ⅰ	1500			
15	Ⅱ	2500			
15	Ⅲ	10000			

C.2 表C.2中给出的内河主要货船载货部位单位面积载重量，是在实际中使用较多的载货部位单位面积载重量。

表C.2 内河(包括长江)主要货船载货部位 单位面积载重量

船型种类	单位面积载重量	船型种类	单位面积载重量	船型种类	单位面积载重量
1	6000	13	8000	25	6000
2	7500	14	8000	26	2500
3	8000	15	3000	27	1500
4	8000	16	3000	28	1780
5	1500	17	10000	29	1800
6	3000	18	3000	30	1400
7	8000	19	3000	31	2650
8	8000	20	1500	32	2650
9	8000	21	1220	33	2850
10	3000	22	1220	34	10000
11	1400	23	3000	35	10000
12	2500	24	6000	36	8000

C.3 每件运输货物的质量应大于10kg。

附 录 D
(资料性附录)
航空运输单位面积载重量

D.1 表D.1中给出的航空运输主要机型单位面积载重量是在实际中常用的飞机货舱单位面积载重量。

表 D.1 航空运输主要机型货舱单位面积载重量 单位为千克每平方米

序号	机型	货舱	单位面积载重量
1	747-400COMBI	主货舱	1952
		下货舱	976
2	747-200 全货机	主货舱	1952
		下货舱	976
3	747-200COMBI	主货舱	1952
		下货舱	976
4	747-400 全客机	下货舱	976
5	747SP	下货舱	976
6	767-200	前下货舱	976
		后下货舱	976
7	767-300	前下货舱	976
		后下货舱	976
8	707C 货机	主货舱	976
9	MD-11(AY)	前下货舱	732
		后下货舱	732
10	DC-10-30(AY)	前下货舱	732
		后下货舱	732
11	AIRBUS A300-600	前下货舱	732
		后下货舱	732
12	L-1011	下货舱	738
13	AIRBUS A310-200	前下货舱	732
		后下货舱	732
14	IL-86	下货舱	400
15	TU-154	前货舱	600
		后货舱	600
16	ATR-72	前货舱	510
		后货舱	510

D.2 航空运输超限货物规定

非宽体飞机载运的货物,每件货物质量一般不超过 80kg;宽体飞机载运的货物,每件货物质量一般不超过 250kg。

附 录 E
(资料性附录)
集装箱额定质量

E.1 集装箱额定质量按 GB/T1413 的规定,见表 E.1。

表 E.1 集装箱额定质量

单位为千克

集装箱型号	额定质量(总质量)
1AAA	30480
1AA	30480
1A	30480
1CC	24000
1C	24000
1D	10160
1DX10	10160

中华人民共和国国家标准
纸张的包装和标志

GB/T 10342—2002

国家质量监督检验检疫总局 2002—10—15 发布

2003—04—01 实施

1 范围

本标准规定了供生产和使用部门选择的纸张包装和标志。

本标准适用于以各种不同运输方法运输的平板纸、卷筒纸、盘纸的包装和标志。

2 引用标准

下列标准所包含的条文，通过在本标准中引用而构成为本标准的条文。本标准出版时，所示版本均为有效。所有标准都会被修订，使用本标准的各方应探讨、使用下列标准最新版本的可能性。

GB/T16470—1996 托盘包装

3 定义

本标准采用下列定义。

3.1 托盘包装 palletizing package

将包装件或产品堆放在托盘上，通过捆扎、包裹或胶粘等方法加以固定，形成一个搬运单元，以便用机械设备搬运。

3.2 软包装 flexible package

在充添或取出内装物后，容器形状可发生变化的包装。该容器一般用纸、纤维制品、塑料薄膜或复合包装材料等制成。

3.3 收缩包装 shrink package

用收缩薄膜包裹产品或包装件，然后加热使薄膜收缩包紧产品或包装件的一种包装方法。

3.4 拉伸包装 stretch package

将拉伸薄膜在常温下拉伸，对产品或包装件进行包装的一种操作，多用于托盘货物的包装。

3.5 木夹板包装 wood platen package

用上下两块木板将产品夹在中间，然后进行捆扎固定的包装。

4 技术要求

4.1 平板纸的包装

平板纸有下列四种包装方法。

a）夹板或托盘包装；

b）木箱或纸箱包装；

c）软包装；

d）对折互叠包装。

4.1.1 夹板或托盘包装

4.1.1.1 小包装

4.1.1.1.1 采用夹板或托盘包装时，可将纸包成小包。每小包中纸的张数可根据纸张定量的不同分别为500、250、125、100张。

4.1.1.1.2 所有用于内、外包装的包装纸和牛皮纸，其可勃值均应不大于 $30g/m^2$。

4.1.1.1.3 小包装应使用一层定量不小于 $60g/m^2$ 的包装纸或定量不小于 $40g/m^2$ 的牛皮纸包装 包装纸的两端应折叠在纸包端部并封牢。每小包的端部应贴上令标签，令标签的内容应包括定量、规格、张数等。

4.1.1.1.4 如不分小包，应使用有色标签按上述确定张数将纸件分隔开。

4.1.1.1.5 纸张的正面或反面，应一致朝上或朝下。

4.1.1.2 外包装

4.1.1.2.1 由小包装组成的纸件，应用不少于三层的 $80g/m^2$ 包装纸或两层的 $80g/m^2$ 牛皮纸包装，或用其他代用品包装。

4.1.1.2.2 不进行小包装的纸件，用不少于五层的 $80g/m^2$ 包装纸或三层的 $80g/m^2$ 牛皮纸包装，或者采用塑料薄膜收缩、拉伸包装，包装材料的两端应折叠在纸件端部并封牢。

4.1.1.2.3 在包装高级印刷纸时，应使用一层防潮纸或塑料薄膜。

4.1.1.3 夹板

4.1.1.3.1 木夹板

木夹板应符合下列规定：

a）木夹板的厚度应不小于 12mm；板面木带的宽度应不小于 70mm、厚度应不小于 30mm 或木带的宽度不小于 80mm，厚度不小于 24mm；

b）木夹板的宽度应比纸的尺寸大 5mm～10mm；

c）木夹板的水分不应超过 20％。

d）木夹板的表面应平整，钉子不应突出其表面；板缝应不超过 5mm，板面不应有直径大于 30mm 的窟窿；

e）每块木夹板上加一根直木带和数根横木带，横木带的数量取决于纸张长度，长度 1000mm 以上应用 4 根横木带，1000mm 以下应有 3 根。

4.1.1.3.2 其他封闭夹板

根据需要可采用塑料夹板、金属夹板或其他材料制成的封闭夹板，但其强度应不低于木夹板的强度。

4.1.1.3.3 条形木夹板

条形木夹板由木板条拼成，板条厚度应不小于 12mm，宽度应不小于 80mm，板面木带的厚度应不小于 24mm、宽度应不小于 80mm。条形木夹板拼合后，其板条间的间隙约为 80mm。

4.1.1.3.4 其他条形夹板

根据需要可采用条形塑料夹板、金属夹板或其他材料制成的条形夹板，但其强度应不低于条形木夹板的强度。

4.1.1.4 托盘

4.1.1.4.1 托盘的结构、规格和质量应符合 GB/T16470。

4.1.1.4.2 按包装式托盘可分为有上夹板托盘和无上夹板托盘。其中有上夹板托盘便于铲车装卸及堆码，尤其适合于集装箱运输和长途运输；无上夹板托盘亦便于铲车装卸，但不便于堆码，一般适合于中、短途运输。

4.1.1.4.3 按包装材料托盘可分为木托盘、蜂窝纸制托盘、塑料托盘和金属托盘等。无论何种材料制成的托盘，其强度性能和防水性能均应达到使用要求。

4.1.1.5 打件

4.1.1.5.1 夹板、条形夹板、有上夹板托盘。

4.1.1.5.1.1 纸件应置于两块夹板或夹板与托盘之间，纸件上下应各垫一层防潮纸或塑料薄膜及一层 $310g/m^2$ 的黄纸板。

4.1.1.5.1.2 打件应使用塑料打包带、钢带或不小于 10 号的铁丝。打件应结实，不应稍受外力即发生包装纸破裂及纸张扭曲现象。打包带、钢带、铁丝打件应捆在板带中央，不应偏斜且松紧一致。用铁丝时，在夹板转角处应使用护棱，以避免铁丝嵌入板条内，使包装松懈。铁丝的纽头应向外，纽扣长度应不超过 100mm，扭紧后将纽头弯成 90°嵌入板条内。用钢带时，钢带在板面转角处可削一凹沟，使钢带嵌入或使用护棱，钢带联结处应用扣环或重叠加以固定。

4.1.1.5.1.3 根据需要，打件后纸件四周可用塑料编织布打围，也可用聚乙烯或聚氯乙烯薄膜进行收缩、拉伸包装。

4.1.1.5.2 无上夹板托盘

4.1.1.5.2.1 纸件应置于托盘之上，纸件上下应各垫一层防潮纸或塑料薄膜及一层 310g/m² 的黄纸板。

4.1.1.5.2.2 用聚乙烯或聚氯乙烯薄膜进行收缩、拉伸包装。

4.1.1.6 尺寸和件重

每件夹板、托盘包装的尺寸应比相应的纸张尺寸大 5mm～10mm，毛重应不超过 250kg 或符合合同的规定。

4.1.2 木箱或纸箱包装

4.1.2.1 按 4.1.1.1 将纸包成小包。

4.1.2.2 纸张装箱前，木箱或纸箱应先用一层防潮纸或塑料薄膜和一层定量为 80g/m² 的包装纸铺上，根据需要也可加一层 310g/m² 的黄纸板。

4.1.2.3 纸张装箱后，突出箱面的包装纸端部应折于纸件之上，然后在其上垫一张包装纸及塑料薄膜或一层防潮纸。

4.1.2.4 木箱用铁钉钉上箱盖，注意不应损坏包装纸。

4.1.2.5 纸箱应将盖压平，用胶带粘住箱盖和棱角，再用两道塑料打包带捆紧。

4.1.2.6 木箱或纸箱的式样和尺寸应符合合同的规定。

4.1.2.7 每件木箱的毛重应不超过 250kg，纸箱的毛重应不超过 40kg，或符合合同的规定。

4.1.3 软包装

4.1.3.1 市内运输或短途的市外汽车运输时，可采用软包装。

4.1.3.2 采用软包装的纸件，应按照 4.1.1.1 将纸包成小包。纸件应使用五层定量不小于 80g/m² 的包装纸或三层定量不小于 80g/m² 的牛皮纸包装，根据需要也可增加塑料薄膜收缩、拉伸包装。

4.1.3.3 包装印刷纸、书写纸或制图纸等时，应衬一层防潮纸或塑料薄膜。

4.1.3.4 多出的包装纸、防潮纸或塑料薄膜折叠在纸件两端，然后用胶水或胶带粘牢。

4.1.3.5 每件软包装的毛重不超过 50kg 或符合合同的规定。

4.1.4 对折互叠包装

4.1.4.1 对折互叠的包装主要适用于包装纸，根据需要其他纸种也可参照采用。

4.1.4.2 对折互叠包装时，应将纸叠按其高度分成大约相等的两部分。将上部分移到纸张长度的一半之处，然后将下面纸张露出的一半向上折叠，再将移向一边的上面一半纸张折于其上。折叠好后，应使用二层定量不小于 80g/m² 的包装纸或两层定量不小于 80g/m² 的牛皮纸包裹。包装纸的两端折叠在纸包表面上，然后沿纸包纵向用绳子捆一道，再沿横向捆两道。在纸包转角处应衬上用纸板做成的护棱。

4.1.4.3 每件对折互叠包装的毛重应不超过 55kg，或符合合同的规定。

4.2 卷筒纸的包装

卷筒纸有下列两种包装方法。

a）卷筒包装；

b）托盘包装。

4.2.1 卷筒包装

4.2.1.1 卷筒纸应使用数层定量不小于 120g/m² 的包装纸或定量不小于 80g/m² 的牛皮纸进行包装。包装新闻纸、印刷纸、地图纸或制图纸等时应不少于四层，其他纸张可根据情况增减包装层数。

4.2.1.2 在卷筒的两个端面上各垫 1 张总定量不小于 700g/m² 的圆形包装纸、箱板纸或瓦楞纸板，以便在装卸和堆放时保护端面。超出卷筒宽度的外包装纸应在卷筒端面上折叠好，然后在每端贴 1 张圆行包装纸，将端面封好。

4.2.1.3 用塑料打包带或钢带在距卷筒端面 20mm～30mm 处进行打包，每个卷筒不得少于两道。

4.2.1.4 根据需要可用聚乙烯或聚氯乙烯薄膜进行收缩、拉伸包装。

4.2.1.5 卷筒包装的毛重应不超过 250kg 或符合合同的规定。

4.2.2 托盘包装

4.2.2.1 对价格较高或质量要求较高的卷筒纸应采用有上夹板托盘的包装。

4.2.2.2 将已经用包装纸或牛皮纸包装好的卷筒纸放在方形托盘上，上面再放置上夹板。托盘和上夹板的尺寸应比卷筒外径大5mm～10mm。然后用塑料打包带或钢带沿着上夹板和托盘中央捆扎成十字形。打件应结实、不偏斜，松紧应一致。塑料打包带或钢带联结处应用扣环或重叠加以固定，不应稍受外力即发生包装破裂现象。

4.2.2.3 托盘包装的毛重应不超过250kg或符合合同的规定。

4.3 盘纸的包装

盘纸有下列三种包装方法：

a）卷筒包装：盘纸直径为200mm以上时采用；

b）软包装：盘纸直径不大于200mm时采用；

c）木箱包装或纸箱包装：专用于特种盘纸。

4.3.1 卷筒包装

4.3.1.1 两半圆塞芯与圆形木板包装

4.3.1.1.1 盘纸应紧密地套在沿纵向剖开的塞芯上，盘纸套入塞芯后，在塞芯两端打入楔子将塞芯抵紧。若不套塞芯，则应每4～5盘纸垫一层黄纸板，然后用质地细致的纸包上，再按要求数量组成纸件。

4.3.1.1.2 盘纸套于塞芯后，卷筒两端用与卷盘直径相同的衬垫物（两层黄纸板及一层防潮纸）垫上，用防潮纸或一层薄膜及总定量不小于700g/m² 的包装纸全卷包装，关用胶带捆紧卷筒两端。

4.3.1.1.3 用圆形木板覆盖卷筒两端，木板直径略大于卷筒直径，再用铁丝捆紧，并用U型钉将铁丝钉柱，以防松懈。

4.3.1.1.4 木质塞芯的水分不应大于20%。

4.3.1.2 圆形木芯与十字板包装

4.3.1.2.1 盘纸套于塞芯后，用数层包装纸全卷包装，包装纸的总定量应不小于700g/m²，多出的包装纸应在卷筒端面上折叠好。

4.3.1.2.2 卷筒两端用十字板条覆盖，用钉子钉于塞芯端部，以作防护。十字木板的长度略大于盘纸直径，再用钢带或铁丝沿十字板将卷筒捆紧。

4.3.1.3 盘数与卷重

卷筒包装中盘纸的盘数取决于盘宽，一般可含20盘。卷筒毛重应不超过100kg或符合合同的规定。

4.3.2 软包装

4.3.2.1 用三层定量不小于120g/m² 的包装纸或80g/m² 的牛皮纸将数盘盘纸包成小包，每包内盘纸的盘数取决于盘纸宽度。

4.3.2.2 小包两端应使用与盘纸直径相同的圆形包装纸垫上，然后将包装纸的边部在纸盘端上折叠好，再贴一张相同的圆形包装纸。用细绳或胶带将小包纵横捆紧，在转角处细绳下面应衬数层包装纸或折曲的护棱。

4.3.2.3 将数个小包叠成一件，用四层定量不小于120g/m² 包装纸或80g/m² 牛皮纸包装。将多出的包装纸在纸件端面上折好，用细绳或胶带将纸件纵横捆紧，以使包装牢固。

4.3.2.4 盘纸软包装的毛重应不超过50kg或符合合同的规定。

4.3.3 木箱包装或纸箱包装

4.3.3.1 装箱前应按4.3.2.1将盘纸包成小包，然后用防潮纸或塑料薄膜和包装纸将箱垫好。

4.3.3.2 盘纸装箱后，小包与箱壁间的空隙应用碎纸或包装纸塞紧，盘纸上部覆盖数张包装纸。箱盖应用钉子钉紧或用打包带捆紧，但不应损伤包装纸及盘纸。

4.3.3.3 木箱包装的毛重应不超过120kg，纸箱包装的毛重应不超过40kg或符合合同的规定。

4.4 标志和标识

4.4.1 标志

根据需要，应在产品外包装的明显处贴上“怕湿”、“小心轻放”、“禁用手钩”、“向上”、“堆码层数极限”等图形标志。标志应清晰、牢固，易于识别，不应随意印上不规范或自制的标志。

4.4.2 平板纸的标识

应在产品外包装的明显处贴上产品标识，标识中使用的文字应为仿宋体。可以使用汉语拼音或外文，但其字号不大于相应的中文。

4.4.2.1 在纸件、纸箱、“对折互叠”的外包装上应贴上打印的标识，在包装木板上应用橡皮戳印上或用漏字板以不掉色油墨刷上标识，其内容应包括以下项目：

a）制造厂的名称及厂址；

b）产品名称、号码或牌号；

c）定量、尺寸和等级；

d）纸件净重(kg)和毛重(kg)；

e）纸件、纸箱编号或条形码；

f）生产日期；

g）标准号。

4.4.2.2 合格证内容应包括以下项目：

a）制造厂的名称及厂址；

b）产品名称、号码或牌号；

c）定量、尺寸和等级；

d）纸件净重(kg)和毛重(kg)；

e）生产日期；

f）标准号；

g）检查员姓名或代号。

4.4.2.3 令标签内容应包括以下项目：

a）定量；

b）规格；

c）张数。

4.4.3 卷筒纸的标识

4.4.3.1 在包装好的卷筒两端贴上圆形的标识或贴上打印的标识，其内容应包括以下项目：

a）制造厂的名称及厂址；

b）产品名称、号码或牌号；

c）定量、卷宽和等级；

d）卷筒净重 (kg)和毛重(kg)；

e）表示卷纸方向的箭形；

f）卷筒编号或条形码；

g）生产日期；

h）标准号。

4.4.3.2 合格证内容应包括以下项目：

a）制造厂的名称及厂址；

b）产品名称、牌号；

c）定量、卷宽和等级；

d）卷筒净重(kg)和毛重(kg)；

e）生产日期；

f）标准号；

g）检查员姓名或代号。

4.4.4 盘纸的标识

4.4.4.1 在纸件、纸箱、"对折互叠"的外包装上应贴上打印的标识，在包装木箱上应用橡皮戳印上或用漏字板以不掉色油墨刷上标识，其内容应包括以下项目：

a）制造厂的名称及厂址；

b）产品名称、号码或牌号；

c）定量、盘宽和等级；

d）每件或每箱中的小包数或盘数；

e）净重(kg)和毛重(kg)；

f）卷筒、纸件、纸箱、木箱编号或条形码；

g）生产日期；

h）标准号。

4.4.4.2 合格证内容应包括以下项目：

a）制造厂的名称及厂址；

b）产品名称、号码或牌号；

c）定量、盘宽和等级；

d）每件或每箱中小包数或盘数；

c）净重(kg)和毛重(kg)；

f）生产日期；

g）标准号；

h）检查员姓名或代号。

中华人民共和国国家标准

包装容器 钢桶封闭器

GB/T 13251—2002

国家质量监督检验检疫总局 2002—08—28 发布

2003—01—01 实施

1 范围

本标准规定了包装容器钢桶、钢提桶和钢罐封闭器(以下简称封闭器)的分类、要求、试验方法、检验规则以及包装、标志、运输和贮存等要求。

本标准适用于钢桶、钢提桶和钢罐所用封闭器的制造、流通、使用和监督检验。

2 引用标准

下列标准所包含的条文，通过在本标准中引用而构成为本标准的条文。本标准出版时，所示版本均为有效。所有标准都会被修订;使用本标准的各方应探讨使用下列标准最新版本的可能性。

GB/T 325—2000 包装容器 钢桶

GB/T 912—1989 碳素结构钢和低合金结构钢热轧薄钢板及钢带

GB/T 1173—1995 铸造铝合金

GB/T 1175—1997 铸造锌合金

GB/T 2518—1988 连续热镀锌薄钢板和钢带

GB/T 2828—1987 逐批检查计数抽样程序及抽样表(适用于连续批的检查)

GB/T 4956—1985 磁性金属基体上非磁性覆盖层厚度测量 磁性方法

GB/T 9799—1997 金属覆盖层 钢铁上的锌电镀层

GB/T 11253—1989 碳素结构钢和低合金结构钢冷轧薄钢板及钢带

GB/T 13040—1991 包装术语 金属容器

3 术语、符号、代号

3.1 术语

符合 GB/T 13040 的规定。

3.2 符号

D、d—直径;

H、h—高度;

δ—厚度;

S—对边距离;b—宽度。

3.3 代号

G—桶用管螺纹。

4 封闭器分类

4.1 封闭器按结构型式分为四类,见表 1。

表 1

类　别	型　式	适用范围
螺旋式	旋塞型	小开口钢桶
	旋盖型	小开口钢桶、钢提桶
揿压式	揿盖型	
	压塞型	
顶压式	螺栓型	中开口钢桶
	压盖型	
封闭箍式	螺杆型	全开口钢桶、缩颈钢桶
	杠杆型	

4.2 结构尺寸

4.2.1 螺旋式封闭器

螺旋式封闭器分为旋塞型、旋盖型两种型式。

4.2.1.1 旋塞型封闭器

螺旋式旋塞型封闭器见图1，其装配型式为内平式，由桶塞、螺圈、垫圈、衬圈、封盖组成，其中封盖也可不设。

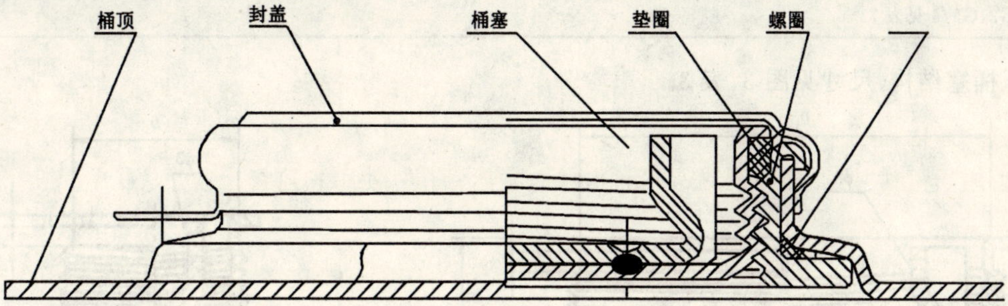

图 1

4.2.1.1.1 桶塞分为压铸桶塞和挤压桶塞。

a）压铸桶塞结构、尺寸见图2、表2

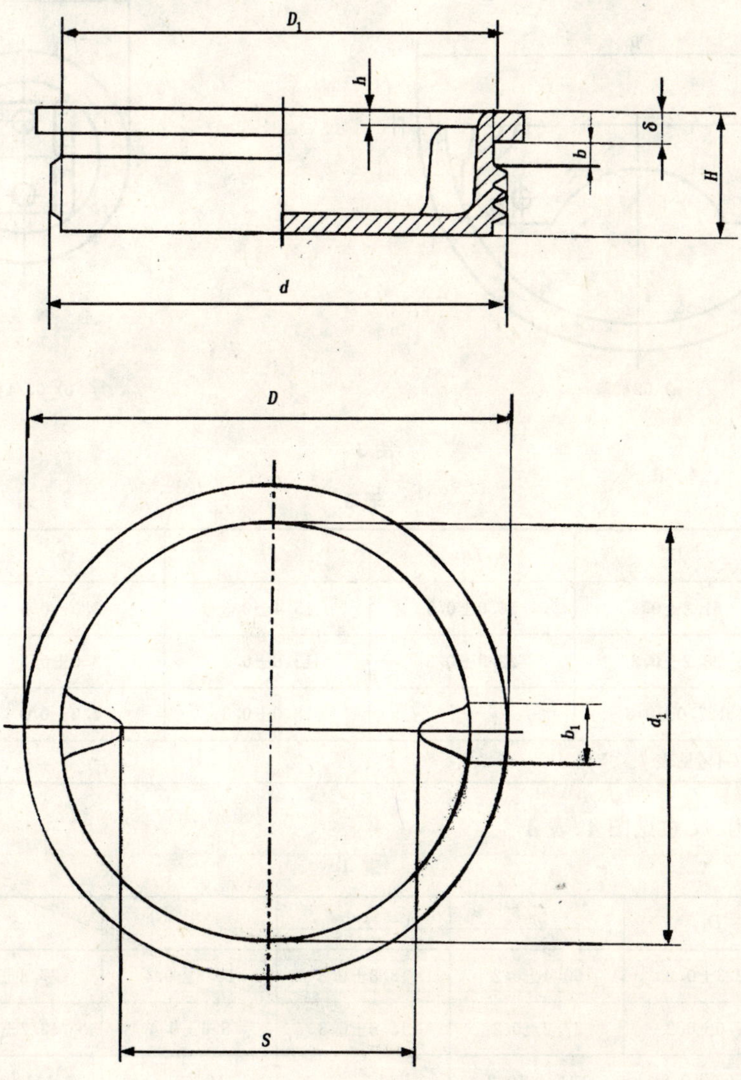

图 2

表 2

mm

名称代号	D	D_1	d_1	b	δ	H	h	S	b_1	d
G2 桶塞	61.0±0.3	56.0±0.3	52.5±0.3	3.0±0.2	3.0±0.2	15.0±0.3	1.5	38.0	8.0	G2
G3/4 桶塞	28.2±0.2	22.7±0.2	17.6±0.2	2.7±0.2	3.0±0.2	13.8±0.3	1.0	11.8	4.0	G3/4
注:螺纹尺寸 G2、G3/4 见表 7。										

b）挤压桶塞结构、尺寸见图 3、表 3。

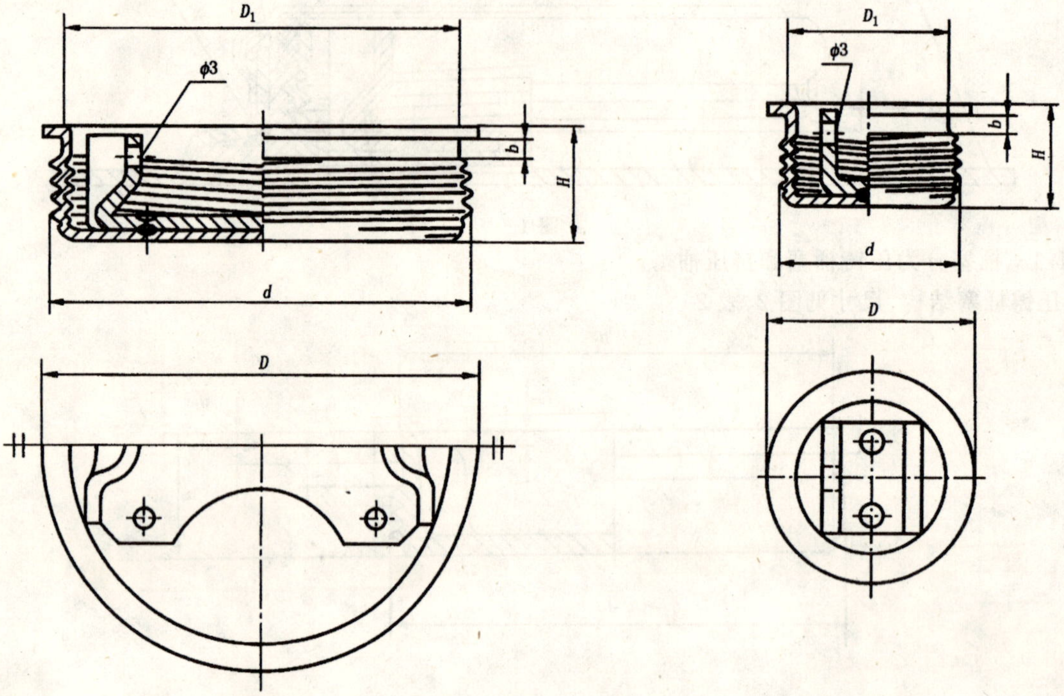

a) G2 桶塞　　b) G3/4 桶塞

图 3

表 3

mm

名称代号	D	D_1	H	b	d
G2 桶塞	61.2±0.3	56.0±0.3	15.4±0.3	3.0±0.3	G2
G3/4 桶塞	28.2±0.3	22.9±0.3	13.6±0.3	3.0±0.3	G3/4
G4½桶塞	127.0±0.3	—	18.0±0.3	4.0±0.3	G4½
注:螺纹尺寸 G2、G3/4 和 G4½见表 7。					

4.2.1.1.2　螺圈结构、尺寸见图 4、表 4

表 4

mm

名称代号	D_1	d	H	h	S	D
G2 螺圈	62.3±0.2	60.4±0.2	18.8±0.3	10.5±0.4	77.8±0.2	G2
G3/4 螺圈	29.0±0.2	27.2±0.2	15.8±0.3	8.6±0.4	43.7±0.2	G3/4
G4½螺圈	123.6±0.2	121.4±0.2	20±0.3	10±0.4	141±0.2	G4½
注:螺纹尺寸 G2、G3/4 和 G4½见表 7。						

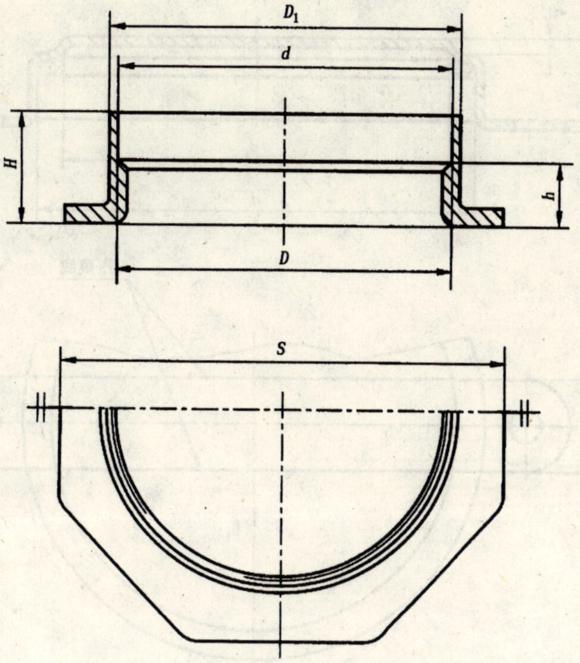

图 4

4.2.1.1.3 垫圈、衬圈分为橡胶材料的矩形圈和O形圈两种,其结构、尺寸见图5和表5。

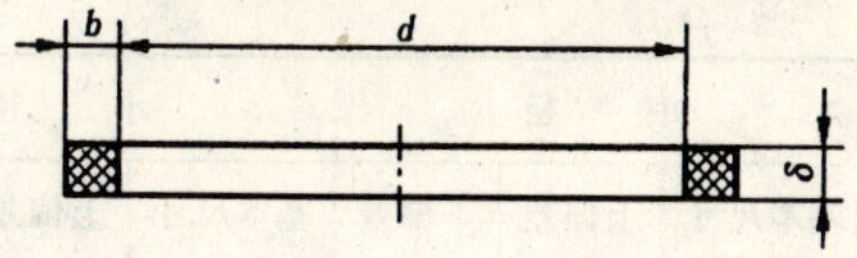

a) 矩形圈

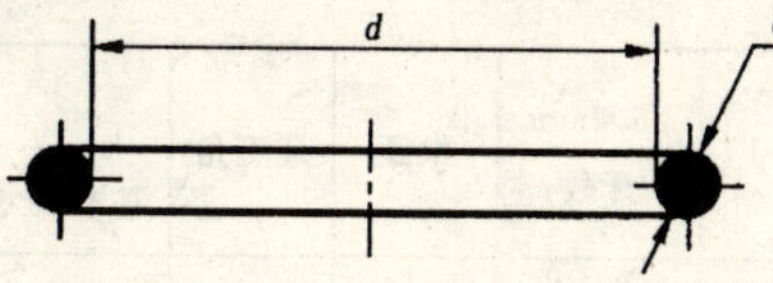

b) O形圈

图 5

表 5(橡胶)

名称代号	内 径	矩形圈		O形圈
	d	δ	b	d_1
G2 垫圈 G3/4 垫圈	50.0±0.5 20.0±0.5	2.6±0.2 2.6±0.2	2.7±0.2 2.7±0.2	3.0±0.2 3.0±0.2
G2 衬圈 G3/4 衬圈	60.5±0.5 27.5±0.5	2.7±0.2 2.7±0.2	3.2±0.2 2.4±0.2	3.3±0.2 3.3±0.2

4.2.1.1.4 封盖结构、尺寸见图6、表6。

表 6

mm

名称代号	d	d_1	H	h	δ
G2 封盖	69.4	63.0	11.0	2.5	0.28
G3/4 封盖	34.7	30.0	9.0	1.5	0.28

4.2.1.1.5 旋塞型封闭器螺纹为G桶用管螺纹,见表7。

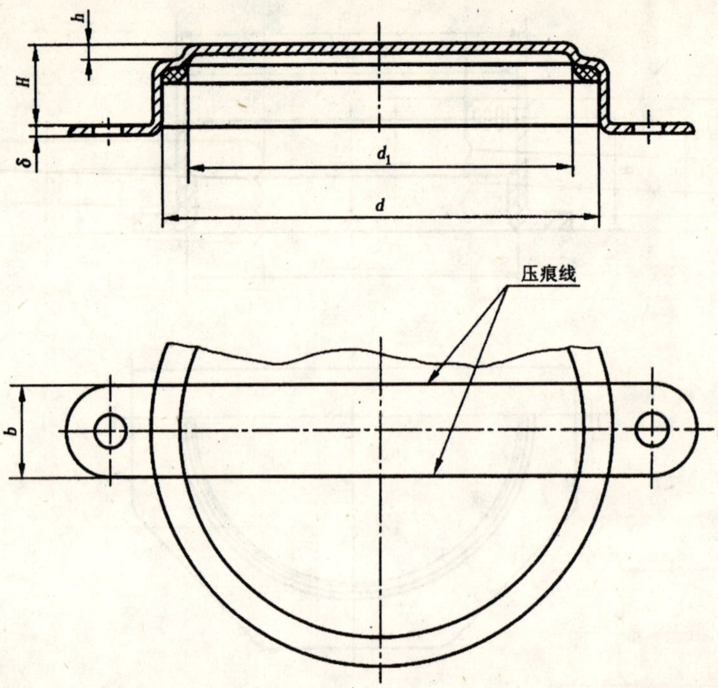

图 6

表 7

mm

名称	代号	25.4mm 牙数	螺距	牙型角	大径			中径			小径		
					基本尺寸	上偏差	下偏差	基本尺寸	上偏差	下偏差	基本尺寸	上偏差	下偏差
桶塞	G2	11	2.309	55°	59.62	−0.62	−1.12	58.14	−0.40	−0.76	56.66	−0.40	—
螺圈					59.62	—	0	58.14	+0.37	0	56.66	+0.94	+0.44
桶塞	G3/4	14	1.814	55°	26.44	−0.44	−0.94	25.28	−0.38	−0.65	24.12	−0.38	—
螺圈					26.44	—	0	25.28	+0.26	0	24.12	+0.58	+0.08
桶塞	G4½	11	2.309	55°	121.26	−0.80	−1.65	119.78	−0.70	−1.55	118.3	−0.52	—
螺圈					121.26	—	0	119.78	+0.35	0	118.3	+0.94	+0.44

4.2.1.2 旋盖型封闭器结构、尺寸

旋盖型封闭器由螺纹盖、颈口和塑料内垫组成，其结构、尺寸见图 7 和表 8。

表 8

mm

螺纹盖			颈口			25.4mm 牙数	螺距
D	*d*	*H*	*D*	*d*	d_1		
45.0±0.3	43.3±0.3	13.0±0.3	44.1±0.3	42.1±0.3	33.5±0.3	7	3.63
55.0±0.3	53.3±0.3	13.5±0.3	54.1±0.3	52.1±0.3	42.0±0.3		

4.2.2 揿压式封闭器

4.2.2.1 揿盖型封闭器结构、尺寸

揿盖型封闭器由按盖和颈口组成，其结构、尺寸见图 8、表 9 和表 10。

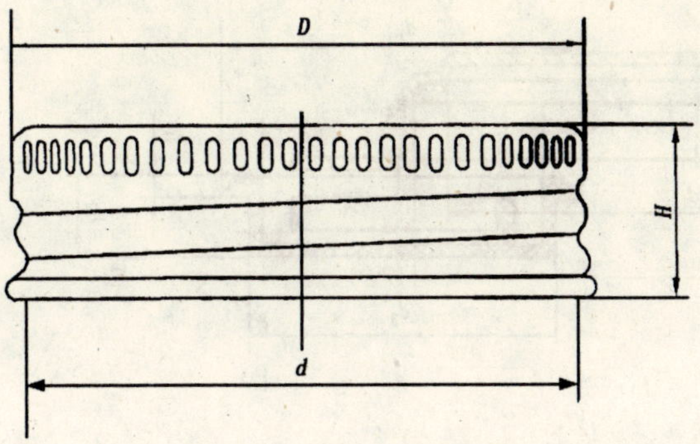

a）螺纹盖

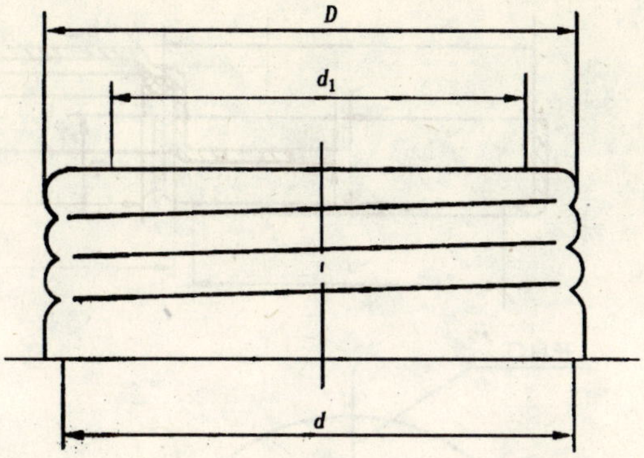

b）颈口

图 7

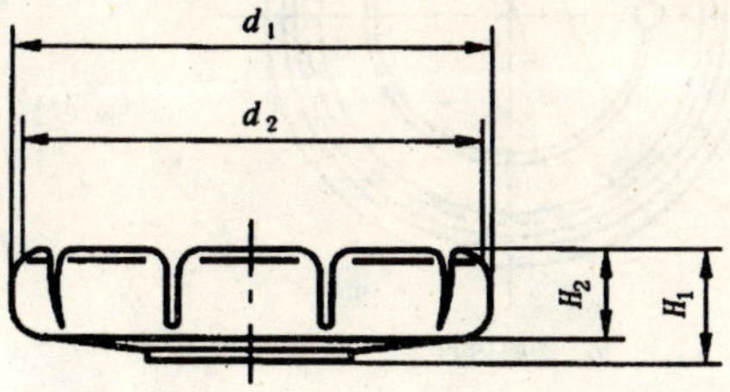

a）保险圈

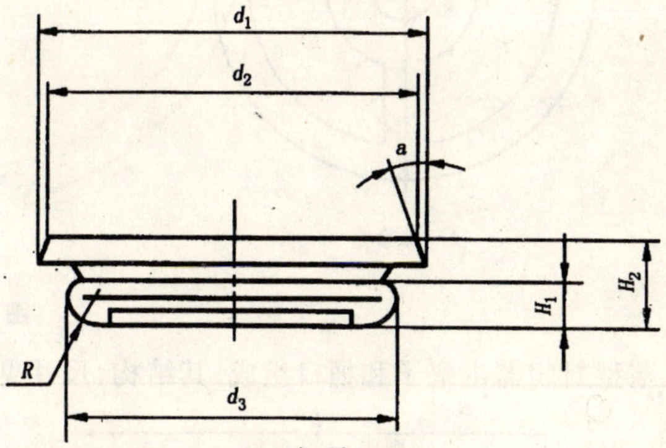

b）颈口

图 8

表 9　按盖

mm

d_1	d_2	H_1	H_2
42.7±0.10	39.7±0.10	8.6±0.10	7.7±0.10
50.5±0.10	47.6±0.10	9±0.10	8±0.10
53.2±0.10	50±0.10	9.8±0.10	8.2±0.10

表 10　颈口

mm

d_1	d_2	d_3	H_1	H_2
48±0.10	46±0.10	41±0.10	5.3±0.10	10.3±0.10
56±0.10	54±0.10	49±0.10	5.5±0.10	9.6±0.10
58.7±0.10	56.5±0.10	51.8±0.10	5.8±0.10	9.4±0.10

4.2.2.2　撴盖型封闭器保险圈及塑料内衬结构、尺寸见图 9 和表 11

表 11

mm

保险圈			塑料内衬				
d_1	d_2	H	d_1	d_2	d_3	H_1	H_2
42.8±0.10	34±0.20	9±0.10	38±0.10	30±0.30	32.7±0.10	2±0.20	8±0.20
50.6±0.10	40±0.20	9.6±0.10	46.7±0.10	36.9±0.30	40.2±0.10	2.5±0.20	9.8±0.20
53.3±0.10	42.3±0.20	10.5±0.10	47.4±0.10	37.4±0.30	40.8±0.10	2.6±0.20	10±0.20

4.2.2.3　压塞型封闭器

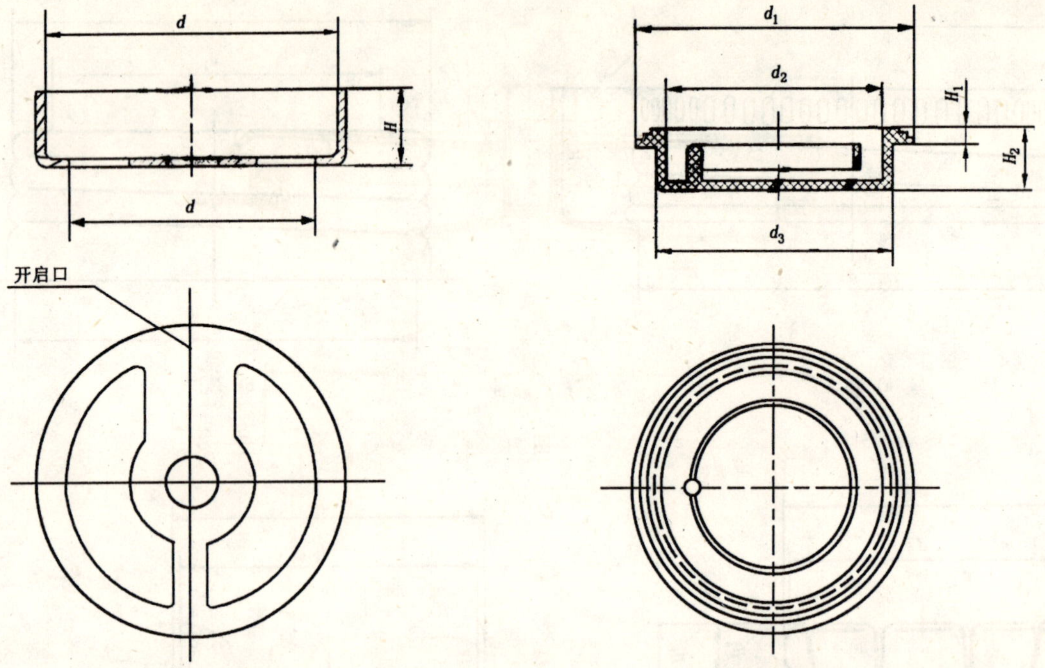

a）保险圈　　b）塑料内衬

图 9

压塞型封闭器由塞子和桶口组成，其结构、尺寸见图 10 和表 12。

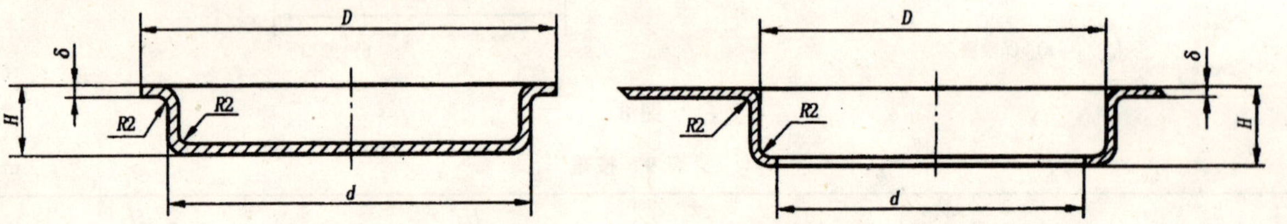

a）塞子　　b）桶口

图 10

表 12　　mm

塞　子				桶　口			
δ	H	D	d	D	d	H	δ
0.4	10.2	66.0	$56^{+0.12}_{+0.10}$	$56^{+0.02}_{0}$	52.0	11.0	0.4
0.5	10.3	66.0	$56^{+0.14}_{+0.12}$	$56^{+0.02}_{0}$	52.0	11.0	0.5

4.2.3　顶压式封闭器

4.2.3.1　螺栓顶压式封闭器

螺旋式旋塞型封闭器见图 11，由盖、三角圈、垫圈、三角、螺栓和螺母组成，其结构尺寸分别见图 12、图 13、图 14 和图 15。

4.2.3.2　压盖型封闭器

压盖型封闭器见图 16，由压盖和桶口组成，其压盖结构尺寸见图 17。

4.2.4　封闭箍式封闭器

4.2.4.1　封闭箍式螺杆型封闭器

封闭箍式螺杆型封闭器由封闭箍、紧耳、螺拴、螺母组成，其结构、尺寸见图 18 和表 13。

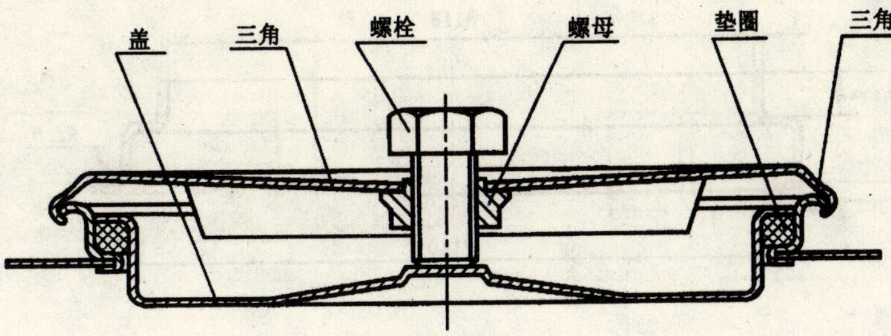

图 11

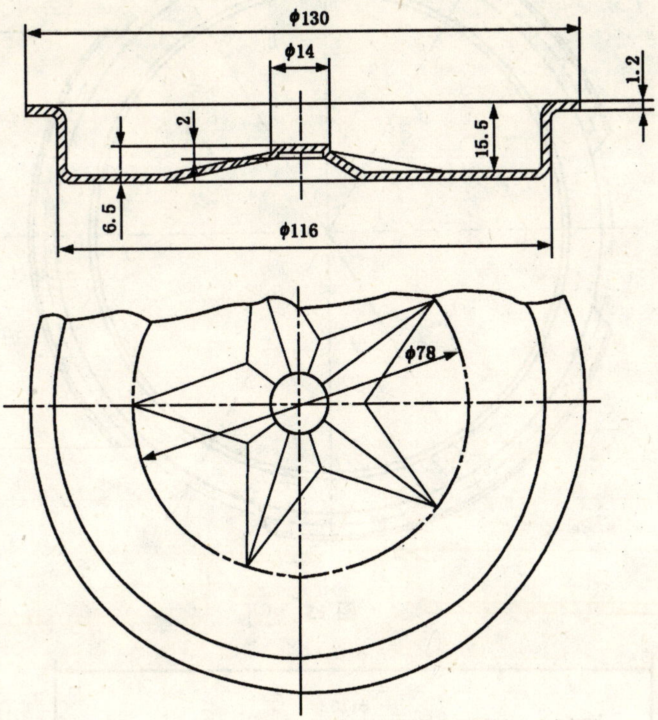

图 12

表 13

mm

d	螺　栓	钢板厚度	适用范围
12.0	M10	1.5～2.0	200L～ 100L
10.0	M8	1.2～1.5	80 L～45L
8.0	M6	1.2～1.5	＜45L

4.2.4.2　封闭箍式杠杆型封闭器

封闭箍式杠杆型封闭器结构、尺寸见图 19、表 14 和图 20、表 15

表 14

mm

件　号	名　称	件　数	规　格
1	拉手	1	钢板厚度 1.5
2	连接片	2	钢板厚度 1.5
3	接头	1	钢板厚度 1.5
4	接头	1	钢板厚度 1.5
5	扁圆头铆钉	2	ϕ4×28
6	扁圆头铆钉	2	ϕ4×22
7	安全板	1	钢板厚度 0.5

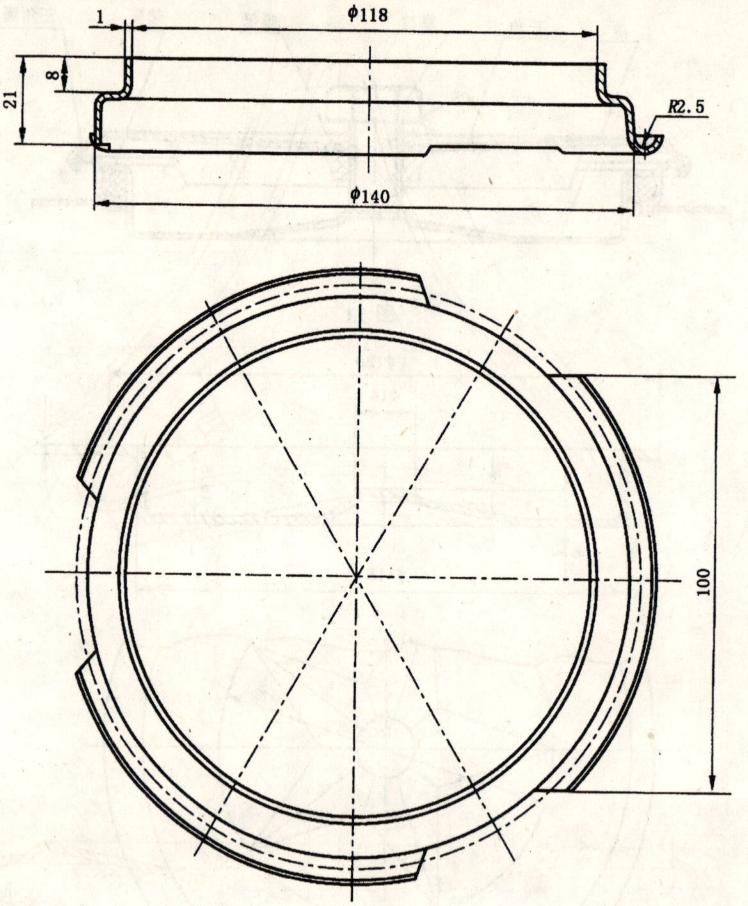

图 13

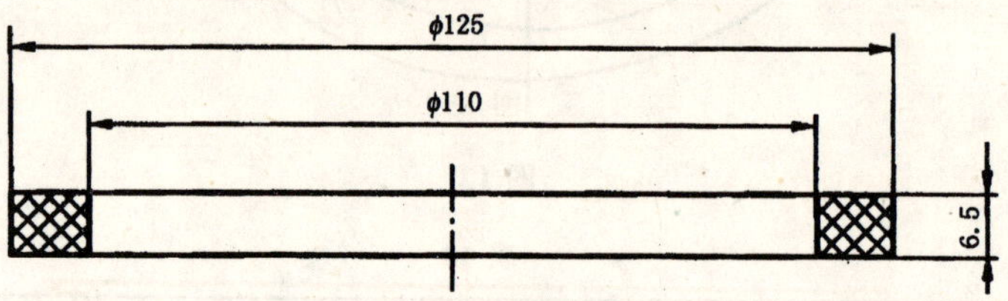

图 14

表 15

mm

件　号	名　称	件　数	规　格
1	拉手	1	钢板厚度 1.5～1.2
2	连接片	2	钢板厚度 1.5～1.2
3	扁圆头铆钉	2	ϕ4×22
4	扁圆头铆钉	2	ϕ4×28
5	安全板	1	钢板厚度 0.5

5　要求

5.1　基本要求

5.1.1　结构尺寸：封闭器的结构尺寸应符合 4.2 的规定。

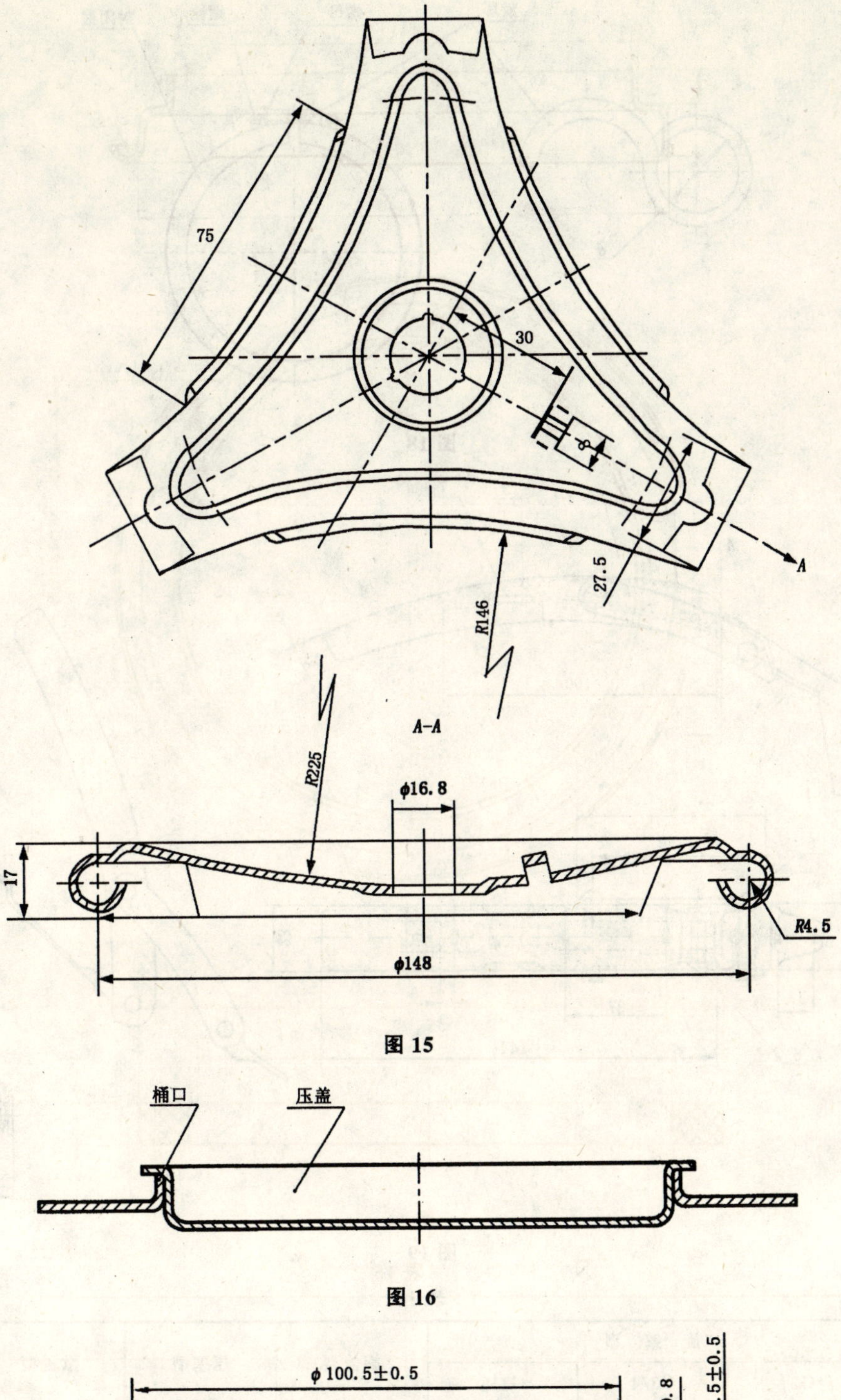

图 15

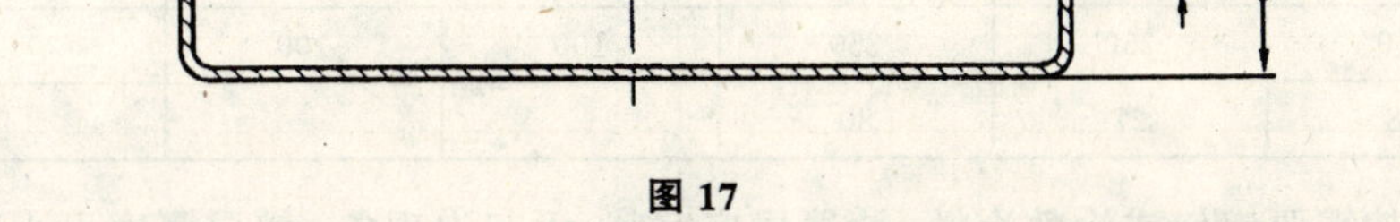

图 16

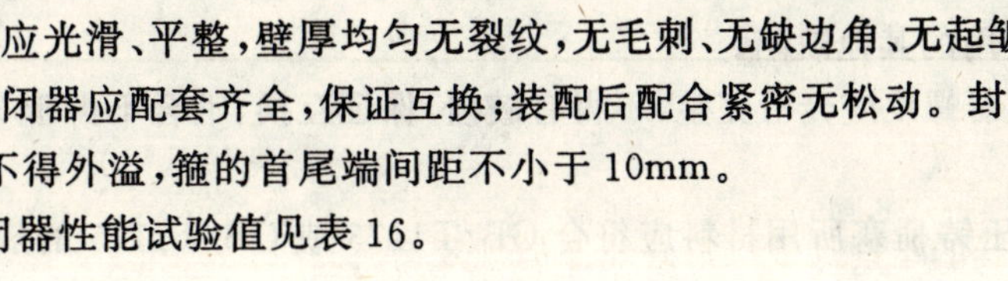

图 17

5.1.2　外观：封闭器表面应光滑、平整，壁厚均匀无裂纹，无毛刺、无缺边角、无起皱、无变形、无锈蚀等缺陷。

5.1.3　装配质量规定：封闭器应配套齐全，保证互换；装配后配合紧密无松动。封闭箍式封闭器紧固后密封垫圈应充满桶顶盖凸缘，不得外溢，箍的首尾端间距不小于10mm。

5.1.4　性能试验值：封闭器性能试验值见表16。

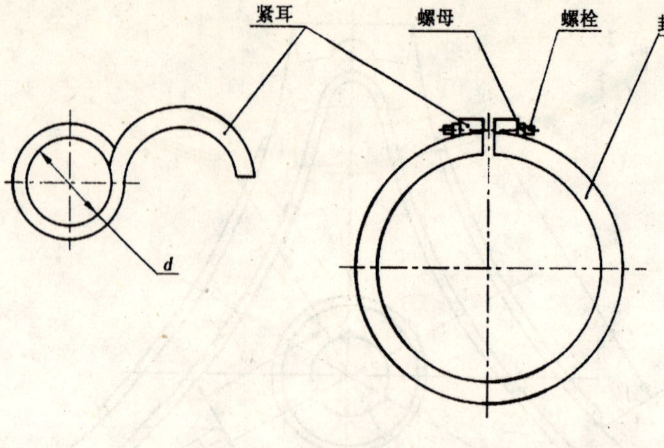

图 18

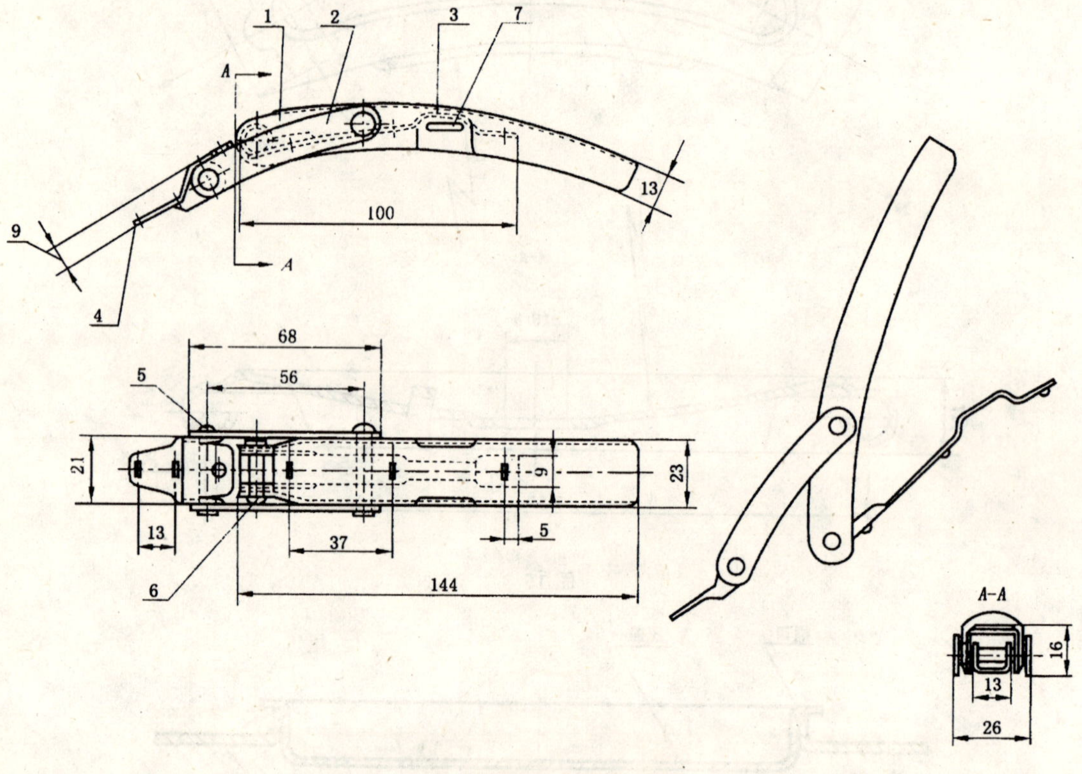

图 19

表 16

封闭器	旋塞型			旋盖型	压塞型	揿盖型	备　注
	G2	G3/4	G4½				
气密试验/kPa	30	30	30	26	20	40	
液压试验/kPa	250	250	250	100	100		
扭力试验/Nm	68	27	80				检验桶塞

5.1.5　封闭器表面按需要镀锌或涂敷涂料。涂覆层应完整，无起泡现象。锌层厚度不小于 7μm，涂层厚度不小于 20μm，不得有影响使用的其他缺陷。

5.1.6　螺纹：旋塞型封闭器螺纹应光滑完整，不得有破损，保证互换，啮合不少于 3 个整牙，使之啮合良好。

5.2　材料要求

5.2.1　旋塞型封闭器除压铸桶塞所用材料应符合 GB/T1173 或 GB/T1175 的规定外，螺圈和挤压桶塞所

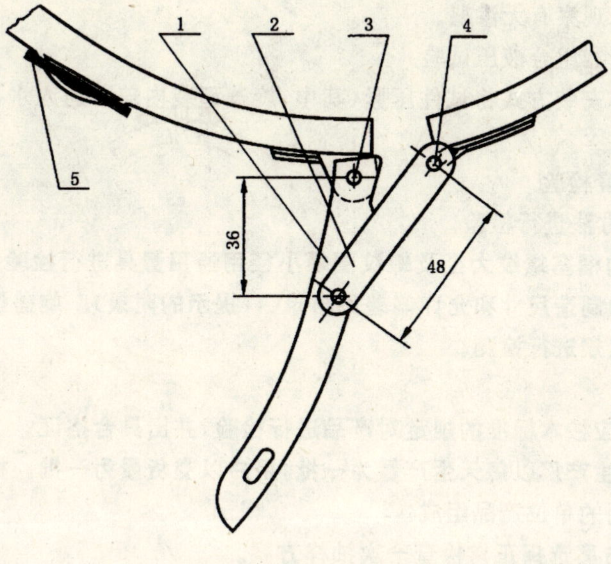

图 20

用材料应符合 GB/T 912 或 GB/T 11253 的规定，或使用质量不低于上述标准规定的材料。

5.2.2　垫圈、衬圈所用材料由供需双方协商解决。

5.3　卫生要求：用于盛装食品、药品和食品添加剂桶上的封闭器应符合食品卫生法及有关标准规定。

6　试验方法

6.1　结构尺寸、外观和装配质量

采用手感、目测和通用量具进行检验。

6.2　性能试验

6.2.1　旋塞型封闭器组合气密试验

按图 21 所示将试件压紧，通入压缩空气至规定值，在凹槽内注满清水，观察有无渗漏。

6.2.2　旋塞型封闭器组合液压试验

按图 21 所示将试件压紧，通入水。压力至规定值保持 5min，观察有无渗漏。

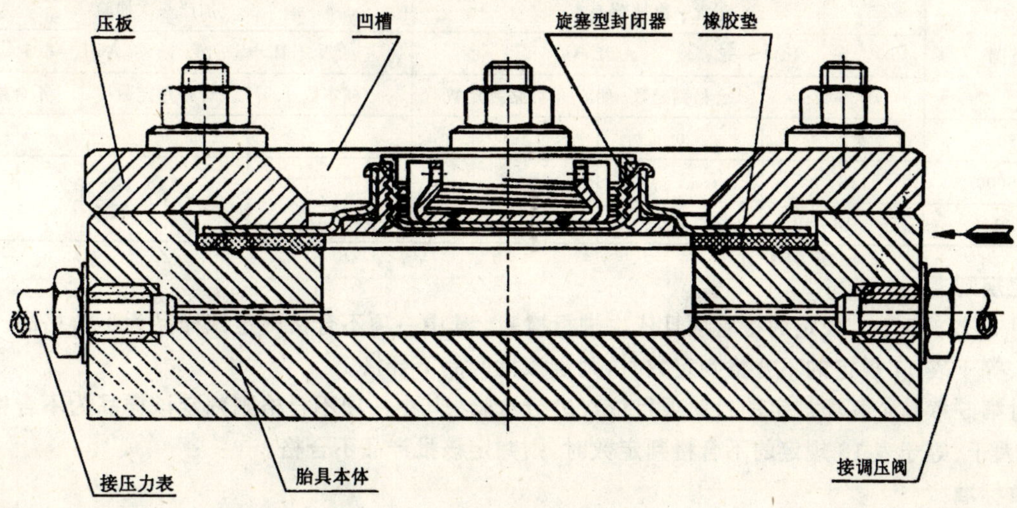

图 21

6.2.3　旋塞型封闭器桶塞扭力检验

旋塞型封闭器桶塞扭力检验按规定值用扭力计测定

6.2.4　旋塞型、压塞型、撇盖型封闭器组合气密试验

用图 21 所示装置，按其安装方式，将试件压紧（其中，旋盖型装内盖，撇盖型装保险环），通入压缩空气至

规定值，在凹槽内注满清水，观察有无渗漏。

6.2.5 旋盖型、压塞型封闭器组合液压试验

用图 21 所示装置，按其安装方式将试件压紧（其中，旋盖型装内盖），通入水，压力至规定值保持 5min，观察有无渗漏。

6.3 封闭器表面涂覆层厚度检验

按 GB/T 4956 规定的方法进行检验。

6.4 螺纹：旋塞型封闭器的桶塞螺纹大径及螺纹圈螺小径用通用量具进行检验，其他参数用螺纹工作量规综合检测。螺纹工作量规的制造尺寸和允许偏差见附录 A（提示的附录）。旋盖型封闭器螺纹盖的螺纹小径及径口的螺纹大径用通用量规进行检测。

7 检验规则

7.1 生产厂质量监督部门应按本标准的规定对产品进行检验，并出具合格证。

7.2 封闭器应逐批检查。生产厂以每天生产量为一批，用户以交货量为一批。检查批应由同型号、同等级、同种类且生产条件基本相同的单位产品组成。

7.3 按 GB/T 2828，抽样方案选择正常检查一次抽样方案。

7.4 对 5.1.3、5.1.4 规定的检验项目，检查水平规定为特殊检查水平 S-2，合格质量水平为 2.5，抽取样本数量符合表 17 的规定。

表 17

批量范围	正常一次抽验			加严一次抽验		
	IL＝S－2　AQL＝2.5			IL＝S－2　AQL＝2.5		
	样本数	合格判定数	不合格判定数	样本数	合格判定数	不合格判定数
1～35000	5	0	1	8	0	1
≥35001	20	1	2	32	1	2

7.5 对第 5 章中其他各项规定的检验项目，检验水平规定为检查水平 S—2，合格质量水平为 6.5，抽取样本数量符合表 18 的规定。

表 18

批量范围	正常一次抽验			加严一次抽验		
	IL＝S－2　AQL＝6.5			IL＝S－2　AQL＝6.5		
	样本数	合格判定数	不合格判定数	样本数	合格判定数	不合格判定数
1～150	2	0	1	3	0	1
151～35000	8	1	2	13	1	2
≥35001	13	2	3			

7.6 判定规则

7.6.1 对 5.1.3、5.1.4 规定的检验项且依次进行检验。其中一项不合格则定该样品为不合格品。当不合格品数大于、等于表 17 规定的不合格判定数时，则定该批产品不合格。

7.6.2 对第 5 章其余各项规定的检验项目依次进行检验。其中一项不合格则判定该样品为不合格品。当不合格品数大于、等于表 18 规定的不合格判定数时，则判定该批产品不合格。

7.7 验收标准

对合格品应整批接受。对不合格品订货方有权拒收。对不合格批可将不合格品剔除或修复后，遵循 7.4～7.6 的规定重新提交检验。抽样方案按加严检查一次抽样方案进行，仍不合格时，该批为不合格品。

8 包装、标准、运输和贮存

8.1 封闭器运输中应有外包装箱或袋，应尽量减少碰磕和防止变形。

8.2 封闭器存放时，应注意防锈蚀。

附　录　A
（提示的附录）
旋塞型封闭器螺纹工作量规制造尺寸和允许差

A1　旋塞型封闭器 TG 型螺纹工作量规制造尺寸和允许偏差见表 A1。

表 A1　螺纹工作量规制造尺寸与允许偏差

名称	螺纹代号	螺距 mm	牙型角	25.4mm 牙数	半角偏差	量规代号	大径				中径				小径			
							基本尺寸 mm	上偏差	下偏差	磨损	基本尺寸 mm	上偏差	下偏差	磨损	基本尺寸 mm	上偏差	下偏差	磨损
环规	TG2	2.309	55°	11	±15′	T	59.000	—	+80	—	57.740	−6	−21	+24	56.260	+10	−10	+20
						Z	59.000	—	+80	—	57.380	0	−14	+8	56.260	+90	+30	—
	TG3/4	1.814	55°	14	±15′	T	26.000	—	+72	—	24.900	−5	−15	+20	23.740	+8	−8	+16
						Z	26.000	—	+72	—	24.630	0	−10	+7	23.740	+69	+24	—
塞规	TG	2.309	55°	11	±15′	T	59.620	+27	+9	−24	58.140	+18	+7	−24	57.546	0	—	—
						Z	59.620	−34	−94	—	58.510	+12	0	−8	57.546	0	—	—
	TG3/4	1.814	60°	14	±15′	T	26.440	+24	+8	−20	25.280	+15	+5	−20	24.546	0	—	—
						Z	26.440	−28	−73	—	25.540	+10	0	−7	24.546	0	—	—

包装企事业名录精选

INTRODUCTION OF PACKAGING ENTERPRISES

单位名称：湖南常德金鹏凹版印刷有限公司
单位地址：湖南省常德市常桃路8号
邮政编码：415000
单位概况：设计、制版、生产、销售纸制品，包装、书刊、商标印刷等，油墨制造及销售、让售国内印刷纸张及器材。
主要产品：先后承印"芙蓉王"系列、"经典芙蓉"、"精品芙蓉"、"红河99"、"真龙"、"国宝"、"襄阳"等烟标，公司历获"中国包装龙头企业"、"中国200强先进包装企业"、"新世纪中国企业形象AAA级"、"中国包装产品定点生产企业"、"湖南省优秀企业"等殊荣，承印的"芙蓉王""红河99"烟标在第21届全国包装印刷产品质量评比会上获优秀奖，为陕西宝鸡烟厂设计的"猴王"烟标获全国一等奖。
法人代表：高丕兴
电　　话：0736-7170538(办公室)
0736-7270376(市场部)
传　　真：0736-7280198
http://www.jp-printing.com.cn

单位名称：株洲三新包装技术有限公司
单位地址：湖南省株洲市荷塘区戴家岭68号
邮政编码：412003
单位概况：株洲三新包装技术有限公司是以瓦楞纸箱包装行业为服务对象的专业技术公司，已被省市科技部门认定为"民营科技企业"，由中国质量检验协会认定为"打假扶优重点保护企业"，拥有高精度瓦楞纸板印刷机传动系统、多色组瓦楞纸板印刷机、带自动洁版装置的瓦楞纸板柔印机等多项自主国家专利知识产权，并与包装工程院校、科研院所、生产企业自有着广泛的合作。主要产品有高精度瓦楞纸板印刷开槽机、伺服无轴传动瓦楞纸板印刷模切机、大幅面柔性树脂版制版机等。本公司真诚地为纸箱包装行业提供优质产品及优良的售后服务。
负 责 人：刘为成
电　　话：0733-2491178
传　　真：0733-8781207
E—mail：LiuWeicheng2002@vip.163.com

单位名称：沈阳富丽涂板带厂
单位地址：沈阳市皇姑区鸭绿江街3号
邮政编码：110033
单位概况：富丽公司生产的富丽牌瓦线专用"强力传送带"，"高速无音传送带"，"聚脂针刺传送带"系列产品，通过ISO 9002产品质量认证，在线速度150米/分的情况下，使用寿命不少于一万四千小时。此外，富丽公司还生产优质廉价的过桥牵引带、堆积码垛带等瓦线专用带，富丽牌产品为瓦楞纸板生产线、蜂窝纸板生产线上的全部用带形成了品种齐全、规格多样的产品系列。富丽牌瓦线专用传送带系列产品被中国所有的瓦楞纸板生产线、蜂窝纸板生产线制造厂家(35家)定点购用，为各型瓦线配套出厂和出口，同时为全国三十个省市地区1800条生产线(包括引进的美、意、日、韩、台生产线)配用，并远销东南亚、中东、非洲、俄罗斯、乌克兰等36个国家和地区。
法人代表：宫玉发
电　　话：024-86902936/86896213
传　　真：024-86900264/86893014

单位名称：沈阳市纸箱厂
单位地址：沈阳市皇姑区半屏山路34号
邮政编码：110031
单位概况：沈阳市纸箱厂系生产各类瓦楞纸箱及彩色包装的专业化企业；年生产能力2000万平方米，销售额可达亿元。是沈阳进出口检验检疫局考核认证的出口包装定点厂。于1998年在沈阳地区包装行业率先通过ISO 9001认证。于1995年同日商合资创办了沈阳一大纸器有限公司。企业秉承诚实守信追求卓越为原则，及时提供满意的产品给顾客，目标是：使每位顾客都满意。
电　　话：024-86206496　86232313
传　　真：024-86206227　86232313

单位名称：石家庄三五零二服装总厂福利纸箱厂
单位地址：河北省石家庄井陉县三号信箱纸箱厂
邮政编码：050308
单位概况：石家庄三五零二服装总厂福利纸箱厂，从事军、民、外贸产品包装生产已有十余年历史。生产各类规格的纸制品及服装垫肩、塑料袋、丝网印刷品等。年产纸箱、纸盒100万平方米，服装垫肩180万副，纸箱手工防潮油20吨，产品多次在军内、省内评比中获奖。设备齐全，技术力量雄厚，具有国家一类瓦楞纸箱和外贸出口许可证书。工厂连续多年被评为河北省先进包装企业和石家庄市社会福利生产先进企业，1998年获全国优秀包装企业，2000年厂长刘振刚荣获"中国当代优秀企业家"称号，二〇〇二年被河北省授予"产品质量信得过企业"，在同行业中有较强的竞争力。
厂　　长：刘振刚
电　　话：0311-2024455　13803369620
传　　真：0311-2024377

单位名称：湖南金河包装有限公司
单位地址：湖南长沙经济技术开发区西四线
邮政编码：410100
单位概况：湖南金河包装有限公司是一家集"科、工、贸"于一体的民营股份制企业，主要从事设计和生产金属包装桶、塑料包装桶的公司，公司已建成中南地区最大的包装桶生产基地，主导产品有20-200L聚乙烯吹塑桶，50-200L钢桶、复合桶，分开口和闭口两大类几十个品种。公司已通过ISO 9001国际质量体系认证，是湖南省商检局许可的出口危险品包装生产厂家。2001年被省包装技术协会评为省优秀包装企业，2002年被评为湖南私营企业五百强企业。
负 责 人：黄建新
电　　话：0731-4060069
传　　真：0731-4019350
http://www.jin-he.com
E—mail：PRESIDENT@JIN-HE.com

单位名称：邯郸市中原包装机械厂
单位地址：河北省邯郸市渚河路甲4号
邮政编码：056001
单位概况：经营范围：包装机械技术开发，制造，包装机械销售。
主要产品：电脑薄刀纵切压线机、电脑螺旋横切机，中高速瓦楞纸板生产线及相关另配件。邯郸市中原包装机械厂是河北省专业生产纸箱包装机械的重点厂家，主要专业制造电脑薄刀纵切压线机、电脑螺旋横切机及技术升级改造，同时还生产中高档瓦楞纸板生产线及瓦楞纸板生产线的中央控制管理系统等高科技含量的产品。许多产品获国家专利，被河北省科学技术委员会誉为"河北省科技企业"。
负 责 人：刘洪涛
电　　话：0310-3290809
传　　真：0310-3290352
http://WWW.HDZYPMC.COM
E—mail:hdzybzjx@163.com

单位名称：邯郸市天正包装机械有限公司
单位地址：邯郸市农林路25号(北门)、陕西南大街83号(东门)
邮政编码：056001
单位概况：我公司始建于1958年，系由中国包装总公司直属的原邯郸包装机械总厂改组而来，拥有独家引进的美国数控瓦楞辊专用磨床、西班牙加工中心等先进设备，主营纸箱、纸盒等包装机械产品，是国内最早进入该领域的企业之一，省级高新技术企业，2000年通过ISO 9001认证。
法人代表：王魁生
电　　话：0310-3261448　3264177　3038448
传　　真：0310-3264900
http://WWW.DZPMC.COM
E—mail:HandanPMP@packchina.com.cn

单位名称：长沙鹤祥包装材料有限公司
单位地址：湖南省长沙市中意一路1029号
邮政编码：410114
单位概况：长沙鹤祥包装材料有限公司是一大型中外合资企业，成立于2000年7月。主要生产经营各类卷烟、食品和药品包装材料，客户主要有白沙集团等数家大型企业。公司拥有雄厚技术力量和美、英、德、韩等国进口凹印机、分切机、烫金机、复合机等先进生产设备及完整的检测手段。可满足广大客户对各规格印刷包装材料的需求。2002年，公司顺利通过国家烟草辅料资质认证和ISO 9000质量管理体系认证。公司正全力谋求在印刷包装领域的纵深发展，在激烈的市场竞争中创造辉煌业绩！
负 责 人：李卫民
电　　话：(0731)5631688
传　　真：(0731)5630028

单位名称：沈阳沃而得复合材料有限公司
单位地址：沈阳经济技术开发区三号街一甲一号(二期)
邮政编码：110141
单位概况：主要产品：塑木复合型材、塑木复合发泡方木、塑木复合托盘。我公司是一个新兴致力于节能环保产品开发的中国和加拿大国合资企业。公司以高分子化工技术和现代计算机自动控制生产技术为手段，生产高性能塑木复合产品。产品具有防腐、防霉、防潮、防蛀、抗酸碱、刚性好、强度大、可回收、免薰蒸、出口免检等多种优点。现已销往国内多省市，广泛应用于产品包装运输、仓储、军工、室外街景装饰等领域，部分产品已走出国门。公司通过了ISO 9001和ISO 14001双向认证，并被列为国家级火炬计划项目，公司已成为中国包装技术协会团体会员之一。
法人代表：张野峰
电　　话：024-25361818
传　　真：024-25371877
http://www.gwwg.com
E—mail:graceworld@gwwg.com

单位名称：山东省药用玻璃股份有限公司
单位地址：山东省沂源县城二郎山路
邮政编码：256100
单位概况：经营范围：模制抗生素瓶、玻璃管、曲颈易折安瓿、管制瓶、管制抗生素瓶、玻璃药瓶、玻璃输液瓶、药用塑料瓶、药用丁基胶塞、铝塑组合盖生产销售。
主要产品：质量承诺：优质的产品，优惠的价格，优良的服务。
法人代表：柴　文
电　　话：0533-3242312
传　　真：0533-3243376
http://www.Pharmglass.com

单位名称：石家庄宝石联合包装制品厂
单位地址：石家庄市和平东路453号
邮政编码：050031
单位概况：企业主要生产设备，有三层、五层瓦楞纸板生产线各一条，单机纸箱生产设备二套，纸管生产设备一套，此外还配有异型，大型瓦楞纸箱专用生产设备。这些设备的性能均达到国内同行业一流水平。严格按照国家标准(GB6543—86)进行生产。瓦楞纸箱纸盒的年生产能力达1500万平方米以上，纸管年生产能力200万米以上。可根据用户要求生产各种规格的高、中、低档次的瓦楞纸箱、纸盒。1999年又投资500万元购进四色彩印机，烫金机，覆膜机，模切机等，组建了一条彩印精包装生产线，现已投入正常生产。目前，企业已成为省内生产能力、产值、效益、信誉较大的，也是最有竞争力的包装生产企业。
法人代表：李元勤
电　　话：(0311) 5051712　5052338　5051027
传　　真：(0311) 5650354

单位名称:合肥海尔华东包装有限公司
单位地址:合肥市经济技术开发区芙蓉路海尔配套园
邮政编码:230601
负 责 人:衰本法
电　　话:0551-3812566
传　　真:0551-3813228
E—mail:hdjyb@mail.hf.ah.cn

单位名称:青岛百盛包装容器有限公司
单位地址:莱西市青岛路 38 号
邮政编码:266600
单位概况:经营范围:金属制包装容器和包装罐。
主要产品:食品罐、饮料罐、压力罐、油料罐。卫生许可证编号:3700D01005。
负 责 人:左常海
电　　话:0532-8460262　8484449
传　　真:0532-8485203
http://www.qdpackson.com
E—mail:cnzch@qingdao news.com

单位名称:重庆华江印务有限责任公司
单位地址:重庆市渝北区龙溪镇安家嘴
邮政编码:401147
单位概况:公司年生产能力达 20 亿印,为 ISO 9001:2000 标准质量体系认证企业。公司具有先进、完善的工艺技术,有印前设计制作、平、凹、凸、丝、柔版等多种印刷;独立研制开发有绿色折光、镭射、冰花、磨砂及迷彩、荧光、温变等多种防伪新工艺,最近又成功开发出生产高档木纹和中密度板精致礼品盒。公司生产高档名酒(五粮液、茅台、剑南春、泸州老窖等名优酒)包装、名烟、医药、食品化妆品包装、高档防伪商标、产品画册、玻璃(陶、木、金属)贴花纸、文化纸品、不干胶标(平、卷),在西南地区同行中占有最大的酒类包装(高档礼盒、彩箱)份额。为适应市场多样化需求,公司又投资创办了重庆华剑印务有限责任公司,作为本公司机制灵活、工艺配套的控股企业。我公司还是西南地区唯一生产、销售高中档扑克牌、川牌、特种纸牌的专业厂家
法人代表:伍成炼
电　　话:(023) 63671235　63670687
传　　真:(023) 63670210
E—mail:cqhjywsygs@163.com

单位名称:河北省东光县马堂凹印机厂
单位地址:东光县陈坊粮库东侧
邮政编码:061600
单位概况:河北省东光县马堂凹印机,始建于一九八四年,近 20 年来生产的凹印机在全国 28 个省市都有销售。本厂在诸多同仁们的竞争中长期不衰的主要原因:一是价位低、二是质量不分仲伯。多年来,本厂 20 多名员工,刻苦努力,技术革新,91 年获河北省第四次发明展览会银质奖;1992 年研制的多功能凹印机获得国家专利。现在产品革新日新月异,在向着低价,高质量,高速度冲刺,再冲刺!携全体员工向新老客户高呼:请再看现在的产品—凹印机。
厂　　长:马书温
电　　话:0317-7741008
传　　真:0317-7741008

单位名称:北京汇森纸制品有限公司
单位地址:北京市丰台区分钟寺倪庄二分公司院内
邮政编码:100078
单位概况:北京汇森专业生产:各类色卡纸、花纹纸、装裱纸、珠光香咭、荧光纸、金银卡纸;代理经销:纪州色书纸、韩松花纹纸、英国刚古纸、荷兰 BN 涂塑纸、布面表纸。此外,我们亦可根据客户提供之样询盘订货。汇森纸业公司荟萃了当今最为流行的各色美术纸张会让您一见情深,爱不释手。公司将以最齐全的花式、品种、最多的存货、最快的速度、最完善优良的服务、提供给客户。
法人代表:韩广喜
电　　话:(010)87692442　87694996
传　　真:(010)87696390
E—mail:bjhspp@public3.bta.net.cn

单位名称:福建省晋江市安海纸箱厂
单位地址:福建省晋江市安海成功中路 51 号
邮政编码:362261
单位概况:我厂建于 1969 年,系集体企业,年产达 850 万元,人员 50 人。主营:纸箱,纸盒。
法人代表:丁荣旋
电　　话:0595-5786364
传　　真:0595-5787829

单位名称:上海浦东民新包装材料厂
单位地址:上海浦东新区东川公路 7549 号
邮政编码:201201
单位概况:拥有国内最先进 2.2 米、1.6 米五层瓦楞纸板流水线各一条,1.6 米 B、E 单面机各一台,电脑控制四色水性印刷开槽机一台,单色、双色、三色水性印刷开槽机各一台,半自动覆面机二台,3.5 米平台模切机一台,1.5 米大型轧机一台,激光制版雕刻机一台,货运车九辆,其它各类配套生产设备 60 多台套。主要生产五层、三层内外销纸箱、纸盒、纸板印刷、彩印、彩面复裱等,年生产量亿元以上。近年来,企业强化内部管理,先后推行 ISO 9002 质量管理体系、ISO 14001 环境管理体系、OHSAS18001 职业健康安全管理体系,是上海纸箱行业第一家同时取得"三项认证"的企业。
法人代表:张惠根
电　　话:021-68918810
传　　真:021-68918813

单位名称:郑州市制桶厂
单位地址:郑州市邙山区弓寨村
邮政编码:450044
单位概况:我厂是全国优秀包装企业,主要产品为各种规格型号的钢桶、纸桶、方桶、方便桶等包装,兼营:电缆盘具、汽车油箱、农业收获机械及其配件的生产和加工服务。主导产品 200 升闭口钢桶早在 1989 年就已荣获"部优"产品称号。我厂于 1999 年在省内同行业中首家获 ISO 9002 质量体系认证,2002 年底实现 ISO 9001—2000 版换版认证,产品销往 20 多个省、市和自治区,并间接出口多个国家和地区,得到广大用户的认可和赞誉。我厂下属企业生产的小麦自走式、背负式联合收割机和全自动水稻收割机是中原市场供不应求的农机产品,深受广大农民喜爱。
法人代表:弓三喜　　**联系人**:邵新安
电　　话:0371-3781257　3781273
传　　真:0371-3781262　3781263

单位名称:重庆市涪陵区宏声纸箱厂
单位地址:重庆市涪陵区跃进路 18 号
邮政编码:408000
单位概况:经营范围:制造销售纸箱及复合铝箔纸。
主要产品:纸箱、复合铝箔。
负 责 人:刘建
电　　话:(023)72871287
传　　真:(023)72862494
E—mail:hsjps@163.com

单位名称:广东莱雅化工有限公司
单位地址:广东省佛山市顺德顺峰山工业区
邮政编码:528333
单位概况:公司业务范围极为广泛、全面:包括金属彩印、顶底盖冲压、制罐和化工填充等项目,既能为客户提供印铁、制罐、充填"一条龙"全面服务,也能提供各个环节阶段性服务。公司设计制罐和罐装年生产能力超过一亿罐;年生产彩印马口铁 2000 万张;年生产印涂料铁 1000 万张,是国内最大的气雾剂生产基地,位居世界第二位;同时也是目前国内技术最先进、生产规模最大的气雾剂加工制罐充填中心。早在 1997 年,莱雅公司已在全国同行业中率先通过了 ISO 9001 国际质量体系认证,并于 2003 年通过 ISO 2000 版的质量认证。优质的产品和服务质量获得了国际认可,使莱雅公司成为我国同行业中现代化程度最高的企业,也是国内首家被国务院认可的具有国际先进水平的气雾制罐生产厂家。
负 责 人:张金利
电　　话:0765-2293888
传　　真:0765-2291160
http://www.layachemical.com
E—mail:info@layachemical.com

单位名称:杭州轻工检测仪器有限公司
单位地址:杭州市拱墅区和睦新村阮家桥富强路 38 号
邮政编码:310011
单位概况:主要制造纸张,纸箱的物理性能的检测仪器。
主要产品:耐破仪、戳穿仪、耐折仪、纸箱抗压机、纸板抗压机、纸浆打浆度仪等及各种配套仪器。
联 系 人:高涌惠　曹昌忠
电　　话:0571-88192768
传　　真:0571-88192928
E—mail:yiqi-hangzhou@sohu.com

单位名称:广东南海市富利包装机械有限公司
单位地址:南海市和顺镇和桂工业园
邮政编码:528241
单位概况:本公司成立于 1994 年,是专业设计制造各类型瓦楞纸板生产线及纸箱后工序设备的企业。公司拥有一批设计、制造、安装、调试经验丰富的工程技术人才。所产高效率的蒸汽加热式瓦楞纸板生产线(200m/min),先进的 AC 螺旋刀横切机,电脑薄片刀纵切机,电脑堆码机,自动驳纸机,电脑生管系统,以及开槽切角机,水墨印刷机,联合印刷机(人机界面)等一系列设备,在国内遥居领先地位。本公司以务实的经营作风,优良的产品品质,完善的售前咨询和售后服务,向客户提供最合理的配置,并以最低的价格为客户"度身订造",以期与广大客户携手同进,共创辉煌!
负 责 人:高武兵
电　　话:(0757)5110323
传　　真:(0757)5110303
http://www.fuli.cc
E—mail:fulimachine@21cn.com

单位名称:浙江黄岩纸箱厂
单位地址:浙江省台州市黄岩区印山路 208 号
邮政编码:318020
单位概况:经营范围:纸箱、纸盒加工
主要产品:各种规格尺寸内、外销商品包装用瓦楞纸箱及彩印箱、盒。
负 责 人:徐从杰
电　　话:0576-4210803　4223374　4223750
　　　　4225940 总机转
传　　真:0576-4112707
http://www.hy-carton.com
E—mail:hycarton@pack.net.cn

单位名称:金华市友好精细化工厂
单位地址:浙江金华市秋滨工业区秋高村
邮政编码:321016
单位概况:金华市友好精细化工厂,创建于九十年代,专业开发、生产印刷后期处理胶粘剂产品。追随时代步伐,以先进的技术,可靠的产品质量,周到的售后服务为原则,以技术无止境,服务无终止为理念。以质量第一,用户至上,竭诚合作,共同发展为宗旨。继续为新老客户服务。本厂主要产品有:乳液型封口胶;醇溶上光(压光)油;金卡胶;uv 油。
负 责 人:邵春宝　　业务经理:叶国新
电　　话:0579-2271613　2270407

单位名称:汕头市新协包装材料厂
单位地址:汕头市大学路莲塘工业区
邮政编码:515000
单位概况:本厂创建于 1991 年,为外商独资企业,工厂占地面积 45000 平方米,拥有从韩国、中国台湾地区进口的纸塑淋膜机、多功能涂布机和真空镀铝、全息激光压印等设备。以自粘商标纸(不干胶)系列产品为龙头,并生产真空镀铝纸(转移法),全息激光纸、涂塑纸、硅油纸等。已通过 ISO 9001 质量体系认证。自主开发研制专利产品"一次性防伪不干胶商标纸"。
电　　话:0754-2511622　2535622
传　　真:0754-2525622
http://www.xinxie.com
E—mail:xinxie@xinxie.com

单位名称:上海希尔彩印制版有限公司
单位地址:上海市浦东新区张江科技工业区蔡伦路 182 号
邮政编码:210203
单位概况:上海希尔彩印制版有限公司成立于 1992 年 12 月,属合资企业。系专业的凹印制版公司。主要经营塑料包装、家具木纹沾贴纸、转移印花、烟盒等版辊制作。历年来被评为上海市高新技术企业。企业管理规范,通过 ISO 9001:2000 国际质量认证。
负 责 人:虞於龙
电　　话:021-58551931/58552348/58555719
　　　　021-58552248/58556829/58957820
传　　真:021-58551861/58951798
http://www.xier.net
E—mail:xiersh@263.net.cn

单位名称:东海粮油工业(张家港)有限公司钢桶部
单位地址:江苏省张家港市金港镇
邮政编码:215634
单位概况:经营范围:208 升钢桶
主要产品:208 升闭口烤漆钢桶;208 升开口烤漆钢桶;208 升闭口镀锌钢桶;208 升开口镀锌钢桶;208 升钢塑复合桶。
负 责 人:章晓尚
电　　话:0512-58388323　58388338
　　　　58388321　58388424　58388419
传　　真:0512-58388322
http://www.eogi.com.cn
E—mail:drum@eogi.com.cn

单位名称:晋中市老年纺机包装材料厂
单位地址:晋中市榆次区郭家堡小东街 49 号
邮政编码:030600
联 系 人:郭　芝
电　　话:0354-2421156　013152889455
传　　真:0354-2421156

单位名称:西安大天科技实业

单位地址:西安高新技术产业开发区高新五路7号

邮政编码:710075

主要产品:水溶性铝箔涂料;水溶性、溶剂性镀铝膜涂料;药用铝箔OP剂、VC胶;高强度溶剂型压敏胶;"水溶性"印刷上光油;激光镭射转移镀铝纸、卷烟衬纸、防伪烟膜;激光镭射铝箔;转移纸张专用系列树脂、分离层、模压层、剥离层、分离模压层;PET、BOPP彩虹镭射转移膜。

董 事 长:朱天社

电　　话:029-8316917　8315917　8317094

传　　真:029-8316489　8317094

http://www.xadt.com

E—mail:datian@xadt.com

单位名称:华工科技产业股份有限公司图像分公司

单位地址:武汉市珞瑜路1037号华中科技大学激光全息楼

邮政编码:430074

单位概况:经营范围:激光全息防伪标识,激光全息图片制品,全息标牌,全息模压,电成型技术研制、开发,技术服务;开发产品的制造销售,激光全息防伪包装材料及制品零售兼批发。

主要产品:专版定位/非定位镭射电化铝、通用版镭射电化铝、素面镭射电化铝、透明镭射电化铝及镭射防伪包装复合膜、综合加密镭射防伪标识、显示全息图。

法人代表:王延觉

电　　话:027-87544817　87545475

传　　真:027-87547655　87545475

http://www.hgimage.com

www.globalsources.com/hgtech.co

E—mail:itd@globalsources.com

megpei@mail.hust.edu.cn

单位名称:汕头经济特区恒兴包装印务有限公司

单位地址:汕头市濠江区赤港工业区恒兴大厦

邮政编码:515071

单位概况:经营范围:生产各式包装印刷制品。本公司是中外合作企业,注册资本500万美元。是广东省烟草、药用商标印制生产指定单位、是云南省烟草专卖局、红塔集团大理卷烟厂烟用商标定点生产企业。拥有德国曼罗兰700型四色、六色连加过油印刷机,瑞士博斯特全息防伪烫金机,自动模切机,凹印机,丝印机,金银卡纸转移复合脱离机等。印前设备有电脑设计整套系统。是ISO 9000质量体系国际认证企业,连续12年被省市授予"重合同、守信用"企业,是"汕头市印制商标信得过单位","银行AA企业"。

法人代表:杨开波

电　　话:直线(0754)7380398　7367988

传　　真:(0754)7370398

http://www.hengxing.cn

E—mail:user@hengxing.cn

单位名称:鄂州市胜利软管有限责任公司

单位地址:湖北省鄂州市华容区段店镇正街8号

邮政编码:436034

单位概况:经营项目:生产金属铝软管。(用于牙膏、鞋油、万能胶、药用软膏等包装)。

负 责 人:廖强胜

电　　话:0711-3522303

传　　真:0711-3522303

E—mail:eshengli2003@.yahoo.com

单位名称:上海药用包装材料有限公司

单位地址:上海浦东新区曹路镇工业区民秋路198号

邮政编码:201209

单位概况:经营范围:药用铝盖、药用铁盖盒、药用铝塑组合盖的生产、销售。

主要产品:药用铝盖系列、铁盖(盒)系列、铝塑组合盖系列。

法人代表:金照仁

电　　话:021-68720291(总机)

传　　真:021-68720286

http://www.shybcl.com

E—mail:shybcl@163.com

单位名称:广西桂林市包装厂

单位地址:东安街北二巷红头岭

邮政编码:541002

单位概况:桂林市包装厂是国家建材局及广西建材局包装定点生产企业,是中国包装技术协会成员;1993年获得中国包装总公司瓦楞纸箱生产许可证;1998年获得广西进出口商品检验局出口商品包装质量许可证;2003年获得广西新闻出版局颁发的印刷经营许可证。主要产品为:各种水泥包装袋、编织袋;内外销瓦楞纸箱、纸盒等,兼营纸袋、纸箱、纸盒上的商标印刷。产品质量优良,多次在国家抽检评比中获奖,深得广大客户的信赖。

法人代表:邹志强

电　　话:(0773)3901032　3909292　3906460　3902695

单位名称:黄石华新包装有限公司
单位地址:湖北省黄石市沈下路 338 号
邮政编码:435002
单位概况:经营范围:生产、销售水泥包装袋和相关包装制品。
主要产品:复膜塑编袋、复合袋,全部通过 ISO 9001:2000 质量体系认证
企业规模:年产 8000 万只水泥包装袋
获奖情况:"中国 200 强包装先进企业"、"全国水泥包装袋生产定点企业"
董 事 长:孔玲玲　总经理:徐文书
电　　话:0714-6582404　6583300
传　　真:0714-6582779

单位名称:宁波大红鹰包装材料有限公司
单位地址:浙江省宁波市宁穿路 8 号桥
邮政编码:315040
单位概况:经营范围:纸箱、包装材料、纸制品的制造、加工;室内外装饰服务。
主要产品:瓦楞纸箱(纸片)
总 经 理:邬祥生
电　　话:0574-87927490(总机)　87920985
传　　真:0574-87929784
E—mail:DHYBZ@mail.nbptt.zj.cn

单位名称:瑞安市长城印刷包装机械有限公司
单位地址:浙江省瑞安市沿江西路 140 号
邮政编码:325200
单位概况:本公司是我国最早开发生产塑料软包装设备的企业之一。公司主要产品包括:电脑对版高速凹版彩印机,微电脑控制三边封制袋机,高速切段机,分切机,热切机,复合机,封剪机,合掌机,烫金机等。公司奉行精品战略,始终追求科技进步。多项产品被评为"中国名牌产品"、"浙江省名优科技产品",并被国家贸促委列为"中国进入 WTO 推荐产品"。公司荣获"全国用户产品质量满意售后服务满意十佳企业"荣誉称号。并先后被省、市政府授予"浙江省重合同守信用先进单位"、"科技进步先进企业"等称号,2003 年又荣获"浙江省重质量守诚信示范单位"称号。
法人代表:钱齐鸣
电　　话:0577-65664869
传　　真:0577-65663953
http://www.china-changcheng.com
E—mail:ccjx88@mail.wzptt.zj.cn

单位名称:吉林敖东集团实业有限公司
单位地址:敦化市西环路
邮政编码:133700
单位概况:吉林敖东集团实业有限公司,为吉林敖东集团子公司之一,公司位于敦化市胜利街西环路。厂区面积 14 万平方米,建筑面积 1.4 万平方米,固定资产 2550 万元,年销售收入 3000 万元。公司主要经营项目为:①彩色包装印刷、以药品包装盒、彩箱生产为主。②彩色塑料印刷、适应各种塑料复合软包装。③生产各种铝盖、铝塑组合盖、年生产 3.2 亿个。④全自动吸塑机 2 台,生产各种 BOPS 及 PVC 等药用及食品用包装塑料托。公司本着"质量第一、信誉至上、服务至上"的宗旨,欢迎各界商家前来洽谈业务,公司保证以一流的服务为您提供一流的产品。
法人代表:于建全　　联系人:刘德利
电　　话:0433-6320982
传　　真:0433-6320982

单位名称:双星印刷包装公司
单位地址:青岛经济技术开发区新街口工业区
邮政编码:266555
单位概况:公司下设印刷厂、出口包装厂两家企业:主要业务有年画挂历、样本画册、商标、名片、书刊杂志、保密文件、瓦楞纸盒、不干胶标签等。印刷厂除常年承担双星集团各种出口包装及配套一条龙任务外,还被山东省新闻出版局、山东省工商局、山东省邮政局、青岛市条码中心指定为书刊、商标、信封、条码定点印刷厂家,属人民出版社、今日中国出版社、中国文联出版公司、黄河出版社、青岛出版社等十余家出版社定点印刷单位。出口包装厂拥有瓦楞纸板联合生产线,多色印刷机等国内较先进设备和质量检验设备,产品开发应用了微机辅助设计,技术力量雄厚,产品质量可靠,检验手段完善,配套门类齐全,属山东省商检局出口包装定点生产厂,国家包装总公司一类纸箱生产企业(XK33—043192)
法人代表:冷芳
电　　话:(0532)6827127
传　　真:(0532)6827126
E—mail:yinshua@doublestar.com.cn

单位名称:云南昆岭薄膜工业有限公司
单位地址:云南省昆明市官渡区牛街庄
昆明国家经济技术开发区昆岭路 10 号
邮政编码:650217
单位概况:云南昆岭薄膜工业有限公司是印尼三林集团及香港国际企业集团投资 2900 万美元于 1996 年 8 月在云南省昆明市昆明国家经济技术开发区兴建的,年生产双轴延伸聚丙烯(BOPP)薄膜 10000 吨,是资金密集型和技术密集型的外商独资企业。我公司生产优质的爱岭"ilene"牌双轴延伸聚丙烯薄膜,广泛用于香烟、食品、药物及多种轻工产品的包装,也可作为印刷、真空镀铝及复合之基材。
电　　话:(0871)7265620　7265636
(0871)7266661
传　　真:(0871)7265625　7264176
http://www.kunlene.com

单位名称：石家庄五一七包装机械厂
单位地址：河北省石家庄市江通路 39 号
邮政编码：050000
单位概况：有二十多年专业生产纸箱加工设备的老牌企业。本厂拥有高效精密的机械加工设备，完善的质量检测控制体系，占地 53600m² 的标准化工区，厂房，以及一大批加工装配技师队伍，尤其近年来引进台湾技术生产的系列产品，是纸箱行业理想的更新换代选择。经营范围：zyk2500 全自动高速水性印刷开槽机、yk200、220、syk2000 等系列高中低档印刷开槽机，喷印、订箱等印后加工设备，三、五层低板流水线。
负 责 人：张武斌
电　　话：0311-6018688　6011164
传　　真：0311-6011164
http://www.wuyiQipack.com
E-mail:wuyiQi@pack.net.cn

单位名称：常州创成塑料机械有限公司
单位地址：常州市武进区焦溪镇三河口
邮政编码：213115
单位概况：常州创成塑料机械有限公司前身系江苏武进圆织机厂，是国内生产成套塑料编织机械的专业化工厂，系轻工业部定点生产单位，自 1987 年批量生产塑编机械，已具有 16 年生产成套塑料机械的历史，具有最广大的市场覆盖面。公司主要产品有塑料平膜拉丝机组系列，高速四梭、六梭、八梭圆织机，多功能涂塑复合机组，中缝圆筒制袋机组以及各类配套辅机。本公司生产的"三圆"牌高速四梭圆织机，通过 2000 版"ISO 9001"国际质量体系认证，企业拥有良好的信誉，产品在国内外享有相当的知名度产销品一直遥居同行业前列，并出口印尼、泰国、伊朗、俄罗斯、乌兹别克斯坦、越南、马来西亚、缅甸、孟加拉、南非等国家和地区。创成塑机公司是生产塑料编织机械的专业厂家，以"质量第一、用户至上"为经营宗旨，从创建武进圆织机厂以来，不断开发、创新成为中国同行业中的佼佼者。为了满足用户要求，我们一直致立于吸收引进国内外先进技术，不断调整产品结构，严格产品质量管理，使我们的产品长期以来受到用户的一致好评。我们将尽一切努力，使我们公司永远保持在塑机先进行列。
总 经 理：承群威
电　　话：0519-8675252　8675251
传　　真：0519-8675245
http://www.chuangcheng.com
E-mail:sales@chuangcheng.com

单位名称：枣庄盖泽塑料包装有限公司
单位地址：山东省滕州市界河镇
邮政编码：277531
单位概况：公司目前拥有国际领先水平的编织、制袋生产设备：90 型和 150 型拉丝机各一台，圆织机 47 台，复膜机 1 台，制袋机 1 台，复合台式制袋机 1 套，印刷机 1 台，缝纫机 50 台。年可产编织布 1800 吨，各类编织袋 3500 万条，规格(400～700)mm×(500～1000)mm 之间，平均克重 55～120g/m² 范围的三合一、二合一复合袋、涂塑袋、编织袋及各类规格的收尘袋。公司还可根据用户要求提供不同规格、不同类型、不同材质的收尘袋。产品具有除尘效率高、阻力小、耐酸性、耐磨性好等特点，广泛应用于水泥、煤炭、化工、冶金等行业环保设施。
电　　话：0632-2725488
传　　真：0632-2725363
http://www.cugather.com
E-mail:gaisu@cugather.com

单位名称：辽阳市太阳胶品有限公司
单位地址：辽阳市工农街 28-1 号
邮政编码：111000
单位概况：从美国引进的高速缠绕式上胶机，高速冲水打磨机，具有国内一流水平。本公司一九九二年引进美国最新设计制造的出胶、上胶、打磨机和德国生产的优质胶料，采用世界制辊尖端技术所生产的印刷、造纸、印染、纺织、塑料等行业使用的各种型号胶辊有 2400 余种规格，并且有不同行业使用的不同硬度，分别具有耐高温、耐酸、耐碱、耐有机溶液的性能，并引进了西德生产的特种胶料，使其 UV 油墨更为理想。本公司产品多半出口，销往美国、日本、韩国、俄罗斯和朝鲜等国家。在国内，北京、上海、广州、深圳、成都、西安、南昌等城市，均有大型印刷厂和其他类型工厂在使用，普遍赢得广大用户的满意。
法人代表：张久良
电　　话：0419-3133666
传　　真：0419-3134588
http://www.lysun-rubber-roller.com

单位名称：大连圣嘉彩印包装有限公司
单位地址：大连市金州区中长街马所
邮政编码：116100
单位概况：主要设备：德国全新海德堡速霸 CD102，1030×730 四色印刷机；德国曼.罗兰 1020×720 四色印刷机；德国曼.罗兰 1260×890 双色超对开印刷机；德国曼.兰 710×520 双色大四开印刷。主要产品：加工出口各种彩色包装盒、箱，各种出口彩色塑料复合袋；各种出口纸张购物袋等。主要客户：日本松下电器产业株式会社；韩国三星电子有限公司；美国百事可乐公司；英国 AD 公司等。
电　　话：0411-7804527　7807977　7801444 转
传　　真：0411-7814083
http://www.jinle-packing.com
E-mail:dljinle@mail.dlptt.ln.cn

单位名称：沈阳呈昀纸制品厂
单位地址：辽宁省沈阳市铁西区兴华南街 54 号
邮政编码：110023
单位概况：本厂系一股份制企业，始建于 1985 年，历经近二十年的发展，现已成为纸制品行业的重点企业。企业设备先进，技术力量雄厚，可以自行设计、制作各种用途、各种规格的出口、内销瓦楞纸箱、纸盒。几年来，企业先后通过了出口包装容器许可认证；ISO 9001:2000 质量体系认证；商品条码认证。是省、市多年的产品质量合格单位，也是市技术质量监督局指定质量跟踪单位。本企业的目标是：用一流的技术，一流的设备，生产出一流的产品和向顾客提供一流的服务。
厂　　长：孟昭财
电　　话：(024)25203134
传　　真：(024)25203626

单位名称:营口辽海包装制品有限公司
单位地址:辽宁省营口市鲅鱼圈区红旗镇
邮政编码:115011
单位概况:经营范围:生产塑料包装制品
主要产品:各种塑料软包装制品。公司注册资本400万元,现有固定资产1380万元。公司占地面积15000平方米,建筑面积4000平方米,现有员工70人。我公司连续三年实现产值4200万元,年实缴税金680万元,企业税后利润700万元,连续四年被评为市县十佳企业、省先进企业、市纳税先进单位及省重点企业等称号。
总 经 理:孟凡学
电　　话:0417-7253098
传　　真:0417-7253098
http://www.liaohai.com
E—mail:Mengfanxue@china.com

单位名称:鞍山永安包装工业有限公司
单位地址:鞍山市岫岩县兴隆镇
邮政编码:114300
单位概况:公司产品有以皇冠盖为主的金属瓶盖系列、啤酒商标为主的印刷系列及高中档纸箱、铝箔帽标、塑料防盗盖等180多个。产品主要生产设备均采用世界名牌,如皇冠盖和塑料防盗盖的意大利萨克米生产线,年产量分别为30亿只和2亿只;印刷车间的海德堡四色印刷机,年产商标10亿套;印铁车间的英国伯爵双色印刷机。年印刷量8000吨;纸箱年生产能力达500万套。具备了综合生产能力强,设备先进,技术力量雄厚的强大优势。公司总资产1.15亿元,占地3万平方米,具有驾驭先进装备的工作实践经验。加之完善的检验和先进的管理而全面通过了ISO 9001-2000质量认证。
总 经 理:张永安
电　　话:0412-7873228　7873158
传　　真:0412-7872388
E—mail:YAPACK@sohu.com

单位名称:沧州荣华彩印包装有限公司
单位地址:沧州市北104国道212公里处(路边)
邮政编码:061022
单位概况:主要产品:人用药品包装、纸盒、塑料瓶、食品盒、签,化妆品包装盒等。
负 责 人:鲁建礼
电　　话:0317-4846666
传　　真:0317-4846688
http://www.CZRH.com.cn

单位名称:台州市椒江浙东制桶厂
单位地址:浙江省台州市椒江区葭沚西门
邮政编码:318013
单位概况:经营范围:金属制包装用桶,牛皮纸桶,塑料制品制造、加工。
主要产品:钢桶、纸箱、塑料编织袋、塑料薄膜袋。本厂通过ISO 9001国际质量体系认证,拥有出口商品质量许可证。
负 责 人:王志力
电　　话:0576-8321319
传　　真:0576-8321141
http://www.pack-world.com
E—mail:info@pack-world.com

单位名称:江西万年青塑胶包装制品厂
单位地址:江西省万年县马家工业区
邮政编码:335500
法人代表:徐玉根
电　　话:0793-3885141　0793-3885165

单位名称:湖州天外绿色包装印刷有限公司
单位地址:浙江省湖州市开发区轻纺路898号
邮政编码:313000
单位概况:经营范围:彩色包装印刷品、制版物、其它印刷品。本企业主导产品为:印刷烟标包装、食品医药包装、饮品牛奶盒、不干胶商标、书刊、电脑票证等。近年来,企业在组合印刷、丝网印刷、特种油墨印刷等技术应用上有了新的突破,以绿色环保为方向各种新技术得以推广,打造诚信,以诚信服务市场,积极承接本地区的社会零件如:产品样本、办公用品、票证等零星印刷品,各方客户纷至沓来,使企业在市场上有较高声誉。
负 责 人:严旭初
电　　话:0572-2113195、2112520、2112530
传　　真:0572-2113100

单位名称:延吉卷烟厂包装材料分厂
单位地址:延吉市长白路兰天胡同1号
邮政编码:133001
单位概况:我厂隶属于延边宏达工贸总公司,有着20多年生产包装材料的历史。我厂于2002年进行了设备的技术改造,购进五层瓦楞制板生产线及三色水性高速印刷开槽机、圆压圆模切机,于当年4月份引进并投入生产。技改后,劳动生产率提高了4倍,纸张利用率达到98%,同时产品无论在质量及外观上都取得了重大突破。2002年当年产量由200万平方米提高到360万平方米,取得了较好的经济效益和社会效益,2003年产量可达450万平方米。
法人代表:金龙灿
电　　话:0433-2215414、0433-2222761

单位名称:江门市新会三江塑料包装有限公司
单位地址:江门市新会区三江镇边沙咀工业区
邮政编码:529142
单位概况:我公司是集科、工、贸于一体的大型民管企业。本公司先后从台湾引进200多套先进的塑料编织设备,采用大部分进口或上等国产原材料,从事各种塑料编织系列的生产和加工制造,年产塑料编织袋近一亿套。能提供各种规格(宽度350—1400mm)型号的塑料编织袋、彩印复膜塑料编织袋、复膜塑料编织袋、纸塑复合编织袋、彩条布、蓬布及柔性集装袋(吨装袋)、改性塑料、橡胶材料,并长期提供各种国产和进口、PP、PE及各种化工原料。
总 经 理:李景汉
电　　话:(0750)6208800　6208818　6202333
6202238　6208817
传　　真:(0750)6208801　6208008　6202028
http://www.xhsjne.com
E—mail:gdjm@xhjne.com
LHM1121@263.net

单位名称:天津津亚包装金属制品股份合作公司
单位地址:武清区徐官屯工业园
邮政编码:301700
单位概况:天津津亚包装金属制品股份合作公司,始建于1984年,主要产品为"斯聪"牌纸箱镀铜扁丝及圣诞树用各种型号黑铁丝,年产扁丝及圣诞树用装饰铁丝6000余吨,产品销售面及全国。拥有重金属含量检测标准和企业产品质量检测标准,形成了一套"自检、互检、专检"的质量监督体系。多年来,我公司以"诚信、谦和、创新"的服务赢得了广大客户的好评。1997年被评为"天津市社会福利企业自强企业";二○○三年中国质量万里行十周年编委会授予"质量稳定合格、消费者放心品牌"。公司总经理携全体员工期待着与您"协作并进,共创辉煌"。
电　　话:(022)29343761
传　　真:(022)29345737

单位名称:青岛高科技工业园韩丰包装厂
单位地址:青岛高科技工业园海尔信息园对面
邮政编码:266101
单位概况:是生产各种规格的瓦楞纸板、纸箱的包装企业。企业生产设备先进,配有一流的瓦楞纸板生产线,并拥有高性能、高质量的多色印刷机及与之配套的其他多台设备,企业年生产纸板、纸箱1200万平方米,现为国内的海尔、海信、澳柯玛等名牌企业及日本、韩国、美国等多国公司提供优质包装产品。企业引进先进的管理经验,遵循以人为本诚信服务的原则,严格要求产品的质量,是我厂产品的质量在岛城受到了众多厂家的赞誉。
厂　　长:刘可仁
电　　话:0532-7634788　7634588　7971166
传　　真:0532-7971233

单位名称:天津市大港光华包装集团公司
单位地址:天津市大港区上古林工业园区
邮政编码:300000
单位概况:拥有先进的瓦楞纸板生产线,彩色包装生产线,德国高堡四色胶印机、日本小森全开五色胶印机等先进生产设备近百台,公司是从事生产、销售、彩色印刷、纸制品包装及系列产品的专业厂家,下设有四个生产厂,主要产品有瓦楞纸箱、纸盒、彩色印刷包装等多品种、多规格的产品,是天津市出入境检验检疫局出口产品包装的定点生产企业。在包装行业率先通过了ISO 9001国际质量体系认证,产品质量具有很强的竞争力。连续多年公司被评为天津市包装行业最佳企业,五十强企业,二星级企业,取得了良好的社会信誉。
法人代表:方吉中　**联系人:**荆学梅
电　　话:022-63231037,63220745,63212067,63224237
传　　真:022-63220635

单位名称:波尔亚太(北京)金属容器有限公司
单位地址:北京怀柔雁栖工业开发区B区
邮政编码:101407
单位概况:该公司是波尔亚太有限公司全资子公司,波尔亚太有限公司是美国财富500强之一美国波尔公司在香港投资的全资子公司。波尔亚太(北京)金属容器有限公司拥有全套引自美国的制罐生产线,冲杯机、拉伸机、彩印机、缩颈翻边机等,主要设备代表了九十年代国际最先进水平。该生产线具有先进的PLC系统,六色印刷功能及完善的品质控制体系,配有电脑显示监控屏幕,是目前亚洲单线速度最高的两片易拉罐生产线,设计能力为每分钟1800只罐。公司专业生产206型铝质两片易拉罐,含355ML及330ML供应客户包括青岛啤酒、可口可乐、百威啤酒、生力啤酒、百事可乐、燕京啤酒、嘉士伯啤酒、健力宝等国内外著名饮料厂家。
副总经理:李贯乾
电　　话:010-61668288
传　　真:010-61667148

单位名称:**江苏申龙高科股份有限公司**
单位地址:江苏省江阴申港镇申圩路
邮政编码:214443
单位概况:公司拥有的纸/SD1/AL/SD2高阻隔低温热封材料技术、无溶剂高阻隔复合材料技术、获得江苏省科学技术厅《高新技术产品认定评书》。纸/SD1/AL/SD2高阻隔低温热封材料技术又获得科学技术部火炬高技术产业开发中心颁发的《国家级火炬计划项目证书》。公司技术储备较为充分。除了已批量生产投放市场外,公司目前处于研发、试制阶段的新产品包括:无溶剂复合冷饮包装材料、高性能饼干包装用低温热封材料、胶囊双铝包装的工艺改进、电子包装用防静电复合材料、无菌包装用复合材料、药用纸塑铝复合材料、特种包装用易撕膜、选择透过性复合材料、湿面包装复合材料、片剂用双铝包装等。
电　　话:(0510)6686404
传　　真:(0510)6627755

单位名称:**桐城市金润包装有限责任公司**
单位地址:桐城市环城东路72#
邮政编码:246000
单位概况:公司具有雄厚的人才资源和市场开发能力,吸收世界先进包装技术,跟踪世界包装发展的新潮流,实现了电脑版面设计、电脑柔性制版、电分输出、印前设计、塑料复膜,为客户进行一流快捷的包装设计。公司在激烈的市场竞争下能获得持续发展,除满足本市市场外,产品远销新疆、西藏、江苏、阜阳、当涂、湖北等十多个省(市)自治区。公司相继取得了国家一类纸箱生产许可证、全国包装定点生产企业、出口商品包装质量许可证、国家级商品条码印制资格证,通过了ISO 9001:2000国际质量体系认证。
电　　话:0556-6123080　6136502　6138777
传　　真:0556-6121857

单位名称:**嘉合实业(苏州)有限公司**
单位地址:江苏省苏州市工业园区金鸡湖路173号
邮政编码:215021
单位概况:是集科、工、贸为一体高科技的专业化生产多层共挤复合膜公司。公司拥有世界一流领先工艺装备,即七层、五层和三层共挤吹膜和七层流延等多条生产线,以及一支素质较高的技术开发队伍,为产品的质量稳定奠定了坚实的基础,给新产品的研制和开发带来了极大的自由度。能为医药包装、食品包装、化工产品包装及各种其它包装的客户提供各种各样结构和不同阻隔性要求的性能各异的共挤复合膜,提高了产品对社会环境的适应能力。现有产品已远销世界各国和全国各地。公司为国内多层共挤薄膜的发展开辟了一条崭新的道路,现已成长为国内最大的多层共挤薄膜制造企业。
电　　话:0512-67671767
传　　真:0512-67610766
E—mail:apisz@publicl.sz.js.cn

单位名称:**天津市蓟县水利出口商品包装彩印厂**
单位地址:天津市蓟县杨津庄大闸
邮政编码:301906
单位概况:经营范围:纸制品制造、印刷、货物运输。
主要产品:纸箱、彩盒包装。
总 经 理:张义田
电　　话:022-82782440
传　　真:022-82782451

单位名称:**上海超裕彩印包装厂**
单位地址:上海市奉贤海湾旅游区超裕路8号
邮政编码:201418
单位概况:经营范围:彩印,商标印刷,纸箱包装,软管鞋油,橡胶制品,不锈钢食品器具,金属冲件,冷作钣金,低压电器开关箱,烘漆灯架,箱包制作。
主要产品:内外销纸箱、纸盒、彩箱、彩盒、鞋油牙膏软管。
负 责 人:冯建豫
电　　话:021-57120958　57120600　57120216
传　　真:021-57120192　57120998
http://www.sh-chaoyu.com.cn

单位名称:**瑞安市强大印刷机械有限公司**
单位地址:浙江省瑞安市上望镇林东工业区
邮政编码:325200
单位概况:本公司专业制造印刷机、复合机、分切机、制袋机、水松纸印刷机、水松纸烫金机等软包装设备。经过十几年的发展,至今已成为在国内同行业中具有影响及实力的企业。为我国的软包装行业的起步发展作出了应有的贡献。凭着优越的性能价格比,产品畅销全国各地,并出口东南亚、非洲、俄罗斯等国家地区,深受广大用户好评。
主要产品:彩印机系列;复合机系列;制袋机系列;分切机系列。
电　　话:0577-65516799　65518168
传　　真:0577-65516078
http://www.chinaqdyj.com
E—mail:qiangda8@mail.wzptt.zj.cn

单位名称:**新会新利达薄膜有限公司**
单位地址:广东省江门市新会区今古洲工业开发区
邮政编码:529141
单位概况:新利达薄膜有限公司是欧洲最大的聚乙烯薄膜生产商——英国聚乙烯工业上市公司与盈泰香港有限公司合资经营的外商投资企业,成立于1993年,占地面积2万多平方米。主要产品有:背衫购物袋、卷装包装袋、食品袋、冰箱袋、保鲜膜片、各类垃圾袋,和一次性塑料围裙等产品。而且,是国内首家使用环保、无毒的水溶性油墨进行薄膜印刷的厂家。随着产品的市场占有率不断提高,现在的年生产能力12000吨聚乙烯薄膜,产品绝大部分销往国外市场。多年来,本公司不但获得外国客户对产品质量和管理水平的肯定和好评,还在国内多次获得"全国外商投资双优企业"等殊荣。
负 责 人:洪觉宏
电　　话:0750-6360641
传　　真:0750-6364942
E-mail:jmxalida@pub.jiangmen.gd.cn

单位名称:**山西省外贸平遥包装印刷〈集团〉有限公司**
单位地址:山西省平遥县西关大街79号
邮政编码:031100
单位概况:生产经营范围:生产各种规格的包装卷筒纸张;加工各种内销、外贸商品包装用纸箱、纸盒;承制各种名优、土特产品内外彩色礼盒包装;印装各类课本、书刊、教材等印刷产品;拥有日本产三菱四色胶印机及台湾产五层瓦楞生产线等主要设备,二〇〇二年评为"国家级重信用、守合同"企业。
法人代表:白宝峰
电　　话:0354-5672390

单位名称:**海宁华联印刷有限公司**
单位地址:海宁市皮都科技工业园区皮都路12号
邮政编码:314400
单位概况:本公司是专业的纸张彩色包装印刷企业,主要产品有各类工业品、食用品、医药、电器照明的包装盒、箱,各类服装袋、礼品袋,产品样本及商标吊牌等纸制品印刷。企业创办十多年来,经过不断的技术投入和改造及管理模式的完善,企业规模已踏入中等行列,在拥有一支丰富经验的技术员工队伍的同时,辅以先进的海得堡四色、五色胶印机和后道工序等配套设备。使产品的质量得到有效的保证,赢得了许多客商的认可和支持,企业的严格管理,培养了雄厚的的后劲。公司将以满腔的热情为您的产品在市场的激烈竞争中增光添彩!
电　　话:0573-7266889
传　　真:0573-7267398
E-mail:hnhlys@mail.jxptt.zj.cn

单位名称:**上海浦东广园包装材料有限公司**
单位地址:上海浦东赵高路1628号
邮政编码:201208
单位概况:经营范围:加工纸箱纸盒及印刷
主要产品:纸箱纸盒等纸包装
负 责 人:高金龙
电　　话:021-68484316　68481348
传　　真:(021)68489037

单位名称:**厦门合兴包装印刷有限公司**
单位地址:厦门市同安区新民镇西湖村西湖工业区
邮政编码:361100
单位概况:经营范围:生产中高档瓦楞纸箱及纸、塑等各种包装印刷制品,研究和开发新型彩色印刷产品。
主要产品:纸箱、彩盒、彩印印刷制品。
法人代表:许晓光
电　　话:0592-7896888
传　　真:0592-7896226　7896227
E-mail:hexing@public.xm.fj.cn
office@hxpp.com.cn

单位名称:**上海纺印利丰印刷包装有限公司**
单位地址:上海市隆昌路399号
邮政编码:200090
单位概况:经营范围:各类印刷品及各类包装用品,普通商标印制兼人用药品,烟草制品的商标印制。
主要产品:烟、酒、饮料、食品、药品、化妆品、纺织品的包装以及广告宣传品。
负 责 人:蔡春华
电　　话:(021)65432325
传　　真:(021)65430511
E-mail:FYLF@Public 2.Sta.net.cn

单位名称：上海金浦塑料包装材料有限公司
单位地址：上海金山卫卫二路140号
邮政编码：200540
单位概况：经营范围：生产双向拉伸聚丙烯薄膜及期制品、销售自产产品（涉及许可经营的凭许可证经营）。
主要产品：普通膜（规格从18μm—60μm）、复书膜（规格从12μm—15μm）、珠光膜、热封膜、胶带带基膜、消光膜、特种隔离膜、镭射转移基膜、镭射镀铝基膜等。
负 责 人：张建龙
电　　话：(021)57943160 转 85018
传　　真：(021)57942949
http://www.shjinpu.com
E—mail:Admin@shjinpu.com

单位名称：上海西西艾尔气雾推进剂制造与罐装有限公司
单位地址：上海市浦东新区顾高路1001号
邮政编码：201208
单位概况：经营范围：生产、加工、销售无氟制冷剂、气雾推进剂、高纯度溶剂，以及日用化学；经营本企业自产产品的出口业务和本企业所需的机械设备、零配件、原辅材料的进口业务，充装液化气体气瓶（丙烷、丁烷）。
主要产品：面膜、摩丝、发胶、剃须泡、除臭剂、洗发水、护发素、沐浴露、润肤露、嗜喱水、液体香皂、衣领净、空气清新剂、清洁剂、冷冻剂R600a、R290、化妆品级气体：A70，A46，A31等。
负 责 人：李宏
电　　话：(021)68488988
传　　真：(021)68488088
http://www.shcal.com

单位名称：广州市火太阳包装设计有限公司
单位地址：广州市天河北路251号荟雅苑A座3108
邮政编码：510610
单位概况：经营范围：产品包装、企业形象、产品展览、展示布局的设计服务。
负 责 人：杜晓东
电　　话：020-38850113　38851800
传　　真：020-38850451
http://www.flamesun.com
E—mail:newsun888@flamesun.com

单位名称：大连吉润塑料包装制品有限公司
单位地址：大连市金州区石河镇南台小区
邮政编码：116101
单位概况：经营范围：用于奶类、酱油、醋、饮料等包装的液体包装膜。品种有：高温蒸煮膜、无菌包装膜、乳白膜、黑白膜，用于购物、服装、工农业产品包装。有PE、BOPP膜，袋，拉伸膜，热收缩膜。
法人代表：高吉良
电　　话：0411-7160238　手机：13500765656
传　　真：0411-7160186
http://www.dljirun.com

单位名称：甘肃省人大常委会办公厅印刷厂
单位地址：兰州市金昌路103号
邮政编码：730030
单位概况：甘肃省人大常委会办公厅印刷厂（下设甘肃鑫宇塑料包装有限公司）对内为省人大机关服务，对外承接彩色平面设计、纸包装印刷、塑料软包装印刷及承印各种社会零件、证单，有国内先进的对开双色机组式胶印机、单色胶印机、营口小胶印机和800六色电脑光电对版塑料凹印机、电脑分切机、400高速三边封制袋机等设备。代理经销印机设备、器材、配件耗材开展设备维修等业务。技术先进、设备优良、服务周到，是甘肃包装行业的一支新军。
法人代表：李兴民
电　　话：(0931)8849042　8884300

单位名称：无锡市北人协民印刷机械厂
单位地址：江苏省无锡大王基
邮政编码：214061
单位概况：无锡市北人协民印刷机械厂——GFQ1000～3500系列全自动高速分切机，拥有自主产权专利三项（ZL99 2 28014.1 ZL 02 2 63169.1 ZL 02 2 63170.4）。适用分切材料：BOPP、CPP、PET、PVC，真空镀铝膜，复合膜，纸张；分切速度：0～300～600m/min（用户自主选择）；分切宽度：50～3500mm（用户自主选择）；张力控制方式：恒张力或变张力；该系列分切机设计、制造精良，国际名牌配置，是替代进口具良好性能价格比的上等产品，工厂将竭诚为你服务。
常务厂长：赵明
电　　话：(0510)5804840
传　　真：(0510)5879075

单位名称：**无锡市万兴包装材料有限公司**
单位地址：无锡市山北高桥南堍
邮政编码：214037
单位概况：主要产品：纸制品包装、纸箱、纸盒。
董 事 长：赵锡兴　　联系人：闵根瑞
电　　话：(0510)3071678　3078277
传　　真：(0510)3071778

单位名称：**华通发泡胶制品(惠州)有限公司**
单位地址：惠州市仲恺开发区长城工业村
邮政编码：516006
单位概况：华通发泡胶制品(惠州)有限公司是一家中外合资、生产包装用发泡胶制品的专业企业，现有大型成形机三十部，年生产能力达6500吨EPS料，公司于1999年通过了ISO 9000认证，现为中国泡沫塑料、EPS专业委员会常务理事，本公司生产的产品能为各类电子、五金、玩具、食品、药品及其他物类提供有效的包装保护作用，且能为外销客户提供转厂服务。
总 经 理：饶晓生
电　　话：(0752)2609800
传　　真：(0752)2600527

单位名称：**惠州华宇包装材料有限公司**
单位地址：惠州市仲恺高新技术开发区华宇路
邮政编码：516006
单位概况：本公司系中外合资企业，创办于一九九六年。企业征地建厂，拥有占地面积18000平方米的工业园，共投入4000万元，引进国内最先进的电脑自控瓦楞纸板生产线两条、电脑型KYSS-2500三色自动印刷开槽联合机组、纸箱生产设备。生产C坑、BC坑、E坑、K·A·B·C瓦楞纸板、纸箱、彩盒、啤盒。年产量达9000万平方米，工业产值达1亿元。是惠州区域纸品行业生产具备规模的企业，享有内外销经营权的经济实体。本企业通过ISO 9001质量体系认证。奉行“品质为本，诚实经营，共求发展”的经营宗旨。以“健全体系，生产优质产品，满足要求；完善服务，建立良好信誉，赢取市场”为质量方针。开拓创新，团结拼搏，不断提高产品质量，优化产品结构，提高企业层次，推动企业向前发展。
法人代表：林振松
电　　话：0752-2600299　2601389　2609026
传　　真：0752-2601519
http://WWW.HZ HUAYU.CN

单位名称：**杭州彭公纸箱厂**
单位地址：杭州市余杭区瓶窑彭公农场内
邮政编码：311115
单位概况：经营范围：制造纸制品、包装箱、纸箱印刷(包括商标印刷)、铝扁丝加工。
法人代表：周国华
电　　话：0571-88523656
传　　真：0571-88523657

单位名称：**浙江绍兴希望包装有限公司**
单位地址：浙江省绍兴市稽山桥南
邮政编码：312000
单位概况：经营范围：生产、销售纸制包装品
主要产品：瓦楞纸箱(板)、彩印纸盒
法人代表：李方正
电　　话：(0575)8363989　8361680　8363241　8362630
传　　真：(0575)8364023
http://WWW.XIWangpack.com

单位名称：**青岛即墨市包装材料厂**
单位地址：青岛即墨市金口镇
邮政编码：266000
单位概况：即墨市包装材料厂始建于1976年，位于青岛即墨市金口工业园内，占地面积2万平方米，建筑面积8000平方米，现有固定资产900万元，拥有先进的北京航天工业部生产的五层瓦楞纸板生产线一条，各种配套包装机械28台套，年产值3000万元。产品全部为外贸单位配套包装，主要产品瓦楞纸箱和无铁瓦楞垫板，其中无铁瓦楞垫板为该厂主导产品，用于出口床上用品包装的必需材料，属外贸指定生产厂家，在日本市场享有较高声誉，受到国内外广大用户的好评。瓦楞纸箱被中国包装改进办公室评为“山东省优秀包装产品”。
电　　话：0532-5521017
传　　真：0532-5522288

单位名称：山东德力塑胶有限公司
单位地址：山东省陵县经济开发区
邮政编码：253500
单位概况：山东德力塑胶有限公司位于山东省陵县经济开发区，紧依104国道线，厂区占地面积68000m²。2001年11月投资建设双向拉伸聚丙烯(BOPP)薄膜项目，该项目总投资3.5亿元人民币，一期工程投资额1.46亿元，从德国布鲁克纳机械公司引进一条年产15000吨双向拉伸聚丙烯薄膜生产线和从德国康普公司引进一套康普分切机，二期引进年产25000吨双向拉伸聚丙烯薄膜生产线。公司产品定位为生产高档BOPP薄膜，主导产品15μm—40μm印刷膜、塑料编织袋复合膜、热封膜、消光膜、珠光膜和烟膜等。
法人代表：毛芳铅
电　　话：0534-8222222　0534-8227222
传　　真：0534-8228788　8329501
http://www.bopp001.com

单位名称：烟台鸿裕包装制品有限公司
单位地址：烟台市莱山区银河路21号
邮政编码：264003
单位概况：烟台鸿裕包装制品有限公司位于山东烟台高新技术产业开发区，厂区占地面积36亩，建设标准厂房近10000平方米。2001年底投资烟标、酒标印刷和设计开发项目，该项目总投资1.5亿元人民币，从德国引进CD—102六色海德堡胶印机、瑞士博斯特摸切烫金机、日本引樱井丝网印刷机、加拿大雅佳发柔版印刷机等先进的进口印刷设备及国产设备。公司的产品定位于中高档烟标、酒标的设计开发和印刷生产，并且凭借现有的专业技术力量，追踪世界先进印刷发展技术方向，随时感受印刷工艺技术发展的脉博，不断创新，为印刷工业的发展贡献力量。
法人代表：郑迪生
电　　话：0535-6718112
传　　真：0535-6718800
E—mail：hongyu6886881@163.com

单位名称：顺德市南天机械制造有限公司
单位地址：广东省佛山市顺德区龙江镇龙洲路口
邮政编码：528318
单位概况：经营范围：公司专业从事瓦楞纸板、纸箱机械系列的设计、开发与制造及维修。
主要产品：瓦楞辊、单面机、电脑宽幅中高速瓦楞纸板线(三、五、七层)。
负 责 人：刘桂培
电　　话：0765-3369150
传　　真：0765-3361223
http://www.natian-jx.com.cn

单位名称：浙江东经包装有限公司
单位地址：温州104国道丽岙段东经路1号
邮政编码：325202
单位概况：经营范围：包装装璜、其他印刷品印刷：纸制品包装纸箱检测。
主要产品：瓦楞纸箱、瓦楞纸板。
负 责 人：蒋孟有
电　　话：0577-85399999
传　　真：0577-85391111　85392222
http://www.dongjing.com
E—mail：Dongjing@dongjing.com

单位名称：温州市三洪包装有限公司
单位地址：温州市瓯海新桥前花工业区国鼎路1号
邮政编码：325006
单位概况：经营范围：包装装璜、其他印刷品印刷。
主要产品：瓦楞纸箱、纸片、印刷包装制品
电　　话：0577-88429898
传　　真：0577-88413555
E—mail：sanjiabzh@sohu.com

单位名称：浙江绍兴富陵塑料纺织有限公司
单位地址：浙江省绍兴市袍江工业区富陵
邮政编码：312075
单位概况：经营范围：塑料薄膜生产、销售。
主要产品：CPP、POF、BOPP塑料薄膜，年产量7万吨。商标："百草园"。企业主要荣誉：浙江省高新技术企业，浙江省、绍兴市名牌产品，通过ISO 9001：2000国际质量体系认证，金融资信：省、市AAA级。
法人代表：赵建昌
电　　话：0575-8036716
传　　真：0575-8038009
http://www.zj-flsl.com.

单位名称：浙江锡星印刷有限公司
单位地址：浙江省温州市龙港龙金大道（湖前段）
邮政编码：325802
单位概况：公司创建于1989年，拥有员2500多人，高级管理和专业技术人员80多人，厂区装备精良、技术领先、管理科学、质保完善、服务一流，已发展成为拥有：日本小森、海德堡等胶印机，瑞士马天尼胶订机、德国感光晒版机、日本全自动模切机、液压程控切纸机、海德堡系列折页机、自动锁线机、包本机、骑马钉全套自动书刊、画册装订等100多台套先进设备及制造工艺的现代大型企业，形成了从一条龙全方位的生产体系。主要印制品有：书刊印制、纸质包装礼品盒、酒盒、药盒、烟盒、金银卡、食品包装纸盒或箱、广告画册、手提袋、不干胶商标和塑料彩印包装袋等。
法人代表：钱锡星
电　　话：0577-64352352　64351602
传　　真：0577-64352678
http://www.xixingchina.com
E—mail：xixingchina2008@yahoo.com.cn

单位名称：天津华北石化制桶厂
单位地址：天津市河东区大直沽五号路7号
邮政编码：300000
单位概况：天津华北石化制桶厂隶属中石化润滑油分公司。始建于1908年，是制桶行业的龙头骨干企业。是国家金属容器包装委员会的发起单位。是天津市优秀包装企业和天津市包装50强企业。产品获“国优”、“市优”称号。产品质量符合国际海运一类危规范标准。是ISO 9000质量体系认证企业。
主要产品：200L闭口桶、开口桶、镀锌桶。规格有ϕ571.5mm、ϕ560mm。并可进行多色喷涂和丝网印刷。
法人代表：赵恩华
电　　话：(022)24315425　(022)24152605

单位名称：桂林集琦包装有限公司
单位地址：广西桂林市平山北路3号
邮政编码：541003
单位概况：经营范围：塑料制品、包装材料、包装制品、包装机械生产、销售。
主要产品：共挤型烟膜、微收缩高速烟膜、珠光膜、消光膜、单/双面热封膜、防霉抗菌膜、印刷、复合薄膜等BOPP系列产品。
负 责 人：李建雄
电　　话：0773-3604215　3604557
传　　真：0773-3604325
http://www.jqkangjun.com
E—mail：packing@public.glptt.gx.cn

单位名称：漯河市新特药品包装材料有限公司
单位地址：河南省漯河市淞江路东段
邮政编码：462000
单位概况：公司主要产品：药用PVC透明片彩色片；药用PTP铝箔；药用复合膜、软包装；药用复合硬片。
法人代表：万建喜　　联系人：吕克
电　　话：0395-3930686　3933659
传　　真：0395-3931636　3930969
http://www.lhxt.com
E—mail：lhxt@0395.net

单位名称：温州四海塑料有限公司
单位地址：浙江省瑞安市岑岐大桥东侧
邮政编码：325206
单位概况：经营范围：生产、印刷、销售塑料包装制品。
主要产品：集装袋、纸塑复合水泥袋、复合塑编袋、环保型纸纱复合袋、购物袋、中封袋、彩印袋、普通各种规格编织袋、编织各种包装布等。
负 责 人：林杰
电　　话：0577-65507888　65508878
65500778
传　　真：0577-65502788　65508868
http://www.sihaichina.com
E—mail：sihai@wz.zj.cn

单位名称：武汉市华龙包装印刷有限公司
单位地址：武汉市江汉经济发展区江发路4#
邮政编码：430023
单位概况：主营：瓦楞纸箱、纸板
电　　话：(027)83512993　83512269
传　　真：(027)83512993

单位名称：东莞派克奇包装有限公司
单位地址：广东省东莞市厚街镇三屯工业区
邮政编码：523941
单位概况：经营范围：生产和销售彩色印刷品及包装纸制品，产品100%外销。
主要产品：Newbalance、Remington、Dunham、Teva 等国际性知名品牌产品。
负 责 人：成传积
电　　话：0769-5585950
传　　真：0769-5587949
http://www.dongyapack.com.cn

单位名称：上海界龙浦东彩印公司
单位地址：上海市浦东新区杨高中路 2112 号
邮政编码：200135
单位概况：经营范围：印制各类包装装潢、书刊、样本、月历画册，商标印刷，照相制版，印刷品及纸制品加工，包装材料生产，承接各类广告设计、制作。
电　　话：(021)58332200
传　　真：(021)58332080
http://www.jielongpdcy.com
E—mail：npd@jielongpdcy.com

单位名称：滕州市久旋旋转接头制造有限公司
单位地址：山东省滕州市大同北路 137 号
邮政编码：277500
单位概况：专业生产：旋转接头、金属软管、补偿器，电缆软管等其零部件的轻工部重点厂家，其产品广泛应用于造纸、橡胶、塑料印染、卷烟、化纤、冶金、制药、建材等行业的干燥、冷却设备及在石油、化工、机械制造、电力、食品、造船、军工、航空、航天等行业也有广泛应用。
电　　话：0632-5531046　5599466
传　　真：0632-5596264
http://www.jiuxuan.com
E—mail：jx@jiuxuan.com

单位名称：泉州福荣华包装用品有限公司
单位地址：泉州丰泽区城东仕公岭
邮政编码：362000
单位概况：经营范围：瓦楞包装纸箱
主要产品：三、五、七层瓦楞纸箱、彩印瓦楞纸箱。
负 责 人：黄建强
电　　话：0595-2676060
传　　真：0595-2670088

单位名称：广州市新怡印务有限公司
单位地址：广州市东圃大观中路 490 号
邮政编码：510663
单位概况：经营范围：制版、出版物印刷、包装装潢及其它印刷品。
法人代表：许名宁
电　　话：020-82357995　82372272　82357996
传　　真：020-82372728　82357995
http://www.gz-xinyi.com
E—mail：xinyiyw@21cn.com

单位名称：上海内德机械有限公司
单位地址：上海市杨行工业园区共悦路 199 号
邮政编码：201901
单位概况：经营范围：纸箱机械产品的研制、开发、生产经营。
主要产品：专业从事瓦楞板生产线中的中高档电脑交流伺服薄刀纵切压痕机、电脑交流伺服螺旋刀横切机、水性印刷开槽机、自动堆码机等纸箱机械产品。
董 事 长：潘隆森
电　　话：021-66931628　66931658　66931698
传　　真：021-66931600
http://www.ned.com
E—mail：ned@ned-hima.com

单位名称：杭州伟成印刷有限公司
单位地址：杭州市萧山区经济技术开发区建设一路28号
邮政编码：311215
单位概况：杭州伟成印刷有限公司是一家外商独资的大型现代化印刷企业，地处浙江杭州国家级开发区——萧山经济技术开发区，专业从事各类中高档包装纸盒及彩色印刷品印制。公司总投资2500万美元，拥有现代化中央空调厂房，引进美国、日本、德国、瑞士等国家的先进印刷和印后加工设备，采用全UV印刷与连机上光等。先进工艺技术，为国内中高档精品包装市场提供了理想的选择空间。公司推崇“求新，求变，求快，求实”的企业精神，全面推行ISO 9001质量管理体系，不断满足顾客需求，实现企业永续经营。
负 责 人：金伟成
电　　话：0571-82836888
传　　真：0571-82831235
http://www.vechn.com
E—mail：vechn@vechn.com

单位名称：上海界龙永发凹印公司
单位地址：上海市浦东新区川周路7076弄6号
邮政编码：201205
单位概况：经营范围：包装装潢及商标印刷，书刊·杂志印刷，纸制品，纸张包装用品，扑克牌纸张·油墨及器材的销售。
主要产品：烟草制品商标印刷，啤酒商标印刷，糖果包装制品，复印包装纸印刷，砖型、枕型饮料包装制品。
负 责 人：马汝信
电　　话：021-58941033
传　　真：021-58942537
http://www.jielong-printing.com
E—mail：yfay1994@sohu.com

单位名称：浙江杭州天马印铁制罐有限公司
单位地址：浙江杭州市沈半路蔡马村2幢
邮政编码：310000
单位概况：杭州是著名的国际旅游城市，是国家确立的历史名城，我公司位于杭州城北沈半路湖州街，创建于20世纪80年代初。公司专业生产印铁包装容器，公司拥有中高级技术人员十五人，专业职称人员二十余人。公司严格执行ISO 9002质量体系标准，已取得国家A级生产许可证，公司具有马口铁自动开剪切线，自动印铁线和制罐成型线等数十条，拥有近万平方米厂房，是你理想的合作伙伴。公司目前生产五大系列产品，即：食品茶叶干果包装，医药药品包装，工艺产品包装，文具盒，化工涂料包装100余个品种，可根据用户需要设计制作新规格，新式样包装，是中国内地大型印铁制罐企业之一。公司以优质的产品质量，优秀的服务，合理的价格，为广大中外客户提供理想的印铁包装产品
联 系 人：沈伟光
电　　话：0571-88280890　88280889　88022383
传　　真：0571-88885089
E—mail：tianma@mail.hz.zj.cn

单位名称：天津市涂料包装器材厂
单位地址：天津市北辰区南仓道
邮政编码：300400
单位概况：经营范围：金属包装物及容器制造（金属容器）、金属包装容器印刷。
主要产品：1/3L—20L等各种规格的金属桶罐和钢提桶的制造。
法人代表：刘宪章
电　　话：022-26342132
传　　真：022-26344166
http://www.tjweitian.com
E—mail：sell@tjweitian.com

单位名称：天津大三易得力工业有限公司
单位地址：天津市东丽开发区三经路三号
邮政编码：300300
单位概况：经营范围：生产销售塑料包装制品、塑料制品及印刷、金属制品和金属构件；引进相关先进技术，开发新产品。
主要产品：各类高档彩色印刷包装制品，抽真空耐蒸煮包装，低温冷冻包装，适合于各类自动包装机械的复合卷材，各类彩色印刷塑纸复合产品，高档礼品箱、礼品盒。
法人代表：松井英治郎
电　　话：022-24991948
传　　真：022-24992137

单位名称：天津市四维包装有限责任公司
单位地址：天津市北辰区千里堤
邮政编码：300134
单位概况：我公司是华北地区最大的工业包装膜生产加中工企业之一，年生产能力1.5万吨，主要产品有干复基材膜、保护基材膜、镀铝基材膜、高压共挤膜、高强热收缩膜、自粘缠绕膜、液体包装膜、抗静电膜、铝塑板热粘膜、医用包装膜、电缆膜、牙膏膜、保鲜膜、防锈膜、高低压包装膜、降解膜、塑料彩印、各种塑料包装袋。经营范围：塑料薄膜制造、照像制版加工，塑料包装制品、化工专业材料、塑料包装材料批发兼零售、塑料技术咨询。
负 责 人：白晋华
电　　话：022-26661188　022-26681803
传　　真：022-26645963
中文域名：四维包装.cn
E—mail：siwei@pack.net.cn

单位名称：**北京轻联包装印刷集团有限公司**
单位地址：东城区校尉胡同10号
邮政编码：100005
单位概况：主要产品及经营范围：印刷制品、制版、包装装璜设计、印铁制罐(含铁罐上商标印刷)、商标及书刊印刷。
法人代表：荣玉增
电　　话：010-65138099
传　　真：010-65249824

单位名称：**浙江大东南集团**
单位地址：浙江省诸暨市城西经济开发区
邮政编码：311800
单位概况：经营范围：塑料薄膜及各种塑料包装制品、纸包装制品及金属制品。主要产品：BOPP、CPP、LDPE、HDPE、PE透气膜、农用膜、电容膜。
董 事 长：黄水寿
电　　话：0575-7091468
传　　真：0575-7091508
http://www.chinaddn.com
E－mail:ddn@chinaddn.com

单位名称：**温州泰和印刷包装有限公司**
单位地址：浙江省瑞安市沿江西路163号
邮政编码：325200
单位概况：经营范围：印刷，包装制品制造销售、印刷材料销售。
主要产品：啤酒商标、出口罐头商标、精致包装盒。
法人代表：叶志金
电　　话：0577-65661088 65669188
传　　真：0577-65669198

单位名称：**景德镇市新利包装彩印有限公司**
单位地址：景德镇市太白园路24号
邮政编码：333000
单位概况：经营范围：彩印包装、泡沫塑料、纸箱木箱、装祯礼盒、传统锦盒、陶瓷、广告。
负 责 人：万新华　黄丽霞
电　　话：(0798)8592288　8581111
传　　真：(0798)8592288

单位名称：**福州佳通第一塑料有限公司**
单位地址：福州市连江北路253号
邮政编码：350011
单位概况：我司为塑料薄膜专业制造厂家，由意大利及美国引进先进的生产设备，产品主要有：CPP复合膜、CPP蒸煮膜、CPE复合膜、LLDPE拉伸膜、PVC特纸玻璃纸、拉伸膜、以及保鲜膜、镀铝膜、包胎膜等。
法人代表：吴福元
电　　话：0591－3660864
传　　真：0591－3661061

单位名称：**长春印刷机械有限责任公司**
单位地址：长春市高新区硅谷大街4855号(长春市绿园区延寿街7号)
邮政编码：130062
单位概况：长春印刷机械有限责任公司是一家股份制民营企业，公司技术力量雄厚，具有现代化的加工检测手段，主要生产设备312台，其中精密设备35台，包括台湾、日本的加工中心、美国布朗夏普三坐标测量仪等。全部产品采用计算机辅助优化设计。

公司有50年切纸机和胶订包本机的生产经验，主要用于印后裁切及书本的无线胶订。现在切纸机已发展成为机械、液压、数显、程控、TV显示五个系列十二个品种，裁切尺寸从770mm到1550mm。胶订包本机已形成单夹、五夹、十三夹等诸多品种。公司在国内已经建立起省市代理商共有120个，办事处7个。在国际上产品远销美国、东南亚、中东等国家和地区。
法人代表：高文哲
电　　话：0431－7972744
传　　真：0431－7979144
E－mail:ccpc@public.cc.jl.cn
http://www.Changchunprinting.com

单位名称：东莞市东亚包装实业有限责任公司

单位地址：东莞市莞太路篑村路段23号鸿禧大厦1502室

邮政编码：523011

单位概况：经营范围：包装容器、包装机械、企业管理咨询。

电　话：0769—2453775

传　真：0769—2451226

http://www.dongyapack.com.cn

单位名称：上海梅欣包装容器公司

单位地址：上海市南汇区新场镇工业开发园区

邮政编码：201314

单位概况：上海梅欣包装容器公司是专门从事纸箱包装物、金属罐、盖、桶以及封箱带原料加工销售的厂家，至今已有10年建厂史。我企业技术力量雄厚，管理基础坚实，于2002年8月获得ISO 9001:2000证书。我企业上级领导部门是上海梅林正广和股份有限公司；主管部门为上海梅林食品有限公司。他们为我企业进行市场资本运作提供了强有力的支持。我企业宗旨是服务赢得您不断信赖；经营承诺您持续改进。

联系人：龚国兴

电　话：021-68172961　68172992

传　真：021-68172992

单位名称：东台市华星包装有限公司

单位地址：江苏省东台市台南路18号

邮政编码：224200

单位概况：我公司系江苏省生产瓦楞纸箱骨干厂家之一，现有引进日本瓦楞纸箱（板）生产线及国产彩印包装企业专业设备，年生产能力3500万平方米，2002年5月通过ISO 9001:2000质量体系认证企业，先后获得江苏省先进企业、全国包装先进企业、全国包装行业先进集体、中国包装龙头企业、中国2003年先进包装企业、中国包装产品定点生产企业等殊荣。

法人代表：周兆明

电　话：0515—5229563

传　真：0515—5264000

E—mail：Y5213693@pub.YC.jsiuto.net

单位名称：山东粮油进出口集团益友包装实业公司

单位地址：山东省青岛市李沧区衡阳路9号

邮政编码：266043

单位概况：山东粮油进出口集团益友包装实业公司，属国家中型一类企业。公司现有员工45人，其中中级职称10人，初级职称3人。公司引进日本全自动生产线，主要生产1—5升化工罐，9升、18升化工、食品罐，以及各种马口铁铁罐、铁盒等。我公司是山东省内第一家经山东省进出口商品检验局批准颁发“出口商品包装质量许可证”的包装容器生产企业；同时，产品也达到食品卫生许可证的质量要求。公司距环海公路0.5公里，距离青岛飞机场4公里，距离火车站1公里，地理位置优越。公司热诚欢迎国内外客户与我们合作，共图发展。

法人代表：范振涛

电　话：0532—4632195　0532—4633375

传　真：0532—4633375

http://www.yiyou-packing.com

E—mail：info@yiyou-packing.com

单位名称：宁波大红鹰包装材料有限公司

单位地址：浙江宁波宁穿路八号桥

邮政编码：315040

单位概况：经营范围：纸箱、包装材料、纸制品的制造、加工；室内外装饰服务。

主要产品：瓦楞纸箱（纸板）

总经理：邬祥生

电　话：0574—87920985　87923828（总机）

传　真：0574—87929784

E—mail：DHYBZ@mail.nbptt.zj.cn

单位名称：上海亚华印刷机械有限公司

单位地址：上海市茶陵北路20号

邮政编码：200032

单位概况：经营范围：生产各类印刷包装装潢机械及其相关的机电产品，可供出口的其它机电产品，并提供对上述产品的售后服务。

主要产品：TYM系列自动烫印模切机：TYM1050，TYM920Ⅱ，TYM780AⅡ及有全息烫印功能的TYM1050L，TYM920ⅡL，TYM780L等。MW系列自动模切机：MW1050，MW1050Ⅱ，MW1300，MW780及有清废功能的MW1050A，MW1050ⅡA，MW1300A，MW1300B，MW780A等。ZH系列自动糊盒机：ZH800B，ZH800A，ZH1000A，ZH450等。

负责人：郭海祥

电　话：021-64045160

传　真：021-64041244

http://www.yawainc.com

E—mail：yawainc@online.sh.cn

单位名称:宁波保税区神鹰包装材料有限公司
单位地址:宁波庄桥梅林
邮政编码:315032
单位概况:经营范围:国际贸易,转口贸易,出口加工,保税仓储,橡塑制品的生产,经营五金交电,化工原料及产品(除危险品),建筑,装饰材料,包装材料,机电产品(除小轿车),日用百货,农副产品的批发,零售,代购代销,咨询服务。主要产品:包装材料。
法人代表:陈爱明
电　　话:0574—87582098　0574—87577083
传　　真:0574—87582066

单位名称:江苏昌昇机械股份有限公司
单位地址:江苏省如皋市环城南路39号
邮政编码:226500
单位概况:经营范围:印刷机械、矿山机械、建筑工程机械、包装机械、通用设备制造、销售油墨、纸品、金属材料、机械零配件的销售、技术咨询、服务等。主要产品:各种规格、档次的胶印机以及印前印后辅助设备。
法人代表:沙晓明
电　　话:0513—7513211(总机)
传　　真:0513-7516416
http://www.jschangsheng.com

单位名称:天元塑料镀铝彩印有限公司
单位地址:辽宁省大石桥市金桥开发区
邮政编码:115100
单位概况:天元塑料镀铝彩印有限公司座落在中国镁都——辽宁省大石桥市金桥开发区。我公司是专业生产塑料包装材料及产品的民营企业,公司集吹塑、镀铝、彩印、复合、制袋于一体,拥有一流设备、先进工艺和高素质技术人员,生产塑料软包装全系列的优质产品,是您最佳选择。天元塑料镀铝彩印有限公司董事长邢曼云女士愿竭诚为您企业包装,为您产品靓丽,共展宏图!产品简介:1.高温蒸煮袋系列。2.水煮袋系列。3.普通袋系列。4.冷冻袋系列。5.镀铝袋系列。6.复合片材系列。7.包装材料:①PE卷材及基材。②PET、OPP、CPP及其镀铝(含阴阳镀铝)材料。
董 事 长:邢曼云
电　　话:0417—5200238、5203199
传　　真:0417—5202755

单位名称:青岛金龙包装有限公司
单位地址:平度市经济技术开发区泰山路5号
邮政编码:266700
单位概况:公司已通过ISO 9001:2000国际质量体系认证,拥有全电脑控制的宽幅瓦楞纸板流水线,并配有世界先进的宽幅卷筒预印设备,主要从事瓦楞纸板、纸箱、纸托盘等系列产品的生产及印制,年设计生产瓦楞纸板、纸箱1亿平方米,产品已成为青啤、海尔两大集团的主力配套产品。
总 经 理:袁有洌
电　　话:0532—8394555
传　　真:0535—8384555
E—mail:jinlong packing@sina.com

单位名称:通化新星生物有限责任公司
单位地址:吉林省通化县二密镇西街53号
邮政编码:134102
单位概况:我公司系通化东宝集团下设的全资子公司,拥有电脑全控七层瓦楞纸箱生产线一条;TPT-600药用铝箔生产线一条;生物提取系统一套。资产总额8000万元;年产纸板800万m^2;药用铝箔70T;提取物10T。我公司遵循"超越自我,追求卓越"的企业理念,为广大用户提供满意的产品和服务。
总 经 理:周振发
电　　话:0435—5712522　0435—5714776
传　　真:0435—5712429　0435—5712978

单位名称:青岛人民印刷有限公司
单位地址:青岛市兴华路15号
邮政编码:266041
单位概况:青岛人民印刷有限公司是通过青岛人民印刷厂分立重建的股份制企业,企业拥有意大利塞露蒂公司生产的六色,八色凹印生产线以及海德堡多色胶印机、丝网印刷机、自动烫金机、软包装设备等。主要产品有:高档商品包装印刷品、各类烟标、酒标、香皂、牙膏、食品、各种书刊、纸制品类、各类报纸、不干胶印刷品等。产品质量达到国内同行业先进水平,产品遍布全国,有的产品远销海外,该企业技术力量雄厚,生产经验丰富、工艺先进、管理严格,1997年在全国印刷行业首家通过ISO 9000认证,是书刊印刷国家定点企业。中国烟草物资公司卷烟配套材料生产定点企业,全国优秀包装企业。
负 责 人:王义君　　联系人:马一为
电　　话:(0532)4630586
传　　真:(0532)4630586
http://www.chinarmp.com
E—mail:rmp@public.qd.sd.cn

单位名称:山东艺昌包装材料有限公司
单位地址:济南市二环南路铁十四局兴隆山庄
邮政编码:250002
单位概况:经营范围:生产OPP、POF热收缩膜包装材料,销售本公司自产品。
主要产品:OPP、POF热收缩膜。
负 责 人:刘朋林
电　　话:0531—2776740、2776734
传　　真:0531—2776724
http://www.sd-yichang.cn
E—mail:yichang @ sd.cei.gov.cn

单位名称:长春市纸张试验机厂
单位地址:长春市安达街1456号
邮政编码:130061
单位概况:长春市纸张试验机厂是全国同行业首家通过ISO 9001:2000版质量体系认证的纸张试验机企业,《森森牌》检测仪多年来为造纸、印刷、包装、烟草四大行业提供了各种纸张、纸板物理检测仪器,深受用户好评。企业被评为长春市人民政府重合同、守信用单位,国家机械工业联合会先进单位、省先进企业,市文明单位等光荣称号,法人代表周先真同志是长春市劳动模范。
法人代表:周先真
电　　话:0431—8528095、8586777
传　　真:0431—8527195
http://www.cczzsyj.net.
E—mail:xsk@cczzsyj.net.

单位名称:无锡市华虹电化铝厂
单位地址:江苏省无锡市荡口镇青虹路188号
邮政编码:214000
厂　　长:阚根元
电　　话:0510-8741088
传　　真:0510-8741088　8741189
E—mail:huahong-wx@sina.com

单位名称:吉林敖东集团实业有限公司
单位地址:敦化市胜利街西环路
邮政编码:133700
单位概况:吉林敖东集团实业有限公司,为吉林敖东集团子公司之一,公司位于敦化市胜利街西环路。厂区面积14万平方米,建筑面积1.4万平方米,固定资产2550万元,年销售收入3000万元。公司主要经营项目为:①彩色包装印刷、以药品包装盒、彩箱生产为主。②彩色塑料印刷、适应各种塑料复合软包装。③生产各种铝盖、铝塑组合盖、年生产3.2亿个。④全自动吸塑机2台,生产各种BOPS及PVC等药用及食品用包装塑料托。公司本着"质量第一、信誉至上、服务至上"的宗旨,欢迎各界商家前来洽淡业务,公司保证以一流的服务为您提供一流的产品。
法人代表:于建全
电　　话:0433—6320982
传　　真:0433—6320982

单位名称:延吉三川玻璃有限责任公司
单位地址:吉林省延吉市南岗街22号
邮政编码:133001
单位概况:延吉三川玻璃有限责任公司始建于1953年,地处东北亚金三角的延吉市。现有员工1200余人,占地83万平方米,年产日用玻璃制品8万余吨。主产品"双三角"牌玻璃输液瓶是国家轻工业部优质产品、吉林省名牌产品。产品远销到新疆、青海、甘肃、内蒙、北京、天津、河北、东三省等黄河以北的广大地区。公司曾荣获"吉林省质量管理奖"并于2003年7月通过ISO 9001质量管理体系认证。
主要产品::"双三角"牌玻璃输液瓶、酒瓶、饮料瓶。
董 事 长:李文化
电　　话:0433—2915585　0433—2917103
传　　真:0433—2917126

单位名称:运城市南光纸品包装有限公司
单位地址:运城市银湖南路4号
邮政编码:044000
单位概况:经营范围:纸箱、纸杯、纸盒、纸袋及纸制品的印刷及制作
法人代表:薛俊正
电　　话:0359—8967811
传　　真:0359—8967811
E—mail:ngzp@argox.cn

单位名称:**大亚科技股份有限公司**
单位地址:江苏丹阳金陵西路95号
邮政编码:212300
单位概况:大亚科技股份有限公司是中国包装技术协会的定点企业和中国烟草物资公司定点卷烟配套材料生产基地,1999年在深圳证交所上市(股票简称:"大亚科技"股票代码:"000910")。是国家高新技术企业,拥有博士后工作站,主要经营卷烟辅助材料,新包装材料和印刷业务。
董 事 长:陈兴康
电　　话:0511-6882222(总机)
传　　真:0511-6885000
http://www.dareb2b.com
E-mail:dare@dareb2b.com

单位名称:**浙江志龙实业投资有限公司**
单位地址:浙江省金华市环城北路708号
邮政编码:321019
单位概况:公司是浙江省包装技术协会副会长单位、中国包装总公司颁发生产许可证的一类瓦楞纸箱生产企业和浙江省进出口商品检验局出口包装的定点生产厂家。公司拥有国内先进的全电脑控制二米五层瓦楞纸板生产线、国际领先水平德国造四色胶印机和电脑控制二色、三色高速水性纸板印刷开槽机、全自动平压模切机等先进设备,年生产五层瓦楞纸板板1400多万米方米,具有生产加工各种类型包装纸箱能力和供货能力。内部质量管理通过ISO 9001-2000国际质量体系标准认证。公司先后被评为"全国先进包装企业"、"浙江包装工业50强企业"和2003年度推荐成为"全国包协理事单位"。
法人代表:韩志龙
电　　话:0579-2423366
传　　真:0579-2423222
http://www.ecartonbox.com
E-mail:zljsb@163.net

单位名称:**达成包装制品(苏州)有限公司**
单位地址:苏州市相城区望亭镇问渡路88号
邮政编码:215155
单位概况:经营范围生产、销售各种彩色包装纸盒、纸箱,塑料包装制品及相关包装材料,各种包装装潢印刷品。
主要产品:瓦楞纸板、纸箱。
负 责 人:卢思满
电　　话:0512-65380538
传　　真:0512-66700601
http://www.tatseng-packaging.com
E-mail:tssuzhou@publicl.sz.js.cn

单位名称:**甘肃张掖市金鼎包装有限责任公司**
单位地址:张掖市世州区青年东街94号
邮政编码:734000
单位概况:经营范围:215升双锥形钢制包装桶;200升开、闭口钢制包装桶;150升硫化碱包装桶,内涂蜂密桶;钙塑瓦楞包装箱;PE、PVC、UPVC塑料高低压输水、节水器材的制造销售。
总 经 理:梁明
电　　话:0936-8212173　8214193　8212905　5983201
传　　真:0936-8215915

单位名称:**扬中市华强包装材料有限公司**
单位地址:经济开发区宜禾路西侧(原大桥路)
邮政编码:212200
单位概况:经营范围:制造销售。
主要产品:各类SP复合膜袋、PTP药用铝箔。
法人代表:郭太平
电　　话:0511-8221515　8222333　8225097
传　　真:0511-8224788　8222732
http://www.huaqiangpackage.com
E-mail:huaqiang@huaqiangpackage.com

单位名称:**贵州省凯里包装厂**
单位地址:凯里市环城北路72号
邮政编码:556000
单位概况:我厂系瓦楞纸板、纸箱专业生产厂家,主要产品有高、中、低档瓦楞原纸、B、D级木浆挂面纸、高、中、低档纸箱、彩盒。
负 责 人:张增光
电　　话:0855-8503941
传　　真:0855-8503859

单位名称:吉林省通化市东昌区精美福利彩印厂

单位地址:通化市新华大街新明路19号

邮政编码:134001

单位概况:精美福利彩印厂主要经营:各种高档产品,包装印刷各式精美礼品,包装印刷画册样本、不干胶标签,品质一流,服务周到,优惠价格,真诚合作。

电　　话:0435—3313777

单位名称:浙江吴泰机械集团有限公司

单位地址:中国浙江瑞安市温瑞公路999号

邮政编码:325206

单位概况:浙江吴泰机械集团有限公司是中国知名的机械设备制造企业,注册资金3018万元,总部占地面积21800平方米。公司是瑞安市星级企业,浙江包装工业50强企业,拥有国家进出口自营权,通过ISO 9001:2000国际质量管理体系认证。产品涉及领域包括包装机械、印刷机械、塑料机械、制药机械、化工机械等几大系列两百多个品种。

负 责 人:吴积光

电　　话:0577—65528888　65183579

传　　真:0577—65182323　65175727

http://www.witymachine.com

E—mail:master@chinawutaimachine.com

单位名称:长春市银河包装印刷制品有限责任公司

单位地址:长春市五棵树经济开发区

邮政编码:130401

单位概况:经营范围及主要产品:纸箱制造、纸制品印制

负 责 人:史志永　　联系人:姚靓

电　　话:0431—3813677

传　　真:0431—3818677

单位名称:廊坊市纸箱厂

单位地址:廊坊市银河南路永华西道162号

邮政编码:065000

单位概况:经营范围:1.A、B、C、E四种楞型出口和内销三层、五层纸板、纸箱。2.彩印贴面纸箱、纸盒。

主要产品:蒙牛乳业集团股份有限公司奶制品包装箱、联想(北京)有限公司电脑包装箱、清华同方电脑包装箱、华日家具公司家具包装箱、美克公司家具包装箱、天津灯塔涂料有限公司涂料包装箱、立邦涂料有限公司涂料包装箱。

负 责 人:闫克俭

电　　话:0316—2699004　2694940

传　　真:0316—2692779　2692055

http://www.zhixiang.com

E—mail:zxcf lc@heinfo.net

单位名称:南京真旺塑料有限公司

单位地址:南京江宁经济技术开发区董村西路35号

邮政编码:211100

单位概况:经营范围:塑料薄膜印刷、制袋。

电　　话:025—2105888

传　　真:025—2104313

单位名称:桦甸市桦鑫包装有限责任公司

单位地址:桦甸市启新街24号

邮政编码:132400

单位概况:经营范围:纸箱制造、纸箱厂名、商标印制。工业产品:纸箱、纸板。

负 责 人:王庆

电　　话:0432—6272162　0432—6272812

传　　真:0432—6272484

单位名称:**茂名市塑料制品厂**
单位地址:广东省茂名市计星工业区
邮政编码:525000
单位概况:茂名市塑料制品厂是固定资产总投资2250万元的中型塑料制品加工企业,拥有先进的生产设备50多台/套,年生产塑料制品5000多吨,有各类专业技术人员30多人,员工307人。主要产品有编织袋3000万条;复合编织袋BOPP彩膜复合编织袋;塑纸复合水泥袋2500万条;塑料薄膜2000吨。产品广泛用于石油化工、食糖、粮食、饲料、化肥、水泥包装等。我厂以一手抓管理,一手抓质量,一手抓市场开拓的经营管理模式。产品质量内控标准高于国家质量标准。连续九年被茂名市技术监督部门评为质量稳定企业,1996年通过国家农业系统全面质量管理达标,1997年被广东省技术监督局评为产品质量信得过企业。连续九年被茂名市评为"重合同、守信用"企业。服务市场,客户第一、热情希望各界同仁光临指导,欢迎各地宾客前来合作,洽淡业务。
联 系 人:张水木　黄庆才
电　　话:0668—2523135　2520663
传　　真:0668-2520889

单位名称:**青岛即墨市龙泉包装制品厂**
单位地址:山东省青岛即墨市普东工业园
邮政编码:266234
单位概况:经营范围:纸箱、纸盒、塑料瓶制造、纸箱纸盒商标、表格、账册印刷。
主要产品:纸箱、纸盒、彩箱、彩盒。
负 责 人:张永胜
电　　话:0532—2561038　2562788
传　　真:0532—2561038
http://www.longquan-packing.com
E—mail:sdjmpdzl@public.qd.sd.cn

单位名称:**珠海南顺制盖容器有限公司**
单位地址:中国广东珠海市红旗镇红旗路22号
邮政编码:519090
单位概况:经营范围:生产和销售自产的易拉盖、PET容器以及承接包装容器印刷业务。
法人代表:曹震
电　　话:(0756)7792888
传　　真:(0756)7792333
http://www.zhuhai-lamsoon.com

单位名称:**玉溪环球彩印纸盒有限公司**
单位地址:云南省玉溪市玉江东路45号
邮政编码:653107
单位概况:经营范围:生产和销售彩印包装纸盒系列产品。
主要产品:高档卷烟包装纸盒。
总 经 理:董中仁
电　　话:0877—2052088
传　　真:0877—2058699
http://www.yx-globe.com
E—mail:hq@yx-globe.com

单位名称:**广东省汕头市绿色包装材料有限公司**
单位地址:汕头市潮汕路119号
邮政编码:515000
单位概况:广东省汕头市绿色包装材料有限公司成立于1997年,是一家专业从事环保膜的生产厂家,为您提供一系列的可供直接印刷制袋的流延压花膜(即PEVA),PE增强膜等包装材料。本公司多年以来一直本着质量第一,客户至上的经营原则,以雄厚的科技实力,齐全的产品规格为客户提供优质服务。绿色包装材料有限公司愿广结天下朋友,与包装材料界的各位同仁共同努力携手前进。
联 系 人:张小姐　胡先生
电　　话:0754—8113915　8112915
传　　真:0754—8112915
http://www.greenpackage.com
E—mail:webmaster@greenpackage.com

单位名称:**山东中联包装集团总公司**
单位地址:山东省临沂市蒙山大道113号
邮政编码:276006
单位概况:我公司是1993年12月经山东省人民政府批准成立的大型综合包装企业集团,主要从事20—200升系列包装钢桶、各种印铁制罐等出口包装产品及高档装饰板的生产。其中200升钢桶产品达到《国际海上危险货物运输规则》I类标准,并于1999年获得ISO 9002质量体系认证。公司管理先进,设备精良,技术力量雄厚,旨在以优质的服务和质量立足山东,发展国内市场,拓宽国际市场,建成国内一流的出口包装生产基地。
法人代表:刘宗彬
电　　话:0539—8355260
传　　真:0539—8355259
http://www.zhonglianpackaging.com
E—mail:zlpackaging@zhonglianpackaging.com

单位名称:山东华鹏玻璃股份有限公司
单位地址:山东省荣成市石岛黄海北路37号
邮政编码:264309
单位概况:经营范围:日用玻璃制品生产销售及自营进出口权批准证书核准范围内的进出口业务。
主要产品:高档葡萄酒瓶、起泡系列大香槟酒瓶、饮料酒类瓶、罐头食品瓶、医药包装瓶、机制一次成型高脚杯和高档晶质玻璃器皿七大系列数百个品种。
负 责 人:张德华
电　　话:0631—7381873
传　　真:0631—7382522
http://www.huapengglass.com
E—mail:info@huapengglass.com

单位名称:深圳市精诚包装材料有限公司
单位地址:深圳市福田区深南大道6021号喜年中心A座1501—1502室
邮政编码:518040
单位概况:经营范围:本公司生产各种规格的焊接罐、扣骨罐、深冲罐以及各种不同用途的杂品罐,所有产品严格执行国家标准,近半数产品远销国外,倍受好评,真诚希望与海内外客商精诚合作、共同发展。
联 系 人:曹凌云
电　　话:(0755)83479748　83860133
传　　真:(0755)83860133　84822181
http://www.jc-can.com
E—mail:jingcheng@jc-can.com

单位名称:山东丽鹏包装有限公司
单位地址:烟台市牟平区姜格庄镇邹革庄村
邮政编码:264114
单位概况:公司占地6万平方米,资产总值1.2亿,职工1300余人,属关联多元化式的一条龙服务企业。辖属铝板厂、印铁厂、瓶盖厂、机械模具厂、橡塑厂、牟平分公司、四川蒲江分公司、湖北劲鹏分公司等企业,是国内生产销售铝板、铝板涂料印刷、瓶盖及瓶盖自动半自动生产线、电脑创意雕刻、数控冲床、冷冲模、塑料模等一条龙服务的唯一厂家。年可轧制各种规格铝板三千余吨,涂印铝板七千余吨,生产各种防盗防伪瓶盖十亿余只,产品遍布全国二十多个省、市、自治区及东亚市场。1999年公司获得了自营进出口权,2000年通过了ISO 9001国际质量体系认证。
法人代表:孙世尧
电　　话:0535—4661121
传　　真:0535—4661123　4661394
http://www.lp.com.cn
E—mail:lipeng8@public.ytptt.sd.cn

单位名称:青岛利波包装有限公司
单位地址:青岛市城阳区新城工业区城西工业园
邮政编码:266000
单位概况:青岛利波包装有限公司系企划、制版、彩印、制箱为一体的专业企业,拥有电脑程控5层、3层瓦楞纸板流水线和全自动4色、3色印刷机、自动模切机、自动捆扎机等专用设备。以价格合理、品质优秀、供货及时为服务优势赢得了广大顾客的信赖,被授予"重合同守信用单位"等称号,被国家进出口检验局列为商品包装认定单位,已取得ISO 9001国际质量认证并为国内外众多著名企业、名牌商品提供优质服务,原与社会各界朋友和海内外企业共同发展,携手共进!
电　　话:0532—7755177　7755222
传　　真:0532—7755199
E—mail:china@kyoshin-pt.net

单位名称:武汉盛世包装有限公司
单位地址:武汉市桥口区舵落口上首工农路特1号
邮政编码:430000
单位概况:武汉盛世包装有限公司是瓦楞纸板、纸箱(彩盒)专业生产厂家,具备年生产三、五、七层瓦楞纸板(纸箱、彩盒)1200万m^2,B、C、E楞单面瓦楞1800万m^2的能力。2001年通过中国质量认证中心(CQC)ISO 9001:2000质量体系认证,是武汉市包装工业三十强企业之一。
电　　话:(027)83892734　83219960　83227229
传　　真:(027)83217506
http://www.whssbz.com
E—mail:office@whssbz.com

单位名称:华西包装(集团)有限责任公司
单位地址:重庆渝中区捍卫路6号临华大厦10—14楼
邮政编码:400013
单位概况:经营范围:包装品制造、印刷、纸容器、印铁制罐。
董 事 长:史江滨　　**总经理:**刘茂翔
电　　话:023—63508329
传　　真:023—63507784
http://www.hxpg.com
E—mail:bgs@hxpg.com

单位名称:华东制罐有限公司
单位地址:江苏省镇江市解放路191号
邮政编码:202001
单位概况:业务范围:铝质易开二片罐、盖、其他金属包装容器的制造、销售;饮料、食品(粮食除外)的制造、销售;商标的制版、印制;多层共挤拉伸缠绕薄膜等包装材料的开发、生产;其他塑料包装容器的制造、销售;喷雾阀门的生产、销售。
董 事 长:符国栋
电　　话:0511-5028277
传　　真:0511-5028257
E—mail:Zjhdcan@public. zj. js. cn
　　　　hdcan@sina. com

单位名称:南京扬子石化塑料化工有限责任公司
单位地址:南京市六合区长芦街道方水路8号
邮政编码:210047
单位概况:主要产品:集装袋、复合塑料编织袋、塑料编织袋、FFS袋用薄膜、PE吹塑薄膜。
负 责 人:李荟宸　唐金钟
电　　话:(025)7784648　7784223
传　　真:(025)8392792
E—mail:shgs@ypc. com. cn

单位名称:北京市昌平利民福利纸制品厂
单位地址:北京市昌平区沙河镇西沙屯村
邮政编码:102206
单位概况:经营范围:纸箱、纸盒加工。
负 责 人:张学军
电　　话:010-80762471　80761900
传　　真:010-80762471

单位名称:南通三信电子有限责任公司
单位地址:江苏省启东市台角工业园区
邮政编码:226200
单位概况:经营范围:冲击电压发生器、纸压电器及元件,食品加工机械设备及配件,塑料机械及承件。
主要产品:三层共挤CPP、CPE流延薄膜机组;塑料表面电晕处理设备。
法人代表:陈伟
电　　话:0513—3214154
传　　真:0513—3214152
http://www. ntsanxin. com
E—mail:qdcdl@pub. nt. jsinfo. net

单位名称:菏泽胜利包装有限公司
单位地址:山东省单县经济开发区
邮政编码:274300
单位概况:菏泽胜利包装有限公司引进国内先进的北京航天机械公司包装机械厂生产的2.2米高速重型瓦楞生产线,国际先进的瑞典EMBA244型印刷成型生产线,美国杜邦公司制版系统及其他先进的模切、印刷设备,形成高技术、集约化生产优势,提高了产品档次。基于出色的成绩及高质量的产品,2001年通过ISO 9001:2000国际质量管理体系认证,2003年总经理张宏先生当选中国包装技术协会理事,山东省包装技术协会常务理事,公司被山东省包装技术协会授予标准化管理示范企业。
总 经 理:张宏
电　　话:0530—4654309
传　　真:0530—4664806
http://www. slbz. com
E—mail:webmaster@slbz. com

单位名称:山东青岛德邦包装印刷有限公司
单位地址:青岛市四川路31号
邮政编码:266000
单位概况:主营:商标印刷、精印样本、画册、包装盒。
联 系 人:张莱文
电　　话:0532—2687755
传　　真:0532—2677755

单位名称：莱阳吉龙包装有限公司
单位地址：莱阳市龙旺庄街道办事处纪格庄村西
邮政编码：265209
单位概况：莱阳吉龙包装有限公司是山东吉龙集团总公司辖属的分公司，成立于1999年5月，拥有全套先进的湖北京山瓦楞纸板、印刷、成型生产线，各种PET、PP、PVC瓶，各种塑料袋的吹塑、印刷、成型，瓶盖注塑等整套加工设备。我公司年生产包装纸箱3000万平方米，各种塑料包装1000多吨，经商检部门考核，已达到出口商品包装定点生产单位。产品除满足集团公司各企业出口产品的包装外，还面向全国各地市场。
法人代表：孙国胜
电　　话：0535－7719599
传　　真：0535－7719708
http://www.jilong.com.cn

单位名称：榆社县塑料编织制品厂
单位地址：榆社县新建路1号
邮政编码：031800
单位概况：榆社县塑料编织制品厂建于1986年，主要生产聚丙烯编织袋和聚乙烯薄膜袋，彩膜袋和纸塑复合袋。年销售达2200万元，年上激税金150万元，2002年12月份我厂顺利通过ISO—9000标准质量体系认证，省工商局授于“重合同，守信誉”和“消费者信的过”单位称号，是山西省优秀民营企业之一。
电　　话：0354-6635478
传　　真：0354-6635191

单位名称：新疆外贸包装有限责任公司
单位地址：新疆维吾尔自治区乌鲁木齐市多斯鲁克路2号
邮政编码：830049
单位概况：新疆外贸包装有限责任公司位于西部边城——乌鲁木齐，始创于1982年，是自治区包装行业中的骨干企业。公司已于2000年通过了ISO 9002国际质量体系认证，本公司主要产品有瓦楞纸箱、造纸、彩印纸盒、塑料包装、纸桶、发泡网等，由于公司产品品质优良，性能稳定，历来备受用户青睐，尤其是中高档产品在市场上占有很大份额，产品已远销日本、美国、西欧、独联体、南亚、香港等国家和地区。本公司曾多次被评为全国包装系统先进集体、明星企业；公司的产品也多次获得各类优质产品奖。真诚感谢各界朋友的长期关心和帮助，我们将以最优的质量、最好的服务、最诚的信誉与您共同发展！
电　　话：(0991)2574124
传　　真：(0991)2574124

单位名称：北京德宝商三包装印刷有限公司
单位地址：北京经济技术开发区亦庄工业园区如意路1号
邮政编码：100023
单位概况：该公司是北京市商标印刷三厂与加拿大ALCAN集团、香港宝柏国际控股集团共同出资组建的主要从事塑料复合软包装材料印刷的中外合资企业，公司注册资本8000万元，投资总额1.6亿元，该公司是北京市最大的塑料软包装企业，年销售收入1.2亿元。
联 系 人：冯世强
电　　话：010-67372860
传　　真：010-67375253

单位名称：重庆华丰印刷材料有限公司
单位地址：重庆经济技术开发区回龙工业区
邮政编码：400060
单位概况：重庆市高新技术企业，拥有自营进出口经营权的出口外向型企业。主要从事平版印刷用阳图型PS版、CTP板材、感光胶、显影液的研究、开发、生产及销售。拥有重庆地区第一条现代化全电脑控制的高速、连续卷筒式PS版生产线，年产“华丰”牌阳图型PS版300万平方米。
电　　话：023－62800258　62751826
传　　真：023－62915154
http://www.huafeng-ps.com
E—mail:huafeng@huafeng-ps.com

单位名称：中山中粤马口铁工业有限公司
单位地址：广东省中山市中山港第二出口加工区
邮政编码：528437
单位概况：主要产品：镀锡薄钢板、镀铬薄钢板、涂料铁、印花铁。
联 系 人：王玺
电　　话：(0760)8286316　5596487(总机)　5596567(销售部)
传　　真：(0760)5596252
http://www.gdtp.com
E—mail:zymkt@pub.zhongshan.gd.cn
zymkt@gdtp.com

单位名称:乐清市正顺彩印包装有限公司
单位地址:乐清市象阳镇东岙工业区
邮政编码:325619
单位概况:乐清市正顺彩印包装有限公司是专业从事彩印包装及开发生产国家高新技术材料的企业。公司座落于温州市象阳镇特色工业区。创建以来,已取得印刷商标单位证书、印刷经营许可证、特种行业等证书。公司已通过了ISO 9000质量体系认证,是温州市先进企业、明星企业、市AAA制先进企业单位。蜂窝纸板是国家重点推广的“以纸技术”的产品,因其强度高,重量轻,隔热,防震,可回收,运输方便等优点。公司拥有一支高素质的职工队伍,以“开拓、务实、创新”的企业精神和“用户至上、质量第一、服务一流”的经营宗旨愿与国内外新老朋友携手共进!
法人代表:南胜攀
电　　话:0577—62625777
传　　真:0577—62625666
http://www.chsun.com.cn
E—mail:chsun.@chsun.com.cn

单位名称:山西臣功印刷包装有限公司
单位地址:太原市小店区长治路180号
邮政编码:030012
单位概况:印刷、包装纸制品的制作,印刷材料的零售;设计、制作国内电视,报纸、礼品广告;设计制作,发布国内路牌,灯箱,霓虹灯、印刷品广告。
法人代表:于援朝
电　　话:0351—7240154　0351—7240063
传　　真:0351-7320357

单位名称:中山市塑料包装材料厂
单位地址:中山市中山五路
邮政编码:528404
单位概况:中山市塑料包装材料厂是一家生产CPE、CPP流延膜,IPE吹塑薄膜的现代化中型企业,中山市塑料包装材料厂拥有2条日本引进的流延生产线,年产量达3000吨,拥有2条德国莱芬豪舍技术的吹膜生产线4条(其中2条为刚刚引进的3层共挤生产线),年产IPE各型薄膜3000吨,产品种类包括普通型、加强型、特强型、改性型、茂金属型,涂复型等等18个品种,从1989年投产至今14年来,包装材料厂一直以产品质量、服务质量及良好的信誉占领市场主动地位,与其他同行一起推动着包装事业的蒸蒸日上。
法人代表:林汉伟
电　　话:0760—8304331
传　　真:0760—8318457
E—mail:mei jie ok@sina.com

单位名称:陕西奥达集团西安奥达油墨有限公司
单位地址:西安市北郊玄武路东段62号
邮政编码:710016
单位概况:陕西奥达集团西安奥达油墨有限公司是西北地区两个大型油墨生产厂家之一,也是西北地区最大液体油墨生产厂家,是全国油墨信息和油墨协会成员之一。多年来生产的塑料凹版油墨、塑料编织袋油墨、水性油墨,一直在为名牌产品:505神功系列、熊毅武方便面、西凤酒、汉斯啤酒、秦俑奶粉、惠民奶粉、金鸽瓜籽、太阳锅巴、丹鹤锅巴、奇强洗衣粉、雕牌洗衣粉、美登高食品、邦家食品、渭河尿素、兴平氮肥、陕化等提供优质包装油墨。在山西、成都、绵阳、兰州、银川等二十几个城市的销售都取得很大的成果。
电　　话:029—6718794
传　　真:029—6722733

单位名称:上海华源长富药业(集团)有限公司
单位地址:上海市中山北路1958号华源世界广场29层
邮政编码:200063
单位概况:上海华源长富药业(集团)有限公司(简称“华源长富”)是由中国华源集团控股,联合上海市医药股份有限公司、上海华源制药股份有限公司、安徽华源生物药业有限公司、无锡生命科技发展有限公司、山东洁晶集团股份有限公司等6个投资方共同对原上海长征富民药业有限公司增资扩股后成立的,并将其更名组建而成的以输液制剂为核心产品的药业集团。公司注册成立于2003年5月,注册资本为4.1亿元。目前,华源长富药业控股12家子公司,参股企业4家,在全国共拥有24条输液生产线,辐射上海、浙江、江苏、安徽、山东、河南、辽宁等地,年产规模达4亿瓶。预期设在无锡惠山生命科技园区内、国内最大的软包装输液生产基地一期工程2004年8月竣工投产后,华源的输液产量将可翻倍。华源长富将秉承“点滴输液,关爱生命”的理念,弘扬“卓越、开拓、协同、进取”的华源企业精神,在未来5年内发展成为中国最具竞争力的输液集团。
法人代表:陆云良
电　　话:021—62039791　021—62039785

单位名称:河南省卫辉市银利达彩印有限公司
单位地址:河南省卫辉市唐庄镇金松大道
邮政编码:453100
单位概况:经营范围:主营:塑料彩印复合包装系列产品的加工销售,经营企业自产产品的出口业务,经营本企业生产、科研所需的原辅材料、机械设备、仪器、仪表及零配件的进出口业务。兼营:原材料销售。主要产品:食品软包装。
负 责 人:闫银凤
电　　话:0373—4228066
传　　真:0373—4228158
E—mail:yld@yld.sina.net

单位名称：**汕头市东风印刷厂有限公司**
单位地址：汕头市潮汕路金园工业城
邮政编码：515064
单位概况：汕头市东风印刷厂有限公司是国家级的印刷包装企业。拥有瑞士 BOBST 七色凹版联线模切生产线、BOBST 凹版联线横切生产线、意大利 ROTOMEC 六色凹版印刷机、德国海德堡 CD 五色胶印机、海德堡 CD5＋3、CP2000 胶印机、BOBST 全息防伪烫金机、BOBST 模切机、英国高速横切机、德国扫金机、美国凸字粉热熔机、日本大幅面全自动丝印机、德国分条机、德国 STEUER 全息镭射烫金机、复合机、UV 上光机以及全套电脑印前计算机系统。可以完成各类包装的外观设计、凹版、压纹、磨砂、局部 UV 等各种特种加工工艺。主要为卷烟、化妆品、酒类、食品、茶叶等提供包装物的设计与制作，年生产能力可达 5 亿人民币。
电　　话：0754－8225139　8209354
传　　真：0754－8225196
http://www.dongfengprinting.com.cn
E－mail:dongfeng@pub.shantou.gd.cn

单位名称：**烟台信达包装器材有限公司**
单位地址：中国山东烟台市凤凰台路 A90 号
邮政编码：264000
单位概况：公司主要产品有包装机械、铝质扭断式防盗瓶盖。公司建成了我国第一条防盗瓶盖流水作业生产线，自制了我国第一枚凸字瓶盖，研制了中凸瓶盖并获得了国家专利。公司是我国第一批瓦楞纸箱生产流水线的诞生地之一，20 多年来共开发生产了从幅宽 1.6 米到 2.2 米的 3 至 7 层板纸箱生产线 160 余条，出口 10 余条，其中电脑控制真空吸附瓦裱机、电脑控制横切断机、电脑控制分切压线机、气刹车式液压支架、下落式堆积机等关键设备已达到国内先进水平，有的达到国际先进水平。公司已经通过了 ISO 9001 质量体系认证。
电　　话：0535-6531764
传　　真：0535-6532858
http://www.yantaipack.com

单位名称：**浙江东瑞印刷包装机械有限公司**
单位地址：瑞安市万松路交通大厦六楼
邮政编码：325200
单位概况：是一家专业制造印刷包装机械及纸箱机械的企业，属农业部创名牌重点企业。公司集设计、制造、销售于一身，技术力量雄厚，装备精良，主要生产平压压痕切线机、电脑烫金模切机、圆压模切机系列产品，产品规格齐全，部分产品通过了省级新产品鉴定并填补国内空白。其中 ML 系列平压压痕切线机荣获"温州市名牌产品"称号。公司一贯承诺质量保证，建立了完整的质量保证体系，已通过 ISO 9001—2000 质量管理体系认证及三级计量和四级标准化水平确认。
电　　话：0577－65656661　65651228
传　　真：0577－65652405

单位名称：**吉林纽威普包装有限公司**
单位地址：吉林省敦化市航空路
邮政编码：133700
单位概况：经营范围：瓦楞原纸、箱板纸、瓦楞纸箱、彩色印刷、商标、彩盒。2000 年通过了 ISO 9002 认证。
董 事 长：王志
电　　话：0433－6320988　6301023
传　　真：0433－6301299

单位名称：**江阴联通实业有限公司**
单位地址：江阴市锡澄路 27 号
邮政编码：214405
单位概况：自 1994 年成为中国烟草专卖局物资公司确定为卷烟配套材料生产基地定点企业以来，多年致力于为国内卷烟生产企业提供上乘的印刷包装服务，加工各品牌中高档烟包，先后成为上海烟草(集团)公司、安徽中烟工业公司、江苏中烟工业公司的指定供应商，并逐步将业务范围拓展到商业印刷领域。江阴联通实业有限公司拥有大批专业技术人员和技术工人，拥有完善的印前、胶印、凹印、和印后加工能力，年印刷能力达 10 亿色令以上。目前公司的业务范围已扩展到教育、文教制品、乳制品、房地产开发等领域，并在资本市场崭露头角。
董 事 长：六以方
电　　话：0510－6171608
传　　真：0510－6172600
http://www.jslt.com
E－mail:gm@jslt.com

单位名称：**山东博汇纸业集团**
单位地址：中国·淄博
邮政编码：254605
单位概况：集团是以造纸为主，热电、化工兼营的国家级大型企业集团。下设山东博汇纸业股份有限公司、淄博大华纸业有限公司、恒台县热电厂、恒台县化工厂。主导产品有文化纸、包装纸、白卡纸、氯碱、热电等五大系列 30 多个品种，其中各种机制纸生产能力 60 万吨，发电机组容量 10 万千瓦，氯碱、乙烯各 10 万吨，企业分别于 2001 年 2 月、2002 年 4 月通过了 ISO 9002 质量及 ISO 14001 环保体系认证。
董 事 长：杨延良
电　　话：0533－8530389(总公司)
0533－8530387(销售公司)
传　　真：0533－8530372
http://www.bobui.cc

单位名称:无锡鸿昌精密机械有限公司
单位地址:江阴市顾山镇开发区东区(蓝色大房子)
邮政编码:214413
单位概况:目前公司主要产品:全自动三边封、中封两用制袋机;全自动高速步压中封制袋机;全自动高速滚压中封制袋机;全自动高速三边封制袋机;全自动高速三边封、自立制袋机;全自动高速医药包装制袋机;全自动高速三边封、自立、拉链制袋机;各种特殊复合袋制袋机的开发与制造;TFQ 系列高速通用分切机
总 经 理:王飞鸿　　联系人:陈丰明
电　　话:0510-6321 336/6320280
传　　真:0510-6327 111
http://www.chinahongchang.cn
E—mail:xiji@pack.net.cn

单位名称:汕头市立信塑胶制品有限公司
单位地址:汕头市下蓬西畔南环东街 5 号
邮政编码:515065
单位概况:我厂生产的薄膜产品。包括高、低压聚乙稀薄膜,可用于工业、食品、药品、日用品等包装袋;复合热封材料,可用于真空、蒸煮包装袋,液体、饼干、糖果等自动包装膜;多层共挤薄膜—高物理性能、多功能薄膜,用于热封材料、遮光包装、绝缘膜、金属材料保护膜、多功能农用薄膜等。我厂生产的 PET 吹瓶产品,包括小口径矿泉水、饮料、化妆品、药液、食用油包装瓶;大口径的糖果、饼干等食品包装瓶。注塑产品包括日用品、食用包装盒、工业品包装盒、化妆品盒、药品包装等产品。我厂也是专业生产药用聚酯瓶及聚乙稀瓶的厂家,主要生产容量 15ml 以上的塑胶药瓶。
法人代表:罗程鸿　　业务联系人:陈强
电　　话:0754-8338880
传　　真:0754-8337666
http://www.li-xin.com
E—mail:lixin@li-xin.com

单位名称:温州恒一塑料机械有限公司
单位地址:浙江省平阳县务洋工业区
邮政编码:325401
单位概况:经营范围:塑料编织袋成套设备设计、生产和服务。
主要产品:滚柱式小六梭塑料圆织机、塑料拉丝机、复合机、彩印机、网眼袋编织机等。
总 经 理:周德川
电　　话:0577-63031406/63030321
传　　真:0577-63030507
http://www.hengyisuji.com
E—mail:cocbo@mail.wz.zj.cn

单位名称:北京市朝阳区振兴纸箱厂
单位地址:北京市朝阳区南磨房乡南楼梓庄
邮政编码:100023
单位概况:振兴纸箱厂主要生产各种纸品包装箱、彩色包装盒及各种纸箱附件、超薄 E 楞等,是北京市出口产品包装定点厂,多次被评为优质包装企业,2003 年 6 月荣获中国包装行业优质产品证书。振兴纸箱厂坚持“以人为本、以质为魂”的厂训,以顾客为关注焦点,以优质的服务为目标,建立了一整套的质量管理控制体系,1998 年顺利的通过了 ISO 9002 国际质量体系认证,成为北京市首家通过 ISO 9002 国际质量体系认证的纸箱厂。并于 2002 年成功的转换了 ISO 9001—2000 标准,取得了认证证书,使企业对顾客的承诺得以保障。
电　　话:(010)87351279、87352652
http://www.zhx-box.com
E—mail:parlor@zhx-box.com

单位名称:稷山县翟店森淼包装制品厂
单位地址:山西省稷山县翟店西关口
邮政编码:043200
单位概况:经营范围:纸包装制品。主要产品:生产各类出口包装的印刷及瓦楞纸箱(出口商检手续齐全)和各类高中低档包装的印刷及瓦楞纸箱。
法人代表:任森淼
电　　话:0359-5995789　5995170

单位名称:顺德市北窖镇百运油墨有限公司
单位地址:佛山市顺德区北窖镇莘村工业区
邮政编码:528311
单位概况:百运油墨公司成立于 1994 年,一直专注于金属涂料、油墨的研究和开发。主要产品有白涂料、光油、内涂料、底油、油墨和特殊效果等系列产品,主要满足印铁制罐、制盖、铝制喷雾罐、铝质软管等生产厂家的需求。尤其是药用软管涂料产品方面更具特长,在业界有良好的声誉和形象。在机遇和挑战并存的今天,百运油墨公司希望和业内人士共同努力,为金属包装事业的进步尽心尽力。
负 责 人:叶左益　　联系人:蔡世雄
电　　话:0757-26653747
传　　真:0757-26655774

单位名称:温州庆丰制版有限公司
单位地址:温州经济技术开发区西片19号小区（玉苍西路29号）
邮政编码:325011
单位概况:本公司属高新技术企业，现有HEIIK405、K304、K500、美国无软片雕刻机等固定资产3500万元，厂房面积7000余平方米，员工200多人，并在杭州等地设有分公司。公司主要生产塑料包装印刷辊筒、水松纸、转印膜印刷辊筒及皮革压花辊等产品，并销售BOPP膜等印刷器材。营销网络遍布整个华东地区和广大中原地区。
法人代表:
电　　话:0577-86529123　86526003
传　　真:0577-86526003
http://www.qfzb.com
E-mail:qingf@mail.wzptt.zj.cn

单位名称:江西新华九江印刷总厂
单位地址:九江市甘棠北路14号
邮政编码:332000
单位概况:主营:书刊印刷。兼营:商标、彩色包装、票据、社会印品印刷。
法人代表:吴雄辉
电　　话:0792-8584655
传　　真:0792-8584655

单位名称:中山市广永包装厂有限公司
单位地址:中山市小榄镇永宁工业开发区
邮政编码:528400
单位概况:广永包装厂创建于1988年，经过十多年的发展，工厂已成为初具规模的印刷企业，并找出了企业自身的发展道路；以烟草包装作为我厂主攻发展目标，专业从事各种纸类包装装潢印刷及金银铝箔复合生产，是广东省烟草物资公司定点烟包印刷企业。我厂主要承接广州卷烟厂卷烟商标的印刷业务，如：椰树商标纸、椰树条盒、白广州商标纸、白广州条盒、红广州商标纸、红广州条盒、翻盖白广州商标纸、翻盖白广州条盒纸、翻盖红广州商标纸、翻盖红广州条盒纸、沙土黄广州商标纸等。企业自成立以来，一贯坚持秉承“质量条一，客户至上”的经营服务宗旨和“互惠互利，共同发展”的原则。2000年本企业通过了ISO 9000国际质量体系认证，推行了ISO 9000质量管理模式和质量保证模式，建立了一个完善质量管理体系。
电　　话:(0760)2250316
传　　真:(0760)2250216

单位名称:抚顺市金华印刷包装厂
单位地址:抚顺市顺城区新城路中段20-3号
邮政编码:113006
单位概况:经营范围:印刷、装订、制版。
主要产品:票据、账册、商标、书刊。
负 责 人:姜荣华
电　　话:0413-7676416
传　　真:0413-7676416
http://www.jinhuaprint.com

单位名称:湛江圣湛江圣华玻璃容器有限公司
单位地址:湛江市赤坎区双港路11号
邮政编码:524039
单位概况:1998年由世界玻璃工业领先者圣戈班集团(70%股权)和广东湛江玻璃厂(30%股权)合资成立。圣戈班集团2002年位于世界财富500强第133位，业务遍及世界所有主要国家和地区。其属下的研究发展中心向圣华公司提供强大的技术支援。产品包括葡萄酒瓶、香槟瓶和各种规格饮料和食口瓶罐、调味品瓶罐和啤酒瓶等，还可为客户度身设计和制造独具特色的玻璃容器。保证质量并不断提高以满足客户要求是我们的承诺。圣华公司已通过由法国BVQI颁发的ISO 9001-2000认证。
电　　话:0759-3100222
传　　真:0759-3104378

单位名称:天津市百得纸业有限公司
单位地址:天津西青经济开发区南河工业园
邮政编码:300382
单位概况:创办于1986年，经过十几年的发展已形成一个专业生产各种纸箱、各种纸盒、纸制手提袋、纸桶及纸品粘合剂的公司。拥有进口小森四色对开胶印机、电脑瓦楞纸板生产线、纸桶流水生产线、单面B楞线、单面E楞线、三色、双色水墨印刷机、超大型模切机、彩色覆面对裱机、覆膜机、上光机、磨光机、打盒机及其它专业生产设备40余台套，一站式服务，先进齐全的设备加上熟练和尽责的员工，进行早晚两班轮值工作，可生产各种规格的瓦楞纸板、A、B、E楞七层、五层、四层、三层、两层的各种纸箱、彩色纸箱、彩色纸盒、各种型号纸桶及各种纸品的印后加工。
法人代表:赵桂元
电　　话:022-23987688　23980061　23811338
传　　真:022-23985369　022-23986981

单位名称：浙江百汇包装有限公司
单位地址：广州市黄埔区广州石化厂西门
邮政编码：510725
单位概况：经营范围：文件、文体用品、工艺品、零配件、原辅材料及进口业务等。生产产品：CPP、BOPP、CPA 等各种薄膜。
董 事 长：吴军良　　**联系人：**钟德林
电　　话：020-82124783
传　　真：020-82387043

单位名称：无锡统一实业包装有限公司
成都统一实业包装有限公司
单位地址：江苏无锡新区泰山路 3 号
四川成都市新都卫星城工业区南二路东段
邮政编码：214028　　610500
单位概况：经营范围：马口铁空罐、涂布、印刷马口铁皮。无锡统一实业包装有限公司是台湾最大的食品企业统一集团的成员——统一实业股份有限公司百分之百持股转投资的海外公司之一，公司成立于 1994 年 2 月，总投资 2000 万美元。公司有制罐和印铁两车间，发展至今已有 8 年的时间，其生产设备采用瑞士 SOUDRONIC 电阻焊机、美国 ANGELUS 封罐机、德国 KRUPP 检罐机、富士 PRIMEX—P451 双色印刷机、富士 C450 快涂布机、德国 LTG 烘房及日本全电脑程控化连晒机等高效率自动化设备。
负 责 人：赖丕坚　　**联系人：**王琦
电　　话：0510-5214650；028-83966885
传　　真：0510-5216264；028-83965400

单位名称：岳阳隆兴实业公司
单位地址：湖南省岳阳市云溪区
邮政编码：414000
单位概况：编织袋 1500 万条/年，钢提桶 50 万个/年，彩印桶 75 万个/年，纸箱 500 万 m^2/年，打包带 300 吨/年，涂膜料：1200 吨/年。
法人代表：刘家长
电　　话：(0730)8495306　8495316
传　　真：(0730)8482732
http://www.yylx.com
E—mail:jhk@yylx.com

单位名称：兰州新世纪彩色包装印刷有限责任公司
单位地址：兰州市城关区雁滩工业城南三区一号
邮政编码：730010
单位概况：经营范围：包装装潢印刷品及其它印刷品的印刷。
主要产品：烟盒、药盒、高档食品、礼品盒、挂历、手提袋、高档画册。设计加工能力：计加工各类高档彩盒 5000 万只，年承接印刷能力 120 万色令。
总 经 理：杨建国
电　　话：0931-4616667 转 216、4615296
业务电话：(0931)4616667 转 103、134
(0931)4611260
传　　真：0931-4615296
http://www.gswd.gov.cn
E—mail:XSJ216@TOM.COM

单位名称：常德金芙蓉铝箔包装有限公司
单位地址：常德市武陵区岩坪
邮政编码：415000
单位概况：由香港贵联发展有限公司与常德金芙蓉实业发展总公司合资兴办的企业，成立于 1996 年 6 月，1997 年元月投产，注册资金 1319.5 万元人民币。公司主营业务为铝箔复合卡板纸、镀铝膜激光镭射复合玻璃卡纸系列和各色铝箔复合纸。年综合生产能力 12500 吨，产值和销售额超亿元大关，是一个从业人员少、设备先进、技术力量雄厚、经济效益较好的中小型企业。面对激烈的市场竞争，公司又开始实施超前发展战略，跟进当前包装材料发展趋势，研制开发新产品、新工艺、新技术，在传统生产加工的基础上，增加环保型品种，各类产品大量用于卷烟包装、礼品、茶叶、食品、酒盒等包装。常德金芙蓉铝箔包装有限公司本着“平等互利，信誉至上，共同发展”的经营原则，坚持一手抓管理、一手抓质量，将以严格规范的管理理念、先进的生产设备、精湛的工艺技术水平和一流的产品质重跻身于中国包装行业的前列。
电　　话：0736-7271525
传　　真：0736-7285129

单位名称：广州包装印刷集团有限责任公司
单位地址：广州市惠福西路走木街 30 号
邮政编码：510120
单位概况：经营范围和主要产品：包装装潢印刷、书刊印刷、票证印刷、不干胶商标印刷、印刷版、印刷油墨、印刷物资、印刷机械、纸箱纸盒机械、瓦楞纸箱、瓦楞彩盒、瓦楞纸板、纸盒、纸桶、瓦楞芯纸、纸杯、塑料杯、PET 饮料瓶、吸塑包装、塑料袋、纸塑铝复合包装袋、高速公路磁票、地铁磁卡、印铁制罐、饮用蒸馏水、电子分色制版、美术设计、广告装修、房产物业开发及经营管理、包装研究、包装技术培训、包装技术工程咨询，以及上述产品及其原辅料、机械设备的进出口业务。广泛为省内外家电、医药、食品、轻纺等行业服务。
负 责 人：陈兆忠　　**联系人：**谢芬萍
电　　话：(020)83340941　83346081
传　　真：(020)83340574
http://www.gzpp.cn

单位名称：河北省雄县北方流延复合包装厂
单位地址：河北雄县雄昝路中段
邮政编码：071800
单位概况：主要产品：淋膜纸类：用于医药、食品等包装。（感冒冲剂、板蓝根冲剂、瓜子袋、汉堡袋、汉堡片、航空清洁袋）等包装基材的制造和不干胶底纸等。透析纸类：用于医疗器械的包装和外用橡皮膏的基材。（一次性输液器、注射器、医用手套、医用纱布、手术台清洁袋）等基材的制造。纸杯纸类：生产170g—210g的口杯袋、250g—300g的快餐盒纸和300g一次性垃圾桶基材的制造。PE流延膜类：主要用于卫生用品。（妇女卫生巾、卫生护垫）。CPP流延膜类：适用于生产普通衣物，食品和杂品的包装用膜，适用于生产冬季物品的包装和做复合膜基材。
负 责 人：邓丙辰
电　　话：0312-5862910
传　　真：0312-5862910
http://www.liouyan.com

单位名称：南京金银杏纸业有限公司
单位地址：江苏省南京市浦口区迎江路1号
邮政编码：210000
单位概况：南京市唯一集制浆、造纸、加工为一体的国有中型企业，也是南京市的新闻纸生产基地。生产品种有彩色胶印新闻纸、装饰原纸、平衡纸、高强瓦楞纸、牛皮涂塑纸、石膏板护面纸、防火板芯纸等，年生产规模可达5万余吨。其主产品胶印新闻纸曾获江苏省科技进步三等奖及南京市科技进步一等奖。目前，公司正积极配合人民日报社与日本王子公司合作筹建年产20万吨高档低定量彩色胶印新闻纸和微涂纸项目，生产能替代进口满足国内市场的优质产品。
董 事 长：余年发
电　　话：(025)58851016
传　　真：(025)58852640

单位名称：广东省恩平市达肯包装机械有限公司
单位地址：广东省恩平市北郊牛址营工业城
邮政编码：529424
单位概况：公司从事纸袋包装、包装机械设备研制已达20余年，自行研制、开发的"达肯牌高速自动化糊底纸袋机组"可生产各类环保纸袋，如水泥纸袋、化工原料纸袋、淀粉袋等，被评为1996年国家级新产品，填补了国内空白，达到20世纪90年代国际先进水平。
联 系 人：司徒达肯　魏道波
电　　话：0750-7186369　7186262
传　　真：0750-7186876
http://www.tecon.com
E—mail:tony@tecon.com.cn

单位名称：平阳县八达包装有限公司
单位地址：平阳县萧江镇萧振路口(104国道旁)
邮政编码：325402
单位概况：经营范围：二复合、三复合加工、销售。
主要产品：复合袋。
电　　话：0577-63560010　0577-63562431
传　　真：0577-63565111
http://www.bada-pack.com
E—mail:badapack@hotmail.com

单位名称：北京市房山制桶厂
单位地址：北京市房山区兴房大街66号
邮政编码：102400
单位概况：是生产各种规格包装钢桶的专业厂家，是中国生产包装钢桶的骨干企业之一。以年生产60万只200L电镀锌钢桶的绝对优势在中国处于领先地位。并具备年生产40万只20—200L闭口和全开口钢桶的生产能力。经北京出入境商品检验检疫局多次检定，均达到《国际海运危规》I类标准，并列为该局出口包装定点生产厂。1997年获得ISO 9002:1994质量认证，2003年转换为ISO 9001:2000质量认证。
法人代表：张洪勋
电　　话：(010)89303845　89303449
传　　真：(010)89303072
http://www.fsgy.com.cn

单位名称：富韧强工业包装(广州)有限公司
单位地址：广州市花都区花都港广花工业城第三座
邮政编码：510800
单位概况：主要产品：水泥及其它建材包装纸袋。
经营范围：生产、加工工业包装纸袋及相关产品。
负 责 人：张晓平
电　　话：020-86865068/36869602
传　　真：020-36869602

单位名称：**无锡市伙伴日化科技有限公司**
单位地址：江苏省江阴市璜塘镇
邮政编码：214407
单位概况：经营范围：印铁加工、金属制罐、制罐机械、灌装机械、包装机械、各种气雾罐、卫生杀虫剂、清新剂、喷发油、鞋油、皮革光亮剂、牙膏、啤酒、洗面奶、护肤霜、洗发香波、摩丝、香水。
主要产品：彩印覆膜铁（制罐用顶底盖、罐身板材、家电装饰板、建筑装潢装饰板）；金属包装容器（各种喷雾器、气雾罐）；制罐机械（高低速制罐生产线、气雾剂灌装机）、自动检漏机等；各种日化产品。
法人代表：张国兴
电　　话：0510-6531128
传　　真：0510-6531138
http://WWW.huoban.com
E—mail：huobanjy@163.net

单位名称：**长江计算机集团上海盛兴包装材料有限公司**
单位地址：上海市浦东新区上川路581号
邮政编码：201209
单位概况：经营范围：纸箱、纸盒等纸制包装容器。
主要产品：瓦楞纸箱、纸盒。
负 责 人：倪锡章
电　　话：021-58633944
传　　真：021-58632101
http://www.shshengxing.com
E—mail：nsk@shshengxing.com

单位名称：**天津科技大学**
单位地址：天津市河西区大沽南路1038号546#信箱
邮政编码：300222
单位概况：天津科技大学包装与印刷工程学院现有包装工程、印刷工程（信息图文处理方向、电子出版方向）、木材科学与工程（室内与家具设计方向）等四个专业，在校生942人。经教育部批准，我院在“轻工技术与工程”博士学位授权一级学科范围内自主设置包装工程博士点和印刷工程硕士点。近三年，共完成或承担国家级科研项目、教改项目4项，省部级、局级以及横向科研项目多项；在国内外学术刊物上发表论文80余篇，主编出版教材或学术专著15部。经过近二十年的建设，为国内培养了大批高级专业人才。
负 责 人：孙诚
电　　话：022-60273395
传　　真：022-60273395
http://www.tust.edu.cn

单位名称：**上海新通联包装材料有限公司**
单位地址：上海市宝山区共康路999号
邮政编码：200436
单位概况：经营范围：木制品、纸制品、塑料制品的包装箱，木制品、纸制品、塑料制品的加工及相关原料的零售、批发。
主要产品：瓦楞纸箱、纸盒、纸托盘等纸制品和木箱、木托盘等木制品系列产品。
负 责 人：曹文洁
电　　话：021-66244333、66244777
传　　真：021-56480666、66244666
E—mail：xs@STLP.com.cn

单位名称：**武汉建中洪昌减速机械有限公司**
单位地址：武汉市江汉区建设大道623号福星科技大厦2单元13-1
邮政编码：430030
单位概况：主营产品：双摆线齿轮减速机、气动隔膜泵。经营范围：减速机械设备及配套装置、气动隔膜泵生产及销售磷化液涂料的销售，金属结构设计、安装及维修。
负 责 人：李建中
电　　话：027-83630997　83618688　82735783
传　　真：027-83618688　82722326
http://www.whjianzhong.com.cn
www.whjianzhong.com
E—mail：Ljz@whjianzhong.com.cn

单位名称：**天津派克威包装设备销售有限公司**
单位地址：天津市河西区体院北环湖中道9号208室
邮政编码：300060
单位概况：敝公司系台商独资，专业生产经营各类包装设备及材料，主要产品有：钢带、PET带打包工具；进口电脑喷印机；打包机、封箱机；胶膜栈板机系列；镭射打码机；自动打结机；诚泰垫熔胶；缓冲气垫包装设备、耗材；进口条码机；钢带、PET带、拉伸膜；全自动贴标机。
负 责 人：成建新
电　　话：022-23343177
传　　真：022-23527223
http://www.packware.com.tw
E—mail：tonycheng@packware.com.tw

单位名称:宁波东升包装材料有限公司
单位地址:宁波市科技园区梅墟工业区徐家洼村
邮政编码:315103
单位概况:我公司是一家专业生产双向拉伸聚苯乙烯片材(BOPS)企业。公司引进了日本"三菱"重工年产8000吨的BOPS生产线,是中国最早生产BOPS片材的企业,也是中国BOPS国家标准的主要起草单位,在行业中最早获得了ISO 9001国际质量体系认证。经多年的研究和开发,公司的"改进型BOPS"产品被国家科技部、质量监督检验检疫总局、环境保护总局等五部、局列为2002年度"国家重点新产品"。
总 经 理:姜才兴
电　　话:0574-88483586
传　　真:0574-88483918
http://www.dongshengpack.com
E-mail:cnd@dongshengpack.com

单位名称:平湖市宏达纸箱包装材料有限公司
单位地址:浙江省平湖南门外通界镇
邮政编码:314215
单位概况:是一家集造纸、纸箱包装、彩印包装、PE塑料工具箱、绿色环保产品纸浆模、酚醛塑料粉生产于一体的综合性中型私营企业,企业拥有先进的WWJ—1600和2000型瓦楞纸板生产流水线和多台二、三色开槽印刷机,一台四色日本小森全张胶印机等与之配套的纸箱、彩印包装设备,多台PE塑料工具箱生产设备,多台纸浆模生产设备等,有较强的生产能力,能满足客户不同型号规格的需求,其优质的产品远销江、浙、沪等外省城市,诚信的服务赢得客户的赞誉。公司以发展和提高经济效益为第一要务,深化和完善企业内部技术改造,使企业在激烈的市场竞争中永立不败之地,不断探索,积极向国际化先进管理水平发展,先后组织开展标准化计量管理,全面质量管理,实施了产品的创优工程,2000年通过了ISO 9002国际化质量管理体系认证,科学的管理,多元化的经营,使企业迈上了快速发展的轨道。
法人代表:张水林
电　　话:0573-5944271　5945418
传　　真:0573-5944082　5945968
http://www.phhdzy.com
E-mail:jxphhongda@mail.jxptt.zj.cn

单位名称:福建福旺金属制品有限公司
单位地址:福清市上迳排边工业区(福厦路61公里处)
邮政编码:350300
单位概况:经营范围:生产易拉罐等金属制品及彩色纸盒、纸箱及其他高级彩色印刷品(不涉及国家限制品种)。
主要产品:各种型号饮料空罐、各种食品商标、饮料、文具盒等彩印。
法人代表:杨宗旺
电　　话:0591-5629509
传　　真:0591-5621938
E-mail:yzw0609@public.fz.fj.cn

单位名称:郑州卫华包装有限公司
单位地址:河南郑州经济技术开发区第六大街
邮政编码:450016
单位概况:公司占地三万平方米,拥有4条国内先进水平的复合膜包装生产线及先进的吹膜设备,生产、经营包装制品,塑料制品,包装装潢,其它印刷品,部分产品销往日本、东南亚等国家和地区。公司建立有严格的质量控制体系,先进的实验室,连年被评为省、市先进企业和质量信誉奖。
总 经 理:刘国强
电　　话:0371-6781198　6785389
传　　真:0371-6781538
http://www.wehero.com

单位名称:河南省新密市恒丰纸业有限公司
单位地址:新密市大隗镇
邮政编码:452383
单位概况:经营范围:箱板纸、包装纸箱
主要产品:A、B、C纸箱纸板、高强度瓦楞纸、纸板加工、各种规格彩印纸箱
法人代表:张本立
电　　话:0371-9271061(总机)
0371-9288516
传　　真:0371-9272626
http://www.xmhf.com

单位名称:天津市津东华明纸箱厂
单位地址:天津市东丽区外环线三号桥东侧
邮政编码:300300
单位概况:经营范围:各种瓦楞纸箱、工艺内盒
负 责 人:刘世江　王瑞红
电　　话:(022)84780248
传　　真:(022)84781643
http://HMJT.com.cn
E-mail:HMZX@163.com

单位名称:哈尔滨航天风华科技股份有限公司包装自动化分公司
单位地址:哈尔滨市中山路115号
邮政编码:150036
单位概况:经营范围:瓦楞纸箱系列机械设备、螺旋纸管系列生产线、报刊封发流水线、热收缩包装生产线等高科技新产品的生产和销售。
主要产品:纸箱:①瓦楞纸板生产线系列:单、三、五层生产线,幅宽1.6、1.8、2.0、2.2m;②印刷机系列:ZYK-2400全自动高速水性印刷开槽机二、三、四色;SSY-1400A型系列瓦楞纸板水性印刷机,双色、三色、四色;SYKD系列链条式水性印刷开槽机,双色、三色、四色;③WKD-1D型系列瓦楞纸板压切机;①FJ-1600型分切复卷机;②LJJ-Ⅱ型系列螺旋卷机;③SHZ-Ⅱ型纱管整型机;④HGJ型系列全自动纸管烘干机;⑤QJQ-1600型全自动精切机。
负 责 人:那光武
电 话:0451-82616258
传 真:0451-82616258
http://WWW.hrbfenghua.com.cn

单位名称:仙桃市亮旺金属制品有限责任公司
单位地址:湖北省仙桃市彭场镇彭场大道196#
邮政编码:433018
单位概况:经营范围:钢制铁桶、五金制品的加工、销售。本公司是生产金属容器包装的专业性企业,公司占地面积21000平方米,拥有各类设备105台套,形成16—200升钢桶生产线三条,年生产能力50万件,产品共15个规格25个品种,主要用于石化、医药、粮油、土产、食品、农药等产品的配套出口包装。本公司设备先进,技术力量雄厚,产品齐全,用途广泛,适应性强。
法人代表:刘祖亮
电 话:0728-2612442
传 真:0728-2612442

单位名称:南阳万里防锈包装有限公司
单位地址:河南省南阳市百里奚北路2号
邮政编码:473083
单位概况:经营范围:气相防锈材料、复合包装材料。
主要产品:气相防锈纸、复合包装纸、塑蜡防潮纸、胶片、PS版专用包装纸、各种复合材料。
负责人:万忠俄
电 话:0377-3295058 0377-3295059
传 真:0377-3295056
http://www.wtp.51.net

单位名称:东阳市野风包装有限公司
单位地址:浙江省东阳市北江镇工业区
邮政编码:322105
单位概况:经营范围:纸箱印刷
主要产品:瓦楞纸板、纸箱
负 责 人:卢天妙
电 话:0579-6730442
传 真:0579-6730317
http://www.wildwind.com.cn

单位名称:浙江省玉环包装有限公司
单位地址:玉环县楚门镇76省道复线18KM处
邮政编码:317605
单位概况:公司创建于1993年,是一家集瓦楞纸箱、纸板、纸盒、印刷生产为一体的包装企业,同时获得出口商品包装企业质量许可证。公司占地面积65000平方米,生产车间20000平方米,员工200多名。公司拥有2.2米门幅全自动电脑高速瓦楞纸板生产线及电脑自动水性四色印刷机等先进设备,从纸板到印刷全部实现电脑数控:产品质量检测设备完善,电脑、电子等精密仪器全方位跟踪检测,质量保证体系规范健全,从原辅材料采购到成品出库,售后服务严格按照ISO 9001—2000国际质量保证模式体系进行运作,使产品质量有了可靠的保证。
总 经 理:郭奇奎
电 话:0576-7419555 7419528
传 真:0576-7442527

单位名称:烟台华联印刷有限责任公司
单位地址:烟台市开发区五指山路E—13小区
邮政编码:264006
单位概况:公司坚持以人为本,科技为先,不断创新,并取得不断发展。先后从德国引进电分机、照相机,全电脑控制海德堡四色、五色印刷机多台,以及全自动模切机、糊盒机等,是集设计、制版、印刷及印后加工于一体的现代化大型印刷包装装潢企业。华联印刷的核心业务是为医药、食品及酒制品生产企业提供专业化的包装服务;此外,公司还全力承接广告,画册,海报,商标及各种礼盒等业务。
法人代表:陈伟东
电 话:0535-6393303 6374460 6388972
传 真:0535-6386261 6388971
http://www.hualianprint.com
E—mail:Hlys_yt@163.net

单位名称:新疆沙驼股份有限公司
单位地址:米泉市稻香路204号
邮政编码:831400
单位概况:公司的生产技术装备水平已处于西北地区领先地位,拥有一条国内唯一的红麻热磨化学机械浆(CTMP)生产线,两条国际先进水平的彩色纸箱印刷自动生产线,一条国际先进水平的瑞士全自动电阻焊桶身制造机和意大利桶体成型全自动生产线,一条国内先进水平的德国罗兰六色胶印生产线和西北地区第一条微机程控双叠网纸板生产线,一条与台湾合资的马口铁三片罐全自动生产线,一条韩国产四色全自动印刷机。公司主要产品有各级机制纸板、纱管原纸、涂布纸板、瓜果箱、工业品包装箱、彩色胶印纸箱(盒)及标贴、200升锥形包装钢桶、马口铁三片罐等。产品品种达6大类10个系列30多个品种,7个产品填补了新疆空白。
电　　话:0994-5229101
传　　真:0994-5229060

单位名称:江西广厦包装印刷有限公司
单位地址:江西省广丰县芦林工业区
邮政编码:334600
单位概况:创建于1993年,隶属月兔集团,系中美合资企业。主要生产"蒙莱特"牌系列高档烟用铝箔纸、卡头纸、PET镀铝镜面卡纸、金银卡纸、镭射卡纸等产品。公司现有员工180人,其中专业技术人员、大中专毕业生共计60人,拥有先进的生产设备和工艺技术及工艺检测系统;现有固定资产3000多万元,占地面积5000多平方米,年生产能力超万吨。产品远销广东、上海、福建、浙江、贵州、湖南、陕西等国内各省市。2000年4月一次性通过中质协质保认证中心ISO 9000认证。2002年公司实现销售收入1.08亿元,利税1200万元。
总 经 理:叶海水
电　　话:0793-2617075　2652321
传　　真:0793-2652321

单位名称:四川宜宾佳艺包装材料有限公司
单位地址:宜宾县柏溪镇育才路51号
邮政编码:644600
单位概况:是目前宜宾地区一流的金卡纸生产企业,拥有一流的专业技术人员和先进的设备。公司的主要产品有:"PET/铝箔哑光金卡、哑光银卡、亮光金卡、亮光银卡及素面镭射卡"等产品,规格齐全,可按用户的要求生产其它异形规格的产品。公司坚持:"科技领先、质量第一、用户至上"的原则。产品从原材料进厂到产品出厂,所有过程均在受控状态下进行,成品合格率达98%以上。以优质的产品为包装行业提供了可靠的质量保证。目前,产品经销全国多个省市,对用户实行产品跟踪服务。公司以:"求实创新、团结奋斗"为企业精神,力求我们与全国包装材料共成长。用勤奋和智慧为包装行业做出我们的贡献。
总 经 理:王学诚
电　　话:0831-6611299　6611265
传　　真:0831-6611488

单位名称:讯德立公司
单位地址:北京市朝阳区酒仙桥驼房营
邮政编码:100016
单位概况:公司包装箱产品年产销量约2万个,具有生产周期短,备有库房,可随时供货,和可根据用户需求为用户提供设计、生产、加工各种类型木制包装箱、纸包装箱、兼包装袋以及减震泡沫板、干燥剂等配套产品,且具有最小生产批量为一个包装箱特色服务的优势。公司所使用的板材为环保型板材,并通过了"国家人造板质量监督检验中心"的检验。由于应用了"纳米材料技术",取得了《高新技术企业认定证书》。公司生产的包装箱主要品种有:梆带式结构、搭扣式结构、螺栓式结构、再生木可拆卸弹簧卡角式结构等多种结构的木制包装箱,并通过"中国包装科研测试中心"检测。公司成立几年来,不断完善现代化管理模式,严格按照国际质量管理体系管理企业,产品质量不断提高,包装箱出厂一次合格率达到100%。
总 经 理:张啟俊
电　　话:010-64310225
传　　真:010-64367121

单位名称:江苏南洋印务集团有限公司
单位地址:江苏省丹阳市南郊行宫镇
邮政编码:212343
单位概况:公司下设四个厂区,印刷有进口和国产的印前、印中、印后全套先进设备,化工有玻璃、陶瓷用黄金水、造纸用丁苯胶乳等先进设备。主要产品有书刊、包装装潢印刷,年产量50万色令,常年为20多个出版社和市场服务;年产5000万张的丹凤牌陶瓷、玻璃用贴花纸和黄金水覆盖国内市场、丁苯胶乳年产8000吨,销售浙江、山东、河北各大造纸厂、三树牌扑克年产5000万副内销全国,出口东南亚及欧洲各国。年销售额超亿元。
法人代表:陈联芳
电　　话:(0511)6842229
传　　真:(0511)6842188
http://www.china-nanyang.com
E-mail:nyyw@pub.zj.jsinfo.net

单位名称:潍坊东航精密机械有限公司
单位地址:潍坊市高新开发区金马路中段
邮政编码:261000
单位概况:是一家集胶印机的研制开发、生产、销销、售后服务于一体的综合性企业。公司现生产DH56E、DH56B、DH52E、DH47E、DH47L、DH47-NP、DH30L、DH480KH、DH480KH-NP、DH-DM、DH-JZ40等十几种机型的胶印机,并有打码机和胶装机,年生产能力2000台,机器性能稳定,质量可靠,销售网络遍布全国各地及东南亚、蒙古等地区。公司本着以完善的企业管理和技术开发为基础,以人才培养为手段,以极大限度地满足用户的需求为宗旨的原则,跻身于21世纪国产小胶印行业的前列。
总 经 理:孟范祥
电　　话:0536-8898701　8898702　8898703
传　　真:0536-8898707
http://www.donghang.cn
E-mail:donghang@donghang.cn

单位名称:义乌市百思得彩印包装有限公司
单位地址:义乌市稠州西路 281 号
邮政编码:322000
单位概况:经营范围:包装装潢印刷、商标印制、进出口业务。产品:服装针织类包装,日用百货类包装,精制各种纸类及塑料类彩印包装制品。
法人代表:祝利群
电　　话:0579-5312688
传　　真:0579-5315645
http://www.best-packing.com

单位名称:临沭金星贝尔包装材料有限公司
单位地址:山东省临沭县店头工业园
邮政编码:276700
单位概况:本公司是一家生产销售包装材料、电工材料、塑料制品的现代化高科技公司,属国家中型企业。公司生产线主要引进国外先进设备,采用国际上先进的生产技术工艺,主要生产宽幅 4200mm,厚度 15μ—50mμm 的 BOPP 平膜、珠光膜,年生产能力达 5000 吨。公司产品是当今世界上广泛采用的价格低廉、性能优良的环保型包装材料,主要用于工业、电工业、日用产品包装领域,其产品售受客户欢迎。
法人代表:刘景海
电　　话:0539-6970606　6970619(销售)
传　　真:0539-6970601
http://www.linshugoldstar.com
E—mail:alvinliu@1y—public.sd.cninfo.net

单位名称:香河富士嘉利纸制品有限公司
单位地址:河北省香河县赶水坝北
单位概况:中日合资企业,始建于 1999 年,经过四年的艰苦创业今天已发展成为专业生产各类瓦楞纸箱的大型企业。我公司恪守"品质第一"的原则,以良好的信誉、一流的质量为诸多厂家提供了各优质的产品:LG 电子(天津)电器有限公司;北京松下电子制品有限公司;内蒙古蒙牛乳业股份有限公司;宝洁(中国)有限公司;北京大发正大有限公司;吉百利(中国)食品有限公司;北京纳贝斯克食品有限公司;中国石化长城润滑油集团有限公司。
电　　话:0316-8715198　8715359
传　　真:0316-8715390
http://www.fsjl.net
E—mail:fushijiali@sina.com.cn

单位名称:山东将军纸业有限公司
单位地址:山东省德州市天衢路东首
邮政编码:253000
单位概况:山东将军开元纸业有限公司是将军烟草集团投资兴建的一家专业生产包装箱、铝箔纸、金卡纸等产品的大型包装材料生产企业。公司占地面积 195 亩。公司拥有员工 300 多人,其中专业技术人员 30 多人,大中专学生 100 多人。公司技术力量雄厚、设备先进、管理完善,取得了 ISO 9002 国际质量体系认证证书和出口商品质量许可证。公司拥有宽幅为 2.2 米的七层纸板生产线和宽幅为 1.6 米的五层纸板生产线一条,台湾 TCY 五色印刷开槽磨切机,京山三色印刷机,台湾原装进口单、双片半自动钉箱机、全自动、半自动打捆机等具有国际一流水平的相关纸箱配套设备 43 台套,另有铝箔纸复合机、金卡机、分切机等相关铝箔纸配套设备 15 台套,具有生产各种高中低档纸板、纸箱和不同规格品种铝箔纸的能力。公司本着"我们的产品使你们的产品更加完善"的宗旨,竭诚欢迎各界客户、朋友携手合作,共同开拓市场,创造美好的明天。
法人代表:陈道全
电　　话:0534-2552868
传　　真:0534-2552868

企业风采
ENTERPRISES FEATURE

抓住机遇　迎接挑战

——阔步迈向市场经济的山西省印刷物资总公司

山西省印刷物资总公司主要从事高、中、低档次印刷包装机械设备、器材、油墨、纸张、配件等材料的销售业务。公司由创建之初的一间办公室和几个工作人员发展至今下设3个管理科室、4个专业分公司、8个地市分公司及出版纸张科；拥有职工90余人、经营资金1200余万元、营用面积12000平方米、年销售2亿元，并且配备了先进的办公自动化设备，在同行业中率先使用电算化，实现销售、财务、库房财务的内部网络一体化、科学化管理，成为山西省规模最大、实力最强、品种最全、销量最多、信誉最好的国有印刷包装物资专营公司。尤其是近几年来，公司的经营踏踏实实、稳步向前，1998～2002年每年的销售、利润增长率都在20%以上。1992年公司曾被山西省省委省政府授予"山西省先进企业"荣誉称号、2003年又被山西省省直机关劳动竞赛委员会授予"五一劳动奖状"荣誉称号。

市场经济的日趋成熟，为流通企业搭建了广阔的平台，机遇与挑战并存，作为山西地区印刷包装物资的流通企业，山西省印刷物资总公司在改革开放中紧紧把握时代脉搏，抓住机遇迎接挑战，阔步迈向市场经济，走出了一条适合自己发展的道路。

抓住印刷包装业的发展机遇　开拓市场

随着印刷包装业的迅速发展，各大、中型印刷包装企业纷纷采用了新工艺，并向技术装备合理化、工艺技术先进化、产品高档化、功能齐全化发展，一些小型、个体印刷包装企业也逐步以多品种、低成本、小型化、多样化为特色走向市场。从这个发展趋势来看，印刷包装物资必须要满足高、精、尖和短、平、快各种不同类型、不同品种、不同规格、不同档次的设备和原辅材料的需求。山西省印刷物资总公司正是以此为契机，抓住机遇，以自己独特的优势开拓市场。一是在总公司的基础上，依据印刷包装企业的分布情况，组建了运城、大同、晋城、长治、临汾、阳泉、太原及鑫欣等8个地市分公司，实行放开经营权、进货权、资金使用权，形成内部的竞争机制，从而稳定原市场，开辟新市场，稳定原服务层次，并不断向服务的深层次迈进。二是实行联手经营扩大市场，在互利互惠前提下，积极与印刷包装设备制造厂和印刷包装原辅材料生产厂家建立联营关系或代理关系，还与各类型的印刷包装物资经销商建立半紧密型或松散型的利益共同体，达到了扩大市场范围之目的。三是全方位联络新老用户，通过各种渠道、把握各种机会，进行超前服务，并适时举办展销会、订货会，为印刷包装设备、材料生产厂家提供参予、宣传、竞争的机会，为印刷包装企业提供考察、了解、选择的机会，促成产、需双方成交。四是向印刷包装企业宣传设备、材料性能、特点，积极创造条件，在更大范围内开拓市场，走出本省区、进行跨地区、跨省区、跨行业甚至跨国界的营销活动。

发挥国有企业的主渠道优势　占领市场

山西省印刷物资总公司多年来为印刷包装业提供了有力的物资保证，为印刷包装企业与设备、原辅材料生产企业架起了一座桥梁，成为双方沟通与联系的纽带和"二传手"。但是随着市场经济的发展，原先形成的经销模式在逐步发生变化，印刷包装设备和原辅材料生产企业的自销与各种类型的印刷包装物资经销商的出现，竞争对手逐渐增多，业务分流较为严重，原有市场发生滞销现象，这给公司的经营带来很大冲击。面对十分严峻的形势，公司以积极的态度迎接市场挑战。首先转变观念、转变作风、转换经营机制，彻底摒弃计划经济体制下形成的“官商作风”和“坐等客户”的被动经营方式，发挥国有企业主渠道形成的技术优势、规模优势和信誉优势，从客观实际出发，充分认识到目标市场的范围、容量、占有率，对经营目标、经营市场进行调查、分析、预测，确立正确的经营目标和经营方针，主动占领目标市场。纸张专业分公司拥有2000平方米的库房，纸张库存充足、品种齐全、质量保证、装运方便、送货快捷；机械配件专业分公司全年库存300余台机器并配套高中低档30余种机型、1000多个易耗配件品种，并常年设立小型胶印机展厅进行现场演示，能更好地满足用户对各种规格、型号的书刊印前、印刷、装订设备、报刊印刷设备和包装设备的需求，实行销售、服务、配件一体化；油墨专业分公司经销各种进口和国产油墨以及防伪墨、水性墨、塑料墨，是山西省规模最大、品种最全的油墨经销单位，还可根据客户要求与厂家协作提供客户需要的专色墨；器材专业分公司主要经营胶印、铅印、制版、装订、包装、电脑照排等高、中、低档印刷包装专用消耗材料约300余种，拥有100余家稳定的供货合作伙伴；维修中心拥有省内知名度较高的印机专业维修人员，提供各类进口、国产印刷包装机械的大、中、小修理服务，对所售设备全部实行“三包”服务；公司还承揽各种印刷包装机械的搬迁、安装、调试。这些优势的发扬光大，赢得了许多省内外著名企业的信赖，被金东纸业、高氏劳瑞、北人集团、华光精工等一些国内知名企业指定为长期代理商，为占领市场打下了牢固的基础，从而取得了良好的经济效益和社会效益。

搞好诚信的优质服务　巩固市场

服务是一种无形资产，直接关系到一个企业的经营状况和发展前景，服务质量的高低反映了一个企业的管理素质、职工素质和整体素质，只有全方位、高质量搞好服务、才能增强用户的信任感和巩固已有的市场。为此，公司以诚信为本，认真改进经营作风，广泛开展了优质服务。首先是搞好信息服务，捕捉市场各种供求信息，为产、需双方提供超前的信息服务。其次，开展售前服务，经常不断地走访用户，对用户的生产、物资的需求、设备购置等一系列情况进行详细调查、了解摸底，并积极为印刷包装企业提供设备、物资的性能、规格、质量、技术资料，为其提供决策依据，当好印刷包装企业技术改造、设备更新的参谋与良师益友。第三，实行跟踪服务，印刷包装企业在新设备、新材料使用过程中，常常会遇到一些特殊困难，我们便急用户所急、想用户所想、负责到底，以赢得用户信赖。第四，对重点用户搞一些价格优惠或资金扶持，一些重点印刷包装企业常常会遇到暂时的资金紧缺，对此，公司在进行信誉度与投资回报率考察的前提下，实行适当的赊销或为其贷款的办法，帮助重点企业渡过难关。第五，搞好售后服务，除经常性地主动上门征求意见，还建立了维修中心，实行安装、调试、维修一条龙的全程服务。此外公司备有各种送货车辆20台，热忱为用户提供快捷的送货，上门服务急用急送，预约专送。公司新的营业大厅和机械大厅已投入使用，营业大楼内设有2个容纳70人的会议室，可以随时举办技术讲座。为了方便用户，总公司各部门周六、周日、五一、国庆等节假日照常营业。路遥知马力，日久见人心，公司员工诚信的优质服务，受到了消费者的好评，赢得了广大用户的信赖和支持，解除了印刷包装企业的后顾之忧，从而提高了印刷物资总公司的知名度，进一步巩固了已占有的市场。

山西省印刷物资总公司正是这样，抓住机遇开拓进取，积极参与市场竞争，稳步走上了一条社会主义市场经济的发展道路，扎扎实实树立起了国有企业的良好信誉和形象，使印刷包装物资的供应工作迈上了一个新的台阶，为山西省印刷包装事业的发展作出了积极的贡献。

单位：山西省印刷物资总公司　　撰稿人：巩俊香

地址：山西省太原市建设南路182号　　邮编：030012

精包细装银利达　美好彩印报国家

卫辉市银利达彩印有限公司董事长兼总经理　闫银凤

河南省卫辉市银利达彩印有限公司始建于1994年。9年来，企业以“消除贫穷，创造富裕美好；顽强拼搏，争创行业一流”为目标，以“精包细装，彩印报国”为宗旨，以“以标治厂、以质取信、以诚求久，以效达献、以人为本”为方针，在全体员工中坚持强化“质量是企业的生命”的意识，切实加强企业文化建设，团队精神日益增强，公司快速向前发展，现已成为河南省最大的彩印软包装企业，并成为华龙、正龙、中旺、斯美特、科迪等粮食深加工企业的诚信合作伙伴，并向康师傅、统一进军。作为中国包装协会会员单位，2000年、2002年先后通过了ISO 9002—1994标准认证和ISO 9001—2000换版认证，被评为AAA级资信企业，先后获得“新乡市纳税先进单位”、“卫辉市先进企业”、“卫辉市非公有制经济十面红旗”等十多项荣誉。进入新世纪，企业步入跨越式发展新阶段，在唐庄民营经济园区建成了占地60000m^{2}的花园式厂区和15000m^{2}十万级防尘厂房，在省会郑州成立了设计中心、坤合贸易公司和国际经贸部，公司正在向规模化、集团化迈进。

“军队＋家庭＋学校”的管理模式

银利达自创建之日起，为实现企业目标，践行企业完旨，落实治厂方针，创立了“军队＋家庭＋学校”的独特管理模式：即军队型的严格纪律，家庭型的温暖关爱，学校型的学习提高。我们认为，企业与军队一样，没有铁的纪律、严明的规章制度，就不可能打胜仗。我们在管理上要求每位员工做到令行禁止、步调一致。建立了严密的质量管理体系，明确了各部门职责、职权、及各工作岗位的任职要求，制定了健全的行政管理制度，全面推行规范化管理、经济责任制考核和绩效考核，严格的组织纪律和有效的激励措施推动了公司的兴旺发展。在执行严格纪律的同时，银利达更像一个温暖的大家庭，我们要求主管在思想上理解员工，工作上支持员工，生活上关心帮助员工，把员工当成自己的兄弟姐妹一样看待，使员工心往一处想，劲往一处使，公司内充满和睦温馨的气氛，使员工始终在愉快心情中工作。银利达对员工 的爱更突出的是体现在强化培训和促进提高素质上，我们把打造一流的员工队伍作为打造一流企业的基础，坚持每周二全体职工理念教育课，每天部门主管学习培训，每周分部门两次技能培训，将培训作为软福利送给员工，通过定期考核，成绩与工资挂钩，鼓励员工学习的热忱。

永不自我满足的进取意识

中国包装业在迅速向前发展，银利达作为中原大地彩印软包装龙头企业，享有粮食大省食品加工支柱产业的独特优势，理应为中国包装业的繁荣与发展作出较大的贡献，我们牢固树立“不发展就是落后，就要被市场淘汰”的竞争意识，从1997年公司初步完成原始积累起，每年确定一个奋斗目标，从狠抓全面质量管理和产品升级，到建立市场网络，扩大市场销售份额；从减少失误、提高劳动生产率，到实现产品零缺陷，在省内大型粮食深加工企业站稳脚根；从企业的巩固提高、持续改进，到经营管理创新，走科工贸一体化道路，企业以坚实稳健步伐阔步跃进，成为闪耀在中州大地上的一颗璀璨明星。

凝聚企业文化的团队精神

为使全体员工树立产业报国的理想,公司坚持对员工进行爱党、爱社会主义、爱祖国、爱人民、爱企业、爱家庭、爱同事的"七爱"教育,让员工把自己的人生和前途与国家、与企业、与社会紧密联系在一起,从而深刻认识到:我是银利达职工,我要为银利达真诚奉献,无论做什么,我们都要竭尽全力,自私和虚伪将遭到唾弃。在各自心中形成一种共识:要把我们所生产的产品像泉水涌动般流向全社会人民的生活中;我们愿为全社会服务,并且以公众对我们所提供的产品及服务的满意票来光浴我们的生活,使社会繁荣,国家富强,使人类幸福;高产乃至善之道,做值得信赖和有魅力的企业;创造富裕美好的明天是我们的向往。以"七爱"教育为主题,以形式多样、丰富多采的教育形式为载体,我们设制了十余块板报,各部每周编写一期联系实际的各类体载文章;拨出专用文娱活动经费,每月举办一次有益于员工身心健康,喜闻乐见又乐于参加的文娱活动;编印了《企业文化手册》,让每位员工对公司的各种理念烂熟于心;谱写了《银利达之歌》和《银利达员工之歌》,在全体员工中传唱,激发员工的自豪感;每月出版一期《银利达报》,编发公司重要新闻、新人新事、时论短评、诗文创作等;每年底举办大型春节文艺晚会,员工自编自演文艺节目,聚集一堂,共度新春佳节;每年展开一次全员旅游活动,让员工走出车间,走向大自然,领略祖国的大好河山。这些活动,把全体员工融为一体,使员工增强了荣誉感、责任感和使命感,召唤着员工向着一个目标,形成一支奋勇争先的团队,将企业向前推进。

做大做强企业,实现报国壮志

1994年公司成立时,投资仅5万元,员工不满10人,厂房只有10间,经过9年的发展,公司拥有固定资产超亿元,员工达300多人,员工知识结构日益提高,通过系统化、制度化全员培训,员工整体素质不断提升。特别是近年来,公司积极增加设备和技改投入,目前已拥有意大利伽利略V316P高真空镀铝机、英国唯美德集团阿特拉斯CW800高速分切机、国内先进的AZJ1101500FM机组式双收双放凹版彩印机、SFG1000A型高速干式复合机、EXC1600mm型高速挤出复合机等设备40余台(套),全部采用电脑控制,年产量跨上万吨台阶。目前,扩建生产线的工作正在紧张实施中,2004年产量将进一步大幅度提高,如今,银利达已形成从设计、制版到产品推出仅需5天时间的高速运行机制。未来的3年,银利达又将进入一个高速发展的时期,投资更大,效益更好的新项目已完成征地和规划勘测工作,项目全部建成后,银利达产品的市场竞争力将进一步增强,银利达作为中国包装行业的明天将更加璀璨夺目。

沐浴党的国家改革开放政策的阳光雨露,乘着党的十三届六中全会的东风,依靠社会各界的关心、帮助和支持,感谢国内外新老合作伙伴互利双赢共谋发展,银利达由小到大,也将由大到强,我们对银利达的美好发展前景充满信心。在新乡市首届杰出青年民营企业家表彰会上,我代表公司全体员工表达了肺腑心声:"发展是硬道理。企业不发展,什么事也办不成。企业壮大了,我们就必须要承担起我们应负的社会责任。我们办企业不单纯是为了挣钱,更重要的是要造福社会、回报社会。在工作和生活中,只要我们捧出了真诚奉献的心,真诚地待人,真诚地奉献智慧和力量,真诚地奉献青春的年华,那么我们就会得到别人真诚地拥戴和依赖。我总是认为,与党、政府、社会和人民给予我们的支持、关心相比,我们奉献的还不够,但可以相信,通过银利达人的不懈努力、开拓进取,银利达的明天会更加美好,并会通过自己的努力和奉献,让社会更加美好。

BEIREN142全张双色高速胶印机助力大幅面彩印市场

面对大幅面纸板纸箱市场的蓬勃发展形势，当前国内以胶印工艺服务于大幅面印刷品市场的企业由于主客观原因造成装备差异极大，其中多数是以对开胶印机印刷纸板再拼接粘贴成箱，也有少部分企业分别采用进口的新型全张多色胶印机和二手进口老式全张多色胶印机以及北人上世纪70年代生产的全张双色机与其他牌子的全张单色机预印再对裱成箱。从生产实践看，以对开胶印机印制大幅面纸板、纸箱，由于受到纸张尺寸的制约，需要用面纸拼接与粘贴等工艺手段来弥补纸张尺寸的不足，从而造成材料浪费、效率低下、成本增加、外观质量差强人意（色差、接缝等问题较严重）。

全张单色机的生产效率，人员与场地占用，多次套印带来不良品及废品率升高，已经不能适应当前高中档纸箱时间紧任务急，按需印刷的发展需求。

进口品牌全张多色胶印机的技术性能与印刷质量的确很好，然而昂贵的价格也只能为少数实力强、货源充足的企业所采用。

有鉴于此，北人在广泛调研基础上集成先进技术采用成熟结构推出技术起点高，性能稳定可靠，价格合理的BEIREN142全张双色高速胶印机，力求以品质、效率及价格的综合优势取胜市场，满足处于成长期的大幅面印刷市场的主体需求，为达到这一目标，北人对这款BEIREN142胶印机的性价比与市场面向作了周密安排。具体讲，印刷幅面要与国际B系列纸张标准接轨，适应市场主流产品的要求；色组数目以双色机为主攻对象，这不仅与国情相符合而且可以充分发挥北人在双色机领域研发制造积累的成功经验，突显国产全张双色胶印机在性价比与应用成本效益上的比较优势；产品价位定在200万以内，则显示北人以这款质量上乘、自动化程度高，灵活性强的全张双色高速胶印机推进国内大幅面印刷行业技术进步的信念；市场切入点选择了当前以对开胶印机及全张单色胶印机印制大幅面印刷品的企业，并积极挑战二手进口全张机的市场。

就BEIREN142全张双色胶印机来说，占有着明显的市场竞争的优势；一是北人有研发生产全张胶印机的基础和经历。早在1975年就曾批量生产销售五滚筒结构的1230规格的全张双色和双面胶印机，至今，这些设备绝大多数仍然服务在印刷一线；二是北人有多年胶印机研发、设计、生产、制造的成熟技术与丰富经验。这种基于人才、工艺及加工装备方面的专业技术与工艺诀窍是北人长年实践与不断总结积累得来的，是一笔宝贵财富；三是北人的服务理念与营销网络与时俱进有了较大转变。通过在全国九个区域市场设点布局，实现销售与服务一体化，做到快速响应市场，高效服务用户。设备的安装、调试、人员培训、备件供应等都可以更及时、更负责、更有效，而区域备件配送中心可以让用户24小时内享受到满意的服务，这在印刷业强调时效的年代尤为重要；四是北人系列胶印机有着广泛而稳定的客户基础，无论是设备的普及程度，还是操作使用经验的延续等方面，北人胶印机的品牌已植根于广大的市场之中。

同时在设计研制生产过程中北人考虑到这款全张双色高速胶印机主要用于大幅面白纸板印刷，为保证印刷质量的稳定可靠和较高的生产效率以及操作简便并降低劳动强度，北人设计部门在集成应用先进技术优化采用成熟结构的原则下，有针对性地对三套叼纸牙和牙轴、滚筒结构、机组布局、墨路形式以及墙板和机座等部件做了专门设计。该产品首先采用了大直径的单倍径印刷滚筒，不仅减少厚纸板在印刷中的弯曲，而且可有效避免加工误差带来的纸张传递中产生的重影。

其次，印刷机组"V"型对称布局，不仅增加了操作空间而且使纸张在印刷中交接次数只有4次，避免纸张因多次交接传递带来重影等缺陷；尤其在第二组压印滚筒后面增加了两个接纸滚筒，避免了纸张还未印刷完毕就交给收纸链排而产生的纸张易粘胶皮，易产生墨杠等印刷故障。

第三、递纸机构由共轭凸轮控制驱动，精度高，无冲击。而摆动器、压印和传纸滚筒、收纸牙排的叼牙及其牙轴均是针对大幅面不同克重卡纸专门设计的，其叼力大小可调，结构先进，抗冲击性好，噪音低，叼纸稳定可靠，确保了纸张传递的准确性，压印和传纸滚筒采用了高点闭牙，确保印刷过程中叼纸力均匀一致。

此外，滚筒一端定位而不是传统的两端定位，避免由于滚筒较长，高速运转时可能发热变形使得纸张的定位无序以致发生印刷重影。

第四、墨路设计上，结合了国外印刷机的优点和北人多年墨路设计经验，专门针对大幅面胶印机的给墨需求优化设计而成，贮墨量大且响应快速，能很好地适应层次与大面积实地印刷的给墨要求。

第五、通过对墙板及机座的优化设计，降低了机器的重心增加了刚性，减少机器运转中的振动，提高了机器的印刷速度。

此外，对开单、双色胶印机上的成熟技术及结构亦被有针对性地移植到BEIREN142胶印机上，如匀墨部分的传动、调压方式、胶皮滚筒结构和离合压结构等。

电器控制采用了PLC可编程集中控制器和变频驱动技术。功能配置也较全，如自动喷粉装置和机动副收纸，高台给纸收纸，快速夹版和定位销上版等。

生产制造方面，发挥了北人专业制造的加工实力与工装优势，采用大型加工中心和专有的生产设备对滚筒、齿轮、凸轮、墙板、轴套等关键件进行自动化、智能化、专业化的生产加工，对关键部位的电气元件均采用进口产品以保证控制的可靠稳定。

正是这些先进技术与成熟结构的应用，使BEIREN142胶印机印刷精度高、生产效率高、运转稳定可靠、操作维护便捷。印刷启停过程浪费少。从运转实验看，对120～550g的纸张、纸板等承印材料，完成可以满足用户需求，以7000张/小时机速印刷175线印品，其印品套印准确、网点清晰、色彩明快，印刷效果一致性好，完全可以胜任当前市场上中高档纸板纸箱的印制要求。

上海美丰包装材料有限公司

上海美丰包装材料有限公司，位于浦东新区合庆工业区。是以生产非拉伸共挤薄膜为主的塑料薄膜生产基地。

上海美丰包装材料有限公司于1995年引进第一条日本三菱重工的非拉伸共挤全自动塑料薄膜生产线，幅宽为2.4米，可生产三层或五层共挤薄膜。随着市场的不断开拓，我公司于1999年又引进第二条日本三菱重工的薄膜生产线，幅宽为3.1米，可生产三层共挤薄膜。这两条生产线具有年产8000吨薄膜的生产能力。薄膜的厚度可在15μm～100μm范围内调节、选择。我公司现正在洽谈进第三条薄膜生产线项目。预计明年即能引进、投产为5000吨左右的薄膜生产线。届时我公司将成为华东地区最大的流延薄膜生产基地，将成为一个向包装企业提供优质、环保、多功能材料的专业制造基地。

经过八年多的生产实践，我公司积累了丰富的流延共挤薄膜的生产经验，可生产不同厚度、多种系列的共挤薄膜。产品系列为：CPP膜、CPE和EVA、EVOH共挤膜，其中以CPP膜为主要产品。CPP膜又可分为：一般通用型、金属化型、蒸煮型及特殊功能型四大类产品。产品具有高透明度、高刚性、高热封强度、优良的防潮性和金属附着力及良好的耐高温性和印刷复合性等性能。可与其它基材干式挤出复合，用作食品、服装的包装材料和用作装饰材料。

为确保所有产品达到最高品质，我公司特设的品质检测中心配有全套日本东洋精工的测试仪器，能快速、准确地检测薄膜的理化光学性能。为便于迅速准确地向客户供应产品，我公司从生产计划、销售到产品的入库、出库及库存有关信息全部实现网络管理。

上海美丰包装材料有限公司已通过ISO 9000的质量体系论证。建立和实施了复合GB/T19002—2000idt ISO 9002—2000标准要求的质量体系。该体系覆盖聚丙烯及聚乙烯薄膜生产和服务的全过程。

上海美丰包装材料有限公司已荣获上海包装行业50强荣誉称号。我公司力争以最佳的质量和良好的信誉，最大限度的让客户满意，相信在不久的将来成为全国CPP制造行业的著名企业。

附：公司新产品性能介绍：

◇ 耐寒型增韧薄膜MFLEX(Ⅰ)特性及其应用范围：

此产品为特殊的共挤流延薄膜，具有高光泽、低雾度、良好的印刷性等优点，而且极其柔软的手感、优良的抗刺穿性能及耐低温性能(在－10℃时物理性能基本不变)是传统CPP薄膜所无法达到的。适用于高级服装、T恤及内衣等包装，且在寒冷季节更具优势。用于改善CPP的在寒冷地区产生的脆性断裂。同时具有抗针刺能力，优良的物理和光学性能，比传统的CPP更适用于服装的包装。

◇ 耐寒型增韧薄膜MFLEX(Ⅱ)特性及其应用范围：

此产品在MFLEX(Ⅰ)的基础上改进了其热封强度，Ⅱ型可用于传统的边封制袋，热封强度可达12N/15cm。

◇ 抗静电薄膜MASF

合成树脂如PP等电绝缘性能好的材料表面在包装复合中产生静电量，这将使薄膜吸附灰尘、粉末、干果外壳等影响印刷质量、封口强度，同时在电子元件的包装中静电会损坏内容物。MASF薄膜可解决上述问题，将绝缘CPP薄膜的表面电阻率降至10^{10}～$10^{11}\Omega$，静电衰减率100s，广泛运用于咖啡、面粉、花生及电子元件等包装领域。

◇ 消光薄膜MATCPP

降低CPP薄膜原有的高光泽低雾度的特性，(雾度HazeCPP≤5.0%MATCPP≥50%)使物品的包装具有与传统不一样的手感与视觉效果。用于面包、朦胧卡片等需要此类效果的包装。

温州市中申板业有限公司

——惊动业界的高强纸板

温州市中申板业有限公司创业于2001年6月，从事投资、研发、生产、营销国家新型环保材料的现代股份制企业，本公司已获实用新型国家专利三项，产品已通过省级科学技术成果鉴定。同时本项目产品获《中国包装行业优质产品》，列入《中国包装产品定点生产企业》。公司拥有世界首条“瓦楞高强纸板”生产流水线。所产的瓦楞高强纸板，因其强度高、适用范围广，可“完全替木”使用，出口包装免熏蒸等优良特性。

一、优良性能

重量轻，强度高；不变形，钢性好；缓冲性能强，隔音，隔热；经适当处理，强阻燃，防潮，防雾，防霉。原料要求比蜂窝板和多层瓦楞复合板要低，可回收废纸、旧瓦楞箱，再生循环使用，综合成本低。

二、典型应用领域

包装类：纸托盘，缓冲衬垫，纸护角；包装玻璃陶瓷制品，家用电器、贵重物品、水果和运输托盘，替木出口包装箱、板等。

建筑装饰类：家具夹层板、纸棺纸箱、隔离板、车船板材、房门夹心、办公屏风、轻质隔墙、活动房屋（可选防火、防霉、防潮）等。

四、生产设备

具备规模生产高强瓦楞复合板生产线，能满足批量生产，包装高速制板机、分切机、制芯机、复合机等机械设备、电器设备及其它配套设备（钻铣镗磨木、牛头刨床、木工锯、车床等）。

五、生产技术

公司高强瓦楞纸复合板采用“立式瓦楞纸紧密排列结构，瓦楞纸芯几何图形，由卧式改为立式，国内首家实现工业化生产，其承重、抗压、抗折、缓冲性能明显提高。改进复合技术，提高纸芯和面纸粘合强度和粘合速度。高强瓦楞纸复合板其技术水平国内领先，目前公司又研制成功了一项“超强瓦楞蜂窝复合纸板”其强度比高强瓦楞纸复合板提高一倍，完全代替木制托盘。该产品具有成熟可靠性、先进性、创新性。

六、品牌业绩

高强瓦楞纸复合板属环保高科技产品，是一种以纸代木、节省资源、无污染的环保产品，是代木包装新型材料的发展方向，广泛应用于制作包装箱、家具、衬垫、隔音板等，复以不同饰面，还可以作为车船及建筑物的内墙贴面、隔栅墙。产品经温州市质量技术监督检测院检测，技术性能指标符合并超过Q/WZS01—2003《瓦楞纸复合板》企业标准的要求。

高强瓦楞纸复合板系2002年温州市科技发展计划项目（项目编号G2002022）和浙江省2002年第一批新产品试制计划项目（项目编号2002XIC169）。同年该产品获浙江名品推荐名牌称号、科技创新奖等殊荣。

为了进一步促进本项目产品推广应用，提高经济效益、社会效益并申报“浙江省高新技术产品鉴定”、“2004年国家级火炬计划项目”。2003年6月由浙江省科技厅邀请同行专家，采用会议形式、依据《浙江省科学技术成果鉴定办法》、Q/WZS01—2003《瓦楞纸复合板》企业标准、浙科发计[2002]197号文件《关于下达浙江省2002年第一批新产品试制计划的通知》等相关资料和根据《技术文件》进行鉴定。2003年7月13日由浙江省科学技术厅组织并通过省级新产品鉴定，科技成果鉴定证书（浙科鉴字[2003]098号）鉴定意见为：该产品填补国内空白、技术水平国内领先，同时各位同行专家对该项目产品的创新性、先进性和成熟程度作出了高度评价。

七、品牌理念

成功的企业家总能视业绩为过去，以现在为起点；不因业绩自得，不因困难怯步。因为我们始终瞄准“第一”。——报效祖国，为民族复兴而奋斗，挑战“不可能”。自强、科学、创新、超越是我们中申的核心思想。

汕头市立信塑胶制品有限公司

汕头市立信塑胶制品有限公司，成立于1984年。是一家具有自营进出口经营权的塑料生产企业。生产以塑料为主的包装品、玩具和日用品等。公司注册资金1488万元人民币，厂房面积6000多平方米，年产值6800万元人民币，创汇600万美元。产品除畅销全国各地外，还出口到东南亚以及欧美等国际市场，深得国内外客户的好评与信赖。连续15年被评为广东省"重合同、守信用"企业称号。

我厂拥有多种先进的吹膜、注塑、吹瓶及印刷等生产加工设备，技术力量雄厚，公司一直致力于生产工艺、作业流程、产品革新和客户服务之不断改进，并通过ISO 9001—2000质量体系认证，能自行完成塑料日用制品、包装品及玩具的设计和生产。

我厂生产的薄膜产品。包括高、低压聚乙稀薄膜，可用于工业、食品、药品、日用品等包装袋；复合热封材料，可用于真空、蒸煮包装袋，液体、饼干、糖果等自动包装膜；多层共挤薄膜—高物理性能、多功能薄膜，用于热封材料、遮光包装、绝缘膜、金属材料保护膜、多功能农用薄膜等。

我厂生产的PET吹瓶产品。包括小口径矿泉水、饮料、化妆品、药液、食用油包装瓶；大口径的糖果、饼干等食品包装瓶。注塑产品包括日用品、食用包装盒、工业品包装盒、化妆品盒、药品包装等产品。

我厂也是专业生产药用聚酯瓶及聚乙稀瓶的厂家，主要生产容量15ml以上的塑胶药瓶。注册证号：国药包字20030098、20030259。主打产品中包装系列深得国内外客户的好评和信赖。

公司自创办以来，一直秉承"信誉第一、精诚合作、稳键经营、务实创新"的企业精神。凭借卓越的管理和前瞻性的经营理念，不断成长，现已发展成为具有强大凝聚力和辐射力的知名企业。进入新世纪，"立信"更严谨高效、谦和上进与广大客户携手共创辉煌业绩。

公司法定代表：罗程鸿

业务联系人：陈强

电话：0754-8338880

传真：0754-8337666

公司地址：汕头市下蓬西畔南环东街5号

邮编：515065

互联网址：www.li-xin.com

电子信箱：lixin@li-xin.com